# A CONSTITUIÇÃO
# DA LIBERDADE

# F. A. HAYEK

# A CONSTITUIÇÃO DA LIBERDADE

Tradução
PEDRO ELÓI DUARTE

COPYRIGHT © FARO EDITORIAL, 2022
COPYRIGHT © UNIVERSITY OF CHICAGO, 1960

Publicado pela primeira vez na Inglaterra em 1960 pela Routledge
Primeira edição na Routledge Classics: 2006.

Todos os direitos reservados.
Nenhuma parte deste livro pode ser reproduzida sob quaisquer meios existentes sem autorização por escrito do editor.

Avis Rara é um selo de Ciências Sociais da Faro Editorial.

Diretor editorial **PEDRO ALMEIDA**

Coordenação editorial **CARLA SACRATO**

Assistente editorial **JÉSSICA PEREIRA**

Assessoria editorial **RENATA ALVES**

Tradução **PEDRO ELÓI DUARTE**

Preparação **ARIADNE MARTINS**

Revisão **3GB CONSULTING**

Diagramação **ANNA YUE**

Capa **JÉSSICA WENDY**

Imagens de capa © **GAUTAM KRISHNAN / UNSPLASH**

---

Dados Internacionais de Catalogação na Publicação (CIP)
Jéssica de Oliveira Molinari CRB-8/9852

Hayek, F. A.
   A constituição da liberdade / F. A. Hayek ; tradução de Pedro Elói Duarte. – São Paulo : Avis Rara, 2022.
   480 p.

   Bibliografia
   ISBN 978-65-5957-203-8
   Título original: The constitution of liberty

   1. Ciências sociais 2. Liberdade 3. Política e governo I. Título II. Duarte, Pedro Elói

22-2943                                                               CDD 320

Índice para catálogo sistemático:
1. Ciências sociais

---

1ª edição brasileira: 2022
Direitos de edição em língua portuguesa, para o Brasil, adquiridos por FARO EDITORIAL.

Avenida Andrômeda, 885 — Sala 310
Alphaville — Barueri — SP — Brasil
CEP: 06473-000
www.faroeditorial.com.br

*Para a civilização desconhecida
que se desenvolve na América.*

# Sumário

Apresentação  **9**
 *por Ricardo Gomes*
Prefácio  **14**
 *por F. A. Hayek*
Introdução  **16**
 *por Irwin Stelzer*
Introdução  **19**

## PARTE I  O VALOR DA LIBERDADE

1  Liberdade e liberdades  **28**
2  Os poderes criativos de uma civilização livre  **39**
3  O sentido comum do progresso  **55**
4  Liberdade, razão e tradição  **69**
5  Responsabilidade e liberdade  **85**
6  Igualdade, valor e mérito  **98**
7  O governo da maioria  **114**
8  Emprego e independência  **128**

## PARTE II  A LIBERDADE E A LEI

9  A coerção e o Estado  **142**
10  Lei, ordens e ordem  **156**
11  As origens do estado de direito  **169**
12  A contribuição americana: o constitucionalismo  **181**
13  Liberalismo e administração: o *Rechtsstaat*  **197**
14  As garantias da liberdade individual  **208**
15  Política econômica e estado de direito  **222**
16  O declínio do direito  **234**

**PARTE III    A LIBERDADE NO ESTADO-PROVIDÊNCIA**

17  O declínio do socialismo e a ascensão do
Estado-providência  **250**

18  Sindicatos e emprego  **263**

19  Previdência social  **280**

20  Tributação e redistribuição  **299**

21  A estrutura monetária  **316**

22  Habitação e planejamento urbano  **330**

23  Agricultura e recursos naturais  **346**

24  Educação e pesquisa  **362**


Posfácio: Por que não sou conservador  **379**

Agradecimentos e notas do autor  **394**

Notas  **398**


Índice onomástico  **473**

# Apresentação

O leitor tem nas mãos um livro que muitos consideram ser a melhor obra de um dos maiores intelectuais do século XX. *A constituição da liberdade* é talvez a melhor síntese da relação da política com a liberdade, ou do liberalismo político. O autor, Friedrich August von Hayek, já atingira fama e notoriedade com seu também magnífico *O caminho da servidão*, que virara um hit nos Estados Unidos em 1944, especialmente depois de sua publicação, em forma abreviada, pela famosa revista *Reader's Digest*, de importante circulação. Não é nossa intenção apresentar uma biografia completa do autor, mas é importante para a leitura e compreensão deste livro entender o caminho percorrido por seu autor até essa publicação.

Hayek nasceu na Áustria, em 8 de maio de 1899, onde, após a Primeira Guerra Mundial, obteve doutorados em Direito e Economia Política na Universidade de Viena. Logo Hayek se juntou ao seminário de Ludwig von Mises e dedicou-se ao estudo da Teoria Austríaca dos Ciclos Econômicos. Em 1931 o jovem economista foi convidado a proferir quatro palestras sobre teoria monetária em Londres – tema que atraía atenção em uma Inglaterra que enfrentava estagnação econômica agravada pela Grande Depressão americana. Aquele convite converteu-se em uma oferta para lecionar na London School of Economics, logo aceito, e que durou até depois da Segunda Guerra.

Uma crítica escrita e publicada por Hayek em 1931 ao novo livro de John Maynard Keynes, *Um tratado sobre a moeda*, deu notoriedade ao austríaco, e foi o tapa de luvas que inaugurou um duelo travado entre eles – e que ajudou a moldar a teoria econômica do século XX. Em 1933 Hayek palestra na LSE e condena o surgimento do nazismo como um "genuíno movimento socialista", posição que, apesar de o destacar como uma autoridade para temas germânicos, causa certa reprovação em parte da academia britânica, que via o nazismo como um movimento de inspiração capitalista (talvez para confrontar o crescimento do marxismo). Naquele ano Hayek escreve um memorando que só foi publicado após sua morte, chamado *Nazi-socialismo*, no qual apontava o problema do planejamento central como fundamento do socialismo.

Em 1936 ele publica um livro chamado *Economia e conhecimento*, antecipando parte do que viria a ser seu famoso ensaio "O uso do conhecimento na sociedade", em que assentou suas críticas ao planejamento central em um argumento epistemológico: não conhecemos o suficiente para planejar um fenômeno tão complexo como a economia. Essa ideia acompanharia a obra de Hayek até o final, e seria central para sua obra-prima *Direito, legislação e liberdade*. A visão do vienense é que os fenômenos complexos como a economia não podem ser planejados, porque o "planejador" não conhece todos os dados, todas as variáveis, todas as possibilidades – a virtude do livre mercado sendo a possibilidade de, por meio de um sistema de trocas com preços livres, os agentes tomarem decisões racionais mesmo sem conhecer a totalidade das variáveis. Um comprador de madeira não precisa saber que houve um incêndio no Canadá prejudicando a produção de pinheiros para economizar o recurso, ele apenas observa que o preço da madeira subiu.

Com a eclosão da Segunda Guerra Mundial, a oposição ao nazismo é potente no Reino Unido, mas a aliança de ocasião com a União Soviética enfraquece a visão antissocialista. Uma parte crescente da intelligentsia britânica defendia o socialismo como um sistema justo e capaz de solucionar as graves questões sociais que anos de crise haviam agravado. Talvez apenas um pensador com formação não apenas em economia, mas também treinado nas demais ciências sociais, poderia produzir um texto tão poderoso como *O caminho da servidão*, lançado originalmente para a audiência britânica, mas amplamente lido na América.

A percepção de que o controle da economia resultava no controle dos meios necessários para atingir quaisquer fins é inovadora e extraordinária. Hayek vai além dessa constatação, e profetiza que o crescimento da intervenção do Estado é contínuo – uma intervenção produz distorções, e, para corrigi-las, novas intervenções são necessárias, e assim sucessivamente, ampliando a ação estatal e reduzindo a esfera de liberdade dos indivíduos.

O caminho, quando se aposta no planejamento central e na intervenção do Estado na esfera privada, leva à servidão plena. Essa proposição, formulada inteligentemente contra o Estado nazista, podia ser perfeitamente espelhada e brandida contra a União Soviética – em um momento em que as críticas ao comunismo e ao Kremlin eram abrandadas pela proximidade da ameaça germânica. Essa dualidade, com uma

APRESENTAÇÃO

condenação velada pero no mucho do modelo soviético, fez de *O caminho da servidão* uma obra clássica da transição da Segunda Guerra para a Guerra Fria.

Hayek tornara-se um dos principais intelectuais da Europa, e famoso nos Estados Unidos. Ele se muda para a América e, em 1950, começa a lecionar ciências sociais e da moral na Universidade de Chicago, onde permaneceu até 1962. Sua ampla formação o levou a publicar trabalhos sobre metodologia, psicologia, economia e filosofia política. Essa visão multidisciplinar é a que produz esta obra que o leitor tem em mãos – *A constituição da liberdade*.

Seu cerne não é meramente econômico, embora sua leitura seja útil aos economistas e diversos temas da área sejam abordados, especialmente na terceira parte. Esta é uma obra, principalmente, de filosofia política. É a melhor compilação da organização constitucional de um Estado liberal que já surgiu.

É impossível compreender o liberalismo apenas do ponto de vista econômico – o liberalismo é, antes de tudo, uma doutrina política: uma visão dos fins do Estado, uma estruturação dos meios que este tem ao seu dispor, e uma avaliação das políticas públicas à luz desses princípios e meios.

F. A. Hayek tem, em 1960, data da publicação desta obra, ampla e profunda visão do Estado liberal, assentada em sua erudição que se estende dos clássicos gregos aos seus contemporâneos, e que reflete sua criação continental europeia, a experiência britânica de seus anos em Londres e uma década nos Estados Unidos. *A constituição da liberdade* mostra a influência que o conceito inglês de Rule of Law (Império da Lei ou Estado de Direito) e a Constituição americana tiveram no surgimento e na consolidação do pensamento político liberal.

No primeiro capítulo, Hayek faz uma distinção absolutamente necessária à compreensão do liberalismo: de que liberdade estamos tratando? Essa definição, metodologicamente postada na abertura da obra, é fundamental – ainda que tantos autores liberais falhem clamorosamente ao compreender o princípio básico sobre o qual sua filosofia é construída. Sem entender o verdadeiro conceito da liberdade, não conseguimos construir uma ordenação constitucional para protegê-la. Em outras palavras: a indefinição do que seja "liberdade" faz com que não consigamos entender seu aspecto profundamente político. Como já dissemos, o liberalismo é uma doutrina política: trata do governo – seus fins, seus limites, sua forma de ação. Nada disso pode ser orientado à defesa da liberdade se não a conhecemos. E o que é ainda pior: uma compreensão equivocada do que seja "ser livre", associada à premissa de que é função do Estado garantir a liberdade, pode conduzir a uma expansão do escopo do governo que resulte incompatível com a "verdadeira" liberdade.

Ao começar a obra com essa definição, Hayek está dizendo não apenas que essa conceituação é metodologicamente necessária. Ele está também dizendo que ela é o valor maior da ordem política – e que a organização do poder deve favorecer a liberdade em sua melhor capacidade. A Parte I do livro define para que existe o governo, isso é, a que ele se destina, quais valores deve proteger. A tarefa seguinte é entender como ele se apresenta, e no caso do Estado, é por meio da lei. A lei é a matéria-prima do Estado – ela organiza e formaliza o poder, a ação do soberano e seus limites (os direitos dos governados).

A lei é não apenas o veículo por meio do qual o Estado age (e essa é a grande lição britânica do Império da Lei), mas a regra que se impõe ao próprio Estado, limitando-o. Hayek reconhece as origens britânicas do que entendemos como liberdades individuais, e a organização dos poderes do Estado de forma a preservar essas liberdades (organização essa que decorreu não de deliberações parlamentares, mas de disputas concretas, revoltas, confrontos pelo poder e enfrentamentos entre o governo e os governados). A menção de Hayek à Magna Charta como "a Constituição da liberdade" (nome deste livro) já comunica essa dimensão, ela mesma sendo resultado de um conflito dos nobres ingleses com o rei João, em 1215, e dela constando uma série de regras impostas ao rei como forma de limitar seu poder.

Hayek analisa as características das leis que preservam a liberdade no capítulo 14, "As garantias da liberdade individual". Talvez ninguém tenha apresentado melhor síntese dos elementos jurídicos que, no Estado moderno, salvaguardam os direitos individuais. Princípios como a igualdade perante a lei e a sua generalidade, que muitas vezes escapam aos olhos dos juristas modernos, são centrais à visão liberal da lei. Como diz o autor, "O estado de direito, é claro, pressupõe completa legalidade, mas isso não é suficiente (...) exige que todas as leis estejam em conformidade com certos princípios".

O autor não se furta de analisar as aplicações dessas premissas em políticas públicas específicas – e a Terceira Parte deste livro é uma corajosa abordagem dos principais campos de batalha políticos de seu tempo. Hayek confronta os elementos centrais do Welfare State, ou Estado-providência, com os conceitos que ele termina de explicitar. Desde os dias de Hayek até hoje, vivemos a era dos governos benfeitores, e da crença de que a deliberação majoritária pode reconhecer um objetivo qualquer ao governo, e dispor de quaisquer meios para implementá-lo. O alerta é duradouro e segue em vigor: "O maior perigo hoje é que, uma vez que um objetivo do governo seja aceito como legítimo, assume-se que até meios contrários aos princípios da liberdade podem ser legitimamente empregados".

APRESENTAÇÃO

Hayek completa uma teoria de Estado: seus fins, seus meios e suas ameaças. Não é qualquer pensador, é o vencedor do Prêmio Nobel de Economia de 1974, e ganhador da Medalha Presidencial da Liberdade, concedida por George Bush em 1991. De todos os liberais do século XX, talvez Friedrich Hayek seja o mais culto, com mais ampla formação acadêmica e com melhor qualidade literária – sim, seus livros são simultaneamente de prazerosa leitura e de rigor intelectual.

Hayek publicou diversos outros livros depois de *A constituição da liberdade*. Essa obra depois foi aprofundada ainda mais em *Direito, legislação e liberdade*, trilogia que o austríaco publicaria entre 1973 e 1979 e que pode ser considerada sua obra-prima no campo do direito e da filosofia política. Hayek influenciou gerações, e como professor ajudou a formar muitos daqueles que viriam a fazer renascer o liberalismo americano nos anos 1980. Seu último livro foi *A arrogância fatal: os erros do socialismo*, publicado em 1988, poucos anos antes de seu falecimento.

Hayek morreu em 23 de março de 1992, aos 92 anos, em Friburgo, na Alemanha, e está sepultado em Viena. Deixou uma profícua obra em diversos campos das ciências sociais. Acima de tudo, Friedrich Hayek deixou, desde a primeira palestra que proferiu até seus últimos dias de vida, uma contribuição fundamental à mais nobre causa a que um homem pode se dedicar: a causa da liberdade.

Sobre o posfácio deste livro, nada diremos aqui – apenas que ele deve ser lido não apenas uma, mas diversas vezes, especialmente nos dias de hoje, e que deve ser lido com o espírito aberto, amigável e conciliador com que Hayek ensinava, debatia e vivia.

**RICARDO GOMES**
Advogado, ex-presidente da Rede Liberal da
América Latina e vice-prefeito de Porto Alegre

# Prefácio

O objetivo deste livro está explicado na Introdução, e os meus agradecimentos constam nos parágrafos que precedem as notas. Tudo o que me resta fazer aqui é lançar uma advertência e apresentar um pedido de desculpa.

Este livro não trata particularmente daquilo que a ciência nos ensina. Ainda que não pudesse tê-lo escrito se não tivesse dedicado a maior parte da minha vida ao estudo da economia e, mais recentemente, me esforçado para me familiarizar com as conclusões de outras ciências sociais, não trato aqui apenas de fatos nem me limito a questões de causa e efeito. O meu objetivo é apesentar um ideal, mostrar como pode ser concretizado e explicar o que a sua concretização significaria na prática. Para tal, a discussão científica é um meio, e não um fim. Penso ter utilizado honestamente aquilo que conheço sobre o mundo em que vivemos. Caberá ao leitor decidir se quer aceitar os valores a serviço dos quais utilizei esse conhecimento.

O pedido de desculpa diz respeito à maneira particular como decidi submeter ao leitor os resultados dos meus esforços. Talvez seja inevitável que, quanto mais ambicioso for o trabalho, mais malsucedida será a execução. A respeito de um assunto tão amplo como o deste livro, a tarefa de fazê-lo tão bem quanto possível nunca terminará enquanto conservarmos as nossas faculdades. Tenho a certeza de que acabarei por concluir que devia ter dito algumas coisas de forma mais adequada e que cometi erros que poderia ter corrigido se tivesse persistido mais nos meus esforços. O respeito pelo leitor exige certamente que se apresente um produto terminado. Mas duvido de que isso signifique que se tenha de esperar até já não ter mais esperança de melhorá-lo. Pelo menos quando se trata de problemas do tipo em que muitos outros têm trabalhado ativamente, uma pessoa pareceria até exagerar a própria importância se adiasse a publicação até estar certa de que não poderia melhorar mais seu trabalho. Se uma pessoa conseguiu, como espero ter conseguido, levar a análise mais longe, é provável que outros esforços suplementares fiquem sujeitos a retornos rapidamente decrescentes. Outros serão talvez mais qualificados para erguer a próxima fileira de tijolos do edifício para o qual tento contribuir. Posso apenas dizer que trabalhei no livro até já não saber como apresentar adequadamente os argumentos de forma mais resumida.

Talvez o leitor deva também saber que, embora eu esteja escrevendo nos Estados Unidos e resida neste país há quase dez anos, não posso dizer que escreva como um americano. A minha mente se formou durante a juventude passada na minha Áustria natal e durante duas décadas de maturidade na Grã-Bretanha, país do qual me tornei e permaneci cidadão. O conhecimento desse fato acerca da minha pessoa pode ajudar o leitor, pois, em grande medida, o livro é produto dessa formação.

F. A. HAYEK
Chicago, 8 de maio de 1959

# Introdução

por
## Irwin Stelzer

Passaram-se quase cinquenta anos desde que a editora Routledge & Kegan Paul publicou pela primeira vez *The Constitution of Liberty*. Só menciono isso porque, de outro modo, esta publicação seria vista pelos leitores pouco familiarizados com a obra de F. A. Hayek como um guia para a classe política atual. Nesse aspecto, e na lucidez da sua prosa, tem muito em comum com *A riqueza das nações*, de Adam Smith. Mas não recebeu a atenção da grande obra de Smith ou de *O caminho da servidão*, do próprio Hayek, por causa das divisões nas disciplinas — a tendência para ver Hayek como um economista cujo trabalho sobre a teoria política e outras ciências sociais está, de algum modo, fora do seu campo e, por isso, é ignorado. Os críticos estão errados.

A importância da análise de Hayek para o nosso tempo é simplesmente impressionante. Em parte, porque demonstra que o rigor da linguagem e a definição cuidadosa dos termos que temos usado de forma irresponsável são essenciais para a formulação de uma política sólida que valoriza a liberdade. Igualmente importante é a facilidade com que ele passa da descrição dos princípios subjacentes ao seu ideal de uma sociedade livre da coerção para os programas práticos que permitirão a sua concretização no mundo imperfeito em que vivemos.

Aqueles que acreditam que, no Ocidente, estamos à beira ou já envolvidos numa guerra de civilizações com o mundo muçulmano deveriam observar que travamos essa guerra sob, como avisou o professor Hayek há décadas, "condições muito desfavoráveis"; o Ocidente está "pouco seguro de si mesmo" e "perdeu muito da fé nas tradições que fizeram dele o que é". Além disso, "a escolha do nosso próprio governo não significa necessariamente uma garantia de liberdade"; por vezes, milhões entregam-se a uma "dependência completa de um tirano". E aqueles que equacionam

INTRODUÇÃO

o futuro do nosso envolvimento na política do Oriente Médio estariam mais bem informados se tivessem lido a advertência de Hayek de que, por vezes, "as pessoas preferem um déspota da sua própria raça a um governo liberal de uma maioria estrangeira".

Também há aqui muito a aprender para aqueles que lidam com a questão complicada do papel do governo nos assuntos econômicos dos seus cidadãos. Hoje em dia, é de bom-tom os conservadores se oporem a quase todas as ações do governo na esfera econômica. Isso é simplista, observa Hayek, que não defende um governo abrangente. A seu ver, Adam Smith interpretou a liberdade da atividade econômica como liberdade ao abrigo do direito, e "não como ausência de ação do governo". Embora devamos desconfiar da intervenção do governo, temos de reconhecer que, quando os benefícios não podem se limitar aos que têm condições de pagar, o governo tem um papel a desempenhar como fornecedor desses serviços. Tal como quando, depois de levar em conta o custo de alguma ação do governo, a sociedade decide que vale a pena arcar com esse custo para alcançar determinado fim.

Temos aqui um bom exemplo da habilidade de Hayek para modificar uma formulação teórica concisa com um pouco de sabedoria mundana. Sim, se os benefícios das ações do governo excederem os seus custos, são justificados. Mas, avisa ele, devemos desconfiar dos estudos de custo-benefício oferecidos para justificar a ação do governo: os custos serão sempre subavaliados, quando não for por não levarem em conta "a prevenção de novos desenvolvimentos".

As muitas facetas da liberdade aqui analisadas incluem uma consideração do efeito da inflação na liberdade individual. A inflação, adverte Hayek, torna o controle pelo governo (por exemplo, o aluguel controlado) e as expansões do Estado social (como subsídios de alimentação) cada vez mais necessários. Os governos consideram-na irresistível: a inflação alivia o peso real da dívida em que incorrem para financiar os seus Estados sociais e, num sistema tributário progressivo, tende a aumentar as receitas fiscais mais rápido do que os rendimentos.

Os dirigentes dos bancos centrais também se sentem afligidos pela tendência inflacionista. Acreditam que a "deflação [...] é de tal modo temível que, para se manterem numa posição segura, é preferível um erro persistente na direção da inflação". Essa é a crença geral dos nossos dias, que sugere que os banqueiros centrais da geração atual fariam bem em se satisfazer com o fato de a advertência de Hayek poder ser ignorada antes de seguirem o caminho indicado pela teoria moderna.

Um dos pontos altos de Hayek é quando analisa os custos do sacrifício de benefícios em longo prazo no interesse dos ganhos em curto prazo. Num dado momento, observa ele, podemos melhorar a situação dos pobres dando-lhes o que retiramos dos ricos. Mas, "embora esse nivelamento das posições nas colunas do progresso pudesse acelerar temporariamente a aproximação das classes, abrandaria em breve o movimento do todo e, em longo prazo, barraria os que estão atrás". O igualitarismo produz estagnação.

Antes de os conservadores atuais se apressarem a citar Hayek para apoiarem os seus programas favoritos, deveriam estudar o seu posfácio "Por que não sou conservador". Os chamados conservadores sociais não encontrarão conforto naquilo que veem como o libertarismo excessivo de Hayek: "Os ideais morais ou religiosos não podem ser objeto de coerção. [...] As crenças morais relativas a questões de conduta que não interferem diretamente na esfera protegida das outras pessoas não justificam a coerção".

De modo mais geral, Hayek admite que a tendência dos conservadores para se limitarem a se opor a mudanças tem geralmente bons efeitos. No entanto, opor-se à história e ordenar que parem não é o suficiente. As instituições não devem ser preservadas apenas por existirem há muito tempo, mas porque correspondem aos ideais liberais tão eloquentemente descritos na sua obra. O que nos leva a concluir esta introdução incompleta com uma mensagem que Hayek enviaria certamente aos conservadores de hoje que tanto o admiram: "Uma das características fundamentais da atitude conservadora é o medo da mudança, uma desconfiança tímida em relação ao novo, enquanto a posição liberal se baseia na coragem e na confiança, numa disposição para deixar a mudança seguir o seu curso mesmo que não se possa prever para onde irá levar". Se substituirmos neoconservador por liberal, teremos uma descrição sensata de uma crença que Hayek não previu que fosse emergir do conservadorismo do seu tempo.

# Introdução

*Qual foi o caminho pelo qual chegamos à nossa posição, qual foi a forma de governo sob a qual cresceu a nossa grandeza, que hábitos nacionais dela nasceram? [...] Se olharmos para as leis, veremos que providenciam justiça igual para todos nas suas diferenças individuais. [...] A liberdade de que gozamos no nosso governo também se estende à nossa vida cotidiana. [...] Mas toda essa simplicidade nas nossas relações privadas não nos torna cidadãos sem lei. Contra esse medo está a nossa principal garantia, que nos ensina a obedecer aos magistrados e às leis, em particular as que dizem respeito à proteção dos injustiçados, estejam elas escritas ou pertençam ao código que, apesar de não escrito, não pode ser violado sem que se incorra em desgraça evidente.*

PÉRICLES

Para que as verdades antigas conservem o seu domínio sobre a mente dos homens, devem ser reafirmadas na linguagem e nos conceitos de sucessivas gerações. Gradualmente, suas expressões antes mais eficazes desgastam-se tanto com o uso que deixam de ter um significado definitivo. As ideias subjacentes podem ser tão válidas como nunca, mas as palavras, mesmo quando se referem a problemas ainda atuais, já não transmitem a mesma convicção; os argumentos não se movem num contexto que nos é familiar; e raramente nos dão respostas diretas às questões que formulamos.[1] Talvez isso seja inevitável, pois nenhuma expressao de um ideal capaz de influenciar a mente dos homens pode ser completa: tem de ser adaptada a determinado contexto de opinião, pressupor grande parte daquilo que é aceito pelas pessoas da época e ilustrar princípios gerais em termos dos problemas que as preocupam.

Há muito que o ideal da liberdade que inspirou a civilização ocidental moderna e cuja realização parcial possibilitou os feitos desta civilização foi reafirmado com

A CONSTITUIÇÃO DA LIBERDADE

eficácia.[2] De fato, faz quase um século que os princípios básicos em que se baseou esta civilização são cada vez mais desrespeitados e esquecidos. Os homens têm se esforçado mais para procurar ordens sociais alternativas do que para tentar aperfeiçoar a sua compreensão ou o uso dos princípios subjacentes da nossa civilização.[3] Só depois de nos confrontar com um sistema totalmente diferente é que descobrimos que perdemos a concepção clara dos nossos objetivos e não temos princípios firmes que possamos usar contra a ideologia dogmática dos nossos adversários.

Na luta pelo apoio moral dos povos do mundo, a falta de convicções firmes deixa o Ocidente em grande desvantagem. Há muito que o estado de espírito dos seus líderes intelectuais se caracteriza pela desilusão com os seus princípios, pelo menosprezo em relação aos seus feitos e pela preocupação exclusiva com a criação de um "mundo melhor". Não é com esse estado de espírito que se pode esperar conquistar adeptos. Para vencermos a grande luta de ideais que está sendo travada, temos, antes de tudo, de saber no que acreditamos. Devemos também ter uma ideia clara acerca do que queremos preservar, para não ficarmos à deriva. Não menos necessária é a afirmação explícita dos nossos ideais nas relações com os outros povos. Atualmente, a política externa é, em grande medida, uma questão de qual filosofia política triunfa sobre outra; e a nossa própria sobrevivência pode depender da nossa capacidade para reunir uma parte do mundo suficientemente forte em torno de um ideal comum.

Teremos de fazer isso em condições muito desfavoráveis. Grande parte das nações adotou os ideais da civilização ocidental numa época em que o Ocidente perdera a confiança em si mesmo e, em boa parte, a fé nas tradições que fizeram dele o que era. Foi uma época em que os intelectuais do Ocidente haviam em grande medida abandonado a própria crença na liberdade que, ao permitir que o Ocidente utilizasse plenamente as forças responsáveis pelo desenvolvimento de toda a civilização, possibilitara a rapidez sem precedentes do seu crescimento. Assim, as pessoas das nações menos avançadas que se tornaram divulgadoras das ideias para os seus próprios povos aprenderam, durante a sua educação ocidental, não o modo como o Ocidente construiu a sua civilização, mas, sobretudo, os sonhos de alternativas gerados pelo seu próprio sucesso.

Esse acontecimento é particularmente trágico porque, se as crenças que impulsionam esses discípulos do Ocidente permitem que os seus países copiem mais depressa alguns dos sucessos ocidentais, também os impedem de dar a própria contribuição. Nem tudo o que é o resultado do desenvolvimento histórico do Ocidente pode ou deve ser transplantado para outras culturas; e seja qual for o tipo de civilização que venha a surgir nesses países sob a influência ocidental, pode assumir

INTRODUÇÃO

formas apropriadas se a deixarem crescer, em vez de impor a ela outras formas. Se é verdade, como às vezes se objeta, que não existe condição necessária para uma evolução livre — o espírito de iniciativa individual —, sem esse espírito nenhuma civilização viável poderá se desenvolver em nenhum lugar. Se esse espírito estiver mesmo ausente, a primeira tarefa deve ser despertá-lo; e isso poderá ser feito por um regime de liberdade, mas não por um sistema regimental.

No que diz respeito ao Ocidente, devemos esperar que ainda exista aí consenso acerca de certos valores fundamentais. Mas esse consenso já não é explícito; e, para que esses valores voltem a ter força, é urgente a necessidade da sua reafirmação e reivindicação. Parece não existir nenhuma obra que ofereça uma descrição completa de toda a filosofia em que uma visão liberal consistente possa se basear, nenhuma obra a que uma pessoa que busca compreender os seus ideais possa recorrer. As descrições das "Tradições políticas do Ocidente" aumentaram. Mas embora nos possam dizer que "o objetivo da maioria dos pensadores ocidentais tem sido estabelecer uma sociedade na qual qualquer indivíduo, com uma dependência mínima da autoridade discricionária dos seus governantes, gozaria dos privilégios e da responsabilidade de determinar a própria conduta num quadro previamente definido de direitos e deveres"[4], não conheço nenhuma obra que explique o que isso significa quando aplicado aos problemas concretos da nossa época, ou em que se fundamenta a justificativa derradeira dessa ideia.

Nos últimos anos, também foram feitos esforços para esclarecer as confusões que prevaleceram durante muito tempo a respeito dos princípios da política econômica de uma sociedade livre. Não pretendo menosprezar a clarificação que tem sido feita. No entanto, ainda que me veja sobretudo como um economista, cada vez mais acredito que as respostas a muitas das questões sociais prementes da nossa época se encontram no reconhecimento de princípios que estão fora do campo da economia técnica ou de qualquer outra disciplina individual. Embora a minha preocupação original fosse com problemas de política econômica, fui gradualmente levado à tarefa ambiciosa e talvez presunçosa de abordá-los por meio de uma reformulação abrangente dos princípios básicos de uma filosofia da liberdade.

Mas não me desculparei por ter me aventurado muito além do campo cujos detalhes técnicos posso afirmar que domino. Para recuperarmos uma concepção coerente dos nossos objetivos, talvez se devesse fazer mais tentativas semelhantes. De fato, uma das coisas que este livro me ensinou é que a nossa liberdade está ameaçada em muitos campos porque tendemos demais a deixar a decisão para o especialista ou aceitar de forma acrítica sua opinião relativamente a um problema acerca do qual ele só conhece um pequeno aspecto. Mas, como o problema do conflito eternamente recorrente entre o economista e os outros especialistas aparecerá várias vezes neste livro, quero deixar aqui claro que o economista *não* pode reivindicar um conhecimento especial que o qualifique para coordenar os esforços de todos os outros especialistas. Aquilo que pode dizer é que a sua ocupação profissional com os conflitos de objetivos o tornou mais ciente do que os outros do fato de nenhuma mente humana poder compreender todo o conhecimento que orienta as ações da sociedade e da consequente necessidade de um mecanismo impessoal, não dependente dos juízos humanos individuais, que coordene os esforços individuais. É a sua preocupação com os processos impessoais da sociedade, em que se utiliza mais conhecimento do que um indivíduo ou um grupo organizado de seres humanos pode ter, que coloca os economistas em oposição constante com as ambições de outros especialistas que reivindicam poderes de controle porque acham que seus conhecimentos particulares não são suficientemente levados em consideração.

De certo modo, este livro é, ao mesmo tempo, mais e menos ambicioso do que aquilo que o leitor poderia esperar. Não se preocupa em especial com os problemas de um país em particular ou de determinada época, mas, sim, pelo menos nas partes iniciais, com princípios que alegam ter validade universal. O livro deve sua concepção e seu planejamento ao reconhecimento de que as mesmas tendências intelectuais, sob diferentes nomes e disfarces, minaram a crença na liberdade em todo o mundo. Para contrariar eficazmente essas tendências, temos de compreender os elementos comuns decorrentes de todas as suas manifestações. Devemos também lembrar que a tradição da liberdade não é criação exclusiva de nenhum país e que, nem hoje, nenhuma nação detém de forma exclusiva o seu segredo. A minha principal preocupação não é com as instituições ou políticas particulares dos Estados Unidos ou da Grã-Bretanha, mas com os princípios que esses países desenvolveram a partir de bases criadas pelos antigos gregos, pelos italianos do início do Renascimento, pelos holandeses, e para as quais os franceses e os alemães fizeram contribuições importantes. Além disso, o meu objetivo não é apresentar um programa detalhado de política, mas, sim, afirmar os critérios pelos quais devem ser avaliadas determinadas medidas para que se ajustem a um regime de liberdade. Seria contrário a todo o espírito deste livro se eu me julgasse competente para conceber um programa político abrangente. Tal programa, afinal de contas, deve decorrer da aplicação de uma filosofia comum aos problemas atuais.

Ainda que não seja possível descrever adequadamente um ideal sem compará-lo com outros, meu objetivo não é essencialmente crítico.[5] Minha intenção é abrir

INTRODUÇÃO

portas para o desenvolvimento futuro sem fechar outras, ou melhor, impedir que essas portas se fechem, como acontece normalmente quando o Estado assume o controle exclusivo de certos desenvolvimentos. Minha ênfase é na tarefa positiva de aperfeiçoar as nossas instituições; e, se não tiver feito mais do que indicar direções desejáveis de desenvolvimento, terei pelo menos tentado me preocupar menos com o mato a ser cortado do que com os caminhos que devem ser abertos.

Enquanto afirmação de princípios gerais, o livro deve tratar essencialmente de questões básicas de filosofia política, embora também aborde problemas mais tangíveis à medida que avança. A primeira parte pretende mostrar por que queremos a liberdade e o que esta oferece. Isso implica a análise dos fatores que determinam o crescimento de toda civilização. Nessa parte, a discussão deve ser sobretudo teórica e filosófica, se esse for o termo correto para descrever o campo onde se juntam a teoria política, a ética e a antropologia. Segue-se uma análise das instituições que os ocidentais desenvolveram para garantir a liberdade individual. Entramos aqui no domínio da jurisprudência e abordaremos os seus problemas do ponto de vista histórico. No entanto, essa evolução não será vista da perspectiva do advogado nem do historiador. Trataremos do crescimento de um ideal, geralmente realizado de forma apenas vaga e imperfeita, que ainda necessita de esclarecimento para servir de guia à solução dos problemas da nossa época.

Na terceira parte do livro, esses princípios serão testados com sua aplicação a alguns dos principais problemas econômicos e sociais do nosso tempo. Os tópicos que selecionei fazem parte das áreas em que uma escolha errada dentre as possibilidades disponíveis representa uma probabilidade maior de pôr em perigo a liberdade. O estudo desses tópicos pretende ilustrar como a busca dos mesmos objetivos por meio de métodos diferentes pode, em muitos casos, favorecer ou destruir a liberdade. Trata-se, em geral, de tópicos a respeito dos quais a economia técnica não nos fornece orientações suficientes para formular uma política e que só podem ser tratados adequadamente no âmbito de um quadro mais amplo. Mas as questões complexas que cada um deles levanta não podem, obviamente, ser tratadas de forma exaustiva neste livro. A discussão sobre esses tópicos serve sobretudo de ilustração do objetivo principal deste livro, nomeadamente, a articulação ainda necessária entre a filosofia, a jurisprudência e a economia da liberdade.

Este livro pretende ajudar a compreender, e não a inflamar o entusiasmo. Embora, quando se escreve sobre liberdade, a tentação de recorrer à emoção seja muitas vezes irresistível, esforcei-me por conduzir o estudo num tom tão sóbrio quanto possível. Ainda que os sentimentos exprimidos em termos como "dignidade do homem" e "beleza da liberdade" sejam nobres e louváveis, não têm lugar numa tentativa de persuasão racional. Estou ciente do perigo de uma abordagem tão fria e puramente intelectual de um ideal que tem sido uma emoção sagrada para muitos e firmemente defendido por muitos mais, para os quais nunca constituiu um problema intelectual. Penso que a causa da liberdade só prevalecerá se nossas emoções estiverem despertas. Contudo, embora os fortes instintos de que a luta pela liberdade sempre se alimentou sejam um apoio indispensável, não são um guia seguro nem uma proteção garantida contra o erro. Os mesmos nobres sentimentos foram mobilizados a serviço de objetivos muito perversos. Ainda mais importante, dado que os argumentos que minaram a liberdade pertencem principalmente à esfera intelectual, temos de contestá-los nessa mesma esfera.

Alguns leitores poderão ter a impressão incômoda de que não vejo o valor da liberdade individual como um pressuposto ético indiscutível e de que, ao tentar demonstrar o seu valor, defendo a liberdade por motivos práticos. Isso seria um mal-entendido. Mas é verdade que, se quisermos convencer os que ainda não partilham dos nossos pressupostos morais, não devemos tomá-los por garantidos. Temos de mostrar que a liberdade não é apenas um valor particular, mas, sim, a fonte e condição da maioria dos valores morais.[6] Aquilo que uma sociedade livre oferece a um indivíduo é muito mais do que ele poderia fazer se somente ele fosse livre. Assim, só podemos desfrutar totalmente o valor da liberdade se soubermos como uma sociedade de homens livres difere de uma sociedade em que prevalece a ausência de liberdade.

Devo também advertir o leitor para que não espere que a discussão permaneça sempre no plano dos altos ideais ou dos valores espirituais. Na prática, a liberdade depende de questões muito prosaicas, e as pessoas que desejem preservá-la devem provar sua dedicação pela atenção às preocupações mundanas da vida pública e pelos esforços que estão dispostas a fazer para compreender as questões que o idealista tende a tratar como comuns e até sórdidas. Os líderes intelectuais do movimento pela liberdade concentraram muitas vezes a atenção nos usos da liberdade mais próximos da sua realidade e fizeram poucos esforços para compreender o significado das restrições à liberdade que não os afetavam de forma direta.[7]

Para que o nosso estudo seja tão efetivo e objetivo quanto possível, seu ponto de partida tem de ser necessariamente mais prosaico. O significado de alguns dos termos indispensáveis se tornou de tal maneira vago que é essencial especificar desde o início o sentido em que os utilizaremos. O termo "liberdade" foi o mais afetado. Foi utilizado de forma abusiva, e o seu significado se distorceu tanto que se pode dizer que "o termo 'liberdade' nada significa enquanto não lhe atribuirmos um conteúdo

# INTRODUÇÃO

específico, e, dessa forma, poderá receber quaisquer conteúdos conforme nossa vontade".[8] Assim, devemos começar por explicar o que é essa liberdade que nos ocupa. A definição só será completa depois de termos também analisado outros termos quase igualmente vagos, como "coerção", "arbitrariedade" e "lei", que são indispensáveis numa discussão sobre a liberdade. No entanto, a análise desses conceitos ficou para o início da Parte II, a fim de que o esforço árido de clarificação dos termos não nos impedisse de tratar de questões mais substanciais.

Nesta tentativa de reafirmar uma filosofia do homem em sociedade, que se desenvolveu lentamente ao longo de mais de dois mil anos, fui encorajado pelo fato de ela ter muitas vezes emergido com maior vigor da adversidade. Nas últimas gerações, passou por um dos seus períodos de declínio. Se para alguns, em especial na Europa, este livro parecer ser uma espécie de investigação sobre a fundamentação de um sistema que já não existe, a resposta é que, para que a nossa civilização não entre em declínio, esse sistema tem de ser reanimado. Sua filosofia subjacente tornou-se estacionária quando foi mais influente, tal como progrediu com frequência quando esteve na defensiva. Não há dúvida de que fez poucos progressos nos últimos cem anos e que está agora na defensiva. No entanto, os ataques a esse sistema mostraram as suas vulnerabilidades na sua forma tradicional. Não é preciso ser mais sábio do que os grandes pensadores do passado para estar numa posição melhor para compreender as condições essenciais da liberdade individual. A experiência dos últimos cem anos nos ensinou mais do que aquilo que Madison, Mill, Tocqueville ou Humboldt podiam compreender.

O momento da retomada dessa tradição dependerá não só do nosso sucesso em aperfeiçoá-la, mas também da disposição de espírito da nossa geração. Foi rejeitada numa época em que os homens não reconheciam limites à sua ambição, porque é uma crença modesta e até humilde, baseada numa fraca opinião acerca da sabedoria e das capacidades humanas e na ideia de que, dentro dos limites daquilo que podemos planejar, nem a melhor sociedade poderá satisfazer todos os nossos desejos. Está tão longe do perfeccionismo como da pressa e da impaciência do reformador apaixonado, cuja indignação com determinados males o cega muitas vezes para o dano e a injustiça que a realização dos seus planos pode produzir. A ambição, a impaciência e a pressa são, em muitos casos, admiráveis nos indivíduos; mas são prejudiciais se orientarem o poder de coerção e se o aperfeiçoamento depender daqueles que, quando lhes é conferida autoridade, julgam que essa autoridade lhes dá sabedoria superior e, assim, o direito de impor suas crenças aos outros. Espero que a nossa geração tenha aprendido que foi o perfeccionismo, de qualquer tipo, que destruiu frequentemente qualquer

A CONSTITUIÇÃO DA LIBERDADE

nível de decência que as sociedades alcançaram.[9] Com objetivos mais limitados, mais paciência e mais humildade, podemos, de fato, fazer progressos maiores e mais rápidos do que fizemos sob a orientação de "uma confiança orgulhosa e presunçosa na sabedoria transcendente e no discernimento desta época".[10]

## PARTE I

# O valor da liberdade

*Ao longo da história, oradores e poetas louvaram a liberdade, mas nenhum explicou por que a liberdade é tão importante. A nossa atitude em relação a essas questões deveria depender do fato de considerarmos a civilização como fixa ou em evolução. [...] Numa sociedade em evolução, qualquer restrição à liberdade reduz o número de experiências e, assim, diminui o ritmo do progresso. Nesta sociedade, a liberdade de ação é concedida ao indivíduo não porque lhe dê maior satisfação, mas porque, se lhe for permitido seguir o seu próprio caminho, poderá, de maneira geral, servir melhor as outras pessoas do que sob quaisquer ordens que lhe sejam dadas.*

H. B. PHILLIPS

# 1. Liberdade e liberdades

*O mundo nunca teve uma boa definição da liberdade, e o povo americano tem grande necessidade dessa definição. Todos nos posicionamos pela liberdade: mas, embora usemos a mesma palavra, não queremos dizer a mesma coisa... Eis duas coisas não só diferentes, mas também incompatíveis, que têm o mesmo nome: liberdade.*

ABRAHAM LINCOLN

1. Neste livro, pretendemos tratar da condição dos homens na qual a coerção que alguns exercem sobre outros é reduzida ao mínimo possível na sociedade. Descreveremos esse estado como um estado de liberdade.[1] Essa palavra* também tem sido utilizada para descrever muitas outras coisas boas da vida. Por isso, não seria muito útil começar por perguntar o que realmente significa.[2] Seria melhor começar descrevendo a condição a que nos referimos nesta obra e depois considerar os outros significados do termo apenas para melhor definir o sentido que adotamos.

O estado no qual um homem não está sujeito à coerção pela vontade arbitrária de outro ou outros[3] é frequentemente designado como liberdade "individual" ou "pessoal", e usaremos essa expressão sempre que quisermos lembrar o leitor de que é nesse sentido que usamos a palavra "liberdade". Por vezes, o termo "liberdade civil" é usado no mesmo sentido, mas vamos evitá-lo porque pode ser facilmente confundido com aquilo a que se chama "liberdade política" — uma confusão inevitável que decorre do fato de "civil" e "político" derivarem, respetivamente, de termos latinos e gregos com o mesmo significado.[4]

---

* No original, Hayek refere-se aos dois termos sinônimos "freedom" e "liberty". Dada essa sinonímia, manteremos apenas o termo "liberdade" para a tradução de ambos. (N. T.)

## 1. LIBERDADE E LIBERDADES

Essa indicação provisória do significado de "liberdade" descreve um estado que os homens que vivem em sociedade podem esperar alcançar, mas dificilmente poderão realizar plenamente. A tarefa de uma política da liberdade deve consistir, portanto, em minimizar a coerção ou seus efeitos danosos, ainda que não possa eliminá-la por completo.

O sentido de liberdade que adotamos parece ser o significado original do termo.[5] Os homens, pelo menos os europeus, surgiram na história divididos entre livres e não livres; e essa definição tinha um sentido muito distinto. A liberdade dos livres podia variar bastante, mas apenas no sentido de uma independência que o escravo não tinha. Significava sempre a possibilidade de uma pessoa agir de acordo com as próprias decisões e planos, em contraste com a posição do indivíduo que estava irrevogavelmente sujeito à vontade de outrem que, por decisão arbitrária, podia coagi-lo a agir ou a não agir de maneiras específicas. A expressão antiga pela qual essa liberdade era descrita é, portanto, "independência em relação à vontade arbitrária de outrem".

Esse significado mais antigo de "liberdade" foi por vezes descrito como o seu sentido informal; mas quando consideramos toda a confusão que os filósofos provocaram com as tentativas de aperfeiçoar ou melhorar esse significado, é melhor aceitá-lo. No entanto, mais importante que o fato de esse ser o significado original é o fato de se tratar de um significado distinto e de descrever uma única coisa, um estado desejável por motivos diferentes dos que nos levam a desejar outras coisas também chamadas "liberdade". Veremos que, em sentido estrito, essas várias "liberdades" não são espécies diferentes do mesmo gênero, mas, sim, estados completamente diferentes, muitas vezes em conflito entre si, e que, por isso, devem ser vistos como claramente distintos. Embora em alguns dos outros sentidos possa ser legítimo falar de diferentes tipos de liberdade, como as "liberdades em relação a algo" e as "liberdades para", na nossa acepção, a "liberdade" é uma só, que varia em grau, mas não em tipo.

Dessa forma, "liberdade" refere-se apenas a uma relação entre seres humanos[6], que só é infringida pela coerção exercida por homens. Isso significa, em particular, que o leque de possibilidades físicas que uma pessoa pode escolher em dado momento não tem relevância direta para a liberdade. O alpinista que se encontra numa situação difícil e que só vê uma maneira de salvar sua vida é, sem dúvida, livre, embora não se possa dizer que tenha alguma escolha. Além disso, a maioria das pessoas ainda tem em mente o significado original da palavra "livre" para perceber que, se o mesmo alpinista caísse numa fenda e não pudesse sair, só em sentido figurado poderia ser chamado "não livre", e que considerá-lo "privado de liberdade" ou "cativo" seria empregar esses termos num sentido diferente do que é aplicado às relações sociais.[7]

A questão do número de possibilidades de ação em aberto para um indivíduo é, obviamente, muito importante. Mas é diferente de saber até que ponto pode agir seguindo seus planos e suas ações, em que medida o padrão da sua conduta decorre da sua intenção, dirigida para fins que buscava com persistência, e não para necessidades criadas por outros de modo a levarem-no a fazer o que desejam. O fato de ser ou não livre não depende das possibilidades de escolha, mas da possibilidade do indivíduo de determinar a ação de acordo com as suas intenções correntes, ou da possibilidade de outra pessoa ter o poder de manipular as condições a fim de impor a sua vontade. Assim, a liberdade pressupõe que o indivíduo tenha uma esfera privada assegurada, que existam algumas circunstâncias no seu ambiente nas quais os outros não possam interferir.

Essa concepção da liberdade só pode ficar mais consistente depois de termos analisado o conceito de coerção. Faremos isso sistematicamente depois de considerarmos por que razão essa liberdade é tão importante. Mas, ainda antes disso, tentaremos definir melhor o caráter do nosso conceito contrapondo-o com os outros significados adquiridos pelo termo "liberdade". Com o significado original, têm em comum o fato de descreverem estados que a maioria das pessoas considera desejáveis; e existem mais algumas relações entre os diferentes sentidos que explicam por que o mesmo termo é usado para esses significados.[8] A nossa tarefa imediata, porém, deve ser ressaltar as diferenças de forma tão clara quanto possível.

2. O primeiro sentido de "liberdade" a que devemos contrapor o nosso emprego do termo é geralmente reconhecido como distinto. É aquilo a que normalmente se chama "liberdade política", a participação das pessoas na escolha do seu governo, no processo legislativo e no controle da administração. Deriva da aplicação do nosso conceito a grupos de pessoas como um todo que lhes confere uma espécie de liberdade coletiva. Mas, nesse sentido, um povo livre não é necessariamente um povo de homens livres; também não é necessário que uma pessoa partilhe dessa liberdade coletiva para ser livre como indivíduo. Não se pode afirmar que os habitantes do Distrito de Columbia, ou os residentes estrangeiros nos Estados Unidos, ou os muito jovens para terem direito ao voto não desfrutam de liberdade pessoal plena por não partilharem da liberdade política.[9]

Seria também absurdo dizer que os jovens que entram na vida ativa são livres porque deram seu consentimento à ordem social em que nasceram: uma ordem

## 1. LIBERDADE E LIBERDADES

social para a qual não conhecem provavelmente alternativa, e que até uma geração que pensasse de maneira diferente dos pais só poderia mudar depois de chegar à idade adulta. Mas isso não os torna, necessariamente, não livres. A relação que se procura frequentemente entre esse consentimento da ordem política e a liberdade individual é uma das fontes da confusão atual sobre o seu significado. É claro que qualquer um pode "identificar a liberdade... com o processo de participação ativa no poder público e no processo legislativo público".[10] Mas devemos esclarecer que quem fizer essa identificação está falando de um estado que não aquele que nos importa, e que o uso comum da mesma palavra para descrever essas condições diferentes não significa que, em algum sentido, uma seja equivalente ou substituta da outra.[11]

Aqui o perigo de confusão é que esse uso tende a obscurecer o fato de uma pessoa poder votar ou se entregar à escravatura, renunciando assim à liberdade no sentido original. Seria difícil afirmar que o homem que vendeu, de forma voluntária, mas irrevogável, os seus serviços durante muitos anos a uma organização militar como a Legião Estrangeira permaneceria livre na nossa acepção de liberdade; ou que um jesuíta que vive de acordo com os ideais do fundador da sua ordem e que se vê como "um cadáver, sem inteligência nem vontade", possa ser assim considerado.[12] Talvez o fato de termos visto milhões de pessoas votando na dependência total de um tirano tenha feito nossa geração compreender que escolher o próprio governo não significa necessariamente garantir a liberdade. Além disso, não teria sentido discutir o valor da liberdade se qualquer regime aprovado pelo povo fosse, por definição, um regime de liberdade.

A aplicação do conceito de liberdade ao coletivo e não a indivíduos mostra-se clara quando falamos da vontade do povo de se libertar de uma dominação estrangeira e de determinar o próprio destino. Nesse caso, usamos o termo "liberdade" no sentido de ausência de coerção de um povo como um todo. Os defensores da liberdade individual simpatizaram em geral com essas aspirações de liberdade nacional, e isso conduziu à aliança constante, mas incômoda, entre os movimentos liberais e nacionais durante o século XIX. No entanto, embora o conceito de liberdade nacional seja análogo ao de liberdade individual, não é o mesmo; e a luta pela primeira nem sempre promoveu a segunda. Em certos casos, levou as pessoas a preferirem um déspota da sua própria etnia ao governo liberal de uma maioria estrangeira; e, com frequência, providenciou o contexto para restrições cruéis à liberdade individual dos membros das minorias. Ainda que o desejo de liberdade do indivíduo e o desejo de liberdade do grupo a que o indivíduo pertence possam se basear em sentimentos semelhantes, é necessário distinguir claramente as duas concepções.

## A CONSTITUIÇÃO DA LIBERDADE

3. Outro significado diferente de "liberdade" é o de liberdade "interior" ou "metafísica" (por vezes também "subjetiva").[13] Talvez esteja mais relacionada com a liberdade individual e, por isso, seja mais facilmente confundida com esta. Refere-se ao modo como uma pessoa é guiada nas suas ações pela própria vontade ponderada, pela sua razão ou firme convicção, e não por circunstâncias ou impulsos momentâneos. Mas o contrário da "liberdade interior" não é a coerção por outrem, mas, sim, a influência de emoções temporárias, ou a fraqueza moral ou intelectual. Se uma pessoa não consegue fazer aquilo que, após sóbria reflexão, decide fazer, se as suas intenções ou forças a abandonam no momento decisivo e não faz aquilo que ainda deseja fazer, pode dizer-se que "não é livre", que é "escrava das suas paixões". Por vezes, também usamos esses termos quando dizemos que a ignorância ou a superstição impedem que as pessoas façam o que fariam se estivessem mais bem informadas e afirmamos que o "conhecimento liberta".

O fato de uma pessoa ser capaz ou incapaz de fazer uma escolha inteligente entre alternativas ou de aderir a uma resolução por si tomada é um problema distinto do fato de outras pessoas lhe imporem ou não as suas vontades. É claro que têm alguma relação: as mesmas condições que, para alguns, constituem coerção serão, para outros, meras dificuldades banais que têm de ser ultrapassadas, dependendo da força de vontade das pessoas envolvidas. Nesse caso, tanto a "liberdade interior" como a "liberdade" no sentido de ausência de coerção determinarão o uso que uma pessoa pode fazer do seu conhecimento das oportunidades. A razão por que continua a ser muito importante mantê-las distintas é a relação que o conceito de "liberdade interior" tem com a confusão filosófica acerca daquilo a que se chama livre-arbítrio. Poucas crenças fizeram mais para desacreditar o ideal de liberdade do que aquela equivocada segundo a qual o determinismo científico destruiu a base da responsabilidade individual. Mais à frente (no capítulo v), retornaremos a essas questões. Por ora, queremos apenas alertar o leitor para essa confusão particular e para o sofisma relacionado de que somente somos livres se fizermos o que, em certo sentido, devemos fazer.

4. Nenhuma dessas confusões da liberdade individual com diferentes conceitos denotados por esse termo é tão perigosa como a sua confusão com um terceiro emprego da palavra, a que já nos referimos de modo breve: o uso da palavra "liberdade" para descrever a "capacidade física de fazer o que quero"[14], o poder de satisfazer os nossos desejos ou o grau de escolhas das alternativas que nos são apresentadas. Esse tipo de "liberdade" surge nos sonhos de muitas pessoas na forma da ilusão de poderem voar,

## 1. LIBERDADE E LIBERDADES

de se libertarem da gravidade e poderem se mover "livres como um pássaro" para onde quiserem, ou de terem o poder de alterar seu meio ambiente à vontade.

Desde há muito que esse uso metafórico da palavra é comum, mas, até há relativamente pouco tempo, poucas pessoas confundiam seriamente essa "liberdade em relação aos obstáculos", essa liberdade que significa onipotência, com a liberdade individual que pode ser assegurada por qualquer tipo de ordem social. Essa confusão só se tornou perigosa depois de ter sido deliberadamente promovida como parte do argumento socialista. Uma vez admitida tal identificação da liberdade com o poder, deixa de haver limites para os sofismas pelos quais os atrativos da palavra "liberdade" podem ser usados para apoiar medidas que destroem a liberdade individual[15], são infindáveis os artifícios pelos quais as pessoas podem ser levadas a abrir mão da sua liberdade em nome da liberdade coletiva. Esse equívoco permitiu que a ideia de poder coletivo sobre as circunstâncias substituísse a liberdade individual e que, nos Estados totalitários, a liberdade fosse suprimida em nome da liberdade.

A transição do conceito de liberdade individual para o de liberdade como poder foi facilitada pela tradição filosófica que emprega a palavra "restrição", em vez do termo "coerção" que usamos para definir a liberdade. Talvez "restrição" fosse, em certos aspectos, uma palavra mais adequada, desde que lembremos sempre que, no seu sentido estrito, pressupõe a ação de um agente humano restritivo.[16] Nesse sentido, lembra-nos de que a restrição à liberdade consiste, em grande parte, em impedir que as pessoas façam certas coisas, enquanto a "coerção" destaca a ideia de as pessoas serem obrigadas a fazer determinadas coisas. Ambos os aspectos são igualmente importantes: de forma rigorosa, talvez devêssemos definir a liberdade como ausência de restrição e de coerção.[17] Infelizmente, ambos os termos foram também utilizados para descrever influências sobre a ação humana que não decorrem de outras pessoas; e é muito fácil deixar de definir a liberdade como ausência de restrição e passar a defini-la como a "ausência de obstáculos à realização dos nossos desejos"[18] ou, de forma ainda mais geral, como "a ausência de impedimento externo".[19] Isso equivale a interpretá-la como poder efetivo de se fazer o que quiser.

Essa reinterpretação da liberdade é particularmente ameaçadora porque entrou profundamente em uso em alguns dos países onde, de fato, a liberdade individual ainda é em grande parte preservada. Nos Estados Unidos, foi largamente aceita como o fundamento da filosofia política dominante nos círculos "liberais". Líderes intelectuais "progressistas", como J. R. Commons[20] e John Dewey, difundiram uma ideologia na qual a "liberdade é poder, poder efetivo para fazer coisas específicas", e a "exigência de liberdade é a exigência de poder"[21], enquanto a ausência de coerção é apenas "o efeito negativo da liberdade" e "só deve ser apreciada como meio para a Liberdade, que é poder".[22]

5. Essa confusão de liberdade como poder com liberdade no seu sentido original conduz inevitavelmente à identificação de liberdade com riqueza[23]; e isso permite explorar todo o encanto que a palavra "liberdade" contém para apoiar a exigência de redistribuição da riqueza. No entanto, embora liberdade e riqueza sejam coisas boas que a maioria das pessoas deseja, e ainda que necessitemos de ambas para obter o que desejamos, continuam a ser coisas diferentes. O fato de eu poder ser ou não o meu senhor e seguir a minha própria escolha e o fato de as possibilidades que tenho para escolher serem muitas ou poucas são duas questões totalmente diferentes. O cortesão que vive no luxo, mas que está sujeito às ordens e vontades do seu príncipe, pode ser muito menos livre do que um camponês ou artesão pobre, menos capaz de viver a própria vida e de escolher as próprias oportunidades. De forma similar, o general que comanda um exército, ou o diretor de um grande projeto de construção, pode deter enormes poderes, em certos aspectos até incontroláveis, mas pode ser menos livre, mais sujeito a ter de alterar todas as suas intenções ou seus planos por ordem de um superior, menos capaz de mudar a própria vida ou de decidir o que para ele é mais importante do que o camponês ou o pastor mais pobre.

Para que haja alguma clareza na discussão da liberdade, sua definição não deve depender do fato de todos verem ou não esse tipo de liberdade como algo bom. É muito provável que haja pessoas que não prezam a liberdade de que aqui tratamos, que julgam não retirar dela grandes benefícios e que estão dispostas a abrir mão dela para ganhar outras vantagens; até pode ser verdade que a necessidade de agir de acordo com os nossos planos e as nossas decisões é por elas vista mais como um peso do que como uma vantagem. Mas a liberdade pode ser desejável, ainda que nem todas as pessoas possam dela retirar vantagem. Teremos de pensar se o benefício que a maioria retira da liberdade depende do uso das oportunidades que esta lhe oferece e se o fundamento da liberdade se baseia realmente no fato de a maioria das pessoas buscá-la. Pode haver o caso de os benefícios que recebemos da liberdade não decorrerem daquilo que a maioria das pessoas reconhece como sendo os seus efeitos; pode até ser que a liberdade exerça os seus efeitos benéficos tanto pela disciplina que nos impõe como pelas oportunidades mais visíveis que oferece.

Acima de tudo, porém, temos de reconhecer que podemos ser livres, mas miseráveis. A liberdade não significa só coisas boas[24] ou a ausência de todos os males. É verdade que ser livre pode significar liberdade de morrer de fome, de cometer erros graves ou de correr riscos mortais. No sentido em que usamos o termo, o indivíduo em situação de rua que vive de forma precária e à base do improviso constante é, de fato, mais livre do que o soldado alistado com toda a sua segurança e conforto relativos. Mas, portanto, se a liberdade nem sempre pode parecer preferível a outros bens, é um bem distinto que necessita de um nome distinto. E embora "liberdade política" e "liberdade interior" sejam usos alternativos do termo há muito estabelecidos, que, com algum cuidado, podem ser empregados sem causar confusão, é discutível que devamos empregar o uso do termo "liberdade" no sentido de "poder".

Seja como for, porém, devemos evitar a sugestão de que, uma vez que usamos a mesma palavra, essas liberdades são espécies diferentes do mesmo gênero. Isso gera disparates perigosos, uma armadilha verbal que conduz às conclusões mais absurdas.[25] Liberdade no sentido de poder, liberdade política e liberdade interior não são estados do mesmo tipo da liberdade individual: sacrificar um pouco de uma para obter mais da outra não nos permite ganhar um elemento comum de liberdade. Talvez se possa obter alguma coisa boa com essa troca. Mas sugerir que há nelas um elemento comum que nos permite falar do efeito que tal troca tem na liberdade é puro obscurantismo, o tipo mais grosseiro de realismo filosófico que afirma que, por descrevermos essas condições com a mesma palavra, deve haver nelas um elemento comum. Mas as buscamos por razões diferentes, e a sua presença ou ausência tem efeitos diferentes. Se tivermos de escolher entre elas, não poderemos fazê-lo perguntando se a liberdade será aumentada como um todo, mas apenas decidindo a qual desses estados diferentes conferimos mais valor.

6. Muitas vezes afirma-se que o nosso conceito de liberdade é meramente negativo.[26] Isso é verdadeiro no sentido de que a paz também é um conceito negativo, ou de que a segurança, o silêncio ou a ausência de qualquer impedimento ou mal particular são negativos. É a essa classe de conceitos que a liberdade pertence: descreve a ausência de um obstáculo particular — a coerção por outrem. A liberdade só se torna um conceito positivo mediante o que dela fazemos. Não nos garante quaisquer oportunidades especiais, mas nos deixa decidir que uso devemos fazer das circunstâncias em que nos encontramos.

No entanto, enquanto os usos da liberdade são muitos, a liberdade é uma. As liberdades só aparecem quando há falta de liberdade: são os privilégios e as isenções especiais que grupos e indivíduos podem adquirir enquanto os outros são mais ou menos não livres. Historicamente, o caminho para a liberdade conduziu à conquista de liberdades específicas. Mas o fato de nos ser permitido fazer coisas específicas não é liberdade, embora possa ser chamado "uma liberdade"; e enquanto a liberdade é compatível com o fato de não nos ser permitido fazer certas coisas, ela não existe se precisarmos de autorização para a maioria das coisas que podemos fazer. A diferença entre liberdade e liberdades é a mesma que existe entre uma condição em que tudo o que não é proibido pelas regras gerais é permitido e uma condição em que tudo o que não é explicitamente permitido é proibido.

Se olharmos mais uma vez para o contraste elementar entre liberdade e escravidão, vemos claramente que o caráter negativo da liberdade de modo algum reduz seu valor. Já dissemos que o sentido em que aqui empregamos esse termo é o seu significado mais antigo. Será mais fácil determinar o seu significado se olharmos para a diferença real que distinguia a posição de um homem livre da posição de um escravo. Sabemos alguma coisa sobre isso no que diz respeito às condições na mais antiga das comunidades livres: as cidades da Grécia Antiga. Os numerosos decretos encontrados sobre a emancipação de escravos nos dão uma imagem clara dos conceitos essenciais. A aquisição de liberdade conferia regularmente quatro direitos. Em primeiro lugar, os decretos de alforria conferiam ao antigo escravo "estatuto legal como membro protegido da comunidade"; em segundo, "imunidade contra prisão arbitrária"; em terceiro, "direito de trabalhar no que quiser"; em quarto, "direito de movimento de acordo com a sua própria escolha".[27]

A lista contém a maioria do que, nos séculos XVIII e XIX, era visto como sendo as condições essenciais da liberdade. Só omite o direito de deter propriedade porque até o escravo podia gozar desse direito.[28] Com a adição desse direito, a lista passa a conter todos os elementos necessários para proteger um indivíduo da coerção. Mas nada diz sobre as outras liberdades referidas, para não falar de todas as "novas liberdades" que ultimamente têm sido oferecidas como substitutos da liberdade. É claro que um escravo não se tornará livre se obtiver apenas o direito de voto, e nenhum grau de "liberdade interior" o fará deixar de ser escravo — ainda que os filósofos idealistas tenham tentado nos convencer do contrário. Do mesmo modo, nenhum grau de luxo ou conforto ou nenhum poder que possa deter sobre outros homens ou recursos naturais alterará sua dependência da vontade arbitrária do seu senhor. Mas se estiver sujeito apenas às mesmas leis que todos os seus concidadãos, se estiver imune ao confinamento arbitrário, se for livre para escolher o seu trabalho e se lhe for permitido deter ou adquirir propriedade, nenhum homem ou grupo de homens poderá impor-lhe a sua vontade.

7. Nossa definição de liberdade depende do significado do conceito de "coerção" e só será rigorosa depois de definirmos similarmente esse termo. De fato, devemos

# 1. LIBERDADE E LIBERDADES

também dar um significado mais exato a algumas ideias intimamente relacionadas, em especial a arbitrariedade e as regras gerais ou leis. Logicamente, deveríamos fazer agora uma análise similar desses conceitos. Não podemos evitar isso. No entanto, antes de pedir ao leitor que nos acompanhe naquilo que parece ser a tarefa árida de conferir um significado exato aos termos, devemos tentar explicar por que é tão importante a liberdade tal como a definimos. Assim, devemos continuar nosso esforço de busca de uma definição precisa apenas no início da segunda parte deste livro, em que analisaremos os aspectos legais de um regime de liberdade. Por ora, é suficiente fazer algumas observações que antecipam os resultados de uma análise mais sistemática da coerção. Nessa forma resumida, parecerão necessariamente um tanto dogmáticas e terão de ser justificadas mais à frente.

Por "coerção" entendemos o controle do ambiente ou das circunstâncias de uma pessoa por outra de tal maneira que, a fim de evitar um mal maior, essa pessoa é obrigada a agir não de acordo com um plano coerente próprio, mas para servir os objetivos de outrem. Salvo no sentido de escolher o menor dos males numa situação que seja imposta por outrem, a pessoa se torna incapaz de usar a própria inteligência e o seu conhecimento, ou de seguir os próprios objetivos e as suas convicções. A coerção é maléfica exatamente porque elimina assim um indivíduo como pessoa que pensa e avalia e faz dele um mero instrumento para a realização dos fins de outrem. A ação livre, na qual uma pessoa persegue os próprios objetivos pelos meios que o próprio conhecimento lhe indica, deve se basear em dados que não podem ser moldados à vontade pelos outros. Pressupõe a existência de uma esfera conhecida na qual as circunstâncias não podem ser moldadas por outrem de modo que a pessoa fique apenas com a alternativa limitada por outros.

Contudo, a coerção não pode ser totalmente evitada, pois a única maneira de evitá-la é por meio da ameaça de coerção.[29] A sociedade livre lidou com esse problema conferindo o monopólio da coerção ao Estado[30] e tentando limitar o poder do Estado a instâncias em que este é necessário para impedir a coerção exercida por indivíduos privados. Isso só é possível se o Estado proteger as esferas privadas conhecidas contra a interferência de outros e se delimitar essas esferas privadas não por designação específica, mas pela criação de condições nas quais o indivíduo possa determinar a própria esfera, seguindo normas que descrevem o que o governo fará em diferentes tipos de situações.

A coerção que o governo deve usar para esse fim é reduzida ao mínimo, tornando-se tão inofensiva quanto possível, restringida por regras gerais conhecidas, de maneira que, na maioria das instâncias, o indivíduo nunca precise ser coagido, a não ser

## A CONSTITUIÇÃO DA LIBERDADE

que se coloque numa posição em que sabe que o será. Mesmo quando a coerção não é evitável, é privada dos seus efeitos mais nocivos ao ser confinada a deveres limitados e previsíveis ou, pelo menos, transformada independente da vontade arbitrária de outras pessoas. Sendo impessoal e dependente de regras gerais e abstratas, cujo efeito sobre os indivíduos não pode ser previsto no momento em que são estabelecidas, até os atos coercivos do governo se tornam dados nos quais o indivíduo pode basear os próprios planos. A coerção de acordo com regras conhecidas, que é geralmente o resultado de circunstâncias em que a pessoa coagida se colocou, torna-se então um instrumento que ajuda os indivíduos na perseguição dos seus objetivos, e não um meio para ser usado para os objetivos de outros.

# 2. Os poderes criativos de uma civilização livre

*A civilização avança graças à ampliação do número de operações importantes que podemos realizar sem pensar. As operações de pensamento são como cargas de cavalaria numa batalha — são estritamente limitadas em número, requerem cavalos robustos e devem ser feitas apenas em momentos decisivos.*

ALFRED NORTH WHITEHEAD

1. A máxima socrática segundo a qual o reconhecimento da nossa ignorância é o começo da sabedoria tem um significado profundo para o nosso entendimento da sociedade. Para isso, o primeiro requisito é tomar consciência da ignorância necessária do homem acerca de muitas coisas que o ajudam a alcançar seus objetivos. A maioria das vantagens da vida social, em especial nas suas formas mais avançadas a que chamamos "civilização", reside no fato de o indivíduo se beneficiar de mais conhecimento do que aquilo de que tem consciência. Pode-se dizer que a civilização começa quando o indivíduo, na busca dos seus objetivos, pode fazer uso de mais conhecimento do que aquele que adquiriu e quando transcende os limites da sua ignorância, tirando partido de conhecimento que ele próprio não tem.

Esse fato fundamental da ignorância inevitável do homem a respeito de muitas das bases em que se assenta a civilização tem recebido pouca atenção. Os filósofos e os estudiosos da sociedade menosprezam geralmente essa ignorância, tratando-a como uma pequena imperfeição irrelevante. No entanto, embora as discussões de problemas morais ou sociais baseadas na ideia do conhecimento perfeito possam ocasionalmente ser úteis em um exercício preliminar de lógica, têm pouca utilidade em uma explicação do mundo real. Seus problemas são dominados pela "dificuldade prática" de o nosso conhecimento estar, de fato, muito longe da perfeição. Talvez seja natural que os cientistas tendam a destacar o que conhecemos; mas no campo social, onde aquilo que não conhecemos é geralmente muito mais importante, o efeito

A CONSTITUIÇÃO DA LIBERDADE

dessa tendência pode ser bastante enganador. Muitas das construções utópicas são inúteis porque seguem a orientação de teóricos que pensam que nosso conhecimento é perfeito.

No entanto, temos de admitir que a nossa ignorância é um assunto particularmente difícil de analisar. Em princípio, pode até parecer impossível, por definição, falar de modo racional acerca disso. É claro que não podemos falar de forma inteligente de algo que desconhecemos. Ainda que não tenhamos as respostas, pelo menos temos de ser capazes de formular as questões. Isso requer algum conhecimento genuíno do tipo de mundo que estamos analisando. Para compreender como a sociedade funciona, temos de tentar definir a natureza geral e o nível da nossa ignorância a seu respeito. Apesar de não conseguirmos ver no escuro, temos de ser capazes de traçar os limites das zonas escuras.

O efeito enganador da abordagem comum se revela claro se analisarmos o significado da afirmação de que o homem criou a sua civilização e que, portanto, também pode mudar as suas instituições como quiser. Essa afirmação só se justificaria se o homem tivesse criado deliberadamente a civilização compreendendo plenamente o que estava fazendo ou se, pelo menos, soubesse claramente como essa civilização se conservava. Em certo sentido, é verdade que o homem criou a sua civilização. É o produto das suas ações, ou melhor, da ação de algumas centenas de gerações. No entanto, isso não significa que a civilização seja o produto de um desígnio humano ou que o homem saiba do que depende o seu funcionamento ou a sua existência continuada.[1]

Toda a ideia de que o homem já nasce dotado de uma mente capaz de conceber e criar a civilização é fundamentalmente falsa. O homem não impôs simplesmente ao mundo um modelo criado pela sua mente. A civilização é um sistema em constante mudança como resultado do seu esforço de se adaptar ao ambiente. Seria um erro pensar que, para alcançar uma civilização mais elevada, basta pôr em prática as ideias que agora nos guiam. Para evoluirmos, temos de permitir uma revisão contínua das nossas concepções e dos ideais atuais, exigida pela experiência futura. Somos tão incapazes de imaginar como será, ou poderá ser, a civilização daqui a quinhentos anos ou cinquenta anos como os nossos antepassados medievais ou os nossos avós eram incapazes de prever o nosso estilo de vida atual.[2]

A ideia de que o homem constrói deliberadamente a sua civilização decorre de um intelectualismo errado, que vê a razão humana como algo externo à natureza e provido de conhecimento e de capacidade de raciocínio independentes da experiência. Mas a evolução da mente humana faz parte da evolução da civilização; é o

## 2. OS PODERES CRIATIVOS DE UMA CIVILIZAÇÃO LIVRE

estado da civilização em dado momento que determina a dimensão e as possibilidades dos objetivos e valores humanos. A mente nunca pode prever a própria evolução. Embora devamos lutar sempre pela concretização dos nossos objetivos, temos também de deixar que as experiências e os acontecimentos futuros decidam quais desses objetivos serão concretizados.

Pode ser exagero afirmar, como fez um antropólogo moderno, que "não é o homem que controla a cultura, mas, sim, o contrário"; mas vale a pena lembrar que, segundo ele, "só a nossa ignorância profunda e total da natureza da cultura permite que acreditemos que a orientamos e a controlamos".[3] Sugere pelo menos uma correção importante para a concepção intelectualista. Sua advertência nos ajuda a formar uma imagem mais autêntica da interação constante entre a nossa luta consciente por aquilo que o nosso intelecto julga concretizável e as operações das instituições, tradições e dos costumes que, em conjunto, produzem normalmente algo muito diferente daquilo que pretendíamos.

Há duas instâncias importantes em que o conhecimento consciente que orienta as ações dos indivíduos constitui apenas parte das condições que lhe permitem alcançar seus objetivos. Em primeiro lugar, há o fato de a mente do homem ser um produto da civilização em que ele cresceu, sem se dar conta de grande parte da experiência que a moldou — experiência que ele adquire por estar incorporada nos costumes, nas convenções, língua e crenças morais que fazem parte da sua constituição. Em segundo, há a consideração de que o conhecimento que qualquer mente individual manipula conscientemente é apenas uma pequena parte do conhecimento que contribui sempre para o sucesso da sua ação. Quando pensamos no modo como o conhecimento detido pelas outras pessoas é uma condição essencial para a busca bem-sucedida dos nossos objetivos individuais, a magnitude da nossa ignorância acerca das circunstâncias de que dependem os resultados da nossa ação parece desconcertante. O conhecimento só existe como conhecimento dos indivíduos. Falar do conhecimento da sociedade como um todo é apenas uma metáfora. A soma do conhecimento de todos os indivíduos não existe em nenhum lugar como um todo integrado. O grande problema é perceber como todos podemos aproveitar esse conhecimento, que só existe disperso, na forma das crenças separadas, parciais e às vezes contraditórias de todos os homens.

Em outras palavras, é sobretudo porque a civilização nos permite usufruir constantemente do conhecimento que individualmente não temos e porque o uso que cada indivíduo faz do seu conhecimento particular pode servir para ajudar outros desconhecidos na concretização dos seus objetivos, que os homens, como membros

A CONSTITUIÇÃO DA LIBERDADE

de uma civilização avançada, podem perseguir seus objetivos individuais com mais sucesso do que se tentassem sozinhos. Sabemos pouco acerca dos fatos específicos a que toda atividade social se ajusta continuamente para nos oferecer aquilo que aprendemos a esperar. Sabemos ainda menos acerca das forças que produzem esse ajustamento, coordenando de forma apropriada a atividade individual. E a nossa atitude, quando descobrimos o quão pouco sabemos daquilo que nos faz cooperar, é, de modo geral, de ressentimento, e não de admiração ou de curiosidade. Muito do nosso desejo impetuoso e ocasional de partir todo o maquinismo complexo da civilização se deve a essa incapacidade do homem de compreender o que está fazendo.

2. Contudo, a identificação da evolução da civilização com a evolução do conhecimento seria muito enganadora se por "conhecimento" entendêssemos apenas o conhecimento consciente e explícito dos indivíduos, o conhecimento que nos permite afirmar que isso ou aquilo é dessa ou daquela forma.[4] Esse conhecimento também não pode se limitar ao conhecimento científico. Para a compreensão da nossa tese, mais à frente, é importante lembrar que, ao contrário de uma ideia popular[5], o conhecimento científico não esgota sequer todo o conhecimento explícito e consciente usado constantemente pela sociedade. Os métodos científicos da busca de conhecimento não são capazes de satisfazer todas as necessidades da sociedade a respeito de conhecimento explícito. Nem todo o conhecimento dos fatos específicos em mudança constante que o homem usa continuamente se presta à organização ou à exposição sistemática; boa parte desse conhecimento existe apenas de forma dispersa entre inúmeros indivíduos. O mesmo se aplica à parte importante do conhecimento especializado que não é um conhecimento substantivo, mas apenas conhecimento acerca de onde e como encontrar a informação necessária.[6] No entanto, para o nosso propósito, o mais importante não é essa distinção entre diferentes tipos de conhecimento racional; e, quando falarmos de conhecimento explícito, agruparemos esses diferentes tipos.

A evolução do conhecimento e a evolução da civilização só são as mesmas se virmos o conhecimento incluindo todas as adaptações humanas ao meio ambiente no qual foi incorporada a experiência passada. Nesse sentido, nem todo conhecimento faz parte do nosso intelecto, nem nosso intelecto constitui todo o nosso conhecimento. Os nossos hábitos e as nossas aptidões, as nossas atitudes emocionais, ferramentas e instituições são, nesse sentido, adaptações da experiência passada que evoluíram por meio da eliminação seletiva do comportamento menos adequado. São um fundamento tão indispensável para o êxito da ação como o nosso conhecimento

## 2. OS PODERES CRIATIVOS DE UMA CIVILIZAÇÃO LIVRE

consciente. Nem todos esses fatores não racionais subjacentes à nossa ação conduzem sempre ao sucesso. Alguns permanecem muito depois de perderem a utilidade, tornando-se mais um obstáculo do que uma ajuda. No entanto, não podemos passar sem eles: até o uso bem-sucedido do nosso intelecto depende do seu uso constante.

O homem se orgulha da ampliação do seu conhecimento. Contudo, como resultado daquilo que ele próprio criou, as limitações do seu conhecimento consciente e, portanto, o nível de ignorância significante para a sua ação consciente têm aumentado de forma constante. Desde o início da ciência moderna que as melhores mentes reconhecem que "o nível da ignorância reconhecida aumentará com o avanço da ciência".[7] Infelizmente, o efeito popular desse progresso científico tem sido a crença, aparentemente partilhada por muitos cientistas, de que o nível da nossa ignorância está diminuindo de forma constante e que, portanto, podemos almejar um controle mais abrangente e deliberado de todas as atividades humanas. Por isso, os intoxicados pelo progresso do conhecimento se tornam geralmente inimigos da liberdade. Embora a ampliação do nosso conhecimento da natureza revele constantemente novos domínios de ignorância, o aumento da complexidade da civilização permitido por esse conhecimento apresenta novos obstáculos para a compreensão intelectual do mundo que nos rodeia. Quanto mais os humanos conhecem, mais se reduz a parte do conhecimento que cada mente pode absorver. Quanto mais civilizados nos tornamos, mais o indivíduo desconhece os fatos de que depende o funcionamento da sua civilização. A própria divisão do conhecimento aumenta a ignorância necessária do indivíduo acerca de grande parte desse conhecimento.

3. Quando falamos da transmissão e comunicação do conhecimento, nos referíamos aos dois aspectos do processo de civilização que já distinguimos: a transmissão, ao longo do tempo, do nosso conhecimento acumulado; e a comunicação entre contemporâneos da informação em que baseiam as suas ações. Esses dois aspectos não podem ser claramente separados porque os instrumentos de comunicação entre contemporâneos fazem parte da herança cultural que o homem utiliza constantemente na busca dos seus objetivos.

Estamos bem familiarizados com esse processo de comunicação do conhecimento no campo da ciência — uma vez que mostra as leis gerais da natureza e as características concretas do mundo em que vivemos. No entanto, embora essa seja a parte mais visível do conhecimento e a parte principal daquilo que necessariamente conhecemos, no sentido informal de "conhecer", constitui apenas uma parte; pois, além disso, dispomos de muitos instrumentos — no sentido mais lato do termo

A CONSTITUIÇÃO DA LIBERDADE

— desenvolvidos pelo homem e que nos permitem lidar com o nosso meio ambiente. Esse é o resultado e o legado da experiência de gerações sucessivas. E, quando existe um instrumento mais eficiente, será utilizado sem sabermos por que razão é melhor ou sequer se existem alternativas.

Esses "instrumentos" que o homem desenvolveu e que constituem uma parte muito importante da sua adaptação ao seu ambiente incluem muito mais do que avanços materiais. Em grande medida, consistem em formas de conduta que o homem segue habitualmente sem saber por quê; consistem naquilo a que chamamos "tradições" e "instituições", que ele usa porque lhe estão disponíveis como o produto do crescimento cumulativo sem alguma vez terem sido concebidas por uma mente. De modo geral, o homem desconhece não só por que razão utiliza certos tipos de instrumentos em detrimento de outros, mas também as coisas que dependem da forma das suas ações. Normalmente, desconhece de que modo o sucesso dos seus esforços é determinado pela sua conformidade a hábitos de que não tem sequer consciência. É provável que isso se aplique tanto ao homem civilizado como ao homem primitivo. Juntamente com o aumento do conhecimento consciente, há sempre um acúmulo igualmente importante de instrumentos nesse sentido lato, de maneiras testadas e geralmente adotadas de fazer as coisas.

Neste momento, nosso interesse não é tanto o conhecimento assim legado ou a formação de novos instrumentos que serão usados no futuro, mas, sim, a maneira como a experiência atual é utilizada para ajudar aqueles que dela não retiram vantagens diretas. Tanto quanto possível, deixaremos o progresso ao longo do tempo para o capítulo seguinte e nos concentraremos aqui no modo como o conhecimento disperso e as diferentes aptidões, os diversos hábitos e as oportunidades dos membros individuais da sociedade contribuem para o ajustamento das suas atividades a circunstâncias em constante mudança.

Qualquer mudança das condições produzirá necessariamente mudança na utilização dos recursos, na direção e no tipo de atividades humanas, nos hábitos e nas práticas. E cada mudança nas ações dos primeiros afetados exigirá mais ajustes, que, de forma gradual, se estenderão a toda a sociedade. Assim, em certo sentido, cada mudança cria um "problema" para a sociedade, ainda que nenhum indivíduo a perceba como tal; e é gradualmente "resolvido" pelo estabelecimento de um novo ajuste geral. Os que participam no processo não percebem bem por que agem de certo modo, e não há forma de prever quem será, a cada passo, o primeiro a tomar a medida adequada ou que combinações específicas de conhecimentos e aptidões, atitudes pessoais e circunstâncias sugerirão a um homem a resposta adequada, ou através de

## 2. OS PODERES CRIATIVOS DE UMA CIVILIZAÇÃO LIVRE

que canais será o seu exemplo transmitido a outros que o seguirão. É difícil conceber todas as combinações de conhecimentos e aptidões que passam a atuar e das quais decorre a descoberta de práticas ou dispositivos adequados que geralmente podem depois ser adotados. No entanto, dos inúmeros passos humildes dados por pessoas anônimas enquanto fazem coisas familiares em circunstâncias alteradas nascem os exemplos que prevalecerão. São tão importantes quanto as principais inovações intelectuais que são explicitamente reconhecidas e comunicadas enquanto tais.

Saber quem detém a combinação certa de aptidões e oportunidades para encontrar a melhor solução é tão pouco previsível quanto saber por meio de que modo ou processo tipos diferentes de conhecimentos e aptidões se combinarão para produzir uma solução para o problema.[8] A combinação certa de conhecimento e aptidão não é escolhida por deliberação comum, por pessoas que procuram uma solução para os seus problemas por meio de um esforço conjunto[9]; é o produto de indivíduos que imitam os que tiveram mais êxito e que foram orientados por sinais e símbolos, como os preços oferecidos pelos seus produtos ou expressões de aprovação moral ou estética por terem observado normas de conduta — em suma, por terem se baseado nos resultados das experiências de outros.

O essencial para o funcionamento do processo é que cada indivíduo possa agir de acordo com o seu conhecimento particular, sempre único, pelo menos no que se refere a algumas circunstâncias particulares, e que possa utilizar as suas aptidões individuais e oportunidades dentro dos limites que conhece e para os seus objetivos individuais.

4. Chegamos agora ao ponto em que a principal tese deste capítulo ficará compreensível. Trata-se da ideia de que a liberdade individual se baseia sobretudo no reconhecimento da ignorância inevitável de todos nós a respeito de muitos dos fatores de que dependem a realização dos nossos objetivos e nosso bem-estar.[10]

Se existissem homens oniscientes, se pudéssemos conhecer não só tudo o que afeta a realização dos nossos desejos atuais, mas também nossas necessidades e desejos futuros, não haveria grandes argumentos em defesa da liberdade. E, por seu lado, a liberdade do indivíduo tornaria obviamente impossível uma previsão completa. A liberdade é essencial para permitir o imprevisível; a queremos porque aprendemos a esperar dela a oportunidade de concretizar muitos dos nossos objetivos. Porque o indivíduo sabe tão pouco e, em particular, porque raramente sabemos quem de nós sabe mais, confiamos nos esforços independentes e competitivos de muitos para induzir o surgimento daquilo que iremos querer quando o virmos.

## A CONSTITUIÇÃO DA LIBERDADE

Por muito humilhante que possa ser para o orgulho humano, temos de reconhecer que o progresso e até a preservação da civilização dependem de um máximo de oportunidades para que as casualidades aconteçam.[11] Essas casualidades ocorrem na combinação de conhecimentos e atitudes, aptidões e hábitos, adquiridos por indivíduos, bem como quando homens qualificados se confrontam com circunstâncias particulares para as quais estão bem preparados. A nossa ignorância necessária a respeito de muitas coisas significa que temos de lidar sobretudo com probabilidades e acasos.

Obviamente, tanto na vida social como individual, é verdade que os acasos favoráveis não costumam acontecer. Temos de nos preparar para eles.[12] Mas continuam a ser acasos e não se tornam certezas. Envolvem riscos deliberadamente corridos, o fracasso possível de indivíduos e grupos que têm tanto mérito quanto os outros que prosperam, a possibilidade de um fracasso grave ou de um retrocesso, até para a maioria, e apenas uma grande probabilidade de ganho efetivo. Tudo o que podemos fazer é aumentar a probabilidade de alguma constelação de dons individuais e de circunstâncias resultar na criação de algum novo instrumento ou no aperfeiçoamento de um antigo, e aumentar a hipótese de que essas inovações se tornem rapidamente conhecidas por aqueles que delas podem se beneficiar.

Todas as teorias políticas pressupõem, evidentemente, que a maioria dos indivíduos é muito ignorante. Aqueles que defendem a liberdade diferem dos outros porque se incluem entre os ignorantes e também porque incluem os mais sábios. Comparada com a totalidade do conhecimento que é continuamente utilizado na evolução de uma civilização dinâmica, a diferença entre o conhecimento que o indivíduo mais sábio e o mais ignorante podem utilizar de forma deliberada é relativamente insignificante.

O argumento clássico em defesa da tolerância formulado por John Milton e John Locke, reafirmado por John Stuart Mill e Walter Bagehot, se baseia, obviamente, no reconhecimento da nossa ignorância. É uma aplicação especial de considerações gerais permitidas por uma perspectiva não racionalista sobre o funcionamento da nossa mente. Ao longo deste livro, veremos que, embora não tenhamos normalmente consciência disso, todas as instituições da liberdade são adaptações a esse fato fundamental da ignorância para lidar com acasos e probabilidades, não com a certeza. Não podemos alcançar a certeza nas questões humanas, e é por isso que, para darmos o melhor uso ao conhecimento que temos, precisamos aderir a regras que a experiência mostrou servirem bem em termos gerais, embora não saibamos quais serão as consequências de obedecer a elas em instâncias específicas.[13]

46

5. O homem aprende pela desilusão das suas expectativas. Seria inútil dizer que não devemos aumentar a imprevisibilidade dos acontecimentos com instituições humanas tolas. Tanto quanto possível, o nosso objetivo deve consistir em melhorar as instituições humanas a fim de aumentar as hipóteses de termos previsões corretas. Acima de tudo, porém, devemos proporcionar o máximo de oportunidades para que indivíduos desconhecidos aprendam fatos que ainda desconhecemos e utilizem esse conhecimento nas suas ações.

É graças aos esforços mutuamente ajustados de muitas pessoas que se pode utilizar mais conhecimento do que o adquirido por um indivíduo ou possível de sintetizar intelectualmente; e é graças a essa utilização do conhecimento disperso que se tornam possíveis realizações superiores às que uma mente única poderia prever. É porque a liberdade significa a renúncia ao controle direto dos esforços individuais que uma sociedade livre pode utilizar mais conhecimento do que aquele que a mente do governante mais sábio poderia compreender.

Dessa premissa do argumento em defesa da liberdade segue-se que não poderemos alcançar os seus objetivos se confinarmos a liberdade às instâncias particulares em que sabemos que será benéfica. A liberdade concedida apenas quando se sabe de antemão que os seus efeitos serão benéficos não é liberdade. Se soubéssemos como a liberdade seria usada, grande parte do argumento em sua defesa desapareceria. Nunca obteremos os benefícios da liberdade, nunca obteremos os novos desenvolvimentos imprevistos para os quais oferece oportunidades, se não for também concedida nos casos em que a sua utilização por alguns não pareça desejável. Portanto, o fato de sofrer abusos frequentes não é um argumento contra a liberdade individual. A liberdade significa necessariamente que muitas coisas de que não gostamos serão feitas. Nossa fé na liberdade não se assenta nos resultados previsíveis em circunstâncias particulares, mas na crença de que, no fim, libertará mais forças do bem do que do mal.

Segue-se também que a importância de sermos livres para realizar uma ação específica nada tem a ver com a questão de nós, ou a maioria, podermos alguma vez utilizar essa possibilidade particular. Conceder apenas o grau de liberdade que todos podem exercer seria interpretar sua função de maneira totalmente errada. A liberdade utilizada apenas por um homem entre 1 milhão pode ser mais importante para a sociedade e mais benéfica para a maioria do que qualquer liberdade que todos possamos exercer.[14]

Poderia até se dizer que quanto menor for a probabilidade de utilizar a liberdade para fazer uma coisa específica, mais preciosa será para a sociedade como um todo. Quanto menor a probabilidade da oportunidade, mais grave será perdê-la quando surgir, pois a experiência que oferece será quase única. Também pode ser verdade que a maioria das pessoas não está diretamente interessada em grande parte das coisas importantes que qualquer pessoa devia ter a liberdade de fazer. A importância da liberdade se deve ao fato de não sabermos como os indivíduos a utilizarão. Caso contrário, os resultados da liberdade também poderiam ser alcançados se a maioria decidisse o que os indivíduos deviam fazer. No entanto, a ação da maioria está necessariamente limitada ao que já foi tentado e confirmado, a questões acerca das quais já se chegou a um acordo no processo de discussão que deve ser precedido por diferentes experiências e ações por parte de diferentes indivíduos.

Os benefícios que retiro da liberdade são, pois, em grande parte, o resultado dos usos da liberdade por outros e principalmente dos usos da liberdade que eu nunca poderia exercer. Por isso, o mais importante para mim não é a liberdade que eu próprio posso exercer. Não há dúvida de que é mais importante que qualquer coisa possa ser experimentada por alguém do que todos poderem fazer as mesmas coisas. Não é por gostar de poder fazer determinadas coisas nem por entender uma liberdade específica como essencial para a nossa felicidade que temos direito à liberdade. O instinto que faz nos revoltarmos contra qualquer restrição física, embora seja um aliado útil, nem sempre é um guia seguro para justificar ou delimitar a liberdade. O importante não é a liberdade que eu gostaria pessoalmente de exercer, mas a liberdade de que algumas pessoas podem necessitar para realizar coisas benéficas para a sociedade. Só podemos assegurar essa liberdade a uma pessoa desconhecida se a concedermos a todos.

Os benefícios da liberdade, portanto, não estão limitados aos indivíduos livres — ou, pelo menos, um indivíduo não se beneficia apenas dos aspectos da liberdade dos quais ele próprio tira vantagem. Não há dúvida de que, na história, as maiorias não livres se beneficiaram da existência de minorias livres e que, hoje, as sociedades não livres se beneficiam daquilo que obtêm e aprendem com as sociedades livres. É claro que os benefícios que retiramos da liberdade de outros se tornam maiores quando aumenta o número dos que exercem a liberdade. A defesa da liberdade de alguns, portanto, aplica-se à liberdade de todos. Mas ainda é melhor que alguns sejam livres do que ninguém, e que muitos gozem de liberdade plena do que todos terem uma liberdade limitada. A questão principal é que a importância da liberdade de fazer determinadas coisas nada tem a ver com o número de pessoas que querem fazê-las: pode até ser uma proporção inversa. Uma consequência disso é que uma sociedade pode estar presa a controles, embora a grande maioria possa não ter consciência de que a sua liberdade foi fortemente limitada. Se partíssemos do pressuposto de que só

## 2. OS PODERES CRIATIVOS DE UMA CIVILIZAÇÃO LIVRE

os exercícios de liberdade que a maioria pratica são importantes, criaríamos certamente uma sociedade estagnada com todas as características da falta de liberdade.

6. As inovações imprevistas que surgem constantemente no processo de adaptação consistirão, em primeiro lugar, em novas disposições ou modelos nos quais os esforços de diferentes indivíduos são coordenados e em novas organizações para a utilização dos recursos, por natureza tão temporárias como as condições específicas que as evocaram. Em segundo, haverá modificações de instrumentos e instituições adaptados às novas circunstâncias. Algumas serão apenas adaptações temporárias às condições do momento, enquanto outras serão aperfeiçoamentos que aumentam a versatilidade dos instrumentos e usos existentes, e que, por isso, serão conservadas. Essas constituirão uma melhor adaptação não só às circunstâncias específicas do tempo e do lugar, mas também a alguma característica permanente do nosso meio ambiente. Nessas "formações" espontâneas[15] está incorporada uma percepção das leis gerais que regem a natureza. Com essa incorporação cumulativa da experiência em instrumentos e formas de ação, surgirá um aumento do conhecimento explícito, de regras genéricas formuladas que podem ser comunicadas pela linguagem de pessoa para pessoa.

Esse processo pelo qual surge o novo pode ser mais bem entendido na esfera intelectual quando os resultados são ideias novas. É o campo em que a maioria de nós está consciente pelo menos de alguns dos passos individuais do processo, em que sabemos necessariamente o que está acontecendo e, assim, reconhecemos geralmente a necessidade de liberdade. A maioria dos cientistas compreende que não podemos planejar o avanço do conhecimento, que, na viagem ao desconhecido — que é o que constitui a pesquisa —, estamos em grande medida dependentes dos caprichos de gênios individuais e da circunstância, e que o progresso científico, como uma nova ideia que surgirá numa mente, será o resultado de uma combinação de concepções, hábitos e circunstâncias que a sociedade confere a uma pessoa, o resultado tanto de acidentes felizes como de um esforço sistemático.

Dado que estamos mais conscientes de que os nossos avanços na esfera intelectual decorrem frequentemente do imprevisto e não planejado, tendemos a superestimar a importância da liberdade nesse campo e a ignorar a importância da liberdade de *fazer* coisas. Mas a liberdade de pesquisa e de crença, bem como a liberdade de expressão e de discussão, cuja importância é geralmente compreendida, somente são significativas na última fase do processo em que são descobertas novas verdades. Enaltecer o valor da liberdade intelectual à custa do valor da liberdade de agir seria

## A CONSTITUIÇÃO DA LIBERDADE

como tomar o topo de um edifício pelo todo. Temos novas ideias para discutir, opiniões para ajustar, pois essas ideias e opiniões decorrem dos esforços de indivíduos em circunstâncias sempre novas, que, nas suas tarefas concretas, usam os novos instrumentos e as formas de ação que aprenderam.

A parte não intelectual desse processo — a formação do ambiente material modificado em que surge o novo — requer, para a sua compreensão e apreciação, um esforço muito maior de imaginação do que os fatores destacados pela perspectiva intelectualista. Embora, por vezes, possamos identificar os processos intelectuais que conduziram a uma nova ideia, nunca poderemos reconstruir a sequência e a combinação das contribuições que não conduziram à aquisição do conhecimento explícito; nunca poderemos reconstruir os hábitos favoráveis e as aptidões empregadas, os meios e as oportunidades usados e o ambiente específico dos principais agentes que favoreceram o resultado. Nossos esforços de compreensão do processo se limitam a mostrar, em modelos simplificados, o tipo de forças em ação e a apontar para o princípio geral, em vez de para o caráter específico das influências em funcionamento.[16] Os homens se interessam sempre só pelo que conhecem. Por isso, as características que, durante o processo, não são conscientemente conhecidas são normalmente ignoradas e provavelmente nunca poderão ser identificadas em detalhe.

De fato, essas características inconscientes não só são normalmente ignoradas, como também costumam ser tratadas como se fossem mais um estorvo do que uma ajuda ou uma condição essencial. Dado que não são "racionais" no sentido de entrarem explicitamente no nosso raciocínio, são normalmente vistas como irracionais no sentido de se oporem à ação inteligente. No entanto, ainda que muitos dos elementos não racionais que afetam a nossa ação possam ser irracionais nesse sentido, muitos dos "meros hábitos" e "instituições sem sentido" que utilizamos e pressupomos nas nossas ações são condições essenciais para a realização dos nossos objetivos; são adaptações bem-sucedidas da sociedade constantemente aperfeiçoadas e das quais depende aquilo que podemos realizar. Embora seja importante descobrir os seus defeitos, não poderíamos avançar sem recorrer a elas de forma constante.

A maneira como aprendemos a organizar o nosso dia, nos vestir, comer, arrumar a casa, falar e escrever e utilizar os outros inúmeros instrumentos e desenvolvimentos da civilização, tal como o *know-how* da produção e do comércio, fornece-nos constantemente as fundações em que devem se basear nossas contribuições para o processo de civilização. E é no novo uso e aperfeiçoamento dos meios oferecidos pela civilização que surgem ideias novas que serão usadas na esfera intelectual. Ainda que a manipulação consciente do pensamento abstrato, uma vez iniciado, tenha até

## 2. OS PODERES CRIATIVOS DE UMA CIVILIZAÇÃO LIVRE

certo ponto vida própria, não poderia perdurar nem se desenvolver sem os desafios constantes que surgem da capacidade das pessoas de agir de uma nova maneira, de experimentar novas maneiras de fazer coisas e de alterar toda a estrutura da civilização para se adaptar à mudança. Com efeito, o processo intelectual é apenas um processo de elaboração, seleção e eliminação de ideias já formadas. E o fluxo de novas ideias, em grande medida, nasce da esfera na qual a ação, em muitos casos não racional, e os acontecimentos materiais se influenciam mutuamente. Se a liberdade fosse confinada à esfera intelectual, esse fluxo estancaria.

Por conseguinte, a importância da liberdade não depende do caráter elevado das atividades por ela possibilitadas. A liberdade de ação, mesmo nas coisas humildes, é tão importante quanto a liberdade de pensamento. Tornou-se prática comum desvalorizar a liberdade de ação chamando-lhe "liberdade econômica".[17] No entanto, o conceito de liberdade de ação é muito mais lato do que o de liberdade econômica, que ele engloba; e, ainda mais importante, é muito duvidoso que haja ações que possam ser apelidadas de meramente "econômicas" e que as restrições à liberdade possam se limitar àquilo a que se chama aspectos meramente "econômicos". As considerações econômicas são apenas aquelas pelas quais conciliamos e ajustamos nossos diferentes objetivos, nenhum dos quais, em última análise, econômico (à exceção dos objetivos do avarento ou do homem para quem ganhar dinheiro se tornou um fim em si mesmo).[18]

7. Grande parte daquilo que dissemos até agora se aplica não só ao uso que o homem dá aos meios para alcançar os seus objetivos, mas também a esses mesmos objetivos. Uma das características da sociedade livre é que os objetivos dos homens estão em aberto[19], podem nascer novos objetivos de esforço consciente, primeiro em poucos indivíduos, tornando-se, com o tempo, os objetivos da maioria. É verdade que temos de reconhecer que mesmo o que se considera como bom ou belo pode mudar — se não de uma forma reconhecível que nos permita adotar uma posição relativista, pelo menos no sentido em que, em muitos aspectos, não sabemos o que será visto como bom ou belo por outra geração. Também não sabemos por que razão vemos isso ou aquilo como bom ou quem tem razão quando as pessoas divergem acerca de se algo é ou não bom. É não apenas no seu conhecimento, mas também nos seus objetivos e valores, que o homem é criatura da civilização; em última análise, é a importância desses desejos individuais para a perpetuação do grupo ou da espécie que determinará se permanecem ou se mudam. Obviamente, é um erro acreditar que podemos retirar conclusões acerca de quais devem ser os nossos valores apenas porque percebemos que são um produto da evolução. Mas não podemos duvidar de que esses valores

A CONSTITUIÇÃO DA LIBERDADE

são criados e modificados pelas mesmas forças revolucionárias que produziram a nossa inteligência. Tudo o que podemos saber é que a decisão final sobre o que é bom ou mau será tomada não pela sabedoria humana individual, mas pelo declínio dos grupos que aderiram às crenças "erradas".

É na busca dos objetivos presentes do homem que todos os dispositivos da civilização devem dar provas; os ineficazes serão descartados, e os eficazes, mantidos. Mas há mais além do fato de novos objetivos surgirem constantemente com a satisfação das velhas necessidades e com o aparecimento de novas oportunidades. O sucesso e a perpetuação de determinados indivíduos e grupos dependem tanto dos objetivos que perseguem, dos valores que orientam as suas ações, como dos instrumentos e das capacidades que têm ao seu dispor. A prosperidade ou extinção de um grupo depende tanto do código moral a que obedece, ou dos ideais de beleza ou de bem-estar que o orientam, como do grau em que aprendeu ou não a satisfazer suas necessidades materiais. No seio de qualquer sociedade, grupos específicos podem nascer ou declinar de acordo com os objetivos que perseguem e as normas de conduta que observam. E os objetivos do grupo bem-sucedido tenderão a se tornar os objetivos de todos os membros da sociedade.

Quando muito, compreendemos apenas parcialmente por que razão os valores que defendemos ou as regras éticas que observamos conduzem à perpetuação da nossa sociedade. Também não podemos estar certos de que, em condições de mudança constante, todas as regras que se revelaram úteis à concretização de determinado objetivo continuarão a cumprir essa função. Apesar do pressuposto de que qualquer norma social estabelecida contribui de alguma maneira para a preservação da civilização, a única forma que temos para confirmar isso é verificar se continua válida em concorrência com outras normas observadas por outros indivíduos ou grupos.

8. A concorrência, na qual se baseia o processo de seleção, deve ser entendida num sentido mais vasto. Implica a concorrência entre grupos organizados e não organizados, bem como a concorrência entre indivíduos. Vê-la como o oposto da cooperação ou da organização seria interpretar sua natureza de forma equivocada. O esforço para alcançar certos resultados por meio da cooperação e da organização faz parte tanto da concorrência como dos esforços individuais. As relações entre grupos bem-sucedidos também provam a sua eficácia na concorrência entre grupos organizados de maneiras diferentes. A distinção relevante não é entre ação individual e ação de grupo, mas entre, por um lado, as condições em que maneiras alternativas baseadas em opiniões e práticas diferentes podem ser experimentadas e, por outro, as condições em

que um organismo tem o direito exclusivo e o poder de impedir que os outros experimentem. Só quando esses direitos exclusivos são conferidos no pressuposto do conhecimento superior de indivíduos ou grupos particulares é que o processo deixa de ser experimental e as crenças prevalecentes em dado momento podem se tornar um obstáculo ao progresso do conhecimento.

A defesa da liberdade não é uma oposição à organização, que é um dos meios mais poderosos que a razão humana pode utilizar, mas, sim, uma oposição a qualquer organização exclusiva, privilegiada e monopolista, uma oposição ao uso da coerção para impedir que outros tentem fazer melhor. Qualquer organização é baseada em certos conhecimentos; organização significa compromisso com um objetivo específico e com métodos específicos, mas até a organização concebida para aumentar o conhecimento só será eficaz se os conhecimentos e as crenças em que a sua concepção se baseia forem verdadeiros. E se alguns fatos se revelarem em contradição com as crenças em que se baseia a estrutura da organização, só se torna visível no seu fracasso e substituição por um tipo diferente de organização. A organização pode ser benéfica e eficaz se for voluntária e estiver integrada numa esfera livre, e terá de se ajustar às circunstâncias não levadas em consideração na sua concepção, ou então fracassará. Transformar toda a sociedade numa única organização criada e dirigida de acordo com um único plano significaria extinguir as próprias forças que formaram as mentes humanas que a planejaram.

Vale a pena considerar por um momento o que aconteceria se, em todas as ações, fosse usado o que em geral se julga ser o melhor conhecimento disponível. Se todas as experiências que parecessem supérfluas à luz do conhecimento comumente aceito fossem proibidas e se só se formulassem as questões ou se fizessem as experiências consideradas importantes à luz da opinião dominante, a humanidade poderia chegar a um ponto em que o seu conhecimento lhe permitiria prever as consequências de todas as ações convencionais e evitar todas as desilusões ou fracassos. O homem pareceria então ter sujeitado o seu ambiente à sua razão, pois só experimentaria aquilo cujos resultados seriam totalmente previsíveis. Poderíamos conceber uma civilização estagnada, não por causa do esgotamento das possibilidades de evolução, mas porque o homem conseguiria sujeitar tão completamente todas as suas ações e o seu ambiente ao seu estado de conhecimento existente que não haveria oportunidade para o surgimento de novos conhecimentos.

9. O racionalista que pretende sujeitar tudo à razão humana enfrenta, então, um verdadeiro dilema. O uso da razão visa ao controle e à previsibilidade. Mas o processo

## A CONSTITUIÇÃO DA LIBERDADE

do progresso da razão se baseia na liberdade e na imprevisibilidade da ação humana. Aqueles que enaltecem os poderes da razão humana costumam ver apenas uma faceta dessa interação do pensamento e da conduta na qual a razão é, ao mesmo tempo, usada e formada. Não veem que, para que haja progresso, o processo social a partir do qual surge a evolução da razão deve se manter livre do seu controle.

Não há dúvida de que o homem deve parte dos seus maiores êxitos do passado ao fato de *não* ter sido capaz de controlar a vida social. O seu progresso contínuo pode depender da sua renúncia deliberada de exercer controles que estão agora em seu poder. No passado, as forças espontâneas do progresso, apesar de limitadas, ainda podiam se afirmar contra a coerção organizada do Estado. Com os meios tecnológicos de controle hoje à disposição do governo, não podemos afirmar que isso ainda seja possível; de qualquer modo, em breve poderá se tornar impossível. Não estamos longe do estágio em que as forças deliberadamente organizadas da sociedade poderão destruir as forças espontâneas que possibilitaram o progresso.

# 3. O sentido comum do progresso

*O homem nunca avança tanto como quando não sabe aonde vai.*

OLIVER CROMWELL

1. Atualmente, os escritores que prezam pelo prestígio que têm entre os mais sofisticados quase não ousam mencionar o progresso sem colocar o termo entre aspas. A confiança implícita no caráter benéfico do progresso que, durante os últimos dois séculos, marcou o pensador moderno passou a ser vista como sinal de uma mente superficial. Embora a grande maioria das pessoas no mundo continue a depositar esperança no progresso contínuo, entre os intelectuais é comum pôr em questão se isso existe ou, pelo menos, se o progresso é desejável.

Até certo ponto, essa reação contra a crença exuberante e ingênua na inevitabilidade do progresso era necessária. Tantas coisas indefensáveis foram escritas e ditas sobre o progresso que é melhor pensar duas vezes antes de usar o termo. Nunca houve tanta justificativa para a afirmação de que "a civilização moveu-se, está se movendo e se moverá numa direção desejável"[1], nem nunca houve qualquer fundamento para ver toda a mudança como necessária ou o progresso como certo e sempre benéfico. Muito menos se justificava falar de "leis do progresso" reconhecíveis que nos permitiam prever as condições para as quais estávamos, necessariamente, nos encaminhando, ou para ver todas as coisas tolas que os homens faziam como necessárias e, por isso, corretas.

No entanto, embora não seja difícil explicar a desilusão com o progresso, não deixa de conter algum perigo nessa atitude. Em certo sentido, civilização é progresso, e este é civilização.[2] A preservação do tipo de civilização que conhecemos depende da ação de forças que, em condições favoráveis, produzem progresso. Se é verdade que a evolução nem sempre conduz a uma situação melhor, também é verdade que, sem as forças que a produzem, a civilização e tudo o que apreciamos — de fato, quase tudo o que distingue os homens dos animais — não existiriam nem poderiam ser preservados.

A história da civilização é a narrativa de um progresso que, no curto período de menos de oito mil anos, criou quase tudo o que consideramos característico da vida humana. Depois de ter abandonado a vida de caça, a maioria dos nossos antepassados diretos, no início do Período Neolítico, começou a se dedicar à agricultura e, pouco depois, deu início à vida urbana, talvez há menos de três mil anos ou há cem gerações. Não é de surpreender que, em certos aspectos, o equipamento biológico do homem não tenha acompanhado essa rápida mudança, que a adaptação da sua parte não racional tenha, de certo modo, sofrido um atraso e que muitos dos seus instintos e emoções estejam ainda mais adaptados à vida de caçador do que à vida civilizada. Se muitas das características da nossa civilização nos parecem pouco naturais, artificiais ou pouco saudáveis, essa deve ter sido a experiência do homem desde o início da vida urbana, ou seja, praticamente desde o nascimento da civilização. Todas as críticas habituais contra a industrialização, o capitalismo ou uma vida refinada com exagero são, em grande parte, protestos contra um novo estilo de vida que o homem adotou há pouco tempo, depois de mais de meio milhão de anos de existência como caçador nômade, e isso causou problemas que ainda não conseguiu resolver.[3]

2. Quando falamos de progresso em relação às nossas ações individuais ou qualquer esforço humano organizado, entendemos um avanço em direção a um objetivo conhecido.[4] Não é nesse sentido que podemos chamar de progresso a evolução social, pois não é realizado pela razão humana que luta por um objetivo através de meios conhecidos.[5] Seria mais correto pensar no progresso como um processo de formação e modificação do intelecto humano, um processo de adaptação e aprendizagem no qual não só as possibilidades que nos são conhecidas, mas também os nossos valores e desejos, mudam de forma contínua. Dado que o progresso consiste na descoberta daquilo que ainda não é conhecido, suas consequências devem ser imprevisíveis. Conduz sempre ao desconhecido, e o máximo que se pode esperar é entender o tipo de forças que o possibilitam. No entanto, embora essa compreensão geral do caráter desse processo de crescimento cumulativo seja indispensável para tentar criar condições que lhe sejam favoráveis, nunca pode ser o conhecimento que nos possibilita fazer previsões específicas.[6] É absurdo afirmar que, dessa compreensão, podemos derivar leis necessárias da evolução a que temos de obedecer. A razão humana não pode prever nem formar deliberadamente o seu futuro. Os seus avanços consistem em descobrir os seus erros.

## 3. O SENTIDO COMUM DO PROGRESSO

Mesmo no campo em que a busca de novos conhecimentos é mais deliberada, como na ciência, nenhum homem é capaz de prever quais serão as consequências do seu trabalho.[7] De fato, cada vez mais se reconhece que até a tentativa de fazer a ciência buscar conhecimentos úteis — ou seja, cujos usos futuros podem ser previstos — pode impedir o progresso.[8] Por sua própria natureza, o progresso não pode ser planejado. Talvez se possa falar legitimamente de progresso num campo específico em que buscamos a solução de um problema determinado e já temos uma resposta em vista. Mas depressa chegaríamos ao fim dos nossos esforços se nos limitássemos a lutar por objetivos agora visíveis e se não surgissem sempre novos problemas. O que nos torna mais sábios é conhecer o que antes desconhecíamos.

Mas, em muitos casos, isso também nos faz pessoas mais tristes. Embora o progresso consista, em parte, em alcançar objetivos pelos quais lutamos, isso não significa que tenhamos de gostar de todos os seus resultados ou que todos seremos vencedores. E como os nossos desejos e objetivos também estão sujeitos à mudança durante o processo, podemos duvidar da afirmação de que o novo estado de coisas criado pelo progresso é melhor. No sentido do crescimento cumulativo do conhecimento e do poder sobre a natureza, o progresso é um termo que pouco diz sobre se o novo estado nos dará mais satisfação do que o anterior. O prazer pode estar apenas na realização daquilo por que lutamos, e a sua posse, uma vez assegurada, pode proporcionar pouca satisfação. Provavelmente, não é possível responder à questão sobre se ficaríamos em melhor situação ou mais felizes se tivéssemos de parar no nosso nível atual de desenvolvimento ou se tivéssemos parado há cem ou mil anos.

A resposta, porém, não interessa. O que importa é vencer a luta por aquilo que, a cada momento, parece alcançável. A inteligência humana dá provas de si mesma não com os frutos do sucesso passado, mas ao viver no e para o futuro. O progresso é o movimento pelo movimento, pois é no processo de aprendizagem e nos efeitos de ter aprendido algo de novo que o homem desfruta do dom da sua inteligência.

O gozo do êxito pessoal só será desfrutado por muitas pessoas numa sociedade que, como um todo, progrida muito depressa. Numa sociedade estagnada, o número de pessoas em declínio será mais ou menos o mesmo que das pessoas em ascensão. Para que a grande maioria, na sua vida individual, possa participar do progresso, é necessário que este ocorra a uma velocidade considerável. Assim, Adam Smith tinha certamente razão ao dizer: "É na situação progressista, quando a sociedade procura novas aquisições, e não quando já adquiriu a riqueza plena, que a condição dos trabalhadores pobres, da grande maioria das pessoas, parece ser mais feliz e mais confortável. É dura numa situação estagnada, e miserável na situação em decadência. A

A CONSTITUIÇÃO DA LIBERDADE

situação progressista é realmente a condição alegre e feliz de todas as ordens da sociedade. A situação estagnada é enfadonha, a decadente é melancólica".[9]

Um dos fatos mais característicos de uma sociedade progressista é que, nela, a maioria das coisas pelas quais os indivíduos lutam só pode ser obtida graças a mais progresso. Isso decorre do caráter necessário do processo: os novos conhecimentos e os seus benefícios só podem se expandir de forma gradual, e as ambições da maioria das pessoas serão sempre determinadas por aquilo que já é acessível apenas a uma minoria. É enganador pensar que essas novas possibilidades são, desde o início, um bem comum da sociedade, das quais os seus membros podem partilhar de forma deliberada; só se tornam um bem comum graças ao processo lento pelo qual as realizações de uma minoria se mostram acessíveis a uma maioria. Isso é muitas vezes obscurecido pela atenção exagerada que normalmente se atribui a alguns passos importantes do processo de desenvolvimento. No entanto, na maioria dos casos, as grandes descobertas abrem apenas novos caminhos, e são necessários mais esforços antes que os novos conhecimentos surgidos em algum lugar possam ter uso geral. Terão de passar por um longo processo de adaptação, seleção, combinação e aperfeiçoamento antes de poderem ser totalmente utilizados. Isso significa que haverá sempre pessoas que já se beneficiam de novas realizações que ainda não estão acessíveis a outras.

3. O rápido avanço econômico que esperamos parece, em grande medida, resultar dessa desigualdade e ser impossível sem ela. O progresso num ritmo tão rápido não pode ocorrer numa frente uniforme, mas de forma gradual, com alguns estando muito à frente dos outros. A razão disso é oculta pelo nosso hábito de ver o progresso econômico essencialmente como um acúmulo cada vez maior de bens e equipamentos. No entanto, a elevação do nosso nível de vida deve-se, de igual modo, ao aumento do conhecimento que nos permite não só consumir uma quantidade maior das mesmas coisas, mas também utilizar coisas diferentes e, em muitos casos, que nem conhecíamos antes. E embora o aumento do rendimento dependa, em parte, do acúmulo de capital, provavelmente depende mais do fato de aprendermos a usar nossos recursos de maneira mais eficaz e para novos fins.

O aumento do conhecimento tem importância especial porque, enquanto os recursos materiais serão sempre escassos e terão de ser reservados para fins limitados, as utilizações do novo conhecimento (que não se tornam artificialmente escassas com a concessão de patentes de monopólio) são ilimitadas. Depois de alcançado, o conhecimento se torna gratuitamente disponível para o benefício de todos. É graças a

## 3. O SENTIDO COMUM DO PROGRESSO

essa dádiva gratuita do conhecimento adquirido pelas experiências de alguns membros da sociedade que o progresso geral é possibilitado, que as realizações dos precursores facilitam o avanço dos que vêm depois.

Em qualquer fase desse processo, haverá sempre muitas coisas que já sabemos como produzir, mas que ainda são muito dispendiosas para fornecer à maioria das pessoas. E, numa fase inicial, só podem ser produzidas por meio de um dispêndio de recursos muitas vezes maior do que a parcela do rendimento total que, com uma distribuição aproximadamente equitativa, iria para os poucos que dela poderiam se beneficiar. No início, um novo bem é normalmente "o capricho dos poucos eleitos antes de se tornar numa necessidade pública e fazer parte das necessidades da vida. Pois os luxos de hoje são as necessidades de amanhã".[10] Além disso, os novos produtos só se tornam normalmente disponíveis para a maioria das pessoas *porque*, durante algum tempo, foram os luxos da minoria.

Se nos países mais ricos hoje é possível fornecer meios e produtos que, na sua maioria, ainda há pouco tempo teriam sido fisicamente impossíveis de produzir em tais quantidades, isto é, em grande medida, a consequência direta do fato de terem sido inicialmente produzidos para uma minoria. No início, todos os artigos de uma casa confortável, os nossos meios de transporte e de comunicação, os entretenimentos e as formas de lazer só podiam ser produzidos em quantidades limitadas; mas foi assim que aprendemos gradualmente a fazer essas coisas ou outras semelhantes com menor dispêndio de recursos e, dessa forma, torná-las disponíveis para a grande maioria. Boa parte dos gastos dos ricos, ainda que de forma não deliberada, serve para custear a experimentação de novos produtos que, como resultado, poderão ser depois disponibilizados aos menos favorecidos.

O ponto importante é não apenas o fato de aprendermos gradualmente a produzir mais barato em grande escala aquilo que já sabemos fazer com mais custos e em pequenas quantidades, mas também o fato de só a partir de uma posição avançada se tornarem visíveis os novos desejos e possibilidades, de maneira que a escolha de novos objetivos e o esforço para alcançá-los começarão muito antes de a maioria lutar por eles. Para que aquilo que desejam depois de os seus objetivos presentes terem sido alcançados se torne em breve disponível, é necessário que os desenvolvimentos que darão frutos para as massas daqui a vinte ou cinquenta anos sejam orientados pela opinião das pessoas que já têm condições de desfrutá-los.

Se, hoje, nos Estados Unidos ou na Europa Ocidental, as pessoas relativamente pobres podem ter um automóvel ou uma geladeira, fazer uma viagem aérea ou comprar uma televisão ao custo de uma pequena parcela do seu rendimento, isso foi possibilitado porque, no passado, outros com rendimento maior podiam gastar naquilo que então era um luxo. O caminho do progresso é bastante facilitado pelo fato de já ter sido percorrido por outros. Foi graças aos pioneiros que a estrada pôde ser construída para os menos afortunados ou menos ousados. Aquilo que hoje pode parecer uma extravagância ou até um desperdício, por ser desfrutado por uma minoria e nem ser sonhado pelas massas, é o pagamento pela experimentação com um estilo de vida que, depois, se tornará disponível para a maioria. A gama daquilo que será experimentado e depois desenvolvido, a quantidade de experiência que se tornará acessível a todos, aumentará bastante com a distribuição desigual dos benefícios atuais; e o ritmo do progresso aumentará significativamente se os primeiros passos forem dados muito antes de a maioria poder se beneficiar deles. De fato, muitos dos avanços nunca teriam se tornado possibilidade para todos se, muito antes, não estivessem disponíveis para alguns. Se todos tivessem de esperar por coisas melhores até estas serem fornecidas a todos, esse dia, em muitos casos, nunca chegaria. Hoje em dia, até as pessoas mais pobres devem seu relativo bem-estar aos resultados da desigualdade do passado.

4. Numa sociedade progressista tal como a conhecemos, os relativamente ricos estão, assim, apenas um pouco à frente dos outros quanto às vantagens materiais de que desfrutam. Já vivem numa fase da evolução a que os outros ainda não chegaram. Por conseguinte, a pobreza tornou-se um conceito relativo, e não absoluto. Isso não a torna menos amarga. Embora, numa sociedade avançada, as necessidades não satisfeitas já não sejam físicas, mas resultado da civilização, continua a ser verdade que, em cada fase, alguns dos itens que a maioria das pessoas deseja só podem ser fornecidos a poucos e apenas serão acessíveis a todos graças a mais progressos. A maior parte dos objetos que desejamos já são possuídos por outros. Contudo, uma sociedade progressista, ainda que baseada nesse processo de aprendizagem e imitação, só reconhece os desejos que cria como um estímulo para novos esforços. Não garante resultados a ninguém. É insensível ao sofrimento do desejo insatisfeito despertado pelo exemplo dos outros. Parece cruel porque aumenta o desejo de todos na mesma proporção em que aumenta as suas dádivas a alguns. No entanto, desde que continue a ser uma sociedade progressista, alguns têm de liderar e os outros devem segui-los.

A ideia de que, em qualquer fase do progresso, os ricos, ao experimentarem novos estilos de vida ainda não acessíveis aos pobres, desempenham um serviço necessário sem o qual o progresso dos pobres seria muito mais lento poderá parecer uma apologia rebuscada e cínica. No entanto, uma pequena reflexão mostrará que é totalmente válida e que, nesse aspecto, uma sociedade socialista teria de imitar uma

## 3. O SENTIDO COMUM DO PROGRESSO

sociedade livre. Numa sociedade planificada (a não ser que pudesse simplesmente imitar o exemplo de outras sociedades mais avançadas), seria necessário escolher indivíduos cujo dever seria experimentar os últimos avanços antes de serem disponibilizados aos outros. Não há maneira de tornar geralmente acessíveis modos de vida novos e ainda dispendiosos, a não ser que sejam inicialmente praticados por alguns. Não bastaria permitir que os indivíduos experimentassem alguns novos bens. Estes só têm utilização e valor adequados como parte integral do progresso geral no qual são os novos produtos desejados. Para saber quais as novas possibilidades que devem ser desenvolvidas em cada fase, como e quando alguns aperfeiçoamentos específicos devem ser integrados no progresso geral, uma sociedade planificada teria de criar toda uma classe, ou até uma hierarquia de classes, que estaria sempre alguns passos à frente das outras. A situação só se distinguiria da de uma sociedade livre pelo fato de as desigualdades serem resultado de um plano prévio e de a seleção de indivíduos ou grupos específicos ser feita pela autoridade, e não pelo processo impessoal do mercado e pelos acasos de nascimento e de oportunidade. Deve-se acrescentar que só os tipos de melhor nível de vida aprovados pela autoridade seriam permitidos e que apenas seriam proporcionados aos especialmente escolhidos. No entanto, para que uma sociedade planificada alcançasse o mesmo nível de progresso que uma sociedade livre, o nível de desigualdade que teria de prevalecer não seria muito diferente.

Não existe uma medida prática do nível de desigualdade que é aqui desejável. É claro que não queremos ver a posição dos indivíduos determinada por uma decisão arbitrária ou um privilégio conferido pela vontade humana a determinadas pessoas. No entanto, é difícil perceber em que sentido poderia alguma vez ser legítimo dizer que qualquer pessoa está muito à frente das outras, ou que seria prejudicial para a sociedade se o progresso de alguns ultrapassasse bastante o dos outros. Isso se justificaria se surgissem grandes hiatos na escala do progresso; contudo, desde que a graduação seja mais ou menos contínua e que todos os degraus da pirâmide de rendas estejam razoavelmente ocupados, não se pode negar que os que estão mais atrás se beneficiam materialmente do fato de outros estarem à frente.

As objeções decorrem da concepção equivocada de que os que lideram reivindicam o direito a algo que, de outro modo, estaria disponível a todos. Isso seria verdade se pensássemos em termos de uma única redistribuição dos frutos do progresso passado e não em termos do progresso contínuo promovido por uma sociedade desigual. Em longo prazo, a existência de grupos à frente dos outros é, claramente, uma vantagem para os que estão atrás, da mesma maneira que, se pudéssemos utilizar o conhecimento mais avançado que outros homens de um continente até então

A CONSTITUIÇÃO DA LIBERDADE

desconhecido ou de outro planeta adquiriram em condições mais favoráveis, todos nos beneficiaríamos bastante.

5. É difícil falar de forma distanciada dos problemas da desigualdade quando os membros da nossa comunidade são afetados. Tornam-se mais claros quando os consideramos no seu aspecto mais evidente, nomeadamente a relação entre os países ricos e pobres. Assim, é menos provável que nos deixemos enganar pela concepção de que todos os membros de qualquer comunidade têm um direito natural a determinada parcela da renda do seu grupo. Embora, hoje em dia, a maioria das pessoas do mundo se beneficie dos esforços mútuos, não temos motivo para ver o produto do mundo como o resultado de um esforço unificado de toda a humanidade.

Apesar de o fato de as pessoas do Ocidente estarem hoje muito à frente das outras em termos de riqueza ser, em parte, consequência de uma maior acumulação de capital, é essencialmente resultado da sua utilização mais eficaz do conhecimento. Não há dúvida de que a perspectiva de os países mais pobres e "subdesenvolvidos" alcançarem o nível atual do Ocidente é muito melhor do que seria se o Ocidente não tivesse avançado tanto. Além disso, é melhor do que seria se alguma autoridade mundial, ao longo da ascensão da civilização moderna, tivesse garantido que nenhuma parte particular se adiantasse às outras e que, a cada passo, os benefícios materiais fossem distribuídos equitativamente em todo o mundo. Se, hoje em dia, algumas nações podem adquirir em poucas décadas um nível de conforto material que o Ocidente precisou de centenas ou milhares de anos para adquirir, não será evidente que o progresso dessas nações foi facilitado pelo fato de o Ocidente não ter sido obrigado a partilhar as suas conquistas materiais com os outros — não ter sido refreado, mas ter avançado tanto em relação aos outros?

Os países ocidentais não só são mais ricos porque têm um conhecimento tecnológico mais avançado, mas também têm um conhecimento tecnológico mais avançado porque são mais ricos. E a dádiva do conhecimento que tanto custou aos que estão à frente permite que os que estão atrasados alcancem o mesmo nível a um custo muito inferior. De fato, uma vez que há países que lideram, todos os outros podem segui-los, embora as condições do progresso espontâneo possam estar neles ausentes. O fato de alguns países ou grupos que não têm liberdade poderem se beneficiar de muitos dos seus frutos é uma das razões pelas quais a importância da liberdade não é mais bem compreendida. Para muitas partes do mundo, o avanço da civilização tem sido há muito tempo uma questão derivada, e, com as comunicações modernas, esses países não têm de ficar muito para trás, ainda que a maioria das inovações possa

## 3. O SENTIDO COMUM DO PROGRESSO

vir de fora. Há quanto tempo vivem a União Soviética e o Japão tentando imitar a tecnologia americana! Desde que alguém providencie a maior parte dos novos conhecimentos e das experiências, pode até ser possível aplicar deliberadamente todo esse conhecimento de maneira que beneficie a maioria dos membros de determinado grupo ao mesmo tempo e no mesmo nível. No entanto, embora uma sociedade igualitária possa progredir nesse sentido, o seu progresso seria essencialmente parasitário, pois seria retirado daqueles que pagaram o custo.

Vale a pena lembrar, a esse respeito, que aquilo que permite que um país lidere esse desenvolvimento mundial são as suas classes economicamente mais avançadas, e um país que nivela deliberadamente essas diferenças também abdica da sua posição de liderança — como mostra o trágico exemplo da Grã-Bretanha. Nesse país, todas as classes se beneficiaram do fato de uma classe rica com tradições antigas ter exigido produtos de qualidade e gosto sem comparação com os disponíveis em outros países, e, por consequência, tê-los fornecido ao restante do mundo. A liderança britânica extinguiu-se com o desaparecimento da classe cujo estilo de vida era imitado pelos outros. Já não faltará muito para que os operários britânicos descubram que se beneficiaram do fato de serem membros de uma comunidade que continha muitas pessoas mais ricas do que eles e que a sua liderança sobre os operários em outros países foi, em parte, um efeito de uma liderança similar dos seus próprios ricos sobre os ricos de outros países.

6. Se, no âmbito internacional, até as grandes desigualdades podem auxiliar o progresso de todos, haverá dúvidas de que o mesmo aconteça com essas desigualdades no âmbito nacional? Nesse caso, a rapidez geral do progresso também será aumentada por aqueles que agem mais depressa. Ainda que, no início, muitos fiquem para trás, o efeito cumulativo da preparação do caminho facilitará, em breve, o seu avanço no mesmo ritmo. Os membros de uma comunidade que contém muitas pessoas ricas desfrutam, de fato, de uma grande vantagem que não existe para aqueles que, por viverem num país pobre, não se beneficiam do capital nem da experiência providenciados pelos ricos; por conseguinte, é difícil perceber por que razão essa situação deveria justificar a reivindicação de uma parcela maior para o indivíduo. De fato, parece geralmente que, após um progresso rápido e continuado durante algum tempo, a vantagem cumulativa para os que estão atrás é suficientemente grande para permitir que avancem mais depressa do que os que estão à frente, e, portanto, a coluna prolongada do progresso humano tende a se equilibrar. A experiência dos Estados Unidos parece, pelo menos, indicar que, quando a ascensão da posição das classes mais

A CONSTITUIÇÃO DA LIBERDADE

baixas ganha velocidade, o abastecimento dos ricos deixa de ser a principal fonte de grandes lucros e dá lugar a esforços dirigidos para as necessidades das massas. As forças que, no início, contribuem para acentuar a desigualdade são as mesmas que, depois, tendem a diminuí-la.

Por conseguinte, deve haver duas maneiras diferentes de olhar para a possibilidade de reduzir a desigualdade e de abolir a pobreza por meio de uma redistribuição deliberada — ou seja, a partir de uma perspectiva de longo prazo e de outra de curto prazo. A qualquer momento, poderia-se melhorar a posição dos mais pobres dando-lhes o que é retirado dos ricos. No entanto, embora esse nivelamento das posições nas colunas do progresso pudesse acelerar temporariamente a aproximação das classes, abrandaria em breve o movimento do todo e, em longo prazo, barraria os que estão atrás. Isso é claramente confirmado pela recente experiência europeia. A rapidez com que as sociedades ricas se tornaram estáticas ou até estagnadas por causa das suas políticas igualitárias, enquanto alguns países pobres, mas altamente competitivos, se tornaram dinâmicos, é uma das características mais notáveis do período do pós-guerra. Nesse aspecto, o contraste entre, por um lado, os Estados-providência da Grã-Bretanha e dos países escandinavos e, por outro, países como a Alemanha Ocidental, a Bélgica ou a Itália começa a ser reconhecido até pelos primeiros.[11] Se fosse necessário, essas experiências comprovariam que a maneira mais eficaz de tornar uma sociedade estacionária é impor a todos um mesmo padrão médio, e a maneira mais eficaz de abrandar o progresso é permitir aos que têm mais êxito um padrão pouco acima da média.

É curioso que, enquanto no caso de um país primitivo qualquer observador isento reconhece que a sua posição provavelmente ofereceria pouca esperança se toda a população estivesse no mesmo nível baixo e se a primeira condição de progresso fosse que alguns devessem estar à frente dos outros, poucos estejam dispostos a admitir o mesmo em relação aos países mais avançados. É claro que uma sociedade em que só os politicamente privilegiados podem ascender ou em que os que ascendem começam a adquirir poder político, usando-o para manter os outros em posição inferior, não seria melhor do que uma sociedade igualitária. Mas todos os obstáculos à ascensão de alguns são, no longo prazo, obstáculos à ascensão de todos; e não são mais prejudiciais ao verdadeiro interesse das multidões por poderem satisfazer as suas paixões momentâneas.[12]

7. A respeito dos países avançados do Ocidente, diz-se por vezes que o progresso é rápido demais ou exclusivamente material. É provável que esses dois aspectos estejam

## 3. O SENTIDO COMUM DO PROGRESSO

intimamente ligados. As épocas de progresso material muito rápido raramente constituíram períodos de grande florescimento das artes, e tanto a maior apreciação como os melhores produtos do trabalho artístico e intelectual apareceram geralmente em períodos de abrandamento do progresso material. Nem a Europa Ocidental do século XIX nem os Estados Unidos do século XX se destacam pelas suas realizações artísticas. Mas os grandes surtos de criação de valores não materiais parecem pressupor um melhoramento prévio da condição econômica. Talvez seja natural que, geralmente após os períodos de crescimento rápido, ocorra um retorno para as coisas não materiais ou que, quando a atividade econômica já não oferece o fascínio do progresso rápido, alguns dos homens mais dotados se virem para a busca de outros valores.

Obviamente, esse é apenas um aspecto do progresso material rápido, e talvez nem o mais importante, que leva muitos dos que estão na vanguarda a desconfiar do seu valor. Também temos de admitir que não estamos certos de que a maioria das pessoas deseje todos ou grande parte dos resultados do progresso. Para a maioria, trata-se de uma questão involuntária, que, embora lhes proporcione muitos de seus itens de desejo, também impõe mudanças que certamente não desejam. O indivíduo não tem o poder de escolher fazer ou não parte do progresso; e este não só traz sempre novas oportunidades como também priva muitas pessoas daquilo que desejam, de muito do que lhes é estimado e importante. Para alguns, pode ser uma verdadeira tragédia, e para todos os que prefeririam viver dos frutos do progresso do passado e não participar no seu curso futuro pode parecer mais uma maldição do que uma bênção.

Em todos os países e em todos os tempos, existem grupos que alcançaram uma posição mais ou menos estacionária, na qual hábitos e estilos de vida foram mantidos durante gerações. Esses estilos de vida podem, de repente, ser ameaçados por acontecimentos em relação aos quais esses grupos nada têm a ver, estilos que não só os seus membros como também outros estranhos desejariam que fossem preservados. Muitos dos camponeses da Europa, em especial os que vivem nos remotos vales montanhosos, são um exemplo. Apreciam o seu estilo de vida, ainda que se tenha tornado um beco sem saída e que, para se preservar, tenha se tornado muito dependente da civilização urbana que está em constante mudança. No entanto, o camponês conservador, tal como qualquer outro indivíduo, deve o seu estilo de vida a um tipo diferente de pessoa: a homens que foram inovadores na sua época e que, graças às suas inovações, impuseram um novo estilo de vida às pessoas pertencentes a uma fase anterior da cultura; provavelmente, os nômades se queixaram tanto da invasão dos campos vedados nas suas pastagens como os camponeses da invasão da indústria.

A CONSTITUIÇÃO DA LIBERDADE

As mudanças a que essas pessoas devem se sujeitar são parte do custo do progresso, uma ilustração do fato de não só as massas, mas também, rigorosamente falando, todos os seres humanos serem conduzidos pelo progresso da civilização por um caminho que não escolheram. Se fosse consultada a opinião da maioria sobre todas as mudanças envolvidas no progresso, esta provavelmente desejaria impedir muitas das suas condições e consequências necessárias, travando assim o próprio progresso. E não conheço um caso em que o voto deliberado da maioria (distinto da decisão de alguma elite governante) tenha decidido acerca de tais sacrifícios no interesse de um futuro melhor, tal como é feito por uma sociedade de mercado livre. O que não significa, porém, que a realização da maior parte das coisas que os homens desejam não esteja dependente da continuação desse progresso, que, se pudessem, talvez travariam, impedindo os efeitos que não têm sua aprovação imediata.

Nem todas as comodidades que estão hoje disponíveis para a maioria estarão em breve acessíveis a todos; a respeito de comodidades como os serviços pessoais, isso seria claramente impossível. São alguns dos benefícios que os ricos perdem com o progresso. No entanto, com o passar do tempo, a maioria das conquistas da minoria será acessível a todos. De fato, todas as nossas esperanças em relação à redução da miséria e da pobreza atuais repousam nessa expectativa. Se abandonássemos o progresso, teríamos de abandonar também todos os avanços sociais que agora esperamos conquistar. Todos os avanços almejados na educação e na saúde, a realização do nosso desejo de que, pelo menos, uma grande parte da população alcance os objetivos pelos quais luta, dependem da continuação do progresso. Para percebermos que esse resultado é a última coisa que desejamos, basta lembrar que impedir o progresso dos que estão no topo significa impedir o progresso de todos os outros que estão em posição inferior.

8. Até aqui, tratamos principalmente do nosso país ou dos países que vemos como membros da nossa civilização. No entanto, temos de levar em conta o fato de as consequências do progresso passado — nomeadamente, a difusão mundial da comunicação rápida e simples do conhecimento e das ambições — terem nos privado da escolha acerca de se queremos ou não o progresso rápido e contínuo. O novo fato na nossa posição atual que nos leva a prosseguir é que os feitos da nossa civilização se tornaram objeto de desejo e cobiça do restante do mundo. Independentemente da questão de, a partir de um ponto de vista mais elevado, nossa civilização ser realmente melhor, temos de reconhecer que os seus resultados materiais são desejados por praticamente todas as pessoas que os conhecem. Essas pessoas podem não querer

66

## 3. O SENTIDO COMUM DO PROGRESSO

adotar toda a nossa civilização, mas não há dúvida de que desejam poder escolher aquilo que melhor pode servi-los. Podemos lamentar, mas não ignorar, o fato de, mesmo onde diferentes civilizações ainda são preservadas e dominam a vida da maioria de sua população, a liderança ficar quase invariavelmente nas mãos dos que mais empregaram o conhecimento e a tecnologia da civilização ocidental.[13]

Embora, superficialmente, possa parecer que dois tipos de civilização competem hoje pela fidelidade dos povos do mundo, a verdade é que as promessas que fazem às massas e os benefícios que lhes oferecem são essencialmente os mesmos. Ainda que tanto os países livres como os totalitários afirmem que os seus métodos respetivos fornecem mais rapidamente o que o povo deseja, o objetivo em si parece igual. A principal diferença é que somente os países totalitários parecem saber claramente como alcançar esse resultado, enquanto o mundo livre tem apenas os seus feitos passados para apresentar, sendo por sua própria natureza incapaz de oferecer qualquer "plano" detalhado para o progresso futuro.

No entanto, se os feitos materiais da nossa civilização criaram ambições em outras, também as dotaram de um novo poder para destruí-la se não lhes for dado aquilo a que pensam ter direito. Com o conhecimento das possibilidades se difundindo mais depressa do que os benefícios materiais, a maioria das pessoas do mundo está hoje mais insatisfeita do que nunca e determinada a tomar o que considera serem seus direitos. Tal como os pobres de qualquer país, e da mesma maneira errada, acreditam que o seu objetivo pode ser alcançado por meio de uma redistribuição da riqueza já existente — e essa crença foi reforçada pelos ensinamentos ocidentais. À medida que forem ganhando força, poderão forçar essa redistribuição se o crescimento da riqueza produzido pelo progresso não for suficientemente rápido. No entanto, uma redistribuição que diminua o ritmo do progresso dos que estão à frente criará uma situação na qual as novas conquistas terão de decorrer da redistribuição, uma vez que haverá menos produto do crescimento econômico.

As aspirações de grande parte da população mundial só podem ser hoje satisfeitas por um rápido progresso material. Não há dúvida de que, no seu estado de espírito atual, uma grande desilusão das suas expectativas conduziria a graves divergências internacionais — de fato, provavelmente conduziria à guerra. A paz no mundo e, com ela, a própria civilização dependem assim do progresso constante e rápido. Nessa conjuntura, somos não só os filhos, mas também os prisioneiros do progresso; mesmo que o desejássemos, não poderíamos simplesmente nos acomodar e gozar do que já conquistamos. Nossa tarefa deve ser continuar a liderar, avançar no caminho que tantos outros buscam percorrer atrás de nós. No futuro — quando, após um longo

A CONSTITUIÇÃO DA LIBERDADE

período de crescimento mundial em níveis materiais, as vias pelas quais flui estiverem tão cheias que, mesmo que a vanguarda abrande, os que estão na retaguarda continuarão avançando durante algum tempo na mesma velocidade —, poderemos voltar a poder escolher se queremos ou não avançar no mesmo ritmo. Mas, neste momento, quando a maior parte da humanidade mal despertou para a possibilidade de erradicar a fome, a falta de higiene e a doença; quando foi apenas tocada pela onda crescente da tecnologia moderna após séculos ou milênios de estabilidade relativa; e, como primeira reação, começou a crescer num ritmo assustador, até uma pequena diminuição do nosso ritmo de progresso poderia ser fatal.

# 4. Liberdade, razão e tradição

*Nada é mais fértil em prodígios do que a arte de ser livre; mas nada é mais árduo do que a aprendizagem da liberdade. [...] A liberdade normalmente é estabelecida com dificuldade, em meio a tempestades; é aperfeiçoada por meio de discórdias civis; e o seu benefício só pode ser apreciado com o passar do tempo.*

ALEXIS DE TOCQUEVILLE

1. Ainda que a liberdade não seja um estado natural, mas um produto da civilização, não nasceu de um projeto. As instituições da liberdade, tal como todas as criações da liberdade, não foram implementadas porque as pessoas previam os benefícios que trariam. No entanto, quando as suas vantagens foram reconhecidas, os indivíduos começaram a aperfeiçoar e a ampliar o domínio da liberdade e, para esse fim, passaram a investigar o funcionamento de uma sociedade livre. O desenvolvimento de uma teoria da liberdade ocorreu principalmente no século XVIII. Teve início em dois países, na Inglaterra e na França. O primeiro já conhecia a liberdade; o segundo, não.

Como resultado, tivemos até hoje duas tradições diferentes na teoria da liberdade[1]: uma empírica e não sistemática, a outra especulativa e racionalista[2] — a primeira foi baseada numa interpretação das tradições e instituições que surgiram de forma espontânea e mal compreendida, a segunda nasceu visando à construção de uma utopia, que foi muitas vezes tentada, mas nunca com sucesso. No entanto, a tese racionalista, plausível e aparentemente lógica da tradição francesa, com os seus pressupostos lisonjeadores acerca dos poderes ilimitados da razão humana, tem adquirido cada vez mais influência, enquanto a tradição da liberdade inglesa, menos articulada e menos explícita, está em declínio.

Essa distinção é obscurecida pelo fato de a "tradição francesa" da liberdade ter surgido principalmente de uma tentativa de interpretar as instituições britânicas e porque as concepções que os outros países formaram das instituições britânicas se

A CONSTITUIÇÃO DA LIBERDADE

baseavam essencialmente na descrição dessas por escritores franceses. As duas tradições acabaram por se fundir no movimento liberal do século XIX, quando até os destacados liberais britânicos se inspiraram tanto na tradição francesa como na britânica.[3] No fim, a vitória dos radicais filosóficos benthamistas sobre os *whigs* na Inglaterra ocultou a diferença fundamental que, nos anos mais recentes, reapareceu como o conflito entre a democracia liberal e a democracia "social" ou totalitária.[4]

Essa diferença era mais bem compreendida há cem anos do que agora. Na época das revoluções europeias em que as duas tradições se fundiram, o contraste entre liberdade "anglicana" e liberdade "galicana" ainda era claramente descrito por um eminente filósofo político germânico-americano. "A liberdade galicana", escreveu Francis Lieber em 1848,

> é procurada no *governo* e, segundo um ponto de vista anglicano, é procurada no local errado, onde não pode ser encontrada. A consequência necessária da perspectiva galicana é o fato de os franceses procurarem o nível mais elevado de civilização política na *organização*, ou seja, no nível mais elevado de intervenção do poder público. Se essa intervenção significa despotismo ou liberdade depende apenas do fato de *quem* intervém e em benefício de que classe ocorre a intervenção, enquanto, segundo a perspectiva anglicana, essa intervenção seria sempre uma forma de absolutismo ou aristocracia, e a ditadura atual dos operários pareceria uma aristocracia inflexível dos operários.[5]

Desde que essa afirmação foi escrita, a tradição francesa substituiu progressivamente a tradição inglesa em toda parte. Para distinguir as duas tradições, é necessário olhar para as formas relativamente puras em que apareceram no século XVIII. Aquilo a que se chamou "tradição britânica" foi definido principalmente por um grupo de filósofos morais escoceses, liderado por David Hume, Adam Smith e Adam Ferguson[6], seguidos pelos seus contemporâneos ingleses Josiah Tucker, Edmund Burke e William Paley, inspirados sobretudo numa tradição enraizada na jurisprudência do direito consuetudinário.[7] Oposta a eles estava a tradição do Iluminismo francês, profundamente imbuída de racionalismo cartesiano: os enciclopedistas e Rousseau, os fisiocratas e Condorcet são os seus representantes mais famosos. É claro que a divisão não coincide totalmente com as fronteiras nacionais. Franceses como Montesquieu e, mais tarde, Benjamin Constant e, acima de tudo, Alexis de

## 4. LIBERDADE, RAZÃO E TRADIÇÃO

Tocqueville estão provavelmente mais próximos daquilo que se chamou de tradição "britânica" do que da tradição "francesa".[8] E, com Thomas Hobbes, a Grã-Bretanha produziu pelo menos um dos fundadores da tradição racionalista, para não falar de toda uma geração de entusiastas da Revolução Francesa, como Godwin, Priestley, Price e Paine, que (como Jefferson após a sua estada na França)[9] pertencem inteiramente a essa tradição.

2. Embora esses dois grupos sejam agora considerados antepassados do liberalismo moderno, não há um contraste maior do que o que existe entre as suas concepções respetivas da evolução e do funcionamento de uma ordem social e do papel nela desempenhado pela liberdade. A diferença decorre diretamente da predominância de uma visão de mundo essencialmente empirista na Inglaterra e de uma abordagem racionalista na França. O principal contraste nas conclusões práticas a que levaram essas abordagens foi recentemente bem formulado: "Uma vê a essência da liberdade na espontaneidade e na ausência de coerção, a outra acredita que a liberdade só se realiza na busca e concretização de um fim coletivo absoluto"[10]; e "uma defende uma evolução orgânica, lenta e parcialmente consciente, a outra, a deliberação doutrinária; uma defende o processo de tentativa e erro; a outra, um único padrão válido e obrigatório".[11] Foi a segunda concepção, como J. L. Talmon mostrou num livro importante do qual retiramos essa descrição, que se tornou a origem da democracia totalitária.

O êxito fulgurante das doutrinas políticas decorrentes da tradição francesa deve-se, provavelmente, ao seu grande apelo ao orgulho e à ambição dos homens. Mas não podemos esquecer que as conclusões políticas das duas escolas derivam de concepções diferentes sobre o funcionamento da sociedade. A esse respeito, os filósofos britânicos estabeleceram os fundamentos de uma teoria profunda e essencialmente válida, enquanto a escola racionalista estava totalmente errada.

Os filósofos britânicos deram uma interpretação da evolução da civilização que continua sendo o fundamento indispensável da defesa da liberdade. Para eles, a origem das instituições reside não num artifício ou num desígnio, mas na sobrevivência dos mais bem-sucedidos. A visão deles exprime-se nos termos: "como as nações se deparam com instituições que, de fato, são o resultado da ação humana, mas não da execução de um plano humano".[12] Salientam que aquilo que chamamos de ordem política é menos o produto da nossa inteligência ordenadora do que normalmente se imagina. Como viam os seus sucessores imediatos, Adam Smith e os seus contemporâneos "reduziram quase tudo o que era atribuído à instituição positiva ao

## A CONSTITUIÇÃO DA LIBERDADE

desenvolvimento espontâneo e irresistível de certos princípios óbvios, e mostraram como podiam ser erigidos os esquemas políticos mais complexos e aparentemente artificiais com pouca imaginação ou sabedoria política".[13]

Essa visão "antirracionalista dos eventos históricos que Adam Smith partilha com Hume, Adam Ferguson e outros"[14] lhes permitiu, pela primeira vez, compreender como as instituições e a moral, a linguagem e o direito evoluíram por meio de um processo de crescimento cumulativo, e que só com esse cenário a razão humana pôde evoluir e funcionar com sucesso. O seu argumento se opõe totalmente à concepção cartesiana de uma razão humana preexistente e independente que terá inventado essas instituições e à ideia de que a sociedade civil foi formada por um legislador original sábio ou por um "contrato social original".[15] A segunda ideia, de um grupo de indivíduos inteligentes reunido para deliberar a criação de um mundo novo, é, talvez, o resultado mais característico dessas teorias do desígnio. Encontrou expressão perfeita quando o eminente teórico da Revolução Francesa, o abade Sieyès, convocou a assembleia revolucionária a "agir como homens que acabam de sair do estado natural e se reúnem para assinar um contrato social".[16]

Os antigos entendiam melhor as condições da liberdade. Cícero cita Catão, que terá dito que a constituição romana era superior à dos outros Estados porque

> se baseava na genialidade não de um homem, mas de muitos: foi fundada não numa geração, mas num longo período de vários séculos e muitas eras humanas. Pois, dizia ele, nunca existiu um homem que tivesse tanta inteligência que nada lhe pudesse escapar; nem os poderes combinados de todos os homens de uma mesma época poderiam ter feito todas as provisões necessárias para o futuro sem o auxílio da experiência real e sem o teste do tempo.[17]

Por conseguinte, nem a Roma republicana nem Atenas — as duas nações livres do mundo antigo — podiam servir de exemplo para os racionalistas. Para Descartes, fonte da tradição racionalista, o modelo era Esparta; pois a sua grandeza "não se devia à preeminência de cada uma das suas leis em particular... mas, sim, ao fato de, originadas por um indivíduo, todas tenderem para um único fim".[18] E foi Esparta que se tornou o ideal de liberdade tanto para Rousseau como para Robespierre, Saint-Just e a maioria dos defensores posteriores da democracia "social" ou totalitária.[19]

Assim como as antigas concepções de liberdade, as concepções britânicas surgiram sobre o pano de fundo de uma compreensão, inicialmente realizada pelos

## 4. LIBERDADE, RAZÃO E TRADIÇÃO

juristas, do modo como as instituições se desenvolveram. "Existem muitas coisas, em especial nas leis e nos governos", escreveu no século XVII o presidente do Supremo Tribunal, Hale, numa crítica a Hobbes, que

> de forma mediata, remota e consequencial são racionais para serem aprovadas, embora a razão do partido não veja diretamente, de forma imediata e distinta, a sua razoabilidade. [...] A longa experiência, no que diz respeito às conveniências ou inconveniências das leis, descobre mais do que seria possível ser previsto pelo mais sábio conselho de homens. E que as emendas e acréscimos que, pelas várias experiências de homens sábios e eruditos, foram aplicadas a qualquer lei estarão mais em conformidade com a conveniência das leis do que a melhor invenção dos espíritos mais férteis que não tiveram a contribuição da experiência. [...] Isso aumenta a dificuldade de uma análise atual do fundamento das leis, uma vez que são produto de uma experiência longa e repetida, que, embora seja muitas vezes chamada de a amante dos tolos, é certamente o recurso mais sábio da humanidade, e descobre os defeitos e providencia aquilo que nenhum espírito humano poderia alguma vez prever de imediato ou resolver de forma eficaz. [...] Não é necessário que as razões da instituição sejam evidentes. Basta que sejam leis instituídas que nos deem certeza, e que seja racional observá-las, ainda que a razão particular da instituição não pareça racional.[20]

3. Dessas concepções surgiu, de forma gradual, um *corpus* de teoria social que mostrou como, nas relações humanas, podiam nascer instituições complexas, ordenadas e, em um sentido muito definido, orientadas, que pouco deviam ao planejamento, não inventadas, mas decorrentes das ações individuais de muitos homens que não sabiam sobre seus atos. Essa demonstração de que algo maior do que o espírito individual do homem pode nascer dos confusos esforços humanos representou para todas as teorias do desígnio um desafio ainda maior do que a mais tardia teoria da evolução biológica. Pela primeira vez, demonstrava-se que uma ordem evidente, que não era produto de uma inteligência humana planejadora, não tinha de ser assim atribuída ao desígnio de uma inteligência superior e sobrenatural, mas que havia uma terceira possibilidade — a emergência da ordem como resultado da evolução adaptativa.[21]

A CONSTITUIÇÃO DA LIBERDADE

Dado que a ênfase colocada no papel que a seleção desempenha no processo de evolução social pode, hoje em dia, dar a impressão de que fomos buscar os fundamentos na biologia, vale a pena sublinhar que, na verdade, foi o contrário: não há dúvida de que foi das teorias da evolução social que Darwin e os seus contemporâneos tiraram a ideia que fundamenta as suas teorias.[22] De fato, um dos filósofos escoceses que desenvolveram essas ideias pela primeira vez antecipou-se a Darwin até no campo biológico[23]; e a aplicação posterior dessas ideias pelas várias "escolas históricas" do direito e da linguagem levou à ideia de que a similaridade de estrutura podia ser explicada por uma origem comum[24] se se tornasse comum no estudo dos fenômenos sociais muito antes de ser aplicada à biologia. Infelizmente, mais tarde, em vez de se basearem nesses primeiros estudos no seu próprio campo, as ciências sociais reimportaram algumas dessas ideias da biologia e, com elas, adotaram concepções como "seleção natural", "luta pela vida" e "sobrevivência dos mais aptos", que não são adequadas ao seu campo; isso porque, na evolução social, o fator decisivo não é a seleção das propriedades físicas e hereditárias dos indivíduos, mas a seleção por imitação das instituições e dos costumes bem-sucedidos. Embora isso também opere graças ao sucesso de indivíduos e grupos, aquilo que emerge não é um atributo hereditário dos indivíduos, mas ideias e aptidões — em suma, toda a herança cultural transmitida por aprendizagem e imitação.

4. Seria necessário outro livro para se fazer uma comparação pormenorizada das duas tradições; por ora, podemos apenas destacar alguns dos pontos cruciais em que se distinguem.

Enquanto a tradição racionalista pressupõe que o homem foi originalmente dotado dos atributos intelectuais e morais que lhe permitiram formar deliberadamente a civilização, os evolucionistas afirmam que a civilização foi o resultado acumulado com esforço de um processo de tentativa e erro; para estes, foi a soma de experiências, em parte transmitidas de geração em geração como conhecimento explícito, mas, em grande medida, incorporadas em instrumentos e instituições que se revelaram superiores — instituições cuja importância podemos descobrir pela análise, mas que também servem aos objetivos do homem sem que este as compreenda. Os teóricos escoceses tinham plena consciência do caráter delicado dessa estrutura artificial da civilização, que se baseava no domínio e no controle dos instintos mais primitivos e ferozes dos homens por instituições que não conceberam nem podiam controlar. Estavam muito longe dessas concepções ingênuas, mais tarde injustamente atribuídas ao seu liberalismo, como a "bondade natural do homem", a existência de uma "harmonia natural dos

## 4. LIBERDADE, RAZÃO E TRADIÇÃO

interesses" ou os efeitos benéficos da "liberdade natural" (ainda que, por vezes, tenham usado esta última expressão). Sabiam que, para conciliar os conflitos de interesses, eram necessários os artifícios das instituições e das tradições. Para eles, o problema consistia em saber como "esse motor universal da natureza humana, o amor-próprio, podia ser direcionado nesse caso (tal como em todos os outros) de maneira a promover o interesse público por meio dos esforços desenvolvidos no seu interesse próprio".[25] Não foi a "liberdade natural", em um sentido literal, mas, sim, as instituições aperfeiçoadas para garantir a "vida, a liberdade e a propriedade" que tornaram benéficos esses esforços individuais.[26] Locke, Hume, Smith e Burke nunca afirmariam, como fez Bentham, que "qualquer lei é um mal, pois qualquer lei é uma infração à liberdade".[27] Nunca defenderam um *laissez-faire* total, que, como diz a própria expressão, também faz parte da tradição racionalista francesa e, no seu sentido literal, nunca foi defendido por nenhum dos economistas clássicos ingleses.[28] Sabiam melhor do que a maioria dos seus críticos posteriores que não foi a magia, mas, sim, a evolução de "instituições bem construídas", onde se conciliariam as "regras e os princípios de interesses e vantagens divergentes"[29], que canalizou esses esforços individuais para objetivos socialmente benéficos. Na verdade, nunca defenderam uma posição contra o Estado ou anarquista, que é o resultado lógico da doutrina racionalista do *laissez-faire*; era uma posição que determinava as funções específicas e os limites da ação do Estado.

A diferença é particularmente evidente nos pressupostos respetivos das duas escolas a respeito da natureza humana individual. As teorias do desígnio racionalista se baseavam necessariamente no pressuposto da propensão individual do homem para a ação racional e na sua inteligência e bondade naturais. A teoria evolucionista, pelo contrário, mostrava como certas organizações institucionais levavam o homem a utilizar a sua inteligência tendo em vista o melhor efeito e como as instituições podiam ser estruturadas de modo a minimizar os danos provocados por pessoas más.[30] A tradição antirracionalista está aqui mais próxima da tradição cristã, que vê o homem como falível e pecador, enquanto o perfeccionismo dos racionalistas está em conflito irreconciliável com essa tradição. Nem o conhecido conceito do "homem econômico" fazia originalmente parte da tradição evolucionista britânica. Não seria um grande exagero dizer que, para esses filósofos britânicos, o homem era naturalmente preguiçoso e indolente, imprudente e esbanjador, e que só por força das circunstâncias seria levado a se comportar de forma econômica ou a aprender com cuidado a ajustar os meios aos seus fins. O *homo economicus* só foi definido explicitamente pelo jovem Mill[31], com mais elementos da tradição racionalista do que da tradição evolucionista.

A CONSTITUIÇÃO DA LIBERDADE

5. A maior diferença entre as duas posições, porém, reside nas suas respetivas concepções acerca do papel das tradições e do valor de todos os outros produtos da evolução inconsciente ao longo dos tempos.[32] Não seria injusto dizer que a abordagem racionalista se opõe aqui a quase tudo que é produto distinto da liberdade e que confere valor à liberdade. Os que acreditam que todas as instituições úteis são criações deliberadas e nada concebem que possa servir ao objetivo humano que não tenha sido planejado em consciência são, quase necessariamente, inimigos da liberdade. Para eles, liberdade significa caos.

Para a tradição evolucionista empírica, por outro lado, o valor da liberdade consiste sobretudo na oportunidade que proporciona para a evolução daquilo que não é planejado, e o funcionamento benéfico de uma sociedade livre baseia-se principalmente na existência dessas instituições que evoluíram livremente. É provável que nunca tenha existido uma verdadeira crença na liberdade e, sem dúvida, nunca houve uma tentativa bem-sucedida de fazer funcionar uma sociedade livre sem um respeito genuíno por instituições evoluídas, por costumes e hábitos e "todas as garantias de liberdade que nascem da regulação de antigos preceitos e costumes".[33] Por muito paradoxal que possa parecer, é provavelmente verdade que uma sociedade livre bem-sucedida seja sempre, em grande medida, uma sociedade ligada às tradições.[34]

Esse apreço pelas tradições e pelos costumes, por instituições evoluídas e por regras cujas origens e justificações desconhecemos não significa, certamente — como acreditava Thomas Jefferson, imbuído de uma concepção errada tipicamente racionalista —, que "atribuímos a homens de gerações anteriores uma sabedoria sobre-humana, e... pensamos que o que fizeram foi perfeito".[35] Longe de pressupor que os criadores das instituições eram mais sábios do que nós, a perspectiva evolucionista baseia-se na ideia de que o resultado da experimentação de muitas gerações pode conter mais experiência do que a experiência que um homem pode ter.

6. Já tratamos das várias instituições e hábitos, instrumentos e métodos que emergiram desse processo e constituem a civilização que herdamos. Mas ainda temos de analisar as regras de conduta que se desenvolveram como parte da civilização, que são um produto e uma condição da liberdade. Dessas convenções e costumes das relações entre os homens, as regras morais são as mais importantes, mas de modo algum as únicas significativas. Compreendemo-nos mutuamente e nos relacionamos, somos capazes de executar os nossos planos com êxito, porque, na maioria dos casos, os membros da nossa civilização seguem normas inconscientes de conduta, mostram uma regularidade nas suas ações que não resulta de ordens ou de coerção,

76

## 4. LIBERDADE, RAZÃO E TRADIÇÃO

normalmente nem de uma adesão a regras conhecidas, mas de hábitos e tradições bem estabelecidos. A observância geral dessas convenções é uma condição necessária para a ordem do mundo em que vivemos, para que possamos encontrar o nosso caminho no mundo, embora não conheçamos a sua importância e possamos até nem estar conscientes da sua existência. Em certos casos, para o bom funcionamento da sociedade, seria necessário garantir uma uniformidade semelhante por meio de coerção, quando as convenções ou as regras não fossem obedecidas com a frequência suficiente. A coerção, portanto, só pode ser por vezes evitada com a existência de um alto nível de conformidade voluntária, o que significa que a conformidade voluntária pode ser uma condição para o funcionamento benéfico da liberdade. De fato, como todos os grandes apóstolos da liberdade fora da escola racionalista nunca deixaram de enfatizar, a liberdade nunca funcionou sem estar profundamente imbuída de crenças morais, e a coerção só pode ser reduzida ao mínimo quando se espera que os indivíduos obedeçam voluntariamente a certos princípios.[36]

Há vantagem em que a obediência a essas regras não resulte da coação, não só porque a coerção é má em si mesma, mas também porque, de fato, é normalmente desejável que as regras sejam observadas apenas na maioria dos casos e que o indivíduo deva poder violá-las quanto lhe parecer válido incorrer na reprovação que isso provocará. Também é importante que a força da pressão social e do hábito que assegura a obediência às regras seja variável. É essa flexibilidade das regras voluntárias que, no campo da moral, possibilita a evolução gradual e o desenvolvimento espontâneo, o que permite que mais experiências conduzam a modificações e melhoramentos. Tal evolução só é possível com regras que não sejam nem coercivas nem deliberadamente impostas — regras que, embora sua observância seja vista como um mérito e sejam cumpridas pela maioria, podem ser violadas pelos indivíduos que julgam ter motivos suficientes para enfrentar a censura dos seus semelhantes. Ao contrário das regras coercivas e deliberadamente impostas, que só podem ser alteradas de forma intermitente e para todos ao mesmo tempo, as regras desse tipo permitem mudanças graduais e experimentais. A existência de indivíduos e grupos que, em simultâneo, observam regras parcialmente diferentes fornece a oportunidade para selecionar as mais eficazes.

É essa submissão a regras e convenções não planejadas, cujo valor e importância desconhecemos em grande medida, esse respeito pelo tradicional, que a mente realista considera tão desagradável, ainda que seja indispensável para o funcionamento de uma sociedade livre. Baseia-se na ideia, sublinhada por David Hume e de importância decisiva para a tradição evolucionista antirracionalista, de que "as regras

# A CONSTITUIÇÃO DA LIBERDADE

da moralidade não são conclusões da nossa razão".[37] Tal como todos os outros valores, a nossa moral não é um produto, mas um pressuposto da razão, parte dos propósitos para cujo serviço foi desenvolvido o instrumento do nosso intelecto. Em qualquer fase da nossa evolução, o sistema de valores com que nascemos providencia os fins que devem ser servidos pela nossa razão. Esse pressuposto do quadro de valores implica que, embora tenhamos de lutar sempre para melhorar as nossas instituições, nunca podemos ter a pretensão de recriá-las como um todo e que, nos nossos esforços para melhorá-las, temos de tomar como garantido muito do que não entendemos. Teremos de atuar sempre num contexto de valores e instituições que não foi criado por nós. Em particular, nunca poderemos construir artificialmente um novo conjunto de regras morais ou fazer a nossa obediência às regras conhecidas depender da nossa compreensão das implicações dessa obediência em determinado âmbito.

7. A posição racionalista em relação a esses problemas pode ser mais bem observada nas suas perspectivas acerca daquilo que se chama de "superstição".[38] Não pretendo subestimar o mérito da luta persistente e incansável dos séculos XVIII e XIX contra teses que são comprovadamente falsas.[39] No entanto, devemos lembrar que a extensão do conceito de superstição a todas as teses que não são comprovadamente verdadeiras também carece de justificativa e, em muitos casos, pode ser prejudicial. O fato de não devermos acreditar em nada que seja comprovadamente errado não significa que devemos acreditar apenas naquilo cuja verdade foi demonstrada. Existem boas razões para que uma pessoa que queira viver e agir com sucesso numa sociedade tenha de aceitar muitas convicções comuns, embora o valor dessas razões pouco possa ter que ver com a demonstração da sua validade.[40] Essas convicções podem se basear também em experiências do passado, mas não em experiências passíveis de serem comprovadas por qualquer pessoa. Quando lhe pedem para aceitar uma generalização no seu campo, o cientista tem certamente o direito de solicitar as provas em que se baseia essa generalização. Muitas das teses que, no passado, exprimiam a experiência acumulada da nossa espécie foram, assim, refutadas. No entanto, isso não significa que podemos chegar a ponto de dispensar todas as convicções que carecem de comprovação científica. O ser humano adquire experiência de muitas formas além das normalmente reconhecidas pelos pesquisadores ou por quem procura conhecimento específico. Destruiríamos os fundamentos de muitas ações eficazes se não confiássemos em métodos envolvidos no processo de tentativa e erro só por não conhecermos a razão da sua adoção. A correção da nossa conduta não é necessariamente dependente do conhecimento das suas razões. Essa compreensão é uma maneira de tornar

## 4. LIBERDADE, RAZÃO E TRADIÇÃO

correta a nossa conduta, mas não é a única. Um mundo esterilizado de crenças, de todos os elementos cujo valor não pode ser positivamente demonstrado, provavelmente não seria menos letal do que um estado equivalente na esfera biológica.

Embora isso se aplique a todos os nossos valores, é especialmente importante no caso das normas morais de conduta. Ao lado da linguagem, constituem talvez a instância mais importante de uma evolução não planejada, de um conjunto de regras que regem as nossas vidas, mas acerca das quais não podemos dizer por que são como são nem qual é o seu efeito sobre nós: não sabemos as consequências que a sua observância tem para nós como indivíduos e como grupos. E é contra a exigência de submissão a essas normas que o espírito racional está em constante revolta. Insistem em aplicar o princípio de Descartes de "rejeitar como absolutamente falsas todas as opiniões em relação às quais se possa ter a mínima dúvida".[41] Os racionalistas desejaram sempre um sistema moral deliberadamente planejado e artificial, um sistema em que, como Edmund Burke descreveu, "a prática de todos os deveres morais e os fundamentos da sociedade dependiam do fato de as suas razões serem claras e comprovadas para qualquer indivíduo".[42] De fato, os racionalistas do século XVIII afirmavam explicitamente que, como conheciam a natureza humana, podiam "descobrir facilmente a moral que lhes convinha".[43] Não compreendiam que aquilo que chamavam de "natureza humana" é, em grande parte, resultado das concepções morais que qualquer indivíduo aprende com a linguagem e o pensamento.

8. Um sintoma interessante da influência cada vez maior dessa concepção racionalista é a substituição crescente, em todas as línguas que conheço, do termo "social" pelo termo "moral" ou simplesmente "bem". Vale a pena considerar sucintamente o significado dessa mudança.[44] Quando as pessoas falam de uma "consciência social" como oposta à mera "consciência", estão talvez se referindo a uma consciência dos efeitos particulares que as nossas ações exercem em outras pessoas, a uma tentativa de pautarmos a conduta não só por normas tradicionais, mas também por uma consideração explícita das consequências particulares da ação em causa. Com efeito, estão dizendo que a nossa ação deve ser guiada por uma compreensão completa do funcionamento do processo social e que nosso objetivo, por meio de uma avaliação consciente dos fatos concretos da situação, deve ser produzir um resultado previsível definido como o "bem social".

O curioso é que esse apelo à realidade "social" implica a exigência de que a inteligência individual, e não as regras que evoluíram na sociedade, guie a ação social — que os homens deveriam dispensar o uso daquilo que poderia ser realmente chamado "social" (no sentido de ser um produto do processo impessoal da sociedade) e basear-se no seu julgamento individual do caso particular. A preferência pelas "considerações sociais" em detrimento da adesão a normas morais é, pois, o resultado de um desprezo por aquilo que é realmente um fenômeno social e de uma crença nos poderes superiores da razão humana individual.

É claro que tais pretensões racionalistas requerem um conhecimento que excede a capacidade da mente humana individual, e, na tentativa de segui-las, os homens se tornariam, na maioria, membros menos úteis da sociedade do que seriam ao perseguir os próprios objetivos dentro dos limites estabelecidos pelas normas da lei e da moral.

A tese racionalista não leva aqui em consideração que, de forma muito geral, a obediência a regras abstratas é um dispositivo que aprendemos a usar porque a nossa razão é insuficiente para dominar a totalidade da realidade complexa.[45] Isso é válido tanto para quando formulamos deliberadamente uma norma abstrata para pautar nossa conduta individual como para quando nos submetemos às normas comuns de ação que evoluíram por meio de um processo social.

Todos sabemos que, ao perseguir nossos objetivos individuais, só podemos ter sucesso se estabelecermos para nós próprios algumas regras gerais a que obedeceremos sem voltar a analisar sua justificativa a cada instância particular. Quando organizamos o nosso dia, quando cumprimos tarefas desagradáveis, mas necessárias, quando nos privamos de certos estimulantes ou reprimimos certos impulsos, achamos normalmente necessário fazer dessas práticas um hábito inconsciente, pois sabemos que, de outro modo, os motivos racionais que tornam esse comportamento desejável não seriam suficientemente eficazes para equilibrar os desejos temporários e nos levar a fazer o que desejaríamos de um ponto de vista de longo prazo. Embora pareça paradoxal dizer que, a fim de nos obrigarmos a agir de forma racional, temos geralmente necessidade de ser guiados mais pelo hábito do que pela reflexão, ou dizer que, para evitarmos tomar a decisão errada, temos de reduzir deliberadamente as opções que temos, todos sabemos que isso é muitas vezes necessário na prática para alcançarmos nossos objetivos em longo prazo.

Essas considerações ainda são mais válidas quando nosso comportamento não nos afeta diretamente, mas, sim, a outros, e quando nossa grande preocupação, portanto, é ajustar nossas ações às ações e expectativas dos outros a fim de evitarmos causar-lhes algum dano. Nesse caso, é improvável que um indivíduo consiga criar racionalmente regras que sejam mais eficazes para os seus fins do que aquelas que evoluíram de forma gradual; e, mesmo que o conseguisse, só poderiam servir realmente ao seu propósito se fossem observadas por todos. Assim, não temos alternativa senão

## 4. LIBERDADE, RAZÃO E TRADIÇÃO

nos submeter a normas cuja justificativa normalmente desconhecemos, e assim proceder conscientes ou não de que tudo o que é importante depende da sua observância no caso específico. As normas da moral são fundamentais no sentido em que contribuem principalmente para a realização de outros valores humanos; no entanto, como só raramente conhecemos o resultado da sua observância no caso particular, seu cumprimento deve ser visto como um valor em si mesmo, uma espécie de fim intermédio que devemos perseguir sem questionar sua justificativa.

9. É claro que essas considerações não provam que todos os conjuntos de normas morais que evoluíram numa sociedade sejam benéficos. Tal como um grupo pode ter alcançado ascensão graças à moral a que os seus membros obedecem e, por conseguinte, seus valores podem ser seguidos por toda nação que esse grupo passou a liderar, um grupo ou uma nação pode se autodestruir com as normas morais a que adere. Só os resultados eventuais podem mostrar se os ideais que guiam um grupo são benéficos ou destrutivos. O fato de uma sociedade considerar o ensinamento de certos homens como a encarnação da bondade não prova que, se os seus ensinamentos fossem seguidos, essa sociedade não poderia se arruinar. Uma nação pode se autodestruir ao seguir os ensinamentos daqueles que vê como os seus melhores homens, talvez figuras santas inquestionavelmente guiadas pelos ideais mais altruístas. Esse perigo seria pequeno numa sociedade cujos membros tivessem a liberdade de escolher o seu modo de vida, pois, assim, essas tendências seriam autocorretivas: só os grupos guiados por ideais "inexequíveis" declinariam, e os outros, menos morais pelos padrões correntes, tomariam o lugar desses. Mas isso só aconteceria numa sociedade livre em que esses ideais não fossem impostos a todos. No caso em que todos devem servir os mesmos ideais e os dissidentes não podem seguir ideais diferentes, as normas só se manifestarão inadequadas com a decadência de toda a nação guiada por elas.

A importante questão que surge aqui é se o acordo de uma maioria acerca de uma norma moral constitui justificativa suficiente para impô-la a uma minoria dissidente ou se esse poder não deveria ser também limitado por normas mais gerais — em outras palavras, se a legislação comum deve ser limitada por princípios gerais, da mesma maneira que as normas morais da conduta individual excluem certos tipos de ação, por melhor que seja o seu objetivo. As normas morais são tão necessárias na ação política como na ação individual, e as consequências tanto das sucessivas decisões coletivas como das decisões individuais só serão benéficas se todas estiverem em conformidade com princípios comuns.

As normas morais de ação coletiva são desenvolvidas com dificuldade e muito lentamente. Mas isso deve ser visto como um indicador do seu caráter valioso. Dos poucos princípios desse tipo que os homens desenvolveram, o mais importante é a liberdade individual, que deve ser vista como um princípio moral de ação política. Tal como todos os princípios morais, a liberdade individual deve ser aceita como um valor em si mesmo, como um princípio que tem de ser respeitado sem questionar se as consequências na instância particular serão benéficas. Não alcançaremos os resultados que queremos se não a aceitarmos como um princípio ou um pressuposto tão fundamental que nenhuma consideração de conveniência pode limitá-lo.

De fato, a defesa da liberdade, em última análise, é uma defesa de princípios contra a conveniência na ação coletiva[46], o que, como veremos, é equivalente a dizer que só o juiz, e não o administrador, pode ordenar a coerção. Quando um dos líderes intelectuais do liberalismo do século XIX, Benjamin Constant, descreveu o liberalismo como o *système de principes*[47], apontou para o cerne da questão. A liberdade é não somente um sistema no qual toda a ação governamental é guiada por princípios, mas também um ideal que só será preservado se for aceito como um princípio soberano que rege todos os atos legislativos particulares. Quando não existe uma norma fundamental amplamente aceita como um ideal fundamental em relação ao qual não pode haver concessões em nome de benefícios materiais — como um ideal que, embora possa ser temporariamente infringido durante uma emergência pontual, deve constituir a base de todas as disposições permanentes —, a liberdade será quase certamente destruída por violações pontuais. Pois, em cada caso particular, será possível prometer benefícios concretos e tangíveis como resultado de uma redução da liberdade, enquanto os benefícios sacrificados serão, por sua natureza, sempre desconhecidos e incertos. Se a liberdade não fosse tratada como o princípio supremo, o fato de as promessas que uma sociedade livre tem para oferecer poderem ser sempre apenas hipóteses e não certezas, apenas oportunidades e não dádivas definidas para indivíduos particulares, seria inevitavelmente uma fraqueza fatal e conduziria ao seu lento fim.

10. É provável que o leitor se pergunte agora que papel terá ainda a razão no ordenamento das questões sociais, uma vez que uma política de liberdade exige grande renúncia ao controle deliberado e a admissão de uma evolução indireta e espontânea. A primeira resposta é que, caso tenha se tornado aqui necessário procurar limites adequados aos usos da razão, encontrar esses limites é em si mesmo um exercício muito importante e difícil da razão. Além disso, se sublinharmos necessariamente esses limites, é claro que não queremos dizer com isso que a razão não tem papel

## 4. LIBERDADE, RAZÃO E TRADIÇÃO

importante. Não há dúvida de que a razão é o bem mais precioso do homem. Queremos apenas mostrar que a razão não é onipotente e que a ideia de que é possível dominar a si própria e controlar o seu próprio desenvolvimento pode destruí-la. Tentamos fazer uma defesa da razão contra o seu abuso por causa daqueles que não entendem as condições do seu funcionamento eficaz e do seu desenvolvimento constante. É um apelo às pessoas para perceberem que temos de usar a nossa razão de maneira inteligente e que, para isso, temos de preservar essa matriz indispensável da espontaneidade e da irracionalidade, que é o único ambiente em que a razão pode evoluir e funcionar de forma eficaz.

A posição antirracionalista aqui assumida não deve ser confundida com o irracionalismo nem com qualquer apelo ao misticismo.[48] Não defendemos aqui uma abdicação da razão, mas uma análise racional do campo em que a razão pode ser controlada de forma adequada. Em parte, afirmamos que tal uso inteligente da razão não significa o uso deliberado da razão no máximo número possível de ocasiões. Em oposição ao racionalismo ingênuo que trata a nossa razão atual como um absoluto, temos de prosseguir os esforços iniciados por David Hume quando "voltou contra o Iluminismo as suas próprias armas" e tentou "restringir as pretensões da razão graças ao uso da análise racional".[49]

A primeira condição para esse uso inteligente da razão no ordenamento dos assuntos humanos consiste em compreender que papel, de fato, ela desempenha e pode desempenhar no funcionamento de qualquer sociedade baseada na cooperação de muitas mentes individuais. Isso significa que, antes de tentarmos reformar a sociedade de maneira inteligente, temos de compreender o seu funcionamento; temos de perceber que, mesmo quando pensamos em compreendê-lo, podemos estar errados. Temos de compreender que a civilização humana tem vida própria, que todos os nossos esforços para melhorar as coisas devem ser feitos dentro de um todo em funcionamento que não podemos controlar por completo, e só podemos facilitar e auxiliar a ação dessas forças se as compreendermos. Nossa atitude deve ser semelhante à do médico em relação a um organismo vivo: como ele, temos de lidar com um todo autônomo que se mantém em funcionamento graças a forças que não podemos substituir e que, por isso, temos de usar em tudo o que tentamos conseguir. A sua melhoria só é possível se trabalharmos com essas forças, e não contra elas. Todos os nossos esforços de aperfeiçoamento devem ser feitos considerando esse todo, visando a uma construção pontual, e não total[50], e usando, em cada fase, o material histórico disponível para melhorar gradualmente alguns pormenores, em vez de tentar reformular tudo.

A CONSTITUIÇÃO DA LIBERDADE

Nenhuma dessas conclusões é um argumento contra o uso da razão, mas apenas argumento contra os usos que requerem poderes exclusivos e coercivos de governo; não é argumento contra a experimentação, mas contra qualquer poder exclusivo e monopolista de experimentar num campo específico — poder que não deixa alternativa e que reivindica um direito à posse de uma sabedoria superior — e contra a exclusão consequente de soluções melhores do que aquelas com que estão comprometidos os que estão no poder.

# 5. Responsabilidade e liberdade

*A democracia dificilmente poderá sobreviver numa sociedade organizada segundo o princípio da terapia e não do julgamento, do erro e não do pecado. Se os homens são livres e iguais, devem ser julgados, e não hospitalizados.*

F. D. WORMUTH

1. Liberdade não significa apenas que o indivíduo tenha a oportunidade e, ao mesmo tempo, o ônus da escolha; também significa que ele tem de arcar com as consequências das suas ações, pelas quais será elogiado ou criticado. Liberdade e responsabilidade são inseparáveis. Uma sociedade livre somente funcionará ou se manterá se os seus membros considerarem justo que cada indivíduo ocupe e aceite a posição resultante da sua atividade. Embora possa oferecer apenas oportunidades ao indivíduo e o resultado dos seus esforços dependa de inúmeras contingências, a sociedade faz com que o indivíduo foque nas circunstâncias que ele pode controlar, como se fossem as únicas que importassem. Dado que o indivíduo tem a oportunidade de usar circunstâncias que só ele conhece e que, em geral, mais ninguém sabe se ele fez ou não o melhor uso dessas circunstâncias, parte-se do princípio de que elas determinam o resultado das suas ações, salvo se o contrário for óbvio.

Essa crença na responsabilidade individual, que prevalecia quando as pessoas acreditavam firmemente na liberdade individual, reduziu-se de forma acentuada, acompanhando o declínio da estima pela liberdade. A responsabilidade tornou-se um conceito impopular, um termo que os oradores ou escritores experientes evitam por causa da indiferença ou da hostilidade óbvias com que é recebido por uma geração que rejeita tudo o que é moralizante. Em muitos casos, suscita a hostilidade aberta de indivíduos que aprenderam que a sua posição na vida ou até as suas ações foram determinadas apenas por circunstâncias sobre as quais eles não têm controle. No entanto, essa rejeição da responsabilidade se deve normalmente a um medo da

A CONSTITUIÇÃO DA LIBERDADE

responsabilidade, que se torna necessariamente também um medo da liberdade.[1] Não há dúvida de que muitas pessoas têm medo da liberdade porque a oportunidade de construir a própria vida também significa uma tarefa incessante, uma disciplina que o homem deve impor a si próprio para alcançar os seus objetivos.

2. O declínio atual da estima pela liberdade individual e pela responsabilidade individual é, em grande medida, o resultado de uma interpretação equivocada das lições da ciência. As ideias mais antigas estavam intimamente relacionadas com uma crença no livre-arbítrio, conceito que nunca teve significado exato, mas que, mais tarde, parece ter sido privado de fundamento pela ciência moderna. A convicção cada vez maior de que todos os fenômenos naturais são determinados somente por eventos anteriores ou sujeitos a leis conhecidas e de que o próprio homem deve ser visto como uma parte da natureza levou à conclusão de que as ações e o funcionamento da sua mente devem também ser vistos como necessariamente determinados por circunstâncias externas. A concepção do determinismo universal que dominou a ciência do século XIX[2] foi, assim, aplicada à conduta dos seres humanos, parecendo eliminar a espontaneidade da ação humana. Obviamente, era necessário admitir que havia apenas um pressuposto geral de que as ações humanas também estavam sujeitas à lei natural e que realmente não sabíamos como eram determinadas por circunstâncias particulares, exceto, talvez, nos casos mais raros. Mas, ao se admitir que o funcionamento da mente do homem deve, pelo menos em princípio, obedecer a leis uniformes, parecia se eliminar o papel de uma personalidade individual, que é essencial para a concepção de liberdade e responsabilidade.

A história intelectual das últimas gerações proporciona inúmeros exemplos de como essa imagem determinista do mundo abalou as fundações da crença moral e política na liberdade. Hoje muitas pessoas cientificamente instruídas concordariam provavelmente com o cientista que, ao escrever para o público geral, admitia que a liberdade "é um conceito muito problemático para ser abordado pelo cientista, em parte porque não está convencido de que, em última análise, a liberdade exista".[3] É verdade que, mais recentemente, os médicos abandonaram, com certo alívio, a tese do determinismo universal. No entanto, é duvidoso que a concepção mais moderna de uma regularidade meramente estatística do mundo afete de algum modo o enigma do livre-arbítrio. Pois parece que nem todas as dificuldades relativas ao significado da ação voluntária e da responsabilidade nascem de uma consequência necessária da crença de que a ação humana é causalmente determinada, sendo antes o resultado de uma confusão intelectual, de conclusões que não decorrem das premissas.

86

## 5. RESPONSABILIDADE E LIBERDADE

Parece que a afirmação de que a vontade é livre tem tão pouco sentido como a sua negação e que toda a questão é um problema inexistente[4], uma mera controvérsia acerca de palavras na qual os antagonistas não esclareceram o que implica uma resposta afirmativa ou negativa. Não há dúvida de que aqueles que negam a liberdade da vontade privam o termo "livre" do seu significado comum, que descreve a ação em conformidade com a vontade de um indivíduo e não de outrem; para não fazer uma afirmação sem sentido, deviam oferecer qualquer outra definição, o que, de fato, nunca fazem.[5] Além disso, a sugestão de que o termo "livre" em qualquer sentido relevante ou significativo exclui a ideia de que a ação é necessariamente determinada por certos fatores revela-se, em última análise, totalmente infundada.

A confusão fica evidente quando analisamos as conclusões que as duas partes retiram das suas respectivas posições. Os deterministas costumam afirmar que, como as ações dos homens são completamente determinadas por causas naturais, não há justificativa para serem responsabilizados, elogiados ou criticados pelas suas ações. Os voluntaristas, por outro lado, afirmam que, como existe no homem um agente que se encontra fora da cadeia da causa e efeito, esse agente é o responsável e o objeto legítimo de elogio e crítica. Mas não há dúvida de que, no que diz respeito a essas conclusões práticas, os voluntaristas estão mais perto da verdade, enquanto os deterministas estão apenas confusos. O fato peculiar acerca da disputa, porém, é que em nenhum dos casos as conclusões decorrem das alegadas premissas. Como tem sido muitas vezes demonstrado, o conceito de responsabilidade baseia-se numa perspectiva determinista[6], ao passo que só a construção de um "eu" metafísico, fora de toda a cadeia de causa e efeito e, por isso, visto como não influenciado pelo elogio ou pela crítica, poderia justificar que o homem fosse isento de responsabilidade.

3. É claro que seria possível imaginar, como exemplo de uma alegada posição determinista, um autômato que reagisse aos acontecimentos do seu meio sempre da mesma maneira previsível. No entanto, isso não corresponderia a qualquer posição alguma vez defendida seriamente pelos adversários mais extremos do livre arbítrio. Esses afirmam que, em cada momento, a conduta de uma pessoa, sua reação a qualquer conjunto de circunstâncias externas, será determinada pelos efeitos conjuntos da sua constituição inata e de toda a sua experiência acumulada, com cada nova experiência a ser interpretada à luz da experiência individual anterior — um processo cumulativo que, em cada caso, produz uma personalidade única e distinta. Essa personalidade funciona como uma espécie de filtro por meio do qual os acontecimentos externos produzem uma conduta só exatamente previsível em circunstâncias

excepcionais. A posição determinista afirma que esses efeitos acumulados e a experiência passada constituem a totalidade da personalidade individual, que não existe outro "ego" ou "eu" cuja disposição não possa ser afetada por influências externas ou materiais. Isso significa que todos os fatores cuja influência é por vezes inconsistentemente negada por aqueles que rejeitam o "livre-arbítrio", como o raciocínio ou a argumentação, a persuasão ou a censura, a expectativa de elogio ou de crítica, constituem realmente alguns dos fatores mais importantes na determinação da personalidade e, por meio desta, da ação particular do indivíduo. É justamente por não existir um "eu" separado fora da cadeia de causa e efeito que também não existe um "eu" que não possamos, em certa medida, tentar influenciar por meio de recompensa ou de castigo.[7]

De fato, provavelmente nunca se negou seriamente que, em muitos casos, pode-se influenciar a conduta das pessoas por meio da educação e do exemplo, da persuasão racional, da aprovação ou da reprovação. A única questão que pode ser legitimamente formulada é, portanto, de que forma os indivíduos, em dadas circunstâncias, podem ser influenciados na direção desejada se souberem que uma ação lhes aumentará ou diminuirá a estima dos outros ou provocará recompensa ou castigo.

Em sentido restrito, é absurdo dizer, como costuma acontecer, que "um homem não tem culpa por ser como é", pois o objetivo de atribuição de responsabilidade é torná-lo diferente do que é ou poderia ser. Quando dizemos que um indivíduo é responsável pelas consequências de uma ação, não se trata da constatação de um fato nem da relação de causa e efeito. É claro que a afirmação não seria justificável se nada do que ele "poderia" ter feito ou omitido pudesse ter alterado o resultado. Mas quando usamos palavras como "poderia" ou "pudesse", nesse contexto, não queremos dizer que no momento da sua decisão algo o levou a agir de outra maneira diferente do efeito necessário das leis causais naquelas circunstâncias. Ao contrário, a afirmação de que um indivíduo é responsável pelo que faz visa tornar suas ações diferentes do que seriam se não acreditasse nisso. Atribuímos responsabilidade a um indivíduo não para lhe dizer que, sendo como é, poderia ter agido de maneira diferente, mas para torná-lo diferente. Se eu tiver causado danos a alguém por negligência ou descuido, "que não podia evitar" dadas as circunstâncias, isso não me isenta da responsabilidade, mas deveria convencer-me, ainda mais, de ter em mente a possibilidade dessas consequências.[8]

As únicas questões que podem ser legitimamente formuladas, portanto, é se a pessoa a quem atribuímos responsabilidade por determinada ação ou pelas suas consequências é o tipo de pessoa sujeita a motivos normais (ou seja, se é aquilo a que

## 5. RESPONSABILIDADE E LIBERDADE

chamamos uma pessoa responsável) e se, em certas circunstâncias, essa pessoa pode ser influenciada pelas considerações e crenças que lhe desejamos incutir. Tal como na maioria desse tipo de problema, nosso desconhecimento das circunstâncias particulares será normalmente tal que só saberemos que a expectativa de que serão responsabilizados irá, em geral, influenciar os indivíduos em certas posições numa direção desejável. Em geral, nosso problema não é saber se certos fatores mentais agiram na ocasião de determinada ação, mas como certas considerações poderiam se tornar tão eficazes quanto possível na orientação da ação. Isso requer que o indivíduo seja elogiado ou criticado, quer a expectativa tenha ou não influenciado realmente a ação. Podemos nunca estar certos do efeito no caso particular, mas acreditamos que, em geral, o conhecimento de que a pessoa será responsabilizada influenciará no direcionamento da sua conduta. Nesse sentido, a atribuição de responsabilidade não implica a constatação de um fato. É antes uma convenção que visa a levar as pessoas a respeitar as normas. Poder-se-á debater sempre se esse tipo de convenção é eficaz. Saberemos apenas que a experiência sugere, de modo geral, se é ou não eficaz.

A responsabilidade se tornou essencialmente um conceito jurídico, pois a lei requer testes claros para decidir quando as ações do indivíduo criam uma obrigação ou o tornam passível de castigo. Mas não deixa de ser um conceito moral, um conceito subjacente à nossa visão dos deveres morais de um indivíduo. De fato, o seu alcance vai bastante além daquilo que normalmente consideramos moral. Toda a nossa atitude em relação ao funcionamento da ordem social, a nossa aprovação ou reprovação da forma como se determina a posição relativa dos diferentes indivíduos, está intimamente relacionada à nossa opinião acerca da responsabilidade. Assim, a importância do conceito vai muito além da esfera da coerção, e o seu maior interesse reside, talvez, no seu papel de guia das livres decisões do indivíduo. Provavelmente, uma sociedade livre exige mais do que qualquer outra que os indivíduos orientem as suas ações por um sentido de responsabilidade que vai além dos deveres exigidos pela lei, e que a opinião geral aprove a sua responsabilização tanto pelo sucesso como pelo fracasso das suas ações. Quando os indivíduos têm a liberdade de agir da maneira que acham conveniente, também devem ser responsabilizados pelos resultados das suas ações.

4. A justificativa para a atribuição de responsabilidade é, assim, a sua influência presumível na ação futura; visa ensinar às pessoas o que devem levar em consideração em situações futuras semelhantes. Embora deixemos que os indivíduos decidam por si próprios porque, em geral, estão na melhor posição para conhecer as

## A CONSTITUIÇÃO DA LIBERDADE

circunstâncias que envolvem as suas ações, também nos importa que as condições lhes permitam usar o seu conhecimento para exercer o melhor efeito. Se damos liberdade aos indivíduos porque presumimos que são seres racionais, também temos de fazer com que valha a pena agirem como seres racionais, deixando-os arcar com as consequências das suas decisões. Isso não significa que um indivíduo seja sempre considerado o melhor juiz dos seus interesses; significa apenas que nunca podemos ter a certeza de que haja quem o conheça melhor do que ele próprio, e que desejamos usar plenamente as capacidades de todos os que possam contribuir de alguma maneira para o esforço comum de fazer nosso ambiente servir aos nossos fins.

A atribuição de responsabilidade pressupõe, portanto, que os indivíduos tenham capacidade de ação racional e visa fazê-los agir de forma mais racional. Pressupõe certa capacidade mínima de aprender e prever, de ser orientado por um conhecimento das consequências da sua ação. Não é válido objetar que a razão, de fato, desempenha apenas um papel pequeno na determinação da ação humana, pois o objetivo é tornar esse papel tão importante quanto possível. A racionalidade, nesse contexto, pode significar apenas certo nível de coerência e consistência nas ações de um indivíduo, certa influência duradoura de conhecimento ou entendimento que, uma vez adquirido, afetará suas ações em tempos posteriores e em circunstâncias diferentes.

A complementaridade da liberdade e da responsabilidade significa que a defesa da liberdade só é aplicável àqueles que podem ser responsabilizados. Não é aplicável às crianças, aos deficientes mentais ou aos loucos. Pressupõe que um indivíduo seja capaz de aprender com a experiência e de orientar suas ações pelo conhecimento assim adquirido; é inválida para aqueles que ainda não aprenderam o suficiente ou que são incapazes de aprender. Um indivíduo cujas ações sejam totalmente determinadas pelos mesmos impulsos não controlados pelo conhecimento das consequências ou por uma personalidade dividida — como um esquizofrênico — não poderia ser, nesse caso, responsabilizado, pois seu conhecimento de que será responsabilizado não poderia alterar suas ações. O mesmo se aplicaria a pessoas que sofrem de compulsões realmente incontroláveis, cleptomaníacos ou alcoólatras, que, como a experiência demonstrou, são indiferentes a motivações normais. No entanto, se temos razões para acreditar que a consciência de responsabilidade de um indivíduo pode influenciar nas suas ações, é necessário tratá-lo como responsável, quer, no caso particular, isso tenha ou não o efeito desejado. A atribuição de responsabilidade baseia-se não naquilo que sabemos ser verdadeiro no caso particular, mas naquilo que julgamos serem os efeitos prováveis de incentivar as pessoas a se comportarem de forma racional e

## 5. RESPONSABILIDADE E LIBERDADE

ponderada. Trata-se de um dispositivo que a sociedade desenvolveu para lidar com a nossa incapacidade de conhecer a mente das outras pessoas e, sem recorrer à coerção, introduzir ordem na nossa vida.

Este não é o lugar para analisar o problema especial levantado por todos aqueles que não podem ser responsabilizados e aos quais a defesa da liberdade não pode ser totalmente aplicada. O ponto importante é que ser um membro livre e responsável da comunidade representa um estatuto particular que traz consigo deveres e privilégios; e, para que a liberdade alcance seus objetivos, esse estatuto não deve ser concedido pela vontade de alguém, mas, antes, automaticamente desfrutado por todos os que satisfaçam certas condições objetivamente verificáveis (como a idade), desde que o pressuposto de que tenham as capacidades mínimas exigidas não seja claramente negado. Nas relações pessoais, a transição da condição de tutelado para a plena responsabilidade pode ser gradual e indistinta, e as formas mais ligeiras de coerção que existem entre os indivíduos e nas quais o Estado não deve intervir podem ser ajustadas aos níveis de responsabilidade. No entanto, em termos políticos e jurídicos, a distinção deve ser clara e definida, e deve ser determinada por regras gerais e impessoais para que a liberdade seja eficaz. Nas nossas decisões sobre se um indivíduo é senhor dos seus atos ou se está sujeito à vontade de outrem, temos de vê-lo como responsável ou não responsável, como tendo ou não tendo o direito de agir de maneira ininteligível, imprevisível ou desagradável para os outros. O fato de nem todos os seres humanos poderem ter plena liberdade não significa que a liberdade de todos deva estar sujeita a restrições e normas ajustadas a condições individuais. O tratamento individualizante prestado pelo tribunal de menores ou pelo hospital psiquiátrico é a marca da falta de liberdade, da tutelagem. Ainda que, nas relações íntimas da vida privada, possamos ajustar nossa conduta à personalidade dos nossos parceiros, na vida pública, a liberdade requer que sejamos vistos como tipos, e não como indivíduos únicos, e tratados segundo o pressuposto de que as motivações e coibições normais serão eficazes, seja isso verdadeiro ou não no caso particular.

5. Confunde-se muito o ideal de que um indivíduo deve poder perseguir os próprios objetivos com a ideia de que, se deixado em liberdade, esse indivíduo só irá ou deverá perseguir seus objetivos egoístas.[9] No entanto, a liberdade de perseguir os próprios objetivos é tão importante para a pessoa mais altruísta, em cuja escala de valores as necessidades dos outros ocupam um lugar central, como para qualquer egoísta. É da natureza dos homens (e talvez até mais das mulheres), e uma das principais condições da sua felicidade, fazer do bem-estar de outras pessoas seu principal objetivo.

Isso faz parte da escolha normal que nos é oferecida e, na maioria dos casos, é a decisão que geralmente se espera de nós. Segundo a opinião comum, nossa principal preocupação deve ser, nesse sentido, o bem-estar da nossa família. Mas também devemos demonstrar nossa estima e aprovação pelos outros, fazendo deles nossos amigos e adotando os seus objetivos. A escolha dos nossos parceiros e, em geral, daqueles cujas necessidades nos preocupam é uma parte essencial da liberdade e das concepções morais de uma sociedade livre.

Contudo, o altruísmo geral é um conceito sem sentido. De fato, ninguém pode se preocupar assim com as outras pessoas; as responsabilidades que podemos assumir devem ser sempre particulares, só devem dizer respeito àqueles de quem conhecemos fatos concretos, a quem estamos ligados por escolha ou por circunstâncias especiais. Um dos direitos e deveres fundamentais de um indivíduo livre é decidir quem e que necessidades lhe parecem mais importantes.

O reconhecimento de que cada pessoa tem a própria escala de valores que devemos respeitar, mesmo que não a aprovemos, faz parte da concepção do valor da personalidade individual. O valor que atribuímos a outra pessoa dependerá, necessariamente, dos valores que essa pessoa adota. Mas acreditar na liberdade significa que não nos vemos como juízes dos valores do outro, que não nos sentimos no direito de impedi-lo de perseguir objetivos que reprovamos, desde que não invadam a esfera de direitos das demais pessoas.

Uma sociedade que não reconhece para cada indivíduo valores próprios que ele tem o direito de seguir não pode ter respeito pela dignidade do indivíduo nem conhecer realmente a liberdade. Mas também é verdade que, numa sociedade livre, um indivíduo será respeitado de acordo com a forma como desfruta da sua liberdade. O respeito moral não teria sentido sem liberdade: "Se todas as ações boas ou más de um homem maduro dependessem da permissão, da prescrição e da coerção, o que seria a virtude senão um nome, que elogio mereceria a boa ação, que honra haveria no sóbrio, no justo ou no contido?".[10] A liberdade é uma oportunidade de fazer o bem, mas isso só quando é também uma oportunidade de fazer o mal. O fato de uma sociedade livre só poder funcionar bem se os indivíduos forem, em certa medida, guiados por valores comuns é, talvez, a razão por que os filósofos definiram algumas vezes a liberdade como ação em conformidade com normas morais. Mas essa definição de liberdade é uma negação da liberdade que estamos aqui tratando. A liberdade de ação que é a condição do mérito moral inclui a liberdade de agir de forma errada: só elogiamos ou criticamos quando uma pessoa tem a oportunidade de escolher, só quando a sua observância de uma norma não é imposta, mas apenas incentivada.

## 5. RESPONSABILIDADE E LIBERDADE

O fato de a esfera da liberdade individual ser também a esfera da responsabilidade individual não significa que devamos prestar contas das nossas ações a qualquer pessoa em particular. É verdade que estamos sujeitos à repreensão dos outros por fazermos algo que lhes desagrada. Mas a principal razão por que devemos ser totalmente responsáveis pelas nossas decisões é que isso dirigirá nossa atenção para as causas dos acontecimentos que dependem das nossas ações. A principal função da crença na responsabilidade individual é nos levar a usar plenamente nosso conhecimento e nossas capacidades para alcançar nossos objetivos.

6. O ônus da escolha imposto pela liberdade, a responsabilidade pelo próprio destino que uma sociedade livre coloca sobre o indivíduo, tornou-se, nas condições do mundo moderno, uma grande fonte de insatisfação. Em grau muito maior do que nunca, o sucesso de um indivíduo dependerá não das aptidões especiais que ele tem em termos abstratos, mas da utilização correta dessas aptidões. Numa época de menor especialização e de organização menos complexa, quando quase todos conheciam as oportunidades que existiam, não era tão complicado para cada um encontrar uma oportunidade para dar bom uso às suas aptidões e aos talentos especiais. Com o desenvolvimento da sociedade e aumento da sua complexidade, as recompensas que um indivíduo espera receber dependem cada vez mais não das aptidões e capacidades que detém, mas da utilização adequada dessas capacidades; e tanto a dificuldade de encontrar o melhor emprego para as capacidades de uma pessoa como a discrepância entre as recompensas dos indivíduos que têm a mesma aptidão técnica ou capacidade especial irão aumentar.

Talvez não exista maior desconsolo do que o suscitado quando uma pessoa pensa que poderia ter sido útil para os seus semelhantes e que os seus talentos foram desperdiçados. A acusação mais grave contra um sistema livre, e a causa do ressentimento mais amargo, é de que, numa sociedade livre, ninguém tem a obrigação de ver se os talentos de um indivíduo são adequadamente utilizados, de que ninguém tem direito de exigir uma oportunidade para utilizar os seus talentos especiais e de que, a não ser que a própria pessoa encontre tal oportunidade, os dotes individuais serão desperdiçados. A consciência de que temos certas potencialidades conduz naturalmente à afirmação de que os outros devem poder desfrutar delas.

A necessidade de encontrar uma esfera de utilidade, um emprego adequado, é a disciplina mais dura que uma sociedade livre nos impõe. No entanto, é inseparável da liberdade, pois ninguém pode garantir a todos que os seus dotes sejam bem utilizados, a não ser que tenha o poder de obrigar os outros a utilizá-los. Só privando alguém da escolha de quem irá servi-lo, de que capacidades ou produtos deve usar,

## A CONSTITUIÇÃO DA LIBERDADE

poderemos garantir a cada indivíduo que os seus dotes serão utilizados como ele julga merecer. Uma das características essenciais de uma sociedade livre é que o valor e a remuneração de um indivíduo dependem não da capacidade em abstrato, mas do sucesso em transformar essa capacidade num serviço concreto que seja útil para os outros, e que depois podem retribuir. E o principal objetivo da liberdade é oferecer a oportunidade e o incentivo para garantir a utilização máxima do conhecimento que um indivíduo pode adquirir. Nesse sentido, aquilo que distingue um indivíduo não é o seu conhecimento genérico, mas o seu conhecimento concreto, o conhecimento de circunstâncias e condições específicas.

7. Temos de reconhecer que, a esse respeito, os resultados de uma sociedade livre estão muitas vezes em conflito com posições éticas que são relíquias de um tipo de sociedade mais antiga. Não há dúvida de que, do ponto de vista da sociedade, a arte de transformar a capacidade individual em algo positivo, de descobrir o uso mais eficaz das aptidões pessoais, é talvez a mais útil de todas; no entanto, o excesso de desenvoltura desse tipo costuma ser mal aceito, e uma vantagem adquirida em relação aos que têm uma capacidade geral igual por uma exploração mais bem-sucedida das circunstâncias concretas é vista como injusta. Em muitas sociedades, uma tradição "aristocrática" decorrente das condições de ação numa hierarquia organizacional com obrigações e deveres atribuídos, uma tradição normalmente desenvolvida por indivíduos cujos privilégios os libertaram da necessidade de dar aos outros aquilo que estes desejam, afirma que é mais nobre esperar que os dotes individuais sejam descobertos por outros; por outro lado, só as minorias religiosas ou étnicas, que lutam para se afirmar, cultivaram deliberadamente esse tipo de desenvoltura (bem descrita pelo termo alemão *findigkeit*) e, por isso, são geralmente malvistas. No entanto, não há dúvida de que a descoberta de uma utilização melhor dos instrumentos ou das capacidades individuais é uma das maiores contribuições que um indivíduo pode fazer na nossa sociedade para o bem-estar dos seus semelhantes, e é por oferecer a máxima oportunidade para isso que uma sociedade livre pode se tornar muito mais próspera do que as outras. A boa utilização dessa capacidade empreendedora (e descobrindo o melhor uso para as nossas aptidões, todos somos empreendedores) é a atividade mais bem recompensada numa sociedade livre, enquanto aquele que deixa para os outros a tarefa de encontrar alguma maneira útil de empregar as suas capacidades tem de se contentar com uma recompensa menor.

É importante perceber que não estamos educando as pessoas para uma sociedade livre se formarmos técnicos que esperam ser "usados", incapazes de descobrir por

## 5. RESPONSABILIDADE E LIBERDADE

si mesmos os seus nichos e que consideram ser responsabilidade de outros a tarefa de encontrar o uso adequado das suas capacidades ou aptidões. Por muito apto que um indivíduo seja num campo específico, o valor dos seus serviços é necessariamente baixo numa sociedade livre, a não ser que tenha também a capacidade de tornar sua aptidão conhecida por aqueles que dela podem tirar o maior benefício. Embora possa ser ofensivo para o nosso sentido de justiça saber que, dentre dois indivíduos que, por um esforço igual, adquiriram a mesma especialização e os mesmos conhecimentos, um deles tem sucesso enquanto o outro fracassa, temos de reconhecer que, numa sociedade livre, é a utilização de oportunidades específicas que determina a utilidade, e devemos ajustar nossa educação e nossa conduta a isso. Numa sociedade livre, somos remunerados não pela nossa aptidão, mas pela forma adequada como a utilizamos; e assim deve ser enquanto temos a liberdade de escolher uma profissão que não nos seja imposta. É verdade que é quase impossível determinar que parte de uma carreira de sucesso se deve ao conhecimento superior, à aptidão ou ao esforço e que parte se deve a acasos felizes; mas isso em nada diminui a importância de fazer com que todos façam a escolha certa.

Nota-se a pouca compreensão desse fato básico por afirmações, feitas não só por socialistas, como a de que "cada criança tem um direito natural, como cidadão, não só à vida, à liberdade e à busca da felicidade, mas também à posição na escala social que os seus talentos lhe dão o direito de exigir".[11] Numa sociedade livre, os talentos de um indivíduo não lhe dão o "direito de exigir" qualquer posição especial. Afirmar que um indivíduo tem esse direito significaria que alguma instituição tem o direito e o poder de determinar as posições específicas dos indivíduos. Tudo o que uma sociedade aberta tem para oferecer é uma oportunidade para procurar uma posição adequada, com todos os riscos e as incertezas inerentes a tal busca de mercado para a aptidão individual. É inegável que, a esse respeito, uma sociedade livre submete a maioria dos indivíduos a uma pressão da qual normalmente se ressentem. Mas é ilusório pensar que essa pressão desapareceria em outro tipo de sociedade, pois a alternativa à pressão envolvida na responsabilidade pelo próprio destino é a pressão muito mais indesejável das ordens pessoais que devem ser obedecidas.

Costuma-se objetar que a convicção de que um indivíduo é o único responsável pelo próprio destino só se aplica aos que têm sucesso. Mais inaceitável é a ideia subjacente de que as pessoas têm esse pensamento porque foram bem-sucedidas. Estou inclinado a pensar que é exatamente o contrário, ou seja, que as pessoas obtêm sucesso porque pensam dessa forma. Ainda que possa ser em grande parte falsa a convicção de que tudo o que um indivíduo alcança se deve apenas aos seus esforços, aptidões e inteligência, essa crença tem efeitos benéficos na sua energia e circunspeção. E se o orgulho presunçoso do indivíduo de sucesso é frequentemente intolerável e ofensivo, a convicção de que o sucesso depende totalmente dele próprio é, talvez, o incentivo pragmaticamente mais eficaz para a ação bem-sucedida; por outro lado, quanto mais um indivíduo ceder à tendência para culpar os outros ou as circunstâncias pelos seus fracassos, mais descontente e ineficaz se tornará.

8. O sentido de responsabilidade perdeu força nos tempos modernos, quer pelo aumento excessivo do campo das responsabilidades dos indivíduos, quer por estes se eximirem das consequências das suas ações. Dado que atribuímos responsabilidade ao indivíduo para influenciar as suas ações, essa responsabilidade deve abarcar apenas as consequências da sua conduta, que ele pode humanamente prever e que podemos sensatamente desejar que leve em consideração em circunstâncias normais. Para ser eficaz, a responsabilidade tem de ser definida e limitada, adaptada emocional e intelectualmente às capacidades humanas. É tão destrutivo, para qualquer sentido de responsabilidade, ensinar que um indivíduo é responsável por tudo, como ensinar que ele não pode ser responsável por nada. A liberdade exige que a responsabilidade do indivíduo se estenda apenas àquilo que supostamente pode julgar, que suas ações levem em consideração as consequências que pode prever e, em particular, que seja responsável apenas pelas suas ações (ou pelas das pessoas sob o seu cuidado), e não pelas ações de outros igualmente livres.

Para ser eficaz, a responsabilidade tem de ser individual. Numa sociedade livre, não pode haver responsabilidade coletiva dos membros de um grupo enquanto tal, a não ser que, por ação concertada, se declarem individual e seriamente responsáveis. Uma responsabilidade conjunta ou dividida pode criar no indivíduo a necessidade de concordar com os outros e, assim, limitar os poderes de cada um. Se os mesmos problemas se tornarem responsabilidade de muitos sem, ao mesmo tempo, se impor um dever de ação conjunta e consensual, o resultado é que normalmente ninguém aceitará a responsabilidade. Com efeito, como a propriedade de todos não é propriedade de ninguém, a responsabilidade de todos não é responsabilidade de ninguém.[12]

É inegável que o progresso dos tempos modernos, em especial o desenvolvimento das grandes cidades, destruiu boa parte do sentido de responsabilidade pelos problemas locais que, no passado, conduziram a muitas ações comuns benéficas e espontâneas. A condição essencial da liberdade é o fato de se referir a circunstâncias que o homem pode ajuizar, a problemas que facilmente o indivíduo pode reconhecer como seus e cuja solução ele pode, por boas razões, considerar de seu interesse, e não

## 5. RESPONSABILIDADE E LIBERDADE

de outros. Essa condição não se aplica à vida das multidões anônimas de uma cidade industrial. De forma geral, o indivíduo já não é membro de uma pequena comunidade à qual está intimamente ligado e cujos problemas conhece bem. Embora isso tenha aumentado sua independência, também o privou da segurança que era providenciada pelos laços pessoais e pelas relações de amizade com os vizinhos. A crescente busca de proteção e segurança do poder impessoal do Estado resulta, sem dúvida, do desaparecimento das pequenas comunidades de comunhão de interesses e da sensação de isolamento do indivíduo, que já não pode contar com o interesse pessoal e a assistência dos outros membros do grupo local.[13]

Por muito que se lamente o desaparecimento dessas comunidades de interesse e a sua substituição por uma ampla rede de relações limitadas, impessoais e temporárias, não se pode esperar que o sentido de responsabilidade pelo conhecido e familiar seja substituído por um sentimento similar acerca daquilo que se conhece de forma remota e teórica. Embora possamos sentir uma preocupação genuína pelo destino dos nossos vizinhos mais próximos e saibamos, em geral, como ajudá-los quando necessário, não podemos sentir o mesmo com os milhares ou milhões de infelizes que sabemos existirem no mundo, mas cujas circunstâncias individuais não conhecemos. Por mais comovidos que possamos ficar com os relatos da sua miséria, não podemos orientar nossa ação cotidiana pelo conhecimento abstrato das inúmeras pessoas que sofrem. Para que nossas ações sejam úteis e eficazes, nossos objetivos têm de ser limitados, adaptados às capacidades da nossa mente e às nossas compaixões. Sermos constantemente lembrados das nossas responsabilidades "sociais" com todos os necessitados e infelizes da nossa comunidade, do nosso país ou do mundo terá o efeito de atenuar nossos sentimentos a ponto de desaparecer a distinção entre as responsabilidades que exigem e as que não exigem nossa ação. Por conseguinte, para ser eficiente, a responsabilidade deve se limitar a permitir que o indivíduo se baseie no conhecimento concreto ao decidir acerca da importância das diferentes tarefas, aplique seus princípios morais às circunstâncias que ele conhece e ajude voluntariamente a mitigar os males.

# 6. Igualdade, valor e mérito

*Não tenho qualquer respeito pela paixão pela igualdade,*
*que parece ser apenas uma idealização da inveja.*
OLIVER WENDELL HOLMES, JR.

1. O grande objetivo da luta pela liberdade foi a igualdade perante a lei. Essa igualdade face às regras que o Estado impõe pode ser suplementada por uma igualdade similar das normas a que os homens obedecem voluntariamente nos seus relacionamentos mútuos. A extensão do princípio da igualdade às normas da conduta moral e social é a principal expressão daquilo que normalmente se chama de espírito democrático — e é provavelmente o aspecto que mais contribui para tornar inofensivas as desigualdades que a liberdade necessariamente produz.

A igualdade das normas gerais do direito e da conduta, porém, é o único tipo de igualdade que conduz à liberdade e o único que se pode ter sem destruir a liberdade. A liberdade não só nada tem a ver com qualquer outro tipo de igualdade, como também pode, em muitas circunstâncias, produzir desigualdade. Este é o resultado necessário e parte da justificativa da liberdade individual: se o resultado da liberdade individual não demonstrasse que alguns modos de vida são mais bem-sucedidos do que outros, grande parte da sua justificativa desapareceria.

Não é por pressupor que as pessoas sejam, de fato, iguais nem por tentar torná-las iguais que o argumento a favor da liberdade exige que o governo as trate da mesma maneira. Esse argumento não só reconhece que os indivíduos são muito diferentes como também, em grande medida, se baseia nesse postulado. Insiste que as diferenças individuais não justificam que o governo os trate de maneira diferente. E se opõe às diferenças de tratamento pelo governo que seriam necessárias se fosse preciso garantir, a indivíduos efetivamente muito diferentes, posições iguais na vida.

## 6. IGUALDADE, VALOR E MÉRITO

Os defensores modernos de uma igualdade material mais ampla costumam negar que suas exigências se baseiam em qualquer pressuposto de uma igualdade verdadeira de todos os homens.[1] No entanto, ainda se supõe que essa é a principal justificativa dessas exigências. Mas nada é mais prejudicial à exigência de um tratamento igual do que partir de um pressuposto tão obviamente falso como a igualdade factual de todos os homens. Basear a defesa do tratamento igual das minorias nacionais ou raciais no pressuposto de que não diferem dos outros homens significa admitir implicitamente que a desigualdade justificaria um tratamento desigual; e a prova de que certas diferenças, de fato, existem não tardaria a aparecer. Faz parte da essência da exigência da igualdade perante a lei a ideia de que os indivíduos devem ser tratados da mesma maneira, apesar de serem diferentes.

2. A variedade ilimitada da natureza humana — a grande amplitude de diferenças nas capacidades e potencialidades individuais — constitui um dos fatos mais distintivos da espécie humana. A evolução fez do homem, provavelmente, a mais diversificada de todas as criaturas. Foi dito com razão que "a biologia, com a variabilidade como sua pedra angular, confere a cada indivíduo humano um conjunto único de atributos que lhe dão uma dignidade que, de outro modo, não teria. Cada bebê recém-nascido tem uma quantidade incógnita de potencialidades, porque são milhares os genes e os padrões genéticos desconhecidos e interrelacionados que contribuem para a sua formação. Graças à natureza e à educação, o recém-nascido pode vir a ser um dos homens ou mulheres mais notáveis que já existiu. Em todos os aspectos, traz em si as características de um indivíduo distinto. [...] Se as diferenças não são muito importantes, então a liberdade também não é muito importante, e a ideia de valor individual tampouco o será".[2] O escritor acrescenta, com razão, que a popular teoria da uniformidade da natureza humana, "que, superficialmente, parece estar de acordo com a democracia... poderia, com o tempo, minar os ideais básicos da liberdade e do valor individual e retirar o significado da vida tal como a conhecemos".[3]

Nos tempos atuais, é comum minimizar a importância das diferenças congênitas entre os homens e atribuir todas as diferenças relevantes à influência do meio.[4] Por muito importante que ele possa ser, não se pode ignorar o fato de os indivíduos já nascerem muito diferentes. A importância das diferenças individuais não seria menor se todas as pessoas fossem educadas em meios muito parecidos. Enquanto declaração de fato, não é verdade que "todos os homens nascem iguais". Podemos continuar usando essa frase consagrada para expressar o ideal de que, em termos jurídicos e morais, todos os homens devem ser tratados da mesma maneira. Mas, para

## A CONSTITUIÇÃO DA LIBERDADE

compreender o que esse ideal de igualdade pode ou deve significar, devemos nos libertar da crença na igualdade.

Do fato de as pessoas serem muito diferentes, segue-se que, se as tratarmos da mesma maneira, o resultado será a desigualdade das suas posições reais[5], e que a única forma de colocá-las em posição de igualdade seria tratá-las de maneira diferente. A igualdade perante a lei e a igualdade material são, portanto, não só diferentes como também contraditórias; podemos obter uma ou outra, mas não ambas ao mesmo tempo. A igualdade perante a lei exigida pela liberdade conduz à desigualdade material. Nossa tese é que, embora o Estado deva tratar todas as pessoas da mesma maneira quando tem o direito de usar a coerção por outras razões, o desejo de nivelar as pessoas na sua condição não pode ser aceito numa sociedade livre como justificativa para mais coerção discriminatória.

Não nos opomos à igualdade enquanto tal. Acontece que a reivindicação de igualdade é o motivo manifesto da maioria dos que desejam impor à sociedade um padrão preconcebido de distribuição. Nossa objeção é contra todas as tentativas de impor à sociedade um padrão preconcebido de distribuição, quer implique uma ordem de igualdade ou de desigualdade. Veremos que muitos dos que reivindicam uma extensão da igualdade não querem realmente uma igualdade, mas, sim, uma distribuição mais em conformidade com as concepções humanas de mérito individual, e que as suas pretensões são tão inconciliáveis com a liberdade quanto as exigências mais estritamente igualitárias.

Não é porque nos opomos ao uso da coerção que visa ao estabelecimento de uma distribuição mais equitativa ou mais justa que não a vejamos como desejável. Mas se quisermos preservar uma sociedade livre, é essencial reconhecer que a conveniência de um objetivo particular não é justificativa suficiente para o uso da coerção. Podemos desejar uma comunidade em que não haja contrastes extremos entre ricos e pobres e podemos aclamar o fato de o aumento geral da riqueza parecer reduzir gradualmente essas diferenças. Partilho totalmente desses sentimentos e considero admirável o nível de igualdade social que os Estados Unidos alcançaram.

Também parece não haver motivo para que essas preferências tão comuns não possam guiar a decisão política em certas circunstâncias. Sempre que há uma necessidade legítima de ação estatal e temos de escolher métodos diferentes de satisfazer essa necessidade, os que também reduzem a desigualdade podem ser preferíveis. Se, por exemplo, na lei da sucessão sem testamento, uma cláusula conduzir a uma igualdade maior do que outra, esse pode ser um forte argumento a seu favor. No entanto, a situação será diferente se, para produzir uma igualdade substantiva, tivermos de abandonar o postulado básico de uma sociedade livre, nomeadamente a limitação de

100

## 6. IGUALDADE, VALOR E MÉRITO

toda a coerção por leis iguais para todos. Contra isso, defendemos que a desigualdade econômica não é um mal que justifique, como remédio, o uso da coerção discriminatória ou do privilégio.

3. Nossa tese se baseia em duas proposições básicas que, provavelmente, só precisam ser enunciadas para obter uma aceitação quase geral. A primeira é uma expressão da crença em certa semelhança entre todos os seres humanos: afirma que nenhum homem ou grupo de homens tem a capacidade de determinar definitivamente as potencialidades dos outros seres humanos e que nunca devemos confiar a alguém o exercício dessa capacidade. Por maiores que possam ser as diferenças entre os homens, não há razões para pensar que sejam tão grandes que permitam, em determinado momento, que a mente de um indivíduo compreenda tudo aquilo que a mente de outro indivíduo responsável é capaz.

A segunda proposição básica é que a aquisição de capacidades adicionais por qualquer membro da comunidade para fazer qualquer coisa que possa ter valor deve ser sempre vista como um ganho para essa comunidade. É verdade que certos indivíduos poderão ficar em pior situação por causa da capacidade superior de algum novo concorrente no seu campo; mas é provável que qualquer capacidade adicional na comunidade beneficie a maioria. Isso implica que a conveniência de aumentar as capacidades e oportunidades de qualquer indivíduo não depende de que se possa fazer o mesmo para os outros — desde que, obviamente, os outros não sejam privados da oportunidade de adquirir as mesmas ou outras capacidades que lhes podiam ser acessíveis se não tivessem sido obtidas por aquele indivíduo.

Os igualitários costumam ver de maneira distinta as diferenças entre as capacidades individuais inatas e as que se devem às influências do meio, ou as que resultam da "natureza" e as resultantes da "formação". Diga-se, desde já, que nenhuma delas tem a ver com mérito moral.[6] Embora ambas possam afetar fortemente o valor de um indivíduo para os seus pares, ele não tem mais mérito por ter nascido com qualidades desejáveis do que por ter sido educado em circunstâncias favoráveis. A distinção entre as duas é importante porque as vantagens da primeira se devem a circunstâncias claramente fora do controle humano, enquanto as da segunda se devem a fatores que podemos alterar. A questão importante é saber se é justificável modificar nossas instituições de modo que se eliminem tanto quanto possível as vantagens devidas ao meio. Devemos concordar que "todas as desigualdades que se baseiam no nascimento e na propriedade herdada devem ser abolidas, nada restando senão aquilo que decorre do talento e do esforço superiores"?[7]

A CONSTITUIÇÃO DA LIBERDADE

O fato de certas vantagens advirem de disposições humanas não significa, necessariamente, que possamos providenciar as mesmas vantagens a todos, ou que, se forem providenciadas a alguns, outros serão delas privados. Os fatores mais importantes a considerar nesse caso são a família, a herança e a educação, e é contra a desigualdade produzida por esses fatores que incide normalmente a crítica. No entanto, não são os únicos fatores importantes do meio. As condições geográficas, como o clima e a região, para não falar das diferenças locais nas tradições culturais e morais, são igualmente importantes. Mas podemos considerar aqui apenas os três fatores cujos efeitos são mais frequentemente contestados.

No que diz respeito à família, existe um contraste curioso entre a estima que a maioria das pessoas tem por essa instituição e o seu desagrado pelo fato de, por ter nascido em determinada família, um indivíduo poder ter acesso a vantagens especiais. Parece ser uma crença comum que, embora certas qualidades úteis que um indivíduo adquire pelos seus dotes naturais em condições iguais para todos sejam socialmente benéficas, tais qualidades se tornam de certo modo indesejáveis se decorrerem de vantagens do meio não acessíveis aos outros. Contudo, é difícil perceber por que razão a mesma qualidade útil que é saudada quando resulta dos dotes naturais de uma pessoa deve ser menos útil quando é produto de certas circunstâncias como pais inteligentes ou uma boa casa.

O valor que a maioria das pessoas atribui à instituição da família se baseia na crença de que, em tese, os pais podem preparar os filhos para uma vida satisfatória melhor do que qualquer outra pessoa. Isso significa não só que os benefícios que determinadas pessoas retiram do meio familiar serão diferentes, mas também que esses benefícios podem operar de forma cumulativa ao longo de várias gerações. Por que acreditar que uma qualidade desejada num indivíduo é menos valiosa para a sociedade se for resultado do meio familiar do que se não o for? De fato, há motivos para pensar que certas qualidades socialmente valiosas raramente serão adquiridas por uma única geração, e que, normalmente, só se formarão pelos esforços contínuos de duas ou três gerações. Isso significa simplesmente que há uma parcela da herança cultural de uma sociedade que é transmitida de forma mais eficaz pela família. Assim, seria insensato negar que uma sociedade poderá criar uma elite melhor se a ascensão social não se limitar a uma geração, se os indivíduos não forem obrigados a começar do mesmo nível e se as crianças não forem privadas da oportunidade de se beneficiar da melhor educação e dos meios materiais que os pais lhes puderem providenciar. Admitir isso equivale apenas a reconhecer que pertencer a determinada família faz parte da personalidade individual, que a sociedade é composta tanto de

## 6. IGUALDADE, VALOR E MÉRITO

famílias como de indivíduos e que a transmissão da herança da civilização no seio familiar é um instrumento tão importante da luta do homem por melhores condições como a hereditariedade dos atributos físicos.

4. Muitas pessoas que concordam que a família é desejável como instrumento para a transmissão de princípios morais, gostos e conhecimentos ainda questionam a conveniência da transmissão da propriedade material. Mas não há dúvida de que, para a transmissão dessas qualidades, é essencial que exista alguma continuidade de normas, de formas externas de vida, e que isso só será alcançado se for possível transmitir vantagens não apenas imateriais, mas também materiais. É claro que não há maior mérito ou injustiça no fato de algumas pessoas nascerem numa família rica ou de outras terem pais carinhosos e inteligentes. A verdade é que não será menos benéfico para a comunidade se pelo menos algumas crianças puderem começar com as vantagens que, em dado momento, só as famílias ricas podem proporcionar do que se algumas crianças herdarem grande inteligência ou receberem melhores princípios morais em casa.

Não estamos aqui interessados no principal argumento a favor da herança privada, nomeadamente o de ser essencial como meio de evitar a dispersão do controle do capital e como incentivo à sua acumulação. Antes, estamos interessados na questão de se o fato de conferir benefícios não merecidos a alguns será um argumento válido contra essa instituição. Não há dúvida de que é uma das causas institucionais da desigualdade. No contexto presente, não é necessário saber se a liberdade exige liberdade total de transmissão de herança. Interessa mais saber se as pessoas devem ter a liberdade de transmitir aos filhos, ou a outros, bens materiais que causarão uma desigualdade substancial.

Se admitirmos que é desejável aproveitar os instintos naturais dos pais para preparar a nova geração da melhor maneira possível, não parece haver motivos para limitar isso aos benefícios imateriais. A função da família de transmitir normas e tradições está intimamente ligada à possibilidade de transmitir bens materiais. E é difícil perceber como é que a limitação do ganho de condições materiais para uma geração poderia servir ao verdadeiro interesse da sociedade.

Há outra consideração que, embora possa parecer um tanto cínica, sugere fortemente que, se quisermos aproveitar ao máximo a parcialidade natural dos pais pelos filhos, não devemos impedir a transmissão de propriedade. Parece claro que, dentre as muitas maneiras como os que obtiveram poder e influência podem prover as necessidades dos filhos, o legado de uma fortuna é socialmente a menos

A CONSTITUIÇÃO DA LIBERDADE

dispendiosa. Sem essa possibilidade, esses homens recorreriam a outras maneiras de auxiliar os filhos, como colocá-los em posições que lhes proporcionassem o rendimento e o prestígio que teriam sido providenciados por uma fortuna, o que causaria um desperdício de recursos e uma injustiça muito maiores do que os causados pela herança da propriedade. É o que acontece em todas as sociedades nas quais não existe a transmissão da propriedade por herança, incluindo as comunistas. Aqueles que criticam as desigualdades causadas pela herança deveriam, portanto, reconhecer que, dada a natureza dos homens, a herança é o menor dos males, até mesmo do seu ponto de vista.

5. Embora a herança costumasse ser geralmente a fonte de desigualdade mais criticada, hoje provavelmente isso já não acontece. Agora, a agitação igualitária tende a concentrar-se nas vantagens desiguais decorrentes das diferenças na educação. Há uma tendência cada vez maior para afirmar a igualdade de condições, alegando-se que a melhor educação oferecida a alguns deve ser gratuitamente acessível a todos e que, se isso não for possível, não se deve permitir que uma pessoa tenha uma educação melhor do que a dos outros apenas porque os pais podem pagá-la; e que só os que forem aprovados num teste uniforme de capacidade devem ter acesso aos benefícios dos recursos limitados da educação superior.

O problema da política educativa levanta muitas questões para ser discutido de passagem dentro do tema geral da igualdade. No fim do livro, dedicaremos um capítulo a essas questões. Por ora, observaremos apenas que a igualdade imposta nesse campo dificilmente pode evitar que alguns tenham a educação que poderiam obter em outras condições. Independentemente do que se faça, não há maneira de evitar que certas vantagens, que só alguns podem ter e que é desejável que alguns tenham, sejam desfrutadas por pessoas que não as merecem nem as usarão tão bem quanto o poderiam fazer outras pessoas. Esse problema não pode ser satisfatoriamente resolvido pelos poderes exclusivos e coercivos do Estado.

Neste ponto, será instrutivo olhar rapidamente para as mudanças sofridas nos tempos modernos pelo ideal de igualdade nesse campo. No auge do movimento liberal clássico, a reivindicação era geralmente expressa pela frase *la carrière ouverte aux talents* ["a carreira aberta aos talentos"]. Exigia-se a remoção de todos os obstáculos artificiais à ascensão social de alguns, a abolição de todos os privilégios dos indivíduos e que o Estado contribuísse da mesma maneira para melhorar as condições de todos os indivíduos. Era geralmente aceito que, como as pessoas eram diferentes e criadas em famílias diferentes, não era possível garantir a todos um ponto de partida

104

## 6. IGUALDADE, VALOR E MÉRITO

igual. Admitia-se que o dever do Estado não era garantir que todos tivessem a mesma possibilidade de alcançar determinada posição, mas apenas tornar acessíveis a todos as mesmas condições que, por sua natureza, dependiam da ação estatal. Era tomado como certo que os resultados deveriam ser diferentes não só porque os indivíduos eram diferentes, mas também porque só uma pequena parte das circunstâncias relevantes dependia da ação do Estado.

A concepção de que todos devem ter a oportunidade de tentar foi substituída por uma totalmente diferente de que todos devem ter acesso ao mesmo ponto de partida e às mesmas possibilidades. Isso significa que o governo, em vez de providenciar as mesmas circunstâncias para todos, deve controlar todas as condições relevantes para as perspectivas de um indivíduo e, assim, ajustá-las às suas capacidades a fim de lhe assegurar as mesmas perspectivas que assegura a todos. Essa adaptação deliberada das oportunidades aos objetivos e às capacidades individuais seria, obviamente, o oposto da liberdade. Nem seria justificável como maneira de dar o melhor uso a todo o conhecimento disponível, exceto caso se pressupusesse que o Estado é que sabe como as capacidades individuais devem ser usadas.

Quando analisamos a justificativa dessas reivindicações, vemos que se baseiam no descontentamento que o sucesso de certas pessoas produz nas menos bem-sucedidas, ou, em termos mais claros, na inveja. A tendência moderna para gratificar essa paixão e disfarçá-la sob a capa respeitável de justiça social está virando uma ameaça séria à liberdade. Recentemente, tentou-se justificar essas reivindicações com o argumento de que o objetivo da política deveria ser remover todas as fontes de descontentamento.[8] É claro que isso significaria que é da responsabilidade do governo assegurar que ninguém seja mais saudável ou tenha um temperamento mais alegre, uma esposa mais adequada ou filhos mais bem-sucedidos do que outra pessoa. Se todos os desejos insatisfeitos tivessem o direito de ser realizados na comunidade, a responsabilidade individual acabaria. Embora humana, a inveja não é certamente uma das fontes de descontentamento que uma sociedade livre pode eliminar. Provavelmente, uma das condições essenciais para a preservação de uma sociedade livre é não alimentar a inveja nem sancionar suas reivindicações, disfarçando-a de justiça social, mas tratá-la, segundo as palavras de John Stuart Mill, como "a mais antissocial e maligna de todas as paixões".[9]

6. Embora a maioria das reivindicações estritamente igualitárias se baseie apenas na inveja, temos de reconhecer que muito daquilo que, superficialmente, parece ser uma reivindicação de maior igualdade é, na verdade, uma reivindicação de

A CONSTITUIÇÃO DA LIBERDADE

distribuição mais justa das coisas boas deste mundo e, por isso, tem origem em motivos muito mais credíveis. A maioria das pessoas não se opõe à desigualdade em si mesma, mas ao fato de as diferenças em termos de recompensas não corresponderem a diferenças visíveis nos méritos daqueles que as recebem. A resposta normalmente dada a tal objeção é que uma sociedade livre alcança esse tipo de justiça.[10] Porém, isso é uma afirmação indefensável se por justiça entendermos proporcionalidade de recompensa em relação ao mérito moral. Qualquer tentativa de basear a defesa da liberdade nesse argumento será prejudicial, pois admite que as recompensas materiais devem corresponder ao mérito reconhecido e, depois, com uma asserção falsa, contraria a conclusão que a maioria das pessoas daí retirará. A resposta adequada é que, num sistema livre, não é desejável nem praticável que as recompensas materiais correspondam geralmente àquilo que as pessoas reconhecem como mérito, e que uma característica essencial de uma sociedade livre é o fato de a posição de um indivíduo não dever depender necessariamente das opiniões que seus semelhantes tenham acerca do mérito que adquiriu.

À primeira vista, essa afirmação pode parecer de tal maneira estranha e até chocante que pedirei ao leitor que suspenda o juízo até eu ter explicado melhor a distinção entre valor e mérito.[11] A dificuldade de esclarecer esse ponto se deve ao fato de o termo "mérito", que é o único disponível para descrever o que quero dizer, também ser usado num sentido mais lato e vago. Será aqui usado exclusivamente para descrever os atributos que tornam uma conduta merecedora de louvor, ou seja, o caráter moral da ação, e não o valor dos seus resultados.[12]

Como vimos no decorrer da nossa análise, o valor que o desempenho ou a capacidade de uma pessoa tem para os seus semelhantes não está, nesse sentido, necessariamente relacionado com o seu mérito determinável. Tanto os dotes inatos como os dotes adquiridos de uma pessoa têm claramente um valor para os seus semelhantes que não depende de qualquer consideração que lhe é devida por detê-los. Uma pessoa pouco pode fazer para alterar o fato de os seus talentos especiais serem muito comuns ou extremamente raros. Uma mente brilhante ou uma voz bela, um rosto bonito ou uma mão habilidosa, presença de espírito ou personalidade atraente são, em grande medida, tão independentes dos esforços de uma pessoa como as oportunidades ou experiências que já teve. Em todos esses casos, o valor que as capacidades ou os serviços de uma pessoa tem para nós e pelo qual é recompensada tem pouco a ver com alguma coisa que se possa chamar de mérito moral ou merecimento. Nosso problema consiste em saber se é desejável que as pessoas desfrutem de vantagens em proporção com os benefícios que os seus semelhantes obtêm das suas

## 6. IGUALDADE, VALOR E MÉRITO

atividades ou se a distribuição dessas vantagens deve se basear nas opiniões de outros sobre os seus méritos.

Recompensar segundo o mérito deve, na prática, significar recompensar segundo o mérito avaliável, o mérito que os outros podem reconhecer e acerca do qual há acordo, e não apenas o mérito determinado à luz de algum poder superior. Nesse sentido, o mérito avaliável pressupõe que seja possível determinar que um homem fez aquilo que alguma norma de conduta aceita lhe exigia e que isso lhe custou algum sacrifício e esforço. O resultado não pode aferir se isso aconteceu: o mérito não tem a ver com o resultado objetivo, mas com o esforço subjetivo. A tentativa de alcançar um resultado valioso pode ser altamente meritória, mas um fracasso completo, e o sucesso total pode resultar apenas do acaso e, por isso, não ter mérito. Se soubermos que uma pessoa fez o seu melhor, desejaremos que seja recompensada, independentemente do resultado; e se soubermos que um resultado muito valioso se deve quase totalmente à sorte ou a circunstâncias favoráveis, daremos pouco crédito ao autor.

Seria desejável poder fazer essa distinção em todos os casos. Na verdade, só raramente podemos fazê-la com algum nível de segurança. Só é possível quando temos todo o conhecimento que estava à disposição do agente, incluindo o conhecimento da sua aptidão e confiança, do seu estado de espírito e dos seus sentimentos, da sua capacidade de atenção, da sua energia e persistência etc. A possibilidade de um verdadeiro juízo de mérito, portanto, depende da presença dessas condições exatas cuja ausência geral é a principal justificativa da liberdade. É por desejarmos que as pessoas usem conhecimentos que não detemos que as deixamos decidir por si próprias. No entanto, como queremos que tenham a liberdade de usar as capacidades e o conhecimento de fatos que não temos, não estamos em posição de julgar o mérito dos seus resultados. Decidir acerca do mérito pressupõe que possamos julgar se as pessoas fizeram o devido uso das suas oportunidades e quanto isso lhes custou em força de vontade e abnegação; também pressupõe que possamos distinguir entre a parte do resultado que se deve a circunstâncias sob o seu controle e a parte que não se deve a essas circunstâncias.

7. A incompatibilidade da recompensa segundo o mérito com a liberdade de escolha dos próprios objetivos é mais evidente nas áreas em que a incerteza do resultado é particularmente grande e as estimativas individuais das possibilidades dos vários tipos de esforço são muito diferentes.[13] Nos esforços especulativos que chamamos de "investigação" ou "exploração", ou nas atividades econômicas que descrevemos normalmente como "especulação", só podemos esperar atrair os mais bem qualificados se dermos aos bem-sucedidos todo o crédito ou recompensas, ainda que muitos

A CONSTITUIÇÃO DA LIBERDADE

outros possam ter se esforçado de forma igualmente meritória. Pela mesma razão por que ninguém pode saber de antemão quem serão os bem-sucedidos, ninguém pode dizer quem obteve maior mérito. Não seria útil para o nosso propósito se deixássemos que todos os que se esforçaram honestamente repartissem a recompensa. Além disso, seria necessário que alguém tivesse o direito de decidir quem poderia lutar por essa recompensa. Para que, na sua busca de objetivos incertos, os indivíduos usem os seus conhecimentos e as suas capacidades, têm de ser orientados não por aquilo que as outras pessoas pensam que eles deviam fazer, mas pelo valor que os outros atribuem ao resultado a que eles visam.

O que é obviamente válido para os empreendimentos que costumamos considerar arriscados não o é menos para qualquer objetivo escolhido que decidamos perseguir. Todas essas decisões estão rodeadas de incerteza, e, se quisermos que a escolha seja tão sábia quanto humanamente possível, os resultados alternativos esperados devem ser rotulados de acordo com o seu valor. Se a remuneração não correspondesse ao valor que o produto do esforço de um indivíduo tem para os seus semelhantes, não teria condições para decidir se a busca de determinado objetivo vale o esforço e o risco. Teria necessariamente de ser orientado acerca do que fazer, e tanto os seus deveres como a sua remuneração teriam de ser determinados por outra pessoa, que avaliaria o melhor uso das suas capacidades.[14]

A verdade é que, obviamente, não queremos que as pessoas obtenham o máximo de mérito, mas, sim, um máximo de utilidade com o mínimo de esforço e sacrifício, e, portanto, um mínimo de mérito. Não só seria impossível recompensar justamente todo o mérito como nem seria desejável que as pessoas buscassem adquirir um máximo de mérito. Qualquer tentativa de induzi-las a isso resultaria, necessariamente, no fato de as pessoas serem recompensadas de forma diferente pelo mesmo serviço. Só podemos julgar com alguma segurança o valor do resultado, e não os diferentes níveis de esforço e cuidado que isso custou a diferentes pessoas.

As recompensas que uma sociedade livre oferece pelos resultados servem para indicar aos que lutam pelas recompensas o esforço que estas valem. No entanto, as mesmas recompensas serão oferecidas a todos os que produzem o mesmo resultado, independentemente do esforço despendido. O que é válido para a remuneração dos mesmos serviços prestados por diferentes pessoas vale ainda mais para a remuneração relativa pelos diferentes serviços que requerem aptidões e capacidades distintas: têm pouca relação com o mérito. Em geral, o mercado oferecerá por todo tipo de serviços o valor que terão para os que deles se beneficiarem; mas raramente se saberá se era necessário oferecer tanto para obter esses serviços, e não há dúvida de que, em muitos casos, a comunidade poderia obtê-los por muito menos. O pianista que, algum tempo atrás, se dizia disposto a tocar mesmo que tivesse de pagar por esse privilégio descreveria, provavelmente, a posição de muitos indivíduos que obtêm grandes rendimentos de atividades que, para eles, essas também são fonte de prazer.

8. Embora a maioria das pessoas considere muito natural a afirmação de que ninguém deve ser recompensado mais do que o merecido pelo seu sacrifício e esforço, essa ideia se baseia num pressuposto admirável. Presume que somos capazes de julgar, em todos os casos individuais, como as pessoas usam as diferentes oportunidades e talentos que lhes foram dados e o quão merecidas são suas realizações tendo em conta todas as circunstâncias que as tornaram possíveis. Presume que alguns seres humanos estão em posição de determinar de forma conclusiva quanto uma pessoa vale e têm o direito de determinar o que essa pessoa pode fazer. Presume, portanto, aquilo que a justificativa da liberdade rejeita especificamente: que conhecemos tudo aquilo que orienta as ações de um indivíduo.

Uma sociedade em que a posição dos indivíduos tivesse de corresponder a ideias humanas de mérito moral seria, portanto, o oposto exato de uma sociedade livre. Seria uma sociedade em que as pessoas receberiam recompensas pelo dever cumprido, e não pelo sucesso, em que todas as ações de cada indivíduo seriam orientadas por aquilo que os outros achassem que ele deveria fazer e em que o indivíduo estaria, assim, isento da responsabilidade e do risco da decisão. No entanto, se ninguém tem conhecimento suficiente para orientar a ação humana, também não será competente para recompensar todos os esforços segundo o mérito.

Na nossa conduta individual, agimos normalmente segundo o pressuposto de que é o valor do desempenho de uma pessoa, e não o seu mérito, que determina a nossa obrigação com ela. Embora isso possa ser verdade nas relações mais íntimas, na vida comum não julgamos que, porque um indivíduo nos prestou um serviço com grande sacrifício, nossa dívida com ele seja determinada por esse fato, desde que outra pessoa pudesse prestar facilmente o mesmo serviço. Nos nossos relacionamentos com os outros indivíduos, sentimos estar sendo justos quando recompensamos o valor prestado com o mesmo valor, sem pensar quanto terá custado ao indivíduo nos prestar esses serviços. O que determina a nossa responsabilidade é o benefício que retiramos daquilo que os outros nos oferecem, e não o seu mérito em fornecê-lo. Nas nossas relações com outros, também esperamos ser remunerados não segundo o nosso mérito subjetivo, mas de acordo com o valor que atribuem aos nossos serviços. De fato, quando pensamos nas relações com certas pessoas, estamos geralmente bem

# A CONSTITUIÇÃO DA LIBERDADE

conscientes de que a marca do homem livre é estar dependente, para a sua sobrevivência, não das opiniões dos outros acerca do seu mérito, mas apenas daquilo que tem para lhes oferecer. Só quando pensamos que a nossa posição ou o nosso rendimento são determinados pela "sociedade" como um todo é que exigimos uma recompensa segundo o mérito.

Embora o valor ou mérito moral seja uma espécie de valor, nem todo valor é valor moral, e a maioria dos nossos juízos de valor não é constituída por juízos morais. É de importância essencial que seja dessa forma numa sociedade livre, e a falta de distinção entre valor e mérito tem dado origem a uma grande confusão. Não admiramos necessariamente todas as atividades cujos resultados valorizamos; e, na maioria dos casos em que valorizamos aquilo que recebemos, não estamos em posição de avaliar o mérito de quem o forneceu. Se a habilidade de um homem em dado campo for mais valiosa depois de trinta anos de trabalho, isso é independente do fato de esses trinta anos terem sido muito compensadores e agradáveis ou de terem sido um período de sacrifício e preocupação constantes. Se a prática de um passatempo produzir uma aptidão especial ou se uma invenção acidental se revelar extremamente útil para outros, o fato de haver pouco mérito nisso não o torna menos valioso do que se o resultado tivesse sido produzido com grande esforço.

Essa diferença entre valor e mérito não é peculiar a nenhum tipo de sociedade — existe em toda parte. É claro que poderíamos tentar fazer com que as recompensas correspondessem ao mérito, e não ao valor, mas provavelmente não teríamos sucesso. Se tentássemos fazer isso, destruiríamos os incentivos que permitem às pessoas decidir por si próprias o que devem fazer. Além disso, é muito duvidoso que até uma tentativa mais ou menos bem-sucedida de fazer as recompensas corresponderem ao mérito produzisse uma ordem social mais atraente ou tolerável. Uma sociedade na qual se presumisse geralmente que um rendimento elevado era prova de mérito e um rendimento baixo representasse falta de mérito, em que todos acreditassem que a posição e a remuneração correspondiam ao mérito, em que não houvesse outro caminho para o sucesso senão a aprovação da conduta de um indivíduo pela maioria dos seus concidadãos, seria provavelmente muito mais insustentável para os que não tivessem sucesso do que uma sociedade em que se reconhecesse francamente que não existe uma relação necessária entre mérito e sucesso.[15]

Seria uma contribuição provavelmente maior para a felicidade humana se, em vez de tentarmos fazer a remuneração corresponder ao mérito, mostrássemos de forma mais clara quão incerta é a relação entre o valor e o mérito. É provável que todos estejamos demasiado dispostos a atribuir mérito pessoal quando, na verdade, só

## 6. IGUALDADE, VALOR E MÉRITO

existe valor superior. A posse, por um indivíduo ou um grupo, de uma civilização ou de uma educação superior representa certamente um valor importante e constitui um bem para a comunidade a que pertencem; mas, normalmente, isso não implica grande mérito. A popularidade e a estima não dependem mais do mérito do que o sucesso financeiro. De fato, é por estarmos tão habituados a pressupor um mérito não existente sempre que vemos valor que ficamos contrariados quando, em casos particulares, a discrepância é muito grande para ser ignorada.

Temos todos os motivos para reconhecer um mérito especial quando não recebeu uma recompensa adequada. Mas o problema de recompensar uma ação de alto mérito que desejamos que seja geralmente reconhecida como um exemplo é diferente da questão dos incentivos em que se baseia o funcionamento normal da sociedade. Uma sociedade livre produz instituições nas quais, para quem prefira, o progresso de um indivíduo depende do julgamento de um superior ou da maioria dos seus concidadãos. De fato, à medida que as organizações se tornam maiores e mais complexas, a tarefa de avaliar a contribuição de um indivíduo mostra-se cada vez mais difícil; e será cada vez mais necessário que, para muitos, a determinação das recompensas seja o mérito tal como visto pelos administradores, e não o valor mensurável da contribuição. Desde que isso não produza uma situação em que uma única escala geral de mérito seja imposta a toda a sociedade, desde que uma multiplicidade de organizações compita entre si na oferta de oportunidades diferentes, isso não só é compatível com a liberdade como também amplia a gama de escolhas do indivíduo.

9. A justiça, tal como a liberdade e a coerção, é um conceito que, a bem da clareza, deve ser limitado ao modo deliberado como as pessoas se relacionam. É um aspecto da determinação intencional das condições de vida dos indivíduos sujeitos a esse controle. Uma vez que desejamos que os indivíduos orientem seus esforços segundo suas próprias perspectivas em relação às expectativas e oportunidades, os resultados dos esforços do indivíduo são necessariamente imprevisíveis, e a questão de saber se a distribuição de rendimentos daí resultante é justa deixa de fazer sentido.[16] A justiça requer que as condições de vida das pessoas que são determinadas pelo Estado sejam equitativamente oferecidas a todos. Nem a provisão igual de instalações públicas específicas nem o tratamento igual dispensado a diferentes parceiros nas nossas relações voluntárias garantem uma recompensa proporcional ao mérito. A recompensa pelo mérito é a recompensa por obedecer aos desejos de outros naquilo que fazemos, e não uma recompensa pelos benefícios que lhes proporcionamos por fazer o que julgamos ser o melhor.

A CONSTITUIÇÃO DA LIBERDADE

De fato, uma das objeções contra as tentativas do governo de fixar escalas de rendimento é que o Estado deve tentar ser justo em todos os seus atos. Se o princípio da recompensa segundo o mérito fosse admitido como fundamento justo para a distribuição de renda, a Justiça exigiria que todos os que o quisessem deveriam ser recompensados de acordo com esse princípio. Não tardaria que fosse exigido que o mesmo princípio fosse aplicado a todos e que os rendimentos não proporcionais ao mérito reconhecido não fossem tolerados. Até a mera tentativa de fazer uma distinção entre os rendimentos ou ganhos que são "merecidos" e os que não são estabelecerá um princípio que o Estado terá de tentar aplicar, mas que não poderá aplicar de forma geral.[17] E qualquer tentativa de controlar deliberadamente algumas remunerações criará mais exigências de novos controles. Uma vez introduzido, o princípio de justiça distributiva só se efetivaria quando toda a sociedade fosse organizada em conformidade com esse princípio. Isso produziria um tipo de sociedade que, em todos os aspectos essenciais, seria o oposto de uma sociedade livre — uma sociedade em que a autoridade decidiria o que cada indivíduo deveria fazer e como fazê-lo.

10. Concluindo, temos de analisar sucintamente outro argumento em que frequentemente as reivindicações de uma distribuição mais equitativa se baseiam, embora raramente seja enunciado de forma explícita. Trata-se da afirmação de que a condição de membro de uma comunidade ou nação confere ao indivíduo o direito a desfrutar do padrão de vida que é determinado pela riqueza geral do grupo a que pertence. Curiosamente, essa reivindicação se opõe ao desejo de basear a distribuição no mérito pessoal. Não há claramente mérito em ter nascido em determinada comunidade, e nenhum argumento a favor da justiça pode se basear no fato acidental de um indivíduo ter nascido num lugar em vez de noutro. De fato, uma comunidade relativamente rica confere regularmente aos seus membros mais pobres vantagens que os que nascem em comunidades pobres desconhecem. Numa comunidade rica, a única justificativa que os seus membros podem ter para reivindicar mais benefícios é que existe muito mais riqueza privada que o governo pode confiscar e redistribuir, e que os indivíduos que veem constantemente essa riqueza a ser desfrutada por outros irão desejá-la mais do que aqueles que só a conhecem de forma abstrata, quando a conhecem.

Não há nenhuma razão evidente pela qual os esforços conjuntos dos membros de um grupo para garantir a manutenção da lei e da ordem e para organizar a oferta de certos serviços confiram a esses membros o direito a uma parcela especial da riqueza do grupo. Esse tipo de reivindicação seria especialmente difícil de defender se aqueles que a fazem não estivessem dispostos a conceder os mesmos direitos aos que não pertencessem à mesma nação ou comunidade. De fato, o reconhecimento desses direitos a uma escala nacional só criaria um novo tipo de direito de propriedade coletiva (mas não menos exclusiva) sobre os recursos da nação, que não poderia ter a mesma justificativa da propriedade individual. Poucas pessoas estariam dispostas a reconhecer a justiça dessas reivindicações em uma escala mundial. E o mero fato de, em determinada nação, a maioria ter tido o poder de impor essas reivindicações, enquanto no restante do mundo ainda não teve, dificilmente as tornaria mais justas.

Há boas razões por que devemos usar qualquer organização política existente para atender aos necessitados e doentes, ou às vítimas de um desastre imprevisível. O método mais eficaz de prever certos riscos comuns a todos os cidadãos de um Estado é, talvez, providenciar a cada cidadão proteção contra esses riscos. O nível dessa proteção contra riscos comuns dependerá, necessariamente, da riqueza geral da comunidade.

No entanto, uma coisa totalmente diferente é sugerir que os pobres, apenas no sentido em que há pessoas mais ricas na mesma comunidade, têm direito a uma parcela da riqueza dessas, ou que o fato de ter nascido num grupo que alcançou certo nível de civilização e conforto confere o direito de partilhar de todos os seus benefícios. O fato de todos os cidadãos terem interesse no fornecimento comum de alguns serviços não justifica que alguém reivindique o direito a uma parcela de todos os benefícios. Isso pode estabelecer uma norma para aquilo que alguns estão dispostos a dar, mas não para o que cada um pode exigir.

As nações se tornarão cada vez mais fechadas em relação à imigração conforme a admissão dessa ideia que criticamos for se difundindo. Em vez de permitir que as pessoas desfrutem das vantagens de viver no seu país, uma nação preferirá mantê-las fora; pois, uma vez admitidas, em breve reivindicarão o direito a uma parcela da sua riqueza. A ideia de que a cidadania ou até a residência num país confere direito a certo nível de vida tem se tornado uma fonte séria de atritos internacionais. E, dado que a única justificativa para aplicar o princípio num país é que o seu governo tem o poder de o impor, não devemos ficar admirados por ver o mesmo princípio aplicado pela força em uma escala internacional. Quando o direito da maioria aos benefícios de que as minorias usufruem é reconhecido em âmbito nacional, não há motivos para que isso se circunscreva às fronteiras dos Estados existentes.

# 7. O governo da maioria

*Ainda que os homens sejam governados sobretudo pelo interesse, o próprio interesse, tal como todos os assuntos humanos, é inteiramente governado pela opinião.*

DAVID HUME

1. A igualdade perante a lei conduz à reivindicação de que todos os homens devem também ter a mesma participação na elaboração da lei. Esse é o ponto onde convergem o liberalismo tradicional e o movimento democrático. No entanto, os seus principais interesses são diferentes. O liberalismo (no sentido em que o termo era entendido na Europa do século XIX, ao qual aderimos neste capítulo) está interessado, sobretudo, na limitação dos poderes coercivos do governo, seja ou não democrático, enquanto a democracia dogmática só conhece um limite para o governo — a opinião da maioria. A diferença entre os dois ideais se torna mais clara se nomearmos os seus opostos: para a democracia, é o Estado autoritário; para o liberalismo, é o totalitarismo. Nenhum dos dois sistemas exclui necessariamente o oposto do outro: uma democracia pode ter poderes totalitários, e é concebível que um governo autoritário aja segundo princípios liberais.[1]

Tal como a maioria dos termos do nosso campo de estudo, a palavra "democracia" também é usada num sentido mais lato e vago. No entanto, se for usada estritamente para descrever um método de governo — ou seja, o governo da maioria —, refere-se claramente a um problema diferente do do liberalismo. O liberalismo é uma doutrina acerca do que deve ser a lei; a democracia é uma doutrina acerca da maneira de determinar o que será a lei. O liberalismo considera desejável que só aquilo que a maioria aceitar deve ser efetivamente lei, mas não pensa que isso seja necessariamente uma boa lei. De fato, seu objetivo é persuadir a maioria a observar certos princípios. Aceita o governo da maioria como método de decisão, mas não como

## 7. O GOVERNO DA MAIORIA

autoridade para determinar quais decisões devem ser tomadas. Para o democrata doutrinário, o fato de a maioria querer alguma coisa é razão suficiente para que essa coisa seja considerada boa; para ele, a vontade da maioria determina não só o que é a lei, mas também o que é a boa lei.

Existe um acordo abrangente acerca dessa diferença entre o ideal liberal e o ideal democrático.[2] No entanto, há quem use o termo "liberdade" no sentido de liberdade política e, por isso, tenda a identificar liberalismo com democracia. Para esses, o ideal de liberdade nada diz acerca de qual deve ser o objetivo da ação democrática: qualquer condição criada pela democracia é, por definição, uma condição de liberdade. Isso parece, no mínimo, um uso muito confuso das palavras.

Enquanto o liberalismo é uma das doutrinas que se referem ao âmbito e à finalidade do governo dentre as quais a democracia tem de escolher, a democracia, sendo um método, nada indica acerca dos objetivos do governo. Embora o termo "democrático" seja hoje muito usado para descrever certos objetivos políticos que são populares, em especial objetivos igualitários, não há uma relação necessária entre democracia e alguma teoria acerca de como devem ser usados os poderes da maioria. Para saber o que queremos que os outros aceitem, precisamos de outros critérios além da opinião da maioria, que é um fator irrelevante no processo de formação da opinião. Não responde certamente à questão de como um indivíduo deve votar ou o que é desejável — a não ser que se pressuponha, como muitos democratas dogmáticos parecem fazer, que a classe social de um indivíduo o leva sempre a reconhecer seus verdadeiros interesses e que, portanto, o voto da maioria exprime sempre os melhores interesses dessa maioria.

2. O uso indiscriminado que hoje se faz do termo "democrático" como expressão geral de louvor não deixa de ser perigoso. Sugere que, como a democracia é uma coisa boa, a humanidade ganhará sempre com a sua ampliação. Isso pode parecer evidente, mas está longe de ser.

Há pelo menos dois aspectos em que é quase sempre possível ampliar a democracia: o número de indivíduos com direito de voto e a gama de questões decididas pelo processo democrático. Em nenhum dos aspectos se pode dizer seriamente que qualquer ampliação possível implica um ganho ou que o princípio de democracia exige que esta seja indefinidamente ampliada. No entanto, na discussão de quase todas as questões específicas, a defesa da democracia é normalmente apresentada como se a necessidade da sua máxima ampliação possível fosse incontestável.

No que diz respeito ao direito ao voto, quase todos admitem implicitamente que isso não é verdade. Seria difícil, com base em qualquer teoria democrática, ver como progresso qualquer ampliação possível do direito ao voto. Fala-se de sufrágio universal para adultos, mas os limites do sufrágio são, de fato, largamente determinados por considerações de conveniência. O limite normal da idade de 21 anos e a exclusão dos criminosos, dos residentes estrangeiros, dos cidadãos não residentes e dos habitantes de regiões ou territórios especiais são geralmente aceitos como razoáveis. Também não é de modo algum evidente que a representação proporcional seja melhor por parecer mais democrática.[3] Não se pode dizer que a igualdade perante a lei implique necessariamente que todos os adultos devam ter direito ao voto; o princípio continuaria a vigorar se a mesma norma impessoal se aplicasse a todos. Se só os indivíduos com mais de quarenta anos, ou apenas os que têm rendimentos, ou apenas os chefes de família, ou as pessoas letradas tivessem o direito de votar, isso não constituiria uma violação maior do princípio do que as restrições que são geralmente admitidas. As pessoas sensatas também poderiam afirmar que os ideais de democracia seriam mais bem servidos se, por exemplo, todos os funcionários do Estado ou todos os beneficiários da providência pública fossem excluídos do direito ao voto.[4] Ainda que, no mundo ocidental, o sufrágio universal pareça ser o melhor esquema, isso não prova que seja exigido por algum princípio básico.

Deveríamos também lembrar que o direito da maioria é normalmente reconhecido apenas dentro de determinado país e que um país nem sempre constitui uma unidade natural ou evidente. Certamente não consideramos que os cidadãos de um grande país tenham o direito de dominar os cidadãos de um pequeno país vizinho só por serem mais numerosos. Não há razão para que a maioria das pessoas que se uniram por determinadas finalidades, seja uma nação, seja uma organização supranacional, se considere no direito de expandir à vontade o âmbito do seu poder. A teoria da democracia atual sofre do fato de ser normalmente desenvolvida tendo em vista alguma comunidade homogênea ideal e depois aplicada às unidades muito imperfeitas e geralmente arbitrárias constituídas pelos Estados existentes.

Essas observações têm por único fim mostrar que nem o democrata mais dogmático pode afirmar que qualquer ampliação da democracia é uma coisa boa. Por muito forte que seja a defesa da democracia, esta não é um valor derradeiro ou absoluto e deve ser julgada por aquilo que realizar. Talvez seja o melhor método para alcançar certos fins, mas não é um fim em si mesmo.[5] Embora exista uma tendência a favor do método democrático de decisão quando é evidente a necessidade de alguma ação coletiva, o problema de saber se é ou não conveniente ampliar o controle coletivo deve ser resolvido segundo outros princípios que não a democracia em si mesma.

## 7. O GOVERNO DA MAIORIA

3. As tradições democráticas e liberais, portanto, concordam que, sempre que a ação do Estado é necessária e quando é preciso estabelecer normas coercivas, a decisão deve ser tomada pela maioria. No entanto, diferem acerca do âmbito da ação do Estado orientada pela decisão democrática. Enquanto os democratas dogmáticos consideram que o maior número possível de questões deve ser decidido pelo voto da maioria, o liberal crê que existem limites definidos para o âmbito das questões que devem ser assim decididas. O democrata dogmático pensa, em especial, que qualquer maioria corrente deve ter o direito de decidir os poderes que tem e como exercê-los, enquanto o liberal considera importante que os poderes de qualquer maioria temporária sejam limitados por princípios duradouros. Para este, a autoridade da decisão da maioria não decorre de um mero ato de vontade de uma maioria momentânea, mas de um acordo mais amplo acerca dos princípios comuns.

O conceito fundamental do democrata doutrinário é o de soberania popular. Para ele, isso significa que o governo da maioria é ilimitado e ilimitável. O ideal de democracia, originalmente concebido para prevenir qualquer poder arbitrário, torna-se assim a justificativa de um novo poder arbitrário. Contudo, a autoridade da decisão democrática baseia-se no fato de ser tomada pela maioria de uma comunidade que se mantém unida por meio de certas crenças comuns à maioria dos membros; e é necessário que a maioria se submeta a esses princípios comuns mesmo quando a sua violação possa ser do seu interesse imediato. É irrelevante que essa ideia tenha sido expressa em termos de "lei natural" ou de "contrato social", concepções que perderam a sua atração. O ponto essencial permanece: é a admissão de tais princípios comuns que faz de um grupo de pessoas uma comunidade. E essa admissão comum é a condição indispensável para uma sociedade livre. Um grupo de indivíduos torna-se uma sociedade, em geral, não ao estabelecer leis, mas ao obedecer às mesmas normas de conduta.[6] Isso significa que o poder da maioria é limitado pelos princípios aceitos por todos e que, além deles, não existe poder legítimo. Obviamente, é necessário que os indivíduos cheguem a um acordo acerca de como devem ser realizadas as tarefas necessárias, e é razoável que isso deva ser decidido pela maioria; mas não é evidente que essa mesma maioria também tenha o direito de determinar o que deve ser feito. Não há motivo para pensar que não devem existir ações que ninguém tem o poder de fazer. A falta de acordo suficiente quanto à necessidade de certos usos do poder coercivo significa que ninguém pode exercê-lo com legitimidade. Se reconhecemos os direitos das minorias, implica que o poder da maioria decorre, em última análise, dos princípios que as minorias também aceitam e que é por eles limitado.

A CONSTITUIÇÃO DA LIBERDADE

Por conseguinte, o princípio segundo o qual toda ação do governo deve ter o acordo da maioria não implica necessariamente que a maioria tenha o direito moral de fazer o que quiser. Obviamente, não há justificativa moral para qualquer maioria conceder privilégios aos seus membros com o estabelecimento de normas que lhes proporcionem vantagens. A democracia não é necessariamente um governo ilimitado. E um governo democrático, tal como outro qualquer, precisa estabelecer medidas de proteção da liberdade individual. De fato, foi num estágio relativamente recente da história da democracia moderna que os grandes demagogos começaram a afirmar que, como o poder estava agora nas mãos do povo, já não havia necessidade de limitar esse poder.[7] E, quando se afirma que "numa democracia, o justo é aquilo que a maioria assim o determina"[8], a democracia se degenera em demagogia.

4. Se a democracia é um meio e não um fim, seus limites devem ser determinados à luz do propósito a que queremos que sirva. Há três grandes argumentos pelos quais se pode justificar a democracia, e cada um deles pode ser visto como conclusivo. O primeiro é que, sempre que se mostra necessário que prevaleça uma dentre várias opiniões discordantes, mesmo que se tenha de recorrer à força, causa menos dano determinar a que tiver mais apoio pela contagem numérica do que pela luta. A democracia é o único método de mudança pacífica que o homem descobriu até hoje.[9]

O segundo argumento, que, em termos históricos, tem se mostrado o mais importante, embora não haja certeza de que ainda seja válido, afirma que a democracia é uma garantia importante da liberdade individual. Um escritor do século XVII disse que "o bem da democracia é a liberdade, bem como a coragem e a iniciativa que a liberdade gera".[10] Essa ideia reconhece, obviamente, que a democracia ainda não é liberdade; afirma apenas que é uma forma de governo que tem mais probabilidade de produzir liberdade do que outras. É uma concepção bem fundamentada no que diz respeito à prevenção da coerção exercida nos indivíduos por outros indivíduos: não é benéfico para a maioria que alguns indivíduos tenham o poder de coagir outros arbitrariamente. Mas a proteção do indivíduo contra a ação coletiva da própria maioria é outra questão. Mesmo nesse aspecto, pode-se dizer que, como o poder coercivo deve, de fato, ser sempre exercido por poucos, é menos provável que haja abuso se o poder confiado a esses poucos puder ser sempre revogado por aqueles que a ele têm de se submeter. No entanto, embora a liberdade individual seja mais possível numa democracia do que em outras formas de governo, isso não significa que essa possibilidade esteja garantida. A possibilidade da liberdade depende do fato de a maioria torná-la seu objetivo deliberado. A liberdade teria poucas

# 7. O GOVERNO DA MAIORIA

hipóteses de sobreviver se, para a sua preservação, dependesse apenas da mera existência da democracia.

O terceiro argumento baseia-se no efeito que a existência de instituições democráticas exerce sobre o nível geral da compreensão dos assuntos públicos. Esse me parece ser o argumento mais forte. Pode ser verdade, como foi dito muitas vezes[11], que, em qualquer circunstância, o governo exercido por uma elite culta é um governo mais eficiente e até talvez mais justo do que o eleito pela maioria. O ponto essencial, porém, é que, comparando a forma democrática de governo com outras, não podemos pressupor que o povo compreenda sempre os assuntos públicos. O ponto principal da grande obra de Tocqueville *Democracia na América* é que a democracia constitui o único método eficaz de educar a maioria.[12] Isso é tão verdade hoje como o era no seu tempo. A democracia é, acima de tudo, um processo de formação de opinião. Sua principal vantagem reside não no método de escolha dos governantes, mas no fato de, como grande parte da população tem participação ativa na formação da opinião, haver um grande número de pessoas dentre as quais escolher os governantes. Pode-se admitir que a democracia não coloca o poder nas mãos dos mais sábios e dos mais bem informados e que as decisões de um governo de elite poderiam ser mais benéficas para todos, mas isso não nos impede de dar preferência à democracia. É na sua dinâmica, e não na sua estática, que se revela o valor da democracia. Tais como os benefícios da liberdade, os da democracia só se revelam em longo prazo; por outro lado, seus resultados mais imediatos podem ser inferiores aos de outra forma de governo.

5. A ideia de que o governo deve ser orientado pela opinião da maioria só tem sentido se essa opinião for independente do governo. O ideal de democracia baseia-se na crença de que a opinião que orientará o governo emerge de um processo independente e espontâneo. Requer, portanto, a existência de uma grande esfera, independente do controle da maioria, na qual se formam as opiniões dos indivíduos. Por isso, quase todos concordam que a defesa da democracia e a defesa da liberdade de expressão e de debate são inseparáveis.

No entanto, a ideia de que a democracia providencia não só um método de resolver as diferenças de opinião quanto à linha de ação a ser adotada, mas também um padrão para definir a opinião, já teve efeitos de grande alcance. Em particular, confundiu seriamente a questão acerca do que é realmente uma lei válida e do que deveria ser a lei. Para que a democracia funcione, é importante que a primeira possa ser sempre determinada e que a segunda possa ser sempre questionada. As decisões da

# A CONSTITUIÇÃO DA LIBERDADE

maioria nos dizem o que as pessoas querem em dado momento, mas não aquilo que seria do seu interesse querer se estivessem mais bem informadas; e, a não ser que pudessem ser alteradas por persuasão, não teriam valor. A defesa da democracia pressupõe que qualquer opinião minoritária possa se tornar majoritária.

Não seria necessário sublinhar isso não fosse o fato de o dever do democrata, e, em particular, do intelectual democrata, ser por vezes descrito como a admissão dos pontos de vista e dos valores da maioria. É verdade que a convenção diz que a opinião da maioria deve prevalecer no que diz respeito à ação coletiva, mas não significa de modo algum que não devamos fazer todos os esforços para alterá-la. Pode-se ter um respeito profundo por essa convenção e, ao mesmo tempo, muito pouco respeito pela sabedoria da maioria. Nosso conhecimento e nossa compreensão só evoluem porque alguns discordarão sempre da opinião da maioria. No processo de formação da opinião, é muito provável que, quando uma se torna maioritária, já não seja a melhor opinião: alguém já terá ultrapassado o ponto alcançado pela maioria.[13] Como ainda não sabemos qual das muitas opiniões novas concorrentes se revelará a melhor, esperamos até uma ter conquistado apoio suficiente.

A concepção de que os esforços de todos devem ser orientados pela opinião da maioria ou de que uma sociedade é tanto melhor quanto mais se conformar aos padrões da maioria é, de fato, uma inversão do princípio que tem regido a evolução da civilização. A sua adoção geral significaria provavelmente a estagnação ou até a decadência da civilização. O progresso ocorre quando a minoria convence a maioria. Antes de se difundirem, as novas opiniões surgem numa minoria. Não há experiência da sociedade que, no início, não tenha sido a experiência de poucos indivíduos. O processo de formação da opinião majoritária também não decorre, total ou principalmente, do debate, como julgaria a concepção superintelectualizada. Há alguma verdade na ideia de que a democracia é o governo pelo debate, mas isso se refere apenas ao último estágio do processo pelo qual os méritos das opiniões e dos desejos alternativos são testados. Embora o debate seja essencial, não é o principal processo pelo qual o povo aprende. Suas opiniões e seus desejos são formados por indivíduos que agem de acordo com seus próprios desígnios; e a maioria se beneficia com o que outros aprenderam nas suas experiências individuais. Se não houvesse pessoas que soubessem mais do que as outras e que estivessem em posição de convencer as outras, haveria pouco progresso da opinião. É porque normalmente desconhecemos quem tem um conhecimento maior que deixamos a decisão a um processo que não controlamos. No entanto, a maioria aprende a se aperfeiçoar graças a uma minoria que age de maneira diferente da prescrita pela maioria.

## 7. O GOVERNO DA MAIORIA

6. Não há justificativa para atribuir às decisões da maioria a sabedoria superior e superindividual que, de certo modo, caracteriza os produtos da evolução social espontânea. Não é nas resoluções de uma maioria que se deve buscar a sabedoria superior. Essas resoluções serão, quando muito, inferiores às decisões que os membros mais inteligentes do grupo tomarão depois de ouvirem todas as opiniões: serão o resultado de uma reflexão menos cuidada e, em geral, representarão um compromisso que não satisfará plenamente ninguém. Isso se aplica ainda melhor ao resultado cumulativo que emana de sucessivas decisões de maiorias mutáveis e heterogêneas: o resultado não será a expressão de uma concepção coerente, mas, sim, de motivos e objetivos diferentes e, em muitos casos, antagônicos.

Esse processo não deve ser confundido com os processos espontâneos que as comunidades livres aprenderam a ver como a fonte de muito daquilo que é melhor do que a sabedoria individual pode idealizar. Se por "processo social" entendermos a evolução gradual que produz soluções melhores do que a concepção deliberada, a imposição da vontade da maioria não pode ser vista como tal. Esta difere radicalmente da evolução livre da qual emergem os costumes e as instituições, pois o seu caráter coercivo, monopolista e exclusivo destrói as forças autocorretivas que, numa sociedade livre, fazem com que os esforços errados sejam abandonados e os bem-sucedidos prevaleçam. Também difere essencialmente do processo cumulativo pelo qual a lei se forma por precedentes, a menos que, como nas decisões judiciais, se integre num todo coerente pelo fato de os princípios adotados em ocasiões anteriores passarem a ser deliberadamente seguidos.

Além disso, as decisões da maioria, se não forem pautadas por princípios comuns aceitos, tendem a produzir resultados gerais que ninguém deseja. Em muitos casos, a maioria é obrigada pelas suas próprias decisões a empreender ações que não eram previstas nem desejadas. A crença de que a ação coletiva pode dispensar os princípios é, em grande parte, uma ilusão; e o efeito normal da sua renúncia aos princípios é ser orientada pelas implicações inesperadas de decisões anteriores. A decisão individual pode visar apenas a uma situação específica, mas cria a expectativa de que, em circunstâncias semelhantes, o governo tomará medidas semelhantes. Desse modo, alguns princípios que nunca se pretendeu aplicar de forma geral, que podiam ser indesejáveis e absurdos se aplicados dessa maneira, conduzem a ações futuras que, de início, poucos aceitariam. Um governo que afirme não estar vinculado a nenhuns princípios e que julgue todos os problemas com base nos seus méritos se vê normalmente obrigado a observar princípios que não escolheu e a realizar ações que nunca planejou. Um fenômeno agora comum é os governos começarem a declarar

## A CONSTITUIÇÃO DA LIBERDADE

orgulhosamente que controlarão deliberadamente todos os assuntos e, pouco depois, verem-se acossados pelas necessidades criadas pelas suas ações anteriores. Desde que os governos começaram a se considerar onipotentes, passamos a ouvir falar da necessidade ou da inevitabilidade de tomarem medidas que sabem ser imprudentes.

7. Se o político ou o estadista não tem alternativa senão adotar certa linha de ação (ou se a sua ação for vista como inevitável pelo historiador), é porque a sua opinião ou a opinião de outras pessoas, e não os fatos objetivos, não lhe deixa alternativa. Só as pessoas influenciadas por certas crenças podem pensar que a reação de alguém a certos acontecimentos parece determinada apenas pelas circunstâncias. Para o político pragmático, preocupado com questões específicas, essas crenças são fatos inalteráveis para todos os efeitos. É quase necessário que ele seja pouco original, que estabeleça o seu programa com base nas opiniões de um grande número de pessoas. O político bem-sucedido deve o seu poder ao fato de se mover num universo de pensamento aceito e de falar de maneira convencional. Seria quase uma contradição se um político fosse também um líder no campo das ideias. Numa democracia, sua tarefa é perceber quais são as opiniões da maioria e não dar apoio a novas opiniões que, num futuro distante, poderão vir a ser adotadas pela maioria.

A opinião que rege uma decisão sobre questões políticas é sempre o resultado de uma evolução lenta, que se processa por longos períodos de tempo em níveis muito diferentes. As novas ideias nascem no seio de grupos pequenos e, de forma gradual, propagam-se até passarem a ser da maioria, que pouco sabe acerca da origem dessas ideias. Na sociedade moderna, esse processo envolve uma divisão de funções entre os que se ocupam, sobretudo, de assuntos específicos e os que se preocupam com ideias gerais, com a elaboração e a conciliação de vários princípios de ação sugeridos pela experiência do passado. Nossas opiniões acerca de quais serão as consequências das nossas ações e de que objetivos devemos visar são, essencialmente, preceitos que adquirimos como parte da herança da nossa sociedade. Essas opiniões políticas e morais, tal como as nossas crenças científicas, vêm daqueles que lidam profissionalmente com ideias abstratas. É deles que tanto o homem comum como o líder político obtêm as concepções fundamentais que constituem a estrutura do seu pensamento e que orientam sua ação.

Há muito que constitui uma parte fundamental da doutrina liberal a convicção de que, em longo prazo, são as ideias e, portanto, os homens que difundem novas ideias que regem a evolução, e de que os passos individuais desse processo devem ser regidos por um conjunto de concepções coerentes. É impossível estudar história sem

122

## 7. O GOVERNO DA MAIORIA

estar consciente da "lição, sempre desprezada, que cada época dá à humanidade — ou seja, que a filosofia especulativa, que, para a mente superficial, parece uma coisa muito distante da vida prática e dos interesses externos dos homens, é, na verdade, aquilo que mais os influencia e que, no longo prazo, domina todas as influências, exceto aquelas a que ela própria tem de obedecer".[14] Embora esse fato seja, talvez, menos compreendido hoje do que quando John Stuart Mill escrevia, não há dúvida de que continua a ser válido para todas as épocas, seja ou não reconhecido pelos homens. É muito pouco compreendido o motivo de a influência do pensador abstrato sobre as massas só operar de forma indireta. As pessoas raramente sabem ou se interessam em saber se as ideias comuns da sua época vêm de Aristóteles ou de Locke, de Rousseau ou de Marx, ou de algum professor cujas ideias eram populares entre os intelectuais há vinte anos. A maioria nunca leu as obras nem ouviu falar dos nomes dos autores cujas concepções e ideais se tornaram parte do seu pensamento.

No que diz respeito aos assuntos correntes, a influência do filósofo político pode ser muito pequena. Mas, depois de as suas ideias terem se tornado propriedade comum, graças ao trabalho dos historiadores e dos publicistas, dos professores, escritores e dos intelectuais em geral, orientam efetivamente os desenvolvimentos. Isso significa não só que as novas ideias começam geralmente a exercer influência na ação política apenas uma ou várias gerações depois de terem sido divulgadas[15], mas também que, antes de as contribuições do pensador especulativo poderem exercer essa influência, têm de passar por um longo processo de seleção e modificação.

As mudanças nas crenças políticas e sociais sempre ocorrem em diversos níveis. O processo não deve ser visto como uma expansão sobre um plano, mas como sendo lentamente filtrado a partir do topo de uma pirâmide, onde os níveis mais elevados representam mais generalidade e abstração, e não necessariamente mais sabedoria. Como se propagam para baixo, as ideias também mudam de caráter. Aquelas que, em dado momento, ainda têm um nível alto de generalidade só competirão com outras de caráter semelhante, e apenas pelo apoio das pessoas interessadas em concepções gerais. Para a grande maioria, essas concepções gerais só se tornarão conhecidas na sua aplicação a questoes concretas e específicas. Não será apenas uma mente, mas, sim, um debate em outro nível que determinará que ideias chegarão às pessoas e obterão o apoio dessas, um debate entre pessoas que estão mais preocupadas com ideias gerais do que com problemas particulares e que, por isso, os veem à luz de princípios gerais.

Exceto em raras ocasiões, como convenções constitucionais, o processo democrático de debate e de decisão da maioria limita-se necessariamente a uma parte de

# A CONSTITUIÇÃO DA LIBERDADE

todo o sistema legal e governamental. A mudança gradual que isso implica só produzirá resultados desejáveis e práticos se for orientada por alguma concepção geral da ordem social desejada, por uma imagem coerente do tipo de mundo em que as pessoas querem viver. Chegar a essa imagem não é fácil, e até o especialista só conseguirá tentar ver de forma um pouco mais clara do que os seus antecessores. O homem prático, preocupado com os problemas cotidianos e imediatos, não tem nem interesse nem tempo para analisar as correlações dos diferentes estratos da complexa ordem social. Pode apenas escolher entre as ordens possíveis que lhe são oferecidas e aceitar uma doutrina política ou um conjunto de princípios elaborados e apresentados por outros.

Se as pessoas não fossem normalmente orientadas por um sistema de ideias comuns, não poderia haver uma política coerente nem uma verdadeira discussão acerca de questões específicas. É duvidoso que a democracia possa funcionar no longo prazo se a grande maioria não tiver em comum pelo menos uma concepção geral do tipo de sociedade desejada. Mas, mesmo que essa concepção exista, não se revelará necessariamente em todas as decisões da maioria. Os grupos nem sempre agem de acordo com o seu melhor conhecimento ou nem sempre obedecem às normas morais, que eles reconhecem abstratamente tão mal quanto os indivíduos. No entanto, só apelando a esses princípios comuns é que se pode esperar chegar a um acordo por meio do debate, resolver conflitos de interesses pelo raciocínio e pela argumentação, e não pela força bruta.

8. Para que a opinião evolua, o teórico que com ela contribui não deve se sentir constrangido pela opinião da maioria. A tarefa do filósofo político é diferente da do funcionário especialista que executa a vontade da maioria. Ainda que não deva se arrogar a posição de um "líder" que determina o que as pessoas devem pensar, seu dever é mostrar as possibilidades e as consequências da ação comum, oferecer objetivos amplos de política como um todo ainda não pensados pela maioria. Só depois da apresentação dessa ampla imagem dos resultados possíveis das diferentes políticas é que a democracia pode decidir o que quer. Se a política é a arte do possível, a filosofia política é a arte de tornar politicamente possível aquilo que parece impossível.[16]

O filósofo político não poderá desempenhar sua tarefa caso se limite a questões de fato e se recear decidir entre valores antagônicos. Não se pode deixar limitar pelo positivismo do cientista, que confina as suas funções a mostrar o que é e proíbe qualquer discussão acerca do que deveria ser. Se fizer isso, terá de parar muito antes de ter realizado a sua função mais importante. No seu esforço para formar uma imagem coerente, descobrirá frequentemente que existem valores em conflito mútuo — um fato de que a maioria das pessoas não está consciente — e que tem de escolher os que deve aceitar e os que deve rejeitar. Se o filósofo político não estiver disposto a defender os valores que lhe parecem justos, nunca chegará a elaborar a imagem abrangente que deve ser vista como um todo. Na sua tarefa, servirá normalmente melhor à democracia opondo-se à vontade da maioria.

Só uma incompreensão total do processo de evolução da opinião levaria alguém a afirmar que, na esfera da opinião, tem de se submeter às ideias da maioria. Ver a opinião maioritária existente como o padrão para aquilo que deve ser a opinião da maioria equivale a fazer de todo o processo um círculo vicioso e estático. De fato, nunca há tantos motivos para o filósofo político suspeitar de estar falhando na sua tarefa como quando percebe que suas opiniões são muito populares.[17] Tem de demonstrar seu valor insistindo em considerações que a maioria não pretende considerar, defendendo princípios que a maioria considera inconvenientes e incômodos. Para o intelectual, submeter-se a uma convicção só por ela ser aceita pela maioria das pessoas constitui uma traição não só à sua missão peculiar, mas também aos valores da própria democracia.

Os princípios que apelam à autolimitação do poder da maioria não deixam de ser válidos se a democracia os desrespeitar, e a democracia não deixa de ser desejável se tomar decisões que o liberal considera erradas. O liberal acredita simplesmente em ter um argumento que, se bem entendido, levará a maioria a limitar o exercício dos seus próprios poderes, e espera que esse argumento possa ser adotado pela maioria quando tiver de tomar decisões acerca de assuntos específicos.

9. Um ponto importante do argumento liberal é a ideia de que o desrespeito por esses limites destruirá, no longo prazo, não só a prosperidade e a paz, mas também a própria democracia. O liberal acredita que os limites que ele quer ver a democracia impor a si própria são também os limites dentro dos quais ela pode funcionar de forma eficaz e nos quais a maioria pode realmente orientar e controlar as ações do governo. Uma vez que a democracia coage o indivíduo apenas por meio de normas gerais por ela mesma criadas, controla o poder de coerção. Se tentar orientá-las de forma mais específica, em breve estará apenas a apontar para os fins a serem alcançados, deixando aos seus funcionários especialistas a decisão quanto à maneira como devem ser alcançados. E quando é geralmente aceito que as decisões da maioria só podem indicar fins e que sua perseguição deve ser deixada ao arbítrio de

A CONSTITUIÇÃO DA LIBERDADE

administradores, depressa se acreditará que quase todos os meios para alcançar esses fins são legítimos.

O indivíduo tem poucos motivos para temer as leis gerais aprovadas pela maioria, mas tem muito mais motivos para recear os governantes que essa maioria lhe pode impor para implementar as suas decisões. O que hoje constitui perigo para a liberdade individual não são os poderes que as assembleias democráticas podem deter, mas, sim, os poderes que outorgam aos administradores encarregados de alcançar certos objetivos. Tendo concordado que a maioria deve prescrever normas a que obedeceremos na perseguição dos nossos objetivos individuais, estamos cada vez mais sujeitos às ordens e à vontade arbitrária dos seus agentes. De forma significativa, percebemos não só que os apoiadores da democracia ilimitada logo se tornam defensores da arbitrariedade e da ideia de que devemos deixar aos especialistas a decisão acerca do que é bom para a comunidade, mas também que os apoiadores mais entusiastas dos poderes ilimitados da maioria são geralmente os mesmos administradores que sabem, melhor do que todos, que, uma vez assumidos esses poderes, serão eles, e não a maioria, que de fato os exercerão. Se a experiência moderna nessas questões demonstrou alguma coisa foi que, quando se outorgam amplos poderes coercivos a agências governamentais para fins específicos, esses poderes não podem ser controlados de modo eficaz por assembleias democráticas. Se essas não determinarem os meios a empregar, as decisões dos seus agentes serão arbitrárias, em maior ou menor grau.

As considerações gerais e a experiência recente mostram que a democracia só se manterá eficaz enquanto o governo, na sua ação coerciva, se restringir a tarefas que podem ser realizadas de forma democrática.[18] Se a democracia é um meio de preservar a liberdade, então a liberdade individual é uma condição igualmente essencial para o funcionamento da democracia. Embora a democracia seja provavelmente a melhor forma de governo limitado, torna-se absurda quando passa a ser um governo com poderes ilimitados. Aqueles que professam que a democracia é capaz de tudo e que apoiam tudo o que a maioria deseja em determinado momento estão contribuindo para a sua queda. De fato, o velho liberal é um amigo muito melhor da democracia do que o democrata dogmático, pois está interessado em preservar as condições que tornam a democracia exequível. Não é "antidemocrático" tentar convencer a maioria de que existem limites que, se não forem respeitados, farão com que sua ação deixe de ser benéfica, e de que ela deve observar princípios que não criou de forma deliberada. Para sobreviver, a democracia tem de reconhecer que não é a fonte da justiça e tem de aceitar uma concepção de justiça que não se manifesta

## 7. O GOVERNO DA MAIORIA

necessariamente na opinião popular acerca de questões específicas. Há o perigo de confundirmos um meio de garantir a justiça com a própria justiça. Aqueles que se esforçam por convencer a população a reconhecer os limites do seu poder são, portanto, tão necessários para o processo democrático como os que apontam constantemente para novos objetivos da ação democrática.

Na Parte II deste livro, analisaremos mais detalhadamente os limites do governo que parecem ser a condição necessária para a exequibilidade da democracia e que as pessoas do Ocidente desenvolveram sob a designação de estado de direito. Acrescentaremos apenas que não há motivos para esperar que alguém consiga tornar viável ou preservar um mecanismo de governo democrático sem antes ter se familiarizado com as tradições do governo submetido à lei.

# 8. Emprego e independência

*Não para escondê-lo numa sebe,*
*Nem para um hospedeiro de comboio,*
*Mas pelo glorioso privilégio*
*De ser independente.*
ROBERT BURNS

1. Os ideais e princípios reafirmados nos capítulos anteriores desenvolveram-se numa sociedade que, em aspectos importantes, diferia da nossa. Tratava-se de uma sociedade em que uma parcela relativamente maior das pessoas, e a maioria das que contavam para a formação da opinião, tirava o sustento de atividades independentes.[1] Assim, em que medida esses princípios que vigoravam nessa sociedade serão ainda válidos agora que a maioria de nós trabalha como empregados de grandes organizações, usando recursos que não detém e agindo essencialmente segundo instruções dadas por outros? Em particular, se os independentes constituem agora uma proporção muito menor e menos influente da sociedade, será que, por essa razão, suas contribuições se tornaram menos importantes, ou serão ainda essenciais para o bem-estar de uma sociedade livre?

Antes de abordarmos o assunto principal, temos de nos livrar de um mito acerca do crescimento da classe assalariada, que, embora só os marxistas acreditem nele na sua forma mais crua, conquistou adesão suficiente para confundir a opinião. Trata-se do mito de que o aparecimento de um proletariado sem propriedade é o resultado de um processo de expropriação durante o qual as massas foram privadas dos bens que, antes, lhes permitiam ganhar a vida de forma independente. Os fatos contam uma história diferente. Até a ascensão do capitalismo moderno, a maioria das pessoas só podia formar uma família e criar filhos se herdasse uma casa, terra e as ferramentas necessárias à produção. Aquilo que, mais tarde, permitiu a

## 8. EMPREGO E INDEPENDÊNCIA

sobrevivência daqueles que não herdavam terras e ferramentas dos pais foi o fato de ter se tornado possível e lucrativo que os ricos usassem seus capitais de maneira a dar emprego a muitas pessoas. Se o "capitalismo criou o proletariado", o fez permitindo que muitos sobrevivessem e procriassem. No mundo ocidental atual, o efeito desse processo já não é, obviamente, o crescimento de um proletariado no sentido antigo, mas o crescimento de uma maioria de assalariados que, em muitos aspectos, são alheios e frequentemente inimigos de grande parte daquilo que constitui a força motriz de uma sociedade livre.

O aumento da população, durante os últimos dois séculos, ocorreu principalmente entre os assalariados urbanos e industriais. Embora a mudança tecnológica que favoreceu o aparecimento das grandes empresas e ajudou a criar a nova grande classe de empregados de escritórios tenha, sem dúvida, estimulado esse crescimento do setor assalariado da população, o número cada vez maior de indivíduos sem propriedade que ofereciam seus serviços contribuiu, por seu lado, para o crescimento das grandes organizações.

A importância política desse desenvolvimento foi acentuada pelo fato de que, ao mesmo tempo que teve um rápido crescimento, a população dependente e sem propriedades adquiriu o direito de voto, do qual grande parte estava excluída. O resultado foi que, provavelmente em todos os países do Ocidente, a perspectiva da grande maioria do eleitorado passou a ser determinada pelo fato de ser constituída por assalariados. Como, agora, é a sua opinião que orienta boa parte da política, isso produz medidas que tornam a posição de assalariado mais atraente do que a dos independentes. É natural que os assalariados usem o seu poder político. O problema é saber se, no longo prazo, será do interesse deles que a sociedade se transforme gradualmente numa grande hierarquia de assalariados. Esse parece ser o resultado mais provável, a não ser que a maioria dos assalariados reconheça que seria do seu interesse assegurar a preservação de um número substancial de independentes. De outro modo, todos notaremos que nossa liberdade foi afetada, e os assalariados perceberão que, sem uma grande variedade de escolha de empregadores, suas posições já não serão as mesmas.

2. O problema é que o grande exercício da liberdade tem pouco interesse direto para os assalariados, que, em muitos casos, têm dificuldade em perceber que sua liberdade depende da possibilidade de outros tomarem decisões que não são imediatamente relevantes para o seu modo de vida geral. Uma vez que podem e têm de viver sem tomar essas decisões, não percebem a sua necessidade e atribuem pouca importância

A CONSTITUIÇÃO DA LIBERDADE

a oportunidades de ação que raramente ocorrem na sua vida. Veem como desnecessários muitos exercícios da liberdade que são essenciais para as funções do independente e têm opiniões totalmente diferentes acerca das recompensas e das remunerações justas. Por isso, a liberdade está hoje seriamente ameaçada pela tendência da maioria assalariada de impor aos outros os seus padrões e as suas perspectivas quanto à vida. De fato, é possível que a tarefa mais difícil de todas seja convencer as massas assalariadas de que, no interesse geral da sua sociedade e, portanto, no seu próprio interesse de longo prazo, devem preservar condições que permitam que alguns alcancem posições que, para eles, parecem inatingíveis ou que não merecem o esforço nem o risco.

Se, na vida dos assalariados, certos exercícios da liberdade têm pouca relevância, não significa que eles não sejam livres. Cada escolha feita por um indivíduo em relação ao seu modo de viver e de ganhar a vida significa que, como resultado, terá pouco interesse em fazer certas coisas. Muitas pessoas escolherão um trabalho assalariado, pois esse, mais do que qualquer posição independente, oferece-lhes melhores oportunidades de ter o tipo de vida que desejam. Até nos casos daqueles que não desejam especialmente a segurança relativa e a ausência de risco e de responsabilidade inerentes a um trabalho assalariado, o fator decisivo não costuma ser a impossibilidade de alcançar a independência, mas a possibilidade de o trabalho assalariado lhes oferecer uma atividade mais satisfatória e um rendimento maior do que poderiam obter se fossem, por exemplo, comerciantes independentes.

Liberdade não significa ter tudo que o desejamos. Quando escolhemos um modo de vida, temos de ponderar sempre uma série de vantagens e desvantagens, e, feita a escolha, temos de estar preparados para aceitar certas desvantagens em nome de um benefício maior. O indivíduo que deseja o rendimento regular pelo qual vende o seu trabalho tem de dedicar suas horas de trabalho às tarefas imediatas que são determinadas por outros. Para o assalariado, a condição para alcançar esse objetivo é fazer o que lhe é ordenado. No entanto, ainda que isso lhe pareça às vezes muito incômodo, em condições normais, não deixa de ser livre, no sentido em que não é coagido. É verdade que o risco ou o sacrifício implicados no abandono do seu trabalho podem, em muitos casos, ser de tal modo grandes que obrigam o indivíduo a mantê-lo, mesmo que isso lhe desagrade profundamente. Mas isso também ocorre em quase todas as outras atividades a que um indivíduo se dedica — e, certamente, em muitas posições independentes.

O fato essencial é que, numa sociedade competitiva, o empregado não está à mercê de um patrão, exceto em períodos de forte desemprego. Sabiamente, a lei não

## 8. EMPREGO E INDEPENDÊNCIA

reconhece contratos para a venda permanente do trabalho de uma pessoa e, em geral, nem impõe contratos por desempenhos específicos. Ninguém pode ser coagido a continuar trabalhando para determinado patrão, mesmo que tenha se comprometido a fazê-lo; e, numa sociedade competitiva, haverá alternativas de emprego, ainda que, em muitos casos, menos compensadoras.[2]

É claro que a liberdade do assalariado depende da existência de um grande número e variedade de empregadores, se compararmos com a situação que existiria se houvesse apenas um empregador — ou seja, o Estado — e se ter um emprego fosse a única maneira permitida de ganhar a vida. E uma aplicação consistente dos princípios socialistas, por muito que fosse disfarçada pela delegação do poder de empregar em corporações públicas nominalmente independentes e afins, conduziria necessariamente à presença de um único empregador. Agindo direta ou indiretamente, esse empregador deteria claramente poder ilimitado para coagir os indivíduos.

3. A liberdade dos assalariados, portanto, depende da existência de um grupo de indivíduos com posição diferente. No entanto, numa democracia em que os assalariados constituem uma maioria, é a sua concepção de vida que pode determinar se aquele grupo pode ou não existir e cumprir suas funções. As concepções dominantes serão as da grande maioria, que são membros de organizações hierárquicas e que, em geral, não estão conscientes do tipo de problemas e das opiniões que determinam as relações entre as unidades distintas dentro das quais trabalham. Os padrões que essa maioria desenvolve podem permitir que sejam membros efetivos da sociedade, mas não podem ser aplicados a toda a sociedade sem que esta perca a liberdade.

É inevitável que os interesses e os valores dos assalariados sejam diferentes daqueles dos indivíduos que aceitam o risco e a responsabilidade de organizar a utilização dos recursos. Um indivíduo que trabalhe sob a direção de outros por um salário fixo pode ser tão consciencioso, laborioso e inteligente como outro que tem de escolher constantemente entre alternativas; mas não pode ser tão inventivo ou arrojado, pois o leque de escolhas no seu trabalho é mais limitado.[3] Normalmente, não se espera que ele realize ações que não lhe sejam prescritas ou que não sejam convencionais. Não pode ir além da tarefa que lhe foi atribuída, ainda que seja capaz de fazer mais. Uma tarefa atribuída é, necessariamente, uma tarefa limitada, confinada a uma esfera específica e baseada numa divisão do trabalho predeterminada.

A condição de assalariado afeta não apenas a iniciativa e a inventividade de um indivíduo. Esse tem pouco conhecimento das responsabilidades dos que controlam os recursos e que têm de se preocupar constantemente com novos esquemas e combinações; está pouco familiarizado com as atitudes e os modos de vida produzidos pelas decisões acerca do uso da propriedade e do rendimento. Para o independente, não há uma distinção clara entre a sua vida privada e o trabalho, como ocorre no assalariado, que vende parte do seu tempo por um rendimento fixo. Enquanto, para o assalariado, o trabalho é sobretudo uma questão de se ajustar a uma dada estrutura durante um número determinado de horas, para o independente trata-se de uma questão de elaborar e reelaborar um plano de vida, de encontrar soluções para problemas sempre novos. O independente e o assalariado diferem especialmente na forma como veem o rendimento, os riscos a correr e que modo de vida se deve adotar tendo em vista o sucesso.

Contudo, a maior diferença entre os dois encontra-se nas suas opiniões acerca de como devem ser determinadas as remunerações devidas pelos vários serviços. É difícil determinar o valor dos serviços de um indivíduo que trabalha sob a direção de outrem e como membro de uma grande organização. A fidelidade e a inteligência com que obedeceu às regras e às instruções, o modo como se ajustou a todo o maquinismo, tudo isso deve ser determinado pela opinião de outros. Em muitos casos, o indivíduo deve ser remunerado de acordo com o mérito reconhecido, e não segundo o resultado. Para que os membros da organização se sintam satisfeitos, é essencial que a remuneração seja vista como justa, que esteja em conformidade com regras conhecidas e inteligíveis e que uma ação humana seja responsável pela remuneração de cada indivíduo segundo aquilo que os colegas consideram que lhe é devido.[4] No entanto, esse princípio de remunerar um indivíduo segundo aquilo que outros pensam que ele merece não pode se aplicar aos indivíduos que agem por sua própria iniciativa.

4. Quando uma maioria de assalariados determina a legislação e a política, as condições tenderão a se adaptar aos padrões desse grupo e a se tornar menos favoráveis para os independentes. Por conseguinte, a posição dos assalariados se tornará cada vez mais atraente, e o seu poder será relativamente maior. Pode até ser que as vantagens que as grandes organizações têm hoje sobre as pequenas sejam, em parte, resultado das políticas que tornaram a posição dos assalariados mais atraente para muitos que, no passado, procurariam trabalhos autônomos.

Não há dúvida de que o trabalho assalariado se tornou a posição não só efetiva, mas também preferida, da maioria da população, que encontra nela o que procura: a garantia de um rendimento fixo para cobrir as despesas correntes, aumentos mais ou menos regulares e aposentadoria na velhice. Os assalariados ficam, assim, livres das

## 8. EMPREGO E INDEPENDÊNCIA

responsabilidades da vida econômica; e, muito naturalmente, acham que as dificuldades econômicas, que resultam do declínio ou da falência da organização empregadora, não são culpa deles, mas, sim, de outros. Por isso, não admira que desejem ter um poder tutelar superior para controlar as atividades diretivas que eles não compreendem, mas das quais depende o seu sustento.

Onde essa classe predomina, a concepção de justiça social ajusta-se em grande parte às suas necessidades. Isso se aplica não só à legislação, mas também às instituições e às práticas empresariais. A tributação fiscal passa a se basear numa concepção do rendimento que é essencialmente a do assalariado. As medidas paternalistas dos serviços sociais são moldadas quase exclusivamente para servirem às suas necessidades. Até os padrões e as técnicas do crédito ao consumo são ajustados a essa classe. E tudo o que diz respeito à posse e ao uso do capital como parte de atividades que permitem ganhar a vida é visto como o interesse especial de um pequeno grupo de privilegiados que podem ser justamente discriminados.

Para os americanos, essa imagem pode parecer exagerada, mas, para os europeus, muitas das suas características são bem familiares. A evolução nesse sentido acelera geralmente quando os funcionários públicos se tornam o grupo mais numeroso e influente dos assalariados, e os privilégios especiais de que gozam acabam por ser reivindicados como um direito para todos os assalariados. Alguns privilégios, como a garantia de emprego e a promoção automática por tempo de serviço, concedidos aos funcionários públicos não no seu interesse, mas no interesse do público, tendem, assim, a ser estendidos a outros. Além disso, mais do que nas grandes organizações, na função pública é ainda mais pertinente a ideia de que o valor específico dos serviços de um indivíduo não pode ser determinado e que, por isso, deve ser remunerado com base no mérito reconhecido, e não nos resultados.[5] Os padrões que prevalecem na burocracia tendem a propagar-se, sobretudo por meio da influência que os funcionários públicos exercem sobre a legislação e as novas instituições que servem às necessidades dos assalariados. Em muitos países europeus, a burocracia dos novos serviços sociais, em particular, tornou-se um fator político muito importante, ao mesmo tempo instrumento e criador de uma nova concepção da necessidade e do mérito, a cujos padrões está cada vez mais sujeita a vida das pessoas.

5. A existência de múltiplas oportunidades de emprego depende, em última instância, da existência de indivíduos independentes que possam tomar a iniciativa no processo contínuo de reformar e redirecionar as organizações. À primeira vista, a multiplicidade de oportunidades também poderia ser providenciada por numerosas

## A CONSTITUIÇÃO DA LIBERDADE

corporações dirigidas por gestores assalariados e detidas por muitos acionistas, sendo, portanto, supérfluos os grandes proprietários. Mas, embora corporações desse tipo possam ser adequadas para as indústrias já instaladas, é muito pouco provável que as condições de competitividade possam ser mantidas ou que a estagnação de toda a estrutura empresarial possa ser prevenida sem a criação de novas organizações para novos empreendimentos, em que o indivíduo proprietário capaz de correr riscos continua a ser insubstituível. E essa superioridade das decisões individuais sobre as decisões coletivas não se limita aos novos empreendimentos. Por muito adequada que seja a sabedoria coletiva de um conselho de administração na maioria dos casos, o sucesso até de grandes empresas bem instaladas deve-se muitas vezes a um único indivíduo que alcançou posição de independência e influência graças ao controle de grandes recursos. Ainda que a instituição da corporação possa ter obscurecido a simples distinção entre proprietário-diretor e empregado, todo sistema de empresas individuais, que oferece tanto aos empregados como aos consumidores alternativas suficientes para impedir que cada organização exerça poder coercivo, pressupõe a propriedade privada e a decisão individual no que diz respeito à utilização dos recursos.[6]

6. No entanto, a importância do grande proprietário privado reside não apenas no fato de a sua existência ser uma condição essencial para a preservação da estrutura empresarial competitiva. O indivíduo de recursos independentes é uma figura ainda mais importante numa sociedade livre quando não está ocupado usando o seu capital na busca do proveito material, mas utiliza esse capital a serviço de objetivos que não trazem retorno material. Na sociedade civilizada atual, o indivíduo com recursos independentes tem um papel mais indispensável no apoio a objetivos que o mecanismo do mercado não pode atender do que na preservação do mercado.[7]

Embora o mecanismo do mercado seja o método mais eficaz de garantir os serviços aos quais se pode atribuir um valor, existem outros serviços de grande importância que o mercado não pode providenciar porque não podem ser vendidos ao beneficiário individual. Com frequência, os economistas pretendem nos fazer crer que só tem utilidade aquilo que o público pode pagar, ou mencionaram as exceções apenas como argumento para a intervenção do Estado em áreas onde o mercado não forneceu o que era desejado. No entanto, embora as limitações do mercado forneçam um argumento legítimo para alguns tipos de ação governamental, não justificam de modo algum o argumento de que só o Estado deve fornecer esses serviços. O próprio reconhecimento de que existem necessidades que o mercado não satisfaz deveria

## 8. EMPREGO E INDEPENDÊNCIA

tornar claro que o governo não deve ser o único agente capaz de fornecer serviços que não dão lucro, que não deve haver aqui monopólio, mas o maior número possível de centros independentes capazes de satisfazer essas necessidades.

A liderança de indivíduos ou grupos que podem apoiar financeiramente suas crenças é particularmente essencial no campo da cultura, nas belas-artes, na educação e na pesquisa, na preservação da beleza natural e dos tesouros históricos, e, acima de tudo, na divulgação de novas ideias políticas, morais e religiosas. Para que as opiniões minoritárias tenham a chance de se tornar maioritárias, é necessário não só que os indivíduos que já são altamente estimados pela maioria possam ter iniciativa, mas também que os representantes de todas as opiniões e gostos divergentes estejam em posição de apoiar, com os seus meios e a sua energia, ideais que ainda não são partilhados pela maioria.

Se não conhecêssemos uma maneira melhor de contar com esse tipo de grupos, haveria uma boa justificativa para escolher ao acaso um em cada cem ou mil indivíduos de toda a população e dotá-lo de fortuna suficiente para poder perseguir os objetivos que escolhesse. Desde que a maioria dos gostos e das opiniões fossem representados e que todos os tipos de interesses tivessem a sua oportunidade, isso poderia valer a pena, ainda que, dessa fração da população, apenas um em cem ou em mil aproveitasse a oportunidade de maneira que, em retrospectiva, fosse considerada benéfica. A seleção proporcionada pela herança dos pais, que, na nossa sociedade, produz efetivamente essa situação, tem pelo menos a vantagem (ainda que não levemos em conta a probabilidade da transmissão do talento por herança) de aqueles que receberem a oportunidade especial terem sido geralmente educados para isso, num ambiente no qual os benefícios materiais da riqueza se tornaram familiares e, por isso, deixaram de ser a principal fonte de satisfação. Os prazeres mais grosseiros com que os novos-ricos normalmente se satisfazem não atraem aqueles que herdaram riqueza. Se é válido afirmar que o processo de ascensão social deve, por vezes, estender-se por várias gerações, e se admitirmos que algumas pessoas deveriam dedicar seu tempo e esforço não ao seu sustento, mas aos fins que escolheram, então não podemos negar que a herança é, provavelmente, a melhor forma de seleção que conhecemos.

A esse respeito, a questão muitas vezes menosprezada é que a ação por acordo coletivo está limitada aos casos em que os esforços anteriores já criaram uma atitude comum, em que a opinião acerca do que é desejável já está fixada e em que o problema é o de escolher entre possibilidades já geralmente reconhecidas, e não o da descoberta de novas possibilidades. No entanto, a opinião pública não pode decidir em que direção devem ser feitos os esforços para despertar a própria opinião pública, e nem o governo nem outros grupos organizados devem ter o poder exclusivo de fazê--lo. Os esforços organizados devem ser desenvolvidos por poucos indivíduos que detêm os recursos necessários ou que contam com o apoio daqueles que os possuem; sem esses indivíduos, aquelas que são agora as opiniões de uma pequena minoria podem nunca vir a ser adotadas pela maioria. A fraca liderança que se espera da maioria revela-se no apoio inadequado às artes sempre que essa maioria substitui o patrono rico. E isso é ainda mais válido em relação aos movimentos filantrópicos ou idealistas responsáveis pela mudança dos valores da maioria.

Não podemos lembrar aqui da longa história de todas as boas causas que só foram reconhecidas depois de alguns pioneiros solitários terem dedicado sua vida e fortuna a despertar a consciência pública, das suas longas campanhas até terem conquistado apoio para a abolição da escravatura, para a reforma penal e prisional, para a prevenção da crueldade contra as crianças ou os animais ou para um tratamento mais humano dos doentes mentais. Durante muito tempo, essas foram as causas de alguns idealistas que lutaram para mudar a opinião da maioria esmagadora em relação a certas práticas estabelecidas.

7. Contudo, o sucesso dessa tarefa só é possível quando a comunidade como um todo não a considera uma tarefa singular de indivíduos que possuem riqueza para usá-la de forma lucrativa e para aumentá-la, e quando a classe rica não consiste apenas em indivíduos que se preocupam sobretudo com o emprego materialmente produtivo dos seus recursos. Em outras palavras, deve haver tolerância em relação à existência de um grupo de ricos ociosos — ociosos não no sentido de nada fazerem de útil, mas de os seus objetivos não serem totalmente regidos por considerações de ganho material. O fato de a maioria das pessoas ter de ganhar seu sustento não torna menos desejável que algumas não tenham de fazê-lo, que alguns indivíduos possam perseguir objetivos que os outros não apreciam. Seria certamente ofensivo se, por essa razão, a riqueza fosse arbitrariamente retirada de alguns e dada a outros. Também não teria sentido se fosse a maioria que concedesse o privilégio, pois escolheria indivíduos com cujos objetivos já concorda. Isso criaria apenas outra forma de emprego ou outra forma de recompensa pelo mérito reconhecido, mas não uma oportunidade para perseguir objetivos que ainda não foram geralmente aceitos como desejáveis.

Tenho a maior admiração pela tradição moral que reprova a ociosidade quando esta significa falta de ocupação útil. No entanto, não precisar trabalhar para ter rendimentos não significa necessariamente ociosidade; também não há motivos para

## 8. EMPREGO E INDEPENDÊNCIA

pensar que uma ocupação que não traz retornos materiais não deva ser considerada honrosa. O fato de a maioria das nossas necessidades poder ser satisfeita pelo mercado e de este, ao mesmo tempo, dar à maioria dos indivíduos a oportunidade de ganhar a vida não deve significar que ninguém pode dedicar toda a sua energia a objetivos que não produzem retornos financeiros ou que só a maioria ou os grupos organizados podem perseguir esses fins. O fato de apenas alguns poderem ter essa oportunidade não significa que seja menos desejável que a devam ter.

É duvidoso que uma classe rica cujo caráter exija que pelo menos todos os seus membros masculinos provem sua utilidade ganhando mais dinheiro possa, assim, justificar sua existência. Por muito importante que o proprietário independente seja para a ordem econômica de uma sociedade livre, sua importância é talvez ainda maior nos campos do pensamento e da opinião, dos gostos e das crenças. Existe um defeito sério numa sociedade em que todos os líderes intelectuais, morais e artísticos pertencem à classe assalariada, sobretudo se a maioria for constituída por funcionários públicos. No entanto, em toda parte, estamos caminhando nesse sentido. Embora o escritor e o artista independente, bem como as profissões do direito e da medicina, ainda contem com alguns líderes de opinião, a grande maioria dos que deveriam providenciar essa liderança — os formados em ciências e humanidades — está hoje, em muitos países, na condição de assalariados ou de funcionários públicos.[8] Houve, a esse respeito, uma grande mudança desde o século XIX, quando aristocratas intelectuais como Darwin[9], Macaullay, Grote, Lubbock, Motley, Henry Adams, Tocqueville e Schliemann eram figuras públicas de grande influência e quando até um crítico tão heterodoxo da sociedade como Karl Marx podia encontrar um patrono rico que lhe permitia dedicar a vida à elaboração e difusão de doutrinas que a maioria dos seus contemporâneos detestava.[10]

O desaparecimento quase total dessa classe — e a sua ausência na maior parte dos Estados Unidos — produziu uma situação em que a classe proprietária, agora quase exclusivamente um grupo de empresários, não tem uma liderança intelectual nem uma filosofia de vida coerente e defensável. Uma classe abastada e que não tenha de trabalhar para ganhar a vida conterá uma proporção importante de intelectuais e estadistas, figuras literárias e artistas. O relacionamento com esses indivíduos que partilhavam do mesmo estilo de vida permitiu que, no passado, os homens de negócios abastados pudessem participar no movimento de ideias e nos debates que formaram a opinião. Para o observador europeu, que não pode deixar de se espantar com a aparente impotência daquilo que, na América, ainda é por vezes visto como a classe dominante, isso se deve sobretudo ao fato de as suas tradições terem

A CONSTITUIÇÃO DA LIBERDADE

impedido o crescimento, no seio dessa classe, de um grupo que não vive do trabalho, de um grupo que usa a independência proporcionada pela riqueza para fins que não os vulgarmente chamados econômicos. No entanto, essa falta de uma elite cultural no meio da classe de proprietários também é agora visível na Europa, onde os efeitos combinados da inflação e da tributação fiscal destruíram grande parte desse grupo e impediram a ascensão de uma nova elite cultural.

8. É inegável que um grupo de indivíduos que não precisam trabalhar produzirá uma proporção muito maior de *bons-vivants* do que de estudiosos e funcionários públicos, e que chocarão a consciência pública com o desperdício das suas riquezas. Mas esse desperdício constitui sempre o preço da liberdade; e seria difícil defender que o padrão pelo qual o consumo dos ricos mais ociosos é considerado um desperdício e criticável seja realmente diferente daquele pelo qual o consumo das massas americanas é considerado um desperdício pelos camponeses egípcios ou pelos trabalhadores braçais chineses. Em termos quantitativos, os desperdícios com os entretenimentos dos ricos são, de fato, insignificantes comparados aos desperdícios causados pelos entretenimentos similares e igualmente "desnecessários" das massas[11], que desviam muito mais recursos de fins que podem ser mais importantes segundo certos padrões éticos. É o caráter chamativo e pouco normal do desperdício na vida dos ricos ociosos que o faz parecer tão especialmente condenável.

Também é verdade que, embora os gastos extravagantes de alguns indivíduos possam causar repugnância a outras pessoas, não se pode ter a certeza de que, em determinadas circunstâncias, até a experiência de vida mais absurda não produza resultados geralmente benéficos. Não deve surpreender que a vida num novo nível de possibilidades conduza, de início, a uma grande ostentação despropositada. No entanto — ainda que possa parecer ridículo —, não tenho dúvidas de que até a fruição do lazer precisa de certo pioneirismo e que devemos muitas das novas formas de vida a pessoas que dedicaram todo o seu tempo à arte de viver[12], e que muitos dos jogos e equipamentos desportivos que, mais tarde, se tornaram instrumentos de recreação para as massas foram inventados por *playboys*.

Nossa avaliação da utilidade de diferentes atividades foi curiosamente distorcida pela ubiquidade do padrão pecuniário. Com uma frequência surpreendente, as pessoas que mais se queixam do materialismo da nossa civilização são as mesmas que não admitem outro padrão de utilidade de qualquer serviço que não a disposição de se pagar por ele. No entanto, será realmente tão óbvio que o jogador profissional de tênis ou de golfe seja um membro da sociedade mais útil do que os amadores

## 8. EMPREGO E INDEPENDÊNCIA

ricos que dedicam seu tempo a aperfeiçoar esses jogos? Ou que o curador assalariado de um museu público seja mais útil do que um colecionador privado? Antes que o leitor responda precipitadamente a essas questões, peço-lhe que pense se haveria profissionais de golfe ou de tênis ou curadores de museu se não tivessem sido precedidos por amadores ricos. Não podemos esperar que surjam outros novos interesses das experiências daqueles que a essas podem se dedicar durante o período breve de uma vida humana? É muito natural que o desenvolvimento da arte de viver e dos valores não materialistas tenha se beneficiado muito das atividades daqueles que não tinham preocupações materiais.[13]

Uma das grandes tragédias da nossa época é o fato de as massas terem acreditado que alcançaram seu alto nível de bem-estar material por terem derrubado os ricos e temerem que a preservação ou o reaparecimento dessa classe os privaria de alguma coisa que poderiam ter e a que julgam ter direito. Vimos que, numa sociedade progressista, não há motivos para acreditar que a riqueza de que alguns desfrutam existiria se não pudessem desfrutar dela. A riqueza não foi retirada nem negada às massas. É o primeiro sinal de um novo modo de vida iniciado pela vanguarda. É verdade que aqueles que têm o privilégio de mostrar possibilidades de que só os filhos ou netos de outros desfrutarão não são geralmente os indivíduos mais merecedores, mas apenas os que a sorte colocou nessa posição invejada. Mas esse fato é inseparável do processo de evolução, que vai sempre mais além do que qualquer indivíduo ou grupo pode prever. Ao impedirmos que alguns gozem primeiro de certas vantagens, podemos estar impedindo que o restante das pessoas possa desfrutar delas. Se, por causa da inveja, impossibilitarmos alguns modos de vida excepcionais, acabaremos por sofrer um empobrecimento material e espiritual. Do mesmo modo, não podemos eliminar as manifestações desagradáveis do sucesso individual sem, ao mesmo tempo, destruir as forças que possibilitam o progresso. Podemos desprezar a ostentação, o mau gosto e o desperdício de muitos novos-ricos, mas reconhecemos que, se eliminarmos tudo aquilo de que não gostamos, estaremos eliminando provavelmente mais benefícios imprevistos do que coisas ruins. Um mundo no qual a maioria pudesse impedir o aparecimento de tudo aquilo que lhe desagrada seria um mundo estagnado e, talvez, decadente.

## PARTE II

# A liberdade e a lei

*No início, uma vez aprovado um tipo de governo, talvez nada mais fosse pensado acerca da forma de governar, e tudo era deixado à sabedoria e à discrição dos que iriam governar; até que, pela experiência, perceberam que tudo isso era muito inconveniente, pois aquilo que julgavam ser um remédio não mais fazia do que agravar a doença que deveria ter curado. Perceberam que viver submetidos à vontade de um homem se tornara a causa da miséria de todos. Isso os obrigou a procurar leis pelas quais todos os homens poderiam perceber de antemão os seus deveres e conhecer as penas devidas pela sua violação.*

RICHARD HOOKER

# 9. A coerção e o Estado

*É uma servidão absoluta ter de prestar um serviço incerto e indeterminado, quando não se sabe à noite o serviço que deve ser prestado de manhã, ou seja, quando uma pessoa está obrigada a fazer tudo o que lhe é ordenado.*

HENRY DE BRACTON

1. No início deste livro, definimos provisoriamente a liberdade como ausência de coerção. No entanto, a coerção é um conceito tão complexo como a liberdade, e exatamente pela mesma razão: não distinguimos claramente entre o que os outros nos fazem e os efeitos que as circunstâncias físicas exercem sobre nós. De fato, há dois termos diferentes que providenciam a distinção necessária: enquanto podemos dizer legitimamente que fomos levados pelas circunstâncias a agir de determinada maneira, pressupomos um agente humano quando dizemos que fomos coagidos.

A coerção ocorre quando as ações de um indivíduo são colocadas a serviço da vontade de outro indivíduo, para alcançar não seus próprios objetivos, mas os objetivos do outro. Não que o coagido não tenha outra escolha; nesse caso, não se poderia falar da sua "ação". Se a minha mão for guiada por força física a fazer a minha assinatura ou se o meu dedo for pressionado contra o gatilho de uma arma, não agi. Essa violência, que faz do meu corpo o instrumento físico de outrem, é obviamente tão ruim quanto a própria coerção e, pela mesma razão, deve ser impedida. No entanto, a coerção implica ainda uma escolha, mas minha mente passa a ser o instrumento de outrem, pois as alternativas que tenho foram de tal maneira manipuladas que a conduta que aquele que me coage deseja que eu adote se torna para mim a menos penosa.[1] Apesar de coagido, ainda sou eu quem decide, dadas as circunstâncias, qual o mal menor.[2]

O conceito de coerção não inclui, obviamente, todas as influências que o homem pode exercer na ação de outros. Sequer inclui todos os casos em que uma

## 9. A COERÇÃO E O ESTADO

pessoa age ou ameaça agir de uma forma que sabe que vai prejudicar outra pessoa e que a levará a mudar de intenções. O indivíduo que bloqueia meu caminho na rua e que me obriga a desviar, a pessoa que levou da biblioteca o livro que eu queria ou alguém que me faz sair de um lugar por causa do barulho que está fazendo não estão propriamente me coagindo. Coerção implica tanto a ameaça de infligir danos como a intenção de, por esse meio, provocar certa conduta.

Embora o indivíduo coagido ainda tenha escolhas, suas alternativas são determinadas pela pessoa que o coage, de maneira que ele acaba escolhendo o que essa quiser. O indivíduo coagido não é totalmente privado do uso das suas capacidades, mas é privado da possibilidade de usar seu conhecimento para seus próprios fins. O uso eficaz da inteligência e do conhecimento de uma pessoa na busca dos seus fins requer que se possa prever algumas das condições do seu ambiente e aderir a um plano de ação. A maioria dos objetivos humanos só pode ser alcançada por uma cadeia de ações interligadas, decididas com base num todo coerente e no pressuposto de que os fatos sejam aquilo que se idealizou. Só podemos alcançar algo porque — e uma vez que — podemos prever acontecimentos ou, pelo menos, conhecer as suas probabilidades. E embora as circunstâncias físicas possam ser muitas vezes imprevisíveis, não frustrarão intencionalmente nossos objetivos. No entanto, se os fatos que determinam nossos planos estiverem sob o controle de outrem, nossas ações serão igualmente controladas.

Portanto, a coerção é danosa porque impede um indivíduo de utilizar plenamente sua capacidade mental e, consequentemente, de dar a maior contribuição possível para a comunidade. Embora o coagido ainda tente fazer o melhor possível para si mesmo em dado momento, o único desígnio geral das suas ações pertence a outrem.

2. Os filósofos políticos têm estudado mais o poder do que a coerção porque, normalmente, o poder político significa poder de coagir.[3] No entanto, embora grandes pensadores, de John Milton e Edmund Burke a Lord Acton e Jakob Burckhardt, que representaram o poder como o maior de todos os males[4] estivessem certos nas suas concepções, seria equivocado falar simplesmente de poder nessa acepção. Não é o poder enquanto tal — a capacidade de alcançar aquilo que se pretende — que é mau, mas apenas o poder de coagir, de obrigar outro indivíduo a servir a nossa vontade por meio da ameaça de lhe causar danos. Não há um mal intrínseco no poder exercido pelo diretor de uma grande empresa, à qual os indivíduos se uniram deliberadamente por sua própria vontade e para alcançar seus próprios objetivos. Faz parte do vigor

A CONSTITUIÇÃO DA LIBERDADE

da sociedade civilizada que, graças a essa combinação voluntária de esforços sob uma direção única, os indivíduos possam aumentar muito o seu poder coletivo.

Não é o poder no sentido de uma ampliação das nossas capacidades que corrompe, mas, sim, a sujeição de outras vontades humanas à nossa, o uso de outros indivíduos, contra a sua vontade, para alcançar os nossos objetivos. É verdade que, nas relações humanas, poder e coerção estão muito próximos, que os grandes poderes detidos por alguns podem permitir que coajam outros, salvo se esses poderes forem moderados por um poder ainda maior; mas a coerção não é uma consequência do poder tão necessária nem tão comum como geralmente se pensa. Os poderes de um Henry Ford, da Comissão da Energia Atômica, do general do Exército de Salvação ou do presidente dos Estados Unidos (pelo menos até recentemente) não são poderes para coagir os indivíduos a servirem a seus objetivos.

Seria menos enganador se, por vezes, os termos "força" e "violência" fossem usados em vez de "coerção", uma vez que a ameaça de força ou de violência é a forma mais importante de coerção. Mas não são sinônimos de coerção, pois a ameaça de força física não é a única maneira de exercer coerção. Do mesmo modo, o termo "opressão", talvez tão oposto à liberdade como a coerção, deve se referir apenas a uma situação de atos contínuos de coerção.

3. A coerção deve ser cuidadosamente distinguida das condições ou dos termos em que os nossos concidadãos estão dispostos a nos prestar serviços ou benefícios específicos. Só em circunstâncias muito excepcionais o controle de um serviço ou recurso essencial pode conferir a uma pessoa o poder de verdadeira coerção. A vida em sociedade significa necessariamente que, para a satisfação da maioria das nossas necessidades, dependemos dos serviços de alguns dos nossos concidadãos; numa sociedade livre, esses serviços mútuos são voluntários, e cada pessoa pode determinar a quem deseja prestá-los e em que condições. Os benefícios e as oportunidades que os nossos concidadãos nos oferecem só estarão disponíveis se satisfizermos as suas condições.

O mesmo é válido tanto para as relações sociais como para as econômicas. Se uma pessoa só me convida para as suas festas se eu obedecer a certas regras de conduta e de vestuário, ou se o meu vizinho só conversa comigo se eu observar normas convencionais de comportamento, isso não é certamente coerção. Também não se pode dizer legitimamente que seja coerção se um produtor ou um vendedor se recusar a fornecer o que quero se eu não lhe pagar o que me pede. O que se aplica, certamente, a um mercado concorrencial, onde posso procurar outro fornecedor se as condições do primeiro não me servirem; aplica-se também no caso de um

## 9. A COERÇÃO E O ESTADO

monopólio. Se, por exemplo, eu desejasse muito ser retratado por um artista famoso e ele recusasse fazê-lo a menos que eu lhe pagasse uma quantia muito elevada, seria claramente absurdo dizer que estou sendo coagido. O mesmo vale para qualquer produto ou serviço não necessário à minha vida. Uma vez que os serviços de um indivíduo não são essenciais para a minha existência ou para a preservação daquilo que mais valorizo, as condições que são impostas para prestar esses serviços não podem ser chamadas "coerção".

Um monopolista, porém, poderia exercer verdadeira coerção se, por exemplo, fosse o proprietário de uma nascente num oásis. Imaginemos que outras pessoas haviam se instalado ali partindo do pressuposto de que a água estaria sempre disponível a um preço razoável e, depois, descobriam, talvez porque uma segunda nascente tenha secado, que não tinham alternativa para sobreviver senão aceitar todas as imposições do dono da nascente: isso seria um caso claro de coerção. Seria possível imaginar mais alguns casos em que um monopolista poderia controlar um bem essencial do qual as pessoas estariam totalmente dependentes. No entanto, a menos que o monopolista esteja em posição de negar aos outros um bem indispensável, não pode exercer coerção, por muito desagradáveis que possam ser suas exigências para aqueles que dependem dos seus serviços.

Tendo em vista o que diremos mais adiante sobre os métodos adequados para restringir o poder coercivo do Estado, vale a pena observar que, sempre que existe o perigo de um monopolista adquirir poder coercivo, o método mais apropriado e eficaz de impedi-lo consiste, talvez, em exigir que ele trate todos os clientes da mesma maneira, ou seja, insistir para que os seus preços sejam iguais para todos e proibir qualquer discriminação da sua parte. Esse é o mesmo princípio pelo qual aprendemos a restringir o poder coercivo do Estado.

Normalmente, o empregador pode exercer tão pouca coerção quanto o fornecedor de algum bem ou serviço. Se eliminar somente uma oportunidade de trabalho entre muitas, ou não puder fazer mais do que deixar de pagar a certas pessoas que não poderão ganhar o mesmo em outro lugar, não pode coagir, ainda que possa causar sofrimento. Não se pode negar que há ocasiões em que a situação do emprego cria oportunidades de verdadeira coerção. Em períodos de alto desemprego, a ameaça de ser despedido pode ser usada para impor tarefas que não eram as originalmente contratadas. E, em condições como as de uma cidade mineira, o administrador pode exercer uma tirania totalmente arbitrária e caprichosa sobre um indivíduo com quem não simpatize. No entanto, essas condições, embora não impossíveis, seriam, quando muito, exceções raras numa sociedade competitiva e próspera.

## A CONSTITUIÇÃO DA LIBERDADE

Um monopólio total do emprego, como o que existiria num Estado socialista no qual o governo fosse o único empregador e proprietário de todos os instrumentos de produção, deteria poderes ilimitados de coerção. Como Liev Trótski concluiu: "Num país em que o único empregador é o Estado, a oposição significa uma morte lenta de fome. O velho princípio 'quem não trabalha, não come' foi substituído por um novo: 'quem não obedece, não come'".[5]

À exceção dos casos de monopólio de um serviço essencial, o mero poder de negar um benefício não produz coerção. O uso desse poder por outro pode, de fato, alterar a paisagem social à qual adaptei meus planos e revelar ser necessário reconsiderar todas as minhas decisões, talvez até alterar todo o meu esquema de vida e fazer me preocupar com muitas coisas que eu tomava como certas. No entanto, ainda que as alternativas sejam muito poucas e incertas, e meus planos, improvisados, não será a vontade de outro que orientará as minhas ações. Poderei ter de agir sob grande pressão, mas não se pode dizer que sob coerção. Mesmo que eu e talvez a minha família sejamos ameaçados de morrer de fome e que isso me leve a aceitar um trabalho detestável e muito mal pago, mesmo que eu esteja "à mercê" do único indivíduo disposto a me contratar, não sou coagido por ele nem por mais ninguém. Desde que o ato que me colocou numa situação difícil não visasse a me obrigar a fazer ou a não fazer determinadas coisas, desde que a intenção do ato que me prejudica não fosse me obrigar a servir aos fins de outrem, seu efeito na minha liberdade não é diferente do efeito de uma calamidade natural — um incêndio ou uma inundação que destrua a minha casa ou um acidente que prejudique minha saúde.

4. A verdadeira coerção ocorre quando grupos armados de conquistadores obrigam o povo submetido a trabalhar para eles, quando o crime organizado extorque uma taxa de "proteção", quando um indivíduo que conhece um segredo obscuro chantageia a sua vítima e, obviamente, quando o Estado ameaça infligir castigos e emprega a violência física para nos obrigar a obedecer às suas ordens. Há muitos graus de coerção, desde o caso extremo do domínio de um senhor sobre o escravo ou do tirano sobre o súdito, em que o poder ilimitado de punição equivale à submissão total à vontade do senhor, até o caso da mera ameaça de infligir um mal ao qual o ameaçado preferiria praticamente qualquer alternativa.

O sucesso da tentativa de coerção depende em grande medida da força interior de quem é coagido: a ameaça de morte pode ter menos poder de coagir um indivíduo do que a ameaça de alguma inconveniência menor para outro. No entanto, embora possamos ter pena de uma pessoa fraca ou muito sensível, que um simples franzir de

## 9. A COERÇÃO E O ESTADO

sobrancelha pode "obrigar" a fazer aquilo que ela de outro modo não faria, preocupamo-nos com a coerção que pode afetar a pessoa normal. Ainda que essa coerção costume ser alguma ameaça de dano físico a essa pessoa ou aos seus entes queridos, ou até aos seus bens mais valiosos, não tem de consistir em qualquer uso de força ou violência. Pode-se frustrar toda a ação espontânea de um indivíduo colocando no seu caminho uma variedade infinita de pequenos obstáculos: o estelionato e a malícia podem ser usados para coagir os indivíduos fisicamente mais fortes. Não é impossível que um grupo de jovens astutos consiga expulsar da cidade uma pessoa pouco popular.

De certa forma, todas as relações entre pessoas, quer estejam ligadas por afeição, necessidade econômica ou circunstâncias físicas (como num navio ou numa expedição), fornecem oportunidades para exercer coerção. As condições de serviço doméstico pessoal, tal como as relações mais íntimas, oferecem certamente oportunidades de um tipo particularmente opressivo de coerção e, por conseguinte, são sentidas como restrições à liberdade pessoal. E um marido rabugento, uma esposa mal-humorada ou uma mãe histérica podem tornar a vida intolerável se todas as suas vontades não forem satisfeitas. Mas, nesse caso, a sociedade pouco pode fazer para proteger o indivíduo além de determinar que essas associações de pessoas sejam realmente voluntárias. Qualquer tentativa de regulamentar ainda mais essas relações íntimas implicaria claramente restrições tão grandes à escolha e ao comportamento que produziriam ainda mais coerção: para que as pessoas sejam livres de escolher os seus associados e parceiros íntimos, a coerção decorrente dessas associações voluntárias não deve dizer respeito ao governo.

O leitor pode achar que dedicamos mais espaço do que o necessário à distinção entre aquilo a que podemos ou não chamar legitimamente "coerção", e entre as formas mais graves de coerção, que devemos prevenir, e as formas menores, que não devem dizer respeito à autoridade. No entanto, tal como no caso da liberdade, a extensão gradual do conceito quase retirou seu valor. A liberdade pode ser definida de tal maneira que se torna inacessível. Do mesmo modo, a coerção pode ser definida de tal maneira que se torna um fenômeno onipresente e inevitável.[6] Não é possível impedir todos os males que uma pessoa pode infligir a outra, nem todas as formas mais brandas de coerção a que somos expostos no contato mais próximo com as outras pessoas. Mas isso não significa que não devamos tentar impedir todas as formas mais graves de coerção, ou que não devamos definir a liberdade como ausência desse tipo de coerção.

5. Dado que a coerção é o controle dos elementos essenciais da ação de um indivíduo por outro, só pode ser impedida garantindo ao indivíduo uma esfera privada na qual

# A CONSTITUIÇÃO DA LIBERDADE

ele esteja protegido dessa interferência. A garantia de que certos fatos não serão determinados por outrem só lhe será dada por alguma autoridade que tenha o poder necessário para tal. É aqui que a coerção de um indivíduo por outro só pode ser impedida pela ameaça de coerção.

A existência dessa esfera livre garantida nos parece uma condição tão normal da vida que somos tentados a definir "coerção" com termos como "interferência com expectativas legítimas" ou "violação de direitos" ou "interferência arbitrária".[7] No entanto, ao definirmos a coerção, não podemos tomar como certas as medidas que visam a impedi-la. A "legitimidade" das expectativas de uma pessoa ou os "direitos" do indivíduo resultam do reconhecimento dessa esfera privada. A coerção não só existiria como também seria muito mais comum se não houvesse essa esfera privada. Um conceito como "interferência arbitrária" só terá uma definição precisa numa sociedade que já tenha tentado impedir a coerção com algum tipo de demarcação de uma esfera privada protegida.

No entanto, para que o reconhecimento dessas esferas individuais não se torne um instrumento de coerção, seu alcance e conteúdo não devem ser determinados pela concessão deliberada de certas coisas a certos indivíduos. Se o conteúdo da esfera privada de um indivíduo fosse determinado pela vontade de um homem ou de um grupo, isso simplesmente transferiria o poder de coerção para essa vontade. Também não seria desejável que os conteúdos específicos da esfera privada de um indivíduo fossem fixados de uma vez por todas. Para que as pessoas possam utilizar melhor os seus conhecimentos e as suas capacidades, é desejável que elas próprias tenham voz na determinação daquilo que será incluído nas suas esferas pessoais protegidas.

A solução que os homens encontraram para esse problema se baseia no reconhecimento das normas gerais que regem as condições segundo as quais os objetos ou as circunstâncias se tornam parte da esfera protegida de uma pessoa ou de um grupo de pessoas. A admissão dessas normas permite que cada membro de uma sociedade determine os conteúdos da sua esfera protegida e que todos os membros reconheçam aquilo que pertence ou não às suas esferas.

Não devemos pensar nessas esferas como consistindo exclusivamente, ou sobretudo, em coisas materiais. Embora a divisão dos objetos materiais do nosso meio entre o que é nosso e o que é de outrem seja o principal objetivo das regras que delimitam as esferas, também nos garante muitos outros "direitos", como a segurança quanto ao uso de certas coisas ou a simples proteção contra a interferência nas nossas ações.

## 9. A COERÇÃO E O ESTADO

6. O reconhecimento da propriedade privada ou por cotas[8] é, portanto, uma condição essencial para a prevenção da coerção, mas não é a única. Raramente estamos em posição de pôr em prática um plano de ação coerente se não estivermos certos do nosso controle exclusivo de alguns objetos materiais; e, quando não os controlamos, temos de saber quem os controla para podermos colaborar com as pessoas. O reconhecimento da propriedade é claramente o primeiro passo na delimitação da esfera privada que nos protege da coerção; e há muito que se reconhece que "um povo avesso à instituição da propriedade privada está desprovido do primeiro elemento da liberdade"[9] e que "ninguém pode atacar a propriedade privada e, ao mesmo tempo, afirmar que preza a civilização. A história das duas não pode ser dissociada".[10] A antropologia moderna confirma que "a propriedade privada surge de forma muito clara nos níveis primitivos" e que "as raízes da propriedade como princípio jurídico que determina as relações físicas entre o homem e o seu meio ambiente, natural e artificial, são o pré-requisito de qualquer ação ordenada no sentido cultural".[11]

Na sociedade moderna, porém, o requisito essencial para a proteção do indivíduo contra a coerção não é a posse de propriedade, mas, sim, o fato de os meios materiais que lhe permitem perseguir qualquer plano de ação não estarem todos sob o controle exclusivo de outro agente. Uma das conquistas da sociedade moderna é a possibilidade de o indivíduo poder desfrutar da liberdade sem deter qualquer propriedade (além dos bens pessoais como as roupas — e até estes podem ser alugados)[12] e de confiar a outros a administração dos bens que servem às suas necessidades. O ponto importante é que a propriedade deve estar suficientemente dispersa a fim de que o indivíduo não dependa de certas pessoas para satisfazer suas necessidades ou para empregá-lo.

A possibilidade de a propriedade de outras pessoas poder ser útil na busca dos nossos objetivos deve-se sobretudo à obrigação legal do cumprimento dos contratos. A rede de direitos criada pelos contratos é uma parte da nossa esfera protegida, na qual baseamos os nossos planos, tão importante quanto qualquer propriedade que detenhamos. A condição essencial para a colaboração mutuamente benéfica entre pessoas, baseada no consentimento voluntário e não na coerção, é a existência de muitas pessoas que sirvam às nossas necessidades, a fim de que ninguém tenha de depender de certas pessoas a respeito das condições essenciais da vida ou da possibilidade de evolução em certa direção. A concorrência, possibilitada pela dispersão da propriedade, impede que os proprietários de certos bens tenham poderes coercivos.

Tendo em conta uma interpretação normalmente errônea de uma máxima famosa[13], devemos lembrar que não dependemos da vontade das pessoas de cujos

## A CONSTITUIÇÃO DA LIBERDADE

serviços necessitamos porque nos servem tendo em vista os seus próprios fins e estão normalmente pouco interessadas no uso que damos aos seus serviços. Estaríamos dependentes da vontade dos outros se estes só estivessem dispostos a nos vender seus produtos quando aprovassem os nossos fins, e não por seu próprio interesse. É em grande parte porque, nas transações econômicas cotidianas, somos meios impessoais para os nossos concidadãos, que nos auxiliam tendo em vista os seus próprios fins, que podemos contar com o auxílio de estranhos e usá-lo para qualquer fim que desejemos.[14]

As normas que regem a propriedade e os contratos são necessárias para delimitar a esfera privada do indivíduo sempre que os recursos ou serviços necessários para o prosseguimento dos seus fins sejam escassos e, por isso, tenham de estar sob o controle de terceiros. Contudo, embora isso seja válido para a maioria das vantagens que retiramos dos esforços dos indivíduos, não se aplica a todas. Há certos tipos de serviços, como o saneamento ou a construção de estradas, que, uma vez fornecidos, são normalmente suficientes para todos os que queiram utilizá-los. Há muito que se reconhece que o fornecimento desses serviços é um campo de ação pública, e o direito de usá-los é uma parte importante da esfera protegida do indivíduo. Basta lembrar do papel que o "acesso à Estrada Real" desempenhou na história para se perceber como esses direitos eram importantes para a liberdade individual.

Não podemos enumerar aqui todos os direitos ou interesses protegidos que asseguram ao cidadão uma esfera conhecida de ação livre. No entanto, dado que o homem moderno se tornou um tanto insensível a esse respeito, devemos dizer que o reconhecimento da esfera individual protegida inclui normalmente, em tempos de liberdade, o direito à privacidade e ao sigilo, a concepção de que a casa de uma pessoa é o seu castelo[15] e que ninguém tem sequer o direito de saber o que ocorre dentro dela.

7. As características das normas abstratas e gerais que evoluíram para limitar a coerção exercida por outros indivíduos e pelo Estado serão objeto de análise no próximo capítulo. Neste momento, abordaremos de uma forma geral a maneira como essa ameaça de coerção, que é o único meio pelo qual o Estado pode impedir a coerção que um indivíduo exerce sobre outro, pode ser destituída de grande parte do seu caráter nocivo e condenável.

Se se referir apenas a circunstâncias conhecidas que podem ser evitadas pelo objeto potencial de coerção, a ameaça de coerção tem um efeito muito diferente da coerção verdadeira e inevitável. A grande maioria das ameaças de coerção a que uma

## 9. A COERÇÃO E O ESTADO

sociedade livre deve recorrer é do tipo evitável. A maioria das normas que ela impõe, em particular o direito privado, não obriga os indivíduos privados (distintos dos funcionários públicos) a realizar ações específicas. As sanções da lei se destinam apenas a prevenir que uma pessoa pratique certos atos ou a obrigá-la a cumprir deveres voluntariamente assumidos.

Desde que eu saiba previamente que, se me colocar em certa posição, serei coagido, e desde que eu possa evitar me pôr nessa posição, nunca precisarei ser coagido. Pelo menos, uma vez que as normas relativas à coerção não visem a mim, mas sejam formuladas de maneira a serem aplicadas igualmente a todas as pessoas em circunstâncias semelhantes, não são diferentes de quaisquer obstáculos naturais que afetem os meus planos. Visto que me dizem o que acontecerá se eu fizer determinadas coisas, as leis do Estado têm, para mim, o mesmo significado que as leis da natureza; e, da mesma maneira que utilizo as leis da natureza, posso utilizar o conhecimento das leis do Estado para alcançar meus objetivos.

8. Obviamente, em certos casos, o Estado recorre à coerção para nos obrigar a realizar determinadas ações. Desses casos, os mais importantes são a tributação fiscal e os vários serviços obrigatórios, em especial nas Forças Armadas. Ainda que não sejam evitáveis, essas ações são pelo menos previsíveis e impostas independentemente de como, de outro modo, o indivíduo usaria as suas energias — o que as priva de grande parte da natureza nociva da coerção. Se a necessidade conhecida de pagar certa quantia em impostos se tornar a base de todos os meus planos, se um período de serviço militar constituir parte previsível da minha carreira, então posso seguir um plano geral de vida e ser tão independente da vontade de terceiros quanto possível na sociedade. Ainda que o serviço militar obrigatório, enquanto durar, envolva certamente uma coerção severa e que um alistamento permanente seja uma privação de liberdade, um período previsível de serviço militar restringe menos a possibilidade de um indivíduo planejar a própria vida do que, por exemplo, uma ameaça constante de prisão efetuada por um poder arbitrário para assegurar aquilo que vê como sendo o comportamento desejável.

A interferência do poder coercivo do Estado na nossa vida se mostra mais perturbadora quando não é evitável nem previsível. Quando a coerção é necessária mesmo numa sociedade livre, como quando somos convocados a servir num júri ou a agir como autoridades especiais, atenuamos os efeitos não permitindo que alguém tenha poder arbitrário de coerção. Ao contrário, a decisão acerca de quem deve servir é deixada a processos fortuitos, como o sorteio. Esses atos imprevisíveis de coerção,

A CONSTITUIÇÃO DA LIBERDADE

que decorrem de acontecimentos imprevisíveis, mas em conformidade com normas conhecidas, afetam nossa vida da mesma maneira que outros "atos de Deus", mas não nos sujeitam à vontade arbitrária de outra pessoa.

9. Será a prevenção da coerção a única justificativa para o uso da ameaça de coerção pelo Estado? É provável que possamos incluir todas as formas de violência na coerção ou, pelo menos, afirmar que uma prevenção efetiva da coerção significará a prevenção de todos os tipos de violência. No entanto, continua a existir outro tipo de ação nociva cuja prevenção é geralmente considerada desejável e que, à primeira vista, pode parecer distinta da coerção. Trata-se da fraude e do estelionato. Embora possa ser rebuscado chamar de "coerção", sua análise mostra que os motivos pelos quais queremos preveni-los são os mesmos que se aplicam à coerção. O estelionato, tal como a coerção, é uma forma de manipular informações de que o indivíduo depende para obrigá-lo a fazer o que o golpista deseja. Em caso de êxito, a pessoa enganada se torna também um mero instrumento involuntário a serviço dos fins do outro e não a serviço dos próprios objetivos. Embora não haja um termo que exprima o significado dos dois, tudo o que dissemos sobre a coerção se aplica igualmente à fraude e ao estelionato.

Com essa correção, parece que a liberdade exige apenas que a coerção e a violência, a fraude e o estelionato sejam prevenidos, excetuando o uso de coerção pelo Estado com o fim exclusivo de impor normas conhecidas que visam a assegurar as melhores condições para que os indivíduos realizem suas atividades de forma coerente e racional.

O problema do limite da coerção não é o mesmo relativo à função adequada do Estado. As atividades coercivas do Estado não são, de modo algum, suas únicas tarefas. É verdade que as atividades não coercivas ou de simples prestação de serviços realizadas pelo Estado são normalmente financiadas por meios coercivos. O Estado medieval, que financiava suas atividades principalmente com o rendimento das suas propriedades, talvez pudesse providenciar serviços sem recorrer à coerção. No entanto, nas circunstâncias atuais, parece pouco viável que o Estado providencie serviços, como a assistência aos deficientes e aos doentes ou a construção de estradas, sem recorrer aos seus poderes coercivos para financiá-los.

Não se espera que algum dia se chegue a uma unanimidade quanto à conveniência da extensão desses serviços e não é evidente que coagir os indivíduos a contribuírem para a prossecução de objetivos em que não estão interessados seja moralmente justificado. Até certo ponto, porém, a maioria das pessoas aceita fazer

## 9. A COERÇÃO E O ESTADO

essas contribuições, pressupondo que, em troca, se beneficiarão de contribuições similares de outros para a realização dos seus objetivos.

Fora do campo da tributação fiscal, é provavelmente desejável que aceitemos apenas a prevenção da coerção mais severa como justificativa para o uso da coerção pelo Estado. Esse critério talvez não possa ser aplicado a cada norma legal, mas apenas ao sistema jurídico como um todo. A proteção da propriedade privada como salvaguarda contra a coerção, por exemplo, pode exigir disposições especiais que servem individualmente não para reduzir a coerção, mas apenas para assegurar que a propriedade privada não impeça desnecessariamente ações que não prejudicam o proprietário. Mas toda a concepção de interferência ou não interferência do Estado se baseia no pressuposto de uma esfera privada delimitada por normas gerais impostas pelo Estado; e a verdadeira questão consiste em saber se o Estado deve limitar sua ação coerciva à imposição dessas normas ou ir além disso.

Várias tentativas foram feitas, nomeadamente por John Stuart Mill[16], para definir a esfera privada que deve estar imune à coerção em termos de uma distinção entre ações que afetam apenas a pessoa que age e as que também afetam outros. No entanto, como é impossível conceber que uma ação nunca afete outros, essa distinção não se revelou muito útil. A distinção só se torna importante quando se delimita a esfera protegida de cada indivíduo. O objetivo da delimitação não é a proteção dos indivíduos contra todas as ações de outros que lhes possam ser prejudiciais[17], mas apenas a proteção de certas informações acerca das suas ações em relação ao controle dessas por terceiros. Ao determinar onde devem ser traçados os limites da esfera privada, a questão importante é se as ações de outros indivíduos que desejamos que sejam evitadas podem realmente interferir nas expectativas razoáveis do indivíduo protegido.

Em particular, o prazer ou o sofrimento que podem ser causados pelo conhecimento das ações de outros indivíduos nunca devem ser vistos como uma causa legítima para a coerção. A imposição da conformidade religiosa, por exemplo, era uma função legítima do governo quando as pessoas acreditavam na responsabilidade coletiva da comunidade com alguma divindade e se pensava que os pecados de qualquer membro levariam à punição de todos. No entanto, quando as práticas privadas só afetam os agentes adultos, a mera desaprovação do comportamento de outrem, ou até o conhecimento de que outrem prejudica a si mesmo com as suas ações, não legitima o uso de coerção.[18]

Vimos que as oportunidades de conhecer novas possibilidades constantemente oferecidas pelo desenvolvimento da civilização fornecem um dos principais

# A CONSTITUIÇÃO DA LIBERDADE

argumentos a favor da liberdade; assim, a justificativa da liberdade não teria sentido se, por causa da inveja de outros[19] ou devido ao repúdio de atos que contrariam os seus hábitos de pensamento, devêssemos ser impedidos de desenvolver certas atividades. Embora se justifique a imposição de regras de conduta em locais públicos, o mero fato de uma ação ser desaprovada por alguns não pode constituir justificativa suficiente para que seja proibida.

De forma geral, isso significa que a moralidade da ação dentro da esfera privada não está sujeita ao controle coercivo exercido pelo Estado. Uma das características mais importantes que distingue uma sociedade livre de uma não livre é, talvez, o fato de, em questões de conduta que não afeta diretamente a esfera protegida de terceiros, as normas que são efetivamente observadas pela maioria das pessoas terem um caráter voluntário e não serem impostas por coerção. A experiência recente com regimes totalitários demonstrou bem a importância do princípio que afirma: "nunca identificar a causa dos valores morais com a causa do Estado".[20] De fato, é provável que mais males e misérias tenham sido causados por indivíduos determinados a usar a coerção para erradicar um mal moral do que por pessoas que tinham a intenção de fazer mal.

10. Contudo, o fato de a conduta na esfera privada não estar sujeita à ação coerciva pelo Estado não significa necessariamente que, numa sociedade livre, essa conduta esteja também isenta da pressão ou da desaprovação da opinião pública. Há um século, na atmosfera estritamente moral da época vitoriana, quando, ao mesmo tempo, a coerção do Estado era mínima, John Stuart Mill dirigiu o seu ataque mais forte contra essa "coerção moral".[21] Desse modo, é provável que ele tenha exagerado na defesa da liberdade. De qualquer maneira, talvez seja mais claro não representar a coerção como a pressão que a aprovação ou reprovação pública exerce para assegurar a obediência às normas e convenções morais.

Já vimos que a coerção é, em última instância, uma questão de grau, e que a coerção que o Estado deve prevenir e, ao mesmo tempo, usar como ameaça em prol da liberdade é a coerção nas suas formas mais severas — o tipo de coerção que, quando usada como ameaça, pode evitar que um indivíduo de força média persiga um objetivo que, para ele, é importante. Chamando ou não de coerção as formas mais brandas de pressão que a sociedade exerce sobre quem desobedece às normas, não há dúvida de que as normas e convenções morais com menor poder vinculativo do que a lei têm papel importante e até indispensável a desempenhar, e provavelmente contribuem tanto quanto as normas estritas da lei para facilitar a vida em sociedade.

## 9. A COERÇÃO E O ESTADO

Sabemos que serão observadas apenas pela maioria, e não de forma universal, mas esse conhecimento proporciona orientação e reduz a incerteza. Embora o respeito por essas normas não impeça que os indivíduos se comportem ocasionalmente de maneira reprovável, limita esse comportamento aos casos em que é importante para o indivíduo desobedecer-lhes. Por vezes, essas normas não coercivas podem representar uma fase experimental daquilo que, mais tarde, numa forma modificada, poderá vir a se tornar lei. Com mais frequência, providenciam um pano de fundo flexível de hábitos mais ou menos inconscientes que servem de guia para as ações da maioria das pessoas. Em geral, essas convenções e normas de relações sociais e de comportamento individual não constituem uma violação séria da liberdade individual, mas asseguram um mínimo de uniformidade de conduta que, mais do que impedir, facilitam os esforços individuais.

# 10. Lei, ordens e ordem

*A ordem não é uma pressão exercida sobre a sociedade a partir de fora, mas um equilíbrio criado no seu interior.*

JOSÉ ORTEGA Y GASSET

1. "A lei é a norma pela qual a linha de fronteira indivisível é fixada, dentro da qual a existência e a atividade dos indivíduos obtêm uma esfera segura e livre."[1] Foi assim que um dos grandes estudiosos do direito do século passado enunciou a concepção básica da lei da liberdade. Desde então, essa concepção da lei que constitui a base da liberdade foi, em grande parte, esquecida. O principal objetivo deste capítulo será recuperar e esclarecer a concepção da lei sobre a qual se construiu o ideal de liberdade dentro da lei e que permitiu que se falasse do direito como "a ciência da liberdade".[2]

A vida do homem em sociedade, ou até a dos animais sociais em grupos, é possibilitada porque os indivíduos agem de acordo com certas normas. Com a evolução da inteligência, essas normas tendem a se desenvolver de hábitos inconscientes para proposições explícitas e articuladas, tornando-se, ao mesmo tempo, mais abstratas e gerais. Nossa familiaridade com as instituições legais nos impede de perceber como é sutil e complexo o mecanismo de delimitação das esferas individuais por meio de normas abstratas. Se tivesse sido deliberadamente criado, mereceria ser considerado uma das maiores invenções humanas. No entanto, é claro que não foi inventado por uma mente assim como a linguagem, o dinheiro ou a maioria das práticas e convenções em que se baseia a vida social.[3]

Um tipo de delimitação das esferas individuais por meio de normas também se observa nas sociedades animais. Certo grau de ordem, que evita lutas ou interferências frequentes na busca de comida etc., surge normalmente do fato de o indivíduo, ao se afastar do local onde habita, ficar menos disposto a lutar. Por isso, quando dois

## 10. LEI, ORDENS E ORDEM

indivíduos se encontram num local intermediário, um deles se retira normalmente sem que haja uma verdadeira prova de força. Assim, a esfera pertencente a cada indivíduo é determinada não por uma demarcação de uma fronteira concreta, mas pela observação de uma norma — que, obviamente, o indivíduo não conhece, mas que respeita nas suas ações. Esse exemplo mostra como até esses hábitos inconscientes implicam uma espécie de abstração: uma circunstância tão geral como a distância de casa determina a reação de qualquer indivíduo quando se encontra com outro. Se tentássemos definir qualquer um dos hábitos sociais mais verdadeiros que possibilitam a vida dos animais em grupos, teríamos de exprimir muitos deles em termos de normas abstratas.

O fato de tais normas abstratas serem regularmente observadas na ação não significa que sejam conhecidas pelo indivíduo, no sentido de que esse seria capaz de comunicá-las. A abstração ocorre sempre que um indivíduo reage da mesma maneira a circunstâncias que só têm algumas características em comum.[4] Os indivíduos agem geralmente em conformidade com normas abstratas, nesse sentido, muito antes de poderem expressá-las.[5] Mesmo depois de terem adquirido a faculdade de abstração deliberada, seu pensamento e ação conscientes continuam provavelmente a ser orientados por muitas dessas normas abstratas, a que obedecem sem que as formulem. O fato de uma norma ser geralmente observada na ação não significa, portanto, que não tenha de ser descoberta e formulada por palavras.

2. A natureza das normas abstratas a que chamamos "leis" no sentido estrito torna-se mais clara quando as comparamos com as ordens específicas e particulares. Se entendermos o termo "ordem" no sentido mais lato, as normas gerais que regem o comportamento humano podem, de fato, ser vistas como ordens. As leis e as ordens diferem da mesma maneira das declarações de fato e, por isso, pertencem à mesma categoria lógica. No entanto, uma norma geral observada por todos, ao contrário de uma ordem propriamente dita, não pressupõe necessariamente que tenha sido emitida por uma pessoa. Também difere de uma ordem pelo seu caráter geral e abstrato.[6] O nível dessa generalidade ou abstração vai continuamente desde a ordem que diz a uma pessoa para fazer, aqui e agora, uma coisa específica até a prescrição de que, em determinadas condições, o que fizer terá de satisfazer certos requisitos. Na sua forma ideal, a lei pode ser descrita como uma ordem "definitiva e geral" dirigida a indivíduos desconhecidos e independente de todas as circunstâncias específicas de tempo e lugar, referindo-se apenas às condições que podem ocorrer em qualquer local e em qualquer momento. No entanto, não devemos confundir leis e ordens, ainda que

A CONSTITUIÇÃO DA LIBERDADE

tenhamos de reconhecer que as leis se confundem gradualmente com as ordens quando seu conteúdo se torna mais específico.

A grande diferença entre os dois conceitos reside no fato de, à medida que passamos das ordens para as leis, a fonte da decisão acerca de que ação particular deve ser realizada mudar progressivamente do emissor da ordem ou da lei para a pessoa que age. O tipo ideal de ordem determina apenas a ação a ser realizada, privando aqueles a quem é emitida de usarem o seu conhecimento ou de seguirem as suas preferências. A ação realizada em conformidade com essas ordens serve exclusivamente aos objetivos de quem a emite. O tipo ideal de lei, por outro lado, fornece apenas informação adicional para ser levada em conta na decisão do agente.

A forma como os objetivos e conhecimentos que orientam determinada ação são distribuídos entre a autoridade e o agente é, portanto, a distinção mais importante entre leis gerais e ordens específicas. Isso pode ser ilustrado pelas diferentes maneiras como o chefe de uma tribo primitiva ou um pai de família regula as atividades dos seus subordinados. Num extremo, temos o caso em que o chefe depende totalmente de ordens específicas e em que os seus súditos não têm qualquer liberdade de ação além daquilo que lhes é ordenado. Se o chefe prescreve em todas as ocasiões todos os pormenores das ações dos seus subordinados, esses serão meras ferramentas, sem oportunidade de usar seu conhecimento e julgamento, e todos os objetivos perseguidos e todo o conhecimento utilizado serão os do chefe. Na maioria dos casos, porém, o chefe alcançará melhor seus objetivos se der apenas instruções gerais acerca dos tipos de ações que devem ser realizadas ou dos fins a serem alcançados em certos momentos, e deixar aos diferentes indivíduos a missão de decidir sobre os pormenores de acordo com as circunstâncias — ou seja, de acordo com os seus conhecimentos. Essas instruções gerais já constituirão um tipo de normas, e a ação realizada em conformidade com elas será, em parte, orientada pelo conhecimento do chefe e, em parte, pelo conhecimento dos agentes. Será o chefe quem decidirá que resultados devem ser alcançados, quando, por quem e, talvez, com quais meios; mas a maneira particular como serão alcançados será decidida pelos indivíduos responsáveis. Os empregados de uma grande casa ou os funcionários de uma fábrica estarão, assim, na maior parte do tempo, ocupados com a rotina da execução das ordens gerais, adaptando-as sempre às circunstâncias particulares e só ocasionalmente recebendo ordens específicas.

Nessas circunstâncias, os fins para os quais todas as atividades se dirigem continuam a ser os do chefe. No entanto, ele também pode permitir que os membros do grupo persigam, dentro de certos limites, seus próprios objetivos. Isso implica a designação dos meios que cada um pode usar para alcançar seus fins. Essa distribuição

## 10. LEI, ORDENS E ORDEM

de meios pode assumir a forma de atribuição de coisas particulares ou de tempos que o indivíduo pode usar para os próprios fins. A lista de direitos de cada indivíduo só pode ser alterada por ordens específicas do chefe. Ou, então, a esfera de ação livre de cada indivíduo pode ser determinada e alterada de acordo com normas gerais estabelecidas de antemão para períodos mais longos, e essas normas podem possibilitar que cada indivíduo, por meio da própria ação (como trocas com outros membros do grupo ou a conquista de prêmios por mérito conferidos pelo chefe), altere ou fixe a esfera dentro da qual pode dirigir sua ação para alcançar seus objetivos. Assim, da delimitação de uma esfera privada por meio de normas poderá surgir um direito, como o da propriedade.

3. Uma transição semelhante do específico e do concreto para uma maior generalidade e abstração encontra-se também na evolução das normas ditadas pelo costume para a lei no sentido moderno. Comparadas com as leis de uma sociedade que cultiva a liberdade individual, as normas de conduta de uma sociedade primitiva são relativamente concretas. Não só limitam o âmbito das ações do indivíduo como também, em muitos casos, prescrevem especificamente como o indivíduo deve agir para alcançar resultados particulares, ou o que deve fazer em momentos e locais específicos. A expressão do conhecimento factual de que certos efeitos serão produzidos por determinado procedimento e a exigência de que esse procedimento seja adotado em condições apropriadas são ainda indiferenciadas. Vejamos um exemplo: as normas que os bantos observam quando se movem entre as catorze choupanas da sua aldeia, segundo regras estritas de acordo com idade, sexo ou status, restringem fortemente a sua escolha.[7] Embora o indivíduo esteja obedecendo não à vontade de outrem, mas a um costume impessoal, a obrigação de seguir um ritual para chegar a certo ponto restringe a sua escolha de método mais do que o necessário para garantir uma liberdade igual aos outros membros.

A "obrigação do costume" só se torna um obstáculo quando a forma habitual de fazer as coisas deixa de ser a única maneira que o indivíduo conhece e quando pode pensar em outros meios de alcançar um objetivo desejável. Com o desenvolvimento da inteligência individual e a tendência para abandonar a forma de ação habitual, mostrou-se necessário exprimir ou reformular as normas e, pouco a pouco, reduzir as prescrições positivas à limitação essencialmente negativa a um âmbito de ações que não interferem com as esferas igualmente reconhecidas dos outros.

A transição do costume específico para a lei ilustra ainda melhor do que a transição da ordem para a lei aquilo a que, por falta de melhor termo, chamamos

159

A CONSTITUIÇÃO DA LIBERDADE

"caráter abstrato" da verdadeira lei.[8] Suas normas gerais e abstratas especificam que, em certas circunstâncias, a ação deve satisfazer certas condições; mas todos os numerosos tipos de ação que satisfazem essas condições são permissíveis. As normas providenciam apenas a moldura dentro da qual o indivíduo deve se mover, mas onde as decisões são suas. No que diz respeito às suas relações com outras pessoas privadas, as proibições são quase inteiramente de caráter negativo, a não ser que o indivíduo a quem se referem tenha criado, pelas suas ações, condições para o aparecimento de obrigações positivas. São instrumentais, meios postos à sua disposição, e providenciam parte dos dados que, com o seu conhecimento das circunstâncias específicas do tempo e do lugar, ele pode usar como base das suas decisões.

Como as leis só determinam parte das condições que as ações do indivíduo terão de satisfazer e se aplicam a indivíduos desconhecidos sempre que certas condições estão presentes, independentemente da maioria dos fatos da situação específica, o legislador não pode prever quais serão seus efeitos sobre pessoas específicas ou para que objetivos as usarão. Quando lhes chamamos "instrumentais", entendemos que, obedecendo-lhes, o indivíduo continua a perseguir seus objetivos, e não os do legislador. De fato, os objetivos específicos da ação, sendo sempre particulares, não devem entrar nas normas gerais. A lei proíbe matar outra pessoa, ou matar exceto em condições definidas que podem ocorrer em qualquer tempo ou lugar, mas não matar indivíduos específicos.

Observando essas normas, não servimos aos fins de outrem, nem se pode dizer propriamente que estamos sujeitos à sua vontade. A minha ação não pode ser vista como sujeita à vontade dos outros se eu usar as suas normas para alcançar os meus próprios fins, tal como poderia usar meu conhecimento de uma lei da natureza; ou se essa pessoa desconhecer a minha existência ou as circunstâncias específicas em que as normas se aplicarão a mim, ou os efeitos que terão nos meus planos. Pelo menos em todas as instâncias em que a ameaça de coerção é evitável, a lei altera apenas os meios à minha disposição e não determina os objetivos que tenho de perseguir. Seria ridículo afirmar que, quando cumpro um contrato, estou obedecendo à vontade de outrem, sabendo que não poderia ter concluído esse contrato se não houvesse uma norma reconhecida segundo a qual as promessas têm de ser cumpridas, ou aceitando a consequência legal de qualquer outra ação por mim realizada em pleno conhecimento da lei.

Para o indivíduo, o conhecimento de que certas normas serão universalmente aplicadas significa, por consequência, que os diferentes objetivos e formas de ação adquirem para ele novas propriedades. Conhece as relações de causa e efeito decorrentes da ação humana que pode usar para qualquer fim que deseje. Os efeitos dessas

160

## 10. LEI, ORDENS E ORDEM

leis feitas pelos homens sobre suas ações são exatamente os mesmos das leis naturais: seu conhecimento de ambas lhe permite prever as consequências das suas ações e o ajuda a elaborar planos com confiança. Há pouca diferença entre saber que, se fizer uma fogueira no chão da sua sala de estar, a casa queimará e saber que, se incendiar a casa do vizinho, irá parar na cadeia. Tal como as leis da natureza, as leis do Estado determinam as características fixas do meio em que o indivíduo tem de se mover; embora eliminem certas opções, não limitam, em geral, a escolha de alguma ação específica que outras pessoas lhe exijam.

4. A concepção de liberdade dentro da lei, que é o principal tema deste livro, baseia-se na ideia de que, quando obedecemos às leis, no sentido geral de normas abstratas estabelecidas independentemente de a quem são aplicadas, não estamos sujeitos à vontade de outrem e, por isso, somos livres. É porque o legislador não conhece os casos particulares a que as suas normas se aplicam, e porque o juiz que as aplica não tem alternativa senão retirar conclusões do ordenamento jurídico existente e dos fatos específicos do caso, que se pode dizer que são as leis que governam, e não os homens. Dado que a norma é estabelecida ignorando o caso particular, e como não é a vontade de um indivíduo que decide acerca da coerção usada para aplicá-la, a lei não é arbitrária.[9] Contudo, isso só é válido se por "lei" entendermos as normas gerais que se aplicam a todos da mesma maneira. Essa generalidade é, talvez, o aspecto mais importante do atributo da lei que chamamos de sua "abstração". Tal como uma verdadeira lei não deve apontar para nada de particular, também não deve destacar indivíduos ou grupos de indivíduos específicos.

A importância de um sistema em que toda ação coercitiva do governo está limitada à execução de normas gerais e abstratas é frequentemente citada nas palavras de um dos grandes historiadores do direito: "O movimento das sociedades progressistas tem sido um movimento do *Estatuto para o Contrato*".[10] A concepção do estatuto, a posição predeterminada que cada indivíduo ocupa na sociedade, corresponde, de fato, a um estado no qual as normas não são totalmente gerais, mas distinguem pessoas ou grupos particulares, conferindo-lhes direitos e deveres especiais. A ênfase no contrato como o oposto do estatuto, porém, é um pouco enganadora, pois distingue um dos instrumentos, embora o mais importante, que a lei oferece ao indivíduo para que esse estabeleça sua própria posição. O verdadeiro contraste com o domínio dos estatutos é o domínio das leis gerais e iguais, das normas iguais para todos, ou, pode-se dizer, do domínio das *leges* no sentido original do termo latino correspondente a leis — ou seja, as *leges* opostas aos privi-*leges*.

## A CONSTITUIÇÃO DA LIBERDADE

A exigência de que as normas da verdadeira lei devem ser gerais não significa que, em certos casos, algumas normas especiais não se apliquem a diferentes classes de pessoas quando se referem a atributos que só algumas pessoas têm. Pode haver normas que se aplicam apenas às mulheres, aos cegos ou às pessoas acima de certa idade (na maioria desses casos, nem seria necessário nomear a classe de pessoas a que a norma se aplica: só uma mulher, por exemplo, pode ser estuprada ou engravidar). Essas distinções não serão arbitrárias, não sujeitarão um grupo à vontade de outros, se forem igualmente reconhecidas como justificadas tanto pelos indivíduos que pertencem ao grupo como pelos que a ele não pertencem. Isso não significa que tenha de haver unanimidade quanto à conveniência da distinção, mas apenas que as opiniões individuais não dependerão do fato de o indivíduo pertencer ou não ao grupo. Desde que, por exemplo, a distinção seja apoiada pela maioria tanto dentro como fora do grupo, é muito provável que sirva aos objetivos de ambos. Quando, porém, só é aceita pelos indivíduos pertencentes ao grupo, é claramente um privilégio; se só for aceita pelos que não pertencem ao grupo, é discriminação. Aquilo que, para alguns, é privilégio, para os outros é, obviamente, sempre discriminação.

5. É inegável que até as normas gerais e abstratas, aplicáveis igualmente a todos, podem constituir fortes restrições à liberdade. No entanto, quando refletimos sobre isso, vemos que é muito improvável. A principal garantia é que as normas devem se aplicar tanto aos que as criam como aos que as aplicam — ou seja, tanto ao governo como aos governados —, e que ninguém tenha o poder de abrir exceções. Se tudo o que é proibido e imposto for proibido e imposto a todos sem exceções (salvo as prescritas por outra norma geral), e mesmo que a autoridade não tenha poderes especiais além de impor a lei, pouco do que as pessoas desejam será proibido. Um grupo religioso fanático pode impor aos outros restrições que os seus membros observarão com prazer, mas que impedirão que os outros persigam objetivos importantes. No entanto, se é verdade que a religião ofereceu muitas vezes pretexto para o estabelecimento de normas consideradas extremamente opressivas e que, por isso, a liberdade religiosa é vista como muito importante para a liberdade, também é significativo que as crenças religiosas pareçam ser quase a única justificativa pela qual normas gerais fortemente restritivas da liberdade foram alguma vez universalmente impostas. Contudo, como são inofensivas, embora incômodas, as restrições impostas praticamente a todas as pessoas, por exemplo, o Sabá escocês, são comparadas com aquelas que são impostas apenas a algumas pessoas. É significativo que a maioria das restrições sobre aquilo que vemos como questões privadas, como a lei suntuária,

## 10. LEI, ORDENS E ORDEM

tenha sido normalmente imposta apenas a grupos específicos de pessoas ou, como no caso da lei seca, só tenha sido praticável porque o governo se reservava o direito de abrir exceções.

Devemos também lembrar que, no que diz respeito às ações que os indivíduos praticam em relação aos outros, liberdade nunca pode significar mais do que o fato de essas ações estarem restringidas apenas por normas gerais. Dado que não há ação que não possa interferir com a esfera privada de outra pessoa, nem a expressão, nem a imprensa, nem o exercício da religião podem ser completamente livres. Em todos esses domínios (e, como veremos mais à frente, no do contrato), liberdade só significa, e só pode significar, que aquilo que podemos fazer não depende da aprovação de qualquer pessoa ou autoridade e está limitado somente por certas normas abstratas que se aplicam igualmente a todos os indivíduos.

No entanto, se é a lei que nos faz livres, isso só é válido em relação à lei no sentido de norma abstrata e geral, ou àquilo que se chama "a lei no sentido material", que difere da lei no sentido meramente formal pelo caráter das normas, e não pela sua origem.[11] A "lei" que constitui uma ordem específica, uma ordem só chamada "lei" por emanar da autoridade legislativa, é o principal instrumento de opressão. A confusão entre essas duas concepções da lei e a perda da crença de que as leis podem governar, de que, ao estabelecer e impor leis no sentido material, os indivíduos não estão impondo a sua vontade, são algumas das principais causas do declínio da liberdade, para o qual a teoria do direito contribuiu tanto quanto a doutrina política.

Mais à frente, teremos de voltar a analisar a maneira como a teoria moderna do direito obscureceu progressivamente essas distinções. Por ora, podemos apenas apontar para o contraste entre os dois conceitos de lei dando exemplos das posições extremas assumidas a seu respeito. A visão clássica foi expressa na famosa declaração do presidente do Supremo Tribunal dos Estados Unidos John Marshall: "O Poder Judiciário, distinto do poder das leis, não existe. Os tribunais são meros instrumentos da lei e não podem ter vontade própria".[12] Por outro lado, temos a afirmação muito citada de um jurista moderno, o juiz Holmes, que tem atraído muita simpatia entre os chamados progressistas, segundo a qual "as proposições gerais não decidem casos concretos".[13] A mesma posição foi expressa por um cientista político contemporâneo: "A lei não pode governar. Só os homens podem exercer poder sobre outros homens. Dizer que é a lei que governa e não os homens pode, portanto, significar que se deve ocultar o fato de os homens governarem os homens".[14]

A verdade é que, se "governar" significa fazer os indivíduos obedecerem à vontade de outros, o governo não tem esse poder de governar numa sociedade livre. O

## A CONSTITUIÇÃO DA LIBERDADE

cidadão, enquanto tal, não pode ser governado nesse sentido, não pode receber ordens, seja qual for a sua posição na profissão que escolheu para perseguir seus objetivos, ou quando, em conformidade com a lei, se torna temporariamente agente do governo. No entanto, pode ser governado no sentido em que "governar" significa a imposição de normas gerais, estabelecidas independentemente dos casos particulares e aplicáveis igualmente a todos. É que, aqui, nenhuma decisão humana será exigida na grande maioria dos casos a que as normas se aplicam; e, mesmo quando um tribunal tem de determinar como as normas gerais podem ser aplicadas a um caso particular, a decisão decorre de todo o sistema de normas aceitas, e não da vontade do tribunal.

6. A razão para garantir a cada indivíduo uma esfera conhecida dentro da qual pode decidir acerca das suas ações consiste em lhe permitir dar o melhor uso ao seu conhecimento, em especial o seu conhecimento concreto e geralmente único das circunstâncias específicas de tempo e lugar.[15] A lei diz-lhe com que fatos pode contar e, assim, amplia o âmbito no qual pode prever as consequências das suas ações. Ao mesmo tempo, mostra-lhe que consequências das suas ações deve levar em conta e aquilo pelo qual será responsabilizado. Isso significa que aquilo que o indivíduo pode e deve fazer depende apenas de circunstâncias que se supõe que ele conheça ou possa vir a conhecer. Nenhuma norma pode ser eficaz, ou pode dar ao indivíduo liberdade para decidir, se tornar seu âmbito de decisões livres dependente das consequências remotas das suas ações que estejam além da sua capacidade de previsão. Até dos efeitos que se supõe que o indivíduo possa prever, as normas distinguirão alguns que ele terá de levar em consideração, enquanto lhe permitem deixar de lado outros. Em particular, essas normas não só exigirão que ele não faça alguma coisa que prejudique os outros, mas também serão — ou deverão ser — expressas de tal maneira que, quando aplicadas a uma situação específica, decidirão claramente quais os efeitos que devem ou não ser levados em conta.

Se, desse modo, a lei serve para permitir que o indivíduo aja de forma eficaz com base no seu conhecimento, reforçando assim esse conhecimento, também incorpora conhecimentos, ou os resultados da experiência passada, que são utilizados sempre que os indivíduos agem em conformidade com essas normas. De fato, a colaboração dos indivíduos, no âmbito das normas comuns, baseia-se numa espécie de divisão do conhecimento[16], em que o indivíduo tem de levar em conta as circunstâncias particulares, mas a lei assegura que as suas ações se adaptem a certas características gerais ou permanentes da sua sociedade. Não é fácil analisar essa experiência, incorporada na lei, que os indivíduos utilizam ao observarem as normas, uma vez que não é

## 10. LEI, ORDENS E ORDEM

normalmente conhecida por eles nem por ninguém. A maioria das normas nunca foi deliberadamente inventada, tendo se desenvolvido por meio de um processo gradual de tentativa e erro no qual a experiência de gerações sucessivas contribuiu para fazer delas o que são. Na maioria dos casos, portanto, ninguém conhece ou nunca conheceu todas as razões e considerações que levaram uma norma a adquirir determinada forma. Por isso, temos de nos esforçar muitas vezes para *descobrir* as verdadeiras funções de uma norma. Se não conhecermos as razões de uma norma específica, como acontece na maioria das vezes, temos de tentar compreender qual é a sua função ou finalidade geral se quisermos aperfeiçoá-la por meio de legislação deliberada.

Por conseguinte, as normas ao abrigo das quais os cidadãos agem constituem uma adaptação de toda a sociedade ao seu meio e às características gerais dos seus membros. Servem, ou devem servir, para ajudar os indivíduos a elaborar planos de ação com boas possibilidades de poderem ser executados. É possível que as normas tenham surgido apenas porque, em certo tipo de situação, pode haver conflitos entre os indivíduos acerca dos seus respetivos direitos, o que só se evitará se houver uma norma que diga claramente quais são os direitos de cada indivíduo. Nesse caso, é apenas necessário que uma norma conhecida abranja o tipo de situação, e os seus conteúdos podem nem ter importância.

No entanto, existirão frequentemente várias normas possíveis que satisfazem esse requisito, mas que não serão igualmente satisfatórias. Só a experiência mostrará qual é a solução mais conveniente para aquilo que deve estar incluído no conjunto de direitos que chamamos de "propriedade", em especial no que diz respeito à terra, que outros direitos devem estar incluídos na esfera protegida ou que contratos o Estado deve fazer cumprir. Nada há de "natural" em nenhuma definição particular desse tipo de direitos, como o conceito romano de propriedade como um direito de usar e abusar de um objeto como bem quiser, conceito que, embora muitas vezes repetido, não é realmente exequível na sua forma estrita. Mas as principais características de todos os ordenamentos jurídicos mais avançados são suficientemente semelhantes para parecerem meras elaborações daquilo que David Hume chamava de as "três leis fundamentais da natureza: a lei da estabilidade da posse, da transferência por consentimento e do cumprimento das promessas".[17]

No entanto, o que nos interessa não são os conteúdos particulares, mas apenas certos atributos gerais que essas normas devem ter numa sociedade livre. Dado que o legislador não pode prever o uso que as pessoas afetadas darão às suas normas, seu único objetivo será torná-las benéficas em todos ou na maioria dos casos. Contudo, como operam segundo as expectativas que criam, é essencial que sejam sempre aplicadas independentemente de as consequências parecerem ou não desejáveis em algum caso particular.[18] O fato de o legislador se limitar às normas gerais e não às ordens particulares decorre da sua necessária ignorância acerca das circunstâncias específicas a que as normas se aplicam; tudo o que pode fazer é fornecer alguns dados firmes que serão utilizados por aqueles que têm de fazer planos para ações específicas. No entanto, ao estabelecer apenas algumas das condições para as suas ações, pode providenciar oportunidades e possibilidades, mas nunca certezas quanto aos resultados dos seus esforços.

Certas interpretações racionalistas do utilitarismo impuseram-nos a necessidade de enfatizar que faz parte da essência das normas abstratas serem apenas provavelmente benéficas na maioria dos casos a que se aplicam e que, de fato, constituem um dos meios pelos quais os indivíduos aprenderam a lidar com a sua ignorância constitucional. É verdade que a justificativa de qualquer norma jurídica deve ser a sua utilidade — ainda que essa utilidade não possa ser demonstrada por argumentos racionais, mas seja apenas conhecida porque a norma, na prática, se revelou mais conveniente do que qualquer outra. No entanto, de forma geral, só a norma como um todo deve ser justificada, e não todas as suas aplicações.[19] A ideia de que qualquer conflito, legal ou moral, deve ser decidido da forma que pareça mais conveniente para quem compreenda todas as consequências dessa decisão implica a negação da necessidade de qualquer norma. "Só uma sociedade de indivíduos oniscientes poderia conferir a cada pessoa liberdade total para julgar qualquer ação particular em termos gerais utilitaristas."[20] Esse utilitarismo "extremo" leva ao absurdo, e só aquilo que se chama de utilitarismo "restrito" tem, portanto, relevância para o nosso problema. Contudo, poucas crenças foram mais destrutivas ao respeito pelas normas da lei e da moral do que a ideia de que uma norma só é vinculativa se o efeito benéfico da sua observância puder ser reconhecido no caso particular.

A forma mais antiga desse equívoco foi associada à expressão (normalmente mal citada) *"salus populi suprema lex esto"* ("O bem-estar do povo deve ser — e não "é" — a lei mais elevada").[21] Entendida corretamente, significa que a finalidade da lei deve ser o bem-estar do povo, que as normas gerais devem ser concebidas para servi-lo, mas *não* que qualquer concepção de um fim social específico deva justificar a violação dessas normas gerais. Um fim específico, um resultado concreto a ser alcançado, nunca pode ser uma lei.

7. Os inimigos da liberdade basearam sempre seus argumentos na ideia de que, nas questões humanas, a ordem requer que alguns deem ordens e que os outros

## 10. LEI, ORDENS E ORDEM

obedeçam a elas.[22] Grande parte da oposição a um sistema de liberdade baseado em leis gerais decorre da incapacidade de conceber uma coordenação eficaz das atividades humanas sem uma organização deliberada concebida por uma inteligência que ordena. Uma das conquistas da teoria econômica foi ter explicado como esse ajustamento mútuo das atividades espontâneas dos indivíduos é gerado pelo mercado, desde que exista uma delimitação conhecida da esfera de controle de cada indivíduo. A compreensão desse mecanismo de ajustamento mútuo dos indivíduos constitui a parte mais importante do conhecimento que deve fazer parte da elaboração das normas gerais que limitam a ação individual.

O ordenamento da atividade social revela-se no fato de o indivíduo poder levar a cabo um plano de ação consistente que, em quase todas as fases, se baseia na expectativa de certas contribuições dos seus semelhantes. "É óbvio que há algum tipo de ordem, consistência e constância na vida social. Se não existisse, ninguém poderia cuidar dos seus assuntos ou satisfazer as suas necessidades mais elementares."[23] Esse ordenamento não pode ser o resultado de uma direção unificada se quisermos que os indivíduos ajustem suas ações às circunstâncias particulares que só eles conhecem e que nunca são totalmente conhecidas por outra pessoa. Ordem, em relação à sociedade, significa essencialmente que a ação individual é orientada pela previsão eficaz; significa que os indivíduos não só dão um uso eficaz ao seu conhecimento, mas também são capazes de prever com alto grau de confiança que colaboração podem esperar dos outros.[24]

Tal ordem, que implica um ajustamento às circunstâncias, cujo conhecimento está disperso por um grande número de pessoas, não pode ser estabelecida por uma direção central. Só pode surgir do ajustamento mútuo dos elementos e da sua reação aos acontecimentos que agem de imediato sobre eles. É aquilo que Michael Polanyi chamou de formação espontânea de uma "ordem policêntrica": "Quando a ordem se concretiza entre os seres humanos, permitindo-lhes interagir entre si por sua própria iniciativa — sujeitos apenas às leis que se aplicam uniformemente a todos —, temos um sistema de ordem espontânea na sociedade. Podemos então dizer que os esforços desses indivíduos são coordenados pelo exercício da sua iniciativa individual e que essa autocoordenação justifica a liberdade em termos públicos. Diz-se que as ações desses indivíduos são livres, pois não são determinadas por qualquer ordem específica de um superior ou de uma autoridade pública; a obrigação a que estão sujeitos é impessoal e geral".[25]

Embora as pessoas mais familiarizadas com a forma como o homem organiza os objetos físicos achem normalmente essas ordens espontâneas difíceis de

A CONSTITUIÇÃO DA LIBERDADE

compreender, há muitos casos, obviamente, em que temos também de depender dos ajustes espontâneos de elementos individuais para produzir uma ordem física. Nunca poderíamos produzir um cristal ou um composto orgânico complexo se tivéssemos de colocar cada molécula individual ou átomo no lugar certo em relação aos outros. Temos de depender do fato de que, em certas condições, se ordenarão numa estrutura dotada de certas características. O uso dessas forças espontâneas, que, em certos casos, é o nosso único meio de alcançar o resultado desejado, implica, portanto, que muitos aspectos do processo de criação da ordem estarão fora do nosso controle; em outras palavras, não podemos contar com essas forças e, ao mesmo tempo, nos certificarmos de que os átomos ocupem lugares específicos na estrutura resultante.

Do mesmo modo, podemos produzir as condições para a formação de uma ordem na sociedade, mas não podemos controlar a forma como seus elementos se ordenarão sob condições adequadas. Nesse sentido, a tarefa do legislador não é estabelecer uma ordem específica, mas apenas criar condições nas quais uma ordem possa se estabelecer e se renovar continuamente. Tal como na natureza, o estabelecimento de tal ordem não implica que possamos prever o comportamento do átomo individual — isso dependerá das circunstâncias específicas e desconhecidas em que se encontra. Para isso, basta uma regularidade limitada no seu comportamento; e a finalidade das leis humanas que fazemos cumprir consiste em assegurar essa regularidade limitada de maneira que possibilite a formação de uma ordem.

Quando os elementos dessa ordem são seres humanos inteligentes que desejamos que usem o máximo possível as suas capacidades individuais na busca dos próprios objetivos, o principal requisito para o seu estabelecimento é que cada um conheça as circunstâncias do seu meio com que pode contar. Essa necessidade de proteção contra a interferência imprevisível é, por vezes, representada como peculiar à "sociedade burguesa".[26] No entanto, salvo se por "sociedade burguesa" se entender qualquer sociedade na qual os indivíduos livres cooperam segundo as condições de divisão do trabalho, essa definição limita a necessidade a um número muito pequeno de formas de organização social. Essa proteção é a condição essencial da liberdade individual, e garanti-la é a função da lei.[27]

# 11. As origens do estado de direito

*A finalidade da lei não é abolir ou restringir, mas preservar e ampliar a liberdade. Porque, como se vê em todos os Estados em que existem seres humanos capazes de fazer leis, onde não há lei não há liberdade. Pois liberdade é estar livre da coerção e da violência de outros; o que não acontece onde não há lei; e não se trata, como se diz, da liberdade de cada um fazer o que lhe apetecer. (Pois quem poderia ser livre se estivesse sujeito às disposições de outros?) Trata-se, sim, da liberdade de dispor à vontade da sua pessoa, dos seus bens e de todas as suas propriedades, dentro do limite das leis a que está sujeito; por isso, é não estar submetido à vontade arbitrária de outro, mas livre de seguir a sua própria vontade.*

JOHN LOCKE

1. A liberdade individual, nos tempos modernos, remonta à Inglaterra do século XVII.[1] Começou, como provavelmente acontece sempre, como um efeito secundário de uma luta de poder, e não como resultado de um objetivo deliberado. No entanto, conservou-se o suficiente para que os seus efeitos fossem reconhecidos. E, durante mais de dois séculos, a preservação e o aperfeiçoamento da liberdade individual se tornaram o ideal desse país, e as suas instituições e tradições passaram a ser o modelo para o mundo civilizado.[2]

Isso não significa que a herança da Idade Média seja irrelevante para a liberdade moderna, mas sua importância não é exatamente a que se supõe. É verdade que, em muitos aspectos, o homem medieval gozava de mais liberdade do que normalmente se imagina. Mas há poucas razões para pensar que as liberdades dos ingleses eram então substancialmente maiores do que as de muitos povos continentais.[3] No entanto, se os homens da Idade Média conheciam muitas liberdades no sentido de privilégios concedidos às propriedades ou às pessoas, não conheciam a liberdade como condição geral do povo. Em certos aspectos, as concepções gerais que, nessa época, prevaleciam a respeito da natureza e das fontes da lei e da ordem impediram o surgimento do problema da liberdade na sua forma moderna. Contudo, também se pode dizer que, porque a Inglaterra reteve o ideal medieval da supremacia da lei, que foi destruído em outros países com a ascensão do absolutismo, permitiu que se iniciasse ali o desenvolvimento moderno da liberdade.[4]

Essa concepção medieval, que é extremamente importante como base dos desenvolvimentos modernos, embora talvez apenas totalmente aceita durante a Idade Média, afirmava que "o Estado não pode criar ou fazer leis, tampouco abolir ou violar leis, pois isso significaria abolir a própria Justiça, seria absurdo, um pecado, uma revolta contra Deus, o único criador das leis".[5] Durante séculos, era uma doutrina aceita que os reis ou as outras autoridades humanas só podiam declarar ou descobrir as leis existentes, ou alterar abusos que nelas se introduziam, e nunca criar leis.[6] Só de forma gradual, durante a Baixa Idade Média, é que a ideia de criação deliberada de novas leis — a legislação tal como a conhecemos — foi aceita. Na Inglaterra, o Parlamento, inicialmente um organismo descobridor de leis, transformou-se num organismo criador de leis. Foi, por fim, na disputa relativa à autoridade para legislar, na qual as partes conflitantes se acusavam mutuamente de agir de forma arbitrária — ou seja, agir em desconformidade com as normas gerais reconhecidas —, que a causa da liberdade individual foi defendida de maneira inadvertida. O novo poder do Estado nacional altamente organizado que surgiu nos séculos XV e XVI usou a legislação pela primeira vez como instrumento de política. Durante algum tempo, pareceu que esse novo poder iria conduzir, na Inglaterra, como acontecera na Europa continental, à monarquia absoluta, o que destruiria as liberdades medievais.[7] O conceito de governo limitado que surgiu das disputas inglesas do século XVII representou, assim, um novo ponto de partida, que lidava com novos problemas. A doutrina inglesa inicial e os grandes documentos medievais, desde a Carta Magna até a grande "Constitutio Libertatis"[8], foram importantes para o desenvolvimento da doutrina moderna porque serviram como armas nessas disputas.

No entanto, para os nossos fins, não precisamos nos alongar mais na doutrina medieval; devemos olhar com mais atenção para a herança clássica que foi restaurada no início da época moderna. É importante não só por causa da forte influência que exerceu no pensamento político do século XVII, mas também pela importância direta que a experiência dos antigos tem para o nosso tempo.[9]

2. Embora a influência da tradição clássica do ideal moderno de liberdade seja indiscutível, sua natureza é muitas vezes mal compreendida. Com frequência, foi dito que

## 11. AS ORIGENS DO ESTADO DE DIREITO

os antigos não conheciam a liberdade no sentido de liberdade individual. Isso é válido para muitos lugares e períodos, até na Grécia Antiga, mas de modo algum em relação a Atenas na época do seu apogeu (ou da Roma republicana tardia); pode ser verdade em relação à democracia degenerada da época de Platão, mas de modo algum em relação aos atenienses aos quais Péricles disse que "a liberdade de que desfrutamos no nosso governo se estende também à nossa vida cotidiana, [na qual] longe de exercermos uma vigilância zelosa sobre uns e outros, não nos sentimos ofendidos com o nosso vizinho por fazer o que lhe apraz"[10], e cujos soldados, no momento do supremo perigo durante a expedição siciliana, foram lembrados pelo seu general de que, acima de tudo, lutavam por um país no qual gozavam "de liberdade total para viver como quisessem".[11] Quais eram as principais características dessa liberdade do "mais livre dos países livres", como Nícias chamou a Atenas na mesma ocasião, na opinião dos próprios gregos e dos ingleses das épocas Tudor e Stuart?

A resposta é sugerida por um termo que os ingleses do período isabelino foram buscar dos gregos, mas que, desde então, caiu em desuso.[12] O termo "isonomia" foi importado da Itália para a Inglaterra no final do século XVI, e seu significado era "igualdade das leis para todos os tipos de pessoas"[13]; pouco depois, foi usado livremente pelo tradutor de Tito Lívio na forma anglicizada "*isonomy*" para descrever um estado de leis iguais para todos e responsabilidade dos magistrados.[14] O termo continuou a ser usado durante o século XVII[15], até ser gradualmente substituído pelas expressões "igualdade perante a lei", "governo da lei" ou "estado de direito".

A história desse conceito na Grécia Antiga oferece uma lição interessante porque, provavelmente, representa a primeira ocorrência de um ciclo que as civilizações parecem repetir. Quando apareceu pela primeira vez[16], descrevia um Estado que Sólon estabelecera em Atenas quando deu ao povo "leis iguais para os nobres e plebeus"[17], concedendo-lhes assim "não tanto o controle sobre a política pública, mas a certeza de serem governados legalmente em conformidade com normas conhecidas".[18] A isonomia era usada em contraposição ao governo arbitrário dos tiranos e se tornou uma expressão familiar em canções populares que celebravam a morte de um desses tiranos.[19] O conceito parece ser mais antigo do que o de *demokratia*, e a exigência da participação igual de todos no governo parece ter sido uma das suas consequências. Para Heródoto, a isonomia, e não a democracia, é "o mais belo de todos os nomes de uma ordem política".[20] O termo continuou a ser usado durante algum tempo depois de a democracia ter sido implementada, no início como sua justificativa e, depois, como foi dito[21], cada vez mais para disfarçar o caráter que assumira; pois o governo democrático depressa esqueceu a igualdade perante a lei da qual retirara sua justificativa. Os gregos compreendiam claramente que os dois ideais, embora relacionados, não eram os mesmos: Tucídides fala sem hesitação de uma "oligarquia isonômica"[22], e Platão até usa o termo "isonomia" num contraste deliberado com a democracia, e não como sua justificativa.[23] No fim do século IV, revelou-se necessário enfatizar que "numa democracia, as leis devem ser soberanas".[24]

Nesse contexto, algumas passagens famosas de Aristóteles, embora já não empregue o termo "isonomia", parecem ser uma reafirmação desse ideal tradicional. Em *A política*, o filósofo sublinha que "é mais correto que a lei governe, e não os cidadãos", que as pessoas que detêm o poder supremo "devem ser nomeadas apenas como guardiãs e servas da lei" e que "quem tem em mente o poder supremo deve baseá-lo em deus e nas leis".[25] Condena o tipo de governo no qual "é o povo que governa, e não a lei" e em que "tudo é determinado pelo voto da maioria, e não pela lei". Para Aristóteles, tal governo não é o de um Estado livre, "pois, quando o governo não está nas leis, não há Estado livre, uma vez que a lei deve ser suprema sobre todas as coisas". Um governo que "concentra todo o poder nos votos do povo não pode ser, propriamente falando, uma democracia: pois os seus decretos não podem ter uma aplicação geral".[26] Se a isso acrescentarmos a seguinte passagem da *Retórica*, temos uma descrição completa do ideal do governo pela lei[27]: "É de grande importância que as leis bem elaboradas devam definir todos os pontos possíveis e deixem o mínimo possível à decisão dos juízes, [pois] a decisão do legislador não é particular, mas prospetiva e geral, enquanto os membros da assembleia e o júri têm o dever de decidir os casos definidos a eles designados".[28]

Há indícios claros de que o uso moderno da frase "governo pelas leis, e não pelos homens" deriva diretamente da proposição de Aristóteles. Thomas Hobbes acreditava que era "mais um erro da política de Aristóteles afirmar que, numa comunidade bem organizada, nenhum homem devia governar, mas apenas a lei"[29], enquanto James Harrington retorquia que "a forma pela qual uma sociedade civil é instituída com base em direitos e interesses comuns... [é], segundo Aristóteles e Tito Lívio, o império das leis, e não dos homens".[30]

3. Durante o século XVII, a influência dos escritores latinos substituiu grande parte da influência direta dos gregos. Por conseguinte, devemos considerar sucintamente a tradição deixada pela República romana. A famosa Lei das Doze Tábuas, que teria sido uma imitação deliberada das leis de Sólon, constitui o fundamento da sua liberdade. A primeira desse conjunto de leis públicas afirma que "nenhum privilégio ou status será promulgado a favor de cidadãos privados, em detrimento de outros,

## 11. AS ORIGENS DO ESTADO DE DIREITO

contrário à lei comum a todos os cidadãos, que os indivíduos, independentemente da sua classe, têm o direito de invocar".[31] Essa foi a concepção básica a partir da qual se formou gradualmente, por um processo muito semelhante ao desenvolvimento da lei consuetudinária[32], o primeiro sistema de direito privado totalmente desenvolvido — em espírito, muito diferente do mais tardio código justiniano, que determinou o pensamento jurídico do continente europeu.

Esse espírito das leis da Roma livre nos foi transmitido sobretudo pelas obras dos historiadores e oradores da época, que voltaram a ser influentes no Renascimento latino do século XVII. Tito Lívio — cujo tradutor popularizou o termo "isonomia" (que o próprio Lívio não usava) e que forneceu a Harrington a distinção entre o governo da lei e o governo dos homens[33] —, Tácito e, acima de tudo, Cícero tornaram-se os principais autores responsáveis pela difusão da tradição clássica. De fato, Cícero se tornou a principal autoridade para o liberalismo moderno[34], e devemos a ele uma das formulações mais eficazes da liberdade dentro da lei. Devemos, ainda, a Cícero o conceito de normas gerais ou *leges legum*, que regem a legislação[35], a ideia de que obedecemos à lei para sermos livres[36] e a concepção de que o juiz deve ser um mero porta-voz da lei.[37] Nenhum autor mostra de forma tão clara que, durante o período clássico do direito romano, se entendia perfeitamente que não há conflito entre a lei e a liberdade e que a liberdade depende de certos atributos da lei, da sua generalidade, da sua certeza e das restrições que impõe ao poder discricionário da autoridade.

Esse período clássico foi também um período de total liberdade econômica, à qual Roma devia largamente sua prosperidade e seu poder.[38] A partir do século II, porém, o socialismo de Estado progrediu rapidamente.[39] Nessa evolução, a liberdade que a igualdade perante a lei criara foi progressivamente destruída com o surgimento das exigências de outro tipo de igualdade. Durante o império tardio, o direito estrito enfraqueceu à medida que, pelo interesse de uma nova política social, o Estado aumentou seu controle sobre a vida econômica. O resultado desse processo, que culminou no governo de Constantino, foi, nas palavras de um distinto estudioso do direito romano, que "o império absoluto proclamou, juntamente com o princípio de equidade, a autoridade da vontade empírica liberta da barreira da lei. Justiniano, com os seus professores eruditos, conduziu esse processo à sua conclusão".[40] A partir de então, durante mil anos, perdeu-se a concepção de que a legislação deve servir para proteger a liberdade do indivíduo. E quando a arte da legislação foi redescoberta, o código de Justiniano, com a sua ideia de um príncipe que estava acima da lei[41], serviu de modelo para o continente europeu.

# A CONSTITUIÇÃO DA LIBERDADE

4. Na Inglaterra, porém, a forte influência que os autores clássicos exerceram durante o reinado de Elizabeth ajudou a preparar o caminho para um desenvolvimento diferente. Pouco depois da morte da rainha, iniciou-se o grande combate entre o rei e o Parlamento, do qual emergiu, como resultado secundário, a liberdade do indivíduo. É significativo que as disputas tenham começado, em grande parte, devido a questões de política econômica muito semelhantes às que hoje enfrentamos. Para o historiador do século XIX, as medidas de Jaime I e de Carlos I, que provocaram o conflito, deviam parecer antiquadas, sem grande interesse. Para nós, os problemas causados pelas tentativas dos reis de estabelecerem monopólios parecem familiares: Carlos I até tentou nacionalizar a indústria do carvão, e só foi dissuadido quando lhe disseram que isso poderia provocar uma revolta.[42]

A partir do momento em que um tribunal, no famoso Caso dos Monopólios[43], decretou que a concessão de direitos exclusivos para produzir qualquer bem era "contrária à lei comum e à liberdade do súdito", a reivindicação de leis iguais para todos os cidadãos tornou-se a principal arma do Parlamento na sua oposição aos objetivos do rei. Os ingleses percebiam então melhor do que hoje que o controle da produção significa sempre a criação de privilégios: que Pedro é autorizado a fazer o que Paulo não pode.

No entanto, foi outro tipo de regulação econômica que deu origem à primeira grande afirmação do princípio básico. O direito de petição de 1610 (*Petition of Grievances*) surgiu a partir das novas regulamentações decretadas pelo rei a respeito da construção em Londres e da proibição da fabricação de amido de trigo. Esse famoso apelo da Câmara dos Comuns declara que, de todos os direitos tradicionais dos súditos britânicos, "não existe outro mais caro e precioso do que o de serem guiados e governados pela soberania certa da lei, que outorga à cabeça e aos membros aquilo que lhes pertence por direito, e não por uma forma incerta e arbitrária de governo... Dessa raiz brotou o direito incontestável do povo deste reino a não ser submetido a nenhuma pena que se estenda às suas vidas, terras, corpos ou bens além das previstas pelas leis deste país ou pelos estatutos decorrentes do consentimento comum no parlamento".[44]

Por fim, foi no debate ocasionado pelo Estatuto dos Monopólios de 1624 que Sir Edward Coke, o grande inspirador dos princípios dos *whigs*, desenvolveu sua interpretação da Carta Magna que se tornou uma das pedras angulares da nova doutrina. Na segunda parte do seu *Institutes of the Laws of England*, que logo foi publicado por ordem da Câmara dos Comuns, afirmava (em referência ao Caso dos Monopólios) que, "se a qualquer indivíduo for concedido o direito exclusivo de fabricar cartas ou de empreender com exclusividade qualquer outro comércio, essa concessão é

## 11. AS ORIGENS DO ESTADO DE DIREITO

contrária à liberdade do súdito que antes empreendeu ou poderia legalmente empreender esse comércio, e, por conseguinte, contrária a esta Carta Magna"[45]; foi também além da oposição à prorrogativa real, advertindo o próprio Parlamento de que "deixasse todas as causas serem ponderadas pela vara áurea e direita da lei, e não pelo cordão torto e incerto do arbítrio".[46]

Da discussão extensa e contínua dessas questões durante a Guerra Civil, emergiram gradualmente todos os ideais políticos que, doravante, iriam governar a evolução política inglesa. Não podemos tentar traçar aqui sua evolução nos debates e na literatura panfletária da época, cuja riqueza extraordinária de ideias só foi reconhecida após sua reedição em tempos recentes.[47] Podemos apenas enumerar as principais ideias que surgiram com cada vez mais frequência, até, na época da Restauração, terem se tornado parte de uma tradição estabelecida e, após a Revolução Gloriosa de 1688, parte da doutrina do partido vitorioso.

O grande acontecimento que, para as gerações posteriores, se tornou símbolo das conquistas permanentes da Guerra Civil foi a abolição, em 1641, dos tribunais especiais e, particularmente, da Câmara da Estrela, que consistia, na expressão muito citada de F. W. Maitland, "num tribunal de políticos que impunham a execução da política, e não num tribunal de juízes que administravam a lei".[48] Quase ao mesmo tempo, foi empregado pela primeira vez um esforço para garantir a independência dos juízes.[49] Nos debates das duas décadas seguintes, o tema central foi cada vez mais a prevenção da ação arbitrária do governo. Ainda que os dois sentidos de "arbitrário" fossem confundidos durante muito tempo, reconheceu-se que, quando o Parlamento começou a agir de forma tão arbitrária quanto o rei[50], a arbitrariedade de uma ação dependia não da fonte da autoridade, mas do fato de a ação estar ou não em conformidade com os princípios gerais e preexistentes do direito. Os pontos mais frequentemente enfatizados eram que não podia haver punição sem uma lei previamente existente que a previsse[51], que a leis só podiam ter efeito prospetivo, e não retroativo[52], e que o poder discricionário dos magistrados devia estar totalmente circunscrito à lei.[53] Nessa época, a ideia geral era de que a lei devia ser soberana ou, como dizia um dos folhetos polêmicos da época, *Lex, Rex*.[54]

De forma gradual, surgiram duas concepções fundamentais acerca de como esses ideais básicos deviam ser protegidos: a ideia de uma constituição escrita[55] e o princípio de separação dos poderes.[56] Quando, em janeiro de 1660, nas vésperas da Restauração, se fez uma última tentativa na "Declaração do Parlamento Reunido em Westminster" para proclamar em um documento formal os princípios essenciais de uma constituição, foi incluída esta passagem notável:

A CONSTITUIÇÃO DA LIBERDADE

> Nada existindo de mais essencial para a liberdade de um Estado do que o povo dever ser governado pelas leis e a justiça ser administrada apenas por aqueles que podem ser responsabilizados por má administração, declara-se pela presente que todos os procedimentos relativos à vida, liberdades e propriedades de todos os indivíduos livres desta comunidade devem estar em conformidade com as leis do país, e que o Parlamento não interferirá na administração comum ou na parte executiva da lei; a principal tarefa deste Parlamento, como tem sido a de todos os anteriores, é garantir a liberdade dos indivíduos contra a arbitrariedade do governo.[57]

Se, depois, o princípio de separação dos poderes não foi bem um "princípio aceito do direito constitucional"[58], pelo menos continuou a fazer parte da doutrina política do governo.

5. Todas essas ideias iriam exercer influência decisiva no século seguinte, não só na Inglaterra, mas também na América e no continente europeu, na forma resumida que receberam após a expulsão dos Stuarts, em 1688. Embora, na época, outras obras tenham exercido influência igual ou até superior[59], o *Segundo Tratado sobre o Governo Civil*, de John Locke, teve efeitos de tal maneira duradouros que devemos concentrar nele nossa atenção.

A obra de Locke ficou conhecida sobretudo como uma abrangente justificativa filosófica da Revolução Gloriosa[60], e sua contribuição original reside principalmente nas suas especulações acerca dos fundamentos filosóficos do governo. As opiniões sobre seu valor podem variar. No entanto, o aspecto da sua obra, tão importante então como agora, que mais nos interessa aqui é a sua codificação da doutrina política vitoriosa, dos princípios práticos que, como se concordou, deveriam passar a controlar os poderes do governo.[61]

Embora, na sua análise filosófica, Locke se preocupe com a fonte da legitimidade do poder e com o objetivo do governo em geral, o problema prático que lhe interessa é como impedir que o poder, independentemente de quem o exerça, se torne arbitrário: "A liberdade dos homens governados é terem uma norma permanente que lhes paute a vida, comum a todos os indivíduos da sociedade e proclamada pelo Poder Legislativo; a liberdade de seguir a minha vontade em todas as situações não prescritas pela lei; e não estar submetido à vontade inconstante, incerta e arbitrária de outro indivíduo".[62] Sua argumentação se dirige principalmente contra o "exercício

## 11. AS ORIGENS DO ESTADO DE DIREITO

irregular e incerto do poder"[63]: a questão essencial é que "quem detém o Poder Legislativo ou supremo, em qualquer comunidade, está obrigado a governar pelas leis vigentes promulgadas e conhecidas pelos cidadãos, e não por decretos extemporâneos; por juízes imparciais e justos, que devem decidir as controvérsias com base nessas leis".[64] Nem a legislatura tem "poder arbitrário absoluto"[65], "não pode assumir um poder de governar por decretos arbitrários extemporâneos, mas está obrigada a administrar justiça e a decidir os direitos do súdito por meio de leis vigentes promulgadas e juízes conhecidos e autorizados"[66], enquanto o "executor supremo da lei [...] não tem outra vontade ou outro poder que não o da lei".[67] Locke tem renitência em reconhecer qualquer poder soberano, e o *Tratado* foi descrito como um ataque à própria ideia de soberania.[68] A principal garantia contra o abuso de autoridade proposta por Locke é a separação de poderes, que expõe de forma talvez menos clara e menos familiar do que os seus antecessores.[69] Sua principal preocupação é sobre como limitar a arbitrariedade "de quem detém o Poder Executivo"[70] mas não oferece garantias especiais. No entanto, o seu grande objetivo é aquilo que hoje se costuma chamar de o "controle do poder": os indivíduos "escolhem e autorizam um Poder Legislativo para se estabelecerem leis e normas, como guardas e vedações das propriedades de todos os membros da sociedade, para limitar o poder e moderar o domínio de qualquer um dos membros dessa sociedade".[71]

6. Há uma grande diferença entre a aceitação de um ideal pela opinião pública e sua concretização plena em termos políticos; e é provável que o ideal do estado de direito ainda não tivesse sido completamente posto em prática quando, dois séculos depois, o processo foi invertido. Seja como for, o principal período de consolidação, durante o qual esse ideal se introduziu progressivamente na prática cotidiana, foi a primeira metade do século XVIII.[72] Entre a confirmação da independência dos juízes com o *Act of Settlement* de 1701[73] e o momento em que a última lei de supressão dos direitos civis foi considerada pelo Parlamento em 1706, que conduziu não só a uma reafirmação final de todos os argumentos contra a ação arbitrária do Poder Legislativo[74], mas também à reafirmação do princípio da separação de poderes[75], o período se caracterizou por uma expansão lenta mas constante da maioria dos princípios pelos quais os ingleses do século XVII haviam lutado.

Podemos fazer uma referência breve a alguns acontecimentos importantes do período, como quando um membro da Câmara dos Comuns (na época em que o dr. Johnson relatava os debates) reafirmou a doutrina básica de *nulla poena sine lege*, que ainda hoje, por vezes, não é vista como parte do direito inglês[76]: "Quando não há

# A CONSTITUIÇÃO DA LIBERDADE

lei, não há transgressão. Essa máxima não só foi estabelecida por consenso universal, como também é evidente e inegável; e, sem dúvida, Senhor, não é menos certo que, quando não há transgressão, não pode haver castigo".[77] Outro acontecimento foi a ocasião em que Lord Camden, no caso Wilkes, mostrou ser claro que os tribunais só se preocupam com as normas gerais, e não com objetivos particulares do governo, ou, como sua posição é por vezes interpretada, que a política pública não é um argumento num tribunal de justiça.[78] Em relação a outros aspectos, o progresso foi mais lento, e é provável que, do ponto de vista dos mais pobres, o ideal de equidade perante a lei tenha continuado a ser uma realidade um tanto duvidosa. Mas, se o processo de reforma das leis no espírito desses ideais foi lento, os próprios princípios deixaram de ser matéria de disputa; já não eram uma visão partidária, passando a ser integralmente aceitos pelos *tories*.[79] Em certos casos, porém, a evolução, em vez de se aproximar, afastou-se do ideal. O princípio da separação de poderes, em especial, embora considerado durante todo o século a característica mais distintiva da constituição britânica[80], tornou-se cada vez menos um fato à medida que foi se desenvolvendo o governo moderno, composto de ministérios. E o Parlamento, com a sua reivindicação ao poder ilimitado, depressa abandonaria outro desses princípios.

7. A segunda metade do século XVIII produziu as exposições coerentes dos ideais que determinaram, em grande parte, o clima da opinião no século seguinte. Como acontece com muita frequência, foram menos as exposições sistemáticas de filósofos políticos e juristas do que as interpretações dos acontecimentos pelos historiadores que levaram essas ideias ao público. O mais influente deles foi David Hume, que, nas suas obras, enfatizava repetidamente os pontos essenciais[81], e de quem se disse que, para ele, o verdadeiro sentido da história da Inglaterra foi a evolução de um "governo da vontade para um governo da lei".[82] Pelo menos uma passagem característica da sua *História da Inglaterra* merece ser citada. Referindo-se à abolição da Câmara da Estrela, ele escreve:

> Nessa época, não havia nenhum governo no mundo, nem talvez nos anais de qualquer história, que pudesse subsistir sem que uma autoridade arbitrária fosse concedida a algum magistrado; e seria razoavelmente duvidoso que a sociedade humana pudesse alcançar esse estado de perfeição sustentando-se sem qualquer outro controle que não as máximas gerais e rígidas da lei e da equidade. Mas o Parlamento achou, com razão, que o rei era um magistrado demasiado

## 11. AS ORIGENS DO ESTADO DE DIREITO

eminente para ser investido de um poder discricionário, que poderia ser muito facilmente usado para a destruição da liberdade. E ainda que possam surgir alguns inconvenientes da máxima da adesão estrita à lei, as vantagens são de tal forma maiores que os ingleses ficariam eternamente gratos à memória dos seus antepassados que, depois de conflitos seguidos, estabeleceram pelo menos esse nobre princípio.[83]

Mais tarde, no mesmo século, esses ideais passam a ser mais tomados como certos do que explicitamente afirmados, e o leitor moderno tem de inferi-los para poder compreender o que homens como Adam Smith[84] e seus contemporâneos entendiam por "liberdade". Só ocasionalmente, como nos *Comentários* de Blackstone, encontramos alguma tentativa de aperfeiçoamento de pontos específicos, como a importância da independência dos juízes e da separação de poderes[85], ou de esclarecimento do significado de "lei" pela sua definição como "uma norma, e não como uma ordem transitória de um superior ou relativa a uma pessoa específica; mas algo permanente, uniforme e universal".[86]

Muitas das expressões mais famosas desses ideais se encontram, obviamente, nas passagens mais conhecidas de Edmund Burke.[87] Contudo, a afirmação mais completa da doutrina do estado de direito ocorre, talvez, na obra de William Paley, o "grande codificador do pensamento numa era da codificação".[88] Vale a pena citar aqui um excerto da sua obra: "A primeira máxima de um Estado livre é que as leis sejam feitas por um conjunto de homens e administradas por outros; ou seja, que os poderes Legislativo e o Judicial se mantenham separados. Quando esses poderes estão reunidos na mesma pessoa ou assembleia, fazem-se leis particulares para casos particulares, em muitos casos decorrendo de motivos parciais e com fins privados; quando os poderes estão separados, as leis gerais são feitas por um conjunto de homens sem prever quem poderão afetar; e, depois de promulgadas, devem ser aplicadas por outros, independentemente de quem afetem. [...] Se os partidos e interesses afetados fossem conhecidos, os legisladores tenderiam a favorecer um lado ou outro; e na ausência de normas fixas para reger suas decisões ou de um poder superior para controlar seus procedimentos, essas tendências interfeririam com a integridade da justiça pública. Consequentemente, os súditos de tal constituição viveriam sem leis constantes, ou seja, sem quaisquer normas preestabelecidas e conhecidas de adjudicação; ou com leis feitas para pessoas particulares, marcadas pelas contradições e pela iniquidade dos motivos que as tinham gerado.

A CONSTITUIÇÃO DA LIBERDADE

O país se protege efetivamente desses perigos por meio da divisão dos poderes Legislativo e Judicial. O Parlamento desconhece os indivíduos que serão afetados pelos seus atos; perante ele, não há casos nem partidos; não serve a interesses privados; por conseguinte, suas resoluções serão sugeridas por considerações de efeitos e tendências universais, que produzem sempre normas imparciais e vantajosas para todos".[89]

8. Com o fim do século XVIII, acabam-se as grandes contribuições da Inglaterra para o desenvolvimento dos princípios da liberdade. Embora Macaulay represente para o século XIX o que Hume representara para o século XVIII[90], e ainda que a *intelligentsia whig* da *Edinburgh Review* e os economistas da tradição de Adam Smith, como J. R. McCulloch e N. W. Senior, continuassem a pensar na liberdade em termos clássicos, houve pouco progresso. O novo liberalismo, que substituiu gradualmente a tradição *whig*, foi cada vez mais influenciado pelas tendências racionalistas dos filósofos radicais e da tradição francesa. Bentham e os seus utilitaristas, com o desprezo que tinham por grande parte daquelas que, até então, eram as características mais admiradas da Constituição britânica, contribuíram bastante para derrubar pensamentos medievais[91] que a Inglaterra conservara em parte. E introduziram na Grã-Bretanha aquilo que até então não existia: o desejo de reformular todas as suas leis e instituições segundo princípios racionais.

A falta de compreensão dos princípios tradicionais da liberdade inglesa por parte dos homens guiados pelos ideais da Revolução Francesa é claramente ilustrada por um dos primeiros apóstolos dessa revolução na Inglaterra, dr. Richard Price. Ainda em 1778, ele afirmou: "A liberdade é definida de forma muito imperfeita quando se diz que é 'um governo de *leis*, e não de *homens*'. Se as leis forem feitas por um homem ou por um grupo de homens num Estado, e não por consentimento comum, um governo pelas leis não é diferente da escravatura".[92] Oito anos depois, exibiu uma carta elogiosa de Turgot: "Como é que o doutor é quase o primeiro escritor do seu país a oferecer uma ideia correta da liberdade e a mostrar a falsidade da ideia tantas vezes repetida por quase todos os escritores republicanos de que 'a liberdade consiste em estar sujeito apenas às leis'?".[93] A partir de então, o conceito essencialmente francês de liberdade política iria substituir progressivamente o ideal inglês de liberdade individual, até se poder dizer que "na Grã-Bretanha, que, há menos de um século, repudiava as ideias em que a Revolução Francesa se baseava e que levaram à resistência a Napoleão, essas ideias triunfaram".[94] Embora na Grã-Bretanha a maioria das conquistas do século XVII tenha sobrevivido para lá do século XIX, teremos de olhar para outros países a fim de ver o desenvolvimento dos ideais que as inspiraram.

180

# 12. A contribuição americana: o constitucionalismo

*A Europa parecia incapaz de se tornar o lar de Estados livres. Foi na América que as ideias simples de que os homens devem se preocupar apenas com o que lhes diz respeito e de que a nação é responsável perante Deus pelas ações do Estado — ideias há muito acalentadas no coração de pensadores solitários e escondidas em manuscritos latinos — irromperam como conquistadoras do mundo que estavam destinadas a transformar, sob a égide dos Direitos do Homem.*

LORD ACTON

1. "Quando, em 1767, este Parlamento britânico modernizado, agora comprometido com o princípio da soberania parlamentar ilimitada e ilimitável, declarou que uma maioria parlamentar podia aprovar qualquer lei que julgasse conveniente, a declaração foi recebida com exclamações de horror nas colônias. James Otis e Sam Adams, no Massachusetts, Patrick Henry, na Virgínia, e outros líderes coloniais ao longo da costa gritaram 'Traição!' e 'Carta Magna!'. Essa doutrina, insistiam eles, destruía a essência de tudo aquilo por que os seus antepassados britânicos haviam lutado, suprimia o próprio sentido da bela liberdade anglo-saxônica pela qual os sábios e patriotas da Inglaterra haviam morrido."[1] Era assim que um dos modernos entusiastas americanos do poder ilimitado da maioria descrevia o início do movimento que conduziu a uma nova tentativa de garantir a liberdade do indivíduo.

No início, o movimento baseava-se totalmente nos conceitos tradicionais das liberdades dos ingleses. Edmund Burke e outros simpatizantes ingleses não foram os únicos a se referir aos colonos como "dedicados não só à liberdade, mas também à liberdade de acordo com as ideias inglesas e segundo os princípios ingleses"[2]; os próprios colonos apoiavam esse ponto de vista.[3] Achavam estar defendendo os princípios da revolução *whig* de 1688[4]; e, "quando os estadistas brindaram ao general Washington, regozijaram-se por a América ter resistido e insistido no reconhecimento da

A CONSTITUIÇÃO DA LIBERDADE

independência"[5], e os colonos brindaram a William Pitt e aos estadistas *whigs* que os apoiaram.[6]

Na Inglaterra, após a vitória unânime do Parlamento, a ideia de que nenhum poder deve ser arbitrário e de que todo poder deve ser limitado por uma lei superior foi caindo no esquecimento. Mas os colonos haviam trazido consigo essas ideias e agora as usavam contra o Parlamento. Objetavam não só que não estavam sendo representados nesse Parlamento, mas também que este não reconhecia limites aos seus poderes. Com a aplicação do princípio de limitação legal do poder por princípios superiores ao próprio Parlamento, a iniciativa do desenvolvimento do ideal de governo livre passou para os americanos.

Esses foram particularmente favorecidos pela sorte, talvez como nenhum outro povo numa situação similar, por terem entre os seus líderes grandes estudiosos de filosofia política. É um fato notável que, embora em muitos outros aspectos o novo país fosse ainda muito atrasado, se pudesse dizer que "na sua ciência política, só a América ocupa o primeiro nível. Há seis americanos que podem ser considerados no mesmo nível que os europeus mais eminentes, ao lado de Smith, Turgot, Mill e Humboldt".[7] Além disso, eram homens tão imbuídos da tradição clássica como qualquer um dos pensadores ingleses do século anterior, de quem conheciam perfeitamente as ideias.

2. Até a separação final, as reivindicações e os argumentos avançados dos colonos no conflito com a metrópole se baseavam totalmente nos direitos e privilégios dos quais se consideravam titulares como súditos britânicos. Só quando descobriram que a Constituição britânica, em cujos princípios haviam acreditado firmemente, tinha pouca substância e não podia ser invocada contra as pretensões do Parlamento, é que concluíram que tinham de criar as fundações em falta.[8] Viam como doutrina fundamental que uma "constituição permanente"[9] era essencial para qualquer governo livre e que uma constituição significava um governo limitado.[10] Desde o início da sua história, estavam familiarizados com documentos escritos que definiam e restringiam os poderes do governo, como o Pacto do Mayflower e os estatutos coloniais.[11]

Sua experiência também lhes ensinara que uma constituição define e distribui os diferentes poderes e, por isso, limita necessariamente os poderes de qualquer autoridade. Uma constituição pode se restringir a questões processuais e determinar apenas a fonte de toda autoridade. Mas não chamariam de "constituição" um documento que apenas afirmasse ser lei aquilo que um organismo ou uma pessoa assim decretasse. Percebiam que, uma vez que tal documento concedesse poderes

## 12. A CONTRIBUIÇÃO AMERICANA: O CONSTITUCIONALISMO

específicos a diferentes autoridades, limitaria igualmente seus poderes não só em relação às questões ou aos objetivos a perseguir, mas também a respeito dos métodos utilizados. Para os colonos, liberdade significava que o governo só deveria ter poder sobre ações explicitamente previstas pela lei, a fim de que ninguém detivesse qualquer poder arbitrário.[12]

A concepção de uma constituição passou, assim, a ficar intimamente ligada à concepção do governo representativo, no qual os poderes do órgão representativo eram estritamente limitados pelo documento que lhe conferia poderes específicos. A fórmula de que todo poder deriva do povo se referia não tanto à eleição periódica dos representantes, mas ao fato de o povo, organizado numa assembleia constituinte, ter o direito exclusivo de determinar os poderes da legislatura representativa.[13] A constituição foi então concebida como uma forma proteção do povo contra todas as ações arbitrárias, por parte tanto do Poder Legislativo como de outros ramos do governo.

Uma constituição que, desse modo, visa a limitar o governo tem de incluir normas que sejam efetivamente substantivas, além de disposições que regulem a origem da autoridade. Tem de estabelecer princípios gerais que devem governar as ações da legislatura nomeada. A ideia de uma constituição, portanto, envolve a ideia não só de hierarquia da autoridade ou do poder, mas também de uma hierarquia de normas ou leis, em que as que têm um nível mais elevado de generalidade e que decorrem de uma autoridade superior controlam o conteúdo das leis mais específicas aprovadas por uma autoridade delegada.

3. A concepção de uma lei superior que rege a legislação corrente é muito antiga. No século XVIII, era normalmente concebida como a lei de Deus, da Natureza ou da Razão. No entanto, a ideia de tornar essa superior lei explícita e exequível firmando-a em papel, embora não totalmente nova, foi pela primeira vez posta em prática pelos colonos revolucionários. De fato, as colônias fizeram as primeiras experiências de codificação dessa lei superior com uma base popular mais ampla do que a da legislação ordinária. Mas o modelo que iria influenciar profundamente o restante do mundo seria a constituição federal.

A distinção fundamental entre uma constituição e as leis ordinárias é semelhante à distinção entre as leis em geral e a sua aplicação pelos tribunais a um caso particular: da mesma forma que, ao decidir casos concretos, o juiz está vinculado a normas gerais, a legislatura, ao fazer leis particulares, está vinculada aos princípios mais gerais da constituição. A justificativa dessas distinções também é semelhante nos dois casos: tal como uma decisão judicial só é considerada justa se estiver em conformidade com a lei geral, as leis particulares só são justas se estiverem em conformidade com princípios mais gerais. E tal como queremos impedir que um juiz infrinja a lei por alguma razão particular, também queremos impedir que a legislatura infrinja certos princípios gerais motivada por objetivos temporários e imediatos.

Já falamos, em outra ocasião[14], da razão dessa necessidade. É que todos os indivíduos que perseguem fins imediatos podem — ou, por causa da limitação do seu intelecto, tendem a — violar as normas de conduta que, de outro modo, gostariam de ver observadas por todos. Devido à capacidade limitada da nossa inteligência, nossos fins imediatos parecem sempre muito importantes, e tendemos a sacrificar-lhes as vantagens em longo prazo. Tanto na conduta individual como na conduta social, portanto, só podemos alcançar certo grau de racionalidade ou de consistência na tomada de decisões particulares se nos sujeitarmos a princípios gerais, independentemente das necessidades momentâneas. Assim, como qualquer atividade humana, a legislação, para levar em conta os efeitos totais, não pode dispensar a orientação oferecida por princípios.

Tal como um indivíduo, uma legislatura terá mais relutância em tomar certas medidas em relação a um fim importante e imediato se isso implicar a rejeição explícita de princípios anteriormente anunciados. Esquecer uma obrigação ou quebrar uma promessa não é o mesmo que declarar explicitamente que os contratos ou as promessas podem ser rompidos sempre que ocorram certas condições gerais. Promulgar uma lei com efeitos retroativos, conferir privilégios por lei ou impor castigos a certos indivíduos não é o mesmo que rescindir o princípio que estabelece que isso nunca deve ser feito. E o fato de uma legislatura violar os direitos de propriedade ou a liberdade de expressão para alcançar um grande objetivo é muito diferente do fato de a legislatura ter de afirmar as condições gerais segundo as quais se permite a violação desses direitos.

A afirmação das condições segundo as quais essas ações da legislatura são legítimas teria provavelmente efeitos benéficos, mesmo que só a legislatura fosse obrigada a afirmá-las, tal como o juiz é obrigado a afirmar os princípios com base nos quais toma suas decisões. Mas seria claramente mais eficaz se somente outro organismo tivesse o poder de alterar esses princípios básicos, sobretudo se o modo de procedimento desse organismo for moroso e, portanto, oferecer o tempo necessário para que se perceba nas devidas proporções a importância do objetivo particular que deu origem ao pedido de alteração. Vale a pena observar que, em geral, as convenções constitucionais ou os organismos semelhantes criados para estabelecer os princípios mais gerais do governo são considerados competentes apenas para essa tarefa, e não para a promulgação de leis específicas.[15]

## 12. A CONTRIBUIÇÃO AMERICANA: O CONSTITUCIONALISMO

A expressão "os ébrios apelam aos sóbrios" [*appeal from the people drunk to the people sober*], que é muitas vezes usada a esse respeito, destaca apenas um aspecto de um problema muito mais amplo e, a julgar pela leviandade da frase, talvez tenha contribuído mais para confundir do que para esclarecer as questões muito importantes em causa. O problema não é apenas dar tempo para que as paixões se arrefeçam, ainda que por vezes isso possa ser muito importante, mas, sim, levar em consideração a incapacidade geral do homem para considerar todos os efeitos prováveis de uma medida específica e a sua dependência de generalizações ou de princípios a fim de que suas decisões individuais se enquadrem num todo coerente. Para o homem, é "impossível consultar seus interesses de forma tão eficiente como pela observância universal e inflexível das normas da Justiça".[16]

É desnecessário observar que um sistema constitucional não implica uma limitação absoluta da vontade do povo, mas apenas uma subordinação dos objetivos imediatos aos objetivos de longo prazo. Com efeito, isso significa uma limitação dos meios de que uma maioria temporária dispõe para alcançar certos objetivos mediante princípios de antemão estabelecidos por outra maioria para vigorarem durante um longo período de tempo. Em outras palavras, significa que o consentimento de submissão à maioria temporária relativo a questões particulares se baseia na compreensão de que essa maioria se submeterá a princípios mais gerais estabelecidos previamente por um organismo mais amplo.

Essa divisão da autoridade tem mais implicações do que à primeira vista poderia parecer. Implica um reconhecimento dos limites ao poder da razão deliberada e que seja preferível confiar em princípios comprovados, e não em soluções *ad hoc*; além disso, implica que a hierarquia das normas não termina necessariamente com as normas explicitamente expressas do direito constitucional. Tal como as forças que regem a mente do indivíduo, as forças que formam a ordem social operam em vários âmbitos; e até as constituições se baseiam, ou pressupõem, num acordo subjacente acerca de princípios mais fundamentais — princípios que podem nunca ter sido explicitamente expressos, mas que possibilitam e precedem o consentimento e as leis fundamentais escritas. Não devemos acreditar que, por termos aprendido a fazer leis de forma deliberada, todas as leis devem ser deliberadamente feitas pela ação humana.[17] Ao contrário, um grupo de indivíduos pode formar uma sociedade capaz de elaborar leis porque já partilham crenças comuns que possibilitam a discussão e a persuasão e às quais as normas articuladas devem se adaptar para serem aceitas como legítimas.[18]

Daqui se segue que nenhum indivíduo ou grupo de indivíduos tem liberdade total para impor aos outros qualquer lei que lhe aprouver. O ponto de vista contrário

A CONSTITUIÇÃO DA LIBERDADE

subjacente à concepção de soberania de Hobbes[19] (e o positivismo legal dela decorrente) nasce de um racionalismo falso, que concebe uma razão autônoma e autodeterminada e menospreza o fato de todo pensamento racional se mover dentro de uma estrutura não racional de crenças e instituições. Constitucionalismo significa que todo poder se baseia no pressuposto de que será exercido de acordo com princípios aceitos por todos, que os indivíduos a quem o poder é conferido são escolhidos por se acreditar que são os que têm mais probabilidade de fazer o que é correto, e não porque tudo o que fizerem deva ser correto. Assenta-se, em última análise, no pressuposto de que o poder não é um fato físico, mas um estado de opinião que leva as pessoas a obedecerem.[20]

Só um demagogo pode considerar "antidemocráticas" as limitações que as decisões de longo prazo e os princípios gerais defendidos pelo povo impõem ao poder das maiorias temporárias. Essas limitações foram concebidas para proteger o povo daqueles aos quais tem de conferir o poder, e são o único meio pelo qual o povo pode determinar o caráter geral da ordem sob a qual vive. É inevitável que, ao aceitarem princípios gerais, estejam limitando sua ação relativamente a certas questões. Pois só evitando tomar medidas a que não desejariam se submeter os membros de uma maioria podem impedir a adoção de tais medidas quando estão em minoria. A adesão a princípios duradouros, de fato, confere ao povo mais controle sobre a natureza geral da ordem política do que teria se seu caráter fosse determinado apenas por decisões sucessivas sobre casos específicos. Não há dúvida de que uma sociedade livre precisa de meios permanentes de restrição dos poderes do governo, seja qual for o objetivo particular do momento. E a constituição que a nova nação americana elaboraria para si mesma significava não só uma regulamentação da origem do poder, mas também, enquanto constituição de liberdade, uma constituição que protegeria o indivíduo de toda coerção arbitrária.

4. Os onze anos que decorreram entre a Declaração de Independência e a elaboração da Constituição federal foram um período de experiências realizadas pelos treze novos Estados com os princípios do constitucionalismo. Em certos aspectos, suas constituições individuais mostram de forma mais clara do que a Constituição da União, na sua versão definitiva, como a limitação de todo poder governamental foi objeto do constitucionalismo. Isso é visível, sobretudo, na posição proeminente que foi dada sempre aos direitos individuais invioláveis, que foram enumerados como parte desses documentos constitucionais ou como Declarações de Direitos separadas.[21] Embora muitas delas não fossem mais do que reafirmações dos direitos de que os colonos

186

## 12. A CONTRIBUIÇÃO AMERICANA: O CONSTITUCIONALISMO

já haviam gozado[22] ou pensavam que sempre deveriam ter gozado, e muitas das outras tenham sido formuladas apressadamente tendo em vista questões do momento, mostram claramente o que o constitucionalismo significava para os americanos. Aqui e ali, antecipam a maioria dos princípios que iriam inspirar a Constituição federal.[23] A principal preocupação de todos, como dizia a Carta de Direitos que precedeu a Constituição de Massachusetts de 1780, era que o governo fosse "um governo de leis, e não de homens".[24]

A Declaração de Direitos da Virgínia, a mais conhecida de todas, que foi elaborada e adotada antes da Declaração de Independência e inspirada em precedentes ingleses e coloniais, serviu de protótipo não só para as declarações dos outros estados, mas também para a Declaração Francesa dos Direitos do Homem e do Cidadão de 1789 e, por intermédio desta, para todos os documentos europeus similares.[25] Na sua essência, as várias Declarações de Direitos dos estados americanos e as suas principais disposições são agora conhecidas de toda a gente.[26] No entanto, vale a pena mencionar algumas dessas disposições, que só ocorrerão ocasionalmente, como a proibição das leis retroativas, que ocorre em quatro das declarações de direitos estaduais, ou a das "concessões perpétuas e dos monopólios", que ocorre em duas.[27] Igualmente importante é a forma enfática como algumas constituições formulam o princípio de separação de poderes[28] — isso porque, na prática, esse princípio era mais infringido do que respeitado. Outra característica recorrente — que, para os leitores atuais, parecerá apenas um floreado retórico, mas, para os indivíduos da época, era muito importante — consistia no apelo aos "princípios fundamentais de um governo livre" contido em várias das constituições[29] e no lembrete repetido de que "o regresso aos princípios fundamentais é absolutamente necessário para preservar a dádiva da liberdade".[30]

É verdade que muitos desses princípios admiráveis não passaram da teoria e que as legislaturas estaduais depressa chegaram quase a reivindicar uma onipotência como o Parlamento fizera. De fato, "com a maioria das constituições revolucionárias, a legislatura era realmente onipotente, enquanto o Poder Executivo era uma instância fraca. Quase todos esses instrumentos conferiam um poder praticamente ilimitado à legislatura. Em seis constituições, não havia qualquer disposição que impedisse que a legislatura emendasse a Constituição mediante um processo legislativo ordinário".[31] Mesmo nos casos em que isso não acontecia, as legislaturas desprezavam frequentemente o texto da Constituição e, ainda mais, os direitos não expressos dos cidadãos que essas constituições deviam proteger. No entanto, o desenvolvimento de proteções explícitas contra esses abusos requeria tempo. A principal lição do período da Confederação foi que a mera transposição da constituição para o papel pouco contribuía para a existência de mudanças, a não ser que houvesse mecanismos específicos que a fizessem cumprir.[32]

5. Por vezes, dá-se muita importância ao fato de a Constituição americana ser fruto de um projeto e de, pela primeira vez na história moderna, um povo ter organizado deliberadamente o tipo de governo sob o qual pretendia viver. Os próprios americanos estavam bem conscientes da natureza singular do seu empreendimento e, em certo sentido, não há dúvida de que eram guiados por um espírito racionalista, um desejo de construção deliberada e de um método pragmático mais próximos daquilo a que se chamou "tradição francesa" do que da "tradição britânica".[33] Essa atitude foi frequentemente reforçada por uma desconfiança geral em relação à tradição e por um orgulho visível pelo fato de a nova estrutura ser uma obra totalmente americana. Era uma atitude mais justificada nesse caso do que em outros casos semelhantes, mas ainda essencialmente errada. É notável ver como a estrutura de governo recém-surgido se distinguia fortemente de qualquer outra estrutura prevista, como o resultado se deveu a acidentes históricos ou à aplicação de princípios herdados a uma nova situação. As novas descobertas contidas na Constituição federal resultaram da aplicação de princípios tradicionais a problemas específicos ou emergiram como consequências vagamente previstas de ideias gerais.

Quando a Convenção Federal, encarregada de "tornar a constituição do governo federal mais adequada às exigências da União", se reuniu na Filadélfia em maio de 1787, os líderes do movimento federalista se viram diante de dois problemas. Embora todos concordassem que os poderes da confederação eram insuficientes e deviam ser reforçados, a principal preocupação continuava a ser a limitação dos poderes do governo; outra razão importante para a reforma era reduzir os poderes das legislaturas estaduais.[34] A experiência da primeira década de independência só mudara um pouco a ênfase da proteção contra o governo arbitrário para a criação de um governo comum eficaz. No entanto, também oferecera novos motivos para desconfiar do uso do poder pelas legislaturas estaduais. Não se previa que a solução do primeiro problema também forneceria a resposta para o segundo e que a transferência de alguns poderes essenciais para um governo central, enquanto os outros poderiam ser deixados para os estados separados, também estabeleceria um limite eficaz a todo governo. Parece ter sido de Madison que "veio a ideia de que o problema de criar garantias adequadas para os direitos individuais e o de conceder poderes adequados ao governo nacional eram, afinal, o mesmo problema, uma vez que um governo nacional

## 12. A CONTRIBUIÇÃO AMERICANA: O CONSTITUCIONALISMO

reforçado poderia equilibrar as prerrogativas cada vez maiores das legislaturas estaduais".[35] Assim, chegou-se à grande descoberta, acerca da qual Lord Acton disse: "De todas as formas de controle da democracia, o federalismo tem sido a mais eficaz e a mais adequada. [...] O sistema federal limita e restringe o poder soberano ao dividi-lo e ao atribuir ao governo apenas certos direitos definidos. É o único método de moderar não só a maioria, mas também o poder de todo o povo, e fornece a base mais sólida para uma segunda câmara, considerada essencial para a garantia de liberdade em qualquer democracia genuína".[36]

Nem sempre se compreende por que uma divisão de poderes entre diferentes autoridades reduz necessariamente o poder que qualquer indivíduo pode exercer. Não é apenas por as autoridades separadas, por protegerem cada uma sua área de atuação, impedirem reciprocamente os excessos de poder. Mais importante é o fato de certos tipos de coerção exigirem o emprego conjunto e coordenado de diferentes poderes ou o uso de vários meios, e, se estes estiverem em várias mãos, ninguém poderá exercer tal coerção. O exemplo mais conhecido é fornecido por muitos tipos de controle econômico que só serão eficazes se a autoridade que os exerce também puder controlar o movimento de pessoas e bens dentro das fronteiras do seu território. Se não detiver esse poder, embora tenha o poder de controlar os acontecimentos internos, não poderá implementar políticas que dependam do uso conjunto de ambos. Por conseguinte, o governo federal é, num sentido muito claro, um governo limitado.[37]

A outra principal característica da Constituição, relevante para a nossa análise, é a disposição que garante os direitos individuais. A razão por que, no início, se decidiu não incluir uma Carta de Direitos na Constituição e as considerações que, mais tarde, convenceram até os que antes se opunham à decisão são igualmente significativas. O argumento contra a inclusão foi explicitamente formulado por Alexander Hamilton no *The Federalist*:

[As Cartas de Direitos] não só são desnecessárias na proposta de Constituição, como também seriam perigosas. Ao conter várias exceções a poderes não concedidos, dariam um pretexto claro para que governantes ultrapassassem o limite do seu poder. Pois, por que declarar que certas coisas não devem ser feitas se não há poder para fazê-las? Por exemplo, por que deveria se dizer que a liberdade de imprensa não deve ser restringida quando não foi concedido qualquer poder que poderia impor essas restrições? Não digo que tal disposição pudesse conferir um poder regulador; mas é evidente que

# A CONSTITUIÇÃO DA LIBERDADE

forneceria aos indivíduos que tendem a abusos um pretexto plausível para exigirem esse poder. Eles poderiam afirmar, com aparente razão, que a Constituição não deveria ter o ônus absurdo de dispor contra o abuso de autoridade, que não foi concedido, e que um decreto contra a restrição da liberdade de imprensa implicaria claramente que o direito de prescrever normas sobre ela pertenceria ao governo nacional. Isso é um exemplo das numerosas interpretações que se poderia dar à doutrina dos poderes construtivos se nos deixássemos levar por um zelo insensato pelas cartas de direitos.[38]

A objeção básica, portanto, era que a Constituição visava a proteger um número de direitos individuais muito maior do que qualquer documento poderia enumerar exaustivamente e que qualquer enumeração explícita de alguns direitos poderia ser interpretada como suposição de que os outros não estariam protegidos.[39] A experiência demonstrou que havia boas razões para o receio de que nenhuma carta de direitos poderia englobar todos os direitos implicados nos "princípios gerais comuns às nossas instituições"[40] e que destacar alguns poderia implicar que os demais não estavam protegidos. Por outro lado, depressa se reconheceu que a Constituição conferiria ao governo poderes que poderiam ser usados para violar os direitos individuais se esses não fossem especialmente protegidos e que, como alguns desses direitos já haviam sido mencionados no texto da Constituição, haveria vantagem em acrescentar uma lista mais completa. "Uma carta de direitos", foi depois dito, "é importante e pode até ser frequentemente indispensável para uma definição dos poderes realmente concedidos pelo povo ao governo. Essa é a verdadeira base de todas as cartas de direitos da metrópole, das constituições e leis coloniais e das constituições estaduais", e "uma carta de direitos é uma proteção importante contra a conduta injusta e opressiva por parte do próprio povo".[41]

Contra esse perigo claramente percebido na época, introduziu-se a cuidadosa disposição (na 9ª Emenda) pela qual "a enumeração de certos direitos nesta Constituição não deve ser interpretada como negação ou depreciação de outros direitos detidos pelo povo", disposição cujo significado foi, mais tarde, totalmente esquecido.[42]

Devemos mencionar de forma sucinta outra característica da Constituição americana, para não parecer que a admiração que os protagonistas da liberdade sempre tiveram pela Constituição[43] se estende necessariamente também a esse aspecto, em particular por ser produto da mesma tradição. A doutrina da separação de poderes conduziu à formação de uma república presidencial na qual o principal

## 12. A CONTRIBUIÇÃO AMERICANA: O CONSTITUCIONALISMO

responsável pelo Poder Executivo recebe seu poder diretamente do povo e, por isso, não precisa pertencer ao partido que controla o Poder Legislativo. Mais à frente, veremos que a interpretação da doutrina em que esse sistema se baseia não é de modo algum exigida pelo fim a que serve. Não se percebe bem a conveniência de impor esse obstáculo específico à eficiência do Poder Executivo, e outras virtudes da Constituição americana poderiam se mostrar mais vantajosas se não estivessem ligadas a essa característica.

6. Se considerarmos que o objetivo da Constituição era fundamentalmente limitar as legislaturas, fica evidente que era necessário adotar medidas para aplicar essas restrições da mesma maneira que as outras leis são aplicadas — ou seja, por meio dos tribunais de justiça. Por isso, não surpreende que um historiador pense que "o controle judicial [*judicial review*], em vez de ser uma invenção americana, é tão antigo quanto o próprio direito constitucional, e, sem esse controle, nunca se teria chegado ao constitucionalismo".[44] Em virtude do caráter do movimento que conduziu à concepção de uma constituição escrita, parece realmente curioso que tenha sido questionada a necessidade de ter tribunais capazes de declarar a inconstitucionalidade das leis.[45] De qualquer maneira, o importante é que, para alguns dos redatores da Constituição, o controle judicial era uma parte necessária e evidente de uma constituição, e, quando surgiu a oportunidade de defenderem a sua concepção nas primeiras discussões após a sua adoção, foram suficientemente explícitos nas suas declarações[46]; e, por decisão do Supremo Tribunal, se tornou rapidamente a lei da nação. O controle judicial já havia sido aplicado pelos tribunais estaduais a respeito das constituições estaduais (em certos casos, ainda antes da adoção da Constituição federal)[47], embora nenhuma das constituições estaduais o tivesse previsto explicitamente, e parecia óbvio que os tribunais federais deveriam ter o mesmo poder no que dizia respeito à Constituição federal. O parecer acerca do caso *Marbury versus Madison*, no qual o presidente do Supremo Tribunal dos Estados Unidos Marshall estabeleceu o princípio, é merecidamente famoso pela forma magistral como resumiu a lógica de uma constituição escrita.[48]

Foi muitas vezes observado que, 54 anos depois dessa decisão, o Supremo Tribunal não teve nova oportunidade de reafirmar esse poder. Mas devemos notar que um poder correspondente foi usado com frequência durante o período pelos tribunais estaduais, e que a sua não utilização pelo Supremo Tribunal só seria significativa se pudesse demonstrar que não o usou em casos em que caberia empregá-lo.[49] Além disso, não há dúvida de que foi nesse período que se desenvolveu toda a doutrina da

# A CONSTITUIÇÃO DA LIBERDADE

Constituição em que se baseava o controle judicial. Durante essa época surgiu uma literatura singular acerca das garantias legais da liberdade individual que merece um lugar na história da liberdade ao lado dos grandes debates ingleses dos séculos XVII e XVIII. Numa exposição mais completa, as contribuições de James Wilson, John Marshall, Joseph Story, James Kent e Daniel Webster merecem uma consideração cuidadosa. A reação posterior contra as suas doutrinas ofuscou, de certo modo, a grande influência que essa geração de juristas exerceu sobre a evolução da tradição política americana.[50]

Nesta obra, só podemos considerar outro desenvolvimento da doutrina constitucional durante esse período. Trata-se do reconhecimento cada vez maior de que um sistema constitucional baseado na separação de poderes implicava uma distinção clara entre as leis propriamente ditas e as outras medidas do Legislativo que não são normas gerais. Nos debates do período, encontramos referências constantes ao conceito de "leis gerais, elaboradas por deliberação, imunes a ressentimentos e desconhecendo-se a quem iriam afetar".[51] Houve muitas discussões acerca da inconveniência das leis "especiais" em contraposição às leis "gerais".[52] As decisões judiciais sublinharam em várias ocasiões que as leis propriamente ditas deveriam ser "leis públicas gerais igualmente aplicáveis a todos os membros da comunidade em circunstâncias similares".[53] Foram feitas várias tentativas de incorporar essa distinção nas constituições estaduais[54], até acabar por ser vista como uma das principais limitações à legislação. Isso, em conjunção com a proibição explícita das leis com efeitos retroativos contida na Constituição federal (de certo modo inexplicavelmente restrita ao direito criminal por uma decisão anterior do Supremo Tribunal)[55], indica como as normas constitucionais visavam controlar grande parte da legislação.

7. Em meados do século, quando o Supremo Tribunal voltou a ter a oportunidade de reafirmar seu poder de analisar a constitucionalidade de leis congressionais, a existência desse poder não foi questionada. O problema passou a ser a natureza das limitações substantivas que os princípios constitucionais impunham à legislação. Durante algum tempo, as decisões judiciais invocaram livremente "a natureza essencial de todos os governos livres" e os "princípios fundamentais da civilização". Mas, pouco a pouco, à medida que o ideal de soberania popular foi ganhando influência, aconteceu o que os opositores de uma enumeração explícita dos direitos protegidos temiam: passou a aceitar-se como doutrina a ideia de que os tribunais não tinham a liberdade de "revogar uma lei por, na sua opinião, se opor a um *espírito* supostamente contido na constituição, *mas não expresso em palavras*".[56] O significado da 9ª Emenda foi esquecido, e, aparentemente, assim continua desde então.[57]

192

## 12. A CONTRIBUIÇÃO AMERICANA: O CONSTITUCIONALISMO

Assim vinculados às disposições explícitas da Constituição, os juízes do Supremo Tribunal, na segunda metade do século, viram-se numa posição um tanto peculiar ao se depararem com certos usos do Poder Legislativo que, na sua opinião, a Constituição deveria prevenir, mas que não proibia explicitamente. De fato, no início, privaram-se de uma arma que podia ser oferecida pela 14ª Emenda. A disposição de que "nenhum estado aprovará ou aplicará uma lei que limite os privilégios ou as imunidades dos cidadãos dos Estados Unidos" foi, no espaço de cinco anos, reduzida a uma "nulidade prática" por decisão do Supremo Tribunal.[58] Mas a continuação da mesma disposição — "Nenhum estado retirará a vida, a liberdade ou a propriedade de um cidadão sem um devido processo legal; nem negará a um cidadão da sua jurisdição a proteção igual das leis" — iria adquirir uma importância totalmente imprevista.

A disposição do "devido processo legal" dessa emenda repete, com uma referência explícita à legislação estadual, aquilo que a 5ª Emenda já providenciara e que várias constituições estaduais haviam afirmado. Em geral, o Supremo Tribunal interpretara a disposição anterior de acordo com aquele que era, sem dúvida, o seu significado original de "devido processo para a aplicação da lei". No entanto, no último quarto do século, quando, por um lado, se tornou uma doutrina indiscutível que só a letra da Constituição podia justificar a inconstitucionalidade de uma lei pelo Supremo Tribunal, e quando, por outro lado, havia cada vez mais leis que pareciam contrárias ao espírito da Constituição, o Supremo Tribunal aproveitou a oportunidade e interpretou o procedimento como sendo uma norma substantiva. As disposições sobre o "devido processo" da 5ª e 14ª Emendas eram as únicas da Constituição que mencionavam a propriedade privada. Durante os cinquenta anos seguintes, tornaram-se assim a base sobre a qual o Supremo Tribunal construiu um corpo legislativo relativo não só às liberdades individuais, mas também ao controle estatal da vida econômica, incluindo o uso do poder policial e a tributação fiscal.[59]

Os resultados desse desenvolvimento peculiar e parcialmente acidental não oferecem uma lição geral suficiente para justificar uma análise mais alongada das questões complexas do atual direito constitucional americano deles decorrentes. Poucos consideram satisfatória a situação que emergiu. Com uma autoridade tão vaga, o Supremo Tribunal foi inevitavelmente levado a julgar não se determinada lei excedia os poderes específicos conferidos às legislaturas, ou se a legislação infringia princípios gerais, escritos ou não escritos, que a Constituição devia defender, mas se os fins para que a legislatura usava os seus poderes eram desejáveis. A questão que então se apresentava era se os fins a que os poderes visavam eram "razoáveis"[60] ou, em outras

193

# A CONSTITUIÇÃO DA LIBERDADE

palavras, se a necessidade no caso particular era suficiente para justificar o uso de certos poderes que, em outros casos, poderia ser justificado. O Supremo Tribunal estava claramente excedendo suas funções judiciais e arrogando-se poderes que pertenciam ao Legislativo. Isso acabou levando a conflitos com a opinião pública e com o poder, nos quais a autoridade do Supremo Tribunal foi afetada.

8. Embora esse episódio ainda esteja na história recente para a maioria dos americanos, não podemos ignorar totalmente o auge da luta entre o Poder Executivo e o Supremo Tribunal, que, desde o primeiro mandato de Roosevelt e da campanha contra o Supremo promovida pelos progressistas seguidores de La Follette, foi uma característica constante do cenário político americano. O conflito de 1937 obrigou o Supremo Tribunal a recuar da sua posição mais extrema e conduziu a uma reafirmação dos princípios fundamentais da tradição americana, cuja importância é duradoura.

No apogeu da mais grave depressão econômica dos tempos modernos, a presidência americana foi ocupada por uma daquelas figuras extravagantes que Walter Bagehot tinha em mente quando escreveu: "Um homem de gênio, de voz apelativa e mente limitada, que proclama e insiste em que o desenvolvimento especial não só é uma coisa boa em si mesma, mas a melhor de todas as coisas e a raiz de todas as outras coisas boas".[61] Totalmente convicto de saber melhor do que ninguém o que era necessário, Franklin D. Roosevelt achava que a função da democracia em tempos de crise consistia em conferir poderes ilimitados ao homem em que se confiava, mesmo que isso significasse "forjar novos instrumentos de poder que, em certas mãos, poderiam ser perigosos".[62]

Era inevitável que essa atitude, que via quase todos os meios como legítimos se os fins fossem desejáveis, conduzisse rapidamente a um confronto direto com um Supremo Tribunal que, durante meio século, julgara habitualmente tendo por base a "razoabilidade" da legislação. É provável que, na sua decisão mais espetacular, quando revogou por unanimidade a Lei da Administração da Recuperação Nacional, o Supremo Tribunal tenha não só salvado o país de uma medida mal concebida, mas também agido dentro dos seus direitos constitucionais. No entanto, depois, a sua pequena maioria conservadora anulou, por motivos muito mais questionáveis, sucessivas medidas do presidente até ele se convencer de que a única forma de levar avante essas medidas era restringir os poderes ou alterar a composição do Supremo Tribunal. A luta chegou ao ponto decisivo com a discussão daquilo que ficou conhecido como a "Court Packing Bill". No entanto, em 1936, a reeleição do presidente por uma maioria sem precedentes, que reforçou suficientemente sua posição para tentar essas

## 12. A CONTRIBUIÇÃO AMERICANA: O CONSTITUCIONALISMO

alterações, também parece ter convencido o Supremo Tribunal de que o programa do presidente contava com largo apoio. Quando, consequentemente, o Supremo Tribunal recuou da sua posição mais radical e não só inverteu sua atitude em relação às questões centrais, mas também, com efeito, abandonou o uso da disposição do devido processo como limite substantivo à legislação, o presidente perdeu os seus argumentos mais fortes. Essa medida acabou por ser totalmente derrotada no Senado, onde seu partido tinha uma maioria esmagadora, e seu prestígio sofreu um duro golpe no momento em que havia alcançado o ponto mais alto da sua popularidade.

Graças, sobretudo, à reafirmação brilhante do papel tradicional do Supremo Tribunal no relatório da Comissão Judicial do Senado, esse episódio constitui uma conclusão adequada para o estudo da contribuição americana no ideal de liberdade dentro da lei. Citaremos apenas as passagens mais importantes desse documento. A declaração de princípios começa com o pressuposto de que a preservação do sistema constitucional americano é "incomensuravelmente mais importante [...] do que a adoção imediata de qualquer legislação, por mais benéfica que seja". Defende "a continuação e a perpetuação do governo e do estado de direito, distinto do governo e da soberania dos homens, e assim, reafirmamos os princípios básicos da Constituição dos Estados Unidos". E continua:

> Se o tribunal de última instância tiver de responder a um sentimento prevalente do momento, politicamente imposto, esse tribunal se tornará subserviente da pressão da opinião pública do momento, que poderá abraçar a paixão da turba, contrária a uma consideração mais calma e duradoura. [...] Nos textos e nas práticas dos grandes estadistas responsáveis pelas decisões do Supremo Tribunal quando se trata de grandes problemas do governo livre relativos aos direitos humanos, não encontramos filosofia mais aperfeiçoada ou mais duradoura do governo livre.[63]

Nunca uma legislatura prestou maior tributo ao mesmo Supremo Tribunal que lhe limitava os poderes. E ninguém, nos Estados Unidos, que se recorde desse acontecimento pode duvidar que exprimia os sentimentos da grande maioria da população.[64]

9. Apesar do êxito incrível da experiência americana com o constitucionalismo — e não conheço outra Constituição escrita que tenha durado tanto —, não deixa de ser

# A CONSTITUIÇÃO DA LIBERDADE

uma experiência de uma nova forma de organizar o governo, e não devemos vê-la como detentora de toda a sabedoria nesse campo. As principais características da Constituição americana se cristalizaram num estágio tão inicial da compreensão do significado de uma Constituição e fez-se tão pouco uso do poder de emendá-la para incorporar no documento escrito as lições aprendidas que, em certos aspectos, as partes não escritas da Constituição são mais instrutivas do que o seu texto. Seja como for, para os fins deste estudo, os princípios gerais subjacentes são mais importantes do que qualquer uma das suas características particulares.

A questão essencial é que, nos Estados Unidos, estabeleceu-se que o Legislativo está sujeito a normas gerais; que tem de lidar com os problemas particulares de tal maneira que o princípio básico também possa ser aplicado em outros casos; e que, se violar um princípio até então observado, embora, talvez, nunca explicitamente afirmado, tem de reconhecer esse fato e se sujeitar a um processo elaborado a fim de saber se as convicções básicas do povo realmente mudaram. O controle judicial não é um obstáculo absoluto à mudança; no pior dos casos, pode atrasar o processo e levar o órgão que elabora a Constituição a repudiar ou reafirmar o princípio em causa.

O uso de princípios gerais para restringir o governo na sua tentativa de alcançar objetivos imediatos é, em parte, uma precaução contra a desorientação; para isso, o controle judicial requer, como complemento, o emprego de um instrumento como o referendo, uma convocação do povo em geral para decidir em matéria de princípios gerais. Além disso, um governo que só pode exercer coerção sobre o cidadão em conformidade com normas gerais preestabelecidas e duradouras, mas não para fins específicos e temporários, não é compatível com qualquer tipo de ordem econômica. Se a coerção só puder ser usada numa forma prescrita pelas normas gerais, o governo estará impossibilitado de empreender certas tarefas. Assim, é verdade que, "despojado das suas vestes, o liberalismo é constitucionalismo, 'um governo de leis, e não de homens'"[65] — se por "liberalismo" entendermos aquilo que ainda se entendia nos Estados Unidos durante a luta do Supremo Tribunal de 1937, quando o "liberalismo" dos defensores do Supremo foi atacado como pensamento minoritário.[66] Nesse sentido, os americanos puderam defender a liberdade ao defender a sua Constituição. Veremos agora como, no continente europeu, no início do século XIX, o movimento liberal, inspirado no exemplo americano, viu como seu principal objetivo o estabelecimento do constitucionalismo e do estado de direito.

# 13. Liberalismo e administração: o *Rechtsstaat*

> *Como pode haver um limite definido ao poder supremo se o seu objetivo é uma felicidade geral indefinida, sujeita à sua interpretação? Deverão os príncipes ser os pais do povo, por muito grande que seja o perigo de se tornarem também os seus déspotas?*
>
> G. H. VON BERG

1. Na maioria dos países do continente europeu, em meados do século XVIII, duzentos anos de governo absoluto haviam destruído as tradições de liberdade. Embora algumas das concepções mais antigas tivessem sido transmitidas e desenvolvidas pelos teóricos do direito, o principal impulso que levou a um renascimento veio do outro lado do canal da Mancha. No entanto, à medida que o novo movimento ia crescendo, deparou com uma situação diferente da que ocorria na América na mesma época ou da que existira na Inglaterra um século antes.

Esse novo fator foi a poderosa máquina administrativa centralizada que o absolutismo construíra, um corpo de administradores profissionais que se tornaram os principais governantes do povo. Essa burocracia se preocupava muito mais com o bem-estar do povo do que com o que o governo limitado do mundo anglo-saxônico podia fazer ou poderia se esperar que fizesse. Assim, numa fase inicial do seu movimento, os liberais continentais tiveram de enfrentar problemas que, na Inglaterra e nos Estados Unidos, só apareceram muito mais tarde e de forma tão gradual que houve poucas oportunidades para discussões sistemáticas.

O grande objetivo do movimento contra o poder arbitrário foi, desde o início, o estabelecimento do estado de direito. Não eram apenas os intérpretes das instituições inglesas — sobretudo Montesquieu — que representavam o governo da lei como a essência da liberdade; até Rousseau, que se tornou a principal fonte de uma tradição diferente e oposta, achava que "o grande problema na política, que eu comparo à

# A CONSTITUIÇÃO DA LIBERDADE

quadratura do círculo na geometria, [era] encontrar uma forma de governo que coloque a lei acima dos homens".[1] Seu conceito ambivalente de "vontade geral" também conduziu a teorizações importantes acerca da ideia de Estado Direito. Deveria ser geral não só no sentido de ser a vontade de todos, mas também a intenção:

> Quando digo que o objetivo das leis é sempre geral, entendo que a lei considera sempre o objeto em geral e as ações em termos abstratos, e nunca um indivíduo ou uma ação particular. Por exemplo, uma lei pode prever a existência de privilégios, mas não deve nomear os indivíduos que deles gozam; a lei pode criar várias classes de cidadãos e até designar as qualificações que darão acesso a cada classe, mas não deve nomear a admissão de ninguém em particular; pode estabelecer um governo real com sucessão hereditária, mas não pode escolher o rei nem nomear uma família real; em suma, tudo o que se refere a um indivíduo em particular está fora do âmbito da autoridade legislativa.[2]

2. A Revolução de 1789, portanto, foi saudada universalmente, para citar a frase memorável do historiador Michelet, como *"l'avènement de la loi"*.[3] Como A. V. Dicey escreveu mais tarde: "A Bastilha era o sinal exterior visível do poder sem lei. Sua queda foi considerada no restante da Europa o verdadeiro prenúncio do estado de direito que já existia na Inglaterra".[4] A celebrada *Déclaration des droits de l'homme et du citoyen*, com suas garantias dos direitos dos indivíduos e a afirmação do princípio da separação de poderes, representado como parte essencial de qualquer Constituição, visava ao estabelecimento de uma soberania estrita da lei.[5] E os primeiros esforços para elaborar uma constituição são penosos e, frequentemente, estão cheios de tentativas pedantes de definição dos conceitos básicos de um governo da lei.[6]

Embora a Revolução tenha se inspirado no ideal do estado de direito[7], é duvidoso que tenha contribuído realmente para o progresso deste. O fato de o ideal de soberania popular ter obtido vitória ao mesmo tempo que o ideal do estado de direito levou a que este fosse logo relegado a segundo plano. Surgiram prontamente outras aspirações que dificilmente se conciliavam com o ideal do estado de direito.[8] É provável que nenhuma revolução violenta contribua para o aumento do respeito pela lei. Um Lafayette poderia invocar a "soberania da lei" contra o "reino dos clubes", mas seria em vão. O efeito geral do "espírito revolucionário" encontra provavelmente sua melhor descrição nas palavras que o principal autor do código civil francês usou

## 13. LIBERALISMO E ADMINISTRAÇÃO: O RECHTSSTAAT

quando o apresentou à assembleia: "A fervorosa determinação em sacrificar violentamente todos os direitos a um fim revolucionário e não mais admitir qualquer outra consideração além de uma ideia indefinível e mutável daquilo que é exigido pelo interesse do Estado".[9]

O que tornou tão infrutíferos os esforços da Revolução no sentido de um aumento da liberdade individual foi o fato decisivo de ter criado a crença de que, como todo o poder finalmente estava nas mãos do povo, todas as garantias contra o abuso desse poder eram agora desnecessárias. Pensava-se que a chegada da democracia evitaria automaticamente o uso arbitrário do poder. Os deputados eleitos pelo povo, porém, não tardaram a se mostrar muito mais interessados em que seus objetivos fossem atendidos pelos órgãos executivos do que na proteção dos indivíduos contra o poder do Executivo. Ainda que, em muitos aspectos, a Revolução Francesa tenha se inspirado na americana, nunca alcançou o resultado desta — uma Constituição que impunha limites aos poderes da legislação.[10] Além disso, desde o início da Revolução, os princípios básicos da igualdade perante a lei foram ameaçados pelas novas exigências dos precursores do socialismo moderno, que reivindicavam uma *égalité de fait*, e não uma mera *égalité de droit*.


3. Aquilo que a Revolução não alterou e que, como Tocqueville tão bem mostrou[11], sobreviveu a todas as transformações das décadas seguintes foi o poder das autoridades administrativas. De fato, a interpretação radical do princípio da separação de poderes que tinha ganhado aceitação na França serviu para reforçar os poderes da administração e foi usada em grande parte para proteger as autoridades administrativas de qualquer interferência pelos tribunais, e, assim, ao invés de limitar, reforçou o poder do Estado.

O regime napoleônico que se seguiu à Revolução estava necessariamente mais interessado em aumentar a eficiência e o poder da máquina administrativa do que em garantir a liberdade dos indivíduos. Contra essa tendência, a liberdade dentro da lei, que voltara a ser a palavra de ordem durante o intervalo breve da Monarquia de Julho, avançou muito pouco.[12] A República não criou ocasiões para fazer qualquer tentativa sistemática de proteger o indivíduo contra o poder arbitrário do Executivo. De fato, foi a situação que prevaleceu na França durante a maior parte do século XIX que deu ao "direito administrativo" a má fama que há muito tinha no mundo anglo-saxônico.

É verdade que, no interior da máquina administrativa, se desenvolveu gradualmente um novo poder que assumiu cada vez mais a função de limitar os poderes

A CONSTITUIÇÃO DA LIBERDADE

discricionários dos departamentos administrativos. O Conseil d'État, originalmente criado apenas para assegurar que as intenções da legislatura fossem fielmente postas em prática, desenvolveu-se, nos tempos modernos, de uma forma que, como os estudiosos anglo-saxônicos descobriram recentemente com alguma surpresa[13], dá ao cidadão mais proteção contra a ação discricionária das autoridades administrativas do que aquela que existe na Inglaterra contemporânea. Essas inovações francesas atraíram muito mais atenção do que a evolução similar que ocorreu na Alemanha no mesmo período. Nesse país, a conservação das instituições monárquicas nunca permitiu que dominasse uma confiança ingênua na eficácia automática do controle democrático. A discussão sistemática dos problemas produziu, assim, uma elaborada teoria do controle da administração, cuja influência política prática, embora tenha sido de curta duração, afetou profundamente o pensamento jurídico continental.[14] E como foi contra essa forma alemã do estado de direito que as novas teorias do direito se desenvolveram, conquistando o mundo e minando em toda parte do estado de direito, é importante conhecê-la um pouco melhor.

4. Considerando a reputação que a Prússia adquiriu no século xix, o leitor poderá ficar admirado ao saber que as origens do movimento alemão a favor de um governo da lei se encontram nesse país.[15] Em certos aspectos, porém, o regime de despotismo esclarecido do século xviii foi surpreendentemente moderno naquele país — de fato, poderia se dizer que era quase liberal no que dizia respeito aos princípios jurídicos e administrativos. Quando Frederico ii se proclamou como o primeiro servidor do Estado, não estava dizendo nada de absurdo.[16] A tradição, herdada sobretudo dos grandes teóricos do direito natural e, em parte, de fontes ocidentais, no fim do século xviii, foi muito reforçada pela influência das teorias morais e legais do filósofo Immanuel Kant.

Os escritores alemães costumam atribuir às teorias de Kant o impulso inicial ao movimento no sentido do *Rechtsstaat*. Ainda que isso possa exagerar a originalidade da sua filosofia do direito[17], não há dúvida de que Kant conferiu a essas ideias a forma sob a qual exerceram a maior influência na Alemanha. De fato, sua principal contribuição é uma teoria geral da moral que fez o princípio do estado de direito parecer uma aplicação especial de um princípio mais geral. Seu famoso "imperativo categórico", a regra de que o homem deve "agir de tal modo que a máxima da sua vontade possa valer sempre ao mesmo tempo como princípio de uma legislação universal"[18], é, de fato, uma extensão do campo geral da ética da ideia básica que norteia a soberania da lei. Esse imperativo, tal como a soberania da lei, oferece apenas um critério ao qual as normas particulares devem se conformar para que sejam justas.[19] No

## 13. LIBERALISMO E ADMINISTRAÇÃO: O RECHTSSTAAT

entanto, ao enfatizar a necessidade do caráter geral e abstrato de todas as normas para que essas guiem um indivíduo livre, o conceito se revelou de máxima importância na preparação do terreno para os desenvolvimentos legais.

Não cabe aqui um estudo completo da influência da filosofia kantiana nos desenvolvimentos constitucionais.[20] Mencionaremos apenas o ensaio extraordinário do jovem Wilhelm von Humboldt sobre a obra *A esfera e o dever do Governo*[21], que, ao expor o ponto de vista kantiano, não só popularizou a expressão "certeza da liberdade legal", como também, em certos aspectos, se tornou modelo de uma posição radical; ou seja, além de limitar toda ação coercitiva do Estado à execução de leis gerais previamente anunciadas, também representava a aplicação da lei como a única função legítima do Estado. Isso não está necessariamente implícito na concepção da liberdade individual, que deixa em aberto a questão acerca de que outras funções não coercivas pode o Estado desempenhar. Foi sobretudo graças à influência de Humboldt que essas diferentes concepções foram frequentemente confundidas pelos defensores posteriores do *Rechtsstaat*.

5. Dos desenvolvimentos legais na Prússia do século XVIII, dois deles se tornaram depois de tal maneira importantes que temos de nos ater a eles com mais atenção. Um é a iniciação efetiva por Frederico II, por meio do seu código civil de 1751[22], desse movimento para a codificação de todas as leis, que se difundiu depressa e alcançou seus resultados mais conhecidos nos códigos napoleônicos de 1800-1810. Todo esse movimento deve ser visto como um dos aspectos mais importantes dos esforços realizados no continente para estabelecer um estado de direito, pois determinou em grande medida seu caráter geral e a orientação dos progressos feitos, pelo menos em teoria, para lá do estágio alcançado pelos países regidos pelo direito consuetudinário.

É evidente que nem o código legal mais perfeitamente elaborado assegura a certeza que o estado de direito exige; e, por isso, não fornece um substituto para uma tradição profundamente enraizada. Contudo, isso não deve obscurecer o fato de existir pelo menos um conflito aparente entre o ideal do estado de direito e um sistema de direito baseado na prática. O espaço de manobra para um juiz criar leis num sistema de direito baseado na prática pode não ser maior do que num sistema de direito codificado. No entanto, o reconhecimento explícito de que a jurisdição e a legislação constituem as fontes do direito, ainda que de acordo com a teoria evolucionista subjacente à tradição britânica, tende a deixar menos clara a distinção entre a criação e a aplicação da lei. Podemos também questionar se a muito elogiada flexibilidade da lei consuetudinária, que favoreceu a evolução do estado de direito

A CONSTITUIÇÃO DA LIBERDADE

enquanto foi o ideal político aceito, não poderá também significar menor resistência às tendências que a minam depois do desaparecimento da vigilância necessária para a manutenção da liberdade.

Pelo menos, não há dúvida de que os esforços de codificação conduziram à formulação explícita de alguns dos princípios gerais em que se baseia o estado de direito. O mais importante acontecimento desse gênero foi o reconhecimento formal do princípio *"nullum crimen, nulla poena sine lege"*[23], que foi pela primeira vez incorporado no código penal austríaco de 1787[24] e, após sua inclusão na Declaração dos Direitos do Homem francesa, passou a fazer parte da maioria dos códigos dos países do continente europeu.

A contribuição mais importante da Prússia do século XVIII para a realização do estado de direito foi, porém, no campo do controle da administração pública. Enquanto na França a aplicação literal do ideal da separação de poderes conduziu a uma isenção da ação administrativa do controle judicial, o desenvolvimento prussiano foi na direção oposta. O ideal que influenciou profundamente o movimento liberal do século XIX foi aquele segundo o qual todo exercício do poder administrativo sobre a pessoa ou propriedade do cidadão está sujeito ao controle judicial. A experiência mais ambiciosa nessa direção — uma lei de 1797 que só se aplicava às novas províncias orientais da Prússia, mas concebida para servir de modelo geral — chegou a ponto de submeter todas as disputas entre as autoridades administrativas e os cidadãos privados à jurisdição dos tribunais ordinários.[25] Isso forneceria um dos principais modelos para os debates sobre o *Rechtsstaat* durante os oitenta anos seguintes.

6. Foi a partir dessas bases que, no início do século XIX, se desenvolveu[26] sistematicamente o conceito teórico do estado de direito, o *Rechtsstaat*, tornando-se, junto com o ideal de constitucionalismo, o principal objetivo do novo movimento liberal.[27] Quer isso tenha acontecido sobretudo porque, na época em que começou o movimento alemão, o precedente americano já era mais conhecido e compreendido do que na ocasião da Revolução Francesa, quer porque o desenvolvimento alemão ocorreu no âmbito de uma monarquia constitucional e não de uma república e, por isso, estava menos sujeito à ilusão de que os problemas se resolveriam automaticamente com o advento da democracia, a limitação de todo governo por uma constituição, e em especial a limitação de toda atividade administrativa por leis aplicadas pelos tribunais, se tornou o objetivo central do movimento liberal.

De fato, a maioria dos argumentos dos teóricos alemães da época se dirigia explicitamente contra a "jurisdição administrativa" no sentido em que essa expressão

## 13. LIBERALISMO E ADMINISTRAÇÃO: O RECHTSSTAAT

ainda era aceita na França — ou seja, contra os órgãos quase judiciais no interior da máquina administrativa, criados mais para velar pela execução da lei do que para proteger a liberdade dos indivíduos. A doutrina, como a descreveu um dos presidentes do Supremo Tribunal de um Estado do sul da Alemanha, segundo a qual "sempre que surge uma dúvida sobre se certos direitos privados estão bem fundamentados ou se foram violados por uma ação oficial, a questão tem de ser decidida pelos tribunais ordinários"[28], teve progresso bastante rápido. Quando o parlamento de Frankfurt de 1848 tentou esboçar uma constituição para toda a Alemanha, introduziu nela uma disposição segundo a qual toda "a justiça administrativa" (como era então entendida) devia acabar e todas as violações dos direitos privados deviam ser analisadas pelos tribunais de justiça.[29]

No entanto, a esperança de que a instauração da monarquia constitucional nos Estados alemães realizasse efetivamente o ideal do estado de direito logo teve fim. As novas constituições pouco fizeram nesse sentido, e em breve se descobriu que, embora "a constituição tenha sido acordada e o *Rechtsstaat* promulgado, de fato, o Estado policial continuava a vigorar. Quem seria o guardião do direito público e do seu princípio individualista dos direitos fundamentais? Apenas a mesma administração, de cuja tendência para a expansão e para a ação essas leis fundamentais visavam proteger".[30] De fato, foi durante os vinte anos seguintes em que a Prússia adquiriu a reputação de Estado policial que se travaram no parlamento prussiano grandes batalhas sobre o princípio do *Rechtsstaat*[31] e que a solução final do problema ganhou forma. Durante algum tempo, pelo menos no norte da Alemanha, prevaleceu o ideal de confiar aos tribunais ordinários o controle da legalidade das ações da administração. Esse conceito do *Rechtsstaat*, mais tarde chamado "justicialismo"[32], foi pouco depois substituído por um conceito diferente, desenvolvido principalmente por um estudioso da prática administrativa inglesa, Rudolf von Gneist.[33]

7. Há duas razões diferentes para se afirmar que a jurisdição ordinária e o controle judicial da ação administrativa devem ser mantidos separados. Embora os dois conceitos tenham contribuído para a implementação de um sistema de tribunais administrativos na Alemanha, e ainda que sejam frequentemente confundidos, seus objetivos são bastante diferentes e até incompatíveis, e, por isso, devem ser claramente diferenciados.

Uma das razões é que o tipo de problemas levantados pelas disputas sobre ações administrativas requer um conhecimento dos vários ramos do direito, que o juiz comum, formado sobretudo em direito civil ou criminal, não tem. Trata-se de uma razão

## A CONSTITUIÇÃO DA LIBERDADE

forte e provavelmente conclusiva, mas não justifica uma separação entre os tribunais que julgam disputas privadas e os que julgam disputas administrativas maior do que a separação que existe muitas vezes entre os tribunais que lidam com questões de direito privado, direito comercial e direito criminal, respetivamente. Os tribunais administrativos, separados dos tribunais ordinários apenas nesse sentido, poderiam continuar independentes do governo tais como esses, e se preocupar apenas com a administração da lei, ou seja, com a aplicação de um corpo de normas preexistentes.

No entanto, os tribunais administrativos independentes também podem ser considerados necessários por uma razão muito diferente: as disputas acerca da legalidade de um ato administrativo não podem ser decididas como pura matéria jurídica, pois envolvem sempre questões de política ou interesse governamental. Os tribunais instituídos separadamente para esse fim estarão sempre preocupados com os objetivos momentâneos do governo e não podem ser totalmente independentes: têm de fazer parte do aparelho administrativo e estar sujeitos a uma orientação, pelo menos do seu chefe executivo. Seu fim será não tanto proteger o indivíduo contra as interferências na sua esfera privada por organismos governamentais, mas certificar--se de que isso não acontece contra as intenções e instruções do governo. Serão mecanismos para garantir que os organismos subordinados realizem a vontade do governo (incluindo a do Legislativo), e não um meio de proteção do indivíduo.

A distinção entre essas tarefas só pode ser feita de forma clara e sem ambiguidades quando existe um corpo de normas legais detalhadas para orientar e limitar as ações da administração. Ela se revela inevitavelmente confusa se os tribunais administrativos forem criados num momento em que a formulação dessas normas ainda não tiver sido feita por legislação e jurisprudência. Nessa situação, uma das tarefas necessárias desses tribunais será reformular como normas legais aquelas que, até então, eram apenas normas internas da administração; e, ao fazerem isso, terão grande dificuldade em fazer uma distinção entre as normas internas que têm caráter geral e as que exprimem apenas objetivos específicos da política em vigor.

Essa situação ocorreu na Alemanha nos anos 1860 e 1870, quando se tentou pôr em prática o ideal, havia muito esperado, do *Rechtsstaat*. A tese que acabou por derrotar o velho argumento a favor do "justicialismo" dizia que seria impraticável entregar aos juízes não especializados, sem formação adequada, a tarefa de resolver questões complexas decorrentes das disputas sobre atos administrativos. Por conseguinte, foram criados novos tribunais administrativos separados, que tratariam exclusivamente de questões de direito; e esperava-se que, com o tempo, viessem a assumir um controle estritamente judicial de toda ação administrativa. Para os

## 13. LIBERALISMO E ADMINISTRAÇÃO: O RECHTSSTAAT

criadores do sistema, em especial seu principal arquiteto, Rudolf von Gneist, e para a maioria dos posteriores especialistas alemães em direito administrativo, a criação de um sistema de tribunais administrativos separados foi o que coroou o *Rechtsstaat*, a concretização definitiva do estado de direito.[34] O fato de haver ainda muitas lacunas em aberto naquilo que, com efeito, constituía decisões administrativas arbitrárias era visto como uma falha menor e temporária, inevitável em virtude das condições existentes. Acreditavam que, para que o aparelho administrativo continuasse a funcionar, teriam de lhe conceder, durante algum tempo, um poder discricionário até que fosse estabelecido um corpo definitivo de normas para as suas ações.

Assim, e embora, em termos organizacionais, o estabelecimento de tribunais administrativos independentes parecesse ser a etapa final da organização institucional concebida para garantir o estado de direito, a tarefa mais difícil ainda estava por vir. A sobreposição de um aparelho de controle judicial a uma máquina burocrática firmemente estabelecida só seria eficaz se a tarefa de criação de normas se mantivesse dentro do espírito em que todo o sistema fora concebido. Na verdade, porém, a conclusão da estrutura concebida para servir o ideal do estado de direito coincidiu mais ou menos com o abandono desse ideal. Assim que o novo mecanismo foi introduzido, deu-se uma grande inversão das tendências intelectuais; as concepções do liberalismo, com o *Rechtsstaat* como seu grande objetivo, foram abandonadas. Nos anos 1870 e 1880, quando o sistema dos tribunais administrativos recebeu sua forma final nos Estados alemães (e também na França), o novo movimento a favor do Estado socialista e do Estado-providência começou a ganhar força. Por isso, havia falta de motivação para implementar o conceito de governo limitado que as novas instituições deviam servir por meio de uma eliminação gradual dos poderes discricionários ainda detidos pela administração. De fato, a tendência era, então, de aumentar as lacunas do sistema recém-criado, isentando explicitamente do controle judicial os poderes discricionários exigidos pelas novas tarefas do governo.

Desse modo, o feito alemão se revelou mais importante na teoria do que na prática. Mas sua importância não deve ser minimizada. Os alemães foram o último povo a ser afetado pela maré liberal antes de esta começar a retroceder. Mas foram os que exploraram e assimilaram de forma mais sistemática toda a experiência do Ocidente, aplicando deliberadamente suas lições aos problemas do Estado administrativo moderno. O conceito de *Rechtsstaat* que desenvolveram é o resultado direto do antigo ideal da soberania da lei, no qual o principal organismo a ser restringido era o aparelho administrativo complexo, e não um monarca ou uma legislatura.[35] Ainda que os novos conceitos que desenvolveram nunca tenham criado raízes firmes, representam

# A CONSTITUIÇÃO DA LIBERDADE

em certos aspectos a última etapa num desenvolvimento contínuo e estão, talvez, mais bem adaptados aos problemas do nosso tempo do que muitas das instituições mais antigas. Dado que, agora, a principal ameaça à liberdade do indivíduo é o poder do administrador profissional, as instituições desenvolvidas na Alemanha com o objetivo de controlar suas ações merecem uma análise mais cuidadosa.

8. Uma das razões pelas quais o processo alemão não recebeu grande atenção foi que, no fim do século XIX, as condições que prevaleciam na Alemanha e em outros países do continente europeu mostravam um forte contraste entre a teoria e a prática. Em princípio, o ideal do estado de direito havia sido reconhecido havia muito tempo e, embora a eficácia do único grande avanço institucional — os tribunais administrativos — fosse um tanto limitada, constituía uma contribuição importante para a solução de novos problemas. No entanto, no curto período de tempo que a nova experiência teve para desenvolver suas possibilidades, algumas das características das condições anteriores nunca desapareceram por completo; e o progresso para um Estado-providência, que começou no continente europeu mais cedo do que na Inglaterra ou nos Estados Unidos, depressa introduziu novas características que não se conciliavam com o ideal do governo da lei.

O resultado foi que, ainda na véspera da Primeira Guerra Mundial, quando a estrutura política dos países continentais e anglo-saxônicos se tornou muito semelhante, um inglês ou um americano que observasse a prática cotidiana na França ou na Alemanha acharia que a situação estava muito longe de refletir o estado de direito. As diferenças entre os poderes e a conduta da polícia em Londres e em Berlim — para mencionar um exemplo muitas vezes citado — pareciam tão grandes como sempre. E ainda que alguns sinais de acontecimentos semelhantes aos que já haviam ocorrido no continente europeu começassem a aparecer no Ocidente, um observador atento americano continuava a descrever a diferença básica, em fins do século XIX, da seguinte maneira:

> Em alguns casos, é verdade que [até na Inglaterra] um órgão [municipal] tem poder estatutário para criar regulamentos. Os conselhos de administração municipal (na Grã-Bretanha) e as nossas administrações de saúde fornecem exemplos disso; mas esses casos são excepcionais, e a maioria dos anglo-saxônicos pensa que esse poder é, por sua própria natureza, arbitrário e não deve ser estendido além do absolutamente necessário.[36]

206

## 13. LIBERALISMO E ADMINISTRAÇÃO: O RECHTSSTAAT

Foi nesse clima que, na Inglaterra, A. V. Dicey, numa obra que se tornou um clássico[37], reafirmou o conceito tradicional do estado de direito em termos que se impuseram em todos os debates posteriores, comparando-o com a situação no continente europeu. No entanto, sua análise era, de certo modo, imprecisa. Partindo da hipótese aceita e indiscutível de que o estado de direito predominava de forma imperfeita no continente e percebendo que isso se relacionava de alguma maneira com o fato de a coerção administrativa estar ainda em grande medida isenta do controle judicial, fez da possibilidade de um controle dos atos administrativos pelos tribunais *ordinários* o seu teste mais importante. Ao que parece, Dicey só conhecia o sistema francês de jurisdição administrativa (e, mesmo assim, de forma parcial)[38] e desconhecia praticamente os desenvolvimentos alemães. A respeito do sistema francês, suas críticas severas poderiam ser de algum modo justificadas, ainda que, nessa época, o Conseil d'État já tivesse iniciado um desenvolvimento que, como sugeriu um observador moderno, "poderia, com o tempo, colocar todos os poderes discricionários da administração [...] sob a jurisdição do controle judicial".[39] Mas não se aplicam certamente ao *princípio* dos tribunais administrativos alemães; esses haviam sido criados desde o início como órgãos judiciais independentes com o objetivo de garantir o estado de direito que Dicey tanto queria preservar.

É verdade que, em 1885, quando Dicey publicou suas famosas *Lectures Introdutory to the Study of the Law of the Constitution*, os tribunais administrativos alemães ainda estavam apenas tomando forma, e o sistema francês só recentemente adquirira sua forma definitiva. Contudo, o "erro fundamental" de Dicey, "tão fundamental que é difícil de compreender ou de desculpar num escritor da sua magnitude"[40], teve consequências muito infelizes. A própria ideia de tribunais administrativos separados — e até a expressão "direito administrativo" — passou a ser vista na Inglaterra (e, em menor medida, nos Estados Unidos) como a negação do estado de direito. Assim, com sua tentativa de justificar o estado de direito tal como o entendia, Dicey, com efeito, impediu o desenvolvimento que teria oferecido a melhor oportunidade de preservá-lo. Não travou o crescimento, no mundo anglo-saxônico, de um aparelho administrativo semelhante ao que existia no continente europeu, mas contribuiu bastante para impedir ou atrasar o crescimento de instituições que poderiam sujeitar a nova máquina burocrática a um controle efetivo.

# 14. As garantias da liberdade individual

> *Por esta pequena fenda, com o tempo, a liberdade*
> *de todos os indivíduos poderá se esvair.*
> JOHN SELDEN

1. Chegou o momento de tentar juntar as várias linhas históricas e de formular sistematicamente as condições essenciais da liberdade dentro da lei. A humanidade, por uma experiência longa e dolorosa, aprendeu que a lei da liberdade deve ter certos atributos.[1] Quais são esses atributos?

O primeiro ponto a destacar é que, como o estado de direito significa que o governo nunca pode coagir um indivíduo, exceto quando faz cumprir uma norma conhecida[2], constitui uma limitação dos poderes de todo governo, incluindo os poderes do Legislativo. Trata-se de uma doutrina acerca do que a lei deve fazer, dos atributos gerais que as leis específicas devem ter. Isso é importante porque, hoje em dia, o conceito de estado de direito é, por vezes, confundido com a exigência da mera legalidade em todas as ações do governo. O estado de direito, portanto, também é mais do que um constitucionalismo: exige que todas as leis estejam em conformidade com certos princípios.

Do fato de o estado de direito ser uma limitação a toda a legislação, segue-se que não pode ser em si mesmo uma lei no mesmo sentido das leis elaboradas pelo legislador. As disposições constitucionais podem tornar mais difícil a violação do estado de direito. Podem ajudar a prevenir violações inadvertidas pela legislação rotineira.[3] No entanto, o legislador superior nunca pode limitar seus próprios poderes pela lei, pois pode sempre revogar qualquer lei que tenha elaborado.[4] O estado de direito, portanto, não é uma norma de direito, mas uma norma sobre o que deveria ser a lei, uma doutrina metalegal ou um ideal político.[5] Só será eficaz se o legislador se sentir a ele vinculado. Numa democracia, isso significa que só prevalecerá se fizer

# 14. AS GARANTIAS DA LIBERDADE INDIVIDUAL

parte da tradição moral da comunidade, um ideal comum partilhado e inquestiona-velmente aceito pela maioria.[6]

É esse fato que torna tão ameaçadores os ataques persistentes ao princípio do estado de direito. O perigo é ainda maior porque muitas das aplicações do estado de direito são também ideais dos quais podemos esperar nos aproximar, mas que nunca se concretizam na totalidade. Se o ideal do estado de direito constituir um elemento firme da opinião pública, a legislação e a jurisdição tenderão a se aproximar cada vez mais dele. No entanto, se for representado como ideal impraticável e até indesejável, e as pessoas deixarem de lutar pela sua concretização, desaparecerá rapidamente. Tal sociedade regredirá depressa para um estado de tirania arbitrária. Essa tem sido a ameaça em todo o mundo ocidental há algumas gerações.

Também é importante lembrar que o estado de direito só restringe as atividades coercitivas do governo.[7] Essas nunca serão as únicas funções do governo. Até para fazer cumprir a lei, o governo precisa de um aparelho de pessoas e recursos materiais, que ele tem de administrar. E existem campos da atividade governamental, como a política externa, em que o problema da coerção dos cidadãos normalmente não se coloca. Teremos de regressar a essa distinção entre as atividades coercitivas e não coercitivas do governo. Por ora, o importante é saber que o estado de direito só se refere às primeiras.

O principal meio de coerção de que o governo dispõe é a punição. Num estado de direito, o governo só pode invadir a esfera privada de um indivíduo como punição pela violação de uma norma geral conhecida. O princípio *"nullum crimen, nulla poena sine lege"*[8], portanto, é a consequência mais importante do ideal. No entanto, por mais clara e distinta que essa afirmação possa parecer, surgirão muitas dificuldades se perguntarmos o que significa exatamente o termo "lei". Não há dúvida de que o princípio não seria satisfeito se a lei dissesse apenas que quem desobedecer às ordens de uma autoridade será punido de determinada maneira. Contudo, mesmo nos países mais livres, a lei parece possibilitar muitas vezes tais atos de coerção. Provavelmente, não existe nenhum país onde um indivíduo não se torne, em certas ocasiões, como quando desobedece à polícia, passível de punição por "um ato causador de dano público", por "perturbar a ordem pública" ou "obstruir a polícia". Assim, não compreenderemos totalmente essa parte fundamental da doutrina sem analisar todo o complexo de princípios que, juntos, possibilitam a existência do estado de direito.

2. Já vimos que o ideal do estado de direito implica uma definição muito clara daquilo que significa "lei" e que nem todos os atos da autoridade legislativa são uma lei

nesse sentido.[9] Na prática corrente, tudo aquilo que foi resolvido de forma adequada por autoridade legislativa é chamado "lei". No entanto, dessas leis no sentido formal do termo[10], só algumas — hoje, apenas uma pequena parte — são leis substantivas (ou "materiais") que regulamentam as relações entre os indivíduos ou entre esses e o Estado. A grande maioria das chamadas leis é constituída por instruções dadas pelo Estado aos seus funcionários, a respeito da forma como devem dirigir o aparelho do governo e dos meios que têm à sua disposição. Hoje em dia, em toda parte, a tarefa do mesmo Legislativo é dirigir esses meios e estabelecer as normas que os cidadãos comuns devem observar. Embora essa seja a prática estabelecida, não precisa necessariamente ser assim. Não posso deixar de pensar se não será desejável evitar que os dois tipos de decisões se confundam[11], confiando a tarefa de estabelecer normas gerais e a tarefa de emitir ordens à administração a diferentes órgãos representativos e sujeitando suas decisões ao controle judicial independente para que não excedam os seus limites. Embora possamos desejar que os dois tipos de decisões sejam democraticamente controlados, isso não significa necessariamente que devam estar nas mãos da mesma assembleia.[12]

As disposições atuais ajudam a obscurecer o fato de, embora o governo tenha de administrar os meios postos à sua disposição (incluindo os serviços de todos os contratados para executar suas instruções), isso não significar que deva também administrar os esforços dos cidadãos privados. Aquilo que distingue uma sociedade livre de uma não livre é que, na primeira, cada indivíduo tem uma esfera privada reconhecida e claramente distinta da esfera pública, e o cidadão privado não está sujeito a ordens, mas deve obedecer apenas às normas que são igualmente aplicáveis a todos. Antes, os homens livres se vangloriavam de que, desde que se mantivessem dentro dos limites da lei conhecida, não tinham de pedir permissão a ninguém nem obedecer às ordens de ninguém. É duvidoso que algum de nós possa dizer o mesmo hoje.

As normas gerais e abstratas, que são leis no sentido substantivo, constituem, como vimos, medidas essencialmente de longo prazo, que se referem a casos ainda não conhecidos e sem referências a pessoas, locais ou objetos particulares. Tais leis têm de ser sempre prospectivas e nunca retrospectivas nos seus efeitos. Isso é um princípio quase universalmente aceito, mas nem sempre formulado em termos legais; é um bom exemplo das normas metalegais que temos de observar para que o estado de direito seja eficaz.

3. O segundo principal atributo que deve ser exigido das verdadeiras leis é que sejam conhecidas e precisas.[13] É indiscutível a importância que a clareza da lei tem para o

## 14. AS GARANTIAS DA LIBERDADE INDIVIDUAL

funcionamento normal e eficiente de uma sociedade livre. Talvez não haja um fator que tenha contribuído mais para a prosperidade do Ocidente do que a certeza relativa da lei que tem prevalecido nessa porção do mundo.[14] Isso não é alterado pelo fato de a certeza total da lei ser um ideal do qual temos de tentar nos aproximar, mas que nunca podemos alcançar na totalidade. Tornou-se moda menosprezar o progresso realmente feito para alcançar essa certeza, e compreende-se por que razão alguns juristas, que se ocupam sobretudo de litígios, tendem a fazer isso. Normalmente, têm de lidar com casos cujo desfecho é incerto. No entanto, o grau de certeza da lei deve ser julgado pelas disputas que não levam à litigância porque o desfecho é praticamente certo logo que a posição legal é examinada. São os casos que nunca chegam a tribunal, e não os julgados, que constituem a medida da certeza da lei. A tendência moderna para exagerar essa incerteza faz parte da campanha contra o estado de direito, que analisaremos mais à frente.[15]

O ponto essencial é que as decisões dos tribunais podem ser previstas, e não que todas as normas que as determinam podem ser formuladas em palavras. Insistir que as ações dos tribunais estejam em conformidade com normas preexistentes não é o mesmo que insistir que todas essas normas sejam explícitas, que estejam escritas de antemão. Insistir nisso seria, de fato, lutar por um ideal inalcançável. Existem "normas" que nunca podem ser expressas numa forma explícita. Muitas dessas só serão reconhecíveis porque conduzem a decisões consistentes e previsíveis, e serão conhecidas por aqueles a quem orientam como, no máximo, manifestações de um "sentido de justiça".[16] Em termos psicológicos, o raciocínio jurídico não consiste, obviamente, em silogismos explícitos, e as principais premissas não serão frequentemente explícitas.[17] Muitos dos princípios gerais de que dependem as conclusões serão apenas implícitos no corpo da lei formulada e terão de ser descobertos pelos tribunais. No entanto, isso não é uma peculiaridade do raciocínio jurídico. Provavelmente, todas as generalizações que podemos formular dependem de generalizações de nível ainda mais elevado que não conhecemos explicitamente, mas que, porém, regem o funcionamento da nossa mente. Ainda que tentemos sempre descobrir esses princípios gerais nos quais baseamos nossas decisões, trata-se, pela sua própria natureza, de um processo infindável que nunca pode ser concluído.

4. O terceiro requisito da verdadeira lei é a igualdade. É tão importante quanto os outros, mas muito mais difícil de definir. O fato de qualquer lei dever se aplicar igualmente a todos significa mais do que dever ser geral no sentido que definimos. Uma lei pode ser perfeitamente geral no que se refere apenas às características das pessoas

envolvidas[18] e, porém, criar disposições diferentes para classes diferentes de pessoas. Uma classificação desse tipo, mesmo no interior do grupo dos cidadãos totalmente responsáveis, é claramente inevitável. No entanto, em termos abstratos, a classificação pode ser sempre feita a ponto de distinguir uma classe apenas em indivíduos conhecidos ou até num único indivíduo.[19] Temos de admitir que, apesar das tentativas muito engenhosas de resolver esse problema, não se encontrou um critério inteiramente satisfatório que determine sempre que tipo de classificação é compatível com a igualdade perante a lei. Dizer, como é frequente, que a lei não deve fazer distinções irrelevantes ou que não deve discriminar pessoas por motivos que não dizem respeito ao objetivo da lei[20] significa evitar o assunto.

No entanto, embora a igualdade perante a lei possa constituir um dos ideais que indicam a direção sem determinar totalmente o objetivo e, assim, possa permanecer sempre fora do nosso alcance, não deixa de ter importância. Já mencionamos um requisito importante que tem de ser satisfeito, nomeadamente que aqueles que pertencem a qualquer grupo específico reconheçam a legitimidade da distinção, bem como aqueles que não pertencem ao grupo. Igualmente importante na prática é perguntar se podemos ou não prever como a lei afetará os indivíduos. O ideal da igualdade da lei visa oferecer oportunidades iguais a indivíduos ainda desconhecidos, mas é incompatível com a possibilidade de beneficiar ou prejudicar, de maneira previsível, indivíduos conhecidos.

Por vezes, diz-se que, além de ser geral e igual, a lei do estado de direito também tem de ser justa. Mas, embora não haja dúvidas de que, para ser eficaz, tem de ser aceita como justa pela maioria das pessoas, é duvidoso que tenhamos qualquer outro critério formal de justiça além da generalidade e da igualdade — isto é, a menos que se possa testar a lei na sua conformidade com leis mais gerais, que, embora talvez não escritas, sejam geralmente aceitas depois de terem sido formuladas. No entanto, no que diz respeito à sua compatibilidade com um reino de liberdade, não temos nenhum teste que se limite a regular as relações entre diferentes indivíduos e que não interfira com os interesses puramente privados de um indivíduo, além da sua generalidade e igualdade. É verdade que tal "lei pode ser má e injusta; mas a sua formulação geral e abstrata reduz esse perigo ao mínimo. O caráter protetor da lei, sua própria *raison d'être*, encontra-se na sua generalidade".[21]

Se normalmente não reconhecemos que as leis gerais e iguais providenciam a proteção mais eficaz contra a violação da liberdade individual, isso se deve sobretudo ao hábito de isentarmos claramente delas o Estado e os seus agentes e de pensar que o governo tem o poder de conceder isenções aos indivíduos. O ideal do estado de

## 14. AS GARANTIAS DA LIBERDADE INDIVIDUAL

direito requer que o Estado imponha a lei aos outros — e que esse seja o seu único monopólio — ou que esteja sujeito à mesma lei e, portanto, sofra das mesmas limitações que qualquer indivíduo privado.[22] É o fato de todas as normas se aplicarem igualmente a todos, incluindo os que governam, que torna improvável a adoção de normas opressivas.

5. Seria humanamente impossível separar de forma efetiva o estabelecimento de novas normas gerais e sua aplicação a casos particulares, salvo se essas funções fossem cumpridas por diferentes pessoas ou organismos. Pelo menos, essa parte da doutrina da separação de poderes[23] deve, portanto, ser vista como parte integral do estado de direito. As normas não devem ser feitas tendo em vista casos particulares, nem os casos particulares devem ser decididos à luz de algo que não seja a norma geral — embora essa norma possa ainda não ter sido explicitamente formulada e, portanto, tenha de ser descoberta. Isso requer juízes independentes que não estejam preocupados com os objetivos temporários do governo. A questão essencial é que as duas funções devem ser cumpridas separadas por dois órgãos coordenados antes de se determinar se a coerção deve ser aplicada num caso particular.

Uma questão muito mais difícil é saber se, no contexto de uma aplicação restrita do estado de direito, o Poder Executivo (ou a administração) deve ser visto, nesse sentido, como um poder distinto e separado, coordenado em termos iguais com os outros dois. É claro que existem áreas em que a administração deve ser livre para agir como julgar mais adequado. No estado de direito, porém, isso não se aplica aos poderes coercitivos exercidos sobre o cidadão. O princípio da separação de poderes não deve ser interpretado como significando que, nas suas relações com o cidadão privado, a administração nem sempre está sujeita às normas elaboradas pelo Legislativo e aplicadas pelos tribunais independentes. A afirmação de tal poder é a verdadeira antítese do estado de direito. Embora, em qualquer sistema funcional, a administração precise sem dúvidas ter poderes que não podem ser controlados pelos tribunais independentes, os "poderes administrativos sobre a pessoa e a propriedade" não podem estar entre eles. O estado de direito exige que o Poder Executivo, na sua ação coercitiva, seja limitado por normas que prescrevem não só quando e onde pode usar a coerção, mas também como fazê-lo. A única maneira de garantir isso é tornar todas as ações desse gênero sujeitas ao controle judicial.

Que as normas pelas quais a administração está limitada devam ser estabelecidas pela legislatura geral ou que essa função possa ser delegada a outro órgão é, porém, uma questão de conveniência política.[24] Isso não se relaciona diretamente com

A CONSTITUIÇÃO DA LIBERDADE

o princípio do estado de direito, mas, sim, com a questão do controle democrático do governo. No que diz respeito ao princípio do estado de direito, não há nada contra a delegação da legislação. É claro que a delegação do poder de elaborar normas em órgãos legislativos locais, como as assembleias provinciais ou os conselhos municipais, não sofre contestação sob qualquer ponto de vista. Nem a delegação desse poder numa autoridade não eleita tem de ser contrária ao estado de direito, desde que tal autoridade seja obrigada a anunciar essas normas antes da sua aplicação e seja assim forçada a segui-las. O problema do uso generalizado da delegação nos tempos modernos não é o fato de o poder de elaborar normas gerais ser delegado, mas, sim, o fato de as autoridades administrativas receberem poder para exercer coerção sem normas, uma vez que não se podem formular normas gerais que orientem, sem ambiguidades, o exercício desse poder. Aquilo que frequentemente se chama de "delegação do Poder Legislativo" não é, em muitos casos, delegação do poder de elaborar normas — que poderia ser pouco democrático ou politicamente insensato —, mas delegação da autoridade de dar força de lei a qualquer decisão, de maneira que, como num ato da legislatura, seja inquestionavelmente aceita pelos tribunais.

6. Isso nos leva a uma questão que, nos tempos modernos, se tornou fundamental, nomeadamente os limites legais do poder discricionário administrativo. É aqui que se encontra a "pequena fenda pela qual, com o tempo, a liberdade de todos os indivíduos poderá se esvair".

A discussão desse problema tem sido atrapalhada por uma confusão acerca do significado da expressão "poder discricionário". Em primeiro lugar, a empregamos a respeito do poder do juiz para interpretar a lei. Mas a autoridade de interpretar uma norma não é um poder discricionário no sentido que nos interessa. A tarefa do juiz consiste em descobrir as implicações contidas no espírito de todo o sistema de leis válidas ou em exprimir como norma geral, quando necessário, aquilo que não foi explicitamente e previamente enunciado por um tribunal de justiça ou pelo legislador. Essa tarefa de interpretação não significa que o juiz tenha poder discricionário, no sentido de autoridade para seguir a sua própria vontade e perseguir objetivos concretos particulares, já que sua interpretação da lei pode estar, como normalmente acontece, sujeita ao controle de um tribunal superior. Saber se a substância de uma decisão está ou não sujeita a controle por outro órgão é a melhor maneira de determinar se uma decisão está limitada às normas ou se fica a cargo da autoridade discricionária do juiz. Uma interpretação particular da lei pode estar sujeita a debates, e, por vezes, pode ser impossível chegar a uma conclusão inteiramente convincente;

## 14. AS GARANTIAS DA LIBERDADE INDIVIDUAL

mas isso não altera o fato de a disputa ter de ser resolvida recorrendo-se às normas, e não por um simples ato de vontade.

Num sentido diferente e, para os nossos fins, igualmente relevante, o poder discricionário é um problema que diz respeito à relação entre a autoridade e o agente ao longo de toda a hierarquia do governo. Em todos os âmbitos, desde a relação entre a legislatura soberana e os chefes dos departamentos administrativos e ao longo dos níveis inferiores da organização burocrática, surge o problema relativo à parte da autoridade do governo como um todo, que deve ser delegada a um departamento ou a um funcionário específico. Como essa atribuição de tarefas particulares a autoridades particulares é decidida pela lei, a questão relativa àquilo que deve caber ao órgão individual, que parte dos poderes de governo pode exercer, é frequentemente vista também como um problema de poder discricionário. É evidente que nem todos os atos do governo podem ser limitados por normas fixas e que, em todos os níveis da hierarquia governamental, deve ser aplicado um poder discricionário considerável aos organismos subordinados. Uma vez que o governo administra seus próprios recursos, há fortes argumentos para justificar que se conceda a ele o mesmo poder discricionário de que uma gestão empresarial necessitaria em circunstâncias semelhantes. Como Dicey observou, "na administração das suas próprias atividades, o governo precisará da liberdade de ação de que gozam necessariamente todos os indivíduos privados para a administração dos próprios assuntos pessoais".[25] Pode ocorrer de os órgãos administrativos serem zelosos demais na limitação do poder discricionário dos departamentos administrativos, prejudicando desnecessariamente a sua eficiência. Até certo ponto, isso pode ser inevitável; e talvez seja necessário que as organizações burocráticas sejam mais limitadas por normas do que as empresas privadas, pois falta-lhes o teste de eficiência que os lucros providenciam às empresas privadas.[26]

O problema dos poderes discricionários, dado que afeta diretamente o estado de direito, não é um problema de limitação dos poderes de agentes particulares do governo, mas, sim, de limitação dos poderes do governo como um todo. É um problema da esfera de ação da administração em geral. Ninguém contesta o fato de, a fim de dar um uso eficiente aos meios que tem à sua disposição, o governo dever exercer um grande poder discricionário. No entanto, repetimos, num estado de direito, o cidadão privado e a sua propriedade não são objetos de administração do governo nem meios a serem usados para os seus fins. O problema do poder discricionário só se mostra relevante para nós quando a administração interfere com a esfera privada do cidadão; e o princípio do estado de direito, com efeito, significa que as autoridades administrativas não devem ter poderes discricionários nesse domínio.

A CONSTITUIÇÃO DA LIBERDADE

Ao agirem segundo o princípio do estado de direito, os departamentos administrativos terão, com frequência, de exercer poder discricionário, da mesma maneira que o juiz exerce poder discricionário ao interpretar a lei. No entanto, trata-se de um poder discricionário que pode e deve ser controlado pela possibilidade de uma revisão da natureza da decisão por um tribunal independente. Isso significa que a decisão deve ser dedutível das normas de direito e das circunstâncias às quais a lei se refere e que podem ser conhecidas pelas partes em causa. A decisão não deve ser afetada por qualquer conhecimento especial detido pelo governo ou pelos seus fins momentâneos e pelos valores particulares que atribui a diferentes objetivos concretos, incluindo as preferências que possa ter em relação aos efeitos sobre diferentes indivíduos.[27]

Nesse momento, o leitor que desejar entender como a liberdade no mundo moderno pode ser preservada deve estar preparado para considerar uma questão legal aparentemente sutil, cuja importância crucial não costuma ser reconhecida. Embora em todos os países civilizados exista a possibilidade de apelo a tribunais contra decisões administrativas, isso só se refere frequentemente à questão de se uma autoridade teve o direito de fazer o que fez. No entanto, já vimos que, se a lei diz que tudo o que certa autoridade faz é legal, um tribunal não pode impedi-la de fazer qualquer coisa. Num estado de direito, exige-se que um tribunal tenha o poder de decidir se a lei justifica uma ação particular realizada por uma autoridade. Em outras palavras, em todos os casos em que a ação administrativa interferir com a esfera privada do indivíduo, os tribunais devem ter o poder de decidir não só se uma ação particular foi *infra vires* ou *ultra vires*, mas também se a substância da decisão foi a exigida pela lei. Só nesse caso se pode impedir o poder discricionário administrativo.

É claro que esse requisito não se aplica à autoridade administrativa que tenta alcançar resultados particulares com os meios que tem à sua disposição.[28] No entanto, é da essência do estado de direito que o cidadão e a sua propriedade não devem, nesse sentido, ser meios à disposição do governo. Quando a coerção deve ser usada apenas em conformidade com normas gerais, a justificativa de cada ato de coerção particular tem de derivar dessa norma. Para garantir isso, tem de haver uma autoridade unicamente preocupada com as normas, e não com quaisquer objetivos temporários do governo, e que tenha o direito de dizer não só se outra autoridade teve o direito de agir como agiu, mas também se tal ação estava prevista na lei.

7. A distinção que agora nos ocupará é, por vezes, discutida em termos do contraste entre a legislação e a política governamental (*policy*). Se esta for corretamente

## 14. AS GARANTIAS DA LIBERDADE INDIVIDUAL

definida, poderemos expressar nosso ponto principal dizendo que a coerção somente é admissível quando está em conformidade com as leis gerais, e não quando é um meio para alcançar objetivos particulares da política corrente. Contudo, essa definição é um tanto enganadora, pois o termo "política" também é usado num sentido mais lato, que abrange toda a legislação. Nesse sentido, a legislação é o principal instrumento de uma política de longo prazo, e, quando a lei é aplicada, tudo o que se faz é executar uma política previamente determinada.

Outra fonte de confusão é o fato de, dentro da própria lei, a expressão "política pública" ser normalmente usada para descrever certos princípios gerais e predominantes que, com frequência, não são formulados como normas escritas, mas que qualificam a validade de normas mais específicas.[29] Quando se diz que a política do direito é proteger a boa-fé, preservar a ordem pública ou não reconhecer contratos por motivos morais, isso se refere a normas, mas a normas formuladas em termos de algum objetivo permanente do governo, e não em termos de conduta. Significa que, dentro dos limites dos poderes que lhe são conferidos, o governo deve agir de maneira que esse objetivo seja alcançado. O termo "política" é usado nesses casos porque parece que se pensa que especificar um objetivo a ser alcançado entra em conflito com a concepção da lei como uma norma abstrata. Embora essa ideia possa explicar a prática, não deixa de apresentar perigos.

A política governamental é corretamente distinguida da legislação quando significa a busca, pelo governo, dos objetivos concretos e sempre mutáveis do momento presente. É na execução da política nesse sentido que a administração está particularmente concentrada. Sua tarefa consiste na gestão e na destinação dos recursos postos à disposição do governo para atender às necessidades sempre variáveis da comunidade. Todos os serviços que o governo fornece ao cidadão, da defesa nacional à conservação das estradas, das medidas sanitárias ao policiamento das ruas, são necessariamente desse tipo. Para essas tarefas, são necessários meios específicos e funcionários, e o governo terá de decidir constantemente a próxima tarefa urgente e os meios a serem usados. A tendência dos administradores profissionais ocupados com essas tarefas é para, inevitavelmente, submeter tudo o que é possível para a continuidade dos objetivos públicos. O estado de direito é hoje tão importante porque protege o cidadão dessa tendência de uma máquina administrativa em crescimento constante para absorver a esfera privada. Isso significa, em última análise, que os organismos aos quais são confiadas essas tarefas especiais não podem exercer quaisquer poderes soberanos (*hoheitsrechte*, como dizem os alemães) que visem a esse fim, mas devem se limitar aos meios que lhes são especificamente atribuídos.

## A CONSTITUIÇÃO DA LIBERDADE

8. No domínio da liberdade, a esfera privada do indivíduo inclui todas as ações não explicitamente restringidas por uma lei geral. Vimos que se considerou especialmente necessário proteger alguns dos direitos privados mais importantes da sua violação pela autoridade, e também se receou que tal enumeração explícita de alguns desses direitos pudesse ser interpretada de maneira que só esses gozassem de proteção especial da Constituição. Em geral, porém, a experiência parece confirmar o argumento de que, apesar da incompletude inevitável de qualquer carta de direitos, tal carta concede uma proteção importante para certos direitos que podem ser facilmente ameaçados. Hoje devemos estar particularmente conscientes de que, como resultado da mudança tecnológica, constantemente surgem novas ameaças potenciais à liberdade individual; nenhuma lista de direitos protegidos pode ser considerada completa.[30] Na era do rádio e da televisão, o problema do acesso livre à informação já não é um problema de liberdade de imprensa. Numa época em que drogas ou técnicas psicológicas podem ser usadas para controlar as ações de um indivíduo, o problema do controle livre sobre o nosso corpo já não é uma questão de proteção contra a coerção física. O problema da liberdade de ir e vir adquire nova importância quando as viagens ao estrangeiro são impedidas para aqueles a quem as autoridades do seu país recusaram emitir passaporte.

O problema assume maior gravidade quando consideramos que, provavelmente, estamos apenas no limiar de uma era na qual as possibilidades tecnológicas de controle da mente aumentarão rapidamente, e aquilo que, à primeira vista, poderá parecer um poder inofensivo ou benéfico sobre a personalidade dos indivíduos poderá ser usado pelo governo. É provável que as maiores ameaças à liberdade humana ainda estejam por vir. Podemos não estar longe do dia em que a autoridade, por meio da mistura de drogas nos reservatórios de água ou por qualquer outra forma, será capaz de deprimir, estimular ou paralisar a mente de populações inteiras para seus próprios fins.[31] Para que as cartas de direitos mantenham sua importância, temos de reconhecer que sua intenção era, por certo, proteger o indivíduo de todas as violações da sua liberdade e que, portanto, devem conter uma disposição geral que proteja da interferência do governo as imunidades de que os indivíduos, de fato, gozaram no passado.

Em última instância, as garantias legais de certos direitos fundamentais fazem parte das garantias da liberdade individual proporcionadas pelo constitucionalismo, e não podem fornecer maior segurança contra as violações legislativas da liberdade do que as próprias constituições. Como vimos, mais não podem fazer do que providenciar proteção contra a ação apressada e imprudente da legislação corrente, e não podem evitar qualquer supressão de direitos pela ação deliberada do legislador

## 14. AS GARANTIAS DA LIBERDADE INDIVIDUAL

supremo. A única garantia contra isso é a consciência clara dos perigos por parte da opinião pública. Tais cláusulas são importantes, sobretudo, porque imprimem na mente do público o valor desses direitos individuais e os tornam parte de uma consciência política que as pessoas defenderão mesmo quando não compreendem totalmente sua importância.

9. Até aqui, apresentamos essas garantias da liberdade individual como se fossem direitos absolutos que nunca pudessem ser violados. Na verdade, significa apenas que o funcionamento normal da sociedade se baseia nelas e que qualquer desvio exige uma justificativa especial. No entanto, até os princípios mais fundamentais de uma sociedade livre podem ter de ser temporariamente sacrificados quando, mas só nessa circunstância, se trata de preservar a liberdade em longo prazo, como numa situação de guerra. Existe um acordo consensual acerca da necessidade desses poderes de emergência do governo em tais casos (e de proteção contra a sua utilização abusiva).

Não é a necessidade ocasional de supressão de algumas das liberdades civis por meio de uma suspensão do *habeas corpus* ou da proclamação de um estado de emergência que devemos analisar agora, mas, sim, as condições pelas quais os direitos particulares dos indivíduos ou de grupos podem ser ocasionalmente violados no interesse público. É indiscutível que até direitos tão fundamentais como a liberdade de expressão podem ter de ser restringidos em situações de "perigo claro e presente", ou que o governo pode ter de exercer o direito de expropriação. No entanto, para que o estado de direito seja preservado, é, em primeiro lugar, necessário que essas ações se limitem a casos excepcionais definidos pela lei, a fim de que a sua justificativa não se baseie na decisão arbitrária de alguma autoridade, mas que possa ser julgada por um tribunal independente; e, em segundo lugar, é necessário que os indivíduos afetados não sofram danos pela frustração das suas expectativas legítimas, mas que sejam inteiramente indenizados por qualquer dano que sofram como resultado dessa ação.

O princípio de "não expropriação sem indenização justa" foi sempre reconhecido onde quer que o estado de direito prevalecesse. No entanto, nem sempre se reconhece que se trata de elemento integral e indispensável do princípio da supremacia da lei. A Justiça exige-o; contudo, o mais importante é que constitui nossa principal garantia de que essas violações necessárias da esfera privada só serão permitidas nos casos em que o benefício público é claramente maior do que o dano causado pela frustração das expectativas individuais normais. O principal objetivo da exigência de indenização plena é, de fato, limitar essas violações da esfera privada e providenciar um meio de determinar se o fim particular é suficientemente importante para

A CONSTITUIÇÃO DA LIBERDADE

justificar uma exceção ao princípio no qual se baseia o funcionamento regular da sociedade. Tendo em conta a dificuldade de avaliar as vantagens geralmente intangíveis da ação pública e a tendência clara do administrador especialista para superestimar a importância do fim particular do momento, seria desejável que o proprietário privado tivesse sempre o benefício da dúvida e que a indenização fosse a mais elevada possível, mas sem abrir as portas para o abuso. Em suma, isso significa que o benefício público deve ser claramente superior ao dano, caso se permita uma exceção à regra.

10. Concluímos agora a enumeração dos fatores essenciais que, juntos, formam o estado de direito, sem levar em consideração algumas proteções processuais como o *habeas corpus*, o julgamento por júri etc., que, nos países anglo-saxônicos, são vistas pela maioria das pessoas como os principais fundamentos da sua liberdade.[32] Provavelmente, os leitores ingleses e americanos acharão que me precipitei e me concentrei em aspectos menores, deixando de fora o fundamental. Isso foi intencional.

De modo algum desejo minimizar a importância dessas garantias processuais. Seu valor para a preservação da liberdade é indiscutível. No entanto, embora sua importância seja geralmente reconhecida, não se percebe que, para serem eficazes, pressupõem a aceitação do estado de direito tal como aqui definido e que, sem esse, todas as garantias processuais seriam inúteis. É verdade que, provavelmente, foi a reverência por essas garantias processuais que permitiu ao mundo de língua inglesa preservar o conceito medieval da soberania da lei sobre os homens. Contudo, isso não prova que a liberdade seja preservada se a crença na existência de normas abstratas que limitam as ações da autoridade for abalada. As formas judiciais visam assegurar que as decisões sejam tomadas em conformidade com as normas, e não de acordo com a conveniência relativa de fins ou valores particulares. Todas as normas do processo judicial, todos os princípios que visam proteger o indivíduo e garantir a imparcialidade da Justiça pressupõem que qualquer disputa entre indivíduos ou entre indivíduos e o Estado pode ser resolvida graças à aplicação da lei geral. São concebidas para fazer a lei prevalecer, mas não são capazes de proteger a Justiça quando a lei deixa deliberadamente a decisão aos poderes discricionários da autoridade. Só quando a lei decide — ou seja, só quando os tribunais independentes têm a última palavra — é que as garantias processuais são garantias da liberdade.

Concentrei-me na concepção fundamental da lei que as instituições tradicionais pressupõem porque, a meu ver, a crença de que a adesão a formas externas do processo judicial preservará o estado de direito constitui a maior ameaça à sua preservação. Em vez de questionar, desejo enfatizar que a crença no estado de direito e a

## 14. AS GARANTIAS DA LIBERDADE INDIVIDUAL

reverência pelas formas de justiça formam um todo e que uma não será eficaz sem a outra. Mas é a primeira que, hoje, está mais ameaçada; e a ilusão de que será preservada pela observância rigorosa das formas de justiça constitui uma das principais causas dessa ameaça. "A sociedade não será salva com a importação de formas e normas do processo judicial de lugares a que não pertencem."[33] Usar os adornos da forma judicial quando as condições essenciais para uma decisão judicial estão ausentes ou conferir a juízes o poder de decidir questões que não podem ser decididas pela aplicação de normas só pode ter o efeito de destruir o respeito por essas, mesmo quando o merecem.

# 15. Política econômica e estado de direito

*A Câmara dos Representantes [...] não pode fazer leis que não a afetem e aos seus amigos, bem como à grande maioria da sociedade. Essa [circunstância] foi sempre considerada um dos laços mais fortes pelos quais a política pode unir os governantes e o povo. Cria, entre eles, uma comunhão de interesses e uma afinidade de sentimentos dos quais poucos governos têm dado exemplos; mas sem os quais qualquer governo degenera em tirania.*

JAMES MADISON

1. O argumento clássico a favor da liberdade nas questões econômicas baseia-se no postulado tácito de que o estado de direito deve reger a política do governo nessa e em todas as outras esferas. Só nesse contexto se pode compreender a oposição de autores como Adam Smith ou John Stuart Mill à "intervenção" do governo. A posição deles, portanto, foi muitas vezes mal interpretada por aqueles que não conheciam esse conceito básico; e a confusão surgiu na Inglaterra e na América assim que o conceito de estado de direito deixou de ser pressuposto por todos os estudiosos. A liberdade da atividade econômica significava liberdade dentro da lei, e não a ausência total da ação do governo. A "interferência" ou "intervenção" do governo a que esses escritores se opunham como questão de princípio significava, pois, apenas a violação da esfera privada que as normas gerais da lei deveriam proteger. Não afirmavam que o governo nunca deveria se preocupar com questões econômicas. No entanto, diziam que havia certos tipos de medidas governamentais que deveriam ser excluídos por princípio e que não poderiam ser justificados em nome da conveniência.

Para Adam Smith e seus sucessores imediatos, a imposição das normas gerais da lei não era considerada interferência do governo; tampouco aplicariam esse termo a uma alteração dessas normas ou à aprovação de uma nova lei pelo Legislativo, desde que se pretendesse aplicá-la igualmente a todas as pessoas durante um período de

## 15. POLÍTICA ECONÔMICA E ESTADO DE DIREITO

tempo indefinido. Ainda que, talvez, nunca o tivessem dito de forma explícita, interferência significava, para eles, o exercício do poder coercitivo do governo, fora do âmbito da imposição normal da lei geral, visando alcançar um fim específico.[1] No entanto, o critério importante não era o fim perseguido, mas o método usado. Não há objetivo que, talvez, não tivessem visto como legítimo se fosse claro que o povo o desejava; mas excluíam como geralmente inadmissível numa sociedade livre o método de ordens e proibições específicas. Só de forma indireta, privando o governo de alguns meios pelos quais pode alcançar certos fins, é que esse princípio priva o governo do poder de perseguir esses objetivos.

Os economistas posteriores têm boa parte da responsabilidade pela confusão a respeito dessas questões.[2] É verdade que existem bons motivos para que toda a preocupação governamental com as questões econômicas seja suspeita e para que, em especial, haja fortes ressalvas contra a participação ativa do governo nos esforços econômicos. No entanto, esses argumentos são muito diferentes do argumento geral a favor da liberdade econômica. Baseiam-se no fato de a grande maioria das medidas governamentais que têm sido empregadas nesse campo ser, de fato, inconveniente, quer porque falham, quer porque seus custos ultrapassam as vantagens. Isso significa que, desde que sejam compatíveis com o estado de direito, não podem ser rejeitadas liminarmente como intervenção do governo, mas devem ser analisadas, em cada caso, do ponto de vista da conveniência. O recurso habitual ao princípio da não interferência na luta contra todas as medidas mal concebidas ou nocivas teve o efeito de obscurecer a distinção fundamental entre os tipos de medidas que são compatíveis e os que são incompatíveis com um sistema livre. E os opositores da livre-iniciativa estiveram sempre dispostos a aumentar os equívocos ao insistirem que a necessidade ou não de uma medida específica nunca pode ser uma questão de princípio, mas sempre de conveniência.

Em outras palavras, o que importa é o caráter, e não o volume da atividade do governo. Uma economia de mercado funcional implica certas atividades por parte do Estado; há outras atividades desse tipo que contribuem para o seu funcionamento; e pode tolerar muito mais, desde que sejam compatíveis com um mercado funcional. No entanto, há atividades estatais que vão contra o princípio em que se baseia um sistema livre e que, por isso, devem ser inteiramente excluídas para que esse sistema funcione. Assim, um governo relativamente inativo, mas que faz as coisas erradas, pode contribuir muito mais para paralisar as forças de uma economia de mercado do que um governo mais preocupado com as questões econômicas, mas que se limita a ações que ajudam as forças espontâneas da economia.

A CONSTITUIÇÃO DA LIBERDADE

O objetivo deste capítulo é mostrar que o estado de direito fornece o critério que nos permite distinguir as medidas compatíveis das medidas incompatíveis com um sistema livre. As medidas compatíveis podem ser analisadas com mais detalhe sob o ponto de vista da conveniência. É claro que muitas dessas medidas serão ainda indesejáveis ou até nocivas. No entanto, as medidas incompatíveis devem ser rejeitadas mesmo que providenciem um meio eficaz, ou até o único meio, para um fim desejável. Veremos que a observância do estado de direito é uma condição necessária, mas não suficiente, para o funcionamento satisfatório de uma economia livre. Mas a questão importante é que toda ação coercitiva do governo deve ser determinada, sem ambiguidades, por uma estrutura legal permanente que permita ao indivíduo planejar com alguma confiança e que reduza ao máximo a incerteza humana.

2. Consideremos, em primeiro lugar, a distinção entre as medidas coercitivas do governo e as puras atividades de serviço em que a coerção não existe ou só existe pela necessidade de serem financiadas por tributação fiscal.[3] Dado que o governo apenas fornece serviços que, de outro modo, não seriam fornecidos (normalmente porque não é possível limitar os benefícios aos que podem pagar), a única questão que se coloca é saber se os benefícios valem o custo. Obviamente, se o governo reclamasse para si próprio o direito exclusivo de fornecer determinados serviços, esses deixariam de ser estritamente não coercivos. De modo geral, uma sociedade livre exige não só que o governo detenha o monopólio da coerção, mas que detenha apenas o monopólio da coerção e que, em todos os outros campos, aja segundo as mesmas regras a que todos têm de obedecer.

Muitas das atividades que os governos têm empreendido universalmente nesse campo e que estão dentro dos limites descritos são as que facilitam a aquisição de conhecimentos fundamentados acerca de fatos de importância geral.[4] A função mais importante desse tipo é a criação de um sistema monetário confiável e eficiente. Outras não menos importantes são o estabelecimento de padrões de pesos e medidas; o fornecimento de informações decorrentes da medição e do registro de terras, das estatísticas etc.; e o financiamento, se não a organização, de um sistema de educação.

Todas essas atividades do governo fazem parte do seu esforço para criar uma estrutura favorável para as decisões individuais; fornecem meios que os indivíduos podem usar para seus próprios fins. Muitos outros serviços de natureza mais material fazem parte dessa categoria. Embora o governo não deva usar seu poder de coerção para reservar para si próprio atividades que nada têm a ver com a imposição das leis gerais, não há violação de princípio quando empreende atividades

## 15. POLÍTICA ECONÔMICA E ESTADO DE DIREITO

segundo os mesmos termos que os cidadãos. Se, na maioria dos campos, não há motivo para fazê-lo, existem áreas em que a conveniência da ação do governo é inquestionável.

A esse último grupo pertencem todos os serviços que são claramente desejáveis, mas que não serão fornecidos por empresas privadas, pois seria impossível ou difícil cobrá-los dos indivíduos. Trata-se de serviços sanitários e de saúde, construção e manutenção de estradas e muitos dos serviços fornecidos pelos municípios aos seus habitantes. Também englobam as atividades que Adam Smith descrevia como "as obras públicas que, embora possam ser altamente vantajosas para uma grande sociedade, são de tal natureza que o lucro nunca compensaria os gastos de um indivíduo ou de um pequeno número de indivíduos".[5] E há muitos outros tipos de atividade que o governo pode legitimamente empreender; por exemplo, para manter em segredo alguns preparativos militares ou fomentar o progresso do conhecimento em certos campos.[6] No entanto, embora o governo possa ser o mais bem qualificado para assumir a iniciativa nessas áreas, isso não justifica que seja sempre assim e que seja atribuída a ele a responsabilidade exclusiva. Além disso, na maioria dos casos, não é de modo algum necessário que o governo se envolva na gestão dessas atividades; os serviços em questão podem ser geralmente fornecidos, e de forma mais eficaz, se o governo assumir alguma responsabilidade financeira, mas deixando a gestão para organismos independentes e, de certa forma, competitivos.

Há bons motivos para a desconfiança que as empresas privadas sentem em relação a todos os empreendimentos estatais. É muito difícil garantir que essas ações estatais sejam conduzidas segundo as mesmas condições que as empresas privadas; e só se essa condição for satisfeita é que essas ações não serão condenáveis em princípio. Quando o governo usa alguns dos seus poderes coercitivos e, em particular, seu poder de tributação fiscal, para apoiar seus empreendimentos, pode transformá-los em monopólios. Para prevenir isso, seria necessário que todas as vantagens especiais, incluindo subsídios, que o governo dá aos seus empreendimentos em qualquer campo também estivessem disponíveis para as empresas privadas. Obviamente, seria extremamente difícil para o governo satisfazer essas condições, e a oposição contra a atividade estatal tem, assim, considerável força. Mas isso não significa que todos os empreendimentos devam ser excluídos de um sistema livre. É claro que deve ser mantido dentro de limites estritos; a liberdade poderá ser gravemente ameaçada se boa parte da atividade econômica estiver sujeita ao controle direto do Estado. No entanto, o condenável aqui não é a atividade estatal, mas o monopólio estatal.

225

A CONSTITUIÇÃO DA LIBERDADE

3. Além disso, um sistema livre não exclui, em princípio, todas as regulamentações gerais da atividade econômica que podem ser estabelecidas por meio de normas gerais que especificam as condições que devem ser atendidas por todos que exercem alguma atividade. Incluem, em particular, todas as regulamentações que regem as técnicas de produção. Não nos preocupamos aqui com a questão de saber se essas regulamentações serão sensatas, pois provavelmente só serão em casos excepcionais. Limitarão sempre o campo de experimentação e, assim, impedirão desenvolvimentos potencialmente úteis. Aumentarão provavelmente o custo de produção ou, o que dá no mesmo, reduzirão a produtividade geral. No entanto, se esse efeito sobre o custo for inteiramente levado em conta e, ainda assim, se julgar que vale a pena incorrer nesse custo para alcançar determinado fim, então o assunto está praticamente decidido.[7] Os economistas continuarão desconfiados e afirmarão que há um forte preconceito contra tais medidas porque o seu custo global é quase sempre subestimado e porque uma desvantagem em particular — nomeadamente, o impedimento de novos desenvolvimentos — nunca pode ser inteiramente levada em conta. No entanto, se, por exemplo, a produção e a venda de fósforos forem proibidas por razões de saúde ou apenas permitidas se forem tomadas certas precauções, ou se o trabalho noturno for proibido, a conveniência dessas medidas deve ser ajuizada comparando os custos globais com o ganho; não pode ser determinada de forma conclusiva recorrendo a um princípio geral. Isso é válido para o vasto campo das regulamentações conhecido como "legislação trabalhista".

Hoje diz-se que essas tarefas e outras semelhantes geralmente reconhecidas como funções próprias do governo não podiam ser adequadamente realizadas se as autoridades administrativas não tivessem amplos poderes discricionários e se toda coerção estivesse limitada pelo estado de direito. Há poucos motivos para temer isso. Embora a lei nem sempre possa nomear as medidas específicas que as autoridades devem adotar numa situação particular, pode ser formulada de maneira que permita que um tribunal imparcial decida se as medidas adotadas foram necessárias para obter o efeito geral pretendido pela lei. Ainda que não se possa prever a variedade das circunstâncias nas quais as autoridades têm de agir, a maneira como terão de agir em determinada situação pode ser altamente previsível. O abate do gado de um criador para impedir a disseminação de uma doença contagiosa, a demolição de casas para evitar a propagação de um incêndio, a interdição de um poço contaminado, a obrigação de tomar medidas de proteção na transmissão de eletricidade de alta-tensão e a imposição de regulamentos de segurança nos edifícios exigem, sem dúvida, que as autoridades tenham algum poder discricionário para aplicar normas gerais. No

## 15. POLÍTICA ECONÔMICA E ESTADO DE DIREITO

entanto, esse poder discricionário não tem de ser não limitado por normas gerais ou isento do controle judicial.

Estamos tão habituados que essas medidas sejam vistas como provas da necessidade de conferir poderes discricionários que, de certa forma, é surpreendente que, ainda há trinta anos, um eminente estudioso do direito administrativo afirmasse que

> Os estatutos de saúde e de segurança, de modo geral, não são nada visíveis no uso do poder discricionário; pelo contrário, em grande parte dessa legislação, esses poderes estão notavelmente ausentes. [...] Assim, foi possível basear quase toda a legislação fabril britânica em normas gerais (embora, em grande medida, dentro da moldura da regulamentação administrativa). [...] Muitos regulamentos de construção são formulados com um mínimo de poder discricionário administrativo, praticamente todas as regulamentações são limitadas a requisitos passíveis de padronização. [...] Em todos esses casos, a consideração da flexibilidade deu lugar à consideração superior da garantia dos direitos privados, sem qualquer sacrifício aparente do interesse público.[8]

Nesses casos, as decisões derivam de normas gerais, e não de preferências particulares que orientam o governo vigente ou de alguma opinião a respeito de como determinadas pessoas devem ser tratadas. Os poderes coercivos do governo continuarão a servir a fins gerais e perenes, e não a fins específicos. O governo não deve fazer quaisquer distinções entre pessoas diferentes. O poder discricionário que lhe é conferido está limitado no sentido em que o funcionário deve aplicar o espírito de uma norma geral. O fato de essa norma não poder ser totalmente destituída de ambiguidades na sua aplicação é uma consequência da imperfeição humana. O problema, porém, é a aplicação da norma, que se revela no fato de um juiz independente, que de modo algum representa os desejos ou valores particulares do governo ou da maioria do momento, ser capaz de decidir não só se a autoridade tinha o direito de agir, mas também se tal ação era exigida pela lei.

A questão aqui em discussão nada tem a ver com a questão acerca de se as regulamentações que justificam as ações do governo são uniformes para todo o país ou se foram estabelecidas por uma assembleia democraticamente eleita. É claro que é necessário que algumas regulamentações sejam elaboradas por decretos municipais, e muitas delas, como os regulamentos relativos à construção, serão necessariamente

A CONSTITUIÇÃO DA LIBERDADE

apenas em forma e nunca em substância o produto de decisões de maiorias. A questão importante, mais uma vez, diz respeito não à origem, mas, sim, aos limites dos poderes conferidos. As regulamentações elaboradas pela própria autoridade administrativa, mas devidamente publicadas de antemão e estritamente observadas, estarão mais em conformidade com o estado de direito do que os vagos poderes discricionários conferidos aos órgãos administrativos pelo Poder Legislativo.

Embora se tenha sempre exigido o relaxamento desses limites estritos, por razões de conveniência administrativa, esse não é certamente um requisito necessário para se alcançar os objetivos que temos considerado. Só depois de o estado de direito ter sido preterido em relação a outros fins é que a sua preservação deixou de parecer valer mais do que as considerações de eficiência administrativa.

4. Olharemos agora para os tipos de medidas do governo que o estado de direito exclui, em princípio, por não poderem ser postas em prática pela mera aplicação das normas gerais, mas que envolvem necessariamente uma discriminação arbitrária entre as pessoas. As mais importantes são as decisões acerca de quem será autorizado a fornecer diferentes serviços ou produtos, a que preços e em que quantidades — em outras palavras, medidas concebidas para controlar o acesso a diferentes atividades e ocupações, às condições de venda e às quantidades a serem produzidas ou vendidas.

No que diz respeito ao acesso às diferentes profissões, nosso princípio não exclui necessariamente a possível conveniência de, em alguns casos, permiti-lo apenas a quem tenha certas qualificações comprovadas. No entanto, a limitação da coerção à aplicação das normas gerais requer que qualquer pessoa que tenha essas qualificações reivindique o direito a essa permissão e que sua concessão dependa apenas do fato de a pessoa satisfazer as condições estabelecidas como norma geral, e não de quaisquer circunstâncias particulares (como a "necessidade local"), que teriam de ser determinadas pelo poder discricionário da autoridade licenciadora. Até a necessidade de tais controles poderia se tornar supérflua na maioria dos casos, evitando, simplesmente, que as pessoas alegassem dispor de qualificações de que não dispõem, ou seja, aplicando as normas gerais para impedir a fraude e o estelionato. Com esse fim, bastaria impedir que certas designações ou títulos expressassem essas qualificações (mesmo no caso dos médicos, não se pode afirmar que não seria preferível a exigência de uma licença de exercício da função de médico). No entanto, talvez seja inegável que, em certos casos, como a venda de produtos tóxicos ou de armas de fogo, é desejável e até inquestionável que apenas pessoas que satisfaçam certos requisitos intelectuais e morais possam exercer essas atividades. Se todos os que apresentarem as

## 15. POLÍTICA ECONÔMICA E ESTADO DE DIREITO

qualificações necessárias tiverem o direito de exercer a atividade em questão e, se necessário, puderem ver suas pretensões analisadas e garantidas por um tribunal independente, o princípio básico será satisfeito.[9]

Existem vários motivos por que todo o controle direto de preços pelo governo é inconciliável com um sistema de livre mercado, quer o governo fixe os preços, quer apenas estabeleça normas segundo as quais os preços permissíveis devem ser determinados. Em primeiro lugar, é impossível fixar preços de acordo com normas de longo prazo que possam orientar de modo eficaz a produção. Os preços adequados dependem de circunstâncias que estão em constante mudança e devem se ajustar sempre a essas. Por outro lado, os preços não fixados diretamente, mas determinados por alguma norma (como a que estabelece certa relação entre o preço e o custo), não serão iguais para todos os vendedores e, por isso, impedirão o funcionamento do mercado. Uma consideração ainda mais importante é que, com preços diferentes dos que se formariam num mercado livre, a oferta e a procura não seriam iguais; e, para que o controle de preços seja eficaz, é preciso ter um método para definir quem pode comprar ou vender. Isso seria discricionário e teria de consistir em decisões *ad hoc* que discriminariam pessoas por razões essencialmente arbitrárias. Como a experiência tem confirmado, o controle de preços só pode ser eficaz por meio de controles quantitativos, de decisões da autoridade acerca de quanto é que os indivíduos ou as empresas podem comprar ou vender. E o exercício de todos os controles de quantidades tem necessariamente de ser discricionário, determinado não pela regra, mas pelo julgamento da autoridade em relação à importância relativa de determinados fins.

Assim, o controle de preços e de quantidades deve ser excluído de um sistema livre não porque os interesses econômicos em que essas medidas interferem sejam mais importantes que outros, mas porque esses controles não podem ser exercidos de acordo com a lei e têm de ser, por sua própria natureza, discricionários e arbitrários. Com efeito, conceder tais poderes à autoridade significa conceder poder arbitrário para determinar o que deve ser produzido, por quem e para quem.

5. Assim, a rigor, há duas razões por que todos os controles de preços e de quantidades são incompatíveis com um sistema econômico livre: uma é que todos esses controles têm de ser arbitrários, e a outra é o fato de ser impossível exercê-los de maneira que permita que o mercado funcione de forma adequada. Um sistema livre pode se adaptar a quase todos os conjuntos de dados, a qualquer proibição ou regulamentação geral, desde que o próprio mecanismo de ajuste continue a funcionar. E são principalmente as mudanças dos preços que geram os ajustes necessários. Isso significa

que, para que o sistema funcione adequadamente, não basta que as normas da lei que regem a sua operação sejam normas gerais; também é preciso que o seu conteúdo assegure que o mercado funcione razoavelmente bem. A justificativa de um sistema econômico livre não é que qualquer sistema vai funcionar de forma satisfatória quando a coerção é limitada por normas gerais, mas que, sob essa limitação, as normas podem ter uma forma que permita que o sistema funcione. Para que haja um ajuste eficiente das diferentes atividades do mercado, há um mínimo de requisitos; os mais importantes são, como vimos, a prevenção da violência e da fraude, a proteção da propriedade, a observância dos contratos e o reconhecimento de direitos iguais a todos os indivíduos para produzirem quaisquer quantidades e venderem pelo preço que desejarem. Mesmo quando essas condições básicas estão satisfeitas, a eficiência do sistema ainda dependerá do conteúdo específico das normas. No entanto, se não estiverem satisfeitas, o governo terá de fazer por ordens diretas aquilo que fazem as decisões individuais orientadas pelos preços.

A relação entre o caráter da ordem legal e o funcionamento do sistema de mercado tem sido relativamente pouco estudada, e a maior parte do trabalho nesse campo tem sido feita mais por críticos da ordem competitiva do que pelos seus defensores.[10] Esses têm se limitado a enunciar os requisitos mínimos que acabamos de mencionar para o funcionamento do mercado. No entanto, uma enunciação geral dessas condições suscita quase tantas questões quanto as respostas que fornece. A decisão de confiar nos contratos voluntários como principal instrumento de organização das relações entre os indivíduos não determina qual deverá ser o conteúdo específico da lei contratual; e o reconhecimento do direito à propriedade privada não determina qual deverá ser exatamente o conteúdo desse direito para que o mecanismo de mercado funcione da forma mais eficaz e benéfica possível. Embora o princípio da propriedade privada suscite poucos problemas no que diz respeito aos bens móveis, suscita problemas extremamente difíceis no que diz respeito à propriedade da terra. O efeito que o uso de qualquer extensão de terra costuma ter nas terras vizinhas torna claramente indesejável que se confira ao proprietário o poder ilimitado de usar e abusar da sua propriedade como bem quiser.

No entanto, embora se lamente que os economistas, em geral, tenham contribuído pouco para a solução desses problemas, há bons motivos para isso. A especulação geral acerca do caráter da ordem social não pode produzir muito mais do que enunciações igualmente gerais dos princípios que devem ser seguidos pela ordem legal. A aplicação detalhada desses princípios deve ser confiada, em grande parte, à experiência e à evolução gradual. Implica a preocupação com casos concretos, que é um

## 15. POLÍTICA ECONÔMICA E ESTADO DE DIREITO

domínio mais do jurista que do economista. De qualquer modo, é provável que, dada a lentidão do processo de aperfeiçoamento gradual do nosso sistema legal para permitir o bom funcionamento da concorrência, esse não tenha exercido grande atração nos que procuram uma aplicação para a sua imaginação criativa e planejam fazer planos para outros desenvolvimentos.

6. Há ainda outra questão que temos de considerar com mais atenção. Desde a época de Herbert Spencer[11] tornou-se habitual discutir muitos aspectos do nosso problema dentro do tema geral da "liberdade contratual". E, durante algum tempo, esse ponto de vista desempenhou papel importante na jurisdição americana.[12] De fato, há um sentido em que a liberdade contratual é uma parte importante da liberdade individual. Mas essa expressão também suscita interpretações erradas. Em primeiro lugar, o problema não é que tipo de contratos as pessoas podem assinar, mas, antes, que tipo de contratos o Estado pode fazer respeitar. Nenhum Estado moderno tentou fazer respeitar todos os contratos, nem é desejável que o faça. Os contratos com fins criminosos ou imorais, contratos de jogo, contratos de restrição do comércio, contratos que impõem permanentemente os serviços de uma pessoa ou até alguns contratos para desempenhos específicos não são reconhecidos pelo Estado.

A liberdade contratual, tal como a liberdade em todos os outros domínios, significa que a permissibilidade de um ato particular depende apenas de normas gerais, e não da sua aprovação específica pela autoridade. Significa que a validade e o cumprimento de um contrato devem depender apenas das normas gerais, iguais e conhecidas pelas quais são determinados todos os outros direitos legais, e não da aprovação do seu conteúdo específico por um organismo do governo. Isso não exclui a possibilidade de a lei reconhecer apenas os contratos que satisfaçam certas condições gerais ou de o Estado estabelecer normas para a interpretação de contratos que complementem as condições explicitamente acordadas. A existência desses modelos de contratos reconhecidos que fazem parte do acordo, desde que não se estipulem condições contrárias, facilita bastante os negócios privados.

Uma questão muito mais complexa é se a lei deve dispor acerca das obrigações decorrentes de um contrato que seja contrário às intenções de ambas as partes, como, por exemplo, no caso da responsabilidade por acidentes industriais, independentemente da negligência. Mas até esse caso é, provavelmente, mais uma questão de conveniência do que de princípio. A obrigatoriedade do cumprimento dos contratos é um instrumento que a lei nos providencia, e é a lei que deve determinar as consequências decorrentes da conclusão de um contrato. Desde que essas consequências

231

A CONSTITUIÇÃO DA LIBERDADE

possam ser previstas a partir de uma norma geral e que o indivíduo tenha a liberdade de usar os tipos de contratos disponíveis para os seus fins, as condições essenciais do estado de direito estarão satisfeitas.

7. O âmbito e a variedade da ação do governo conciliável, pelo menos em princípio, com um sistema livre são, portanto, consideráveis. A velha fórmula do *laissez-faire* ou da não intervenção não oferece um critério adequado para distinguir aquilo que é ou não admissível num sistema econômico livre. Há um amplo campo para experimentação e aperfeiçoamento dentro do contexto legal permanente que possibilita que uma sociedade livre funcione de forma mais eficiente. Provavelmente, nunca poderemos ter a certeza de que já encontramos os melhores sistemas ou instituições que permitirão que a economia de mercado funcione da forma mais benéfica. É verdade que, depois de estabelecidas as condições essenciais de um sistema livre, todos os outros aperfeiçoamentos institucionais serão lentos e graduais. No entanto, o crescimento contínuo da riqueza e do conhecimento tecnológico possibilitado por tal sistema estimulará constantemente novas maneiras pelas quais o governo pode prestar serviços aos seus cidadãos e tornar viáveis essas possibilidades.

Assim, por que tem havido uma pressão tão persistente para abolir as limitações ao governo que foram criadas para a proteção da liberdade individual? E se há tanto espaço para aperfeiçoamento dentro do estado de direito, por que os reformistas lutaram tanto para enfraquecê-lo e miná-lo? A resposta é que, durante as últimas gerações, surgiram certos objetivos políticos que não podiam ser alcançados dentro dos limites do estado de direito. Um governo que não possa usar coerção, exceto para fazer cumprir as normas gerais, não tem poder para alcançar objetivos específicos que requeiram outros meios que não os que lhe foram estritamente confiados e, em especial, não pode determinar a posição material dos indivíduos ou implementar uma justiça distributiva ou "social". Para alcançar tais fins, teria de seguir uma política que tem sua melhor designação — uma vez que o termo "planejamento" é muito ambíguo — no termo francês *dirigisme*, ou seja, uma política que determina para que fins específicos devem ser usados determinados meios.

Isso, porém, é precisamente o que um governo limitado pelo estado de direito não pode fazer. Para que o governo determine como os indivíduos devem ser tratados, deve estar em posição de determinar também a direção dos esforços individuais. Não precisamos repetir os motivos por que, se o governo tratar pessoas diferentes da mesma maneira, os resultados serão desiguais, ou por que, se permitir que as pessoas usem como quiserem as capacidades e os meios que têm à disposição, as

232

## 15. POLÍTICA ECONÔMICA E ESTADO DE DIREITO

consequências para os indivíduos serão imprevisíveis. As restrições que o estado de direito impõe ao governo impedem assim todas as medidas que seriam necessárias para garantir que os indivíduos sejam recompensados de acordo com a concepção de mérito ou de castigo por outrem, e não de acordo com o valor que os seus serviços têm para os concidadãos — ou, o que significa o mesmo, impedem a busca da justiça distributiva, oposta à comutativa. A justiça distributiva exige uma afetação de todos os recursos por uma autoridade central; requer que se determine o que as pessoas devem fazer e que a fins devem servir. Quando o objetivo é a justiça distributiva, as decisões relativas ao que os diferentes indivíduos devem fazer não podem decorrer de normas gerais, mas devem ser tomadas à luz dos objetivos e dos conhecimentos específicos da autoridade planejadora. Como vimos, quando a opinião da comunidade decide o que cada indivíduo deve receber, a mesma autoridade tem de decidir o que devem fazer.

Esse conflito entre o ideal de liberdade e o desejo de "corrigir" a distribuição de renda de maneira que a torne mais "justa" raramente é reconhecido de forma clara. Mas aqueles que buscam a justiça distributiva verão, na prática, suas ações impedidas pelo estado de direito. Pela própria natureza dos seus objetivos, preferem a ação discriminatória e discricionária. No entanto, como não têm consciência de que os seus objetivos e o estado de direito são, em princípio, incompatíveis, contornam ou ignoram, nos casos individuais, um princípio que gostariam de ver preservado em geral. Mas o resultado final dos seus esforços será necessariamente não uma modificação da ordem existente, mas o seu abandono completo e sua substituição por um sistema totalmente diferente — a economia planificada.

Ainda que, com efeito, esse sistema de planejamento central não fosse mais eficiente do que um sistema baseado num livre mercado, é verdade que somente um sistema controlado de forma centralizada poderia tentar garantir que os diferentes indivíduos recebessem o que alguém julgasse que mereciam em termos morais. Dentro dos limites estabelecidos pelo estado de direito, muito pode ser feito para que o mercado funcione de forma mais eficaz e regular; no entanto, dentro desses limites, aquilo que os indivíduos veem agora como justiça distributiva nunca poderá ser alcançado. Teremos de analisar os problemas que surgiram em alguns dos campos mais importantes da prática política contemporânea decorrentes da busca da justiça distributiva. Contudo, antes disso, temos de examinar os movimentos intelectuais que, durante as últimas duas ou três gerações, muito fizeram para desacreditar o estado de direito e que, ao difamarem esse ideal, minaram gravemente a resistência ao ressurgimento do governo arbitrário.

# 16. O declínio do direito

> *O dogma de que o poder absoluto pode, pela hipótese da sua origem popular, ser tão legítimo quanto a liberdade constitucional começou [...] a assombrar o ambiente.*
>
> LORD ACTON

1. Anteriormente, dedicamos atenção especial aos acontecimentos na Alemanha; em parte, porque foi nesse país que a teoria, se não a prática, do estado de direito mais se desenvolveu, e, em parte, porque era necessário compreender a reação contra essa teoria que teve início nessa nação também. Tal como no caso da doutrina socialista, as teorias jurídicas que minaram o estado de direito tiveram origem na Alemanha e se propagaram para o restante do mundo.

O intervalo entre a vitória do liberalismo e a virada para o socialismo ou para o Estado-providência foi mais curto na Alemanha do que nos outros países. As instituições que deviam garantir o estado de direito ainda mal haviam tomado forma quando uma mudança de opinião impediu que servissem aos fins para que foram criadas. As circunstâncias e os acontecimentos políticos, puramente intelectuais, se combinaram para acelerar uma evolução que avançava mais devagar nos outros países. O fato de a unificação do país ter sido finalmente concretizada, mais pelo esforço dos estadistas do que por uma evolução gradual, reforçou a crença de que um projeto deliberado devia remodelar a sociedade segundo um padrão preconcebido. As ambições sociais e políticas estimuladas por essa situação foram fortemente apoiadas pelas tendências filosóficas então correntes na Alemanha.

A partir da Revolução Francesa, a exigência de que o governo deve impor uma justiça não só "formal", mas também "substantiva" (ou seja, "distributiva ou "social"), foi amplamente empregada. No fim do século XIX, essas ideias haviam afetado

# 16. O DECLÍNIO DO DIREITO

profundamente a doutrina legal. Em 1890, um destacado teórico socialista do direito descrevia assim aquilo que estava se tornando a teoria dominante:

> Dando-se a todos os cidadãos um tratamento perfeitamente igual, sem levar em conta suas qualidades pessoais e posições econômicas, e permitindo uma concorrência ilimitada entre eles, a produção de bens cresceu de forma ilimitada; mas aos pobres e aos fracos coube apenas uma pequena fatia dessa produção. A nova legislação econômica e social, portanto, tenta proteger os fracos dos fortes e garantir-lhes uma fatia moderada das coisas boas da vida. Isso porque, hoje em dia, se compreende que não há maior injustiça do que tratar como igual aquilo que, de fato, não é igual [!].[1]

E Anatole France zombava da "igualdade majestosa da lei que proíbe tanto os ricos como os pobres de dormirem debaixo das pontes, pedirem nas ruas ou roubarem pão".[2] Essa famosa frase foi repetida inúmeras vezes por indivíduos bem-intencionados, mas sem senso crítico, que não compreendiam que estavam minando as fundações de toda a justiça imparcial.

2. A ascensão dessas ideias políticas foi bastante apoiada pela influência cada vez maior de várias concepções teóricas que surgiram no início do século e que, embora em muitos aspectos se opusessem fortemente entre si, tinham em comum a insatisfação em relação a qualquer limitação da autoridade por normas legais e partilhavam do desejo de conceder às forças organizadas do governo mais poder para moldar as relações sociais deliberadamente de acordo com um ideal de justiça social. Os quatro principais movimentos que operavam nessa direção eram, por ordem descendente de importância, o positivismo legal, o historicismo, a escola do "direito livre" e a escola da "jurisprudência do interesse". Consideraremos de forma breve os três últimos antes de nos concentrarmos no primeiro, que exige mais atenção.

A tradição que só mais tarde ficou conhecida como "jurisprudência do interesse" foi uma forma de abordagem sociológica de certo modo semelhante ao "realismo legal" da América contemporânea. Pelo menos nas suas formas mais radicais, pretendia se afastar do tipo de construção lógica envolvida na decisão de disputas por meio da aplicação de normas legais precisas e substituí-la por uma avaliação direta dos "interesses" particulares em jogo no caso concreto.[3] A escola do "direito livre" foi, de certo modo, um movimento paralelo interessado, sobretudo, no direito criminal. Seu

A CONSTITUIÇÃO DA LIBERDADE

objetivo era libertar o juiz, tanto quanto possível, das amarras das normas fixas e permitir que decidisse os casos individuais com base no seu "sentido de justiça". Foi muitas vezes observado que esse movimento contribuiu bastante para abrir caminho à arbitrariedade do Estado totalitário.[4]

O historicismo, que deve ser definido de forma precisa para que seja claramente distinguido das grandes escolas históricas (de jurisprudência e de outras) que o precederam[5], era uma escola que afirmava reconhecer leis necessárias de desenvolvimento histórico e, com base nisso, poder saber quais instituições eram apropriadas para a situação existente. Esse ponto de vista conduziu a um relativismo extremo, que não afirmava que somos o produto do nosso próprio tempo e estamos limitados, em grande medida, pelas concepções e ideias que herdamos, mas que podemos transcender essas limitações, reconhecer explicitamente como as nossas ideias atuais são determinadas pelas circunstâncias e usar esse conhecimento para reformular nossas instituições de forma adequada ao nosso tempo.[6] Essa concepção conduziria naturalmente a uma rejeição de todas as normas que não podiam ser racionalmente justificadas ou que não tivessem sido deliberadamente concebidas para alcançar um objetivo específico. Nesse sentido, o historicismo apoia aquilo que veremos como a principal tese do positivismo legal.[7]

3. As doutrinas do positivismo legal se desenvolveram em oposição direta a uma tradição que, embora tenha fornecido durante dois mil anos a estrutura dentro da qual temos discutido nossos problemas centrais, ainda não consideramos de forma explícita. Trata-se do conceito de direito natural, que, para muitos, continua sendo a resposta para nossa questão mais importante. Até agora, evitamos deliberadamente discutir nossos problemas à luz desse conceito, pois as numerosas escolas que têm essa designação defendem teorias muito diferentes; para tentar distingui-las, seria necessário um livro à parte.[8] No entanto, devemos, pelo menos, reconhecer aqui que essas diferentes escolas do direito natural têm um ponto em comum, que é o fato de abordarem o mesmo problema. O que se conclui do grande conflito entre os defensores do direito natural e os positivistas legais é que, enquanto os primeiros reconhecem a existência desse problema, os segundos rejeitam sua existência ou, pelo menos, negam que tenha um lugar legítimo no domínio da jurisprudência.

Todas as escolas do direito natural concordam com a existência de normas que não são criadas deliberadamente por um legislador. Concordam com que todo o direito natural deriva sua validade de certas normas que, nesse sentido, não foram criadas pelos homens, mas que podem ser "descobertas", e que essas normas oferecem

## 16. O DECLÍNIO DO DIREITO

tanto o critério de justiça para o direito positivo como a justificativa para sua observância pelos indivíduos. Quer procurem a resposta na inspiração divina ou nos poderes inerentes da razão humana, ou em princípios que não fazem parte da razão humana, mas que constituem fatores não racionais que regem o funcionamento do intelecto humano, quer concebam o direito natural como permanente ou imutável ou como variável nos seus conteúdos, todas procuram responder a uma questão que o positivismo não reconhece. Para este, a lei, por definição, consiste exclusivamente em ordens deliberadas de uma vontade humana.

Por isso, desde o início que o positivismo legal não podia usar nem simpatizar com os princípios metalegais que subjazem ao ideal do estado de direito ou do *Rechtsstaat* no sentido original desse conceito, com os princípios que implicam uma limitação do Poder Legislativo. Em nenhum outro país o positivismo adquiriu influência tão indiscutível na segunda metade do século XIX como na Alemanha. Por conseguinte, foi nesse país que o ideal do estado de direito se viu pela primeira vez despojado do seu conteúdo real. O conceito substantivo de *Rechtsstaat*, que exigia que as normas da lei tivessem propriedades definidas, foi substituído por um conceito puramente formal, que exigia apenas que todas as ações do Estado fossem autorizadas pela lei. Em suma, uma "lei" era aquilo que declarava simplesmente que a ação de uma autoridade era legal. O problema passou então a ser uma questão de mera legalidade.[9] Na virada do século, tornou-se doutrina aceita que o ideal "individualista" do *Rechtsstaat* substantivo era uma coisa do passado, "ultrapassado pelos poderes criativos das ideias nacionais e sociais".[10] Ou, como uma autoridade em direito administrativo descreveu a situação pouco depois da eclosão da Primeira Guerra Mundial:

> Regressamos aos princípios do Estado policial [!], a tal ponto que voltamos a reconhecer a ideia de um *Kulturstaat*. A única diferença está nos meios. Baseando-se em leis, o Estado moderno permite-se tudo, muito mais do que acontecia com o Estado policial. Assim, durante o século XIX, o termo *Rechtsstaat* recebeu um novo sentido. Significava um Estado cuja atividade se baseia toda nas leis e na forma legal. O termo *Rechtsstaat*, no seu sentido atual, nada significa em relação à finalidade do Estado e aos limites da sua competência.[11]

No entanto, só depois da Primeira Guerra Mundial que essas doutrinas receberam sua forma mais eficaz e começaram a exercer grande influência para além das fronteiras da Alemanha. Essa nova formulação, conhecida como "pura teoria do

A CONSTITUIÇÃO DA LIBERDADE

direito" e exposta pelo professor H. Kelsen[12], assinalava o desaparecimento definitivo de todas as tradições do governo limitado. Seus ensinamentos foram amplamente assimilados por todos os reformistas que viam as limitações tradicionais como um obstáculo inconveniente às suas ambições e que queriam remover todas as restrições ao poder da maioria. O próprio Kelsen já observara que "a liberdade fundamentalmente irrecuperável do indivíduo recua gradualmente para segundo plano e a liberdade do coletivo social ocupa o lugar da frente"[13], e que essa mudança do conceito de liberdade significava uma "emancipação do democratismo em relação ao liberalismo"[14], o que ele evidentemente aplaudia. A ideia básica do seu sistema é a identificação do Estado com a ordem legal. Assim, o *Rechtsstaat* torna-se um conceito extremamente formal e um atributo de todos os Estados[15], até dos arbitrários.[16] Não há limites possíveis ao poder do legislador[17], e as "chamadas liberdades fundamentais"[18] não existem; e qualquer tentativa de negar a um despotismo arbitrário o caráter de uma ordem legal representa "apenas a ingenuidade e o preconceito do pensamento do direito natural".[19] Tenta-se não só confundir a distinção fundamental entre leis verdadeiras no sentido substantivo e abstrato e normas e leis gerais no sentido meramente formal (incluindo todas as ações da legislatura), mas também tornar indistinguíveis delas as ordens de qualquer autoridade, sejam quais forem, incluindo todas no vago termo "norma".[20] Até a distinção entre jurisdição e atos administrativos é praticamente eliminada. Em suma, todos os princípios da concepção tradicional do estado de direito são representados como superstições metafísicas.

Essa versão do positivismo legal logicamente muito coerente ilustra as ideias que, na década de 1920, acabaram dominando o pensamento alemão e que se difundiram rapidamente pelo restante do mundo. No fim dessa década, haviam de tal maneira conquistado a Alemanha que "ser culpado de adesão às teorias do direito natural [era] uma espécie de desgraça intelectual".[21] As possibilidades que essa atmosfera de opinião criava para uma ditadura ilimitada já eram claramente previstas por observadores astutos na época em que Hitler tentava adquirir poder. Em 1930, um jurista alemão, num estudo detalhado dos efeitos dos "esforços para realizar o Estado socialista, o oposto do *Rechtsstaat*"[22], afirmou que esses "desenvolvimentos doutrinários já removeram todos os obstáculos ao desaparecimento do *Rechtsstaat* e abriram as portas à vitória da vontade fascista e bolchevique do Estado".[23] A preocupação crescente com esses acontecimentos, que Hitler completaria, teve expressão em vários oradores de um congresso de constitucionalistas alemães.[24] Mas era muito tarde. As forças antilibertárias haviam absorvido totalmente a doutrina segundo a qual o Estado não deve ser limitado pelo direito. Na Alemanha de Hitler e na Itália

## 16. O DECLÍNIO DO DIREITO

fascista, bem como na Rússia, acreditava-se que, num regime de estado de direito, o Estado "não era livre"[25], era "prisioneiro da lei"[26], e que, para agir "justamente", teria de ser libertado das amarras das normas abstratas.[27] Um Estado é "livre" se puder tratar seus súditos como quiser.

4. A inseparabilidade da liberdade pessoal em relação ao estado de direito revela-se de forma mais clara na negação absoluta deste, mesmo em teoria, no país onde o despotismo moderno foi levado mais longe. É muito instrutiva a história do desenvolvimento da teoria do direito na Rússia durante as primeiras fases do comunismo, quando os ideais do socialismo ainda eram levados a sério e o problema do papel da lei nesse sistema era amplamente discutido. Na sua lógica implacável, os argumentos avançados nessas discussões mostram a natureza do problema de forma mais clara do que a posição tomada pelos socialistas ocidentais, que normalmente tentam ter o melhor dos dois mundos.

Os teóricos russos do direito prosseguiram deliberadamente numa direção que, como reconheciam, havia muito tinha sido estabelecida na Europa Ocidental. Como um deles declarou, o próprio conceito de direito estava desaparecendo de modo geral, e "o centro de gravidade estava se deslocando cada vez mais da elaboração de normas gerais para as decisões e instruções gerais que regulam, apoiam e coordenam as atividades da administração".[28] Ou, como outro afirmava na mesma época, "dado que é impossível distinguir entre leis e regulamentos administrativos, essa distinção é uma mera ficção da teoria e prática burguesas".[29] Devemos a melhor descrição desses fenômenos a um acadêmico russo não comunista, que observou que aquilo que "distingue o sistema soviético de todos os outros governos despóticos é o fato [...] de representar uma tentativa de basear o Estado em *princípios* opostos aos do estado de direito [e] ter desenvolvido uma *teoria* que isenta os governantes de qualquer obrigação ou limitação".[30] Ou, ainda, como um teórico comunista declarou, "o princípio fundamental da nossa legislação e do nosso direito privado, que o teórico burguês nunca reconhecerá, é o seguinte: é proibido tudo o que não é especialmente permitido".[31]

Por último, os ataques comunistas acabaram por se dirigir contra o próprio conceito de lei. Em 1927, o presidente do Supremo Tribunal soviético explicou num manual oficial de direito privado: "O comunismo não significa a vitória da lei socialista, mas, sim, a vitória do socialismo sobre qualquer lei, pois, com a abolição das classes com interesses antagônicos, a lei desaparecerá por completo".[32]

Os motivos para essa fase do desenvolvimento foram claramente explicados pelo teórico do direito E. Pashukanis, cuja obra durante algum tempo atraiu grande

# A CONSTITUIÇÃO DA LIBERDADE

atenção tanto dentro como fora da Rússia, mas que depois entrou em declínio e no esquecimento.[33] Escreveu: "À direção técnica administrativa por subordinação a um plano econômico geral corresponde o método de direção tecnologicamente determinada na forma de programas de produção e distribuição. A vitória gradual dessa tendência significa a extinção gradual da lei como tal".[34] Em suma: "Como, numa comunidade socialista, não havia lugar para relações privadas legais e autônomas, mas apenas para regulamentos no interesse da comunidade, toda lei é transformada em administração; todas as normas fixas se tornam poder discricionário e considerações de utilidade".[35]

5. Na Inglaterra, o afastamento em relação ao estado de direito teve início cedo, mas, durante muito tempo, esteve confinado à esfera da prática e recebeu pouca atenção teórica. Ainda que, em 1915, Dicey pudesse observar que a "antiga devoção ao estado de direito, na Inglaterra, sofreu um declínio acentuado nos últimos trinta anos"[36], as violações cada vez mais frequentes do princípio despertavam pouca atenção. Mesmo quando, em 1929, foi publicado um livro intitulado *The New Despotism*[37], no qual o presidente do Supremo Tribunal Lord Hewart observava como a situação não estava de acordo com o estado de direito, obteve um *succès de scandale*, mas pouco fez para mudar a crença complacente de que as liberdades dos ingleses estavam bem protegidas por essa tradição. O livro foi considerado um mero panfleto reacionário, e as fortes críticas que foram dirigidas[38] a ele são difíceis de compreender um quarto de século depois, quando não só órgãos liberais como o *The Economist*[39], mas também autores socialistas[40], falavam do perigo nos mesmos termos. De fato, o livro conduziu à nomeação de uma comissão oficial para os "Poderes dos Ministros"; mas seu relatório[41], embora reafirmasse moderadamente as doutrinas de Dicey, tendia em geral a minimizar os perigos. Seu principal efeito foi articular o estado de direito e evocar uma extensa literatura que definia uma doutrina oposta ao estado de direito, que, desde então, foi adotada por muitos além dos socialistas.

Esse movimento foi liderado por um grupo[42] de juristas socialistas e cientistas políticos reunidos em torno do professor Harold J. Laski. O primeiro ataque foi feito pelo doutor (agora Sir Ivor) Jennings em resenhas do *Report* e dos *Documents* em que o primeiro se baseava.[43] Aceitando por completo a nova doutrina positivista, afirmava que "o conceito de estado de direito, no sentido em que era usado nesse Relatório, ou seja, no sentido da igualdade perante a lei, a lei ordinária da terra, administrada por tribunais ordinários [...], numa acepção literal [...] é um absurdo".[44] Esse estado de direito, afirmava ele, "ou é comum a todas as nações ou não existe".[45] Embora

240

## 16. O DECLÍNIO DO DIREITO

reconhecesse que "o caráter fixo e certo da lei [...] fez parte da tradição inglesa durante séculos", fez isso com relutância evidente, já que essa tradição estava "em lenta decadência".[46] Quanto à crença partilhada "pela maioria dos membros da Comissão e da maioria das testemunhas [...] de que havia uma distinção clara entre a função de um juiz e a função de um administrador", só mereceu desprezo do doutor Jennings.

Mais tarde, expôs essas ideias num manual amplamente utilizado, no qual negava explicitamente que "o estado de direito e os poderes discricionários são contraditórios"[48] ou que não existe qualquer oposição "entre 'lei regular' e 'poderes administrativos'".[49] O princípio no sentido de Dicey, ou seja, a ideia de que as autoridades públicas não devem ter amplos poderes discricionários, era "uma norma de ação para os *whigs* e pode ser ignorada pelos outros".[50] Embora o doutor Jennings reconhecesse que, "para um constitucionalista de 1870 ou até de 1880, poderia parecer que a Constituição britânica se baseava essencialmente no estado de direito individualista e que o Estado britânico era o *Rechtsstaat* da teoria política e legal individualista"[51], isso, para ele, significava apenas que "a Constituição não admitia poderes 'discricionários', a não ser que fossem exercidos por juízes. Quando Dicey afirmou que os ingleses 'são governados pela lei e apenas pela lei', queria dizer que 'os ingleses são governados por juízes e apenas por juízes'. Isso seria um exagero, mas era um bom individualismo".[52] Parece não ter ocorrido ao autor que uma consequência necessária do ideal de liberdade dentro da lei era que só os juristas, e mais nenhum especialista ou, sobretudo administradores preocupados com objetivos particulares, deviam ter o poder de ordenar ações coercivas.

Devemos acrescentar que as experiências posteriores parecem ter levado Sir Ivor a alterar consideravelmente seu ponto de vista. Ele começa e conclui um livro recente e popular[53] com louvores ao estado de direito e até oferece uma imagem um tanto idealizada de como esse ideal continua a ser predominante na Grã-Bretanha. Mas essa mudança só ocorreu depois de seus ataques terem exercido amplo efeito. Numa obra popular intitulada *Vocabulary of Politics*[54], por exemplo, publicada na mesma coleção apenas um ano antes do livro mencionado, lemos a afirmação de que "é, portanto, estranho que predomine a ideia de que o estado de direito seja algo que algumas pessoas têm, mas que outras não têm, como automóveis. O que significa, então, não existir estado de direito? É não existir lei alguma?". Temo que essa questão represente a posição da maioria dos indivíduos mais jovens, os que cresceram sob a influência exclusiva do ensino positivista.

Igualmente importante e influente foi a abordagem ao estado de direito num tratado muito lido acerca do direito administrativo, da autoria de outro membro do

A CONSTITUIÇÃO DA LIBERDADE

mesmo grupo, o professor W. A. Robson. Sua análise combina uma preocupação recomendável com a organização da situação caótica do controle sobre a ação administrativa com uma interpretação da tarefa dos tribunais administrativos, que, se aplicada, os tornaria totalmente ineficazes como meios de proteção da liberdade individual. Visa explicitamente à aceleração da "rutura com o estado de direito que o professor A. V. Dicey via como característica essencial do sistema constitucional inglês".[55] Sua argumentação começa com um ataque "àquela antiga e frágil carruagem", a "lendária separação de poderes".[56] Para ele, a distinção entre lei e política governamental é "totalmente falsa"[57], e a ideia de que o juiz não está preocupado com os objetivos do governo, mas, sim, com a administração da Justiça, é considerada ridícula. Chega a representar como uma das principais vantagens dos tribunais administrativos o fato de poderem

> fazer respeitar uma política governamental sem os obstáculos das normas da lei e dos precedentes judiciais. [...] De todas as características do direito administrativo, nenhuma é mais vantajosa, quando usada corretamente para o bem público, do que o poder do tribunal para decidir os casos que lhe são apresentados com o objetivo declarado de promover uma política de desenvolvimento social num campo específico; e de adaptar a sua atitude em relação à controvérsia de maneira a atender às necessidades dessa política.[58]

São poucas as análises desses problemas que mostram de forma tão clara o quão realmente reacionárias são muitas das ideias "progressistas" da nossa época! Por conseguinte, não admira que um ponto de vista como o do professor Robson tenha rapidamente encontrado apoio entre os conservadores e que um panfleto recente do Partido Conservador acerca do *estado de direito* lhe faça eco ao elogiar os tribunais administrativos por serem "flexíveis, e não limitados por normas ou precedentes legais, podendo ser um auxílio importante na aplicação da política do ministério".[59] Essa adesão à doutrina socialista pelos conservadores é, talvez, a característica mais alarmante dessa evolução. Foi levada a tal extremo que, a respeito de um simpósio conservador sobre a *Liberdade no Estado moderno*[60], comentou-se: "Nos afastamos tanto do conceito do cidadão inglês protegido pelos tribunais dos riscos de opressão pelo governo ou pelos seus funcionários que nenhum dos participantes sugere que seria agora possível retornar a esse ideal do século XIX".[61]

As declarações mais indiscretas de alguns dos membros menos conhecidos desse grupo de juristas socialistas mostram até onde podem levar essas ideias. Um deles

## 16. O DECLÍNIO DO DIREITO

começa um ensaio acerca d'*O Estado planificado e o estado de direito* "redefinindo" o estado de direito.[62] Acaba distorcendo esse conceito, tornando-o "qualquer coisa que o parlamento, como legislador supremo, pretenda fazer dele".[63] Isso permite ao autor "afirmar com confiança que a incompatibilidade do planejamento com o estado de direito [anteriormente sugerida pelos autores socialistas!] é um mito apenas sustentável pelo preconceito ou pela ignorância".[64] Outro membro desse grupo acredita poder responder à questão sobre se Hitler tivesse obtido o poder de forma constitucional, o estado de direito ainda prevaleceria na Alemanha nazista da seguinte forma: "A resposta é afirmativa; a maioria estaria correta: o estado de direito estaria funcionando se a maioria *votasse* nele para a posição de poder. A maioria poderia ser insensata e até perversa, mas o estado de direito prevaleceria. Pois, numa democracia, o certo é aquilo que a maioria quer".[65] Temos aqui a confusão mais fatal do nosso tempo expressa nos termos mais intransigentes.

Assim, não surpreende que, sob a influência dessas ideias, tenha havido na Grã-Bretanha, nas últimas duas ou três décadas, um crescimento rápido de poderes pouco controlados de entidades administrativas sobre a vida e a propriedade privada dos cidadãos.[66] A nova legislação social e econômica conferiu poderes cada vez mais discricionários a esses organismos e só providenciou remédios ocasionais e muito precários na forma de um conjunto de tribunais constituídos de comissões de apelação. Em casos extremos, a lei chegou a ponto de conferir aos organismos administrativos o poder de determinar "os princípios gerais" pelos quais é possível aplicar a expropriação[67], com a autoridade executiva se recusando a ser restringida por quaisquer normas firmes.[68] Só recentemente, e sobretudo depois de um caso flagrante de ação burocrática excessiva ter sido denunciado ao público pelos esforços persistentes de um homem rico e de espírito público[69], é que a preocupação com essas mudanças, há muito sentida por alguns observadores informados, se propagou a círculos mais largos e produziu os primeiros sinais de uma reação, a que nos referiremos mais tarde.

6. É de certo modo surpreendente verificar que, em muitos aspectos, os acontecimentos nessa direção foram bastante similares nos Estados Unidos. De fato, tanto as tendências modernas da teoria legal como os conceitos do "administrador especialista" sem formação em direito tiveram influência ainda maior nesse país do que na Grã-Bretanha; podemos até dizer que os juristas socialistas britânicos de que falamos encontraram mais vezes inspiração nos filósofos do direito americanos do que nos britânicos. As circunstâncias que levaram a isso são pouco compreendidas até nos Estados Unidos e merecem ser mais bem conhecidas.

A CONSTITUIÇÃO DA LIBERDADE

De fato, os Estados Unidos são um caso único, pois a inspiração que receberam dos movimentos reformistas europeus cristalizou-se cedo naquilo que ficou conhecido como "movimento da administração pública". Desempenhou papel de certo modo semelhante ao do movimento fabiano na Grã-Bretanha[70] ou do movimento dos "socialistas de cátedra" na Alemanha. Com a eficiência do governo como palavra de ordem, foi habilmente concebido para conquistar o apoio da comunidade empresarial para fins basicamente socialistas. Os membros desse movimento, geralmente com o apoio dos "progressistas", dirigiram seu ataque mais violento contra as garantias tradicionais da liberdade individual, como o estado de direito, as restrições constitucionais, o controle judicial e o conceito de uma "lei fundamental". Era característico desses "especialistas em administração" serem opostos ao direito e à economia (a respeito dos quais eram geralmente bastante ignorantes).[71] Nos seus esforços para criar uma "ciência" da administração, pautavam-se por uma concepção muito ingênua do método "científico" e manifestavam pela tradição e pelos princípios o desprezo característico do racionalismo extremo. Foram os que mais fizeram para popularizar a ideia de que "a liberdade pela liberdade é uma noção claramente sem sentido: tem de ser liberdade para fazer ou desfrutar de alguma coisa. Se há mais pessoas comprando automóveis e gozando férias, há mais liberdade".[72]

Foi sobretudo graças aos seus esforços que as concepções da Europa continental dos poderes administrativos foram introduzidas nos Estados Unidos muito mais cedo do que na Inglaterra. Assim, em 1921, um dos mais distintos estudiosos americanos de jurisprudência podia falar de "uma tendência de afastamento em relação aos tribunais e à lei e de um regresso à justiça sem lei na forma de uma reanimação da justiça executiva e até legislativa e o recurso aos poderes arbitrários do governo".[73] Poucos anos depois, uma obra típica acerca do direito administrativo já representava como doutrina aceita que

> Qualquer autoridade pública tem, especificamente definida pela lei, certa área de "jurisdição". Dentro dos limites dessa área, pode agir livremente de acordo com a sua vontade, e os tribunais respeitarão sua ação como final e não contestarão sua legitimidade. No entanto, se a autoridade ultrapassar esses limites, o tribunal intervirá. Desse modo, a lei do controle judicial das ações das autoridades públicas torna-se simplesmente um ramo da lei *ultra vires*. A única questão a ser decidida pelos tribunais é de jurisdição, e o tribunal não tem controle sobre o exercício de poder discricionário dessa autoridade dentro da sua jurisdição.[74]

# 16. O DECLÍNIO DO DIREITO

A reação contra a tradição do controle rígido exercido pelos tribunais não só sobre a ação administrativa, mas também sobre a ação legislativa, começou, de fato, algum tempo antes da Primeira Guerra Mundial. Como questão de política prática, mostrou-se importante pela primeira vez na campanha do senador La Follette para a presidência, em 1924, quando fez da limitação do poder dos tribunais parte importante da sua plataforma.[75] Foi sobretudo por causa dessa tradição estabelecida pelo senador que, sobretudo nos Estados Unidos, os progressistas se tornaram os principais defensores do aumento dos poderes discricionários dos organismos administrativos. No fim da década de 1930, essa característica dos progressistas americanos tornara-se de tal maneira marcada que até os socialistas europeus, "quando confrontados pela primeira vez com a disputa entre os liberais e os conservadores americanos a respeito das questões do direito administrativo e do poder discricionário administrativo", tendiam a "alertá-los contra os perigos inerentes do aumento do poder discricionário administrativo e a dizer a eles que nós [ou seja, os socialistas europeus] reconhecemos a autenticidade da posição dos conservadores americanos".[76] No entanto, logo se tranquilizaram quando perceberam como essa atitude dos progressistas facilitava o movimento gradual e imperceptível do sistema americano para o socialismo.

O conflito mencionado acima teve auge, obviamente, durante a época de Roosevelt, mas o caminho para os acontecimentos desse tempo já havia sido aberto pelas tendências da década anterior. Na década de 1920 e início da de 1930, assistiu-se a uma corrente de literatura oposta ao estado de direito que teve forte influência nos desdobramentos posteriores. Mencionaremos aqui apenas dois exemplos bem ilustrativos. Um dos líderes mais ativos do ataque frontal à tradição americana de um "governo da lei, e não dos homens" foi o professor Charles G. Haines, que não só representava o ideal tradicional como uma ilusão[77] como também defendia seriamente que "o povo americano devia estabelecer governos com base numa teoria de confiança nos homens que tratam dos assuntos públicos".[78] Para se perceber como isso está em conflito total com toda a concepção em que se baseia a Constituição americana, basta recordar esta declaração de Thomas Jefferson: "O governo livre se baseia na vigilância, e não na confiança; é a vigilância, e não a confiança, que prescreve constituições que limitam os poderes do governo, para restringir os poderes daqueles a quem temos de confiar o poder. [...] A nossa Constituição, desse modo, fixou os limites da nossa confiança. Nas questões de poder, portanto, não falemos mais da confiança nos homens, mas limitemos o seu poder com as correntes da Constituição".[79]

## A CONSTITUIÇÃO DA LIBERDADE

Talvez ainda mais característica das tendências intelectuais da época é a obra do juiz Jerome Frank, intitulada *Law and the Modern Mind*, que, quando publicada, em 1930, obteve um sucesso que um leitor atual teria dificuldade de entender. Constitui um ataque violento a todo o ideal da certeza da lei, que o autor ridiculariza como produto da "necessidade infantil de um pai autoritário".[80] Baseando-se na teoria psicanalítica, a obra oferecia exatamente a justificativa para o desprezo dos ideais tradicionais desejada por uma geração que não estava disposta a aceitar qualquer limitação à ação coletiva. Foram os jovens educados nessas ideias que se tornaram os instrumentos obedientes das políticas paternalistas do *New Deal*.

No final da década de 1930, sentiu-se uma apreensão crescente com esses acontecimentos, o que conduziu à nomeação de uma comissão de investigação, a Comissão para o Processo Administrativo, presidida pelo procurador-geral dos Estados Unidos, cuja tarefa era semelhante à da comissão britânica criada dez anos antes. Mas esta, ainda mais do que a comissão britânica, no seu Relatório da Maioria[81], tendia a apresentar a situação como inevitável e inofensiva. O teor geral do relatório é mais bem descrito nas palavras do reitor Roscoe Pound:

> Ainda que de forma não intencional, a maioria está se encaminhando para o absolutismo administrativo, que é uma fase da ascensão do absolutismo em todo o mundo. Ideias acerca do desaparecimento da lei, de uma sociedade onde não haverá lei, ou apenas uma lei, ou seja, onde não haverá leis, mas apenas ordens administrativas; doutrinas que negam a existência de direitos e que afirmam que as leis são apenas ameaças ao exercício da força do Estado, sendo as normas e os princípios nada mais do que superstições e desejos piedosos, a ideia de que a separação de poderes é uma moda intelectual passada do século XVIII, que a doutrina do direito consuetudinário da soberania da lei foi suplantada, e a concepção do direito público como "direito de subordinação", que submete os interesses do indivíduo aos da autoridade pública, permitindo que esta identifique um dos lados da controvérsia com o interesse público e lhe atribua mais valor, ignorando os outros; por último, uma teoria segundo a qual a lei é tudo o que é feito oficialmente e, assim, tudo o que é feito oficialmente é lei e está isento das críticas dos juristas — é nesse contexto que devem ser vistas as propostas da maioria.[82]

## 16. O DECLÍNIO DO DIREITO

7. Felizmente, em muitos países, existem sinais claros de uma reação contra essas transformações das últimas duas gerações. São, talvez, mais visíveis nos países que sofreram a experiência de regimes totalitários e que aprenderam os perigos de relaxar os limites dos poderes do Estado. Até entre os socialistas que, não faz muito tempo, ridicularizavam as garantias tradicionais da liberdade individual se observa uma atitude muito mais respeitosa. Poucos expressaram de forma tão clara essa mudança de ponto de vista como o distinto decano dos filósofos do direito socialistas, Gustav Radbruch, que, em uma das suas últimas obras, afirmou: "Embora a democracia seja, certamente, um valor louvável, o *Rechtsstaat* é como o pão de cada dia, a água que bebemos e o ar que respiramos; e o maior mérito da democracia é o fato de só ela poder preservar o *Rechtsstaat*".[83] No entanto, na descrição dos desdobramentos na Alemanha feita por Radbruch, fica claro que a democracia, de fato, não faz isso de forma necessária ou invariável. Provavelmente, seria mais correto dizer que a democracia só existirá se preservar o estado de direito.

A ascensão do princípio do controle judicial desde a guerra e a reanimação do interesse pelas teorias do direito natural na Alemanha são outros sintomas das mesmas tendências.[84] Ocorrem movimentos semelhantes em outros países do continente europeu. Na França, G. Ripert deu uma contribuição importante com o seu estudo acerca d'*O declínio do direito*, no qual conclui, com razão, que,

> acima de tudo, temos de culpar os juristas. Foram estes que, durante meio século, minaram o conceito de direitos individuais sem se darem conta de que, assim, entregavam esses direitos à onipotência do Estado político. Alguns deles queriam se mostrar progressistas, enquanto outros acreditavam que estavam redescobrindo a doutrina tradicional que fora eliminada pelo individualismo liberal do século XIX. Os acadêmicos mostram, com frequência, certa determinação que os impede de ver as conclusões práticas que outros retirarão das suas doutrinas desinteressadas.[85]

Não faltam advertências semelhantes[86] na Grã-Bretanha, e o primeiro resultado da apreensão crescente foi uma tendência renovada, na legislação recente, para recuperar os tribunais de justiça como autoridade máxima nas disputas administrativas. Encontramos também sinais encorajadores num relatório recente de uma comissão de inquérito relativa ao processo de apelação em tribunais que não os ordinários.[87] Nesse relatório, a comissão não só fez sugestões importantes para a eliminação das numerosas anomalias e defeitos do sistema existente, mas também reafirmou admiravelmente a distinção básica entre o "judicial e a sua antítese, o administrativo, e o conceito daqui que está em conformidade com o estado de direito e a sua antítese, a arbitrariedade". E prosseguia: "O estado de direito significa que as decisões devem ser tomadas com base em princípios ou leis conhecidas. De modo geral, essas decisões devem ser previsíveis, e o cidadão poderá conhecer a sua situação".[88] No entanto, na Grã-Bretanha, ainda existe uma "área considerável da administração na qual não há nenhum tribunal ou inquérito"[89] (problema que estava fora dos termos de referência da comissão) e em que as condições continuam tão insatisfatórias como sempre, e o cidadão, com efeito, ainda está à mercê de uma decisão administrativa arbitrária. Para travar o processo de erosão do estado de direito, é urgente a criação de um tribunal independente ao qual se possa recorrer em todos esses casos, como foi proposto por diferentes foros.[90]

Por último, podemos mencionar, como um esforço à escala internacional, a "Resolução de Atenas", adotada em junho de 1955 num congresso da Comissão Internacional de Juristas, na qual é fortemente reafirmada a importância do estado de direito.[91]

No entanto, não se pode dizer que o desejo generalizado de restaurar uma velha tradição seja acompanhado de uma consciência clara do que isso implicaria[92], ou que as pessoas estejam preparadas para defender os princípios dessa tradição, mesmo quando são obstáculos no caminho mais direto e óbvio para algum fim desejado. Esses princípios, que ainda há pouco tempo pareciam lugares-comuns que não precisavam ser reafirmados e que hoje talvez pareçam ainda mais óbvios ao leigo do que ao jurista contemporâneo, acabaram por ser de tal maneira esquecidos que tornaram necessária uma descrição pormenorizada da sua história e das suas características. Só a partir dessa base que podemos tentar, na próxima parte, analisar mais detalhadamente as diferentes maneiras como as várias aspirações modernas da política econômica e social podem ou não ser concretizadas no âmbito de uma sociedade livre.

# PARTE III

# A liberdade no Estado-providência

*Acima desta raça de homens está um poder imenso e tutelar, que se arroga a tarefa de lhes garantir as gratificações e de cuidar dos seus destinos. Esse poder é absoluto, minucioso, regular, providente e discreto. Assemelhar-se-ia à autoridade paterna se, tal como esta, seu objetivo fosse preparar os homens para a vida adulta; mas, pelo contrário, procura mantê-los numa infância perpétua: contenta-se que as pessoas se alegrem, desde que essas só se interessem em se alegrar. Tal governo se empenha com afinco na felicidade das pessoas, mas escolhe ser o único agente e árbitro dessa felicidade; providencia a segurança, prevê e atende às necessidades, facilita os prazeres, gere as principais preocupações, dirige a atividade, regula a transmissão da propriedade e divide as heranças das pessoas; que resta senão poupar-lhes todo o trabalho de pensar e todas as dificuldades da vida?*

ALEXIS DE TOCQUEVILLE

# 17. O declínio do socialismo e a ascensão do Estado-providência

*A experiência devia nos ensinar a nos manter sempre vigilantes para proteger a liberdade quando os fins do governo são beneficentes. Os homens nascidos livres se mantêm naturalmente em alerta para repelir a invasão da sua liberdade por governantes mal-intencionados. Os maiores perigos para a liberdade se escondem na intromissão traiçoeira de homens zelosos, bem-intencionados, mas sem discernimento.*

LOUIS BRANDEIS

1. Os esforços no sentido da reforma social, durante cerca de um século, foram inspirados sobretudo pelos ideais do socialismo — durante parte desse período, até em países que nunca tiveram um partido socialista importante, como os Estados Unidos. Durante esse século, o socialismo capturou grande parte dos líderes intelectuais e chegou a ser muitas vezes visto como o fim último para o qual se encaminhavam inevitavelmente as sociedades. Esse desenvolvimento teve auge após a Segunda Guerra Mundial, quando a Grã-Bretanha se lançou na sua experiência socialista. Os historiadores futuros, provavelmente, verão esse período, desde a Revolução de 1848 até cerca de 1949, como o século do socialismo europeu.

Durante essa época, o socialismo teve um sentido bastante preciso e um programa definido. O objetivo comum de todos os movimentos socialistas era a nacionalização dos "meios de produção, de distribuição e de troca", de maneira que toda atividade econômica pudesse ser dirigida de acordo com um plano abrangente tendo em vista um ideal de justiça social. As várias escolas socialistas se distinguiam sobretudo pelos métodos políticos com os quais pretendiam realizar a reorganização da sociedade. O marxismo e o fabianismo divergiam no sentido em que o primeiro era revolucionário, e o segundo, gradualista; no entanto, as concepções da nova sociedade que desejavam

## 17. O DECLÍNIO DO SOCIALISMO E A ASCENSÃO DO ESTADO-PROVIDÊNCIA

criar eram basicamente iguais. Socialismo significava a propriedade comum dos meios de produção e o seu "emprego para o uso, e não para o lucro".

A grande mudança que ocorreu na última década foi o fato de o socialismo, nesse sentido restrito de um método particular para alcançar a justiça social, ter colapsado. Não perdeu apenas sua atração intelectual; também foi abandonado pelas massas, de forma tão inequívoca que, em toda parte, os partidos socialistas estão em busca de um novo programa que lhes garanta o apoio ativo dos seus simpatizantes.[1] Não abandonaram seu grande objetivo, seu ideal de justiça social. No entanto, os métodos com que esperavam alcançar esse objetivo, e para o qual cunharam o nome "socialismo", caíram em descrédito. Não há dúvida de que o nome será transferido para qualquer novo programa que os partidos socialistas existentes adotarem. Mas o socialismo, no velho sentido preciso, anda morto no mundo ocidental.

Ainda que essa afirmação tão categórica possa provocar alguma surpresa, é amplamente confirmada pela análise da corrente da literatura desiludida de autores socialistas em todos os países e pelos debates no seio dos partidos socialistas.[2] Para quem vê apenas os acontecimentos dentro de um único país, o declínio do socialismo pode até parecer apenas uma queda temporária, a reação à derrota política. No entanto, o caráter internacional e a semelhança dos desenvolvimentos em diferentes países não deixam dúvidas de que é mais do que isso. Se, há quinze anos, o socialismo doutrinário era visto como a principal ameaça à liberdade, hoje, argumentar contra o socialismo seria como lutar contra moinhos de vento. A maioria dos argumentos utilizados contra o socialismo propriamente dito pode ser agora ouvida nos debates dos movimentos socialistas como argumentos em defesa de uma mudança de programa.

2. As razões dessa mudança são muitas. No que diz respeito à escola socialista que, em certa época, exerceu maior influência, o exemplo da "maior experiência social" do nosso tempo foi decisivo: o marxismo foi morto no mundo ocidental pelo exemplo da Rússia. No entanto, durante muito tempo, poucos intelectuais compreenderam que aquilo que acontecera na Rússia tinha sido o resultado necessário da aplicação sistemática do programa socialista tradicional. Hoje, porém, é um argumento eficaz, mesmo dentro dos círculos socialistas, perguntar: "Se queremos o socialismo total, o que há de errado com a União Soviética?".[3] Mas a experiência desse país desacreditou, de modo geral, apenas o modelo marxista do socialismo. A desilusão generalizada com os métodos básicos do socialismo se deve a experiências mais diretas.

Os principais fatores que contribuíram para a desilusão foram, talvez, três: o reconhecimento crescente de que uma organização de produção socialista seria muito

251

A CONSTITUIÇÃO DA LIBERDADE

menos produtiva do que a iniciativa privada; o reconhecimento ainda mais claro de que, ao invés de conduzir àquilo que se concebia como uma maior justiça social, significaria uma nova ordem hierárquica ainda mais arbitrária e inevitável do que nunca; e a compreensão de que, ao invés da maior liberdade prometida, significaria o aparecimento de um novo despotismo.

Os primeiros desiludidos foram os sindicatos, que, quando tiveram de negociar com o Estado, e não com um empregador privado, viram seu poder bastante reduzido. Os indivíduos também logo perceberam que viver constantemente sob a autoridade do Estado não era um melhoramento da sua posição numa sociedade competitiva. Isso ocorreu numa época em que o aumento geral do nível de vida da classe operária (em especial dos trabalhadores manuais) destruiu a concepção de uma classe proletária distinta e, com ela, a consciência de classe dos operários — criando, na maior parte da Europa, uma situação semelhante àquela que, nos Estados Unidos, evitara sempre o crescimento de um movimento socialista organizado.[4] Nos países que haviam sofrido a experiência de um regime totalitário, também ocorreu forte reação individualista entre a geração mais jovem, que se tornou profundamente desconfiada em relação a todas as atividades coletivas e a toda autoridade.[5]

O fator talvez mais importante para a desilusão dos intelectuais socialistas foi sua crescente apreensão com a ideia de que o socialismo significaria a extinção da liberdade individual. Ainda que a alegação de que o socialismo e a liberdade individual são mutuamente exclusivos fosse por eles indignadamente rejeitada quando evocada por algum adversário[6], causou grande impressão ao ser expressa em fortes termos literários por um desses intelectuais.[7] Mais recentemente, a situação foi descrita de maneira muito franca por um dos mais destacados intelectuais do Partido Trabalhista britânico. R. H. S. Crossman, num artigo intitulado *Socialismo e o novo despotismo*, observa que "cada vez mais pessoas sérias têm dúvidas acerca do que, outrora, pareciam as vantagens óbvias do planejamento central e da ampliação da propriedade estatal"[8]; e prossegue explicando que "a descoberta de que o 'socialismo' do governo trabalhista significava o estabelecimento de vastas corporações burocráticas"[9], de "uma vasta burocracia estatal [que] constitui uma forte ameaça potencial à democracia"[10], criou uma situação em que "a principal tarefa dos socialistas, hoje, é convencer a nação de que as suas liberdades estão ameaçadas por esse novo feudalismo".[11]

3. No entanto, embora os métodos característicos do socialismo coletivista tenham poucos defensores no Ocidente, seus objetivos derradeiros não perderam a atenção. Ainda que os socialistas já não tenham um plano claro acerca de como seus objetivos

## 17. O DECLÍNIO DO SOCIALISMO E A ASCENSÃO DO ESTADO-PROVIDÊNCIA

devem ser alcançados, continuam querendo manipular a economia a fim de que a distribuição de renda se ajuste à sua concepção de justiça social. O resultado mais importante da época socialista, porém, foi a destruição das limitações tradicionais aos poderes estatais. Uma vez que o socialismo visava a uma reorganização total da sociedade com base em novos princípios, tratava os princípios do sistema vigente como meros obstáculos que deviam ser removidos. Mas, agora que já não tem princípios distintos e próprios, só pode apresentar suas novas ambições sem uma imagem clara dos meios. Como resultado, abordamos as novas tarefas determinadas pela ambição do homem moderno como, mais do que nunca, desprovidas de princípios, no sentido original do termo.

O importante é que, como consequência, ainda que o socialismo tenha sido geralmente abandonado como objetivo a ser deliberadamente procurado, não se pode afirmar que não o estabeleçamos, embora de forma não intencional. Os reformistas que se atêm a quaisquer métodos que pareçam mais eficazes para seus fins particulares e que não prestam atenção àquilo que é necessário para preservar um mecanismo de mercado eficaz serão, provavelmente, levados a impor cada vez mais controle central sobre as decisões econômicas (embora a propriedade privada possa ser nominalmente preservada) até se chegar a esse sistema de planejamento central que, agora, poucos desejam ver estabelecido. Além disso, muitos dos antigos socialistas descobriram que nos aproximamos tanto de um Estado redistributivo que agora parece ser muito mais fácil prosseguir nessa direção do que insistir na socialização dos modos de produção, já um tanto descredibilizada. Parecem ter reconhecido que, aumentando o controle estatal sobre aquilo que, nominalmente, continua a ser a indústria privada, podem alcançar mais facilmente a redistribuição de rendimentos que fora o verdadeiro objetivo da política mais espetacular de expropriação.

Por vezes, é vista como injusta, como um preconceito conservador, a crítica aos líderes socialistas que abandonaram as formas obviamente mais totalitárias de socialismo "quente", tendo-se voltado agora para um socialismo "frio", que, com efeito, talvez não seja muito diferente do outro. No entanto, estaremos em perigo se não conseguirmos estabelecer uma distinção entre as novas ambições que podem ser concretizadas numa sociedade livre e as que, para serem realizadas, implicam a utilização dos métodos do coletivismo totalitário.

4. Ao contrário do socialismo, o conceito de Estado-providência [*Welfare State*][12] não tem um sentido preciso. O termo é comumente usado para descrever qualquer Estado que se "preocupa" de algum modo com problemas para lá da manutenção da lei e

# A CONSTITUIÇÃO DA LIBERDADE

da ordem. No entanto, embora alguns teóricos tenham exigido que as atividades do governo se limitem à manutenção da lei e da ordem, essa posição não pode ser justificada pelo princípio de liberdade. Só as medidas coercitivas do governo devem ser estritamente limitadas. Já vimos (no cap. xv) que existe inegavelmente um vasto campo para as atividades não coercitivas do governo e que há uma necessidade clara de financiá-las por meio de impostos.

De fato, nenhum governo da era moderna se restringiu ao "mínimo individualista" que foi ocasionalmente descrito[13], nem essa limitação da atividade governamental foi defendida pelos economistas clássicos "ortodoxos".[14] Todos os governos modernos tomam providências a favor dos indigentes, dos infelizes e dos deficientes, e se preocupam com questões de saúde e com a disseminação do conhecimento. Não há razões para que essas atividades de puro serviço não sejam ampliadas com o crescimento geral da riqueza. Há necessidades comuns que só podem ser satisfeitas pela ação coletiva e que podem ser providenciadas sem que se restrinja a liberdade individual. É inegável que, à medida que nos tornamos mais ricos, o sustento mínimo que a comunidade sempre providenciou aos que não podem cuidar de si mesmos, e que pode ser fornecido fora do mercado, aumentará de forma gradual, ou que o governo pode, de maneira útil e sem causar qualquer prejuízo, apoiar ou até liderar tais iniciativas. Também não há razões para que o governo não desempenhe algum papel, ou até tome a iniciativa, em áreas como a previdência social e a educação, ou subsidie temporariamente certas inovações experimentais. Nosso problema não é tanto os objetivos, mas mais os métodos da ação estatal.

Frequentemente, fazem-se referências a esses objetivos modestos e inocentes da atividade governamental para mostrar a insensatez da oposição ao Estado-providência enquanto tal. No entanto, depois de abandonada a posição rígida de que o governo não deve se preocupar com essas questões — posição defensável, mas que pouco tem a ver com a liberdade —, os defensores da liberdade descobrem que o programa do Estado-providência abrange muitas outras questões, representadas como igualmente legítimas e irrepreensíveis. Se, por exemplo, admitem não ter objeções em relação às leis que regulam a qualidade dos alimentos, isso implica que não devem se opor a qualquer atividade do governo que vise a um fim desejável. Aqueles que tentam delimitar as funções do governo em termos de fins, e não de métodos, portanto, veem-se muitas vezes na posição de ter de se opor à ação do Estado que parece ter apenas consequências desejáveis, ou ter de admitir que não têm uma norma geral na qual basear suas objeções a medidas que, embora eficazes para fins específicos, poderiam, no conjunto, destruir uma sociedade livre. Ainda que a posição de

## 17. O DECLÍNIO DO SOCIALISMO E A ASCENSÃO DO ESTADO-PROVIDÊNCIA

que o Estado não deve interferir nas questões não relacionadas com a manutenção da lei e da ordem possa parecer lógica quando pensamos no Estado apenas como aparelho coercitivo, temos de reconhecer que, como entidade que presta serviços, pode auxiliar, sem causar prejuízos, na conquista de fins desejáveis que, de outro modo, talvez não fossem alcançáveis. A razão por que muitas das novas atividades previdenciárias do governo são uma ameaça para a liberdade é que, embora sejam apresentadas como mera prestação de serviços, constituem realmente um exercício dos poderes coercitivos do governo e se baseiam na sua reivindicação de direitos exclusivos em certas áreas.

5. A situação atual alterou profundamente a tarefa do defensor da liberdade e a tornou muito mais difícil. Enquanto a ameaça vinha do socialismo claramente coletivista, era possível afirmar que os princípios dos socialistas eram simplesmente falsos: que o socialismo não alcançaria aquilo que os socialistas queriam e que produziria outras consequências indesejáveis. Não podemos argumentar da mesma maneira contra o Estado-providência, pois esse termo não designa um sistema definido. Aquilo que o termo abrange é um conglomerado de tantos elementos diversos e até contraditórios que, enquanto alguns tornam a sociedade livre mais atraente, outros são incompatíveis com essa ou, pelo menos, podem constituir potenciais ameaças à sua existência.

Veremos que alguns dos objetivos do Estado-providência podem ser realizados sem prejuízo para a liberdade individual, embora não necessariamente por meio dos métodos que parecem os mais óbvios e, por isso, mais populares; que outros objetivos podem ser igualmente alcançados em certa medida, embora apenas a um custo muito maior do que as pessoas imaginam ou estariam dispostas a pagar, ou apenas de forma lenta e gradual à medida que a riqueza for aumentando; e que, por último, existem outros — particularmente caros aos socialistas — que não podem ser realizados numa sociedade que queira preservar a liberdade individual.

Há uma gama de serviços públicos que todos os membros da comunidade teriam interesse que fossem fornecidos por esforço comum, como parques e museus, teatros e complexos esportivos — embora esses serviços devessem ser fornecidos pelas autoridades locais, e não nacionais. Também há a questão importante da segurança, da proteção contra os riscos comuns a todos, em que o governo pode reduzir esses riscos ou ajudar as pessoas a preveni-los. No entanto, temos de fazer aqui uma distinção importante entre duas concepções de segurança: uma segurança limitada que pode ser obtida para todos e que, por isso, não é nenhum privilégio; e a segurança absoluta, que, numa sociedade livre, não pode ser alcançada para todos. A primeira é a segurança contra a privação física, a garantia de um sustento mínimo para todos; a segunda é a garantia de certo nível de vida, que é determinado comparando o nível desfrutado por um indivíduo ou um grupo com o nível de outros. Por conseguinte, a distinção é entre a segurança de um rendimento mínimo igual para todos e a segurança de um rendimento específico que se pensa que um indivíduo merece.[15] Essa está intimamente relacionada com a terceira ambição principal que inspira o Estado-providência: o desejo de usar os poderes do governo para garantir uma distribuição mais uniforme ou mais justa dos bens. Uma vez que isso significa que os poderes coercivos do governo devem ser usados para garantir que determinados indivíduos recebam determinadas coisas, implica uma discriminação e um tratamento igual entre diferentes indivíduos, o que é incompatível com uma sociedade livre. Esse é o tipo de Estado-providência que visa à "justiça social" e se torna "sobretudo um redistribuidor de rendimentos".[16] Está condenado a regressar ao socialismo e aos métodos coercitivos e essencialmente arbitrários.

6. Embora *alguns* dos objetivos do Estado-providência *somente* possam ser alcançados por métodos inimigos da liberdade, *todos* os seus objetivos podem ser perseguidos por meio desses métodos. Hoje o maior perigo é que, depois de um objetivo do governo ter sido aceito como legítimo, se pressuponha que até meios contrários aos princípios da liberdade possam ser legitimamente usados. Infelizmente, a verdade é que, na maioria das áreas, a forma mais eficaz, certa e rápida de alcançar determinado fim parecerá ser a concentração de todos os recursos disponíveis para a solução agora visível. Para o reformista ambicioso e impaciente, muito indignado perante um mal específico, só a abolição completa desse mal pelos meios mais rápidos e diretos parecerá adequada. Se todos os indivíduos que estão hoje desempregados, doentes ou sem assistência na velhice fossem atendidos ao mesmo tempo, só um sistema abrangente e obrigatório seria satisfatório. No entanto, se, na nossa impaciência para resolver esses problemas de imediato, dermos ao governo poderes exclusivos e monopolistas, perceberemos que sofremos de vistas curtas. Se o meio mais rápido para uma solução agora visível passar a ser a única permissível e todas as experiências alternativas forem excluídas, e se aquilo que agora parece ser o melhor método para satisfazer uma necessidade passar a ser o único ponto de partida para todos os desenvolvimentos futuros, talvez possamos alcançar nosso objetivo atual mais depressa, mas, ao mesmo tempo, impediremos provavelmente o aparecimento de soluções alternativas mais eficazes. Com frequência, os mais ansiosos para usar ao máximo nossos conhecimentos e poderes existentes são os que mais contribuem

## 17. O DECLÍNIO DO SOCIALISMO E A ASCENSÃO DO ESTADO-PROVIDÊNCIA

para impedir a evolução futura do conhecimento pelos métodos que empregam. O desenvolvimento controlado e de sentido único para o qual tende o reformista conduzido pela impaciência e pela conveniência administrativa e que, em especial no campo da previdência social, se tornou característico do Estado-providência moderno poderá se tornar o principal obstáculo à evolução futura.

Se o governo deseja não apenas ajudar os indivíduos a alcançar certos níveis de vida, mas também garantir que todos os alcancem, só pode fazer isso privando os indivíduos de qualquer escolha na matéria. Assim, o Estado-providência torna-se um Estado familiar no qual um poder paternalista controla a maior parte da riqueza da comunidade, distribuindo-a nas formas e quantidades que ele pensa que os indivíduos necessitam ou merecem.

Em muitas áreas, é possível justificar de forma convincente, em termos de eficiência e economia, o monopólio do Estado em relação a determinado serviço; no entanto, quando o Estado faz isso, o resultado é não apenas que essas vantagens logo se revelam ilusórias, mas também que o caráter dos serviços se torna totalmente diferente daquilo que seria se fossem fornecidos por entidades concorrentes. Se, em vez de administrar recursos limitados, destinados a um serviço específico, o governo usar seus poderes coercitivos para garantir que os indivíduos recebam aquilo que alguns especialistas julgam que eles necessitam; se os indivíduos já não puderem exercer qualquer escolha em algumas das questões mais importantes da vida, como a saúde, o emprego, a habitação, a aposentadoria, mas tiverem de aceitar as decisões tomadas em seu nome por uma autoridade nomeada com base na sua avaliação das suas necessidades; se alguns serviços se tornarem domínio exclusivo do Estado, e se todas as profissões — de todas as áreas — só existirem como hierarquias burocráticas unitárias, deixará de haver experimentação competitiva, e só as decisões da autoridade determinarão aquilo que os indivíduos receberão.[17]

As mesmas razões que, de modo geral, conduzem o reformista impaciente a querer organizar esses serviços na forma de monopólios estatais o levam também a acreditar que as autoridades responsáveis devem ter amplos poderes discricionários sobre os indivíduos. Se o objetivo fosse apenas aumentar as oportunidades para todos, fornecendo serviços específicos em conformidade com uma norma, isso poderia ser alcançado essencialmente pela iniciativa privada. No entanto, nunca se teria a certeza de que os resultados para todos os indivíduos seriam exatamente os desejados. Se quisermos que cada indivíduo seja afetado de maneira particular, será necessária uma autoridade discricionária com poderes de discriminar os indivíduos por meio de um tratamento individualizador e paternalista.

# A CONSTITUIÇÃO DA LIBERDADE

É ilusório pensar que, quando certas necessidades do cidadão se tornam uma preocupação exclusiva de uma máquina burocrática, o controle democrático sobre essa máquina poderá proteger de modo eficaz a liberdade do cidadão. No que diz respeito à preservação da liberdade individual, a divisão do trabalho entre um Legislativo que se limita a dizer que isso ou aquilo deve ser feito[18] e um aparelho administrativo ao qual é concedido o poder exclusivo de executar essas instruções é o mais perigoso sistema possível. O passado confirma, "como se vê claramente pela experiência americana e inglesa, que o zelo dos departamentos administrativos para alcançar os fins imediatos os leva a distorcer sua função e a pressupor que as limitações constitucionais e os direitos individuais garantidos devem se submeter aos seus esforços zelosos para alcançar aquilo que veem como o objetivo supremo do governo".[19]

Não seria exagero dizer que a maior ameaça atual à liberdade vem dos indivíduos mais necessários e mais poderosos no governo moderno, ou seja, os administradores eficientes, exclusivamente preocupados com aquilo que consideram ser o bem público. Embora os teóricos ainda falem do controle democrático dessas atividades, todos os que têm experiência direta nessa matéria concordam que (como disse recentemente um escritor inglês) "se o controle pelo ministro [...] se tornou um mito, o controle pelo Parlamento é e sempre foi um simples conto de fadas".[20] É inevitável que esse tipo de administração do bem-estar público se torne um aparelho incontrolável e com vontade própria — diante do qual o indivíduo fica indefeso —, cada vez mais investido de toda a *mística* da autoridade soberana — o *Hoheitsverwaltung* ou *Herrschafstaat* da tradição alemã, tão pouco familiar para os anglo-saxônicos que teve de ser inventado o estranho termo "hegemônico"[21] para transmitir o seu sentido.

7. Os próximos capítulos não têm a finalidade de expor um programa completo de política econômica para uma sociedade livre. Abordaremos, sobretudo, as aspirações relativamente novas cujo lugar numa sociedade livre ainda é incerto, em relação às quais nossas várias posições vão de um extremo a outro e que exigem com mais urgência princípios que nos ajudem a distinguir o bom do mau. Os problemas que escolheremos são os que parecem mais importantes para resgatar alguns dos objetivos mais modestos e legítimos do descrédito ao qual os esforços muito ambiciosos levarão todas as ações do Estado-providência.

Há muitas áreas da atividade governamental que são de extrema importância para a preservação de uma sociedade livre, mas que não podemos analisar aqui de modo satisfatório. Desde logo, temos de deixar de lado todos os problemas ligados às relações internacionais — não só porque qualquer tentativa séria de estudar essas

258

# 17. O DECLÍNIO DO SOCIALISMO E A ASCENSÃO DO ESTADO-PROVIDÊNCIA

questões alongaria demais este livro, mas também porque uma análise adequada exigiria outras bases filosóficas além das que temos apresentado. É provável que não encontremos soluções satisfatórias para esses problemas enquanto aceitarmos como unidades últimas da ordem internacional as entidades históricas conhecidas como nações soberanas. E não é fácil responder à questão, se pudéssemos escolher, relativa a quais grupos devemos confiar os vários poderes do governo. Os fundamentos morais do estado de direito a uma escala internacional parecem ainda inexistentes, e, provavelmente, perderíamos todas as vantagens que o estado de direito oferece para uma nação se, hoje, confiássemos algum dos novos poderes do governo a organismos supranacionais. Direi apenas que as soluções improvisadas para os problemas das relações internacionais só parecem possíveis enquanto não soubermos como limitar eficazmente os poderes de qualquer governo e como repartir esses poderes por toda a autoridade governamental. Devemos também observar que os desenvolvimentos modernos nas políticas nacionais tornaram os problemas internacionais muito mais complexos do que eram no século XIX.[22] Desejo acrescentar aqui a minha opinião de que, enquanto a proteção da liberdade individual não estiver garantida de maneira mais firme, a criação de um Estado mundial seria, provavelmente, uma ameaça para o futuro da civilização muito maior do que a guerra.[23]

Não menos importante do que os problemas das relações internacionais é a questão da centralização *versus* descentralização das funções governamentais. Apesar da sua relação tradicional com a maioria dos problemas que abordaremos, não será possível analisá-la de forma sistemática. Enquanto aqueles que são favoráveis ao aumento dos poderes governamentais sempre apoiam a concentração máxima desses poderes, os que se preocupam mais com a liberdade individual defendem geralmente a descentralização. Há boas razões por que a ação das autoridades locais oferece a melhor solução quando a iniciativa privada não pode fornecer certos serviços e, portanto, é necessária uma ação coletiva; pois essa tem muitas das vantagens da iniciativa privada e poucos dos perigos da ação estatal coerciva. A concorrência entre autoridades locais ou entre unidades maiores numa área onde existe liberdade de movimento fornece, em grande medida, a oportunidade de experimentar métodos alternativos que podem garantir muitas das vantagens do crescimento livre. Ainda que a maioria dos indivíduos não cogite mudar de residência por tais motivos, haverá normalmente pessoas suficientes, em especial entre os jovens e mais empreendedores, para que as autoridades locais forneçam serviços tão bons e a preços tão razoáveis quanto os dos seus concorrentes.[24] Em geral, é o gestor autoritário quem, no interesse da uniformidade, da eficiência governamental e da conveniência administrativa,

A CONSTITUIÇÃO DA LIBERDADE

defende as tendências centralizadoras, e nisso recebe forte apoio da população mais pobre, que deseja desfrutar dos recursos das regiões mais ricas.

8. Existem outros problemas importantes de política econômica que só podemos mencionar de passagem. Ninguém negará que a estabilidade econômica e a prevenção de grandes crises dependem, em parte, da ação do governo. Teremos de considerar esse problema quando abordarmos o emprego e a política monetária. No entanto, um estudo sistemático iria nos conduzir a questões altamente técnicas e controversas de teoria econômica, em que a posição que eu teria de assumir como resultado do meu trabalho especializado nesse campo seria muito independente dos princípios discutidos neste livro.

De forma similar, o apoio a esforços particulares por meio de fundos angariados pelos impostos, que teremos de analisar em relação à habitação, à agricultura e à educação, suscita problemas de natureza mais geral. Não podemos ignorá-los afirmando simplesmente que o governo não deve conceder subsídios, uma vez que em algumas áreas da atividade do governo, como a defesa, é normalmente o melhor e menos perigoso método de estimular o desenvolvimento necessário e, em muitos casos, é preferível à sua estatização completa. O único princípio geral que pode ser estabelecido a respeito dos subsídios é, talvez, que nunca podem ser justificados em termos do interesse do beneficiário imediato (seja o fornecer do serviço subsidiado, seja o seu consumidor), mas apenas em termos dos benefícios gerais que podem ser desfrutados por todos os cidadãos — ou seja, o bem-estar geral no verdadeiro sentido. Os subsídios são um instrumento legítimo da política governamental não como meio de redistribuição da riqueza, mas apenas como meio de usar o mercado para fornecer serviços que não podem ser limitados aos que os pagam individualmente.

A lacuna mais visível no estudo que se segue é, talvez, a omissão de qualquer discussão sistemática do monopólio empresarial. O tema foi excluído após cuidadosa reflexão, sobretudo porque pareceu não ter a importância que normalmente lhe é atribuída.[25] Para os liberais, a política antimonopolista constitui normalmente o principal objeto do seu zelo reformista. No passado, também usei o argumento tático de que só será possível reduzir os poderes coercivos dos sindicatos se, ao mesmo tempo, atacarmos o monopólio empresarial. No entanto, convenci-me de que seria desonesto atribuir uma natureza igual aos monopólios existentes no campo sindical e aos monopólios empresariais. Isso não significa que eu partilhe da posição de alguns autores[26] que afirmam que o monopólio empresarial é, em certos aspectos, benéfico e desejável. Continuo a pensar, tal como há quinze anos[27], que pode ser positivo ver o

260

## 17. O DECLÍNIO DO SOCIALISMO E A ASCENSÃO DO ESTADO-PROVIDÊNCIA

monopolista como uma espécie de bode expiatório da política econômica; e reconheço que, nos Estados Unidos, a legislação conseguiu criar um clima de opinião desfavorável ao monopólio. Uma vez que a imposição das normas gerais (como a de não discriminação) pode reduzir os poderes monopolistas, tal ação só pode ser boa. No entanto, aquilo que pode ser feito eficazmente nessa área tem de se refletir no aperfeiçoamento gradual da nossa legislação acerca das empresas, patentes e impostos, que seria difícil abordar de forma breve. Sinto-me cada vez mais cético em relação ao caráter benéfico de qualquer ação discricionária do governo contra certos monopólios, e estou seriamente preocupado com a natureza arbitrária de todas as políticas que visam limitar a dimensão das empresas privadas. E quando a política governamental cria um estado de coisas em que, como acontece em algumas empresas nos Estados Unidos, as grandes empresas receiam competir baixando os preços porque isso pode expô-las a ações antimonopolistas, torna-se um absurdo.

A atual política governamental não reconhece que não é o monopólio em si ou a dimensão das empresas que são prejudiciais, mas apenas os obstáculos à entrada num setor ou num comércio e outras práticas monopolistas. O monopólio é certamente indesejável, mas apenas no mesmo sentido em que a escassez é indesejável; em nenhum dos casos significa que podemos evitá-lo.[28] Um dos fatos desagradáveis da vida é que certas capacidades (bem como certas vantagens e tradições de organizações específicas) não podem ser duplicadas, tal como é verdade que certos bens são escassos. Não tem sentido ignorar esse fato e tentar criar condições "como se" a concorrência fosse eficaz. A lei não pode proibir estados de coisas, apenas tipos de ação. Tudo o que podemos esperar é que, sempre que surgir uma oportunidade de concorrência, ninguém seja impedido de aproveitá-la. Quando o monopólio se baseia em obstáculos artificiais à entrada no mercado, eles devem ser removidos. Há bons motivos para proibir a discriminação de preços tanto quanto possível pela aplicação de normas gerais. No entanto, nessa área, o histórico do governo é tão deplorável que é surpreendente ver ainda pessoas achando que a concessão de poderes discricionários ao governo fará alguma coisa além de aumentar esses obstáculos. Em todos os países, os poderes discricionários para lidar com os monopólios são rapidamente usados para distinguir monopólios entre "bons" e "maus", e a autoridade se preocupa mais com a proteção dos "bons" do que com a prevenção dos "maus". Duvido que existam "bons" monopólios que mereçam proteção. Mas haverá sempre monopólios inevitáveis cujo caráter transitório e temporário se torna permanente por ação do governo.

No entanto, embora pouco se possa esperar de alguma ação específica do governo contra o monopólio empresarial, a situação é diferente quando os governos

A CONSTITUIÇÃO DA LIBERDADE

promovem deliberadamente o crescimento de monopólios e até falham na sua função principal — a prevenção da coerção, concedendo exceções às normas gerais da lei —, como têm feito há muito na área do trabalho. É lamentável que, numa democracia, após um período no qual se protegeram grupos específicos com medidas populares, o argumento contra o privilégio se torne um argumento contra os grupos que, até há pouco, gozavam do favor especial do público porque se pensava que necessitavam e mereciam um apoio especial. No entanto, não há dúvida de que os princípios básicos do estado de direito nunca foram tão violados nos tempos recentes, e com consequências tão graves, como no caso dos sindicatos. Assim, o primeiro grande problema que devemos abordar é a política governamental a respeito dos sindicatos.

# 18. Sindicatos e emprego

*O governo, durante muito tempo hostil a outros monopólios, passou de repente a patrocinar e até a promover grandes monopólios laborais, que a democracia não pode sustentar, não pode controlar sem destruir, e talvez não possa destruir sem destruir a si mesma.*

HENRY C. SIMONS

1. Em pouco mais de um século, a política pública relativa aos sindicatos passou de um extremo a outro. Desde o tempo em que poucas ou nenhuma das atividades dos sindicatos eram legais, chegamos agora a uma situação em que se tornaram instituições singularmente privilegiadas às quais as normas gerais da lei não se aplicam. Tornaram-se o único exemplo importante em que os governos falham claramente na sua função primordial — a prevenção da coerção e da violência.

Para essa evolução, muito contribuiu o fato de os sindicatos terem começado a invocar os princípios gerais da liberdade[1] e de terem conservado o apoio dos liberais, muito depois de ter acabado toda a discriminação contra eles e de terem adquirido privilégios excepcionais. São muito poucas as áreas em que os progressistas estão tão pouco dispostos a considerar a sensatez de qualquer medida específica; perguntam apenas genericamente se "é contra ou a favor dos sindicatos" ou, como se costuma dizer, "a favor ou contra os trabalhadores".[2] No entanto, uma análise superficial da história dos sindicatos sugeriria que a posição sensata deve estar em algum ponto entre os extremos que marcam a sua evolução.

Contudo, a maioria das pessoas conhece tão pouco a realidade que continua apoiando as aspirações dos sindicatos na crença de que lutam pela "liberdade de associação", quando essa expressão, de fato, perdeu o sentido e a verdadeira questão passou a ser a liberdade de o indivíduo aderir ou não a um sindicato. A confusão existente deve-se, em parte, à rapidez com que o caráter do problema mudou; em muitos

A CONSTITUIÇÃO DA LIBERDADE

países, as associações voluntárias de trabalhadores, assim que se tornaram legais, começaram a usar a coerção para forçar os trabalhadores a se tornarem membros e a manter os não membros no desemprego. A maioria das pessoas, provavelmente, ainda acredita que uma "disputa trabalhista" significa normalmente um desacordo em relação aos salários e às condições de trabalho, enquanto, na maioria dos casos, sua única causa é a tentativa por parte dos sindicatos de obrigar os trabalhadores a aderirem à organização.

A conquista de privilégios pelos sindicatos foi mais expressiva na Grã-Bretanha, onde o Trade Dispute Act de 1906 conferiu "a um sindicato imunidade de responsabilidade civil mesmo pela mais hedionda ofensa feita pelo sindicato ou por um dos seus membros, e, em suma, conferiu a todos os sindicatos privilégios e proteções não desfrutados por mais nenhuma pessoa ou grupo de pessoas, empresas ou individuais".[3] Uma legislação igualmente complacente ajudou os sindicatos nos Estados Unidos, onde o Clayton Act, de 1914, os isentou das disposições antimonopolistas do Sherman Act; o Norris-La Guardia Act, de 1932, "chegou a ponto de estabelecer uma imunidade praticamente total dos sindicatos em caso de danos"[4]; por último, o Supremo Tribunal, num acórdão essencial, defendeu "a reivindicação de um sindicato ao direito de negar a um empregador a participação no mundo econômico".[5] Uma situação bem parecida ocorreu na maioria dos países europeus na década de 1920, "menos por permissão legislativa explícita do que pela tolerância tácita das autoridades e dos tribunais".[6] Em toda parte, a legalização dos sindicatos foi interpretada como a legalização do seu principal objetivo e um reconhecimento do seu direito de fazer tudo o que fosse necessário para alcançar esse objetivo — ou seja, o monopólio. Passaram a ser cada vez mais vistos não como um grupo que perseguia um objetivo particular legítimo, que, como qualquer outro interesse, devia ser equilibrado pelos interesses concorrentes com os mesmos direitos, mas como um grupo cujo objetivo — a organização total e abrangente de todos os trabalhadores — devia ser apoiado para o bem do público.[7]

Embora os abusos flagrantes dos poderes dos sindicatos tenham nos últimos tempos chocado a opinião pública e uma atitude favorável aos sindicatos sem qualquer senso crítico esteja enfraquecendo, o público ainda não se conscientizou de que as disposições legais vigentes são fundamentalmente erradas e que toda a base da nossa sociedade livre é gravemente ameaçada pelos poderes que os sindicatos se atribuem. Não abordaremos aqui os abusos criminosos do poder sindical que, recentemente, atraíram muita atenção nos Estados Unidos, embora não estejam totalmente dissociados dos privilégios de que os sindicatos legalmente gozam. Nosso interesse foca apenas os poderes que os sindicatos têm hoje em geral, com a permissão

## 18. SINDICATOS E EMPREGO

explícita da lei ou, pelo menos, com a tolerância tácita das autoridades. Nossa argumentação não será contra os sindicatos em si; tampouco se limitará às práticas que são agora geralmente reconhecidas como abusos. No entanto, dirigiremos a atenção para alguns dos seus poderes que são largamente aceitos como legítimos e até como "direitos sagrados". Nossa crítica é reforçada, e não enfraquecida, pelo fato de os sindicatos terem mostrado frequente moderação no exercício desses poderes. É precisamente porque, na situação legal vigente, os sindicatos podem causar muito mais dano do que causam, e porque a situação não é muito pior graças à moderação e ao bom senso de muitos dirigentes sindicais, que não podemos nos dar ao luxo de permitir que a situação atual se mantenha.[8]

2. Nunca é demais sublinhar que a coerção que os sindicatos podem exercer, contrariamente a todos os princípios de liberdade dentro da lei, é sobretudo coerção sobre os companheiros de trabalho. Seja qual for o verdadeiro poder coercitivo que os sindicatos possam exercer sobre os patrões, é uma consequência do poder primário de coagir outros trabalhadores; a coerção sobre os patrões perderia grande parte do seu caráter objetável se os sindicatos fossem privados desse poder de obter apoio pela força. Não questionamos aqui o direito de acordo voluntário entre trabalhadores, nem seu direito de recusarem em conjunto seus serviços. No entanto, devemos dizer que este — o direito à greve —, embora normal, não pode ser visto como um direito inalienável. Em certas atividades, a renúncia a esse direito pelo trabalhador poderia fazer parte das condições do contrato; ou seja, essas atividades deveriam envolver obrigações de longo prazo por parte dos trabalhadores, e qualquer ação para violar tais contratos deveria ser ilegal.

É verdade que qualquer sindicato que controle eficazmente todos os potenciais trabalhadores de uma empresa ou de um setor pode exercer uma pressão quase ilimitada sobre o empregador e que, especialmente quando grande quantidade de capital foi investida em equipamento especializado, o sindicato pode praticamente expropriar o proprietário e controlar quase todo o retorno da empresa.[9] A questão decisiva, porém, é que isso nunca será de interesse de todos os trabalhadores — exceto no caso improvável de o ganho total dessa ação ser igualmente partilhado entre eles, independentemente de estarem ou não empregados — e que, portanto, o sindicato só pode conseguir isso coagindo alguns trabalhadores, à revelia do seu interesse, a apoiarem essa ação coletiva.

A razão disso é que os trabalhadores podem aumentar os salários reais acima do nível que prevaleceria num mercado livre por intermédio da limitação da oferta,

## A CONSTITUIÇÃO DA LIBERDADE

ou seja, impedindo que parte da mão de obra entre no mercado. O interesse dos que conseguirão emprego com salário mais elevado será, portanto, sempre oposto ao interesse dos que, consequentemente, só encontrarão empregos com salários mais baixos ou que não encontrarão qualquer emprego.

O fato de os sindicatos começarem a obrigar o empregador a concordar com certo salário e, depois, garantirem que ninguém será empregado por um salário menor não faz grande diferença. A fixação dos salários é um meio tão eficaz como qualquer outro para excluir os que só podem conseguir emprego com salários mais baixos. A questão essencial é que o empregador só concorda com o salário quando sabe que o sindicato tem o poder de excluir os outros trabalhadores.[10] Em geral, a fixação de salários (quer pelos sindicatos, quer pela autoridade) só os tornará mais altos se forem também mais elevados do que os salários pelos quais todos os trabalhadores dispostos a trabalhar podem ser empregados.

Embora os sindicatos ainda possam agir frequentemente com base numa crença contrária, não há dúvida de que agora não podem aumentar, no longo prazo, os salários reais para todos os que desejam trabalhar acima do nível de remuneração que se estabeleceria a si mesmo num mercado livre — ainda que possam elevar o nível dos salários, com consequências que nos ocuparão mais à frente. Seu sucesso em aumentar os salários reais para lá desse nível, se for mais do que temporário, só pode beneficiar um grupo particular à custa de outros. Assim, servirá apenas um interesse setorial, mesmo quando obtém o apoio de todos. Isso significa que os sindicatos com uma base estritamente voluntária, porque a sua política salarial não seria do interesse de todos os trabalhadores, não poderiam receber o apoio de todos durante muito tempo. Os sindicatos que não têm poder para coagir quem está fora não seriam então suficientemente fortes para forçar o aumento dos salários acima do nível pelo qual todos os dispostos a trabalhar poderiam ser empregados, ou seja, o nível que estabeleceria a si mesmo num mercado verdadeiramente livre para a mão de obra em geral.

No entanto, embora os salários reais de todos os empregados só possam ser aumentados por ação sindical à custa do desemprego, os sindicatos em certos setores ou profissões podem aumentar os salários dos seus membros forçando outros a terem ocupações mais mal pagas. É difícil avaliar a dimensão da distorção que isso provoca na estrutura salarial. Contudo, se lembrarmos que alguns sindicatos consideram conveniente o emprego de violência para evitar o ingresso de novos trabalhadores no seu setor e que outros podem cobrar altas taxas de admissão (ou até reservar empregos no setor para os filhos dos membros atuais), não há dúvida de que essa distorção é considerável. Importa observar que essas políticas só podem ser utilizadas com

## 18. SINDICATOS E EMPREGO

sucesso em empregos relativamente prósperos e bem pagos e que, portanto, resultarão na exploração dos relativamente pobres pelos mais ricos. Ainda que as medidas tomadas por um sindicato possam tender a reduzir as diferenças de remuneração, não há dúvida de que, no que diz respeito aos salários relativos nos principais setores e ocupações, os sindicatos são amplamente responsáveis por uma desigualdade artificial e inteiramente resultante do privilégio.[11] Isso significa que as suas atividades reduzem necessariamente a produtividade do trabalho em todos os setores e, portanto, também o nível geral dos salários reais; isso porque, se a ação sindical conseguir reduzir o número de trabalhadores nos empregos bem remunerados e aumentar o número de trabalhadores que têm de aceitar os empregos mal remunerados, o resultado será uma média geral inferior. De fato, é muito provável que, nos países onde os sindicatos são muito fortes, o nível geral dos salários reais seja mais baixo.[12] Isso acontece, certamente, na maioria dos países europeus, onde a política sindical é reforçada pelo uso geral de práticas que obrigam à contratação de mais trabalhadores do que o necessário.

Se muitos ainda aceitam como fato óbvio e inevitável que o nível salarial geral aumentou de forma tão rápida graças aos esforços dos sindicatos, fazem isso apesar das conclusões inequívocas da análise teórica — e apesar da prova empírica do contrário. Em muitos casos, os salários reais aumentaram muito mais depressa quando os sindicatos eram mais fracos do que quando eram mais fortes; além disso, em certas profissões ou setores em que os trabalhadores não estavam organizados, os aumentos foram frequentemente mais rápidos do que em setores altamente organizados e igualmente prósperos.[13] A impressão contrária que se tem normalmente se deve, em parte, ao fato de se acreditar que os aumentos salariais, conquistados hoje sobretudo em negociações sindicais, só podem ser obtidos por esse meio[14], e ainda mais ao fato de, como veremos, a ação sindical possibilitar um aumento contínuo dos salários nominais que excede o aumento dos salários reais. Esse aumento dos salários nominais só é possível, sem produzir desemprego geral, porque é regularmente anulado pela inflação — de fato, tem de ser anulado para que o pleno emprego se mantenha.

3. Se os sindicatos conseguiram muito menos com a sua política salarial do que aquilo que geralmente se acredita, suas atividades nessa área são, porém, muito prejudiciais em termos econômicos e perigosíssimas em termos políticos. Utilizam o seu poder de uma forma que tende a tornar o sistema de mercado ineficaz e que, ao mesmo tempo, lhes dá um controle sobre a atividade econômica que seria perigoso nas mãos do governo, mas intolerável se exercido por um grupo particular. Fazem isso

# A CONSTITUIÇÃO DA LIBERDADE

exercendo sua influência nos salários relativos de diferentes grupos de trabalhadores e por meio da sua pressão constante para o aumento do nível dos salários nominais, com suas inevitáveis consequências inflacionistas.

O efeito que isso produz nos salários relativos é, normalmente, maior uniformidade e rigidez dos salários num grupo de trabalhadores controlados pelos sindicatos e diferenças maiores e artificiais de salários entre diferentes grupos. Isso é acompanhado de uma restrição da mobilidade da mão de obra, da qual aquelas diferenças são um efeito ou uma causa. Não vale a pena repetir que isso pode beneficiar grupos específicos, mas só pode baixar a produtividade e, portanto, os rendimentos dos trabalhadores em geral. Também não é necessário sublinhar que a maior estabilidade dos salários de grupos específicos, garantida pelos sindicatos, implicará provavelmente maior instabilidade no emprego. O importante é observar que as diferenças acidentais do poder sindical nas diversas profissões e nos diferentes setores produzirá não só grandes desigualdades salariais entre os trabalhadores, sem justificativa econômica, mas também disparidades não econômicas no desenvolvimento dos vários setores de atividade. Alguns setores socialmente importantes, como a construção, serão assim fortemente prejudicados no seu desenvolvimento e visivelmente deixarão de satisfazer as necessidades urgentes porque sua natureza oferece aos sindicatos oportunidades especiais para práticas monopolistas coercitivas.[15] Dado que os sindicatos são mais poderosos quando os investimentos de capital são mais elevados, tendem a dissuadir esses investimentos — atualmente, essa dissuasão só é superada, talvez, pelos impostos. Por último, o monopólio dos sindicatos, em esquema com o das empresas, torna-se uma das principais bases do controle monopolista de determinado setor.

A principal ameaça apresentada pelo desenvolvimento atual do sindicalismo é que, ao estabelecerem verdadeiros monopólios na oferta de diferentes tipos de mão de obra, os sindicatos impedirão a ação da concorrência como regulador eficaz da distribuição de todos os recursos. No entanto, se a concorrência se mostrar ineficaz como meio de regulação, terá de ser substituída por outros meios. A única alternativa ao mercado, porém, é o controle exercido pela autoridade pública. Esse controle não pode ser deixado nas mãos de sindicatos com interesses setoriais, tampouco pode ser exercido adequadamente por uma organização unificada de todos os trabalhadores, que se tornaria assim não só o maior poder dentro do Estado, mas também um poder que controlaria totalmente o Estado. Contudo, o sindicalismo atual tende a produzir exatamente o sistema de planejamento geral socialista que poucos sindicatos desejam e que, de fato, é do seu maior interesse evitar.

268

## 18. SINDICATOS E EMPREGO

4. Os sindicatos só podem alcançar seus principais objetivos se obtiverem controle total sobre a oferta do tipo de mão de obra que é do seu interesse; e, como nem todos os trabalhadores facilmente se sujeitariam a tal controle, alguns deles têm de ser induzidos a agir contra a própria vontade. Isso pode ser feito, em certa medida, por meio de pressão psicológica e moral, estimulando a crença falsa de que os sindicatos beneficiam todos os trabalhadores. Quando os sindicatos conseguem criar um sentimento de que todos os trabalhadores devem, no interesse da sua classe, apoiar a ação sindical, a coerção é aceita como meio legítimo de obrigar um trabalhador resistente a cumprir seu dever. Para isso, os sindicatos recorrem a um instrumento muito eficaz, ou seja, o mito de que foi graças aos seus esforços que o nível de vida da classe operária aumentou de forma tão rápida e que só com seus esforços constantes é que os salários continuarão a subir tão depressa quanto possível — um mito que tem sido alimentado ativamente com a colaboração dos seus adversários. A mudança dessa situação só pode decorrer de uma verdadeira compreensão dos fatos, e isso dependerá da eficácia dos economistas no esclarecimento da opinião pública.

No entanto, ainda que esse tipo de pressão moral exercida pelos sindicatos possa ser muito forte, não seria suficiente para lhes conferir o poder de causar verdadeiros danos. Os dirigentes sindicais, concordando aparentemente com os estudiosos desse aspecto do sindicalismo, consideram que são necessárias formas muito mais duras de coerção para que os sindicatos alcancem seus objetivos. Aquilo que confere a eles um verdadeiro poder são as técnicas de coerção que os sindicatos desenvolveram para tornar a filiação obrigatória, aquilo que chamam de "atividades organizacionais" (ou, nos Estados Unidos, "segurança sindical", que é um eufemismo curioso). Dado que o poder dos sindicatos de filiação realmente voluntária será limitado aos interesses comuns de todos os trabalhadores, dirigiram os principais esforços no sentido de obrigar os dissidentes a obedecer às suas vontades.

Os sindicatos nunca teriam sucesso nisso sem o apoio de uma opinião pública mal-informada e o auxílio ativo do governo. Infelizmente, tiveram grande êxito convencendo o público de que a sindicalização de todos os trabalhadores é não só legítima, como também importante para a política pública. No entanto, dizer que os trabalhadores têm o direito de formar sindicatos não significa dizer que os sindicatos têm o direito de existir independentemente da vontade dos trabalhadores individuais. Longe de ser uma calamidade pública, seria realmente uma situação muito desejável se os trabalhadores não tivessem necessidade de formar sindicatos. No entanto, o fato de o objetivo natural dos sindicatos ser convencer todos os trabalhadores a se filiarem tem sido interpretado como significando que os sindicatos devem

A CONSTITUIÇÃO DA LIBERDADE

ter o direito de fazer tudo o que seja necessário para alcançar esse objetivo. De forma similar, o fato de os sindicatos terem legitimidade para tentar garantir salários mais elevados tem sido interpretado como significando que também devem ter o direito de fazer tudo o que seja necessário para a concretização desse fim. De forma geral, a legalização dos sindicatos passou a significar que todos os métodos que considerem indispensáveis para a concretização dos seus fins devem ser também considerados legais.

Por conseguinte, os atuais poderes coercitivos dos sindicatos baseiam-se principalmente na utilização de métodos que não seriam tolerados para mais nenhum fim e que são contrários à proteção da esfera privada do indivíduo. Em primeiro lugar, os sindicatos recorrem — muito mais do que normalmente se reconhece — ao uso de piquetes como instrumento de intimidação. Mesmo o chamado piquete "pacífico", com um grande número de pessoas, é fortemente coercitivo, e a sua tolerância constitui um privilégio concedido por causa do seu objetivo supostamente legítimo, o que é demonstrado pelo fato de que pode ser e é usado por indivíduos que não são trabalhadores para obrigar outros a formar um sindicato que depois controlarão, e que também pode ser usado para fins puramente políticos ou dirigir a hostilidade contra um indivíduo impopular. A aura de legitimidade que lhe é conferida porque os objetivos são geralmente aprovados não pode alterar o fato de representar um tipo de pressão organizada sobre indivíduos que, numa sociedade livre, nenhum organismo privado poderia exercer.

Além da tolerância em relação ao piquete, o principal fator que permite aos sindicatos coagirem os trabalhadores é a sanção pela legislação e pela jurisdição do "closed shop" ou "union shop" e das suas variedades. Esses constituem contratos de restrição da atividade, e só sua isenção das normas ordinárias da lei fez deles objetos legítimos das "atividades organizacionais" dos sindicatos. Com frequência, a legislação chegou a exigir não só que um contrato firmado pelos representantes da maioria dos trabalhadores de uma fábrica ou de um setor esteja à disposição de qualquer trabalhador que queira gozar dos seus benefícios, mas também que se aplique a todos os empregados, mesmo que desejem e possam obter individualmente uma combinação diferente de benefícios.[16] Também temos de ver como métodos de coerção inadmissíveis todas as greves secundárias e boicotes usados não como instrumentos de negociação salarial, mas apenas como meios de obrigar outros trabalhadores a aderirem às políticas sindicais.

Além disso, a maioria dessas táticas coercitivas dos sindicatos só pode ser praticada porque a legislação isentou certos grupos de trabalhadores da responsabilidade

## 18. SINDICATOS E EMPREGO

ordinária da ação conjunta, quer permitindo que evitem a formação de organizações formais, quer isentando explicitamente suas organizações das normas gerais que se aplicam às organizações corporativas. Não é necessário considerar individualmente vários aspectos das políticas sindicais contemporâneas, como, só para citar uma, a negociação salarial setorial ou nacional. Sua viabilidade se baseia nas práticas já mencionadas, que muito provavelmente desapareceriam se o poder coercitivo básico dos sindicatos fosse eliminado.[17]

5. Não se pode negar que o aumento dos salários por meio do recurso de coerção é, hoje em dia, o principal objetivo dos sindicatos. Mesmo que fosse seu único objetivo, a proibição legal dos sindicatos, porém, não seria justificável. Numa sociedade livre, muito do que é indesejável tem de ser tolerado se não puder ser evitado sem legislação discriminatória. No entanto, mesmo hoje, o controle dos salários não constitui a única função dos sindicatos; e esses são certamente capazes de prestar serviços não só legítimos, mas também úteis. Se o seu único fim fosse tentar aumentar os salários por meio de ação coercitiva, provavelmente desapareceriam se fossem privados do poder coercitivo. Mas os sindicatos têm outras funções úteis para desempenhar e, embora fosse contrário a todos os nossos princípios considerar sequer a possibilidade de proibir a sua existência, é desejável mostrar explicitamente por que razão não há justificativa econômica para tal ação e por que, enquanto organizações verdadeiramente voluntárias e não coercitivas, podem ter importantes serviços a prestar. De fato, é muito provável que os sindicatos só desenvolvam toda a sua potencial utilidade depois de abandonarem seus objetivos antissociais atuais graças à prevenção efetiva do uso da coerção.[18]

Sem poderes coercitivos, os sindicatos poderiam desempenhar um papel útil e importante mesmo no processo de determinação dos salários. Em primeiro lugar, com frequência, há uma escolha a ser feita, por um lado, entre aumentos salariais e, por outro, benefícios alternativos que o empregador pode proporcionar com o mesmo custo, mas que só poderá fazê-lo se todos ou a maioria dos trabalhadores estiverem dispostos a aceitá-los em vez de um aumento salarial. Há também o fato de a posição relativa do indivíduo na escala salarial ser, em muitos casos, quase tão importante para ele quanto sua posição absoluta. Em qualquer organização hierárquica, é importante que os diferenciais entre a remuneração dos diferentes cargos e as regras de promoção sejam vistos como justos pela maioria.[19] A forma mais eficaz de garantir a aceitação é, talvez, conseguir um acordo relativo a um esquema geral em negociações coletivas, em que todos os diferentes interesses estejam representados. Mesmo do ponto de vista do empregador, seria difícil conceber outra maneira de conciliar todos os diferentes interesses que, numa grande organização, têm de ser levados em conta na concepção de uma estrutura salarial satisfatória. Um conjunto de condições padronizadas, disponível para todos os que delas desejem se beneficiar, embora não exclua acordos especiais em casos individuais, parece ser exigido pelas necessidades das grandes organizações.

O mesmo é válido, em maior medida, para todos os problemas gerais relativos às condições de trabalho além das remunerações individuais; problemas que dizem respeito a todos os empregados e que, no interesse mútuo dos trabalhadores e dos empregadores, devem ser resolvidos de maneira que se leve em conta o maior número possível de aspirações. Uma grande organização deve, em boa medida, ser governada por normas, e essas normas funcionarão de forma mais eficaz se forem concebidas com a participação dos trabalhadores.[20] Dado que um contrato entre empregadores e empregados rege não só as relações entre eles, mas também as relações entre os vários grupos de empregados, é conveniente conferir-lhe um caráter de acordo multilateral e, em certos casos, como nas reclamações, proporcionar certo nível de autonomia entre os empregados.

Por último, temos a atividade mais antiga e mais benéfica dos sindicatos, pela qual, como "sociedades de amigos", ajudam os membros a enfrentar os riscos inerentes às suas atividades profissionais. Trata-se de uma função que, em todos os aspectos, deve ser vista como uma forma altamente desejável de autoajuda, ainda que esteja a ser gradualmente substituída pelo Estado-providência. No entanto, deixaremos em aberto a questão acerca de se alguns dos argumentos aqui apresentados justificam a existência de sindicatos em uma escala maior do que a da fábrica ou da empresa.

Uma questão totalmente diferente, que só podemos tratar aqui de passagem, é a reivindicação dos sindicatos do direito de participarem na gestão da empresa. Sob a designação de "democracia industrial" ou, mais recentemente, "codeterminação", a ideia adquiriu popularidade considerável, em especial na Alemanha e, em menor medida, na Grã-Bretanha. Representa um ressurgimento curioso das ideias do ramo sindicalista do socialismo do século XIX, a forma menos elaborada e mais inviável dessa doutrina. Embora essas ideias tenham certa atração superficial, revelam contradições intrínsecas quando analisadas. Uma fábrica ou uma indústria não pode ser dirigida no interesse de um grupo distinto e permanente de trabalhadores se, ao mesmo tempo, quiser atender aos interesses dos consumidores. Além disso, a participação efetiva na administração de uma empresa é um trabalho em tempo integral, e quem assume essas funções logo perde a perspectiva e o interesse de um empregado. Assim, não é só do ponto de vista dos empregadores que essa ideia deve ser rejeitada; nos Estados Unidos, os dirigentes sindicais tinham boas razões para recusar enfaticamente assumir qualquer responsabilidade na gestão das empresas. No entanto, para uma análise completa desse problema, indicamos ao leitor estudos mais aprofundados, agora disponíveis, de todas as suas implicações.[21]

6. Ainda que seja impossível proteger os indivíduos de toda coerção dos sindicatos, uma vez que a opinião geral a considera legítima, a maioria dos estudiosos do assunto concorda que bastariam algumas mudanças, aparentemente menores, na lei e na jurisdição para produzir alterações de grande alcance e talvez decisivas na situação atual.[22] A mera revogação dos privilégios especiais explicitamente concedidos aos sindicatos ou por esses concebidos com a tolerância dos tribunais poderia ser suficiente para privá-los dos poderes coercitivos mais graves que exercem e para canalizar seus legítimos interesses próprios de maneira que se tornassem socialmente benéficos.

O requisito essencial é que a liberdade de associação seja assegurada e que a coerção seja considerada ilegítima, quer usada a favor ou contra a organização, pelo empregador ou pelos empregados. O princípio de que o fim não justifica os meios e que os objetivos dos sindicatos não justificam sua isenção das normas gerais da lei deve ser estritamente aplicado. Hoje isso significa, em primeiro lugar, que os piquetes compostos de grande número de pessoas deveriam ser proibidos, uma vez que são não só a principal e mais frequente causa de violência, como também um meio de coerção, ainda que na sua forma mais pacífica. Em segundo lugar, os sindicatos deveriam ser proibidos de manter os não membros fora do mercado de trabalho. Isso significa que os contratos tipo "*closed shop*" e "*union shop*" (incluindo variações como as cláusulas de "manutenção da filiação" e "contratação preferencial") devem ser vistos como contratos de restrição à atividade profissional e não devem ter a proteção da lei. Não diferem do contrato do tipo *yellow dog*, que proíbe que o trabalhador se filie a um sindicato e que é normalmente ilegal.

A invalidação de todos esses tipos de contratos, ao remover os principais objetivos das greves e dos boicotes secundários, tornaria consideravelmente ineficazes essas e outras formas semelhantes de pressão. No entanto, seria necessário também revogar todas as disposições legais que tornam os contratos com os representantes da maioria dos trabalhadores de uma fábrica ou de uma indústria obrigatórios para todos os empregados e privam todos os grupos organizados de qualquer direito de concluírem contratos que vinculem os indivíduos que neles não tenham voluntariamente

A CONSTITUIÇÃO DA LIBERDADE

delegado a autoridade.[23] Por último, a responsabilidade por ações organizadas e concertadas em conflito com as obrigações contratuais ou com a lei geral deve ser atribuída aos decisores, seja qual for a forma de ação organizada.

Não seria válido observar que qualquer legislação que anule certos tipos de contratos é contrária ao princípio da liberdade de contrato. Já vimos (no cap. xv) que esse princípio nunca pode significar que todos os contratos são legalmente vinculativos e aplicáveis. Significa apenas que todos os contratos devem ser avaliados segundo as mesmas normas gerais e que nenhuma autoridade deve ter poderes discricionários para autorizar ou proibir certos contratos. Entre os contratos cuja validade a a lei deveria negar estão os que impõem restrições à atividade profissional. Os contratos tipo "*closed shop*" e "*union shop*" entram claramente nessa categoria. Se a legislação, a jurisdição e a tolerância dos órgãos executivos não tivessem criado privilégios para os sindicatos, a necessidade de legislação especial para esses não teria surgido nos países regidos pelo direito consuetudinário. É lamentável que haja essa necessidade, e todos os que acreditam na liberdade verão qualquer legislação desse tipo com apreensão. No entanto, depois de os privilégios especiais terem se tornado parte da lei do país, só podem ser removidos por uma legislação específica. Embora não devesse haver necessidade de leis especiais de "direito ao trabalho", é difícil negar que a situação criada nos Estados Unidos pela legislação e pelas decisões do Supremo Tribunal pode fazer da legislação especial a única forma viável de restaurar os princípios da liberdade.[24]

As medidas específicas que seriam necessárias num país para restaurar os princípios de livre associação na área do trabalho dependerão da situação criada pelo seu desenvolvimento específico. A situação nos Estados Unidos é de interesse especial, pois a legislação e as decisões do Supremo Tribunal foram, talvez, mais longe do que em qualquer outro país[25] no sentido da legalização da coerção sindical e da concessão de poderes discricionários e essencialmente irresponsáveis à autoridade administrativa. No entanto, para mais detalhes, indicamos ao leitor um importante estudo do professor Petro, *The Labor Policy of the Free Society*[26], no qual são amplamente descritas as reformas necessárias.

Embora todas as mudanças necessárias para restringir os poderes nocivos dos sindicatos impliquem apenas que esses se submetam aos mesmos princípios gerais da lei que se aplicam aos demais, não há dúvida de que os sindicatos existentes resistirão a elas com toda a sua força. Sabem que a obtenção daquilo que desejam agora depende desse poder coercitivo, que terá de ser restringido para que a sociedade livre seja preservada. Contudo, a situação não é desesperadora. Estão ocorrendo

## 18. SINDICATOS E EMPREGO

mudanças que, mais cedo ou mais tarde, demonstrarão aos sindicatos que a situação existente não pode perdurar. Perceberão que, das alternativas apresentadas, a submissão ao princípio geral que previne toda a coerção será, no longo prazo, altamente preferível a continuarem sua política presente; pois essa está condenada a conduzir a uma de duas consequências infelizes.

7. Ainda que os sindicatos não possam, a longo prazo, alterar substancialmente o nível dos salários reais de todos os trabalhadores (de fato, é mais provável que os baixem), o mesmo não se aplica aos salários nominais. No que diz respeito a esses, o efeito da ação sindical dependerá dos princípios que regem a política monetária. Tendo em conta as doutrinas que são agora geralmente aceitas e as políticas esperadas das autoridades monetárias, não há dúvida de que as políticas sindicais atuais conduzem a uma inflação constante e progressiva. A razão principal disso é que as doutrinas dominantes de "emprego pleno" isentam explicitamente os sindicatos da responsabilidade de qualquer desemprego e atribuem o dever de preservação do emprego pleno às autoridades monetárias e fiscais. A única maneira de essas evitarem que a política sindical produza desemprego é, porém, contrariar por meio da inflação todos os aumentos excessivos dos salários reais que os sindicatos tendem a provocar.

Para compreendermos a situação a que fomos conduzidos, será necessário olhar rapidamente para as fontes intelectuais da política de pleno emprego do tipo "keynesiano". O desenvolvimento das teorias de Lord Keynes partiu do pressuposto correto de que a causa regular do alto desemprego é o nível mais elevado dos salários reais. O passo seguinte consistiu na ideia de que a redução direta dos salários nominais só poderia ser obtida por uma luta tão penosa e prolongada que nem seria concebível. Assim, concluiu que os salários reais devem ser reduzidos pelo processo de redução do valor do dinheiro. Esse é o raciocínio implícito a toda política de "pleno emprego", agora amplamente aceita.[27] Se os trabalhadores insistem num nível de salários nominais muito alto para permitir o pleno emprego, a oferta monetária deve ser aumentada de maneira que faça subir os preços a um nível em que o valor real dos salários nominais vigentes deixe de ser mais elevado do que a produtividade dos trabalhadores que procuram emprego. Na prática, isso significa necessariamente que cada sindicato, no seu esforço de ultrapassar o valor do dinheiro, nunca deixará de insistir em mais aumentos dos salários nominais e que o esforço conjunto dos sindicatos provocará, assim, uma inflação progressiva.

Isso aconteceria mesmo que cada sindicato não fizesse mais do que impedir qualquer redução dos salários nominais de um grupo particular. Quando os

# A CONSTITUIÇÃO DA LIBERDADE

sindicatos inviabilizam as reduções salariais e os salários se tornam, como dizem os economistas, "rígidos em termos descendentes", todas as alterações nos salários relativos dos diferentes grupos, necessárias pelas condições constantemente mutáveis, devem ser provocadas por meio do aumento de todos os salários nominais, à exceção dos do grupo cujos salários reais têm de diminuir. Além disso, o aumento geral dos salários nominais e o aumento resultante do custo de vida conduzirão geralmente a tentativas, mesmo por parte do último grupo, de aumentar os salários nominais, e serão necessárias várias inspeções sucessivas de aumentos salariais para que se produza um reajuste dos salários relativos. Dado que é sempre necessário ajustar os salários relativos, esse processo produz a espiral salário-preço que prevaleceu desde a Segunda Guerra Mundial, ou seja, desde que as políticas de pleno emprego se tornaram comumente aceitas.[28]

O processo é, por vezes, descrito como se os aumentos salariais produzissem diretamente inflação. Isso não é correto. Se a oferta de dinheiro e de crédito não fosse ampliada, os aumentos salariais conduziriam rapidamente ao desemprego. No entanto, por influência de uma doutrina que representa como dever das autoridades monetárias a oferta de dinheiro suficiente para garantir o pleno emprego em qualquer nível salarial, é politicamente inevitável que cada aumento salarial conduza a mais inflação.[29] Ou então isso será inevitável até que o aumento dos preços se revele suficientemente marcado e prolongado para provocar um grande alarme público. Devem ser empregados esforços para impor freios monetários. No entanto, como, nessa fase, a economia terá se adaptado à expectativa de mais inflação e muito do emprego existente dependerá da expansão monetária constante, a tentativa de travá-la produzirá rapidamente desemprego substancial. Isso criará uma nova e irresistível pressão para mais inflação. E, com cada vez mais elevadas taxas de inflação, será possível evitar, durante muito tempo, o aparecimento do desemprego que, de outro modo, seria provocado pela pressão salarial. Para o público em geral, pareceria que a inflação progressiva seria a consequência direta da política sindical, e não uma tentativa de tratar suas consequências.

Embora essa corrida entre salários e inflação deva se prolongar durante algum tempo, não pode continuar indefinidamente sem que a opinião pública perceba que tem de parar. Uma política monetária que pudesse acabar com os poderes coercitivos dos sindicatos, causando uma taxa elevada e prolongada de desemprego, deve ser descartada, pois seria fatal em termos políticos e sociais. No entanto, se não conseguirmos reduzir a tempo o poder sindical na sua fonte, os sindicatos logo se confrontarão com uma exigência de medidas que serão muito piores para os trabalhadores, se não para os dirigentes sindicais, do que a submissão dos sindicatos ao estado de direito: em breve, será exigida a fixação dos salários pelo governo ou a abolição completa dos sindicatos.

8. Na área do trabalho, tal como em qualquer outra área, a eliminação do mercado como mecanismo orientador implicaria sua substituição por um sistema de gestão administrativa. Para desempenhar, mesmo que remotamente, a função orientadora do mercado, tal gestão teria de coordenar toda a economia e, portanto, em última instância, teria de ser exercida por uma única autoridade central. E embora essa autoridade pudesse, no início, se preocupar apenas com a distribuição e a remuneração do trabalho, sua política conduziria necessariamente à transformação de toda a sociedade num sistema centralmente planejado e administrado, com todas as suas consequências econômicas e políticas.

Nos países em que as tendências inflacionárias operam há algum tempo, podemos observar exigências cada vez mais frequentes de uma "política salarial global". Nos países em que essas tendências têm sido mais acentuadas, sobretudo na Grã-Bretanha, parece que, entre os líderes intelectuais da esquerda, se aceitou a doutrina de que os salários devem, em geral, ser determinados por uma "política unificada", o que significa que o governo deve fazer essa determinação.[30] Se o mercado fosse assim irrecuperavelmente privado da sua função, não haveria maneira eficiente de distribuir a mão de obra por setores, regiões e atividades senão pela determinação dos salários pela autoridade pública. De forma gradual, com a instituição de um maquinismo oficial de conciliação e arbitragem, dotado de poderes compulsórios, e com a criação de conselhos de remuneração, estamos caminhando para uma situação em que os salários serão determinados por decisões de autoridade essencialmente arbitrárias.

Tudo isso é apenas o resultado inevitável das políticas atuais dos sindicatos, levados pelo desejo de verem os salários determinados por alguma concepção de "justiça", e não pelas forças do mercado. No entanto, em nenhum sistema funcional um grupo de pessoas pode ser autorizado a obter, pela ameaça de violência, aquilo a que pensa ter direito. E quando não só alguns grupos privilegiados, mas também a maioria dos mais importantes setores da força de trabalho, se organizassem efetivamente visando à ação coercitiva, permitir que cada um agisse independentemente não só produziria o contrário da justiça, como também resultaria num caos econômico. Quando já não se pode depender da determinação impessoal dos salários pelo mercado, a única forma de conservar um sistema econômico viável é deixar que sejam determinados autoritariamente pelo governo. Essa determinação teria de ser arbitrária, pois não há padrões de justiça objetivos que pudessem ser aplicados.[31] Tal como acontece em todos os outros preços ou serviços, os níveis salariais compatíveis com a oportunidade de todos procurarem emprego não corresponde a nenhum mérito aferível ou a nenhum modelo independente de justiça, mas deve depender de condições que ninguém possa controlar.

Quando o governo assume a tarefa de determinar toda a estrutura salarial e, desse modo, é obrigado a controlar o emprego e a produção, os poderes atuais dos sindicatos serão muito mais reduzidos do que seriam se fossem submetidos às normas legais aplicáveis a todos. Nesse sistema, os sindicatos terão apenas a escolha entre, por um lado, tornar-se um instrumento obediente da política governamental e ser incorporados na engrenagem do governo e, por outro, ser totalmente abolidos. A primeira alternativa tem maior probabilidade de ser escolhida, pois permitiria que a burocracia sindical existente mantivesse sua posição e parte do seu poder pessoal. No entanto, para os trabalhadores, significaria a submissão total ao controle de um Estado corporativo. A situação na maioria dos países não nos deixa alternativa senão esperar que isso aconteça ou recuar. A posição atual dos sindicatos não pode perdurar, pois só podem funcionar numa economia de mercado para cuja destruição estão se esforçando bastante.

9. O problema dos sindicatos constitui um bom teste para os nossos princípios e, ao mesmo tempo, uma ilustração instrutiva das consequências decorrentes da violação desses princípios. Tendo falhado no seu dever de prevenir a coerção privada, os governos estão agora sendo levados a exceder suas funções a fim de corrigir os resultados desse fracasso, o que os obriga a assumir tarefas que só podem desempenhar sendo tão arbitrários quanto os sindicatos. Enquanto os poderes que os sindicatos puderam adquirir forem vistos como inatingíveis, não haverá forma de corrigir os danos por eles causados, a não ser conferindo ao Estado um poder arbitrário de coerção ainda maior. De fato, já estamos sofrendo um declínio acentuado do estado de direito na área do trabalho.[32] No entanto, tudo o que é realmente necessário para remediar a situação é recuperar os princípios do estado de direito e sua aplicação coerente pelas autoridades legislativas e executivas.

Contudo, esse caminho continua bloqueado pelo mais ignorante de todos os argumentos da moda, ou seja, que "não podemos fazer o relógio andar para trás". Não podemos deixar de perguntar se aqueles que costumam usar esse chavão estão conscientes de que exprime a crença fatalista de que não podemos aprender com os

## 18. SINDICATOS E EMPREGO

nossos erros, a admissão mais desprezível de que somos incapazes de usar nossa inteligência. Duvido que alguém que tenha uma visão ampla acredite que exista outra solução satisfatória que a maioria escolhesse deliberadamente se tivesse plena consciência da situação a que os fatores atuais estão nos conduzindo. Há alguns sinais de que os líderes sindicais com maior visão estão também começando a reconhecer que, a não ser que nos resignemos à extinção progressiva da liberdade, temos de inverter essa tendência e restaurar o estado de direito, e que, para salvar o que há de valioso no movimento sindical, têm de abandonar as ilusões que há muito tempo os guiam.[33]

Só um regresso da política atual aos princípios já abandonados nos permitirá evitar o perigo que ameaça a liberdade. É necessária uma mudança da política econômica, pois, na situação atual, as decisões táticas que serão exigidas pelas necessidades imediatas do governo em emergências sucessivas nos conduzirão a uma maior submissão aos controles arbitrários. Os efeitos cumulativos desses paliativos impostos pela busca de objetivos contraditórios se revelarão estrategicamente fatais. Tal como acontece com todos os problemas de política econômica, o problema dos sindicatos não pode ser satisfatoriamente resolvido por decisões *ad hoc* acerca de questões particulares, apenas pela aplicação coerente de um princípio que seja uniformemente respeitado em todas as áreas. Só há um princípio capaz de preservar uma sociedade livre: a prevenção rigorosa de toda coerção, exceto na imposição de normas gerais abstratas igualmente aplicáveis a todos.

# 19. Previdência social

*A doutrina da rede de proteção para aqueles que caem perdeu o sentido com a chegada da doutrina da distribuição justa para aqueles que conseguem se manter em pé.*

THE ECONOMIST

1. No mundo ocidental, a criação de certos mecanismos de auxílio aos cidadãos ameaçados por situações extremas de pobreza e fome, devido a circunstâncias que estão fora do seu controle, é há muito tempo aceita como dever da comunidade. Os primeiros sistemas locais que supriram essa necessidade se tornaram inadequados quando o crescimento das grandes cidades e o aumento da mobilidade dos indivíduos dissolveram os velhos laços de vizinhança; assim (para que a responsabilidade das autoridades locais não criasse obstáculos ao movimento), esses serviços tiveram de ser organizados em escala nacional, criando-se organismos especiais para fornecê-los. Aquilo que hoje conhecemos como assistência social, que, sob várias formas, é providenciada em todos os países, é apenas a velha lei de assistência aos pobres adaptada às condições modernas. A necessidade de tal sistema numa sociedade industrial é inquestionável — mesmo que apenas para interesse dos que precisam de proteção contra atos de desespero por parte dos necessitados.

Provavelmente, é inevitável que esse auxílio não se limite aos que, sozinhos, não podem suprir essas necessidades (os "pobres merecedores", como costumavam ser chamados) e que a ajuda prestada numa sociedade relativamente rica seja maior do que o absolutamente necessário para manter as pessoas vivas e saudáveis. Também é de esperar que a prestação desse auxílio leve alguns a negligenciar a criação de reservas para emergências, tal como o fariam por si próprios se esse auxílio não existisse. Assim, parece lógico exigir aos que pedem ajuda, em circunstâncias para as quais podiam ter se prevenido, que façam essas reservas por si mesmos. Depois de

## 19. PREVIDÊNCIA SOCIAL

reconhecido o dever público de atender às necessidades extremas dos idosos, dos desempregados, dos doentes etc., independentemente de os indivíduos poderem ou deverem se precaver, e sobretudo depois de o auxílio ser garantido em tal quantidade que leva à redução dos esforços dos indivíduos, parece um argumento óbvio obrigá-los a ter seguros (ou a tomarem providências) contra esses infortúnios comuns da vida. Nesse caso, a justificativa não é que as pessoas devem ser obrigadas a fazer o que é do seu interesse individual, mas que, ao não tomarem providências, se tornam um ônus para a sociedade. De forma semelhante, os motoristas são obrigados a ter seguro contra terceiros, não no interesse próprio, mas no interesse de outros que eles podem prejudicar.

Por último, quando o Estado impõe que todos devem tomar medidas que, antes, só alguns tomavam, parece sensato que auxilie também o desenvolvimento de instituições adequadas. Dado que é a ação do Estado que torna necessária a aceleração de processos que seriam mais lentos, o custo de experimentação e de desenvolvimento de novos tipos de instituições pode ser visto como responsabilidade pública, tal como o custo da pesquisa e da disseminação de conhecimentos em outras áreas de interesse público. O auxílio prestado com base em fundos públicos para esses fins deve ter natureza temporária, um subsídio concebido para ajudar a aceleração de um processo que por meio de uma decisão pública foi tido como necessário, e apenas por um período de transição, cessando depois de a instituição existente ter evoluído o suficiente para suprir a nova necessidade.

Até esse ponto, a justificativa para todo o aparelho de "previdência social" pode, provavelmente, ser aceita pelos defensores mais coerentes da liberdade. Ainda que muitos possam pensar que é insensato ir tão longe, não se pode dizer que isso estaria em conflito com os princípios que proclamamos. Tal como tem sido descrito, tal programa implicaria alguma coerção, mas apenas coerção para impedir uma coerção maior sobre o indivíduo no interesse de outros; e isso se justifica tanto pelo desejo dos indivíduos de se protegerem das consequências da miséria extrema dos seus concidadãos como pela intenção de obrigar os indivíduos a tomar providências mais eficazes em relação às suas necessidades.

2. As questões cruciais só começaram a surgir quando os defensores da "previdência social" foram mais longe. Mesmo na fase inicial da "previdência social", na Alemanha da década de 1880, os indivíduos eram obrigados a tomar providências não apenas contra os riscos que, de outro modo, o Estado teria de cobrir; eram também obrigados a obter essa proteção por meio de uma organização unificada gerida pelo

A CONSTITUIÇÃO DA LIBERDADE

governo. Embora a inspiração para o novo tipo de organização tenha vindo de instituições criadas pelos trabalhadores por sua própria iniciativa, em particular na Inglaterra, e nas áreas em que essas instituições nasceram na Alemanha — sobretudo na área da segurança na saúde —, permitiu-se que continuassem a existir e decidiu-se que, sempre que novas medidas fossem necessárias, como na assistência à terceira idade, acidentes industriais, invalidez, dependentes e desemprego, deviam assumir a forma de uma organização unificada que seria a única fornecedora desses serviços e à qual teriam de pertencer todos os necessitados de assistência.

Assim, desde o início a "previdência social" significava não só a segurança obrigatória, mas também a participação obrigatória numa organização unificada controlada pelo Estado. A principal justificativa para essa decisão, em certo período muito contestada, mas agora normalmente aceita como irrevogável, era a alegada maior eficiência e conveniência administrativa (ou seja, a economia) dessa organização unificada. Afirmou-se muitas vezes que essa era a única forma de garantir a assistência suficiente a todos os necessitados.

Há um elemento de verdade nesse argumento, mas não conclusivo. É provável que, em dado momento, uma organização unificada concebida pelos melhores especialistas escolhidos pelas autoridades seja a mais eficiente. Mas é improvável que permaneça assim durante muito tempo caso se torne o único ponto de partida para todos os avanços futuros e se seus primeiros administradores se tornarem também os únicos juízes das mudanças necessárias. É um erro acreditar que a melhor maneira, ou a mais barata, de fazer qualquer coisa pode, no longo prazo, ser garantida por uma criação predeterminada e não pela reavaliação constante dos recursos disponíveis. O princípio de que todos os monopólios protegidos se mostram ineficientes ao longo do tempo se aplica tanto nessa como em qualquer outra área.

É verdade que se, em dado momento, quisermos garantir a realização rápida de tudo aquilo que sabemos ser possível, a organização deliberada de todos os recursos destinados a esse fim constitui o melhor método. Na área da previdência social, confiar na evolução gradual de instituições adequadas significaria, sem dúvida, que certas necessidades individuais que uma organização central atendesse de imediato poderiam, durante algum tempo, receber atenção insuficiente. Para o reformista impaciente, que só ficará satisfeito com a extinção imediata de todos os males evitáveis, a criação de um único aparelho com poderes plenos para fazer tudo o que é possível parece ser agora, portanto, o único método adequado. Em longo prazo, porém, o preço a ser pago por isso, mesmo em termos dos resultados obtidos numa área particular, pode ser muito alto. Se nos comprometermos com uma única organização

## 19. PREVIDÊNCIA SOCIAL

abrangente porque sua cobertura imediata é maior, podemos estar impedindo o desenvolvimento de outras organizações cuja contribuição eventual para o bem-estar poderia ser maior.[1]

Se, no início, se enfatizava a eficiência a favor de um órgão compulsório, também havia outras considerações claramente presentes no espírito dos seus defensores. De fato, há dois objetivos distintos, ainda que interligados, que uma organização estatal com poderes coercitivos pode alcançar, mas que estão fora do alcance de qualquer empresa privada. Uma instituição privada só pode oferecer serviços específicos baseados num contrato, ou seja, só pode atender a uma necessidade que surja independentemente da ação deliberada do beneficiário e que possa ser avaliada por critérios objetivos; e só pode atender dessa maneira às necessidades previsíveis. Por mais que tenha um sistema de seguro, o beneficiário nunca obterá mais do que a satisfação de um direito contratual — ou seja, não obterá aquilo que se poderia julgar necessário de acordo com suas circunstâncias. Um serviço estatal monopolista, por outro lado, pode agir com base no princípio da distribuição segundo as necessidades, independentemente do direito contratual. Somente tal instituição com poderes discricionários estará em posição de dar aos indivíduos tudo aquilo que "deveriam" receber, ou de obrigá-los a fazer o que "deveriam" para alcançar um "nível social" uniforme. Também estará em posição — e este é o segundo ponto principal — de redistribuir a riqueza entre pessoas ou grupos como achar desejável. Ainda que qualquer seguro implique alguns riscos, um seguro privado competitivo nunca pode fazer uma transferência deliberada de rendimentos de um grupo de pessoas previamente determinado para outro.[2]

Hoje em dia, essa redistribuição de rendimentos se tornou o principal objetivo daquilo que ainda se chama de "seguro" social — uma denominação que já era inadequada nos primeiros tempos desses sistemas. Em 1935, quando os Estados Unidos implementaram o sistema, o termo "seguro" foi mantido — graças a um "golpe de gênio promocional"[3] — apenas para torná-lo mais aceitável. Desde o início que pouco tinha a ver com seguro, e, ao longo do tempo, perdeu toda semelhança que poderia ter tido com esse seguro. O mesmo acontece na maioria dos países que, originalmente, começaram com um sistema semelhante ao dos seguros.

Embora a redistribuição de renda nunca tenha sido o objetivo declarado do sistema de previdência social, vem sendo o objetivo admitido em toda parte.[4] Nenhum sistema monopolista de seguro obrigatório resistiu a essa transformação num esquema muito diferente, num instrumento de redistribuição obrigatória de rendimentos. A ética desse sistema — no qual não é uma maioria de contribuintes que determina

A CONSTITUIÇÃO DA LIBERDADE

o que deve ser dado aos desafortunados, mas uma maioria de beneficiários que decide o que receberá de uma minoria mais rica — será abordada no próximo capítulo. Por ora, nos preocupamos apenas com o processo pelo qual um sistema originalmente concebido para aliviar a pobreza se transforma geralmente num instrumento de redistribuição igualitária. Foi como meio de socialização dos rendimentos, de criação de uma espécie de Estado familiar que distribui benefícios em dinheiro ou gêneros àqueles considerados mais necessitados, que o Estado-providência se tornou, para muitos, o substituto do antiquado socialismo. Vista como uma alternativa ao método agora desacreditado de orientar diretamente a produção, a técnica do Estado-providência, que procura promover uma "distribuição justa" pela oferta de rendimentos nas proporções e formas que julga adequadas, é, de fato, apenas um novo método para alcançar os velhos objetivos do socialismo. Acabou sendo muito mais aceito do que o velho socialismo porque era apresentado regularmente como um método eficiente de assistência aos mais necessitados. No entanto, a aceitação dessa proposta aparentemente razoável de uma organização de assistência foi depois interpretada como um compromisso com algo muito diferente. A transformação foi efetuada sobretudo por decisões que, para a maioria das pessoas, pareciam dizer respeito a questões técnicas menores, em que as distinções essenciais eram deliberadamente obscurecidas por uma propaganda persistente e hábil. É essencial que estejamos claramente conscientes da distinção entre, por um lado, uma situação na qual a comunidade aceita o dever de prevenir a miséria e de providenciar um nível mínimo de bem-estar e, por outro, uma situação em que a comunidade assume o poder de determinar a condição "justa" de todos os indivíduos e dá a cada um aquilo que julga ser merecido. A liberdade é seriamente ameaçada quando o governo assume poderes exclusivos para fornecer certos serviços — poderes que, para alcançar seus objetivos, o Estado empregará para a coerção discricionária dos indivíduos.[5]

3. A extrema complexidade e a consequente incompreensibilidade dos sistemas de previdência social criam um grave problema para a democracia. Não é exagero dizer que, embora o desenvolvimento do enorme sistema de previdência social tenha sido um fator muito importante na transformação da nossa economia, também é o menos compreendido. Isso é visível não só na crença persistente[6] de que o beneficiário individual tem direito aos serviços, uma vez que pagou por eles, mas também no fato curioso de alguns elementos importantes da legislação da previdência social serem, por vezes, apresentados às legislaturas de um modo que não lhes dá alternativa senão aceitá-los ou rejeitá-los por completo, excluindo qualquer possibilidade de

# 19. PREVIDÊNCIA SOCIAL

modificação.[7] E acaba criando uma situação paradoxal em que a mesma maioria de pessoas, cuja incapacidade assumida de escolher sensatamente por si mesma se torna pretexto para administrar grande parte dos seus rendimentos, é chamada coletivamente para determinar como devem ser destinadas as rendas individuais.[8]

No entanto, não é apenas para os leigos que as complexidades da previdência social constituem um mistério. Hoje em dia, economistas, sociólogos ou juristas também ignoram os detalhes desse sistema complexo e em constante mudança.

O novo gênero de especialista, que encontramos também em áreas como o trabalho, a agricultura, a habitação e a educação, é um perito num quadro institucional específico. As organizações que criamos nessas áreas se tornaram de tal modo complexas que uma pessoa precisa dedicar praticamente todo o seu tempo para dominá-las. O perito institucional não é necessariamente uma pessoa que sabe tudo o que é preciso para julgar acerca do valor da instituição, mas, com frequência, é o único que compreende totalmente a sua organização, o que o torna indispensável. As razões pelas quais se interessou por uma instituição específica e que o levaram a aprová-la pouco têm a ver com quaisquer qualificações especiais. No entanto, esse novo tipo de perito tem quase sempre uma característica distinta: é resolutamente a favor das instituições de que é especialista. Isso não só porque apenas alguém que aprova os objetivos da instituição terá o interesse e a paciência para dominar seus detalhes, mas ainda mais porque a maioria das pessoas não estaria disposta a fazer esse esforço: as ideias de alguém que não esteja disposto a aceitar os princípios das instituições existentes não seriam levadas a sério nem teriam peso nas discussões para a determinação da política corrente.[9]

É fato de considerável importância que, como resultado dessa mudança, em cada vez mais áreas de política governamental, quase todos os "especialistas reconhecidos" são, por definição, pessoas que aceitam os princípios subjacentes a essa política. Efetivamente, esse é um dos fatores que tendem a acelerar muitos avanços contemporâneos. O político que, ao recomendar o desenvolvimento das políticas correntes, afirma que "todos os especialistas são a favor", está geralmente sendo honesto, pois só os que são a favor do desenvolvimento se tornaram especialistas nesse sentido institucional, e os economistas ou os juristas que se opõem não são considerados especialistas. Depois de estabelecido o sistema, seu desenvolvimento futuro será moldado por aquilo que os que escolheram servir a ele veem como suas necessidades.[10]

4. É paradoxal que o Estado, hoje, afirme a superioridade do desenvolvimento guiado exclusivamente pela autoridade numa área que, talvez melhor do que qualquer

A CONSTITUIÇÃO DA LIBERDADE

outra, ilustra como as novas instituições emergem não de um plano preconcebido, mas de um processo evolutivo gradual. Nossa concepção moderna de proteção contra os riscos por meio de seguros não resulta de uma solução racional pensada e considerada necessária por um indivíduo. Estamos de tal maneira familiarizados com o mecanismo dos seguros que acreditamos que qualquer pessoa inteligente, após alguma reflexão, descobriria rapidamente seus princípios. Na verdade, a forma como os seguros evoluíram é o comentário mais claro sobre a presunção dos que querem limitar a evolução futura a um único canal imposto pela autoridade. Foi dito, com razão, que "nunca ninguém buscou criar um seguro marítimo tal como foi criado, mais tarde, o seguro social", e que devemos nossas técnicas atuais a uma evolução gradual na qual as etapas sucessivas, devido a "inúmeras contribuições de anônimos ou de indivíduos históricos, acabaram por criar uma obra de tal perfeição que, em comparação com o todo, as brilhantes concepções devidas à criatividade dos indivíduos devem parecer muito primitivas".[11]

Podemos ficar tão confiantes de que alcançamos toda a sabedoria possível que, para alcançar mais depressa alguns objetivos agora visíveis, podemos dispensar a ajuda que recebemos no passado do desenvolvimento não planejado e da adaptação gradual de velhas soluções a novos fins? É significativo que, nas duas principais áreas que o Estado ameaça monopolizar — a assistência aos idosos e os cuidados médicos —, assistamos ao desenvolvimento rápido e espontâneo de novos métodos cujo controle total o Estado ainda não assumiu; uma variedade de experiências que, certamente, produzirão novas soluções para necessidades atuais, soluções que não são contempladas por nenhum planejamento.[12] Será, então, que em longo prazo estaremos realmente numa situação melhor sob um monopólio estatal? Tomar como modelo obrigatório para todas as iniciativas futuras o melhor conhecimento disponível em dado momento é um caminho certo para impedir o surgimento de novos conhecimentos.

5. Vimos como a assistência aos mais necessitados por meio de fundos públicos, combinada com a prática de obrigar as pessoas a tomarem providências contra essas necessidades a fim de que não se tornem um fardo para os outros, acabou por produzir, quase em toda parte, um terceiro sistema diferente, por meio do qual as pessoas, em certas circunstâncias como em caso de doença ou na velhice, recebem assistência, tenham ou não tomado precauções para o futuro.[13] Nesse sistema, todos os cidadãos são assistidos para alcançar um nível de bem-estar considerado mínimo para todos, independentemente daquilo que possam fazer por si próprios, das contribuições pessoais que fizeram ou que ainda possam fazer.

## 19. PREVIDÊNCIA SOCIAL

A transição para esse terceiro sistema, em geral, foi possibilitada, inicialmente, pela suplementação com fundos públicos das verbas obtidas pelo seguro obrigatório, fornecendo depois às pessoas, a título de direito, aquilo pelo qual só em parte pagaram. Tornar obrigatórias essas transferências de rendimentos não pode, obviamente, alterar o fato de só poderem ser justificadas com base na necessidade especial e de, portanto, constituírem ainda uma forma de assistência. No entanto, esse caráter é normalmente disfarçado com a concessão desse direito a todos ou quase todos os cidadãos, retirando-se simplesmente do bolso dos que estão em melhor situação muito mais do que recebem. A alegada aversão da maioria das pessoas a receber algo que sabem não ter ganhado e que lhes é dado apenas tendo em conta a necessidade pessoal, bem como o seu desagrado pela obrigação de demonstração de posse de meios de subsistência, foram usados como pretexto para encobrir de tal maneira todo o sistema que o indivíduo já não sabe aquilo que pagou ou não pagou.[14] Tudo isso faz parte do esforço de convencer a opinião pública, por meio da dissimulação, a aceitar um novo método de distribuição de renda, que os administradores do novo sistema parecem, desde o início, ter visto como uma medida transitória que evoluiria para um sistema com objetivo expressamente destinado à redistribuição.[15] Esse desenvolvimento só pode ser evitado se, desde o início, se fizer uma distinção clara entre os benefícios integralmente pagos pelo beneficiário, aos quais, portanto, ele tem um direito moral e legal, e os benefícios baseados na necessidade e, portanto, dependentes de prova de necessidade.

A esse respeito, devemos observar outra peculiaridade do sistema estatal único de previdência social: seu poder para usar fundos angariados por meios obrigatórios a fim de fazer propaganda a favor de uma ampliação desse sistema obrigatório. Parece claro o absurdo fundamental de uma maioria tributar a si própria para sustentar uma organização de propaganda que visa a convencer a mesma maioria a pagar mais do que está disposta. Embora, pelo menos nos Estados Unidos, tenha se tornado prática comum o uso de técnicas de "relações públicas" por organismos estatais, técnicas que são legítimas nas empresas privadas, pode se questionar a legitimidade desses organismos, numa democracia, para usarem recursos públicos na propaganda de ampliação das suas atividades. E em nenhuma outra área esse fenômeno se mostrou tão difundido, em âmbito nacional e internacional, como na previdência social. Trata-se de um grupo de especialistas, interessados num programa específico, que podem usar fundos públicos a fim de manipular a opinião pública a seu favor. Disso resulta que tanto os eleitores como os legisladores recebem informações quase exclusivamente daqueles cujas atividades deveriam orientar. É difícil exagerar em que medida

A CONSTITUIÇÃO DA LIBERDADE

esse fator contribuiu para acelerar o desenvolvimento muito além daquilo que, de outro modo, a opinião pública teria permitido. Essa propaganda subsidiada, conduzida por uma organização sustentada pelos impostos, não pode de modo algum ser comparada com a publicidade do mercado concorrencial. Confere à organização um poder sobre a mente das pessoas que pertence à mesma classe dos poderes de um Estado totalitário, que detém o monopólio dos meios de comunicação.[16]

Embora, num sentido formal, os sistemas existentes de previdência social tenham sido criados por decisões democráticas, é duvidoso que a maioria dos beneficiários os aprovasse realmente se tivessem plena consciência das suas implicações. O ônus que aceitam ao permitirem que o Estado desvie parte dos seus rendimentos para fins que esse mesmo escolheu é particularmente pesado nos países relativamente pobres, onde o aumento da produtividade material é uma necessidade urgente. Será que alguém acredita que o trabalhador médio semiespecializado na Itália está em melhor situação porque 44% do pagamento total do seu trabalho é entregue ao Estado ou, em números concretos, dos *49 cêntimos que o seu patrão paga por uma hora do seu trabalho, recebe apenas 27 cêntimos, enquanto 22 cêntimos* são gastos pelo Estado?[17] Ou que, se o trabalhador compreendesse a situação e lhe fosse dada a escolha entre esse sistema ou ter seu rendimento quase duplicado sem previdência social, optaria pela primeira alternativa? Ou que, na França, onde o valor para todos os trabalhadores equivale a uma média de um terço do custo total da mão de obra[18], a porcentagem não ultrapasse aquilo que os trabalhadores estariam dispostos a ceder pelos serviços que o Estado lhes oferece em troca? Ou que, na Alemanha, onde cerca de 20% do rendimento nacional total é entregue à administração da previdência social[19], isso não é um desvio obrigatório de uma parte dos recursos muito maior do que as pessoas expressamente desejam? Será realmente possível negar que a maioria da população estaria em melhor situação se o dinheiro lhes fosse dado e pudessem pagar sua previdência para empresas privadas?[20]

6. Só podemos considerar aqui, de forma mais específica, os principais setores da previdência social: assistência aos idosos, proteção contra a invalidez permanente por várias causas e contra a perda do sustento da família, cuidados médicos e hospitalares, e proteção contra a perda do rendimento por desemprego. Os muitos outros serviços fornecidos em vários países, incluídos nesses ou em separado, como os subsídios de maternidade e os abonos de família, levantam problemas distintos na medida em que são concebidos como parte daquilo a que se chama "política demográfica", um aspecto da política moderna que não analisaremos aqui.

288

# 19. PREVIDÊNCIA SOCIAL

A área em que a maioria dos países mais se empenhou, e que poderá criar os problemas mais graves, é a assistência aos idosos e dependentes (exceto, talvez, na Grã-Bretanha, onde a criação de um Serviço Nacional de Saúde causou problemas de dimensão similar). O problema dos idosos é particularmente grave, uma vez que, hoje, na maioria dos países ocidentais, os governos privaram os idosos dos meios de sustento que esses poderiam usar para cuidar de si próprios. Ao não cumprir seus compromissos, tampouco manter uma moeda estável, o governo de muitos países criou uma situação em que a geração pré-reforma, no terceiro quarto do século xx, se viu sem grande parte daquilo que tentou poupar para a reforma e na qual muitas pessoas estão sem merecer na pobreza, apesar dos seus esforços anteriores para evitar tal situação. Nunca é demais dizer que a inflação não é um desastre natural inevitável; é sempre o resultado da fraqueza ou da ignorância dos responsáveis pela política monetária, ainda que a divisão da responsabilidade possa ser de tal maneira difusa que não se pode culpar ninguém em particular. As autoridades podem ter visto como males maiores tudo o que tentavam evitar por meio da inflação; no entanto, são sempre as suas escolhas políticas que geram a inflação.

Contudo, mesmo se abordarmos o problema da assistência aos idosos, como devemos, tendo plena consciência da responsabilidade especial que os governos assumiram, não podemos deixar de perguntar se o prejuízo causado a uma geração (que, em última instância, partilha da responsabilidade) poderá justificar que se imponha a um país um sistema permanente pelo qual a fonte normal de rendimentos acima de certa idade é uma pensão politicamente determinada paga com os impostos atuais. No entanto, todo o mundo ocidental tende para esse sistema, que produzirá problemas que dominarão a política futura de tal forma que a maioria das pessoas não imagina. Nos nossos esforços para curar um mal, podemos impor às gerações futuras um ônus mais pesado do que aquele que estarão dispostas a aceitar, do qual só se livrarão a muito custo por uma violação dos compromissos ainda maior do que a que cometemos.

O problema surge de forma grave quando o governo pretende garantir uma assistência não só mínima, mas também "adequada", para todos os idosos, independentemente das necessidades individuais ou das contribuições de cada um. Quando o Estado assume o monopólio do fornecimento dessa proteção, há duas etapas críticas que são invariavelmente seguidas: em primeiro lugar, a proteção é concedida não só aos que a ela têm direito graças às suas contribuições, mas também àqueles que ainda não tiverem a oportunidade de contribuir; em segundo, as pensões não são pagas com os rendimentos de um capital acumulado para esse fim — e, portanto, com o rendimento adicional resultante dos esforços do beneficiário —, mas constituem uma

A CONSTITUIÇÃO DA LIBERDADE

transferência de parte do proveniente do trabalho dos indivíduos que estão atualmente na ativa. Isso acontece quando o governo cria nominalmente um fundo de reserva e o "investe" em obrigações do Tesouro (ou seja, emprestando o dinheiro a si próprio e, de fato, gastando-o) ou quando cobre claramente as obrigações correntes com os impostos correntes.[21] (A alternativa, mas nunca posta em prática, de o governo investir os fundos de reserva em capital produtivo produziria rapidamente um controle governamental cada vez maior sobre o capital da indústria.) Essas duas consequências normais das pensões de velhice concedidas pelo Estado também costumam ser as principais razões por que se insiste tanto nesse tipo de sistema.

É fácil perceber como esse abandono total do caráter do seguro no sistema, com o reconhecimento do direito de todos acima de certa idade (e de todos os dependentes ou incapacitados) a um rendimento "adequado" que é atualmente determinado pela maioria (da qual os beneficiários formam uma parte substancial), transformará todo o sistema num instrumento de política, num pretexto para os demagogos à caça de votos. Não vale a pena acreditar que qualquer padrão objetivo de justiça estabelecerá limites à reivindicação dos que chegaram à idade privilegiada, mesmo que ainda capazes de continuar a trabalhar, de serem sustentados de forma "adequada" por aqueles que ainda trabalham — que, por sua vez, só encontrarão consolo na ideia de que, num tempo futuro, quando forem proporcionalmente mais numerosos e tiverem maior força eleitoral, estarão em melhor posição para obrigar os que trabalham a prover suas necessidades.

A propaganda persistente obscureceu por completo o fato de esse sistema de pensões adequadas para todos significar, na verdade, que muitos dos que chegaram finalmente ao tão esperado momento da reforma e que podem viver das suas poupanças serão, ainda assim, beneficiários de uma pensão à custa daqueles que ainda não chegaram a essa idade, muitos dos quais se reformariam de imediato se lhes fosse garantido o mesmo rendimento[22], e que, numa sociedade rica não devastada pela inflação, é normal que grande parte dos aposentados esteja numa situação mais confortável do que os que ainda trabalham. O modo como a opinião pública tem sido deliberadamente enganada a esse respeito é bem ilustrado pela afirmação muitas vezes citada (aceita pelo Supremo Tribunal dos Estados Unidos) de que, nos Estados Unidos, em 1935, "cerca de três em cada quatro pessoas com 65 anos ou mais velhas dependiam parcial ou totalmente de outros para o seu sustento" — uma afirmação baseada em estatísticas que pressupunham explicitamente que toda a propriedade dos casais idosos era detida pelos maridos e que, por conseguinte, todas as esposas eram "dependentes"![23]

290

## 19. PREVIDÊNCIA SOCIAL

Um resultado inevitável dessa situação, que se tornou padrão em outros países além dos Estados Unidos, é que, no início de cada ano eleitoral, há sempre especulação sobre o aumento dos benefícios da previdência social.[24] A falta de limites às exigências feitas ao Estado é claramente ilustrada por uma declaração recente do Partido Trabalhista britânico, segundo a qual uma pensão realmente adequada "significa o direito de continuar morando no mesmo bairro, de gozar dos mesmos passatempos e de poder frequentar o mesmo círculo de amigos".[25] Não faltará muito para que se diga que, como os aposentados têm mais tempo para gastar dinheiro, devem receber mais do que aqueles que ainda trabalham; e, dada a estrutura etária para que caminhamos, não há razões para que a maioria com mais de quarenta anos não tente fazer os mais novos trabalharem para eles. Talvez só então é que os fisicamente mais fortes se revoltarão e privarão os idosos dos seus direitos políticos e da manutenção das suas reivindicações legais.

O documento do Partido Trabalhista citado é importante porque, além de ser motivado pelo desejo de ajudar os idosos, denuncia claramente o desejo de torná-los incapazes de cuidar de si próprios, ficando exclusivamente dependentes do apoio estatal. O texto está impregnado de hostilidade contra todos os sistemas privados de pensões ou outros esquemas semelhantes; além disso, é digna de nota a previsão, subjacente aos valores do plano proposto, de que os preços duplicarão entre 1960 e 1980.[26] Se esse é o nível de inflação planejado de antemão, é provável que o verdadeiro resultado seja a dependência dos que se aposentarem no fim do século da caridade da geração mais nova. E, por último, a questão será decidida não pela moral, mas pelo fato de serem os jovens que estarão servindo à polícia e ao exército: campos de concentração para os idosos incapazes de se sustentar poderão ser o destino de uma velha geração cuja renda depende totalmente da coerção sobre os jovens.

7. A pensão no caso de doença apresenta não só a maioria dos problemas que já consideramos, mas também alguns peculiares. Resultam do fato de o problema da "necessidade" não poder ser tratado como se fosse igual para todos os que satisfazem certos critérios objetivos, como a idade: cada caso de necessidade levanta problemas de urgência e de importância que têm de ser contrabalançados com o custo da sua resolução, problemas que têm de ser resolvidos quer pelo indivíduo, quer por outra pessoa em seu nome.

Não há dúvida de que o aumento do plano de saúde é uma evolução desejável. E talvez se justifique torná-lo obrigatório, uma vez que muitos que poderiam cuidar de si mesmos se tornariam um ônus para o Estado se não o fizessem. No entanto, há

# A CONSTITUIÇÃO DA LIBERDADE

argumentos fortes contra tal esquema único de seguro estatal; e parece haver uma razão fortíssima contra um serviço de saúde gratuito para todos. Do que vimos desses sistemas, é provável que sua inviabilidade se mostre clara nos países que os adotaram, ainda que as circunstâncias políticas impossibilitem que sejam depois abandonados. Um dos argumentos mais fortes contra esses sistemas é que, de fato, sua introdução é o tipo de medida politicamente irrevogável que terá de ser continuada, revele-se errada ou não.

A defesa de um serviço gratuito de saúde baseia-se normalmente em dois erros fundamentais: em primeiro lugar, a crença de que as necessidades médicas são objetivamente verificáveis e, portanto, que podem e devem ser supridas em todos os casos sem se levar em conta fatores econômicos; em segundo, a ideia de que tal sistema é economicamente possível porque um serviço melhor de saúde resulta normalmente na recuperação da eficiência econômica ou da capacidade de criar rendimentos e, por isso, compensa os custos.[27] Ambas as premissas interpretam erroneamente a natureza do problema envolvido na maioria das decisões relativas à preservação da saúde e da vida. Não existe um padrão objetivo para ajuizar quais tratamentos são necessários para um caso particular; e, à medida que a medicina avança, torna-se cada vez mais claro que não há limites para as quantias que se podem gastar para fazer tudo o que é objetivamente possível.[28] Além disso, não é verdade que, na nossa avaliação individual, tudo o que pode ser feito para garantir a saúde e a vida tenha prioridade absoluta sobre outras necessidades. Tal como em todas as outras decisões em que temos de lidar não com certezas, mas com probabilidades e hipóteses, corremos riscos constantes e tomamos decisões com base em considerações econômicas sobre a validade de determinada precaução, ou seja, ponderando os riscos em relação a outras necessidades. Nem o mais rico dos homens fará tudo o que é possibilitado pelo conhecimento médico para preservar sua saúde, talvez porque outras preocupações competem pelo seu tempo e energia. Alguém terá sempre de decidir quanto à necessidade de esforços e recursos adicionais. A verdadeira questão é se o indivíduo em questão deve ter algo a dizer e, por um maior sacrifício, obter mais atenção, ou se essa decisão será tomada por outrem. Ainda que não nos agrade o fato de termos de ponderar valores imateriais, como a saúde e a vida, em relação a vantagens materiais, e ainda que desejássemos que essa escolha fosse desnecessária, todos temos de optar por causa de fatos que não podemos alterar.

A ideia de que existe um padrão objetivamente determinado dos serviços médicos que podem e devem ser fornecidos a todos, uma ideia inerente ao sistema de Beveridge e a todo o Serviço Nacional de Saúde da Grã-Bretanha, não condiz com a

## 19. PREVIDÊNCIA SOCIAL

realidade.[29] Numa área que tem mudanças rápidas, como a medicina, o padrão médio de serviços fornecidos a todos pode, quando muito, ser ruim.[30] No entanto, dado que, como em todas as áreas que evoluem, aquilo que é objetivamente possível fornecer a todos depende do que já foi dado a alguns, o fato de ser muito caro para a maioria ter um serviço melhor do que o mediano deve, em breve, reduzir esse caráter mediano.

Os problemas em decorrência de um serviço gratuito de saúde se tornam mais complexos pelo fato de o progresso da medicina tender a aumentar seus esforços não para a recuperação da capacidade de trabalhar, mas sobretudo para o alívio do sofrimento e prolongamento da vida; esses esforços, obviamente, são justificados não em bases econômicas, mas, sim, em bases humanitárias. Contudo, embora o combate às doenças graves que nos acometem e incapacitam seja uma tarefa relativamente limitada, refrear os processos crônicos que nos conduzem a uma deterioração completa é tarefa ilimitada. Essa apresenta um problema que em nenhuma circunstância pode ser resolvido por uma oferta ilimitada de serviços médicos e que, portanto, deve continuar apresentando uma escolha difícil entre objetivos concorrentes. Num sistema de medicina estatal, essa escolha terá de ser imposta aos indivíduos por uma autoridade. Pode parecer cruel, mas, provavelmente, é do interesse de todos que, num sistema gratuito, aqueles que gozam de plena capacidade de trabalho sejam rapidamente tratados de uma doença temporária e não grave em detrimento dos idosos e dos que sofrem de doenças terminais. Nos sistemas estatais de saúde, vemos geralmente que os indivíduos que poderiam ser rapidamente tratados e voltar ao trabalho têm de esperar longos períodos de tempo porque os hospitais estão cheios de pessoas que nunca mais contribuirão para as necessidades dos outros.[31]

São tantos os problemas graves causados pela estatização da medicina que não podemos mencionar sequer os principais. Mas há um, cuja gravidade o público ainda não percebeu, que pode ter grande importância. Trata-se da transformação inevitável dos médicos, profissionais liberais e responsáveis pelos seus pacientes em assalariados públicos, funcionários necessariamente submetidos às ordens da autoridade estatal e dispensados da obrigação de sigilo. O aspecto mais perigoso dessa nova evolução poderá ser que — numa época em que o aumento dos conhecimentos médicos tende a conferir aos que os têm cada vez mais poder sobre a mente das pessoas — se tornem dependentes de uma organização unificada, sob uma direção única e guiada pelas mesmas razões do Estado que geralmente regem a política pública. Um sistema que dá ao médico que trata do indivíduo, sendo ao mesmo tempo funcionário do Estado, um conhecimento das preocupações mais íntimas dos outros e que cria

A CONSTITUIÇÃO DA LIBERDADE

condições em que tem de revelar esse conhecimento a um superior e o usa para fins determinados pela autoridade abre perspectivas assustadoras. A forma como a medicina estatal tem sido usada na Rússia como instrumento de disciplina industrial[32] nos dá uma ideia das finalidades que podem ser dadas a tal sistema.

8. O setor da previdência social que parecia o mais importante no período anterior à Segunda Guerra Mundial, a assistência ao desemprego, mostrou-se relativamente pouco importante nos últimos anos. Embora não haja dúvida de que medidas preventivas do desemprego em grande escala sejam mais importantes do que o sistema de assistência aos desempregados, não é certo que o primeiro problema esteja resolvido de forma permanente e que o segundo não volte a assumir grande importância. Tampouco é certo que o caráter da nossa assistência aos desempregados não se revele um dos fatores mais importantes para a determinação da dimensão do desemprego.

Devemos voltar a pressupor a existência de um sistema de previdência social que dê um valor mínimo em todos os casos de necessidade comprovada, de maneira que nenhum membro da comunidade fique sem comida ou abrigo. O problema suscitado pelos desempregados é como e quem deve fornecer a eles mais assistência com base nos seus rendimentos normais, e se essa necessidade justifica uma redistribuição coercitiva dos rendimentos segundo algum princípio de justiça.

O principal argumento a favor de uma assistência superior ao mínimo garantido a todos é que as mudanças súbitas e imprevistas na procura de trabalho ocorrem por causa de circunstâncias que o trabalhador não pode prever nem controlar. Esse argumento é pertinente no que diz respeito ao desemprego generalizado durante uma depressão profunda. Mas há muitas outras causas de desemprego. O desemprego recorrente e previsível ocorre na maioria das atividades sazonais, e, nesse caso, é claramente do interesse geral que a oferta de mão de obra seja limitada de maneira que os rendimentos sazonais sejam suficientes para sustentar o trabalhador durante todo o ano, ou que o fluxo de mão de obra seja mantido por movimentos periódicos entre ocupações diferentes. Há também o caso importante em que o desemprego é o efeito direto dos salários muito elevados em determinada atividade, seja por terem sido aumentados em excesso por ação sindical, seja devido a uma queda no setor. Nos dois casos, a solução para o desemprego requer flexibilidade salarial e mobilidade dos próprios trabalhadores; no entanto, essas são reduzidas por um sistema que garante a todos os desempregados certa porcentagem dos salários que costumavam receber.

Não há dúvida de que se justifica a existência de um verdadeiro seguro contra o desemprego, sempre que viável, no qual os diferentes riscos das várias atividades

## 19. PREVIDÊNCIA SOCIAL

se reflitam no valor assistencial pago. Uma vez que um setor, devido à sua instabilidade peculiar, requer muitas vezes a existência de uma reserva de mão de obra desempregada, é desejável que mantenha um número suficiente de trabalhadores em estado de prontidão, oferecendo-lhes salários suficientemente elevados para compensar esse risco específico. Por várias razões, esse sistema de seguro não pareceu imediatamente viável em certas profissões (como no setor agrícola e nos serviços domésticos), e foi sobretudo por isso que se adotaram esquemas estatais de "seguros"[33], que, de fato, subsidiavam os rendimentos desses grupos com contribuições de outros trabalhadores ou com recurso aos impostos gerais. Porém, quando o risco de desemprego numa atividade específica não é coberto pelos rendimentos dessa atividade, mas por meios externos, significa que a oferta de mão de obra dessas atividades é subsidiada para se expandir além de um nível economicamente desejável.

No entanto, o aspecto principal dos sistemas abrangentes de subsídio de desemprego que foram adotados em todos os países ocidentais é o fato de operarem num mercado de trabalho dominado pela ação coercitiva dos sindicatos e de terem sido concebidos sob forte influência sindical com o objetivo de ajudarem os sindicatos nas suas políticas salariais. Um sistema no qual um trabalhador é visto como incapaz de conseguir emprego e, por isso, tem direito a benefícios porque os trabalhadores da empresa ou do setor em que procura emprego estão em greve se torna necessariamente um forte apoio à pressão dos sindicatos nas suas políticas salariais. Esse sistema, que isenta os sindicatos da responsabilidade pelo desemprego criado pelas suas políticas e que impõe ao Estado o encargo não só de sustentar, mas também de manter satisfeitos os que ficam sem emprego por sua causa, irá, em longo prazo, agravar o problema do emprego.[34]

Uma solução razoável para esses problemas numa sociedade livre seria o Estado providenciar apenas um valor mínimo para todos os indivíduos incapazes de se sustentar, tentando reduzir tanto quanto possível o desemprego cíclico por meio de uma política monetária apropriada, e quaisquer outras medidas exigidas para a manutenção do nível de vida habitual devem ser deixadas à iniciativa competitiva e voluntária. É nessa área que os sindicatos, depois de privados de todo o poder coercitivo, podem fazer sua contribuição mais benéfica; de fato, estavam começando a prover essa necessidade quando o Estado os eximiu dessa tarefa.[35] Contudo, um sistema obrigatório de seguro- desemprego será sempre usado para "corrigir" as remunerações relativas dos diferentes grupos, para subsidiar as atividades instáveis à custa das estáveis e para apoiar reivindicações salariais inconciliáveis com um alto nível de emprego. Por conseguinte, em longo prazo, é provável que agrave o mal que pretende curar.

# A CONSTITUIÇÃO DA LIBERDADE

9. As dificuldades que os sistemas de seguros sociais enfrentam em toda parte e que se tornaram a causa da discussão recorrente acerca da "crise da previdência social" são consequência do fato de um maquinismo concebido para o alívio da pobreza ter sido transformado num instrumento para a redistribuição de renda, supostamente baseada num princípio inexistente de justiça social, mas, na verdade, determinada por decisões *ad hoc*. Obviamente, é verdade que até a assistência de um valor mínimo aos que não podem se sustentar implica alguma redistribuição de rendimentos. Mas há uma grande diferença entre o provimento desse mínimo para todos os que não podem se sustentar com seus rendimentos num mercado de funcionamento normal e uma redistribuição que visa a uma remuneração "justa" em todas as atividades mais importantes — entre uma redistribuição em que a grande maioria que ganha seu sustento aceita dar aos que não conseguem fazê-lo e uma redistribuição em que uma maioria retira rendimentos de uma minoria porque essa possui mais. A primeira preserva o método impessoal de ajustamento pelo qual os indivíduos podem escolher sua ocupação; a segunda nos aproxima de um sistema em que as autoridades determinam o que as pessoas devem fazer.

O destino de todos os esquemas unitários e politicamente orientados para o fornecimento desses serviços parece ser a sua transformação rápida em instrumentos de determinação dos rendimentos relativos da grande maioria e, assim, de controle da atividade econômica.[36] O plano Beveridge, que não foi concebido pelo seu autor como um instrumento de redistribuição de renda, mas que foi logo transformado pelos políticos num instrumento para esse fim, é apenas o caso mais conhecido entre muitos. No entanto, embora numa sociedade seja possível providenciar um nível mínimo de bem-estar a todos, essa sociedade não é compatível com a partilha dos rendimentos segundo um princípio preconcebido de justiça. A garantia de um mínimo igual para todos os que estão em dificuldade pressupõe que esse mínimo seja providenciado mediante prova de necessidade e que, sem essa prova, nada seja concedido que não tenha sido pago por contribuição pessoal. A objeção totalmente irracional à "verificação de meios" para a concessão de serviços que deveriam se basear na necessidade tem levado repetidas vezes à exigência absurda de que todos os indivíduos devem ser auxiliados independentemente da necessidade, para que aqueles que precisam realmente de auxílio não se sintam inferiores. Isso gerou uma situação em que se tenta auxiliar os necessitados e, ao mesmo tempo, levá-los a julgar que aquilo que recebem é produto do seu próprio esforço e mérito.[37]

Ainda que a aversão liberal tradicional a quaisquer poderes discricionários da autoridade tenha desempenhado algum papel para tornar possível essa situação,

## 19. PREVIDÊNCIA SOCIAL

devemos observar que a objeção contra a coerção discricionária não justifica que se conceda a qualquer pessoa responsável um direito incondicional à assistência e o direito de ser o derradeiro juiz das próprias necessidades. Numa sociedade livre, não há um princípio de justiça que confira direito a um auxílio "irrestrito" ou "indiscriminado" independentemente da necessidade comprovada. Ainda que essas reivindicações tenham sido introduzidas sob o disfarce de "seguro social", num estelionato claro em relação ao público — que é fonte de orgulho para os seus autores[38] —, nada têm a ver com o princípio de justiça igual perante a lei.

Atualmente, os liberais expressam por vezes a esperança de que "todo o aparelho do Estado-providência seja visto como um fenômeno passageiro"[39], uma espécie de fase transitória da evolução que o aumento geral da riqueza tornará, em breve, desnecessária. No entanto, é duvidoso que exista tal fase distinta da evolução na qual os efeitos concretos dessas instituições monopolistas sejam benéficos, e ainda mais se, depois de terem sido criadas, será alguma vez politicamente possível eliminá-las. Nos países pobres, o peso do maquinismo cada vez maior poderá abrandar consideravelmente o crescimento da riqueza (já para não falar da sua tendência para agravar o problema da sobrepopulação), adiando assim indefinidamente o momento em que será considerado desnecessário; nos países ricos, por outro lado, impedirá o desenvolvimento de instituições alternativas que poderiam assumir algumas das suas funções.

Talvez não haja obstáculos intransponíveis a uma transformação gradual dos sistemas de subsídio de doença e desemprego em sistemas de verdadeiro seguro nos quais os indivíduos pagam por benefícios oferecidos por instituições concorrentes. É muito mais difícil imaginar como será alguma vez possível abandonar um sistema de assistência aos idosos no qual cada geração, ao pagar as necessidades da geração anterior, adquire um direito similar de ser sustentada pela seguinte. É quase como se esse sistema, uma vez implementado, tivesse de ser continuado perpetuamente ou eliminado por inteiro. A implementação de tal sistema, portanto, impede a evolução e impõe à sociedade um ônus cada vez mais pesado, do qual tentará se libertar continuamente por meio da inflação. No entanto, nem essa solução nem o não cumprimento deliberado de uma obrigação assumida[40] podem fornecer a base para uma sociedade decente. Antes que possamos ter esperança de resolver esses problemas de forma razoável, a democracia terá de aprender que precisa pagar pelas suas irresponsabilidades e que não pode assinar continuamente cheques pré-datados para resolver os problemas do presente.

Foi dito, com razão, que, se antes costumávamos sofrer com as desigualdades sociais, agora sofremos pelos remédios para essas desigualdades.[41] A diferença é que,

## A CONSTITUIÇÃO DA LIBERDADE

enquanto antes as desigualdades sociais desapareciam gradualmente com o crescimento da riqueza, os remédios que introduzimos estão começando a ameaçar a continuidade desse crescimento do qual depende toda a evolução futura. Em vez dos "cinco gigantes" que o Estado-providência do relatório Beveridge pretendia combater, estamos criando novos gigantes que poderão vir a ser inimigos ainda maiores de um nível decente de vida. Embora possamos ter acelerado um pouco o combate contra a carência, a ignorância, a miséria e a ociosidade, os resultados poderão ser piores no futuro quando os principais perigos vierem da inflação, dos impostos paralisantes, dos sindicatos coercitivos, de um domínio cada vez maior do Estado na educação e de uma burocracia dos serviços sociais com poderes altamente arbitrários — perigos dos quais o indivíduo não pode escapar por meio dos seus próprios esforços e que o ímpeto da máquina estatal sobredimensionada tenderá a aumentar em vez de diminuir.

# 20. Tributação e redistribuição

*É da natureza das coisas que os começos sejam pequenos, mas, se não tivermos cuidado, se multiplicarão depressa e chegarão a um ponto que ninguém previa.*

F. GUICCIARDINI (C. 1538)

1. De certa maneira, gostaria de omitir este capítulo. Trata-se de uma crítica direta a crenças tão generalizadas que pode ofender muitas pessoas. Mesmo aqueles que me seguiram até aqui e, talvez, vejam minha posição geral como razoável poderão considerar minhas ideias acerca da tributação doutrinárias, extremistas e inviáveis. Muitos estariam provavelmente dispostos a restaurar toda a liberdade que tenho defendido, se a injustiça que pensam que isso causaria fosse corrigida por medidas adequadas de tributação. A redistribuição por tributação progressiva foi quase universalmente aceita como justa. Contudo, seria desonesto evitar discutir essa questão. Além disso, significaria ignorar aquilo que me parece ser não só a principal causa da irresponsabilidade da ação democrática como também a questão crucial de que dependerá toda a índole da sociedade futura. Ainda que seja preciso algum esforço para nos libertar daquilo que se tornou um credo dogmático nesse assunto, depois de a questão ter sido claramente formulada, ficará evidente que é nessa área, mais do que em qualquer outra, que a política estatal caminha para a arbitrariedade.

Após um longo período em que praticamente não se questionou o princípio da tributação progressiva e que pouco se acrescentou à discussão, surgiu recentemente uma abordagem muito mais crítica ao problema.[1] Contudo, ainda há grande necessidade de um estudo mais profundo acerca do tema. Infelizmente, só será possível apresentar neste capítulo um breve resumo das nossas objeções.

É preciso dizer, antes de tudo, que a única progressividade de que trataremos, e que não acreditamos que, em longo prazo, seja conciliável com instituições livres, é a referente aos impostos em geral, ou seja, a tributação mais do que

# A CONSTITUIÇÃO DA LIBERDADE

proporcionalmente pesada dos rendimentos maiores tendo em conta a totalidade dos impostos. Os impostos individuais, em especial os impostos sobre os rendimentos, podem ser graduados por uma boa razão — ou seja, para compensar a tendência de muitos impostos indiretos imporem um peso proporcionalmente maior sobre os rendimentos mais baixos. Esse é o único argumento válido a favor da progressividade. No entanto, só se aplica a certos impostos como parte de uma dada estrutura fiscal, e não se pode estender a todo o sistema fiscal. Analisaremos aqui, sobretudo, os efeitos de um imposto progressivo sobre os rendimentos porque, nos últimos tempos, tem sido usado como o principal instrumento para tornar toda a tributação fortemente progressiva. Não nos preocuparemos com a questão do ajustamento adequado dos diferentes tipos de impostos em dado sistema.

Também não veremos em separado os problemas decorrentes do fato de a tributação progressiva, embora seja hoje o principal instrumento de redistribuição de renda, não ser o único método para alcançar esse objetivo. Claro que é possível conseguir uma redistribuição considerável com um sistema tributário proporcional. Basta usar uma parte substancial da receita para providenciar serviços que beneficiam sobretudo uma classe específica ou subsidiá-la diretamente. No entanto, questionamos em que medida as pessoas de baixa renda estariam dispostas a ter sua renda reduzida pelos impostos em troca de serviços gratuitos. Também é difícil perceber como esse método poderia alterar substancialmente os diferenciais dos grupos com rendimentos mais elevados. Poderia produzir uma transferência considerável de rendimentos da classe dos ricos para a classe dos pobres, mas não criaria o nivelamento do topo da pirâmide de rendimentos, que constitui o principal efeito da tributação progressiva. Para os relativamente abastados, poderia significar que, enquanto todos os seus rendimentos seriam tributados proporcionalmente, as diferenças nos serviços que receberiam seriam negligenciáveis. No entanto, é nessa classe que as mudanças nos rendimentos relativos produzidas pela tributação progressiva são mais significativas. As consequências da tributação progressiva sobre o avanço técnico, a afetação dos recursos, os incentivos, a mobilidade social, a concorrência e o investimento se manifestam sobretudo nessa classe. Independentemente do que acontecer no futuro, para já, a tributação progressiva é o principal meio de redistribuição de renda, sem o qual o alcance dessa política seria muito limitado.

2. Tal como acontece em muitas medidas semelhantes, a tributação progressiva assumiu a importância atual por ter sido introduzida sob falsos pretextos. Quando, na época da Revolução Francesa e, novamente, durante a agitação socialista anterior às

## 20. TRIBUTAÇÃO E REDISTRIBUIÇÃO

revoluções de 1848, a tributação progressiva era abertamente defendida como meio de redistribuição de renda, foi categoricamente rejeitada. "Deveríamos executar o autor, e não o projeto", foi a resposta indignada do liberal Turgot a algumas das primeiras propostas desse gênero.[2] Na década de 1830, quando foi amplamente defendida, J. R. McCulloch exprimiu a principal objeção nesta frase muito citada: "No momento em que abandonarmos o princípio cardinal de tributar a todos os indivíduos a *mesma proporção dos seus rendimentos* ou *das suas propriedades*, estaremos num barco à deriva, e não haverá limites para a injustiça e para os desvarios que poderemos cometer".[3] Em 1848, Karl Marx e Friedrich Engels propuseram abertamente um "pesado imposto progressivo ou gradual" como uma das medidas pelas quais, *após* a primeira fase da revolução, "o proletariado usará sua supremacia política para, pouco a pouco, arrebatar todo o capital dos burgueses, para centralizar todos os meios de produção nas mãos do Estado". E descrevem essas medidas como "meios de incursões despóticas no direito de propriedade e na condição da produção burguesa [...] medidas [...] que parecem economicamente insuficientes e insustentáveis, mas que, ao longo do movimento, se superarão, tornarão necessárias novas incursões na velha ordem social e são inevitáveis como meios de revolucionar totalmente o modo de produção".[4] No entanto, a atitude geral ainda era bem resumida na declaração de A. Thiers segundo a qual a "proporcionalidade é um princípio, mas a progressividade não passa de uma arbitrariedade odiosa"[5], ou na descrição de Mill da progressividade como uma "forma discreta de roubo".[6]

No entanto, depois de afastado esse primeiro ataque, a agitação a favor da tributação progressiva reapareceu sob uma nova forma. Os reformistas sociais, embora rejeitando qualquer desejo de alterar a distribuição de renda, começaram a defender que a carga fiscal total, supostamente determinada por outras considerações, deveria ser distribuída segundo a "capacidade de pagar" para se garantir a "igualdade do sacrifício", e que a melhor maneira de fazer isso seria a tributação da renda por taxas progressivas. Dos muitos argumentos avançados a favor dessa proposta, que ainda sobrevivem nos manuais de finanças públicas[7], houve um que se impôs pelo seu caráter mais científico. Não merece grande reflexão, pois alguns ainda acreditam que fornece uma espécie de justificativa científica da tributação progressiva. Sua ideia básica é a utilidade marginal decrescente dos atos sucessivos de consumo. Apesar, ou talvez por causa, do seu caráter abstrato, contribuiu muito para tornar cientificamente respeitável[8] aquilo que antes se baseava declaradamente em postulados arbitrários.[9]

Contudo, os desenvolvimentos modernos na área da análise da utilidade destruíram por completo os fundamentos desse argumento. Perdeu sua validade, em

A CONSTITUIÇÃO DA LIBERDADE

parte, porque a crença na possibilidade de comparar as utilidades para diferentes pessoas foi abandonada[10] e, em parte, porque é muito duvidoso que a concepção de utilidade marginal decrescente possa ser legitimamente aplicada ao rendimento como um todo, ou seja, que tenha sentido ver como rendimento todas as vantagens que uma pessoa deriva do uso dos seus recursos. Da ideia agora bem aceita de que a utilidade é um conceito puramente relativo (ou seja, que só podemos dizer que uma coisa tem utilidade superior, igual ou inferior se comparada com outra e que não tem sentido falar do nível de utilidade de uma coisa em si mesma), segue-se que só podemos falar da utilidade (e da utilidade decrescente) do rendimento se expressarmos a utilidade do rendimento em termos de algum outro bem desejado, como o lazer (ou evitar o esforço). No entanto, se seguíssemos as implicações da ideia de que a utilidade do rendimento em termos de esforço é decrescente, chegaríamos a conclusões curiosas. Com efeito, significaria que, conforme o rendimento de uma pessoa fosse aumentando, o incentivo em termos de rendimento adicional necessário para induzir o mesmo esforço marginal também aumentaria. Isso poderia nos levar a defender a tributação regressiva, mas de modo algum a tributação progressiva. No entanto, não vale a pena continuar a seguir essa linha de raciocínio. Hoje não há dúvida de que o uso da análise da utilidade na teoria da tributação foi um erro lamentável (partilhado por alguns dos economistas mais distintos da época) e que, quanto mais depressa nos livrarmos da confusão que causou, melhor.

3. No final do século XIX, os defensores da tributação progressiva costumavam sublinhar que o seu único objetivo era a igualdade do sacrifício, e não uma redistribuição de renda; também diziam que esse objetivo só poderia justificar um nível "moderado" de progressividade, e que o seu uso "excessivo" (como em Florença no século XV, onde as taxas chegaram aos 50%) devia, obviamente, ser condenado. Ainda que todas as tentativas de se estabelecer um padrão objetivo para uma taxa adequada de progressividade tenham falhado e não tenha sido oferecida resposta para a questão de que, uma vez aceito o princípio, não se poderia determinar qualquer limite para a aplicação do critério de progressividade com a mesma justificativa, o debate prosseguiu inteiramente em torno das taxas previstas que faziam parecer negligenciável qualquer efeito na distribuição de renda. A sugestão de que as taxas não se manteriam nesses limites foi tratada como uma distorção maliciosa do argumento, denunciando uma repreensível falta de confiança na sabedoria do governo democrático.

Foi na Alemanha, país que então liderava a "reforma social", que os defensores da tributação progressiva conseguiram pela primeira vez vencer a resistência e que

## 20. TRIBUTAÇÃO E REDISTRIBUIÇÃO

teve início a sua evolução moderna. Em 1891 a Prússia introduziu um imposto progressivo sobre os rendimentos que subiu dos 0,67% para os 4%. Foi em vão que Rudolf von Geist, o venerável líder do recentemente consolidado movimento a favor do *Rechtsstaat*, protestou na Dieta, declarando que isso significava o abandono do princípio fundamental da igualdade perante a lei, "do princípio mais sagrado da igualdade", que constituía a única barreira contra a invasão da propriedade.[11] O valor insignificante da carga fiscal envolvida nos novos esquemas tornou ineficaz qualquer tentativa de oposição como questão de princípio.

Embora outros países do continente europeu tenham logo seguido o exemplo da Prússia, foram necessários quase vinte anos para que o movimento chegasse às grandes potências anglo-saxônicas. Só em 1910 e 1913 é que a Grã-Bretanha e os Estados Unidos adotaram impostos progressivos sobre o rendimento, que subiram até os valores espetaculares de 8,25% e 7%, respetivamente. No entanto, no espaço de trinta anos, esses valores haviam subido para 97,5% e 91%.

Assim, no espaço de uma geração, aquilo que durante meio século quase todos os defensores da tributação progressiva haviam afirmado que não poderia acontecer acabou acontecendo. É claro que essa mudança nas taxas absolutas alterou por completo o caráter do problema, tornando-o diferente não só em grau como também em natureza. Todas as tentativas de justificar as taxas com base na capacidade de pagar foram, por conseguinte, logo abandonadas, e os defensores regressaram à justificativa original, mas antes evitada, da progressividade como meio de produzir uma distribuição mais justa da renda.[12] Voltou a ser admitido que a única justificativa para uma escala progressiva da tributação geral é a conveniência da mudança da distribuição de renda, e que essa justificativa não pode se basear num argumento científico, mas deve ser reconhecida como um postulado claramente político, ou seja, como uma tentativa de impor à sociedade um padrão de distribuição determinado pela decisão da maioria.

4. A explicação normalmente oferecida para esses fatos é que o grande aumento da despesa pública nos últimos quarenta anos não poderia ter sido coberto sem que se recorresse a uma progressividade acentuada, ou que, pelo menos, sem esta, uma carga insustentável teria de ser imposta sobre os mais necessitados e que, depois de admitida a necessidade de auxiliá-los, certo nível de avanço seria inevitável. No entanto, se analisada mais detidamente, essa explicação não passa de um mito. Não só a receita gerada pelas taxas elevadas sobre os grandes rendimentos, em particular nos escalões mais altos, é tão pequena em comparação com a receita total que não faz

# A CONSTITUIÇÃO DA LIBERDADE

qualquer diferença na carga suportada pelos outros, como também, durante muito tempo após a introdução da progressividade, não foram os mais pobres que se beneficiaram com isso, mas apenas a classe operária em melhor situação e os estratos inferiores da classe média, que representam a maioria do eleitorado. Por outro lado, poderíamos dizer que a ilusão de que, por meio da tributação progressiva, o ônus pode ser substancialmente transferido para os ombros dos ricos foi o principal motivo de a tributação ter aumentado tão depressa e que, sob a influência dessa ilusão, as massas aceitaram uma carga fiscal muito mais pesada. A principal consequência dessa política foi a limitação severa dos rendimentos que poderiam ser obtidos pelos mais bem-sucedidos, gratificando assim a inveja dos mais pobres.

A reduzida contribuição das taxas fiscais progressivas (em especial as taxas altamente punitivas cobradas sobre os rendimentos mais altos) para a receita total pode ser ilustrada por alguns valores relativos aos Estados Unidos e à Grã-Bretanha. A respeito dos Estados Unidos, em 1956 foi dito que "toda a superestrutura progressiva produz apenas 17% da receita total derivada dos impostos sobre os rendimentos individuais" — ou cerca de 8,5% de toda a receita federal — e que, desses, "metade provém das faixas de renda tributáveis até 16 mil e 18 mil dólares, nos quais a taxa chega aos 50%, [enquanto] a outra metade provém das faixas de renda e das taxas mais elevadas".[13] Quanto à Grã-Bretanha, que tem uma progressividade ainda mais acentuada e uma carga fiscal mais proporcional, foi observado que "*toda* sobretaxa (sobre os rendimentos do trabalho e do capital) contribui apenas com 2,5% para o total da receita pública, e que, se nos apoderássemos de 1 libra acima das 2 mil libras de rendimento, arrecadaríamos apenas mais 1,5% de receitas. [...] De fato, a contribuição maciça do imposto sobre os rendimentos e da sobretaxa decorre dos rendimentos entre 750 e 3 mil libras — ou seja, os que incluem desde os chefes de seção até os gestores, ou desde os funcionários públicos de médio escalão até os diretores da administração civil e outros serviços".[14]

De forma geral e em termos do caráter progressivo dos dois sistemas fiscais, parece que a contribuição dada pela progressividade nos dois países é entre 2,5% e 8,5% da receita total, ou entre 0,5% e 2% do produto interno bruto. Esses valores não sugerem de modo algum que a progressividade seja o único método de obtenção da receita necessária. Parece pelo menos provável (ainda que ninguém possa afirmar com certeza) que, com a tributação progressiva, o ganho para a receita seja inferior à redução do rendimento real que ela provoca.

Se é ilusório acreditar que as taxas elevadas impostas aos ricos dão uma contribuição indispensável para a receita total, a ideia de que a progressividade serviu

## 20. TRIBUTAÇÃO E REDISTRIBUIÇÃO

sobretudo para auxiliar as classes pobres é desmentida pelo que ocorreu nas democracias durante grande parte do período após a introdução da progressividade. Estudos independentes nos Estados Unidos, Grã-Bretanha, França e Prússia concordam que, em geral, as menos atingidas foram as classes com rendimentos modestos que constituíam as maiorias eleitorais, enquanto não só as classes de maiores rendimentos, como também as de rendimentos inferiores, suportaram uma maior carga fiscal proporcional. Uma clara ilustração dessa situação, que parece ter sido bastante geral até a Segunda Guerra Mundial, é fornecida pelos resultados de um estudo detalhado das condições na Grã-Bretanha, onde, em 1936-37, a carga fiscal total sobre os rendimentos de trabalho das famílias com dois filhos foi de 18% para os que tinham um rendimento anual de 100 libras, que, entretanto, caiu para um mínimo de 11% para um rendimento de 350 libras e depois voltou a subir, para chegar aos 19% apenas para um rendimento de mil libras.[15] Esses valores (e os dados similares em relação a outros países) mostram claramente não só que, uma vez abandonado o princípio da tributação proporcional, não são exatamente os que mais necessitam, mas provavelmente as classes com maior força eleitoral, que se beneficiarão, como também tudo o que foi obtido pela progressividade poderia, sem dúvida, ter sido obtido aplicando a mesma carga tributária às classes de renda média e baixa.

Obviamente, os acontecimentos desde a Segunda Guerra Mundial na Grã-Bretanha e, provavelmente, em outros países aumentaram de tal maneira o caráter progressivo do imposto de renda que tornaram progressiva a carga tributária em todo o sistema, e, por meio da despesa redistributiva em subsídios e serviços, o rendimento das classes mais baixas aumentou cerca de 22% (se é que esses valores podem ser corretamente avaliados: o que se pode demostrar é sempre apenas o custo, e não o valor dos serviços prestados).[16] No entanto, esse fato não depende das atuais altas taxas de progressão, sendo financiado sobretudo pelas contribuições das classes média e média alta.

5. Todas as promessas de que a progressividade se manteria moderada se revelaram falsas, e seu desenvolvimento foi muito além dos prognósticos mais pessimistas dos seus opositores.[17] O motivo é que todos os argumentos a favor da progressividade podem ser usados para justificar qualquer grau de progressão. Seus defensores podem perceber que, além de certo limite, os efeitos negativos na eficiência do sistema econômico podem ser tão graves que tornam desaconselhável sua ampliação. No entanto, o argumento baseado na suposta justiça da progressividade, como foi muitas vezes admitido pelos seus defensores, não coloca limites à tributação da renda acima

## A CONSTITUIÇÃO DA LIBERDADE

de certo valor nem à isenção para os rendimentos mais baixos. Ao contrário da proporcionalidade, a progressividade não oferece nenhum princípio que nos diga qual deveria ser o ônus relativo para os diferentes indivíduos. Não passa de uma rejeição da proporcionalidade, levando a uma discriminação contra os ricos, sem qualquer critério que determine seus limites. Dado que "não existe uma taxa de progressão ideal que possa ser demonstrada por uma fórmula"[18], só a novidade do princípio impediu sua aplicação imediata na forma de taxas punitivas. Mas não há motivo para que a formulação "um pouco mais do que antes" não seja sempre representada como justa e razoável.

Não se trata de uma ofensa à democracia ou desconfiança indigna da sua sabedoria afirmar que, quando abraça tal política, está condenada a ir muito mais longe do que originalmente pretendia. Isso não significa que as "instituições livres e representativas sejam um fracasso"[19] ou que isso nos conduza a uma "desconfiança total no governo democrático"[20], mas, sim, que a democracia ainda precisa aprender que, para ser justa, sua ação deve ser guiada por princípios gerais. O que vale para a ação individual também é válido para a ação coletiva, só que é menos provável que uma maioria considere explicitamente o significado em longo prazo da sua decisão e que, por isso, precise ser guiada por princípios. Quando, como no caso da progressividade, o princípio adotado não passa de um convite aberto à discriminação e, pior, um convite para que uma maioria discrimine a minoria, o pretenso princípio de justiça se torna pretexto para a pura arbitrariedade.

Assim, é necessária uma norma que, embora mantenha aberta a possibilidade de uma maioria se autotributar para ajudar uma minoria, não permita que uma maioria imponha a uma minoria qualquer ônus que considere correto. Que uma maioria, apenas por sê-la, deva ter o direito de aplicar uma norma a uma minoria que não se aplique a si mesma é uma violação de um princípio muito mais fundamental do que a própria democracia, um princípio em que se baseia a justificativa da democracia. Já vimos (nos capítulos X e XIV) que, para que a classificação dos indivíduos que a lei tem de usar não resulte em privilégio nem em discriminação, precisa se basear em distinções reconhecidas como relevantes tanto pelos indivíduos do grupo como pelos que não pertencem a esse.

O grande mérito da tributação proporcional está no fato de providenciar uma norma que poderá ser aceita por aqueles que, em termos absolutos, pagarão mais e por aqueles que pagarão menos, e que não cria o problema de ser uma norma aplicável apenas a uma minoria. Ainda que a tributação progressiva não diga quais são os indivíduos que serão tributados a uma taxa superior, é discriminatória porque

## 20. TRIBUTAÇÃO E REDISTRIBUIÇÃO

introduz uma distinção que visa transferir para outros o ônus daqueles que determinam as taxas. De modo algum uma escala progressiva de tributação pode ser vista como uma norma geral igualmente aplicável a todos — tampouco se pode dizer que uma taxa de 20% sobre os rendimentos de um indivíduo e uma taxa de 75% sobre os rendimentos mais elevados de outro indivíduo são iguais. A progressividade não fornece um critério quanto ao que devemos considerar ou não justo. Não estabelece nenhum limite para sua aplicação, e a capacidade de julgamento da opinião pública, de que os seus defensores costumam depender como única garantia[21], não passa de ponto de vista corrente moldado por políticas passadas.

No entanto, o fato de as taxas de progressão terem subido tão depressa também tem uma causa específica que exerceu seus efeitos ao longo dos últimos quarenta anos — nomeadamente, a inflação. Compreendemos agora bem que o aumento dos rendimentos nominais agregados tende a empurrar as pessoas para uma faixa tributária superior, ainda que seus rendimentos reais não tenham aumentado. Desse modo, os membros das maiorias, de forma repetida e inesperada, viram-se vítimas das taxas discriminatórias a favor das quais haviam votado, acreditando que não seriam afetados.

O efeito da tributação progressiva é frequentemente considerado como um mérito, uma vez que tende a fazer com que a inflação (e a deflação), em certa medida, corrija seus resultados. Se um déficit orçamental for a causa da inflação, a receita subirá proporcionalmente mais do que os rendimentos e poderá, assim, cobrir a diferença. Se foi um superávit que causou a deflação, a queda resultante dos rendimentos logo provocará uma redução ainda maior da receita, eliminando o superávit. No entanto, é muito duvidoso que, dada a opinião atual favorável à inflação, isso constitua realmente uma vantagem. Mesmo sem esse efeito, as necessidades orçamentais foram, no passado, a principal causa de inflações recorrentes; só o reconhecimento de que a inflação, uma vez desencadeada, dificilmente pode ser travada tem funcionado, em certa medida, como elemento dissuasivo. Num sistema fiscal em que a inflação produz um aumento mais do que proporcional da receita por meio de um aumento disfarçado dos impostos que não requer a aprovação da legislatura, esse mecanismo pode se tornar uma tentação quase irresistível.

6. Por vezes, afirma-se que a tributação proporcional é um princípio tão arbitrário quanto a tributação progressiva e que, exceto por aparentemente ter uma precisão matemática maior, é pouco recomendável. Contudo, existem outros argumentos fortes a seu favor além dos já mencionados — ou seja, que oferece um princípio

307

uniforme sobre o qual as pessoas que pagam diferentes valores em impostos podem concordar. Também há o velho argumento segundo o qual, como quase toda atividade econômica se beneficia dos serviços básicos do Estado, esses serviços são um componente mais ou menos constante de tudo o que consumimos e desfrutamos, portanto, um indivíduo que dispõe de uma parcela maior dos recursos da sociedade também se beneficiará mais dos serviços prestados pelo Estado.

Mais importante é a observação de que a tributação proporcional não altera as relações entre as remunerações líquidas das diferentes atividades. Isso não equivale exatamente à velha máxima segundo a qual "nenhum imposto é bom se não deixar os indivíduos na mesma posição relativa em que se encontravam antes".[22] Refere-se ao efeito não nas relações entre os rendimentos individuais, mas nas relações entre as remunerações líquidas decorrentes de serviços específicos prestados, e esse é o fator economicamente relevante. Ao contrário da velha máxima, também não foge à questão postulando simplesmente que o volume proporcional dos diferentes rendimentos deve permanecer inalterado.

Pode haver divergências de opinião quanto à possibilidade de a relação entre dois rendimentos permanecer a mesma quando são reduzidos na mesma quantia ou na mesma proporção. No entanto, não há dúvida acerca de se as remunerações líquidas por dois serviços que, antes dos impostos, eram iguais terão a mesma relação após a dedução dos impostos. E é aqui que os efeitos da tributação progressiva são significativamente diferentes dos efeitos da tributação proporcional. A utilização de recursos particulares depende da remuneração líquida paga por serviços prestados, e, para que os recursos sejam utilizados de forma eficiente, é importante que os impostos não alterem as remunerações relativas estabelecidas pelo mercado para cada serviço. A tributação progressiva altera substancialmente essa relação ao tornar a remuneração líquida por um serviço particular dependente de outras receitas do indivíduo ao longo de certo período de tempo, normalmente um ano. Se, antes dos impostos, um cirurgião receber por uma operação o mesmo que um arquiteto pelo projeto de uma casa, ou se um vendedor receber pela venda de dez automóveis o mesmo que um fotógrafo por quarenta fotografias, a mesma relação será mantida se impostos proporcionais forem deduzidos das suas receitas. No entanto, com impostos progressivos, essa relação pode ficar muito alterada. Não só alguns serviços que, antes dos impostos, recebiam a mesma remuneração podem ter receitas muito diferentes, como também um indivíduo que receba um pagamento relativamente grande por um serviço pode ficar com menos do que outro que recebeu um pagamento menor.

## 20. TRIBUTAÇÃO E REDISTRIBUIÇÃO

Isso significa que a tributação progressiva não respeita aquele que, provavelmente, é o único princípio universalmente reconhecido de justiça econômica: o princípio de remuneração igual para trabalho igual. Se aquilo que dois advogados podem reter dos seus honorários por trabalharem no mesmo tipo de processos depender dos seus outros rendimentos durante o ano, receberão, de fato, rendimentos muito diferentes por trabalhos semelhantes. Um indivíduo que trabalhou muito ou que, por alguma razão, teve mais trabalho pode receber uma remuneração muito inferior à de outro que tenha trabalhado menos ou que tenha tido menos sorte na sua atividade. De fato, quanto mais os consumidores valorizarem os serviços de um indivíduo, menos interesse ele terá em atender mais demandas.

Esse efeito sobre o incentivo, no sentido comum do termo, embora importante e muitas vezes enfatizado, não é de modo algum o mais nocivo da tributação progressiva. A maior questão não é que as pessoas podem, por consequência, não trabalhar tanto como poderiam, mas que a alteração nas remunerações líquidas por diferentes atividades desviará suas energias para atividades em que são menos úteis. O fato de, com a tributação progressiva, a remuneração líquida por qualquer serviço variar com o tempo em que o rendimento é acumulado se torna assim uma causa não só de injustiça, mas também de má distribuição de recursos.

Não vale a pena abordarmos aqui as dificuldades conhecidas e insolúveis que a tributação progressiva causa em todos os casos em que o esforço (ou a despesa) e a recompensa não coincidem exatamente no tempo, ou seja, em que o esforço é despendido na expectativa de um resultado longínquo e incerto — em suma, em todos os casos em que o esforço humano assume a forma de um investimento prolongado e arriscado. Nenhum esquema viável de cálculo de rendimentos médios pode fazer justiça ao autor, inventor, artista ou ator que, em poucos anos, colhe os frutos de talvez décadas de trabalho.[23] Tampouco é necessário nos alongar nos efeitos da acentuada tributação progressiva sobre a disposição para realizar investimentos arriscados de capital. É óbvio que essa tributação discrimina os investimentos de risco que só valem a pena porque, em caso de sucesso, oferecerão um retorno suficientemente grande para compensar o grande risco de perda total. É muito provável que, se o alegado "esgotamento das oportunidades" existe, se deve em grande parte a uma política fiscal que, de forma eficaz, elimina muitos tipos de empreendimentos que poderiam ser lucrativamente realizados pelo capital privado.[24]

Nossa abordagem aos efeitos nocivos no incentivo e no investimento é sucinta não por serem pouco importantes, mas porque, de forma geral, são bem conhecidos. Assim, dedicamos nosso espaço limitado a outros efeitos menos conhecidos, mas que

A CONSTITUIÇÃO DA LIBERDADE

são igualmente importantes. Desses, o que merece mais destaque é, talvez, a restrição ou redução frequente da divisão do trabalho. Esse efeito é particularmente visível quando o trabalho profissional não está organizado em linhas empresariais e grande parte dos gastos que, de fato, tendem a aumentar a produtividade de um indivíduo não é contabilizada como fazendo parte do custo. A tendência para o "faça você mesmo" produz os resultados mais absurdos quando, por exemplo, um indivíduo que deseja se dedicar a atividades mais produtivas teria de ganhar, numa hora, vinte ou até quarenta vezes mais para pagar a outro cujo tempo, em horas de serviço, é menos valioso do que o seu.[25]

Também não podemos nos alongar em relação ao efeito muito grave da tributação progressiva na poupança. Ainda que, há 25 anos, o argumento de que as poupanças eram muito elevadas e deviam ser reduzidas pudesse ser plausível, hoje poucas pessoas sensatas duvidarão de que, para realizar pelo menos uma parte das tarefas planejadas, a taxa de poupanças deve ser a mais elevada possível. A resposta socialista aos que se preocupam com esse efeito nas poupanças já não é que as poupanças são desnecessárias, mas que devem ser providenciadas pela comunidade, ou seja, pelos impostos coletados. Contudo, isso só se justifica se o objetivo no longo prazo for o socialismo à moda antiga, ou seja, a propriedade estatal dos meios de produção.

7. A aceitação geral da tributação progressiva deve-se, sobretudo, ao fato de a grande maioria das pessoas pensar num *rendimento* adequado como a única forma de recompensa legítima e socialmente desejável. Veem o rendimento não como relacionado com o valor dos serviços prestados, mas como algo que proporciona um status social adequado. Isso é claramente visível num argumento usado com frequência na defesa da tributação progressiva: "ninguém vale 10 mil libras por ano, e, no nosso estado presente de pobreza, com a grande maioria das pessoas ganhando menos de 6 libras por semana, só poucos indivíduos excepcionais merecem ganhar mais de 2 mil libras por ano".[26] Essa afirmação não tem qualquer fundamento e apela apenas à emoção e ao preconceito, o que fica claro quando vemos que pressupõe que nenhuma atividade que um indivíduo realize durante um ano, ou em uma hora, pode valer mais para a sociedade do que 10 mil libras. Mas há atividades que valem isso e, por vezes, até muito mais. Não há uma relação necessária entre o tempo exigido por uma ação e o benefício que a sociedade dela recebe.

O hábito de ver os grandes ganhos como desnecessários e socialmente indesejáveis tem origem na mentalidade de pessoas que estão acostumadas a vender seu tempo por um salário fixo e que, por isso, entendem a remuneração por

310

## 20. TRIBUTAÇÃO E REDISTRIBUIÇÃO

determinado tempo de trabalho como uma coisa normal.[27] No entanto, ainda que esse método de remuneração tenha se tornado predominante em cada vez mais setores, só é apropriado quando os indivíduos vendem seu tempo sob a direção de outros ou, pelo menos, quando trabalham para outros ou para atenderem à vontade de outros. Esse método não se aplica aos indivíduos que se dedicam a administrar recursos por seu próprio risco e responsabilidade e cujo objetivo é aumentar os recursos que têm sob seu controle com os próprios ganhos. Para esses, o controle dos recursos é condição para exercerem sua atividade, da mesma maneira que a aquisição de certas aptidões ou de conhecimentos específicos é condição para o exercício de certas profissões. Os lucros e as perdas são basicamente um mecanismo de redistribuição de capital entre esses indivíduos, e não seu meio de sustento. A ideia de que as receitas líquidas correntes se destinam normalmente ao consumo corrente, embora natural para os assalariados, é estranha à maneira de pensar daqueles cujo objetivo é fazer uma empresa crescer. Até o próprio conceito de rendimento é, no caso deles, uma abstração que é determinada pelo imposto sobre os rendimentos. Não passa de uma estimativa daquilo que, segundo suas expectativas e seus planos, poderão gastar sem deixar que sua capacidade futura de produtividade diminua diante das despesas. Duvido que uma sociedade composta sobretudo de trabalhadores independentes considere garantido, como fazemos, o conceito de rendimento, ou pudesse alguma vez pensar em tributar os rendimentos de determinado serviço de acordo com a proporção em que foram aumentando ao longo do tempo.

É duvidoso que uma sociedade que não reconheça outra forma de recompensa além das consideradas como um rendimento adequado e que não veja o ganho de uma fortuna num prazo relativamente curto como uma forma legítima de remuneração para certos tipos de atividades possa em longo prazo preservar um sistema de iniciativa privada. Embora não haja dificuldade em dispersar empresas bem estabelecidas entre um grande número de pequenos proprietários e em deixá-las serem geridas por administradores numa posição intermediária entre a de um empresário e a de um empregado assalariado, a criação de novas empresas continua sendo, e provavelmente sempre será, feita sobretudo por indivíduos que controlam recursos consideráveis. Em geral, os novos empreendimentos continuarão sendo patrocinados por alguns indivíduos conhecedores de determinadas oportunidades; e certamente não é desejável que toda evolução futura dependa das corporações financeiras e industriais estabelecidas.

Intimamente relacionado a esse problema está o efeito da tributação progressiva sobre um aspecto da formação de capital que difere do já discutido, ou seja, o local da formação. Uma das vantagens de um sistema competitivo é que os novos empreendimentos bem-sucedidos tendem a gerar, em pouco tempo, altos lucros e que, por isso, o capital necessário para o desenvolvimento da economia será formado pelas pessoas que têm a melhor oportunidade de aplicá-lo. No passado, os grandes ganhos do empreendedor bem-sucedido significavam que, tendo mostrado capacidade para aplicar lucrativamente o capital em novos empreendimentos, ele poderia logo demonstrar sua percepção de mercado com mais recursos. Grande parte da formação individual de novo capital, dado que é contrabalançada por perdas de capital de outros, deveria ser vista como parte de um processo contínuo de redistribuição de capital entre os empresários. A tributação desses lucros, com taxas mais ou menos de caráter de confisco, equivale a um pesado obstáculo fiscal à rotatividade de capital, que é uma das forças propulsoras de uma sociedade progressista.

Contudo, a consequência mais grave do desencorajamento da formação de capital individual quando há oportunidades temporárias para grandes lucros é a restrição da concorrência. De forma geral, o sistema tende a favorecer a poupança das empresas em detrimento da poupança dos indivíduos e a reforçar a posição das empresas estabelecidas em detrimento de novas. Desse modo, contribui para a criação de situações quase monopolistas. Dado que, hoje, os impostos absorvem a maior parte dos lucros "excessivos" das novas empresas, essas não podem

> acumular capital; não podem expandir seus negócios; tampouco se tornar grandes empresas nem ameaçar os interesses estabelecidos. As empresas mais antigas não precisam temer a concorrência das mais novas: estão protegidas pelo fiscal de impostos. Podem, impunemente, entregar-se à rotina, desafiar os desejos do público e se tornar conservadoras. É verdade que os impostos sobre o rendimento também as impedem de acumular novo capital. Mas, para elas, o mais importante é que o imposto impede que as novas empresas que poderiam ser uma ameaça acumulem qualquer capital. São praticamente privilegiadas pelo sistema fiscal. Nesse sentido, a tributação progressiva trava o progresso econômico e contribui para sua rigidez.[28]

Uma consequência ainda mais paradoxal e grave da tributação progressiva é que, embora pretendesse reduzir a desigualdade social, ajuda a perpetuá-la e elimina o fator mais importante de reparação da desigualdade, que é inevitável numa sociedade baseada na livre-iniciativa. Uma das características compensadoras desse

## 20. TRIBUTAÇÃO E REDISTRIBUIÇÃO

sistema era o fato de os ricos não constituírem um grupo fechado e de os indivíduos bem-sucedidos poderem, num período relativamente curto, adquirir grandes recursos.[29] Hoje, porém, as possibilidades de ascender a essa classe já são menores em alguns países, como a Inglaterra, do que alguma vez foram desde o início da era moderna. Um efeito significativo disso é que a administração de cada vez mais capital do mundo está ficando sob o controle de indivíduos que, embora desfrutem de grandes rendimentos e de todos os confortos disso decorrentes, nunca geriram propriedades substanciais por sua própria conta e risco. Resta saber se isso constitui alguma vantagem.

Também é verdade que, quanto menores forem as possibilidades de um indivíduo adquirir uma nova fortuna, mais as fortunas existentes serão vistas como privilégios injustificados. A política do governo visará então a retirar essas fortunas das mãos dos proprietários, quer por um processo lento de tributação pesada sobre as heranças, quer pelo processo mais rápido de confisco direto. Um sistema baseado na propriedade e no controle privado dos meios de produção pressupõe que essa propriedade e esse controle possam ser adquiridos por qualquer indivíduo empreendedor. Se isso for impossibilitado, até os indivíduos que, de outro modo, seriam os capitalistas mais eminentes da nova geração se tornarão inimigos dos ricos.

8. Nos países onde a tributação da renda tem percentuais muito altos, alcança-se uma igualdade maior graças ao estabelecimento de um limite ao rendimento líquido que um indivíduo pode auferir. (Na Grã-Bretanha, durante a Segunda Guerra Mundial, o rendimento mais elevado líquido após o desconto dos impostos era de cerca de 5 mil libras — embora isso fosse em parte amenizado pelo fato de os ganhos de capital não serem tratados como rendimento.) Vimos que, tendo em conta a contribuição insignificante da tributação progressiva das faixas de renda mais altas para a receita, esse sistema só se justificaria com base na ideia de que ninguém deveria ter grandes rendimentos. No entanto, o conceito de renda elevada depende das opiniões de determinada comunidade e, em última instância, da sua riqueza média. Por conseguinte, quanto mais pobre for um país, menores serão os rendimentos máximos permitidos e mais dificuldade terão seus habitantes de alcançar níveis de renda que, nos países ricos, são considerados médios. A consequência disso é ilustrada por uma proposta de lei, derrotada por uma pequena margem, da Comissão de Planejamento Nacional da Índia, segundo a qual um teto de 6.300 dólares anuais seria fixado para todos os rendimentos (e um teto de 4.300 dólares para os rendimentos salariais).[30] Basta imaginar o mesmo princípio a ser aplicado às diferentes regiões de qualquer país, ou em

A CONSTITUIÇÃO DA LIBERDADE

escala internacional, para perceber suas implicações. Essas consequências dizem muito acerca da base moral da crença de que a maioria de um grupo específico deve ter o direito de decidir quanto ao limite adequado dos rendimentos e à sabedoria daqueles que julgam que, desse modo, contribuirão para o bem-estar das massas. Haverá alguma dúvida de que os países pobres, ao impedirem que os indivíduos enriqueçam, também freariam o crescimento geral da riqueza? E que, se se aplica aos países pobres, também se aplica aos ricos?

Em última análise, o problema da tributação progressiva é, obviamente, um problema ético; e, numa democracia, o verdadeiro problema é se o apoio que esse princípio fiscal recebe seria mantido caso as pessoas compreendessem plenamente seu funcionamento. É provável que a prática se baseie em ideias que a maioria das pessoas não aprovaria se fossem enunciadas em abstrato. São princípios que não podem ser defendidos com base na justiça, como os seguintes: uma maioria deve ter a liberdade de impor um encargo fiscal discriminatório a uma minoria; serviços iguais devem ser remunerados de forma diferente; e para toda uma classe, só porque seus rendimentos não estão alinhados com os dos demais, os incentivos normais devem ser eliminados. Se, além disso, levarmos em conta o desperdício de energia e de esforço causado pela tributação progressiva[31], não será possível convencer pessoas sensatas da sua conveniência. No entanto, a experiência nessa área mostra como o hábito enfraquece depressa o sentido de justiça e até eleva a princípio aquilo que, de fato, se baseia apenas na inveja.

Para que haja um sistema tributário justo, as pessoas têm de reconhecer o princípio de que a maioria que determina o volume total de tributação também deve suportar esse encargo à taxa máxima. Não há objeção justificada à decisão dessa maioria de conceder a uma minoria economicamente fraca algum alívio na forma de uma tributação proporcionalmente mais baixa. A tarefa de criar uma barreira contra o abuso da progressividade é dificultada pelo fato de, como vimos, alguma progressividade no imposto sobre os rendimentos singulares se justificar, provavelmente, como meio de compensar os efeitos da tributação indireta. Existe algum princípio que tenha a possibilidade de ser aceito e possa evitar eficazmente que essas tentações inerentes à tributação progressiva fiquem fora de controle? Pessoalmente, não acredito que o estabelecimento de um limite máximo à progressividade alcançasse seu objetivo. Tal porcentagem seria tão arbitrária quanto o princípio da progressividade e seria rapidamente alterada quando houvesse necessidade de maiores receitas.

Precisamos de um princípio que limite a taxa máxima de impostos diretos, tendo alguma relação com a carga tributária total. A norma mais sensata deveria ser a

## 20. TRIBUTAÇÃO E REDISTRIBUIÇÃO

determinação da taxa (marginal) máxima admissível da tributação direta na mesma porcentagem da receita total nacional que o Estado arrecada em impostos. Isso significaria que, se o governo arrecadasse 25% do rendimento nacional, 25% seria também a taxa máxima de tributação direta sobre qualquer parte dos rendimentos singulares. Se, devido a uma emergência nacional, fosse necessário aumentar essa porcentagem, a taxa máxima admissível seria aumentada para o mesmo valor; e seria proporcionalmente reduzida quando o encargo fiscal total fosse reduzido. Desse modo, a tributação continuaria a ser, de certo modo, progressiva, pois os que pagassem a taxa máxima sobre seus rendimentos também pagariam alguns impostos indiretos que elevariam acima da média nacional o total dos seus encargos proporcionais. A adoção desse princípio teria o efeito benéfico de todos os orçamentos terem de se basear numa estimativa da porcentagem do rendimento nacional que o Estado se propõe a arrecadar por meio dos impostos. Essa porcentagem forneceria a taxa-padrão de tributação direta sobre os rendimentos, que, para os rendimentos mais baixos, seria reduzida na proporção em que fossem taxados de forma indireta. O resultado seria uma pequena progressividade geral, na qual, porém, a taxa marginal da tributação das maiores rendas nunca poderia exceder a taxa de tributação dos rendimentos em média além do valor da tributação indireta.

# 21. A estrutura monetária

*Não há maneira mais sutil e certeira de subverter as bases da sociedade do que pela corrupção da moeda. Esse processo coloca todas as forças ocultas das leis econômicas a serviço da destruição, e o faz de maneira que quase ninguém é capaz de perceber.*

JOHN MAYNARD KEYNES

1. A experiência dos últimos cinquenta anos ensinou à maioria das pessoas a importância de um sistema monetário estável. Comparado ao século anterior, esse período foi marcado por grandes turbulências monetárias. O governo assumiu um papel muito mais ativo no controle da moeda, o que foi tanto uma causa como uma consequência da instabilidade. Assim, é natural que algumas pessoas pensem que seria melhor se os governos fossem destituídos do controle sobre a política monetária. Por vezes, pergunta-se: por que não confiar nas forças espontâneas do mercado para providenciar todos os meios satisfatórios de troca, como acontece na maioria das outras áreas?

É importante esclarecer desde já que hoje isso não só é politicamente inviável como também poderia ser indesejável se fosse possível. Se os governos nunca tivessem interferido, talvez pudesse ter se desenvolvido um sistema monetário que não implicaria um controle deliberado; em particular, se as pessoas não tivessem usado tanto os instrumentos de crédito como dinheiro, ou substitutos do dinheiro, poderíamos, talvez, usar qualquer mecanismo autorregulador.[1] Essa opção, porém, está agora vedada. Não conhecemos alternativas substancialmente diferentes às instituições de crédito em que se baseia grande parte da organização da economia moderna; e os acontecimentos históricos criaram condições nas quais a existência dessas instituições revela ser necessário algum controle deliberado da interação entre a moeda e os sistemas de crédito. Além disso, outras circunstâncias — que não podemos alterar

## 21. A ESTRUTURA MONETÁRIA

mudando simplesmente nossos sistemas monetários — tornam inevitável que esse controle seja, em grande parte, exercido pelo governo.[2]

Os três motivos fundamentais para essa situação têm níveis diferentes de generalidade e validade. O primeiro refere-se à moeda, em qualquer época, e explica por que razão as mudanças na oferta relativa de moeda são muito mais problemáticas do que as mudanças em qualquer uma das outras circunstâncias que afetam os preços e a produção. O segundo refere-se a todos os sistemas monetários em que a oferta de moeda está intimamente relacionada com o crédito — os tipos de sistemas em que se baseia toda a economia moderna. O terceiro refere-se ao volume atual da despesa estatal e, portanto, a uma circunstância que podemos esperar mudar, mas que, por agora, temos de aceitar em todas as decisões acerca da política monetária.

O primeiro desses fatos faz do dinheiro uma espécie de parafuso solto no mecanismo do mercado, que, de outro modo, poderia funcionar sozinho; um parafuso solto que pode interferir o suficiente no mecanismo de ajustamento para provocar desvios recorrentes de produção se esses efeitos não forem previstos e deliberadamente corrigidos. Isso porque o dinheiro, ao contrário das mercadorias comuns, serve não para ser usado, mas para ser trocado. Por conseguinte, os efeitos de uma mudança na oferta de dinheiro (ou na procura de dinheiro) não conduzem diretamente a um novo equilíbrio. Num sentido peculiar, as mudanças monetárias são "autorreversíveis". Se, por exemplo, um acréscimo à massa monetária for inicialmente gasto numa mercadoria ou num serviço específico, não só criará uma nova demanda, de natureza temporária e passageira, como também desencadeará uma série de outros efeitos que inverterão os efeitos do aumento inicial da procura. Os primeiros a receber o dinheiro, por seu lado, irão gastá-lo em outras coisas. Tal como as ondas provocadas por um seixo lançado na água, o aumento da procura se propagará por todo o sistema econômico, alterando temporariamente, em cada ponto, os preços relativos de tal maneira que persistirá enquanto a quantidade de dinheiro continuar aumentando, mas que será invertido quando o aumento cessar. O mesmo acontece se uma parte da massa monetária for destruída ou se as pessoas começarem a reter quantias de dinheiro maiores ou menores, em relação às suas despesas, do que as normais; cada mudança desse tipo dará origem a uma série de mudanças na procura que não correspondem a uma mudança nos verdadeiros fatores subjacentes e que, portanto, provocarão mudanças nos preços e na produção, perturbando o equilíbrio entre a procura e a oferta.[3]

Se, por essa razão, as mudanças na oferta monetária forem particularmente perturbadoras, essa oferta, tal como a conhecemos, também será capaz de mudar, com consequências prejudiciais. O que importa é que o ritmo com que o dinheiro é gasto não varie de forma excessiva. Isso significa que, sempre que as pessoas mudam de ideias acerca da proporção de dinheiro que querem reter em relação aos pagamentos que fazem (ou, como dizem os economistas, quando decidem ter maior ou menor liquidez), a quantidade de dinheiro deve mudar de forma correspondente. Seja qual for nossa definição de "numerário", a propensão das pessoas a reter parte dos seus recursos dessa forma está sujeita a flutuações consideráveis, tanto em períodos curtos como nos longos, e vários desenvolvimentos espontâneos (por exemplo, os cartões de crédito e os cheques de viagem) podem afetá-la profundamente. Nenhum tipo de regulação automática da oferta monetária é capaz de produzir as correções necessárias antes de essas mudanças na procura de dinheiro ou na oferta de substitutos exercerem um efeito significativo sobre os preços e o emprego.

Pior, em todos os sistemas monetários modernos, a oferta monetária não apenas não se ajusta às mudanças na procura, como também tende a ir na direção oposta. Sempre que o dinheiro for substituído por outros valores — e é difícil saber como isso pode ser evitado —, a oferta desses substitutos tende a ser "perversamente elástica".[4] Isso resulta do simples fato de as mesmas considerações que levam as pessoas a querer reter mais dinheiro também levarem aqueles que fornecem substitutos de dinheiro, por meio de empréstimos, a produzir menos substitutos, e vice-versa. O fato conhecido de que, quando toda a gente quer ter mais liquidez, os bancos também querem, pelas mesmas razões, ter maior liquidez e, assim, oferecer menos crédito, é apenas um exemplo de uma tendência geral inerente à maioria das formas de crédito.

Essas variações espontâneas na oferta monetária só podem ser evitadas se alguém tiver o poder de alterar deliberadamente, na direção oposta, a oferta de algum meio de troca geralmente aceito. Trata-se de uma função que, de forma geral, deve ser confiada a uma única instituição nacional, como os bancos centrais do passado. Até países como os Estados Unidos, que resistiram durante muito tempo a esse tipo de instituição, acabaram por reconhecer que, para evitar pânicos recorrentes, um sistema que utiliza fortemente o crédito bancário tem de se basear numa instituição central que seja sempre capaz de emitir mais moeda e que, por meio do controle da oferta de dinheiro, consiga influenciar a oferta total de crédito.

Há fortes motivos que tornam desejável que essas instituições sejam, na medida do possível, independentes do governo e da sua política financeira. No entanto, chegamos aqui ao terceiro ponto a que nos referimos — um desenvolvimento histórico que, embora não estritamente irrevogável, temos de aceitar para o futuro

## 21. A ESTRUTURA MONETÁRIA

imediato. Uma política monetária independente da política financeira, desde que as despesas do governo constituam uma parte relativamente pequena do total das despesas e desde que a dívida pública (e em especial a dívida de curto prazo) constitua apenas uma pequena parcela de todos os instrumentos de crédito.[5] Hoje em dia, essa condição já não existe. Por isso, uma política monetária eficaz só pode ser conduzida em coordenação com a política financeira do governo. Nesse caso, porém, coordenação significa inevitavelmente que as autoridades monetárias nominalmente independentes que ainda possam existir têm, de fato, de ajustar sua política à do governo. Esta, gostem ou não, torna-se necessariamente um fator determinante.

Algumas pessoas podem aprovar esse controle governamental mais eficaz sobre as condições monetárias, que, aparentemente, pode ser assim alcançado. Mais à frente, veremos se estaríamos em melhor posição para seguir uma política monetária desejável. Por ora, o importante é que, enquanto a despesa pública constituir uma parcela importante do rendimento nacional, tal como acontece agora em toda parte, temos de aceitar o fato de que o governo dominará necessariamente a política monetária e que a única maneira de alterar isso seria reduzindo bastante a despesa pública.

2. Com o governo no controle da política monetária, a principal ameaça nessa área passou a ser a inflação. Em toda parte e em todos os tempos, o próprio governo foi a principal causa da desvalorização da moeda. Embora tenha havido quedas ocasionais e prolongadas do valor da moeda, as maiores taxas de inflação já atingidas resultaram do fato de o governo ter desvalorizado a moeda ou ter emitido quantidades excessivas de papel-moeda. É possível que a geração atual esteja mais alerta contra essas formas grosseiras de destruir a moeda do que quando os governos emitiam papel-moeda para saldar seus compromissos. No entanto, hoje pode-se fazer o mesmo por meio de processos mais sutis, que mal serão notados pelo público.

Vimos como todas as principais características do Estado-providência aqui analisadas tendem a estimular a inflação. Vimos também como as pressões salariais dos sindicatos, combinadas com as políticas correntes de pleno emprego, agem nesse sentido e como a carga financeira que o governo assume com as pensões de aposentadoria pode levá-lo a fazer repetidas tentativas de aliviar esse peso reduzindo o valor da moeda. Também devemos observar que, embora talvez isso não esteja relacionado, os governos parecem ter recorrido invariavelmente à inflação para aliviar o peso das suas obrigações fixas sempre que a parte do rendimento nacional que essas absorvem excede os 25%.[6] E também vimos que, como, num sistema tributário progressivo, a inflação tende a aumentar a receita fiscal proporcionalmente mais do que os rendimentos, a tentação para recorrer à inflação se torna muito forte.

No entanto, se é verdade que essas instituições do Estado-providência tendem a favorecer a inflação, é ainda mais certo que foram os efeitos da inflação que reforçaram a exigência de medidas ligadas ao Estado-providência. Isso se aplica não só às medidas que já mencionamos, mas também a muitas outras que ainda precisamos analisar ou que só podemos citar aqui de passagem, como as rendas de habitação com preços controlados, subsídios de alimentação e todos os tipos de controle de preços e de despesas. A contribuição dos efeitos que a inflação teve nos últimos tempos para o reforço dos principais argumentos a favor de uma ampliação dos controles estatais é bem conhecida e dispensa mais exemplos. No entanto, o que ainda não é bem compreendido é em que medida, durante mais de quarenta anos, os acontecimentos em todo o mundo têm sido determinados por uma tendência inflacionária sem precedentes. Isso é claramente visível na influência que a inflação teve nos esforços para guardar recursos para a velhice para a geração cuja vida produtiva cobre esse período.

Os resultados de um sucinto estudo estatístico poderão nos ajudar a perceber o que a inflação causou nas poupanças da geração que agora está se aposentando.[7] O objetivo do estudo consistia em determinar qual seria o valor atual, em vários países, das poupanças acumuladas de um indivíduo que, durante um período de 45 anos, de 1913 a 1958, tivesse poupado anualmente o equivalente em dinheiro ao mesmo valor real e investido essas poupanças com uma taxa de juros fixa de 4%. Isso corresponde mais ou menos ao retorno que o pequeno investidor, nos países ocidentais, poderia ter obtido do tipo de investimento que lhe era acessível, quer na forma de caderneta de poupança, títulos do tesouro ou seguro de vida. Representaremos como cem a quantia que o investidor de poupança possuiria no final do período se o valor da moeda tivesse se mantido constante. Que parte desse valor real teria esse indivíduo em 1958?

Parece haver apenas um país no mundo — a Suíça — onde o valor chegaria aos 70% do investido. Nos Estados Unidos e no Canadá, o investidor de poupança ainda estaria relativamente bem, podendo ter retido cerca de 58%. Na maioria dos países da Comunidade Britânica e nos outros membros do "bloco da libra esterlina", o valor seria de cerca de 50%, e na Alemanha, apesar da perda de todas as poupanças anteriores a 1924, chegaria aos 37%. Contudo, os investidores de todos esses países ainda teriam sorte se comparados com os da França ou da Itália, que teriam retido apenas entre 11% e 12% daquilo que o valor das suas poupanças durante o período deveria ser no início de 1958.[8]

## 21. A ESTRUTURA MONETÁRIA

Hoje é comum minimizar a importância dessa longa tendência inflacionária mundial, dizendo-se que as coisas foram sempre assim e que a história sempre teve a inflação presente. Ainda que isso possa ser verdade em termos gerais, é certamente falso em relação ao período durante o qual nosso sistema econômico moderno se desenvolveu e em que a riqueza e os rendimentos aumentaram num ritmo sem precedentes. Durante os dois séculos anteriores a 1914, quando a Grã-Bretanha aderiu ao padrão-ouro, o nível de preços, tanto quanto pode ser avaliado em relação a esse período, teve variações em torno de um nível constante, registrando, no fim, um nível semelhante ao do início e raramente mudando mais de um terço acima ou abaixo dessa média (exceto durante o período das Guerras Napoleônicas, quando o padrão-ouro foi abandonado).[9] De forma similar, nos Estados Unidos, durante o período 1749-1939, não parece ter ocorrido uma tendência significativa de aumento dos preços.[10] Em comparação, o ritmo em que os preços subiram durante o último quarto de século nesses e em outros países representa uma mudança significativa.

3. Embora poucos defendam deliberadamente um movimento contínuo de aumento dos preços, a principal causa da tendência inflacionista atual é a crença geral de que a deflação, o oposto da inflação, constitui algo tão igualmente temível que, para nos mantermos em segurança, é preferível um erro persistente no sentido da inflação. No entanto, dado que não sabemos como manter os preços estáveis e só podemos conservar a estabilidade corrigindo cada pequena oscilação nesta ou naquela direção, a diretriz de evitar a deflação a todo custo resulta numa inflação cumulativa. Além disso, o fato de a inflação e a deflação serem sempre fenômenos de natureza local ou setorial, que ocorrem necessariamente como parte do mecanismo de redistribuição de recursos da economia, significa que as ações para evitar qualquer deflação que afete uma área importante da economia resultam numa inflação geral.

Contudo, é duvidoso que, em longo prazo, a deflação seja realmente mais prejudicial do que a inflação. De fato, há um sentido em que a inflação é infinitamente mais perigosa e deve ser sempre evitada. Dos dois erros, é o que tem mais probabilidades de ser cometido. Isso porque a inflação moderada é, em geral, sustentável enquanto ocorre, ao passo que a deflação é imediatamente sentida de forma dolorosa.[11] Não há grande necessidade de tomar precauções contra qualquer prática cujos efeitos negativos serão sentidos de forma imediata e aguda; mas é preciso tomar precauções quando uma ação, cujos efeitos são imediatamente sustentáveis ou que aliviam dificuldades temporárias, implica um prejuízo muito maior que só será sentido mais tarde. De fato, há mais do que uma semelhança meramente superficial entre a inflação e o uso de drogas, uma comparação que tem sido feita com frequência.

Tanto a inflação como a deflação produzem efeitos peculiares, provocando mudanças inesperadas nos preços, e ambas tendem a frustrar duas vezes as expectativas. A primeira é quando os preços se revelam mais altos ou mais baixos do que se esperava, e a segunda é quando, o que acontecerá mais cedo ou mais tarde, as variações nos preços são esperadas e não exercem o efeito que sua ocorrência inesperada teve. A diferença entre inflação e deflação é que, na primeira, começa com uma surpresa agradável e só depois há a reação, enquanto na segunda o primeiro efeito na economia é a depressão. Os efeitos de ambas, porém, são autorreversíveis. Durante algum tempo, as forças que as produzem tendem a se autoalimentar, e o período durante o qual os preços se alteram mais depressa do que esperado pode, assim, prolongar-se. No entanto, a menos que as variações dos preços prossigam na mesma direção, num ritmo cada vez mais acelerado, as expectativas têm de acompanhá-las. Logo que isso ocorre, o caráter dos efeitos se altera.

No início, a inflação produz apenas condições em que mais pessoas obtêm lucros e em que esses são geralmente maiores que o habitual. Quase tudo corre bem e praticamente não há fracassos. Os lucros cada vez maiores do que o esperado e o número atípico de negócios que prosperaram produzem uma atmosfera geral favorável aos empreendimentos de risco. Mesmo aqueles que se viram em dificuldades sem os lucros causados pelo aumento inesperado dos preços poderão resistir e conservar seus empregados na expectativa de, em breve, desfrutar da prosperidade geral. No entanto, a situação só durará até as pessoas começarem a esperar que os preços continuem aumentando no mesmo ritmo. Quando começam a esperar que os preços subam na mesma proporção durante certo tempo, ficam dispostas a pagar mais pelos fatores de produção, que determinam os custos em um nível correspondente aos preços futuros esperados. Se os preços não subirem tanto quanto esperado, os lucros voltarão aos níveis normais, e a proporção dos que obtêm lucros também cairá; e dado que, durante o período de lucros excepcionalmente elevados, muitos dos que em outras circunstâncias teriam sido obrigados a fazer mudanças se mantiveram no mesmo rumo, um número proporcionalmente maior de empresários sofrerá perdas.

O efeito estimulante da inflação, portanto, só funciona enquanto for imprevisto; logo que começa a ser previsto, só a sua continuidade num ritmo mais acelerado pode manter o mesmo nível de prosperidade. Se, nessa situação, os preços subissem menos que o esperado, o efeito seria igual ao da deflação inesperada. Mesmo que os preços subissem apenas tanto quanto geralmente esperado, isso já não forneceria o

## 21. A ESTRUTURA MONETÁRIA

estímulo excepcional, revelando todos os reajustes que foram adiados enquanto o estímulo temporário durou. Para que a inflação conservasse seu efeito estimulante inicial, teria de continuar num ritmo cada vez mais acelerado do que o previsto.

Não podemos abordar aqui todas as dificuldades que impossibilitam o aperfeiçoamento de adaptações a variações esperadas de preço, em especial o ajustamento igual das expectativas em curto e longo prazo; nem podemos analisar os diferentes efeitos na produção e no investimento atuais, que são muito importantes para qualquer análise completa das variações industriais. Para o nosso objetivo, basta saber que os efeitos estimulantes da inflação deixam de funcionar a menos que o seu ritmo se acelere de forma progressiva; e que, à medida que avança, agravam-se certas consequências desfavoráveis pelo fato de ser impossível qualquer adaptação. Dessas consequências, a mais importante é que os métodos de contabilidade em que se baseiam todas as decisões econômicas só fazem sentido enquanto o valor da moeda for relativamente estável. Com os preços subindo num ritmo acelerado, as técnicas de contabilização do capital e dos custos, que fornecem a base de todo planejamento econômico, logo perderiam o sentido. Os custos reais, os lucros ou os rendimentos logo deixariam de ser mensuráveis por qualquer método convencional ou geralmente aceitável. E, tendo em conta os princípios de tributação fiscal, parcelas cada vez maiores dos rendimentos seriam consideradas lucros que, de fato, deveriam ser reinvestidos apenas para manter o capital.

A inflação, portanto, nunca passará de um estímulo temporário, e até esse efeito benéfico durará somente enquanto alguns indivíduos continuarem a ser enganados e as expectativas de outros forem desnecessariamente frustradas. O seu estímulo se deve aos erros que produz. É particularmente perigosa porque os efeitos secundários nocivos até de pequenas taxas de inflação só podem ser combatidos por doses maiores da mesma inflação. Depois de ocorrer durante algum tempo, até as medidas para travar sua aceleração criarão uma situação em que será muito difícil evitar uma deflação espontânea. Quando certas atividades que foram expandidas só podem ser mantidas por meio de uma inflação constante, sua descontinuidade simultânea pode produzir aquele processo pernicioso e justamente temido em que o declínio de alguns rendimentos conduz ao declínio de outros rendimentos, e assim sucessivamente. Pelo que sabemos, podemos ainda ser capazes de impedir graves crises econômicas impedindo as inflações que normalmente as precedem, mas pouco podemos fazer para saná-las depois de se estabelecerem. Infelizmente, o momento certo para nos preocuparmos com as crises é quando estão mais longe da mente da maioria das pessoas.

# A CONSTITUIÇÃO DA LIBERDADE

O modo como a inflação funciona explica por que razão é tão difícil resistir a ela quando a política do governo se preocupa sobretudo com situações particulares, e não com as condições gerais, e mais com problemas imediatos do que com problemas distantes. Normalmente, tanto para o governo como para as empresas privadas, a inflação é a saída mais fácil de qualquer dificuldade temporária — o caminho mais curto e muitas vezes também a maneira mais fácil de ajudar a economia a transpor os obstáculos erigidos pela política governamental.[12] É o resultado inevitável de uma política que vê todas as outras resoluções como dados a que a oferta monetária tem de se adaptar para que os danos provocados por outras medidas sejam percebidos o menos possível. Em longo prazo, porém, essa política torna os governos cativos das suas próprias decisões anteriores, o que, normalmente, os obriga a adotar medidas sabendo que são prejudiciais. Não é por acaso que o autor cujas opiniões, talvez mal interpretadas, encorajaram mais essas tendências inflacionistas do que qualquer outro é também o responsável por este aforismo fundamentalmente antiliberal: "No longo prazo, todos estaremos mortos".[13] A atual tendência inflacionista é, em grande parte, o resultado da prevalência da visão de curto prazo, que, por seu lado, decorre da grande dificuldade de reconhecer as consequências mais remotas das medidas atuais e da preocupação inevitável das pessoas práticas, em particular dos políticos, com os problemas imediatos e a concretização de objetivos de curto prazo.

Como a inflação é, em termos psicológicos e políticos, muito mais difícil de evitar do que a deflação, e dado que a inflação é tecnicamente muito mais fácil de evitar, o economista deve enfatizar sempre os seus perigos. Assim que a deflação se faz sentir, fazem-se esforços imediatos para combatê-la — em muitos casos, quando se trata apenas de um processo local e necessário que não deveria ser impedido. Há mais perigo nos receios prematuros da deflação do que na possibilidade de não tomar medidas necessárias de contenção. Enquanto ninguém confunde prosperidade local ou setorial com inflação, as pessoas costumam exigir providências monetárias totalmente inadequadas quando ocorre uma depressão local ou setorial.

Em suma, essas considerações parecem sugerir que uma norma mecânica que vise àquilo que é conveniente no longo prazo e que limite a ação da autoridade nas suas decisões de curto prazo poderia produzir uma política monetária melhor do que os princípios que conferem às autoridades mais poder e discrição, tornando-as assim mais sujeitas à pressão política e à sua própria tendência para superestimar a urgência das circunstâncias do momento. Isso, porém, suscita questões que temos de abordar de forma mais sistemática.

## 21. A ESTRUTURA MONETÁRIA

4. A questão das "normas *versus* autoridades na política monetária" foi defendida de forma convincente por Henry Simons num ensaio bem conhecido.[14] Os argumentos nele apresentados a favor de normas estritas são tão fortes que a questão se resume agora à discussão acerca da viabilidade de limitar a autoridade monetária por meio de normas adequadas. Se houvesse um acordo completo em relação ao objetivo da política monetária, uma autoridade monetária independente, protegida contra a pressão política e livre para decidir os meios a serem usados para alcançar seus fins ainda poderia ser a melhor solução. Os velhos argumentos a favor dos bancos centrais independentes continuam tendo grande mérito. No entanto, o fato de hoje a responsabilidade pela política monetária caber inevitavelmente, em parte, a órgãos cuja principal preocupação são as finanças do governo pode reforçar a posição contrária à concessão de grande poder discricionário e a favor de se tomarem decisões acerca da política monetária tão previsíveis quanto possível.

Talvez devêssemos afirmar explicitamente que a oposição ao poder discricionário na política monetária não é exatamente o mesmo que a oposição ao poder discricionário no uso dos poderes coercitivos do Estado. Mesmo que o controle da moeda esteja nas mãos de um monopólio, seu exercício não implica necessariamente coerção de indivíduos particulares.[15] O argumento contra o poder discricionário na política monetária baseia-se na ideia de que essa política e seus efeitos devem ser tão previsíveis quanto possível. Por conseguinte, a validade do argumento depende da nossa capacidade de conceber um mecanismo automático que permita que a oferta efetiva de dinheiro mude de forma mais previsível e menos perturbadora do que qualquer medida discricionária que viesse a ser adotada. Não temos certeza se isso poderá acontecer. Não se conhece nenhum mecanismo que permita que a oferta monetária total se adapte exatamente como desejaríamos, e o máximo que podemos dizer a favor de qualquer mecanismo (ou ação determinada por normas rígidas) é que duvidamos de que, na prática, algum controle seja melhor. Essa dúvida se deve, em parte, ao fato de as condições em que as autoridades monetárias têm de tomar decisões não serem normalmente favoráveis à predominância de opiniões que visam o longo prazo, e, em parte, porque não temos certeza acerca do que deveriam fazer em circunstâncias específicas; por isso, a incerteza acerca do que farão é necessariamente maior quando não agem segundo normas fixas.

O problema permanece complexo desde a destruição do padrão-ouro pelas políticas dos anos 1920 e 1930.[16] É natural que algumas pessoas vejam o retorno a esse sistema como a única solução. E, hoje, ainda mais pessoas concordariam que os defeitos do padrão-ouro foram muito exagerados e que é duvidoso que seu abandono

A CONSTITUIÇÃO DA LIBERDADE

tenha sido benéfico. No entanto, isso não significa que sua restauração seja, atualmente, uma proposta prática.

Em primeiro lugar, é preciso lembrar que nenhum país poderia restaurar efetivamente o padrão-ouro por ação independente. Funcionava porque era um padrão internacional, e se, por exemplo, os Estados Unidos regressassem hoje ao ouro, isso significaria que a política americana determinaria o valor do ouro, e não necessariamente que o ouro determinaria o valor do dólar.

Em segundo lugar, e não menos importante, o funcionamento do padrão-ouro internacional baseava-se em certas atitudes e crenças que, provavelmente, já deixaram de existir. Funcionava em grande parte com base na opinião geral de que o abandono do padrão-ouro era uma grande calamidade e uma desgraça nacional. É pouco provável que tenha grande influência, mesmo como padrão em tempos de prosperidade, quando se sabe que nenhum país está disposto a tomar medidas drásticas para preservá-lo. Posso estar enganado por julgar que essa mística do ouro despareceu para sempre, mas, enquanto não houver provas em contrário, não acredito que uma tentativa de restaurar o padrão-ouro possa ser mais do que temporariamente bem-sucedida.[17]

A defesa do padrão-ouro está intimamente relacionada com o argumento geral a favor de um padrão internacional, em detrimento de um padrão nacional. Dentro dos limites que impusemos neste livro, não é possível nos aprofundar mais nessa questão. Acrescentarei apenas que, caso se deseje estabelecer um padrão que seja automático e, ao mesmo tempo, internacional, um padrão baseado em reservas de mercadorias parece-me ser ainda a melhor solução para se ter todas as vantagens atribuídas ao padrão-ouro sem os seus defeitos.[18] No entanto, embora as propostas a favor de tal padrão mereçam mais atenção do que a que têm recebido, não oferecem uma alternativa prática para um futuro próximo. Mesmo que houvesse a hipótese de esse esquema ser imediatamente adotado, seriam poucas as possibilidades de ser utilizado de forma correta, ou seja, com o objetivo de estabilizar apenas o preço agregado do grande grupo de mercadorias selecionadas, e não o preço de alguma das mercadorias incluídas.

5. Não pretendo de modo algum enfraquecer a defesa de algum sistema que obrigue as autoridades a fazer o que está certo. A defesa de tal mecanismo se torna mais forte com o aumento da probabilidade de a política monetária ser afetada por considerações de finanças públicas; mas enfraqueceríamos, em vez de reforçar, o argumento se exagerássemos os resultados que poderia nos oferecer. Talvez seja inegável que,

## 21. A ESTRUTURA MONETÁRIA

embora possamos limitar o poder discricionário nessa área, nunca poderemos eliminá-lo; consequentemente, aquilo que pode ser feito na área inevitável do poder discricionário não só é muito importante como também poderá, na prática, determinar se o mecanismo alguma vez terá a oportunidade de funcionar.

Todos os bancos centrais enfrentam um dilema básico, que torna inevitável que suas políticas acarretem grande poder discricionário. Um banco central só pode exercer um controle indireto e, por isso, limitado em todos os meios circulantes de troca. Seu poder se baseia principalmente na ameaça de não fornecer dinheiro quando é necessário. No entanto, ao mesmo tempo, considera-se que seu dever é fornecer dinheiro a determinado preço sempre que necessário. É esse problema, e não os efeitos gerais da política nos preços ou no valor da moeda, que preocupa necessariamente o banco central nas suas ações cotidianas. Trata-se de uma tarefa que exige do banco central atenção constante para evitar ou contrariar os desenvolvimentos no domínio do crédito, para os quais as normas simples não oferecem orientação suficiente.[19]

O mesmo se aplica às medidas que pretendem afetar os preços e o emprego. Devem visar mais à prevenção de mudanças antes de ocorrerem do que sua correção depois de terem ocorrido. Se um banco central esperasse sempre que uma norma ou um mecanismo o obrigasse a agir, as flutuações resultantes seriam muito maiores. E se, nos limites do seu poder discricionário, tomar medidas na direção oposta às que um mecanismo ou uma norma lhe impuserem depois, poderá criar uma situação em que o mecanismo já não terá efeito. Em última instância, portanto, mesmo quando o poder discricionário da autoridade é muito restrito, o resultado dependerá daquilo que a autoridade fizer dentro dos limites dos seus poderes.

Na prática, isso significa que, nas condições atuais, não temos alternativa senão limitar a política monetária, determinando seus objetivos, e não suas ações específicas. A questão concreta, hoje, é saber se essa política deve manter estável certo nível de emprego ou certo nível de preços. Se interpretados de forma razoável e tendo em conta a inevitabilidade de pequenas flutuações em torno de certo nível, esses dois objetivos não estão necessariamente em conflito, desde que os requisitos para a estabilidade monetária tenham prioridade e que o resto da política econômica seja adaptado a esses requisitos. No entanto, surgirá um conflito se o "pleno emprego" passar a ser o principal objetivo e se for interpretado, como acontece por vezes, como o máximo de emprego que pode ser criado por meios monetários em curto prazo. Isso conduz à inflação progressiva.

O objetivo razoável de um nível alto e estável de emprego pode ser alcançado ao mesmo tempo que se visa à estabilidade de certo nível geral dos preços. Por razões

A CONSTITUIÇÃO DA LIBERDADE

práticas, talvez não seja muito importante o modo como esse nível de preços é definido, exceto que não deve se referir apenas aos produtos finais (se o fizesse, poderia, em tempos de rápido avanço tecnológico, produzir uma tendência inflacionária significativa) e que, tanto quanto possível, deve se basear em preços internacionais, e não locais. Tal política, se praticada por dois ou três dos principais países, também seria conciliável com a estabilidade das taxas de câmbio. O importante é que as autoridades não permitam que as oscilações de preços excedam limites definidos e conhecidos — ou que cheguem a ponto de serem necessárias inversões políticas drásticas.

6. Embora algumas pessoas defendam explicitamente a inflação contínua, ela não será aplicada, certamente, graças à vontade da maioria. Poucos estariam dispostos a aceitá-la se soubessem que até um aumento aparentemente moderado dos preços como de 3% ao ano significa que o nível de preços duplicará a cada 23,5 anos e que quase quadruplicará na duração normal da vida produtiva de uma pessoa. O perigo da continuidade da inflação deve-se não tanto à força dos que a defendem deliberadamente, mas à fraqueza dos que se opõem a ela. Para evitá-la, é preciso que o público tenha uma clara consciência das medidas que podemos tomar e das consequências da omissão da nossa ação. Os estudiosos mais competentes concordam que a dificuldade de impedir a inflação é apenas política, e não econômica. No entanto, quase ninguém parece acreditar que as autoridades monetárias têm o poder de evitá-la ou que usarão esse poder. O maior otimismo acerca dos milagres que a política monetária obterá em curto prazo é acompanhado por um fatalismo total a respeito daquilo que produzirá em longo prazo.

Há dois pontos que nunca é demais enfatizar: em primeiro lugar, parece não haver dúvida de que não poderemos deter a tendência de um controle estatal cada vez maior, a menos que se freie a tendência inflacionária; e, em segundo, qualquer aumento contínuo dos preços é perigoso porque, se começarmos a confiar no seu efeito estimulante, enveredaremos por um caminho que não nos deixará alternativa senão entre mais inflação e pagar o nosso erro por uma recessão ou depressão. Até um nível moderado de inflação é perigoso porque limita a ação dos responsáveis pela política monetária, criando uma situação em que, sempre que surge um problema, a única saída fácil parece ser um aumento da inflação.

Não temos espaço para abordar como as várias maneiras pelas quais os indivíduos buscam se proteger da inflação, como os contratos sem valores fixos, não só tendem a fazer com que o processo se acelere como também aumentam a taxa de inflação necessária para manter seu efeito estimulante. Observemos apenas que a

## 21. A ESTRUTURA MONETÁRIA

inflação impossibilita cada vez mais que as pessoas com meios moderados façam poupanças para a velhice; a inflação desencoraja a poupança e fomenta o endividamento; e, ao destruir a classe média, cria um fosso perigoso entre os que nada possuem e os ricos, muito característico das sociedades que passaram por inflações prolongadas e que constitui uma causa de forte tensão nessas sociedades. Talvez ainda mais nocivos sejam o seu amplo efeito psicológico, a disseminação da despreocupação generalizada das pessoas com o futuro e a preocupação exclusiva com os benefícios imediatos que já dominam a política pública.

Não é por acaso que as políticas inflacionárias são geralmente defendidas pelos indivíduos que apoiam um controle estatal maior — ainda que, infelizmente, não só por estes. A dependência cada vez maior do cidadão em relação ao governo criada pela inflação e a consequente exigência de mais ação estatal podem constituir, para os socialistas, um argumento a seu favor. No entanto, os que desejam preservar a liberdade devem reconhecer que a inflação é, talvez, o fator mais importante do círculo vicioso em que um tipo de ação governamental torna o controle estatal cada vez mais necessário. Por isso, todos os que desejam impedir a tendência de aumento do controle governamental devem concentrar esforços na política monetária. Talvez não haja nada mais desanimador do que o fato de ainda existirem tantas pessoas inteligentes e informadas que, em relação a muitas outras coisas, defendem a liberdade, mas que se deixam seduzir pelos benefícios imediatos de uma política expansionista para defender aquilo que, em longo prazo, destruirá os alicerces de uma sociedade livre.

# 22. Habitação e planejamento urbano

*Se o governo abolisse os subsídios de habitação e, ao mesmo tempo, cortasse os impostos da classe assalariada na mesma proporção que os subsídios, a classe assalariada não ficaria em pior situação financeira; no entanto, não há dúvida de que prefeririam gastar o dinheiro em outras coisas que não na habitação e viveriam em casas superlotadas e sem conforto, alguns porque não conhecem as vantagens de uma habitação melhor, outros porque as valorizam muito pouco em relação a outras maneiras de gastar o seu dinheiro. Esse é o único argumento que justifica os subsídios de habitação, e é aqui formulado na sua forma mais crua porque, na literatura de esquerda, a questão é normalmente discutida sem se levar em conta a realidade.*

WILLIAM ARTHUR LEWIS

1. Tal como a conhecemos, a civilização é inseparável da vida urbana. Quase tudo que distingue uma sociedade civilizada de uma sociedade primitiva está intimamente relacionado com os grandes aglomerados de população a que chamamos "cidades", e, quando falamos de "urbanidade", "civismo" ou "cortesia", referimo-nos ao estilo de vida nas cidades. Até a maioria das diferenças entre a vida da população rural atual e a das populações primitivas se deve àquilo que as cidades proporcionam. Além disso, a possibilidade de usufruir dos produtos da cidade no campo, nas civilizações avançadas, faz uma vida tranquila no campo parecer o ideal de uma vida civilizada.

No entanto, as vantagens da vida urbana, em particular os enormes aumentos de produtividade possibilitados pela sua indústria, que dá a uma pequena parte da população que permaneceu no campo os meios para alimentar todos os demais, são obtidas a grande custo. A vida urbana não é apenas mais produtiva do que a vida rural; é também muito mais cara. Só aqueles cuja produtividade aumentou bastante em função da vida urbana obterão benefícios superiores ao custo adicional desse tipo de

## 22. HABITAÇÃO E PLANEJAMENTO URBANO

vida. Os custos e o conforto proporcionados pela vida urbana são tais que o rendimento mínimo que possibilita uma vida decente é muito mais elevado do que no campo. Um nível de pobreza que ainda seria suportável no campo não só é insuportável na cidade como também produz sinais exteriores de miséria que chocam qualquer pessoa. Assim, a cidade, que é a fonte de quase tudo o que confere valor à civilização e que providenciou os meios para o progresso das ciências e das artes, bem como do conforto material, é ao mesmo tempo responsável pelas piores mazelas dessa civilização.

Além disso, os custos implicados numa grande concentração populacional não só são muito elevados como também são, em grande medida, comunitários, ou seja, não recaem necessária ou automaticamente sobre aqueles que os causam, mas podem ter de ser suportados por todos. Em muitos aspectos, a contiguidade íntima da vida urbana invalida os pressupostos subjacentes a qualquer divisão simples dos direitos de propriedade. Nessas condições, só em certa medida é que aquilo que um proprietário fizer com sua propriedade afetará apenas a ele e a mais ninguém. Aquilo a que os economistas chamam os "efeitos de vizinhança", ou seja, os efeitos que a utilização de uma propriedade tem na propriedade de outros, assume grande importância. A utilidade de quase todas as propriedades numa cidade dependerá, de fato, das ações dos vizinhos e, em parte, dos serviços comunitários, sem os quais o uso efetivo da terra por proprietários diferentes seria quase impossível.

As fórmulas gerais da propriedade privada ou da liberdade contratual, portanto, não dão uma resposta imediata aos problemas complexos criados pela vida urbana. É provável que, mesmo que não houvesse uma autoridade com poderes coercitivos, as vantagens superiores de propriedades maiores teriam levado ao desenvolvimento de novas instituições jurídicas — alguma divisão do direito de controle entre os detentores de um direito superior de determinar o caráter de um grande bairro a ser desenvolvido e os detentores de direitos inferiores de uso de propriedades mais pequenas, que, nos limites determinados pelos primeiros, teriam a liberdade de decidir a respeito de certas questões. Em muitos aspectos, as funções que as empresas municipais estão aprendendo a exercer correspondem às funções de um proprietário superior.

Temos de reconhecer que, até recentemente, de forma lamentável, os economistas prestaram muito pouca atenção aos problemas da coordenação de todos os diferentes aspectos do desenvolvimento urbano.[1] Embora alguns deles tenham sido os maiores críticos dos males da habitação urbana (há cerca de cinquenta anos, um semanário satírico alemão sugeria que um economista fosse definido como um indivíduo que passava o tempo medindo as casas dos trabalhadores, dizendo que eram muito pequenas!), no que diz respeito às questões importantes da vida urbana, seguiram durante muito tempo o exemplo de Adam Smith, que, nas suas palestras, explicava que o problema da limpeza e da segurança, "ou seja, o método adequado de limpar o lixo das ruas e a execução da justiça, na medida em que diz respeito a normas para prevenir crimes ou o método de manutenção de uma guarda municipal, embora úteis, são demasiado insignificantes para serem considerados num discurso desse gênero".[2]

Face à negligência com que sua profissão trata o estudo de uma matéria tão importante, um economista talvez não devesse se queixar de que se encontra numa posição muito insatisfatória. De fato, o desenvolvimento da opinião nessa área tem sido liderado quase exclusivamente por indivíduos preocupados com a eliminação de certos males, enquanto tem se negligenciado a questão central de como os esforços separados devem ser mutuamente ajustados. De grande importância é o problema de como a utilização efetiva dos conhecimentos e das capacidades dos proprietários individuais deve ser conciliada com a limitação das suas ações para que não beneficiem à custa de terceiros. Não podemos ignorar o fato de o mercado, em termos gerais, ter orientado a evolução das cidades de forma melhor do que se imagina, embora imperfeita, e que a maioria das propostas para melhorar esse processo, não pelo seu aperfeiçoamento, mas pela sobreposição de um sistema de direção central, mostra uma consciência fraca do que esse sistema deveria realizar, mesmo que fosse para igualar o mercado em termos de eficácia.

De fato, quando olhamos para a maneira aleatória como os governos, que parecem não ter uma noção clara das forças que determinaram o desenvolvimento das cidades, em geral lidaram com esses problemas difíceis, surpreende que os males não sejam ainda maiores. Muitas das políticas que visavam combater determinados males acabaram por agravá-los. E algumas das manifestações mais recentes criaram potencialidades para um controle direto da autoridade sobre a vida privada do indivíduo maiores do que se pode observar em qualquer outra área da política governamental.

2. Devemos começar analisando uma medida que, embora sempre introduzida como um mecanismo para enfrentar uma emergência passageira e nunca defendida como solução permanente, se tornou característica duradoura e, em muitos países da Europa Ocidental, fez provavelmente mais do que qualquer outra — exceto a inflação — para restringir a liberdade e a prosperidade. Trata-se do controle do valor do aluguel ou da determinação de tetos para esses valores. Originalmente introduzida para evitar o aumento dos aluguéis durante a Primeira Guerra Mundial, a medida foi

## 22. HABITAÇÃO E PLANEJAMENTO URBANO

conservada em muitos países durante mais de quarenta anos, em períodos de alta inflação, daí resultando que os aluguéis foram reduzidos a uma fração do valor que teriam num mercado livre. Assim, os proprietários de imóveis residenciais foram, com efeito, expropriados. Talvez mais do que qualquer outra do gênero, essa medida agravou, no longo prazo, o mal que pretendia curar e produziu uma situação em que as autoridades administrativas adquiriram fortes poderes arbitrários sobre a mobilidade dos indivíduos. Também contribuiu bastante para o enfraquecimento do respeito pela propriedade no sentido da responsabilidade individual. Para quem não sofreu seus efeitos durante longo tempo, essas observações podem parecer exageradamente duras. No entanto, quem assistiu à decadência gradual das condições habitacionais e aos efeitos no estilo geral de vida das pessoas de Paris, Viena ou até Londres compreenderá o efeito fatal que essa medida pode exercer sobre o caráter global de uma economia — e até de um povo.

Em primeiro lugar, qualquer fixação dos aluguéis abaixo do preço de mercado perpetua inevitavelmente a escassez de habitação. A procura continua superando a oferta, e, se os tetos forem efetivamente impostos (ou seja, impedindo o aparecimento de "bonificações"), terá de ser criado um mecanismo estatal para a locação de imóveis. A mobilidade ficaria fortemente restringida, e, ao longo do tempo, a distribuição das pessoas por bairros e tipos de residência deixa de corresponder às necessidades ou aos desejos. Perde-se a rotatividade normal, na qual uma família, durante o período em que tem uma renda maior, ocupa um imóvel maior do que um casal de jovens ou de aposentados, por exemplo. Como não se pode obrigar as pessoas a mudarem de casa, essas se agarram ao que têm, e as casas alugadas tornam-se uma espécie de propriedade inalienável da família, que é passada de geração em geração independentemente da necessidade. Em muitos casos, os que herdam uma casa alugada estão em melhor situação, mas uma proporção cada vez maior da população não consegue moradia, ou só o consegue graças a um favor oficial, a um sacrifício de capital que não podem suportar ou por meios ilegais ou desonestos.[3]

Ao mesmo tempo, o proprietário perde todo o interesse em investir na manutenção dos imóveis além daquilo que a lei lhe permite exigir dos inquilinos para esse fim. Em cidades como Paris, onde a inflação reduziu o valor real dos aluguéis para um vigésimo ou menos do que eram, a velocidade de deterioração das casas foi tal que sua recuperação seria impraticável durante décadas.

No entanto, o mais importante não é o prejuízo material. Devido à restrição dos aluguéis, grandes segmentos da população nos países ocidentais passaram a ficar sujeitos a decisões arbitrárias da autoridade a respeito dos seus assuntos cotidianos e se

## A CONSTITUIÇÃO DA LIBERDADE

acostumaram a pedir autorização e orientação para as principais decisões das suas vidas. Passaram também a ver como normal que o capital que paga o telhado sob o qual vivem deve ser cedido gratuitamente por terceiros e que o bem-estar econômico individual deve depender do favor do partido político no poder, que, com frequência, usa seu controle sobre a habitação para auxiliar seus apoiadores.

O respeito pela propriedade, pela lei e pelos tribunais foi minado, sobretudo pelo fato de a autoridade ser constantemente chamada para decidir acerca dos méritos relativos das necessidades, fornecer serviços essenciais e dispor daquilo que, nominalmente, ainda é propriedade privada de acordo com a sua opinião relativa à urgência das diferentes necessidades individuais. Por exemplo, "um proprietário, com uma mulher inválida e três filhos pequenos, que deseja ocupar a sua casa ficaria mais prejudicado caso o seu pedido fosse negado do que o inquilino que tem apenas um filho, mas uma sogra acamada, se o seu pedido fosse diferido"[4] é um problema que não pode ser resolvido apelando a algum princípio reconhecido de justiça, mas apenas à intervenção arbitrária da autoridade. A dimensão do poder desse tipo de controle estatal sobre as decisões mais importantes da vida de uma pessoa é claramente ilustrada por um acórdão recente do Supremo Tribunal Administrativo da Alemanha, que teve necessidade de declarar ilegal a recusa de uma permuta de mão de obra de um governo local a fim de arranjar emprego para um homem que vivia numa zona diferente, salvo se ele obtivesse previamente autorização das autoridades de habitação para se mudar e promessa de alojamento — não porque nenhuma das duas autoridades tivesse competência para rejeitar seu pedido, mas porque sua recusa envolvia uma "conjugação inadmissível de interesses administrativos distintos".[5] De fato, a coordenação das atividades de diferentes autoridades, tão desejada pelos planejadores, pode transformar o que, de outro modo, seriam decisões arbitrárias em poder despótico sobre toda a vida do indivíduo.

3. Embora o controle do aluguel, mesmo onde vigora há muito tempo, seja ainda visto como medida de emergência cujo abandono se tornou politicamente impossível[6], os esforços para reduzir o custo da habitação para os segmentos mais pobres da população por meio da habitação social ou de subsídios à construção acabaram sendo aceitos como parte permanente do Estado-providência. Poucos percebem que, salvo num âmbito e método cuidadosamente limitados, esses esforços tenderão a produzir resultados muito semelhantes aos do controle do aluguel.

Em primeiro lugar, devemos observar que qualquer grupo de pessoas que o governo ajudar por meio da oferta de habitação social só se beneficiará se o Estado

## 22. HABITAÇÃO E PLANEJAMENTO URBANO

ceder todas as novas habitações de que o grupo necessitar. Se o governo ceder apenas parte das habitações, isso não constituirá um acréscimo, mas apenas uma substituição da oferta do setor privado. Em segundo, a habitação mais barata providenciada pelo Estado terá de ser estritamente limitada à classe que visa auxiliar; e, só para satisfazer a procura de rendas mais baixas, o Estado teria de providenciar um número maior de habitações do que aquelas que, de outro modo, essa classe ocuparia. Em terceiro lugar, a limitação das habitações sociais às famílias mais pobres só será viável, em geral, se o governo não tentar providenciar habitações ao mesmo tempo mais baratas e substancialmente melhores do que aquelas que elas antes possuíam; do contrário, as pessoas assistidas ficariam mais bem alojadas do que as de nível econômico imediatamente superior; e a pressão dessas para serem incluídas no sistema se tornaria irresistível, processo que se repetiria e incluiria cada vez mais pessoas.

Uma consequência disso é que, como foi repetidamente enfatizado pelos reformadores da política de habitação, qualquer grande mudança nas condições habitacionais por ação do Estado só será possível se praticamente todas as habitações de uma cidade forem vistas como serviço público e pagas com fundos públicos. No entanto, isso significa não só que as pessoas, em geral, serão obrigadas a pagar mais pela habitação do que estariam dispostas, como também que a sua liberdade pessoal será gravemente ameaçada. A menos que a autoridade consiga providenciar habitações melhores e mais baratas em número suficiente para satisfazer a procura dentro do nível de aluguel cobrado, será necessário um sistema estatal permanente de locação das casas disponíveis — ou seja, um sistema pelo qual a autoridade determine quanto devem as pessoas pagar pela habitação e que tipo de habitação deve ter cada família ou indivíduo. É fácil imaginar a dimensão dos poderes sobre a vida dos indivíduos que a autoridade deteria se a obtenção de um apartamento ou de uma casa fosse dependente da sua decisão.

Também devemos observar que a tentativa de transformar a habitação num serviço público já se tornou, em muitos casos, o principal obstáculo à melhoria geral das condições de habitação, contrariando as forças que produzem uma redução gradual dos custos de construção. Todos os monopolistas são claramente pouco econômicos, bem como, ainda mais, a máquina governamental; e a suspensão do mecanismo da concorrência e a tendência ao fracasso de toda iniciativa centralmente dirigida estão fadadas a impedir o objetivo desejável e tecnicamente não impossível — uma redução substancial e progressiva dos custos pelos quais é possível suprir todas as necessidades do setor da habitação.

A habitação social (e a habitação subsidiada) pode, quando muito, ser um instrumento de auxílio aos pobres, com a consequência inevitável de tornar seus

A CONSTITUIÇÃO DA LIBERDADE

beneficiários dependentes da autoridade em um nível que seria politicamente muito grave se representassem uma grande parte da população. Tal como qualquer assistência a uma minoria desprivilegiada, essa medida não é inconciliável com um sistema geral de liberdade. Mas suscita problemas muito graves que devem ser enfrentados com firmeza, a fim de que não produzam consequências perigosas.

4. Os maiores rendimentos e as outras vantagens que a cidade oferece são, em boa parte, contrabalançados pelos seus custos mais elevados, que, de forma geral, aumentam em proporção do tamanho da cidade. Aqueles cuja produtividade aumenta significativamente ao trabalharem na cidade obtêm uma vantagem real, ainda que tenham de pagar muito mais pelo seu espaço limitado de habitação e pelo transporte diário através de grandes distâncias. Outros só obterão uma vantagem real se não tiverem de gastar dinheiro em viagens ou em residências caras, ou se não se importarem de residir em casas superlotadas desde que tenham mais para gastar em outras coisas. Os edifícios antigos, que, na maioria das fases do crescimento de uma cidade, ainda existem no seu centro, em áreas cuja procura já é tão grande para outros fins que deixaram de ser lucrativas para a construção habitacional, e que já não são desejadas pelos mais ricos, fornecem aos indivíduos de baixa renda uma oportunidade de se beneficiarem daquilo que a cidade oferece a custo de residirem em zonas de elevada densidade populacional. Desde que essas pessoas estejam dispostas a viver nesse tipo de moradia, a conservação dessa é a forma mais lucrativa de uso do terreno. Assim, de maneira paradoxal, os habitantes mais pobres de uma cidade vivem frequentemente em bairros onde o valor imobiliário é muito alto, e os proprietários retiram grandes rendimentos daquela que, provavelmente, é a parte mais degradada da cidade. Nessa situação, as propriedades desse tipo só continuam disponíveis para servirem de habitação porque os edifícios antigos, com poucas despesas de reparação e manutenção, têm uma ocupação muito densa. Se essas habitações não estivessem disponíveis ou não pudessem ser usadas dessa maneira, as pessoas que nelas vivem não teriam a oportunidade de aumentar seus rendimentos até um nível superior aos custos de vida numa cidade.

A existência desses bairros pobres, que, numa forma mais ou menos deteriorada, surgem durante o crescimento da maioria das cidades, origina dois tipos de problemas que devem ser distinguidos, mas que costumam ser confundidos. Não há dúvida de que a presença desses bairros insalubres, com suas condições geralmente sórdidas e, em muitos casos, à margem da lei, pode ter um efeito negativo no restante da cidade, obrigando a administração municipal ou os outros habitantes a

## 22. HABITAÇÃO E PLANEJAMENTO URBANO

suportar os custos que não são levados em conta pelos que vivem nesses bairros. Uma vez que os habitantes dos bairros pobres só retiram vantagem de viver no centro da cidade porque não pagam todos os custos causados pela sua decisão, a situação poderia ser mudada responsabilizando os proprietários por todos esses custos — com o resultado provável de essas moradias desaparecerem e serem substituídas por edifícios com fins comerciais ou industriais. É claro que isso não auxiliaria os habitantes dos bairros pobres. Nesse caso, a justificativa da ação não se baseia no interesse dos habitantes; os problemas são causados por "efeitos de vizinhança" e fazem parte das questões do planejamento urbano, que vamos considerar mais à frente.

Muito diferentes são os argumentos a favor da remoção dos bairros pobres com base nos supostos interesses ou necessidades dos seus residentes. Esses nos apresentam um verdadeiro dilema. Com frequência, as pessoas só obtêm algum ganho das oportunidades de rendimento oferecidas pela cidade porque vivem em edifícios antigos e superlotados. Para abolir os bairros pobres, temos de escolher uma de duas alternativas: impedir que essas pessoas retirem vantagem daquilo que, para elas, faz parte das suas oportunidades, removendo os edifícios baratos mas degradados, que constituem as suas vantagens, e expulsando-os efetivamente das cidades, insistindo em determinados padrões mínimos para todas as habitações urbanas[7]; ou providenciar para eles melhores habitações a um preço que não cubra os custos, subsidiando assim sua permanência e a migração de mais pessoas do mesmo tipo para cidade. Isso equivale a um estímulo ao crescimento das cidades além do economicamente justificável e à criação deliberada de uma classe dependente da comunidade para o atendimento das suas necessidades. Não se pode esperar que esse serviço seja providenciado sem que as autoridades também assumam o direito de decidir quem pode ou não se mudar para uma cidade.

Tal como acontece em muitos setores, essas políticas visam auxiliar certo número de pessoas sem levar em conta outras que, como resultado, também terão de ser auxiliadas. É verdade que parte da população dos bairros pobres da maioria das cidades consiste em antigos residentes que só conhecem a vida urbana e que teriam ainda menos capacidade para obter um rendimento adequado no meio rural. No entanto, o problema mais grave é suscitado pelo influxo de muitas pessoas pobres vindas sobretudo das regiões rurais, para quem as habitações baratas em edifícios velhos e decadentes da cidade oferecem um primeiro degrau na escada que pode conduzir a uma maior prosperidade. Essas pessoas consideram vantajosa a mudança para a cidade, apesar das condições superlotadas e insalubres em que têm de viver. A oferta de habitações muito melhores a um custo igualmente baixo atrai mais gente. A solução do problema seria deixar que os travões econômicos funcionassem ou controlar diretamente o influxo de população; quem acredita na liberdade verá a primeira hipótese como a melhor.

A habitação não é um problema independente que pode ser resolvido de forma isolada: faz parte do problema geral da pobreza e só pode ser resolvido por um aumento geral dos rendimentos. Essa solução, porém, será adiada se subsidiarmos as pessoas para se mudarem de onde a sua produtividade ainda é maior do que o custo de vida para locais onde será menor, ou se impedirmos a migração daquelas que acreditam que isso poderá melhorar suas perspectivas de vida, embora sujeitas a condições que parecem deploráveis.

Não caberia aqui analisar todas as outras medidas municipais que, embora concebidas para prover as necessidades de determinada população, tendem realmente a subsidiar o crescimento de grandes metrópoles além do ponto economicamente justificável. Em longo prazo, a maioria das políticas relativas às taxas de serviços públicos, que visam aliviar a sobrepopulação e fomentar o crescimento dos bairros periféricos, fornecendo serviços abaixo dos custos, só torna as coisas piores. Aquilo que já se disse acerca das atuais políticas de habitação na Inglaterra também se aplica à maioria dos outros países: "Resvalamos para uma prática de encorajar financeiramente, com os impostos coletados em todo país, a manutenção de estruturas urbanas muito grandes e concentradas, e, no caso das grandes cidades ainda em crescimento, a continuação de um crescimento fundamentalmente não econômico".[8]

5. Um tipo diferente de problema é suscitado pelo fato de, na contiguidade da vida urbana, o mecanismo dos preços refletir de forma imperfeita o benefício ou o prejuízo que um proprietário pode, pelas suas ações, causar a outros. Ao contrário do que geralmente acontece com os bens móveis, em que as vantagens e desvantagens decorrentes do seu uso se limitam aos seus proprietários, o uso dado a um bem imóvel afeta necessariamente a utilidade das propriedades vizinhas. Nas condições da vida urbana, isso se aplica ao uso das propriedades privadas e ainda mais ao uso dado aos terrenos de propriedade pública, como a usada para ruas e equipamentos públicos tão essenciais para a vida na cidade. Para que o mercado possa promover uma coordenação eficiente das iniciativas individuais, tanto os proprietários privados como as autoridades que controlam a propriedade pública têm de levar em conta, pelo menos, os efeitos mais importantes das suas ações na propriedade de terceiros. Só quando o valor da propriedade privada e da pública reflete todos os efeitos do uso a que se destinam é que o mecanismo de preços funciona de forma correta. Sem medidas específicas, essa condição

## 22. HABITAÇÃO E PLANEJAMENTO URBANO

só existirá em um nível limitado. O valor de qualquer imóvel é afetado pela maneira como os vizinhos usam o seu e ainda mais pelos serviços fornecidos e pelas regulamentações impostas pelas autoridades; e se as várias decisões não levarem em conta esses efeitos, é pouco provável que o total de benefícios exceda os custos totais.[9]

No entanto, ainda que o mecanismo de preços seja um guia imperfeito para o uso da área urbana, continua sendo indispensável para que o desenvolvimento se mantenha na iniciativa privada e para que sejam usados todos os conhecimentos e a capacidade de previsão dispersos por muitos indivíduos. Justifica-se que se tomem todas as medidas práticas para que o mecanismo funcione de forma mais eficiente, obrigando os proprietários a levar em conta todos os efeitos possíveis das suas decisões. Nesse caso, o conjunto de normas pelas quais as decisões dos proprietários privados podem coincidir com o interesse público terá de ser mais detalhado e ajustado a circunstâncias locais específicas do que o necessário no caso de outros tipos de propriedade. Esse "planejamento urbano", que opera sobretudo por meio dos seus efeitos no mercado e pelo estabelecimento de condições gerais a que todos os empreendimentos de uma zona ou de um bairro devem seguir, mas que, nessas condições, deixa as decisões para o proprietário particular, faz parte do esforço para tornar o mecanismo de mercado mais eficaz.

Contudo, existe outro tipo de controle muito diferente que também é praticado sob a designação de "planejamento urbano". Ao contrário do primeiro, esse é motivado pelo desejo de dispensar o mecanismo de preços, substituindo-o pelo dirigismo central. Grande parte do planejamento urbano que, de fato, é aplicado, em especial por arquitetos e engenheiros que nunca compreenderam o papel que os preços desempenham na coordenação das atividades individuais[10], pertence a esse gênero. Mesmo quando não visa vincular os desenvolvimentos futuros a um plano preconcebido que prescreve o uso de todas as áreas, esse tipo de planejamento conduz a esse resultado ao tornar o mecanismo de mercado cada vez mais inoperante.

A questão, portanto, não é se devemos ou não ser a favor do planejamento urbano, mas se as medidas adotadas devem suplementar e auxiliar o mercado ou suspendê-lo, substituindo o por uma direção centralizada. Os problemas práticos suscitados pelas políticas públicas nessa área são de grande complexidade, e não se pode esperar que apareça uma solução perfeita. O caráter benéfico de qualquer medida se manifestará na sua contribuição para um desenvolvimento desejável, cujos detalhes, porém, serão bastante imprevisíveis.

As principais dificuldades práticas decorrem do fato de a maioria das medidas de planejamento urbano aumentar o valor de algumas propriedades privadas e reduzir o de outras. Para que sejam benéficas, a soma dos ganhos deve ser maior do que a soma das perdas. Para que haja um equilíbrio real, é necessário que tanto os ganhos como as perdas decorrentes de uma medida recaiam sobre a autoridade planejadora, que deve aceitar a responsabilidade de cobrar aos proprietários privados o aumento do valor das suas propriedades (mesmo que as medidas que provocaram esse aumento tenham sido tomadas contra a vontade de alguns dos proprietários) e de indenizar aqueles cujas propriedades foram prejudicadas. Isso pode ser feito sem conferir poderes arbitrários e incontroláveis à autoridade, concedendo-lhe apenas o direito de expropriação ao valor justo de mercado. Em geral, isso é suficiente para permitir que a autoridade capture quaisquer aumentos de valor provocados pela sua ação e para indenizar os que se opõem à medida por reduzir o valor das suas propriedades. Na prática, a autoridade não terá normalmente de indenizar, mas, apoiada no seu poder de aquisição compulsiva, poderá negociar um preço ou uma indenização com o proprietário. Uma vez que a expropriação ao valor de mercado é o seu único poder coercitivo, todos os interesses legítimos estarão protegidos. É claro que será um instrumento imperfeito, pois em tais circunstâncias o "valor de mercado" não é uma soma exata, e as opiniões acerca do que é um valor justo de mercado podem variar bastante. No entanto, a questão importante é que essas disputas podem ser resolvidas, em última instância, por tribunais independentes e não precisam de ser deixadas ao poder discricionário da autoridade planejadora.

Os perigos decorrem principalmente da vontade de muitos planejadores de serem eximidos da necessidade de calcular todos os custos dos seus projetos. Com frequência, alegam que, se tiverem de indenizar pelo valor de mercado, o custo de realização de algumas melhorias torna-se inviável. No entanto, sempre que isso acontece, significa que o plano proposto não deve ser executado. Nada é mais suspeito do que os argumentos usados pelos planejadores urbanos para justificar a expropriação a preços abaixo do valor justo de mercado, argumentos normalmente baseados na falsa alegação de que, assim, podem reduzir os custos sociais do projeto. Tal projeto implica que certos custos não serão levados em conta: os planejadores fazem-no parecer vantajoso colocando simplesmente alguns dos custos sobre os ombros de alguns indivíduos, que serão depois esquecidos.

Muitos dos pontos válidos da justificativa do planejamento urbano são, com efeito, um argumento a favor de a unidade de planejamento ser, para certos fins, maior do que o tamanho normal da propriedade privada. Alguns dos objetivos do planejamento poderiam ser alcançados por uma divisão do conteúdo dos direitos de propriedade de maneira que certas decisões ficassem nas mãos do detentor do direito

## 22. HABITAÇÃO E PLANEJAMENTO URBANO

superior, ou seja, alguma corporação que representasse todo o bairro ou toda a região e que detivesse poderes para determinar os benefícios e os encargos dos subproprietários. Os empreendimentos imobiliários em que o construtor retém algum controle permanente sobre o uso de parcelas individuais oferecem, pelo menos, uma alternativa ao exercício do controle pela autoridade política. Também há a vantagem de a maior unidade de planejamento ser uma de muitas e de estar limitada no exercício dos seus poderes pela necessidade de concorrer com outras unidades semelhantes.

É claro que, de certa forma, até a concorrência entre municipalidades ou outras subdivisões políticas terá um efeito restritivo semelhante. No entanto, os planejadores urbanos costumam exigir esse planejamento em escala regional ou até nacional. É verdade que haverá sempre alguns fatores no planejamento que só podem ser levados em conta por unidades maiores. Ainda mais verdade é que, conforme a área de planejamento unificado vai aumentando, o conhecimento específico das circunstâncias locais será necessariamente usado de forma menos eficaz. O planejamento em escala nacional significa que, em vez de a unidade competitiva se tornar maior, a concorrência será totalmente eliminada. É claro que isso não é uma solução desejável. Provavelmente, não há uma resposta perfeita para as verdadeiras dificuldades criadas pela complexidade do problema. No entanto, só um método que funcione principalmente pelos incentivos e dados oferecidos ao proprietário privado e que lhe dê liberdade de uso de uma parcela particular de terreno poderá produzir resultados satisfatórios, pois mais nenhum método usará de modo tão completo o conhecimento disperso das perspectivas e possibilidades de desenvolvimento como faz o mercado.

Ainda existem alguns grupos organizados que afirmam que todas essas dificuldades poderiam ser resolvidas pela adoção do plano de "imposto único", ou seja, transferindo a propriedade de toda a terra para a comunidade e a alugando a construtores privados por preços determinados pelo mercado. Esse projeto de nacionalização da terra é, na sua lógica, provavelmente o mais sedutor e plausível de todos os planos socialistas. Se os pressupostos apresentados em que se baseia fossem corretos, ou seja, se fosse possível fazer uma distinção clara entre, de um lado, "os poderes permanentes e indestrutíveis do solo" e, de outro, o valor decorrente dos dois tipos diferentes de melhorias — o resultante dos esforços comunitários e o decorrente dos esforços do proprietário privado —, haveria forte justificativa para a sua adoção. No entanto, quase todas as dificuldades que mencionamos advêm do fato de não se poder fazer essa distinção com qualquer nível de certeza. A fim de criar o contexto necessário para o desenvolvimento privado de qualquer terreno, os contratos de

A CONSTITUIÇÃO DA LIBERDADE

arrendamentos concedidos com aluguéis fixos teriam de ser firmados por períodos tão longos (teriam também de ser livremente transferíveis) que se tornariam um pouco diferentes de uma propriedade privada, reaparecendo assim todos os problemas da propriedade individual. Embora desejássemos que as coisas fossem tão simples como pressupõe o programa do imposto único, não é uma solução para os problemas de que tratamos.

6. O despotismo administrativo a que os planejadores urbanos tendem a submeter toda a economia é bem ilustrado pelas disposições drásticas do British Town and Country Planning Act, de 1947.[11] Embora tenham sido revogadas alguns anos depois, não deixaram de ter admiradores em outros países e foram usadas como exemplo a ser seguido nos Estados Unidos.[12] Essas disposições possibilitavam nada menos do que a expropriação de todos os ganhos do proprietário urbano decorrentes de qualquer mudança no uso dado à sua terra — e um ganho era definido como qualquer aumento do valor da terra superior ao que teria se fosse proibida qualquer alteração de seu uso, que poderia ser, obviamente, nulo.[13] A indenização por esse confisco de todos os direitos de desenvolvimento deveria ser uma parcela de um fundo reservado para esse efeito.

A ideia subjacente a esse plano era de que as pessoas deviam ter a liberdade de vender e adquirir terras apenas por um preço baseado no pressuposto de que não haveria alterações ao uso dado ao terreno: qualquer lucro decorrente de mudanças desse uso seria entregue à autoridade planejadora como custo da autorização para a alteração, enquanto qualquer perda causada por uma queda do valor da terra no seu uso presente afetaria apenas o proprietário. Nos casos em que uma terra deixava de gerar lucros no seu uso presente, os "encargos de desenvolvimento", como era designado o imposto, chegavam ao valor total que a terra teria se fosse utilizada de qualquer outra maneira.

Como a autoridade criada para administrar essas disposições legais passou a dispor de um controle total de todas as mudanças em relação ao uso da terra além da agricultura, obteve assim um monopólio da decisão sobre o uso de qualquer terra na Grã-Bretanha para novos fins industriais ou comerciais e de uma autoridade total para usar esse poder para um controle efetivo sobre qualquer mudança. Trata-se de um poder que, pela sua própria natureza, não pode ser limitado por normas, e o Central Land Board a quem esse poder foi confiado deixou claro desde o início que não pretendia se limitar por normas a que teria de aderir de forma consistente. As *Notas práticas* que emitiu no início das suas atividades declaravam isso com muita

## 22. HABITAÇÃO E PLANEJAMENTO URBANO

franqueza. Reservava-se explicitamente o direito de se desviar das normas funcionais sempre que, "por razões especiais, não se aplicarem" e de "ocasionalmente variar a [sua] política" e tratar a "norma geral de funcionamento [como] variável se não se ajustar a um caso específico".[14]

Não admira que essas características da lei tenham sido consideradas inviáveis e revogadas sete anos depois, antes que qualquer indenização tivesse sido paga pela "nacionalização do valor de desenvolvimento" da terra. Continua uma situação em que qualquer mudança do uso de terrenos é feita com a permissão da autoridade planejadora, permissão que, porém, só é obtida se o empreendimento não contrariar um plano geral preexistente. Assim, mais uma vez, o proprietário privado tem interesse em dar um uso melhor à sua terra. Toda essa experiência pode ser vista como um episódio curioso e uma ilustração das absurdidades de uma legislação mal concebida, mas é a consequência lógica de concepções amplamente difundidas. Todas as tentativas de suspender o mecanismo do mercado, substituindo-o por uma direção centralizada, conduzem a um sistema de controle que concede à autoridade um poder total sobre todos os empreendimentos. A fracassada experiência britânica não atraiu mais atenção porque, embora a lei estivesse em vigor, o mecanismo necessário para sua administração nunca esteve plenamente funcional. A legislação e o mecanismo para administrá-la eram tão complexos que ninguém — à exceção de alguns infelizes que ficaram presos nas suas malhas — chegou a perceber do que se tratava.

7. Os problemas do planejamento urbano geral são, em muitos aspectos, semelhantes aos problemas das normas que regulamentam a construção civil. Embora não suscitem questões importantes de princípio, devemos analisá-los de forma breve. Há duas razões por que algum tipo de regulamentação da construção é, sem dúvida, desejável. A primeira já é bem conhecida e diz respeito aos danos que podem ser causados a terceiros pela construção de edifícios que apresentam riscos de incêndio ou de saúde; nas condições atuais, as pessoas que devem ser consideradas incluem vizinhos e todos os utilizadores de um edifício que não sejam ocupantes, mas clientes desses que precisam ter a certeza (ou, pelo menos, uma forma de verificar) de que o edifício onde estão é seguro. A segunda é que, no caso da construção, a imposição de certos padrões é, talvez, a única forma eficaz de prevenir a fraude e o estelionato por parte da construtora: os padrões estabelecidos nos códigos de construção servem como meios de interpretar os contratos de construção e de garantir que as técnicas e os materiais considerados adequados serão efetivamente usados, a menos que o contrato contenha outras disposições explícitas.

A CONSTITUIÇÃO DA LIBERDADE

Embora a conveniência dessas regulamentações seja indiscutível, existem alguns campos em que as regulamentações estatais oferecem oportunidade para abusos ou foram utilizadas para impor restrições danosas ou irracionais ao desenvolvimento, contribuindo muitas vezes para reforçar as posições quase monopolistas dos produtores locais. Sempre que as regulamentações ultrapassam os requisitos de padrões mínimos, e, em particular, sempre que tendem a tornar o método-padrão de um dado tempo e lugar o único método permitido, podem se transformar em obstáculos sérios aos desenvolvimentos econômicos desejáveis. Ao impedirem a experimentação de novos métodos e ao apoiarem os monopólios locais de empreendimentos e de mão de obra, são em parte responsáveis pelos altos custos de construção, bem como pela escassez e superlotação das habitações. Isso acontece especialmente quando as regulamentações não apenas exigem que os edifícios satisfaçam certas condições ou testes, mas também prescrevem a adoção de técnicas específicas. Devemos sublinhar que os "códigos de desempenho" do primeiro tipo impõem menos restrições às melhorias espontâneas do que os "códigos específicos" e, por isso, devem ser preferidos. Esses, à primeira vista, podem parecer mais de acordo com nossos princípios, pois conferem menos poder discricionário à autoridade; no entanto, o poder discricionário conferido pelos "códigos de desempenho" não é do tipo objetável. A adequação de certa técnica aos critérios de desempenho explicitados numa norma pode ser avaliada por especialistas independentes, e qualquer disputa que surja pode ser resolvida por um tribunal.

Outra questão de certa importância e dificuldade é se as regulamentações da construção devem ser elaboradas pelas autoridades locais ou centrais. Talvez seja verdade que as regulamentações locais tendem a permitir mais abusos sob a influência dos monopólios locais e que, em outros aspectos, seja mais restritiva. Provavelmente, há argumentos fortes a favor de normas nacionais cuidadosamente elaboradas, que as autoridades locais podem adotar, fazendo todas as modificações que lhes parecerem adequadas. Em geral, porém, parece provável que, se os códigos forem localmente determinados, a concorrência entre as autoridades locais criará uma eliminação mais rápida das restrições obstrutivas e absurdas da que seria possível se os códigos fossem uniformemente fixados pela lei para todo o país ou para uma grande religião.

8. Os problemas suscitados pelo planejamento urbano podem assumir grande importância no futuro em relação à localização das indústrias em escala nacional. O tema está começando a chamar cada vez mais a atenção dos planejadores, e é nessa área

344

## 22. HABITAÇÃO E PLANEJAMENTO URBANO

que encontramos agora com mais frequência a afirmação de que os resultados da concorrência livre são irracionais e danosos.

Até que ponto será irracional a localização atual da indústria e em que medida será possível melhorá-la com o planejamento central? Obviamente, é verdade que, se os acontecimentos tivessem sido corretamente previstos, muitas das decisões acerca da localização das fábricas teriam sido diferentes e que, nesse sentido, aquilo que aconteceu no passado parece, em retrospectiva, insensato. No entanto, não significa que, com o conhecimento então disponível, fosse possível esperar uma decisão diferente ou que os resultados teriam sido mais satisfatórios se os acontecimentos estivessem sob o controle de uma autoridade nacional. Embora tenhamos de voltar a lidar aqui com um problema em que o mecanismo de preços funciona de forma imperfeita e não considera algumas coisas importantes, é muito duvidoso que um planejador central conduza as decisões tão bem como o mercado. É notável o sucesso do mercado a esse respeito, levando os indivíduos a ter em conta os fatos que não conhecem diretamente, mas que se refletem apenas nos preços. A análise crítica mais bem conhecida desses problemas levou A. Lösch a concluir que "o resultado mais importante deste livro é, provavelmente, a demonstração de como as forças livres operam de forma favorável". Ele acrescenta que o mercado "respeita todos os desejos humanos, às escuras, sejam ou não saudáveis", e que "o mecanismo do mercado livre funciona muito mais para o bem comum do que normalmente se pensa, ainda que com certas exceções".[15]

# 23. Agricultura e recursos naturais

*Sou contra qualquer tipo de administração excessiva e, mais especialmente, contra a mais perigosa de todas as intervenções da autoridade: a que interfere com a subsistência do povo.*
EDMUND BURKE

1. O aumento da população urbana e industrial, que sempre acompanha o crescimento da economia e da civilização, criou no mundo ocidental uma redução não só da proporção, mas também dos números absolutos da população rural. O progresso tecnológico aumentou de tal maneira a produtividade do esforço humano na produção de alimentos que é cada vez menor o número necessário de pessoas para suprir as necessidades de uma grande população. No entanto, embora o aumento da população provoque um aumento proporcional da procura de alimentos, à medida que a taxa de crescimento populacional diminui e o progresso assume geralmente a forma de um crescimento do rendimento per capita, uma parte cada vez menor desse rendimento adicional é gasta no consumo crescente de alimentos. As pessoas ainda podem ser induzidas a gastar mais num consumo acrescido de comida se forem oferecidos os alimentos favoritos, mas, após certo ponto, o consumo per capita dos alimentos deixa de aumentar e até pode diminuir. Esse aumento da produtividade, combinado com uma procura fixa, significa que, para que os indivíduos dedicados à agricultura mantenham seu rendimento médio (ou até para acompanhar o crescimento geral dos rendimentos), seu número terá de diminuir.

Com essa redistribuição da mão de obra entre a agricultura e as outras ocupações, não há razões para que, em longo prazo, os que permanecem trabalhando na agricultura não retirem tanto benefício do progresso econômico quanto os outros. No entanto, enquanto a população agrícola continuar a ser relativamente grande, a mudança trará desvantagem para essa população durante a transição. Um êxodo

## 23. AGRICULTURA E RECURSOS NATURAIS

espontâneo do campo para a cidade só se concretizará se a renda proveniente da agricultura for reduzida em relação à das profissões urbanas. Quanto maior for a relutância dos agricultores e camponeses em se mudar para outras ocupações, maiores serão as diferenças de rendimentos durante o período de transição. Em especial quando a mudança se prolonga durante várias gerações, as diferenças só serão pequenas se as migrações forem relativamente rápidas.

No entanto, em toda parte, as medidas políticas têm atrasado esse reajuste, com o resultado de a magnitude do problema ter aumentado de forma constante. A parte da população mantida na agricultura por medidas políticas deliberadas tem aumentado de tal maneira que, para igualar a produtividade entre a população agrícola e a população industrial, seria necessária, em muitos casos, uma migração maciça que parece totalmente inviável num período limitado de tempo.[1]

Essa política foi seguida por várias razões. Nos países europeus, onde a industrialização cresceu rapidamente, as políticas partiram de uma noção vaga acerca de um "equilíbrio adequado" entre a indústria e a agricultura, em que "equilíbrio" pouco mais significava do que a manutenção da proporção tradicional entre ambas. Nos países que, devido à sua industrialização, tendiam a se tornar dependentes de alimentos importados, esses argumentos foram apoiados pela consideração estratégica da autossuficiência em tempo de guerra. Também se acreditava que a necessidade de uma transferência de população não era periódica e que, portanto, o problema poderia ser minimizado estendendo o processo por um período mais longo. No entanto, a consideração dominante que quase no mundo todo levou os governos a interferirem nesse problema foi a garantia de um "rendimento adequado" para as pessoas que, na época, viviam da agricultura.

O apoio que a política governamental recebeu do público geral se deveu muitas vezes à impressão de que toda a população rural, e não apenas sua porção menos produtiva, era incapaz de obter um rendimento razoável. Essa crença se baseava no fato de os preços dos produtos agrícolas tenderem a cair muito mais do que aconteceria permanentemente depois dos reajustes necessários. Mas só essa pressão dos preços, que não só produz a redução necessária da população agrícola como também conduz à adoção das novas técnicas agrícolas, diminuirá os custos e possibilitará a sobrevivência das unidades de produção adequadas.

A eliminação das terras e propriedades rurais de baixa produtividade, que reduzirá os custos médios e, ao reduzir a oferta, travará e talvez até inverterá a queda dos preços dos produtos, é apenas parte do reajuste necessário. Igualmente importantes para a recuperação da prosperidade da agricultura são as mudanças na sua estrutura interna, que serão induzidas pela alteração nos preços relativos dos seus diferentes produtos. As políticas seguidas para auxiliar a agricultura nas suas dificuldades, porém, costumam impedir os reajustes que a tornariam lucrativa.

Daremos aqui apenas um exemplo importante desse problema. Como já dissemos, quando o aumento geral dos rendimentos excede certo nível, as pessoas só aumentarão seus gastos em alimentos se tiverem à disposição seus produtos preferidos. No mundo ocidental, isso significa, sobretudo, uma substituição dos cereais e de outros alimentos ricos em amido por alimentos com alto teor de proteína, como a carne e os laticínios. Esse processo seria estimulado se os agricultores passassem a produzir uma quantidade maior desses produtos desejados com custos relativamente reduzidos. Isso seria possível caso se deixasse que o preço dos cereais caísse até que se tornasse lucrativo usá-los como alimento de gado, produzindo assim os alimentos desejados pelos consumidores. Esse sistema impediria que o consumo total de cereais diminuísse tanto e, ao mesmo tempo, contribuiria para a redução dos preços da carne etc. No entanto, isso é normalmente impossibilitado por uma política que mantém os preços dos cereais em tal nível que o consumo humano não absorverá a oferta, não podendo ser usados lucrativamente para outros fins.

Esse exemplo deve bastar para ilustrar as várias maneiras como as políticas seguidas impediram que a agricultura se adaptasse às mudanças das condições. Com uma adaptação adequada, um número menor de produtores (mas ainda maior do que seria em outro caso) poderia aumentar sua produtividade de forma a partilhar do crescimento geral da prosperidade. Obviamente, é verdade que parte do problema da agricultura é que tanto o caráter dos seus processos como o dos produtores tende a tornar lenta sua adaptação à mudança. No entanto, é claro que a solução não pode residir em torná-la ainda mais resistente à adaptação. Mas é isso que faz a maioria das medidas importantes de controle adotadas pelos governos, em especial todas as medidas de controle dos preços.

2. Não é necessário repetir que, em longo prazo, o controle dos preços não leva a resultados desejáveis e que, mesmo num período limitado, só pode ser eficaz se combinado com controles diretos da produção. Para que beneficie os produtores, tem de ser de alguma maneira suplementado por decisões da autoridade sobre quem deve produzir, quanto e o quê. Dado que o objetivo é permitir que as pessoas permaneçam na terra que cultivam, obtendo um rendimento que as satisfaça, e dado que os consumidores não estão dispostos a gastar o suficiente em alimentos para manter um alto nível de rendimento dos agricultores, a autoridade tem de recorrer à

## 23. AGRICULTURA E RECURSOS NATURAIS

transferência compulsiva de rendimentos. O exemplo da Grã-Bretanha mostra até onde isso pode nos levar: calcula-se que, nesse país, o total do auxílio financeiro à agricultura alcance em breve "qualquer coisa como dois terços do rendimento líquido agregado da agricultura".[2]

Devemos fazer duas observações especiais a esse respeito. Em primeiro lugar, na maioria dos países, o processo de retirar a agricultura do mecanismo do mercado, sujeitando-o à crescente direção governamental, começou antes de a mesma coisa ter sido feita na indústria, e foi normalmente realizado com o apoio ou até por iniciativa dos conservadores, que não se mostraram avessos a medidas socialistas se essas servissem a fins que aprovavam. Em segundo, essa tendência foi talvez até mais forte em países onde a população agrícola constituía uma parte relativamente pequena do total, mas que, graças à sua peculiar posição política, recebeu privilégios que nenhum grupo semelhante ainda obtivera e que em nenhum sistema poderiam ser concedidos a todos. Poucos sistemas são tão duvidosos em relação à capacidade de o governo democrático agir racionalmente ou de seguir planos inteligentes quando dispensa os princípios e pretende garantir o estatuto de grupos específicos. Chegamos a uma situação na agricultura em que, quase em toda parte, os especialistas mais ponderados já não perguntam que política racional deve ser seguida, mas que medidas politicamente viáveis causam menos prejuízo.

No entanto, neste livro, não podemos dar atenção às necessidades políticas que o estado atual da opinião impõe às decisões correntes. Devemos nos limitar a mostrar que a política agrícola, na maioria dos países ocidentais, tem sido dominada por concepções que não só se anulam a si mesmas, como também, se forem generalizadas, conduziriam a um controle totalitário de toda atividade econômica. Não se pode aplicar os princípios do socialismo em benefício de apenas um grupo; se isso fosse feito, não se poderia esperar resistir à exigência de outros grupos de terem seus rendimentos igualmente determinados pela autoridade segundo alegados princípios de justiça.

O melhor exemplo das consequências dessas políticas é, provavelmente, a situação que surgiu nos Estados Unidos após vinte anos de esforços para a aplicação do conceito de "paridade".[3] A tentativa de garantir aos produtores agrícolas preços que mantenham uma relação fixa com os preços dos produtos industriais só pode conduzir a uma suspensão das forças que provocariam a necessária restrição da produção agrícola para os produtores que operam com custos mais baixos e para os produtos que ainda podem ser lucrativamente produzidos. É inegável que, para que essas forças funcionem, o aumento dos rendimentos da agricultura durante o período de transição será inferior ao do restante da população. Mas nada evitará, salvo se travarmos

349

A CONSTITUIÇÃO DA LIBERDADE

o progresso da tecnologia e da riqueza, a necessidade dessas adaptações; e a tentativa de minimizar seus efeitos por meio de transferências compulsivas de rendimentos da população urbana para a agrícola postergará ainda mais as adaptações, agravando assim o problema.

Os resultados dessa política nos Estados Unidos — o acúmulo cada vez maior de excedentes, cuja existência se tornou uma nova ameaça para a estabilidade da agricultura não só americana, mas também mundial, a distribuição de áreas de cultivo fundamentalmente arbitrária, ineficaz e irracional etc. — são bem conhecidos e não precisam ser descritos. Poucos negarão que o principal problema consiste agora em saber como a política governamental pode sair da situação que ela própria criou e se a agricultura americana estaria melhor se o governo nunca tivesse se intrometido nas questões dos preços, das quantidades e dos métodos de produção.

3. Ainda que o caráter irracional e absurdo da política agrícola moderna possa ser mais claramente visível nos Estados Unidos, temos de olhar para outros países para perceber como essas políticas, sistematicamente implementadas, tendem a impor restrições ao agricultor (cuja "independência teimosa" é, ao mesmo tempo, referida como uma justificativa para sustentá-lo à custa do Estado) e o transformam no mais regulado e controlado de todos os produtores.

Esse desenvolvimento terá ido mais longe na Grã-Bretanha, onde foi estabelecido um nível de supervisão e controle da maioria das atividades agrícolas sem paralelo no mundo ocidental. Talvez seja inevitável que, quando a agricultura é operada à custa de subsídios públicos, certos padrões também sejam impostos e até que o castigo por aquilo que as autoridades consideram má exploração da terra seja a expulsão do agricultor ineficiente da sua propriedade. Contudo, é uma ilusão curiosa esperar que a agricultura se adapte de modo mais eficaz às novas condições se os métodos de cultivo estiverem submetidos ao controle de uma comissão de vizinhos e se aquilo que a maioria ou alguma autoridade superior considerar boa agricultura se tornar o método-padrão universalmente imposto. Tais restrições podem ser a melhor forma de preservar o tipo de agricultura que conhecemos e que muitas pessoas (a maioria das quais, penso eu, residentes na cidade) desejam ver conservado por razões sentimentais; mas seu resultado só pode ser a dependência cada vez maior da população agrícola.

De fato, a notável solicitude que, na Inglaterra, o público manifesta pelo destino da agricultura se deve provavelmente mais a razões estéticas do que econômicas. Isso se aplica ainda mais à preocupação que, em países como a Áustria e a Suíça, o público mostra em relação à conservação dos camponeses das montanhas. Em todos

350

## 23. AGRICULTURA E RECURSOS NATURAIS

esses casos, o público aceita carregar um fardo pesado pelo receio de que o rosto familiar do campo se altere com o desaparecimento das técnicas agrícolas presentes e de que o agricultor ou o camponês, se não forem especialmente protegidos, desapareçam por completo. É essa apreensão que faz com que as pessoas fiquem alarmadas com qualquer redução da população agrícola e que lhes projeta na mente uma imagem de aldeias ou vales completamente desertificados depois de algumas propriedades terem sido abandonadas.

No entanto, essa "conservação" é arqui-inimiga de uma agricultura viável. Nem todos os agricultores ou camponeses são igualmente ameaçados por qualquer desenvolvimento. Tal como em qualquer outra ocupação, existem grandes desfasagens entre a prosperidade e a pobreza em relação aos camponeses que trabalham em condições semelhantes.[4] Tal como em todas as outras áreas, para que haja uma adaptação contínua às novas condições na agricultura, é essencial que o exemplo dos indivíduos que têm sucesso por terem descoberto a resposta adequada à mudança seja seguido pelos outros. Isso significa sempre que certos tipos desaparecerão. Na agricultura, em particular, significa que o agricultor ou o camponês, para ter sucesso, deve se tornar progressivamente um empresário — um processo necessário que muitas pessoas rejeitam e evitam. Mas a alternativa para a população agrícola seria se tornar cada vez mais uma espécie de apêndice de um parque nacional, tipos pitorescos, preservados para povoar a paisagem, e deliberadamente impedidos de fazer atualizações de mentalidade e tecnológicas que lhes permitiriam sustentar-se.

Essas tentativas de conservar certos membros da população agrícola, protegendo-os da necessidade de mudar tradições e hábitos profundamente enraizados, possibilita que sejam tutelados permanentes do governo, pensionistas que vivem à custa do restante da população, eternamente dependentes, no seu sustento, de decisões políticas. Seria certamente um mal menor se alguns sítios remotos desaparecessem e se, em alguns lugares, pastagens ou até florestas substituíssem o que, em condições diferentes, seria terra arável. De fato, mostraríamos mais respeito pela dignidade das pessoas se permitíssemos que certos modos de vida desaparecessem em vez de os preservar como espécimes de tempos passados.

4. A ideia de que, na agricultura, não se justifica o controle dos preços ou da produção, ou qualquer tipo de planejamento geral, e que a maioria das medidas desse gênero foi economicamente insensata e uma ameaça para a liberdade individual não significa que não existam problemas genuínos e importantes de política agrícola, nem que o governo não tenha funções importantes a realizar nessa área. No entanto, como

A CONSTITUIÇÃO DA LIBERDADE

em qualquer outra área, essas funções implicam, por um lado, o aperfeiçoamento gradual das instituições legais que permitem ao mercado funcionar de forma mais eficaz e instigar o indivíduo a levar em conta todos os efeitos das suas ações; por outro, as atividades de serviço nas quais o governo, enquanto agente do povo, providencia certas facilidades, sobretudo na forma de informação, que, pelo menos em certas fases de desenvolvimento, não seriam providenciadas de outra maneira, ainda que também aqui o governo nunca deva se atribuir direitos exclusivos, mas, sim, facilitar o crescimento de esforços voluntários que, com o tempo, possam assumir essas funções.

À primeira categoria pertencem todos os problemas que, tanto na agricultura como nos assuntos urbanos, decorrem dos efeitos de vizinhança e das consequências mais amplas que o uso de certa parcela de terra pode ter para o restante da comunidade.[5] Alguns desses problemas serão analisados mais à frente, em ligação com o problema geral da conservação dos recursos naturais. Também existem, porém, problemas agrícolas específicos em relação aos quais nossa moldura legal e, em particular, a legislação relativa à propriedade e seu uso poderiam ser melhoradas. Muitos dos defeitos mais graves no funcionamento do mecanismo dos preços só podem ser corrigidos pela evolução de unidades de empreendimento adequadas sob um controle único e, em certos casos, apenas pela colaboração de grupos adequados que visem a certos fins. Até onde pode chegar essa evolução de formas adequadas de organização dependerá em grande parte do caráter da legislação acerca do solo, incluindo as possibilidades que providencia, com as garantias necessárias, para a expropriação compulsiva. Não há dúvida de que a consolidação na Europa dos domínios dispersos herdados da Idade Média ou as delimitações das terras públicas na Inglaterra foram medidas legislativas necessárias para possibilitar melhorias feitas por esforços individuais. E é pelo menos concebível, embora a experiência real com as "reformas agrárias" não justifique grande confiança, que, em certas circunstâncias, as mudanças na legislação acerca do solo possam contribuir para a eliminação dos latifúndios, que se tornaram antieconômicos, mas que são mantidos graças a certas características da lei em vigor. Embora haja espaço para um aperfeiçoamento gradual da moldura legal, quanto mais liberdade houver para fazer experiências com os sistemas existentes, maior será a probabilidade de mudanças serem feitas na direção correta.

Também há um vasto campo para a ação governamental em termos de serviços, em especial na forma de divulgação de informações. Uma das verdadeiras dificuldades da agricultura, numa sociedade dinâmica, é que a natureza específica da população agrícola leva que essa tenha menos contato com os avanços e as mudanças. Quando isso significa, como acontece normalmente com um campesinato que

## 23. AGRICULTURA E RECURSOS NATURAIS

conserva os métodos tradicionais de cultivo, que a maioria dos indivíduos nem sabe que existem conhecimentos úteis e valiosos disponíveis, será um investimento vantajoso se a comunidade assumir alguns dos custos da divulgação desses conhecimentos. Todos temos interesse em que os nossos concidadãos estejam em posição de poder decidir de forma sensata, e, se alguns ainda não despertaram para as possibilidades oferecidas pelos progressos tecnológicos, uma despesa relativamente pequena pode, em muitos casos, ser suficiente para convencer os indivíduos a aproveitarem as novas oportunidades e, assim, progredirem por sua própria iniciativa. Mais uma vez, o governo não deve ser o único fornecedor de conhecimento, com o poder de decidir aquilo que o indivíduo deve ou não conhecer. Também é possível que o excesso de ação por parte do governo seja prejudicial, impedindo o desenvolvimento de formas mais eficazes de esforço voluntário. De qualquer modo, não há a princípio objeções a que tais serviços sejam fornecidos pelo governo; e saber quais deles justificam seu custo e em que medida devem ser oferecidos é uma questão de conveniência, que não gera outros problemas fundamentais.

5. Embora não possamos analisar aqui os problemas peculiares dos "países subdesenvolvidos"[6], não podemos deixar o assunto da agricultura sem comentar brevemente o fato paradoxal de que, enquanto os países antigos se envolvem nas complexidades mais absurdas para evitar a diminuição da sua população agrícola, as nações mais recentes parecem ainda mais ansiosas por acelerar o crescimento da população industrial por meios artificiais.[7] Esse esforço dos países novos parece se basear numa mentira bastante ingênua do tipo *post hoc ergo propter hoc*: como, historicamente, o crescimento da riqueza foi regularmente acompanhado de uma industrialização rápida, pressupõe-se que a industrialização causará um crescimento mais rápido da riqueza. Trata-se aqui de uma confusão evidente entre um efeito intermediário e uma causa. É verdade que, à medida que a produtividade per capita aumenta como resultado do investimento de mais capital em equipamentos, e ainda mais como resultado do investimento em conhecimentos e aptidões, cada vez mais uma parte maior da produção adicional será exigida na forma de produtos industriais. Também é verdade que, nesses países, um aumento substancial da produção de alimentos exigirá uma oferta maior de equipamentos. No entanto, nenhuma dessas razões altera o fato de que, para que uma industrialização em grande escala seja o meio mais rápido de aumentar a renda média, tem de existir um excedente agrícola que possa alimentar uma população industrial.[8] Se houvesse um capital ilimitado disponível e se a mera disponibilidade de capital suficiente pudesse alterar rapidamente os conhecimentos

e as atitudes de uma população agrícola, seria conveniente que esses países implementassem uma reconstrução planejada da sua economia segundo o modelo dos países capitalistas mais avançados. Isso, porém, não está ao alcance das possibilidades atuais. De fato, parece que, se países como a Índia e a China quiserem promover um aumento rápido do nível de vida, só uma pequena parcela do capital disponível deverá ser destinada à criação de equipamento industrial sofisticado e talvez nenhuma seja aplicada no tipo de fábricas altamente automatizadas, de "capital intensivo", que são características dos países em que o valor da mão de obra é muito elevado; esses países deveriam dispersar o capital da forma mais ampla e uniforme possível entre as aplicações que aumentarão diretamente a produção de alimentos.

Os acontecimentos essencialmente imprevisíveis que podem ser produzidos pela aplicação de conhecimentos tecnológicos avançados em economias extremamente pobres em capital serão provavelmente mais acelerados se forem criadas oportunidades para a evolução livre do que se for imposto um padrão copiado das sociedades em que a proporção entre o capital e a mão de obra é totalmente diferente da que existirá nas economias mais jovens num futuro próximo. Por mais que se justifique que, nesses países, o governo deva tomar a iniciativa de providenciar exemplos e gastar generosamente na divulgação do conhecimento e na educação, parece-me que o planejamento geral e a direção de toda a atividade econômica são mais desaconselháveis do que nos países mais avançados. Digo isso em termos tanto econômicos como culturais. Só o crescimento livre poderá permitir que esses países desenvolvam uma civilização viável própria, capaz de dar uma contribuição distinta às necessidades da humanidade.

6. No Ocidente, a maioria das pessoas sensatas compreende que o problema da política agrícola consiste em retirar os governos do sistema de controle em que se embrenharam e restaurar o funcionamento do mercado. No entanto, no campo relacionado da exploração dos recursos naturais, a opinião dominante continua sendo de que a situação peculiar existente exige que os governos assumam um amplo controle. Essa opinião é particularmente forte nos Estados Unidos, onde o "movimento pela conservação" constituiu, em grande medida, a origem das correntes a favor do planejamento central, contribuindo bastante para a ideologia indígena dos reformistas econômicos radicais.[9] Poucos argumentos foram usados de forma tão ampla e eficaz para convencer o público do "desperdício da concorrência" e da conveniência de uma gestão centralizada das atividades econômicas importantes como a alegada degradação de recursos naturais pelas empresas privadas.

## 23. AGRICULTURA E RECURSOS NATURAIS

Houve vários motivos pelos quais, num novo país que foi rapidamente povoado por imigrantes que trouxeram uma tecnologia avançada, o problema da conservação dos recursos se tornou mais grave do que na Europa. Enquanto aqui a evolução fora gradual e havia muito se estabelecera certo equilíbrio (em parte, sem dúvida, porque a exploração já tinha feito os seus estragos numa fase anterior, como o desmatamento e a consequente erosão de muitas das colinas meridionais dos Alpes), a ocupação rápida por parte da América de áreas enormes de terras virgens suscitou problemas de outra ordem de magnitude. Não é de admirar que as mudanças implicadas na exploração original de um continente durante apenas um século tenham provocado perturbações no equilíbrio da natureza que, em retrospectiva, parecem lamentáveis.[10] No entanto, a maioria daqueles que se queixam do que aconteceu está protestando após o fato consumado; não há razões para pensar que, com o conhecimento disponível nesse tempo, mesmo a política governamental mais inteligente pudesse ter evitado esses efeitos que agora são considerados deploráveis.

Não se pode negar que houve um verdadeiro desperdício; no entanto, devemos sublinhar que o exemplo mais importante disso — o desmatamento — deveu-se em grande parte ao fato de as florestas *não* se terem tornado propriedade privada, mas terem sido mantidas como posse pública e abertas à exploração privada em termos que não incentivaram os exploradores à conservação. É verdade que, em relação a certos recursos naturais, os sistemas de propriedade geralmente adequados não garantem um uso eficiente do solo e que, a esse respeito, podem ser desejáveis disposições especiais da legislação. Tipos diferentes de recursos naturais suscitam problemas diferentes que teremos de analisar.

A respeito de alguns recursos naturais, como as jazidas de minérios, sua exploração significa necessariamente que se esgotarão de forma gradual, enquanto outros podem permitir uma exploração contínua por um período indefinido.[11] A queixa habitual dos preservacionistas é que os primeiros — os "recursos não renováveis" — se esgotam muito depressa, enquanto os segundos — os "recursos renováveis" — não são usados de maneira que se obtenha um retorno permanente tão elevado quanto poderiam dar. Essas afirmações se baseiam, em parte, na crença de que o explorador privado não se preocupa tanto com o futuro ou não tem tanta capacidade de prever o futuro quanto o governo, e, em parte, como veremos, numa falácia simples que invalida grande parte do habitual argumento preservacionista.

A esse respeito, surge também o problema dos efeitos de vizinhança, que, em certos casos, pode conduzir a métodos de exploração desperdiçadores, a não ser que as unidades de propriedade tenham dimensões tais que pelo menos os efeitos mais

A CONSTITUIÇÃO DA LIBERDADE

importantes das ações dos proprietários se reflitam no valor das próprias propriedades. Esse problema surge, em especial, ligado aos vários tipos de "recursos fugazes", como a caça, a pesca, a água, o petróleo ou o gás natural (e talvez também a chuva, num futuro próximo), dos quais só podemos nos apropriar esgotando-os, e que nenhum explorador particular terá interesse em conservar, pois aquilo que ele não explorar será explorado por outros. Dão origem a situações em que a propriedade privada não pode existir (como na pesca em alto-mar e na maioria das outras formas de recursos da vida selvagem), e temos, assim, que encontrar uma modalidade substituta, ou em que a propriedade privada só conduzirá a uma utilização racional se o âmbito do controle unificado corresponder à área dentro da qual o mesmo recurso pode ser explorado, como no caso de um poço de petróleo. É inegável que, por razões tecnológicas, quando não pode haver controle exclusivo dos recursos particulares por proprietários individuais, temos de recorrer a formas alternativas de regulamentação.

É claro que, em certo sentido, a maior parte do consumo de recursos não renováveis se baseia na esperança. Esperamos geralmente que, quando o recurso se esgotar, um recurso novo será descoberto, que satisfará a mesma necessidade ou, pelo menos, compensará aquilo que já não temos, de maneira que, de modo geral, nossa vida não se altere. Estamos constantemente esgotando recursos com base na mera probabilidade de que nosso conhecimento acerca dos recursos disponíveis aumente indefinidamente — e esse conhecimento se amplia de fato, em parte porque esgotamos os recursos de maneira muito rápida. Na verdade, se quisermos utilizar plenamente os recursos disponíveis, temos de agir no pressuposto de que nosso conhecimento continuará aumentando, ainda que algumas das nossas expectativas particulares possam ser frustradas. O desenvolvimento industrial teria sido bastante adiado se, há sessenta ou oitenta anos, o aviso dos preservacionistas acerca da ameaça de esgotamento das reservas de carvão tivesse sido ouvido; e o motor de combustão interna nunca teria revolucionado os transportes se a sua utilização tivesse se limitado às reservas de petróleo então conhecidas (durante as primeiras décadas da era do automóvel e do avião, considerando o ritmo de utilização da época, as reservas de petróleo conhecidas teriam se esgotado em dez anos). Embora seja importante que, em relação a todas essas questões, a opinião dos especialistas acerca dos fatos físicos deveria ser ouvida; o resultado, na maioria dos casos, teria sido muito negativo se tivessem o poder de impor suas opiniões na política governamental.

7. Os principais argumentos que convenceram as pessoas da necessidade de uma gestão centralizada da conservação dos recursos naturais são que o governo tem mais

## 23. AGRICULTURA E RECURSOS NATURAIS

interesse e maior capacidade de prever o futuro do que os indivíduos, e que a preservação dos recursos particulares causa problemas diferentes dos problemas gerais relativos às reservas para o futuro.

As implicações da ideia de que o governo tem mais interesse do que os indivíduos em precaver o futuro vão além dos problemas da conservação dos recursos naturais. A afirmação não é apenas de que certas necessidades futuras, como a segurança ou a defesa, devem ser planejadas apenas pela comunidade como um todo. Diz também que o governo deveria, em geral, dedicar uma parte maior dos recursos para reservas futuras do que a parte que resultaria da decisão particular dos indivíduos. Ou, como é muitas vezes dito, as necessidades futuras devem ser mais valorizadas (ou calculadas com taxas de juro mais baixas) pelo governo do que pelos indivíduos. Se fosse válida, essa afirmação justificaria realmente o planejamento central de grande parte da atividade econômica. No entanto, nada justifica essa ideia senão o juízo arbitrário dos que a defendem.

Numa sociedade livre, não se justifica que os indivíduos sejam eximidos da responsabilidade pelo futuro, tal como não se justifica afirmar que as gerações passadas deveriam ter feito mais reservas para as gerações presentes. A afirmação não se torna mais válida por causa do argumento enganoso, muitas vezes invocado, de que, como o governo pode contrair empréstimos com taxas de juro mais baixas, está em melhor posição para cuidar das necessidades futuras. É um argumento enganoso porque a vantagem que os governos têm a esse respeito se baseia apenas no fato de o risco de fracasso nos seus investimentos ser suportado não por eles, mas, sim, pelo contribuinte; de fato, o risco não é menor no que diz respeito ao juízo da rentabilidade do investimento privado. No entanto, dado que os governos — que podem abater o prejuízo pela tributação fiscal se o investimento não tiver o retorno esperado — só costumam contar os juros que pagam como custos do capital que usam, o argumento funciona mais contra do que a favor do investimento estatal.

A ideia de que o governo tem um conhecimento superior suscita um problema mais complexo. É inegável que há alguns fatos acerca das prováveis tendências para o futuro que o governo poderá ter mais probabilidade de conhecer do que a maioria dos proprietários individuais de recursos naturais. Isso é ilustrado por muitas das descobertas recentes da ciência. No entanto, haverá sempre uma quantidade maior de conhecimentos das circunstâncias especiais que deveria ser levada em conta nas decisões acerca de recursos específicos que só os proprietários privados terão e que nunca poderão estar concentradas numa única autoridade. Por conseguinte, se é verdade que o governo pode conhecer alguns fatos a que poucos têm acesso, também é

A CONSTITUIÇÃO DA LIBERDADE

verdade que o governo desconhecerá necessariamente um número ainda maior de fatos relevantes que outros conhecem. Só podemos reunir todo o conhecimento relevante em relação a problemas específicos dispersando de cima para baixo o conhecimento genérico acessível ao governo, e não centralizando todo o conhecimento especial detido pelos indivíduos. Provavelmente, não existe nenhum caso em que a autoridade possa deter um conhecimento superior de todos os fatos que deveriam influenciar uma decisão específica; e embora seja possível transmitir aos proprietários de recursos particulares as considerações mais gerais que deveriam considerar, a autoridade não pode conhecer todos os diferentes fatos conhecidos pelos indivíduos.

Isso surge, talvez, de forma mais evidente quando o problema diz respeito ao ritmo em que devem ser explorados os recursos não renováveis, como as jazidas de minério. Uma decisão inteligente pressupõe uma estimativa racional do comportamento futuro dos preços das matérias-primas em questão, e isso, por sua vez, depende de previsões de mudanças tecnológicas e econômicas futuras, que o pequeno proprietário individual não está normalmente apto a fazer de forma inteligente. No entanto, isso não significa que o mercado não induzirá os proprietários individuais a agir como se levassem explicitamente em conta essas considerações, ou que tais decisões não devam ser deixadas a critério dos proprietários, que são os únicos que conhecem muitas das circunstâncias que determinam a produtividade atual de determinada jazida. Ainda que possam saber pouco acerca dos prováveis acontecimentos futuros, suas decisões serão influenciadas pelo conhecimento de outros, que calculam essas probabilidades e que estarão dispostos a oferecer, pelos recursos, preços determinados por essas estimativas. Se o proprietário puder obter um retorno mais elevado vendendo a quem quer conservar e não explorar o recurso particular, ele fará isso. Haverá normalmente um potencial preço de venda do recurso que refletirá a opinião relativa a todos os fatores que poderão afetar seu valor futuro; e uma decisão baseada na comparação do seu valor como ativo vendável com o valor que teria se fosse explorado de imediato levará, provavelmente, em conta mais conhecimentos relevantes do que aconteceria com qualquer decisão de uma autoridade central.

Foi muitas vezes demonstrado que, no caso dos recursos naturais raros, a exploração por um monopólio tende a estender seu uso por um período mais longo e que esse é, talvez, o único caso em que esses monopólios podem ser formados e sobreviver numa economia livre.[12] Não posso concordar completamente com aqueles que usam esse argumento a favor desses monopólios, pois não estou convencido de

358

## 23. AGRICULTURA E RECURSOS NATURAIS

que o maior nível de conservação que um monopólio praticaria fosse desejável de um ponto de vista social. No entanto, para aqueles que querem mais conservação porque acreditam que o mercado costuma subestimar as necessidades futuras, os monopólios que podem se desenvolver espontaneamente nesses casos fornecem a resposta.

8. Contudo, grande parte do argumento a favor da conservação baseia-se apenas num preconceito irracional. Seus defensores partem do pressuposto de que existe algo de particularmente desejável no fluxo de serviços que determinado recurso pode providenciar em dado momento e que esse ritmo de produção deve ser permanentemente mantido. Embora reconheçam que isso é impossível no que diz respeito aos recursos não renováveis, consideram uma calamidade se o ritmo de produção de recursos renováveis ficar abaixo do nível fisicamente possível de manter. Essa posição é assumida, em geral, a respeito da fertilidade do solo e das reservas de caça, pesca etc.

Para ilustrar melhor o ponto fundamental da questão, consideremos o exemplo mais visível desse preconceito, em que a maioria das pessoas tende a aceitar de forma submissa a falácia de grande parte do argumento preservacionista. Trata-se da crença de que a fertilidade natural do solo deve, em todas as circunstâncias, ser preservada e que aquilo que se chama "esgotamento do solo" deve ser evitado. Pode-se facilmente demonstrar que, como proposição geral, isso não é válido, e que o nível em que a fertilidade deve ser mantida pouco tem a ver com a condição inicial de determinado terreno. Na verdade, o "esgotamento do solo" pode, em certas circunstâncias, ser tanto do interesse de longo prazo de uma comunidade quanto o esgotamento de um recurso não renovável.

Um terreno é geralmente formado pelo acúmulo de depósitos de substâncias orgânicas com um nível de fertilidade que, quando a terra é cultivada, só pode ser mantido a custos que excedem os retornos. Tal como, em certas circunstâncias, será conveniente aumentar a fertilidade de um terreno enriquecendo-o artificialmente até que as despesas de um ano sejam pagas pelo aumento da produção, em outras circunstâncias será conveniente permitir que a fertilidade diminua até um ponto em que os investimentos ainda sejam compensadores. Em certos casos, pode até significar que é antieconômico visar ao cultivo permanente e que, depois do esgotamento da fertilidade natural acumulada, a terra deveria ser abandonada, pois, em determinadas condições geográficas ou climáticas, não pode ser cultivada permanentemente de forma vantajosa.

O esgotamento total de uma dádiva da natureza não é, nessas circunstâncias, um desperdício maior nem mais repreensível do que a exploração similar de um

## A CONSTITUIÇÃO DA LIBERDADE

recurso não renovável. É claro que a mudança duradoura do caráter de um terreno pode ter outros efeitos, conhecidos ou prováveis, que devem ser levados em conta: por exemplo, por causa do cultivo temporário, o terreno pode perder propriedades ou potencialidades que tinha antes e que poderiam ter sido utilizadas para outros fins. Mas esse é outro problema que agora não nos interessa. Estamos apenas interessados em analisar a ideia de que, sempre que as condições permitirem, o fluxo de serviços de um recurso natural deve ser mantido no nível mais alto possível. Isso pode ser válido em determinados casos particulares, mas nunca por considerações que dizem respeito aos atributos de um terreno ou de outro recurso.

Esses recursos partilham com a maioria do capital da sociedade a propriedade de serem esgotáveis, e, se quisermos manter ou aumentar nossa renda, temos de ser capazes de substituir cada recurso que está se esgotando por outro novo que dará, pelo menos, uma contribuição igual para o rendimento futuro. No entanto, isso não significa que deva ser preservado ou substituído por outro do mesmo tipo, ou que as reservas totais de recursos naturais devam ser mantidas intactas. De um ponto de vista social e individual, cada recurso natural representa apenas um item das nossas reservas totais de recursos não renováveis, e nosso problema não é preservar essas reservas de qualquer forma particular, mas mantê-las sempre numa forma que dê a melhor contribuição para o rendimento total. A existência de determinado recurso natural significa apenas que, enquanto durar, sua contribuição temporária para o nosso rendimento nos ajudará a criar outros novos que, do mesmo modo, nos ajudarão no futuro. Isso, normalmente, não significa que temos de substituir um recurso por outro do mesmo tipo. Uma das considerações de que devemos nos lembrar é que, se um tipo de recurso se tornar mais escasso, os produtos que dele dependem também se tornarão mais escassos no futuro. O aumento previsível dos preços dos produtos, decorrente da crescente escassez de um recurso natural, é um dos fatores que determinam a quantidade de investimento que deve ser aplicado na preservação desse tipo de recurso.[13]

A melhor maneira de formular de modo conciso o ponto fundamental é, talvez, dizer que toda conservação de recursos é um investimento e deve ser avaliada exatamente pelos mesmos critérios usados para qualquer outro investimento.[14] Não há motivos para ver a preservação dos recursos naturais como objeto de investimento mais desejável do que os equipamentos ou as capacidades humanas; e, desde que a sociedade antecipe o esgotamento de determinados recursos e canalize seus investimentos de maneira que seu rendimento total seja tão grande quanto os fundos disponíveis para o investimento, não há outros motivos econômicos para preservar um

360

## 23. AGRICULTURA E RECURSOS NATURAIS

tipo de recurso. Aumentar o investimento na conservação de determinado recurso natural até um ponto em que o retorno é inferior ao do capital aplicado em outra área reduziria o rendimento futuro. Como foi dito, "o preservacionista que nos incita a 'fazer mais reservas para o futuro' está, na verdade, apelando para que se faça menos preservação para a posteridade".[15]

9. Embora a maioria dos argumentos avançados a favor do controle governamental da atividade privada no interesse da conservação dos recursos naturais seja, portanto, inválida e apesar de apelar apenas à necessidade de mais informação e conhecimento, a situação é diferente quando o objetivo é a oferta de equipamentos ou de oportunidades de recreação, a preservação da beleza natural, de patrimônios históricos ou de interesse científico etc. Os tipos de serviços que esses equipamentos fornecem ao público em geral, que, em muitos casos, permitem que o indivíduo beneficiário retire vantagens daquilo que não pode ser cobrado, e as dimensões dos terrenos geralmente exigidos tornam esse campo adequado para o esforço coletivo.

A justificativa dos parques naturais, das reservas naturais etc. é exatamente a mesma que se aplica aos equipamentos semelhantes que os municípios oferecem em menor escala. Há muitas razões para serem fornecidos, na medida do possível, por organizações voluntárias, como o National Trust, na Grã-Bretanha, e não pelos poderes compulsivos do governo. No entanto, não há objeções ao fornecimento desses equipamentos pelo governo quando esse é o proprietário da terra em questão ou, de fato, quando tem de adquiri-la com fundos angariados por meio dos impostos ou talvez até por expropriação, desde que a comunidade o aprove, consciente do custo, e perceba que se trata de um objetivo dentre outros, e não de um objetivo que tenha prioridade sobre todas as outras necessidades. Se o contribuinte conhecer todos os custos que terá de suportar e tiver a palavra final na decisão, nada mais há a dizer acerca desses problemas em termos gerais.

# 24. Educação e pesquisa

*Um sistema público de educação é um mero artifício para moldar as pessoas, a fim de que se tornem todas iguais; e o molde utilizado é aquele que agrada ao poder predominante no governo, seja uma monarquia, uma teocracia, uma aristocracia ou a maioria da geração atual; se eficiente e bem-sucedido, esse sistema estabelece um despotismo sobre a mente, conduzindo, por tendência natural, a um despotismo sobre o corpo.*

JOHN STUART MILL

1. O conhecimento é, talvez, o maior bem que pode ser adquirido por determinado preço, mas aqueles que ainda não o têm geralmente não reconhecem sua importância. Também crucial, o acesso às fontes do conhecimento necessário para o funcionamento da sociedade moderna pressupõe o domínio de certas técnicas — sobretudo, a leitura — que as pessoas têm de adquirir antes de poderem avaliar bem aquilo que lhes poderá ser vantajoso. Embora nossa justificativa da liberdade se baseie, em grande medida, na ideia de que a concorrência é um dos instrumentos mais poderosos para a disseminação do conhecimento e que demonstrará em geral o valor do conhecimento aos que não o têm, não há dúvida de que a utilização do conhecimento pode ser muito ampliada por esforços deliberados. A ignorância é um dos principais motivos por que os esforços dos indivíduos não são muitas vezes canalizados da forma mais útil para os seus concidadãos; e há várias razões pelas quais pode ser do interesse de toda a comunidade que o conhecimento seja levado a pessoas que têm poucos incentivos para buscá-lo ou para fazer sacrifícios a fim de adquiri-lo. Essas razões são especialmente relevantes no caso das crianças, mas algumas também se aplicam aos adultos.

No que diz respeito às crianças, o fato importante é que, obviamente, não são indivíduos responsáveis a quem se possa aplicar plenamente a justificativa da liberdade. Embora seja geralmente para o bem das crianças que seu bem-estar físico e

## 24. EDUCAÇÃO E PESQUISA

mental seja deixado a cargo dos pais ou tutores, não significa que os pais devam ter liberdade total para tratar os filhos como bem entenderem. Os outros membros da comunidade têm um interesse genuíno no bem-estar das crianças. Também é claro que os pais ou tutores devem providenciar um mínimo de educação às crianças sob sua responsabilidade.[1]

Na sociedade contemporânea, a justificativa para o ensino obrigatório, até um nível mínimo, é dupla. Existe o argumento geral de que todos estaremos expostos a menos riscos e receberemos mais benefícios se toda a população partilhar certas crenças e conhecimentos básicos. Em segundo lugar, num país com instituições democráticas, há a consideração importante de que a democracia não funcionará, a não ser numa escala local muito pequena, quando grande parcela da população é analfabeta.[2]

É importante reconhecer que a educação geral não é apenas, talvez nem principalmente, uma questão de transmissão de conhecimento. São necessários certos valores comuns e, embora a ênfase excessiva nesses possa ter consequências muito antiliberais, a existência comum pacífica seria claramente impossível sem nenhum padrão moral. Ainda que isso possa não constituir um problema grave em comunidades há muito estabelecidas com uma população predominantemente indígena, há casos, como nos Estados Unidos durante o período de imigração em massa, em que pode ser um grande problema. É inquestionável que os Estados Unidos não teriam se tornado um *melting pot* eficaz, e teriam provavelmente enfrentado problemas extremamente difíceis, caso não tivesse sido adotada a política de "americanização" por meio do sistema de ensino público.

No entanto, o fato de todo o ensino poder e dever ser orientado por valores definidos também é a causa de verdadeiros perigos em qualquer sistema de ensino público. Temos de reconhecer que, a esse respeito, a maioria dos liberais do século XIX se norteava por uma confiança excessiva e ingênua nos meros efeitos da transmissão do conhecimento. No seu liberalismo racionalista, defendiam a educação geral como se a difusão do conhecimento resolvesse todos os grandes problemas e como se bastasse transmitir às massas esse conhecimento adicional que os indivíduos cultos já detinham para que a "vitória sobre a ignorância" desse início a uma nova era. Não há grandes razões para acreditar que se, em qualquer momento, os melhores conhecimentos de alguns fossem acessíveis a todos, o resultado seria uma sociedade muito melhor. O conhecimento e a ignorância são conceitos muito relativos, e há poucas provas de que a diferença de conhecimento que, em qualquer época, exista entre os mais e os menos cultos de uma sociedade possa ter uma influência muito decisiva no seu caráter.

A CONSTITUIÇÃO DA LIBERDADE

2. Se aceitarmos o argumento geral a favor do ensino obrigatório, temos ainda de resolver estas questões: como deve ser providenciado esse ensino? Até que nível deve ser oferecido a todos? Como devem ser selecionados os que recebem educação em nível superior, e quem pagará os custos? É provável que a adoção do ensino obrigatório implique necessariamente que, para as famílias com grande dificuldade de pagar os custos, o ensino seja subsidiado por fundos públicos. No entanto, há ainda a questão de saber até que nível a educação deve ser oferecida pelo Estado e de que maneira deve ser providenciada. É verdade que, em termos históricos, o ensino obrigatório foi geralmente precedido pela decisão do governo de aumentar as oportunidades providenciando escolas públicas. As primeiras experiências com a obrigatoriedade do ensino, realizadas na Prússia no começo do século XVIII, confinaram-se às zonas onde havia escolas providenciadas pelo governo. Não há dúvida de que, desse modo, o processo de generalização do ensino foi bastante facilitado. De fato, seria difícil impor a educação geral a um povo que ignorasse suas instituições e vantagens. Contudo, isso não significa que o ensino obrigatório ou até a educação geral financiada pelo governo impliquem que, hoje, as instituições de ensino sejam geridas pelo Estado.

É curioso que um dos primeiros sistemas eficazes em que o ensino obrigatório foi combinado com o financiamento estatal da maioria das instituições de ensino tenha sido criado por um dos grandes defensores da liberdade individual, Wilhelm von Humboldt, apenas quinze anos depois de ter afirmado que a educação pública era prejudicial porque impedia a variedade do sucesso dos indivíduos, e desnecessária porque, num país livre, não haveria falta de instituições de ensino. A "educação", disse ele, "parece-me ultrapassar os limites a que a ação política deve estar confinada".[3] As dificuldades da Prússia durante as Guerras Napoleônicas e as necessidades da defesa nacional obrigaram-no a abandonar sua posição anterior. O desejo do "desenvolvimento das personalidades individuais na sua maior variedade", que inspirara sua obra anterior, tornou-se secundário quando o desejo de um forte Estado organizado o levou a dedicar grande parte da vida à criação de um sistema de educação estatal que se tornou modelo para o restante do mundo. Não se pode negar que o nível geral de educação assim alcançado pela Prússia foi uma das principais causas do seu rápido crescimento econômico, e, depois, da Alemanha. No entanto, podemos perguntar se esse sucesso não terá tido um preço muito elevado. O papel desempenhado pela Prússia durante as gerações seguintes nos faz duvidar de que o tão elogiado professor primário prussiano tenha sido uma bênção clara para o mundo ou até para a Prússia.

A própria magnitude do poder sobre a mente dos indivíduos que um sistema de ensino altamente centralizado e dominado pelo governo deposita nas mãos das

364

## 24. EDUCAÇÃO E PESQUISA

autoridades deveria nos fazer hesitar antes de aceitá-lo de imediato. Até certo ponto, os argumentos que justificam o ensino obrigatório também exigem que o governo prescreva alguns dos conteúdos desse ensino. Como já mencionamos, pode haver circunstâncias em que se justifica que as autoridades ofereçam uma educação cultural a todos os cidadãos. No entanto, temos de lembrar que é a oferta de educação pelo governo que cria problemas como a segregação dos negros nos Estados Unidos — problemas complexos de minorias étnicas ou religiosas que surgem quando o governo assume o controle dos principais instrumentos de transmissão da cultura. Em Estados com várias nacionalidades, o problema de quem controla o sistema escolar tende a se tornar a principal causa de atrito entre essas nacionalidades. Para quem viu isso acontecer num país como a antiga Áustria-Hungria, justifica-se que possa ser melhor que algumas crianças não tenham uma educação formal do que serem mortas na luta pelo controle dessa educação.[4]

No entanto, mesmo em nações etnicamente homogêneas, existem fortes argumentos contra a entrega ao governo desse nível de controle dos conteúdos do ensino, que o Estado deterá se administrar diretamente a maioria das escolas acessíveis às grandes massas. Mesmo que a educação fosse uma ciência que nos proporcionasse os melhores métodos para alcançar certos objetivos, não seria desejável que os métodos mais recentes fossem aplicados de forma universal, excluindo-se todos os outros — e muito menos que esses objetivos fossem uniformes. Porém, pouquíssimos problemas da educação constituem questões científicas, no sentido de poderem ser resolvidos por testes objetivos. Na maioria dos casos, são questões de valor ou, pelo menos, relativas ao fato de a única justificativa para confiar no juízo de algumas pessoas em detrimento de outras ser o bom senso que as primeiras revelaram em outras matérias. De fato, a possibilidade de, com um sistema de educação estatal, todo o ensino básico ser dominado pelas teorias de um grupo específico que acredita genuinamente ter as respostas científicas para esses problemas (como aconteceu, em grande medida, nos Estados Unidos durante os últimos trinta anos) deveria ser suficiente para nos avisar dos riscos envolvidos na sujeição do sistema educativo à direção central.

3. De fato, quanto mais conscientes estivermos do poder que a educação exerce na mente dos indivíduos, mais convencidos deveríamos estar do perigo de entregar esse poder a uma única autoridade. No entanto, mesmo que não julguemos que esse poder seja tão benéfico como acreditavam os liberais racionalistas do século XIX, seu mero reconhecimento deveria nos conduzir a conclusões quase opostas. E se, atualmente, uma das razões por que deve haver a maior variedade possível de

A CONSTITUIÇÃO DA LIBERDADE

oportunidades educativas é o fato de sabermos muito pouco acerca de quais seriam os resultados de diferentes técnicas educativas, a justificativa da variedade seria ainda mais forte se soubéssemos mais quanto aos métodos de produção de certos tipos de resultados — como em breve acontecerá.

No domínio da educação, talvez mais do que em qualquer outro, é provável que os maiores perigos para a liberdade venham do desenvolvimento de técnicas psicológicas que logo poderão nos dotar de um poder sobre a mente dos indivíduos nunca antes visto. No entanto, o conhecimento daquilo que se pode fazer com os seres humanos se pudermos controlar as condições essenciais do seu desenvolvimento, embora seja uma tentação terrível, não significa necessariamente que, por meio do seu uso, tornemos o ser humano melhor do que seria caso pudesse se desenvolver de forma livre. É muito duvidoso que, se pudéssemos produzir os tipos humanos supostamente necessários, isso fosse benéfico. Não é de modo algum improvável que o grande problema desse campo consista, em breve, em impedir o uso de poderes que temos e que podem apresentar uma forte tentação para todos os que veem um resultado controlado como invariavelmente superior a um resultado não controlado. Na verdade, logo poderemos chegar à conclusão de que a solução tem de estar no abandono das funções do governo como o principal fornecedor de educação, tornando-se o protetor imparcial do indivíduo contra todos os usos desses novos poderes.

Hoje em dia, não só a oposição à administração estatal das escolas é mais forte do que nunca, como também desapareceu a maioria das razões que, no passado, eram apresentadas em seu favor. Por muito válidas que essas razões tenham sido no passado, não há dúvida de que hoje, com as tradições e instituições da educação universal firmemente estabelecidas e com a maioria dos problemas da distância resolvida pelos transportes modernos, já não é necessário que a educação seja não só financiada, mas também ministrada, pelo governo.

Como foi demonstrado pelo professor Milton Friedman[5], hoje seria plenamente viável custear as despesas da educação geral com verbas públicas sem manter as escolas estatais, dando aos pais vales que cobrissem os custos da educação de cada filho nas escolas que escolhessem. Ainda pode ser desejável que o governo providencie diretamente escolas em algumas comunidades isoladas onde o número de crianças é muito pequeno (e o custo médio da educação é, portanto, muito alto) para que haja escolas privadas. No entanto, no que se refere à maioria da população, não há dúvida de que seria possível entregar a organização e a administração da educação à iniciativa privada, com o governo providenciando apenas o financiamento básico e garantindo um padrão mínimo para todas as escolas por ele financiadas. Outra grande

## 24. EDUCAÇÃO E PESQUISA

vantagem desse plano é que os pais já não se confrontariam com o problema de terem de aceitar qualquer tipo de educação providenciada pela Estado ou, em alternativa, pagar todo o custo de uma educação diferente e mais dispendiosa; e se escolhessem uma escola melhor, só teriam de pagar o custo adicional.

4. Um problema mais complexo é saber que nível de educação deve ser providenciado por fundos públicos e a quem deve ser dada essa educação além do ensino básico garantido a todos. Não há dúvida de que o número daqueles cuja contribuição para as necessidades comuns aumentará com a extensão da educação, justificando assim o custo, será sempre apenas uma pequena proporção do total da população. Além disso, parece evidente que não temos métodos rigorosos para determinar de antemão quem se beneficiará mais com a educação superior. Independentemente do que façamos, parece inevitável que muitos dos que receberem uma educação superior gozarão de vantagens materiais em relação aos outros porque alguém decidiu que valia a pena investir na sua educação, e não graças a uma maior capacidade natural ou a um maior esforço da sua parte.

Não nos deteremos no nível de educação que deve ser providenciado a todos ou por quanto tempo as crianças devem frequentar a escola. A resposta depende, em parte, de circunstâncias específicas, como a riqueza geral da comunidade, o caráter da economia e talvez até as condições climáticas que influenciam a adolescência. Nas comunidades mais ricas, o problema já não costuma ser qual o nível de escolaridade que aumentará a eficiência econômica, mas, antes, como as crianças devem empregar seu tempo até poderem ganhar a vida, de maneira que, mais tarde, as ajude a usar melhor seu tempo de lazer.

A questão realmente importante é como selecionar aqueles cuja educação deve se estender além do ensino básico. Os custos de uma educação prolongada, em termos de recursos materiais e sobretudo humanos, são de tal maneira consideráveis mesmo para um país rico que o desejo de providenciar um ensino superior a uma grande proporção da população entrará sempre em conflito com o desejo de prolongar a educação para todos. Também parece provável que uma sociedade que deseja obter o máximo retorno econômico de uma despesa limitada na educação deve se concentrar na educação superior de uma elite relativamente pequena[6], o que, hoje, significaria aumentar a proporção da população que recebe o nível mais avançado de educação em vez de prolongar a educação para um grande número de pessoas. No entanto, isso não seria viável numa democracia com um ensino estatal, nem seria desejável que o Estado determinasse quem deve ter acesso à educação superior.

367

A CONSTITUIÇÃO DA LIBERDADE

Tal como em todos os outros domínios, a justificativa para o subsídio da educação superior (e da pesquisa) deve se basear não no benefício que confere ao beneficiário, mas nas vantagens resultantes para a comunidade em geral. Por conseguinte, não se justifica o subsídio estatal de qualquer tipo de formação vocacional, uma vez que a maior proficiência adquirida se refletirá em melhores salários, o que constitui uma medida razoavelmente adequada das vantagens de investir nesse tipo de formação. Boa parte dos ganhos obtidos em profissões que requerem essa formação será apenas o retorno do capital investido. A melhor solução seria que as pessoas que parecem mais promissoras de um retorno maior do investimento pudessem obter o capital emprestado e, mais tarde, reembolsá-lo graças ao aumento dos seus rendimentos, embora esse sistema tivesse algumas dificuldades práticas.[7]

No entanto, a situação é um pouco diferente quando não é provável que os custos de uma educação superior resultem em aumento correspondente do preço a que os serviços do indivíduo com mais formação podem ser vendidos a terceiros (como no caso da medicina, do direito, da engenharia etc.), e o objetivo é a difusão do conhecimento na comunidade geral. Os benefícios que uma comunidade recebe dos seus cientistas e acadêmicos não podem ser avaliados pelo preço a que esses indivíduos vendem seus serviços, pois muitas das suas contribuições tornam-se livremente acessíveis a todos. Portanto, justifica-se auxiliar pelo menos algumas das pessoas que sejam promissoras e mostrem inclinação para tais estudos.

Outra questão, porém, é considerar que todos os que são intelectualmente capazes de adquirir educação superior devem ter direito a essa educação. Não é de modo algum evidente que seja do interesse geral que todos os indivíduos especialmente inteligentes tenham acesso a uma educação superior, ou que todos se beneficiariam materialmente dessa educação superior, ou que essa educação fosse restringida às pessoas com indiscutível capacidade intelectual, ou que se torne a via normal ou, talvez, exclusiva para os cargos superiores. Como foi recentemente observado, isso poderia criar uma divisão ainda maior entre as classes, e os mais desprivilegiados poderiam ser seriamente negligenciados se todos os indivíduos mais inteligentes fossem integrados na classe rica, e caso se tornasse não apenas um pressuposto geral, mas um fato universal que os relativamente pobres são menos inteligentes. Há outro problema que adquiriu proporções graves em alguns países europeus e que devemos ter em mente: a existência de mais intelectuais do que aqueles que o mercado de trabalho pode absorver. Não há maior ameaça para a estabilidade política do que a existência de um proletariado intelectual que não encontra meios de utilizar seu conhecimento.

368

## 24. EDUCAÇÃO E PESQUISA

O problema geral com que hoje nos confrontamos em relação à educação superior é, pois, o seguinte: por meio de algum método, certos jovens devem ser selecionados — numa idade em que não se pode saber ao certo quem tirará mais proveito — para receber uma educação que lhes permita obter um rendimento maior que o dos outros; e, para se justificar o investimento, devem ser selecionados de maneira que, em geral, sejam qualificados para ganhar um rendimento mais elevado. Por último, temos de aceitar o fato de, como outros terão de pagar a educação, os que dela se beneficiam gozarem assim de uma vantagem "não merecida".

5. Nos últimos tempos, as dificuldades desse problema aumentaram bastante, e uma solução razoável tornou-se quase impossível por causa do crescente uso da educação estatal como instrumento para fins igualitários. Embora se possa justificar que sejam garantidas oportunidades de acesso ao ensino superior para aqueles que provavelmente tirarão mais proveito dele, o controle do governo sobre a educação tem sido usado, em grande medida, para igualar as perspectivas de todos, o que é uma questão muito diferente. Ainda que os defensores do igualitarismo costumem protestar contra a acusação de que seu objetivo é uma espécie de igualdade automática que privaria algumas pessoas das vantagens que não podem ser providenciadas a todos, há claros sinais de que essa é a tendência na área da educação. Essa posição igualitária foi explicitamente defendida em *Equality*, de R. H. Tawney, um ensaio influente no qual o autor afirma que seria injusto "gastar menos liberalmente na educação dos menos dotados do que na dos mais inteligentes".[8] No entanto, de certa forma, os desejos antagônicos de igualar a oportunidade e de ajustar a oportunidade à capacidade (que, como sabemos, pouco tem a ver com o mérito num sentido moral) foram confundidos na maioria dos países.

No que diz respeito à educação financiada pelo Estado, temos de reconhecer que se justifica o tratamento igualitário para todos. No entanto, quando isso se combina com a oposição à concessão de vantagens especiais aos mais dotados, significa, com efeito, que todas as crianças devem receber o mesmo e que nenhuma pode ter o que não puder ser dado a todas. Aplicada de forma coerente, essa ideia significaria que não se deve gastar na educação de uma criança mais do que se gasta com a educação de qualquer outra. Se essa fosse a consequência necessária da educação pública, constituiria um forte argumento contra a ação do Estado na educação além do ensino básico, que pode ser providenciado a todos, e a favor da entrega de toda a educação superior a instituições privadas.

Seja como for, o fato de certas vantagens terem de ser limitadas a alguns não significa que uma única autoridade deva ter o poder exclusivo de decidir quem

A CONSTITUIÇÃO DA LIBERDADE

merece obtê-las. Não é provável que, no longo prazo, esse poder nas mãos da autoridade faça progredir a educação ou que crie condições sociais mais satisfatórias ou justas. Relativamente ao primeiro ponto, é claro que nenhuma autoridade deve ter o monopólio de decisão acerca do valor de um tipo específico de educação e de quanto deve ser investido em mais educação ou em que tipos de educação. Não há — e, numa sociedade livre, não pode existir — um padrão pelo qual se possa decidir a importância relativa de diferentes objetivos ou a conveniência relativa de diferentes métodos. Em nenhum outro campo é tão importante a existência de vias alternativas como na educação, cuja função consiste em preparar os jovens para um mundo em constante mudança.

No que diz respeito à justiça, é evidente que aqueles que, no interesse geral, mais "merecem" uma educação superior não são necessariamente os que, por esforço e sacrifício, conquistaram o maior mérito subjetivo. Tal como os acasos do ambiente, as capacidades naturais e as aptidões inatas são "vantagens injustas", e limitar as vantagens da educação superior àqueles que prevemos que possam dessas tirar mais proveito aumentará necessariamente, em vez de diminuir, a discrepância entre o estatuto econômico e o mérito subjetivo.

O desejo de eliminar os efeitos do acaso, que está na origem da questão de "justiça social", só pode ser satisfeito no domínio da educação, tal como em todos os outros, eliminando todas as oportunidades que não estão submetidas a um controle deliberado. No entanto, a evolução da civilização baseia-se principalmente no melhor aproveitamento que os indivíduos fazem dos acasos com que deparam, das vantagens essencialmente imprevisíveis que um tipo de conhecimento conferirá, em novas circunstâncias, a um indivíduo em detrimento de outros.

Por muito louváveis que possam ser os motivos daqueles que desejam fervorosamente que, em prol da justiça, todos comecem com as mesmas oportunidades, trata-se de um ideal literalmente impossível de realizar. Além disso, qualquer pretensão de que se tenha realizado, mesmo que parcialmente, só torna as coisas piores para os mais desfavorecidos. Embora haja razões para remover certos obstáculos que as instituições existentes podem colocar no caminho de alguns indivíduos, não é possível nem desejável obrigar todos a começarem com as mesmas oportunidades, uma vez que isso só pode ser feito privando alguns das possibilidades que não podem ser oferecidas a todos. Ainda que se queira que as oportunidades de todos sejam as maiores possíveis, com isso acabaria por diminuir as oportunidades da maioria para evitar que fossem maiores do que as dos menos favorecidos. Afirmar que todos os indivíduos que vivem na mesma época em determinado país devem começar no mesmo

## 24. EDUCAÇÃO E PESQUISA

patamar é tão pouco compatível com uma civilização em desenvolvimento do que dizer que esse tipo de igualdade deve ser garantido às pessoas que vivem em épocas diferentes ou em locais diferentes.

Pode ser do interesse da comunidade que alguns indivíduos que manifestam capacidades acadêmicas ou científicas excepcionais devam ter a oportunidade de exercê-las independentemente dos meios financeiros da sua família. Mas isso não confere a ninguém o direito de ter tal oportunidade; nem significa que só aqueles cujas capacidades extraordinárias podem ser confirmadas devem ter essa oportunidade, ou que ninguém deve tê-la a não ser que possa ser garantida a todos os que passarem em certos testes objetivos.

Nem todas as qualidades que permitem a um indivíduo dar contribuições especiais podem ser avaliadas por meio de exames ou testes, e é mais importante que pelo menos os que apresentem essas qualidades tenham uma oportunidade do que essa ser oferecida a todos que satisfaçam os mesmos requisitos. Um desejo apaixonado de conhecimento ou uma combinação inusitada de interesses podem ser mais importantes do que as qualidades mais visíveis ou quaisquer capacidades mensuráveis; e uma base de conhecimentos e interesses gerais, ou um grande amor pelo conhecimento, contribui geralmente mais para o sucesso do que a capacidade natural. O fato de haver pessoas que desfrutam das vantagens de um ambiente familiar estruturado é um bem para a sociedade que as políticas igualitárias podem destruir, mas que não pode ser utilizado sem a aparência de desigualdades involuntárias. E como o desejo do conhecimento é uma tendência que costuma ser transmitida pela família, há boas razões para permitir que os pais que se interessam muito pela educação a garantam aos filhos por meio de um sacrifício material, ainda que, por outras razões, essas crianças possam parecer menos merecedoras do que outras que não recebem a mesma educação.[9]

6. A insistência para que a educação seja providenciada apenas aos que têm capacidades demonstradas produz uma situação em que toda a população é classificada segundo algum teste objetivo e em que prevalece um conjunto de opiniões acerca de que tipo de pessoa pode receber os benefícios de uma educação superior. Isso significa uma classificação oficial das pessoas numa hierarquia, com os gênios colocados no topo e os menos inteligentes alinhados na base, uma hierarquia agravada pelo fato de se pressupor que expressa "mérito" e determinará o acesso às oportunidades em que o valor pode se revelar. Quando a dependência exclusiva de um sistema de educação estatal pretende servir à "justiça social", será aplicada uma única perspectiva daquilo que constitui uma educação superior — e, portanto, dos requisitos para o seu

acesso —, e o fato de alguém ter recebido uma educação superior será visto como um sinal de que a "mereceu".

Na educação, tal como em outros campos, o fato reconhecido de que o público tem interesse em auxiliar alguns indivíduos não deve significar que só aqueles que, segundo certas convenções, merecem receber incentivo de fundos públicos devem ter acesso a uma educação superior, ou que ninguém possa ajudar determinados indivíduos por outras razões. Há motivos para que alguns membros dos diferentes grupos da população tenham oportunidade, mesmo que os melhores de alguns grupos pareçam menos qualificados do que os membros de outros grupos que não a recebem. Por isso, não se deve impedir que diferentes grupos locais, religiosos, profissionais ou étnicos, auxiliem alguns dos seus jovens membros a fim de que os que recebem uma educação superior representem seu grupo respectivo de forma mais ou menos proporcional à importância que dão à educação.

É pelo menos duvidoso que uma sociedade na qual as oportunidades educativas fossem universalmente concedidas segundo uma alegada capacidade se tornasse mais tolerável com os menos dotados do que uma na qual os acasos do nascimento desempenhassem papel importante. Na Grã-Bretanha, onde a reforma da educação no pós-guerra deu grandes passos no sentido do estabelecimento de um sistema baseado na suposta capacidade, as consequências já causam preocupação. Um estudo recente acerca de mobilidade social sugere que, hoje,

> as escolas secundárias fornecerão a nova elite, uma elite aparentemente muito menos vulnerável porque é selecionada pela "inteligência avaliada". O processo de seleção tenderá a reforçar o prestígio das profissões que já gozam de estatuto social elevado e a dividir a população em segmentos que podem ser considerados, de fato já o são, tão distintos como ovelhas e cabras. O fato de um indivíduo não ter frequentado a escola secundária será uma desqualificação mais grave do que no passado, quando se sabia da existência da desigualdade social no sistema educativo. E o ressentimento pode se tornar mais forte quando determinado indivíduo percebe que há alguma validade no processo de seleção que o deixou fora da escola secundária. Nesse caso, a justiça aparente pode ser mais difícil de suportar do que a injustiça.[10]

Ou, como observou de forma mais geral outro escritor britânico, "é um resultado inesperado do Estado-providência que o padrão social se torne mais rígido".[11]

24. EDUCAÇÃO E PESQUISA

Devemos, por todos os meios, procurar aumentar as oportunidades para todos. Mas temos de fazer isso tendo plena consciência de que, provavelmente, favorecerá os indivíduos mais capazes de se beneficiar dessas oportunidades e que, em muitos casos, poderá aumentar as desigualdades. Quando a exigência de "igualdade de oportunidades" conduz a tentativas de eliminar as "vantagens injustas", só pode ser prejudicial. Todas as diferenças humanas, sejam em termos de qualidades naturais ou de oportunidades, criam vantagens injustas. No entanto, dado que a principal contribuição de qualquer indivíduo consiste em dar o melhor uso possível aos acasos com que depara, o êxito é, em grande medida, uma questão de sorte.

7. No nível mais elevado, a difusão do conhecimento pela instrução se torna inseparável do avanço do conhecimento por meio da pesquisa. A introdução aos problemas que estão nas fronteiras do conhecimento só pode ser dada por indivíduos cuja principal ocupação é a pesquisa. Durante o século XIX, as universidades, principalmente no continente europeu, evoluíram para instituições que, nos melhores casos, providenciavam educação como um subproduto da pesquisa e onde o aluno adquiria conhecimento ao trabalhar como aprendiz com cientistas ou acadêmicos. Desde então, por causa da quantidade crescente de conhecimento que tem de ser dominado antes de se chegar aos limiares do saber, e por causa do número cada vez maior de indivíduos que recebem ensino universitário sem terem qualquer intenção de alcançar esse nível, o caráter das universidades mudou muito. Grande parte daquilo que ainda se chama de "trabalho universitário" é, hoje em dia, em forma e em substância, apenas uma continuação do ensino escolar. Só as universidades que oferecem cursos de mestrado ou de doutorado — de fato, só as melhores — continuam fazendo o tipo de trabalho que caracterizava as universidades europeias do século XIX.

No entanto, não há motivos para pensar que já não precisamos do tipo mais avançado de trabalho. O nível geral da vida intelectual de um país continua dependendo principalmente desse tipo de trabalho. E embora essas necessidades estejam sendo supridas nos institutos de pesquisa de ciências experimentais, onde os jovens cientistas têm seu aprendizado, há o perigo de, em algumas áreas de estudo, a extensão democrática da educação poder ser prejudicial para a realização do trabalho original que mantém vivo o conhecimento.

Provavelmente, o número inadequado de especialistas com formação universitária que são hoje produzidos no mundo ocidental[12] é menos preocupante do que a formação adequada de indivíduos de qualidade realmente excepcional. E embora, pelo menos nos Estados Unidos e cada vez mais em outros países, a responsabilidade

## A CONSTITUIÇÃO DA LIBERDADE

por essa situação recaia principalmente sobre a preparação inadequada dada nas escolas e sobre a linha utilitarista das instituições interessadas sobretudo em conferir qualificações profissionais, não devemos menosprezar a preferência democrática por conceder melhores oportunidades materiais a um maior número de pessoas em detrimento do avanço do conhecimento, que será sempre obra dos relativamente poucos e que, de fato, têm mais direito ao apoio público.

A razão por que ainda parece provável que as instituições como as antigas universidades, dedicadas à pesquisa e ao ensino nas fronteiras do saber, continuem sendo as principais fontes de novos conhecimentos é o fato de somente elas poderem oferecer a liberdade de escolha de matérias e os contatos entre representantes das diferentes disciplinas que providenciam as melhores condições para a concepção e realização de novas ideias. Ainda que o progresso numa direção conhecida possa ser acelerado pela organização deliberada do trabalho buscando um objetivo conhecido, os passos decisivos e imprevisíveis no sentido do progresso geral ocorrem geralmente não na perseguição de fins específicos, mas na exploração das oportunidades que a combinação acidental de conhecimentos e aptidões específicos, circunstâncias especiais e contatos oferece a determinados indivíduos. Embora as instituições de pesquisa especializadas possam ser as mais eficientes para todas as tarefas de natureza "aplicada", realizam sempre, em certa medida, um tipo de pesquisa direcionada, cujo objetivo é determinado pelo equipamento especializado, pelas equipas específicas e pelo fim concreto a que a instituição se dedica. Contudo, na pesquisa "fundamental", nos limiares do conhecimento, não há matérias ou campos fixos, e os progressos decisivos se devem frequentemente ao desprezo pelas divisões convencionais das disciplinas.

8. O problema do apoio ao progresso eficaz do conhecimento está, portanto, relacionado com a questão da "liberdade acadêmica". As concepções que se aplicam a essa expressão se desenvolveram nos países em que as universidades eram, em geral, instituições estatais; por isso, dirigiam-se quase totalmente contra a interferência política no trabalho dessas instituições.[13] O verdadeiro problema, porém, é muito mais amplo. Seria tampouco desejável concentrar todo o planejamento e a direção da pesquisa num senado composto de cientistas e acadêmicos mais reputados como em autoridades mais externas. Embora seja natural que o cientista se oponha à interferência na sua escolha ou estudo dos problemas, quando motivada por aquilo que considera serem considerações irrelevantes, poderia ser menos prejudicial se houvesse muitas dessas instituições, cada uma sujeita a diferentes pressões externas, do que se todas

estivessem submetidas ao controle de uma única concepção a respeito daquilo que, em dado momento, fosse do melhor interesse científico.

É claro que a liberdade acadêmica não pode significar que qualquer cientista deva fazer o que lhe pareça mais conveniente. Tampouco significa a autonomia da ciência como um todo. Ao contrário, significa que deve haver o maior número possível de centros de trabalho independentes, nos quais os indivíduos que demonstraram capacidade de promover o desenvolvimento do conhecimento e a devoção pelo seu trabalho possam determinar os problemas a que dedicarão suas energias e onde possam apresentar as conclusões a que chegaram, sejam essas do agrado ou não do empregador ou do público em geral.[14]

Na prática, isso significa que os indivíduos que já deram provas em relação aos seus pares e que, por isso, foram promovidos a posições superiores nas quais podem determinar seu trabalho e o de seus subordinados devem ter uma garantia de estabilidade nos cargos. Trata-se de um privilégio conferido por razões similares às que justificam a estabilidade do cargo de juiz, conferido não no interesse do indivíduo, mas porque se julga justamente que os indivíduos nesses cargos servirão melhor o interesse público se estiverem protegidos da pressão da opinião exterior. É claro que não se trata de um privilégio ilimitado; significa apenas que, depois de conferido, só pode ser retirado por razões especificamente previstas na nomeação.

Não há motivos para que essas condições não devam ser alteradas em novas nomeações conforme se vai ganhando experiência, embora essas novas condições não possam se aplicar àqueles que já detêm o que, nos Estados Unidos, se chama de "mandato" (*tenure*). Por exemplo, a experiência recente parece sugerir que as condições de nomeação devem especificar que o ocupante de determinado cargo perderá o privilégio se, de forma deliberada, apoiar ou aderir a um movimento oposto aos princípios em que se baseia esse privilégio. A tolerância não deve incluir a defesa da intolerância. Por isso, penso que não se deve conceder um "mandato" a um comunista, embora, se tiver sido concedido sem tais limitações explícitas, tenha de ser respeitado como qualquer outra nomeação semelhante.

No entanto, tudo isso só se aplica ao privilégio especial do "mandato". Além dessas considerações pertinentes para a concessão do mandato, não se justifica que alguém reivindique o direito de fazer ou de ensinar o que quiser ou, por outro lado, a existência de um regulamento taxativo que afirme que alguém que defenda determinadas ideias deve ser universalmente excluído. Embora uma instituição que vise a altos níveis de sucesso logo descubra que só pode atrair grandes talentos se garantir, mesmo aos seus membros mais jovens, uma ampla escolha de objetivos e

## A CONSTITUIÇÃO DA LIBERDADE

opiniões, ninguém tem o direito de ser integrado numa instituição independentemente dos seus interesses e das suas opiniões pessoais.

9. A necessidade de proteger as instituições de ensino do tipo mais grosseiro de interferência por parte de interesses políticos ou econômicos é hoje de tal maneira reconhecida que não há grande perigo de ser exercida em instituições conceituadas. No entanto, é preciso estar vigilante, em especial nas ciências sociais, onde a pressão é normalmente exercida em nome de objetivos altamente idealistas e amplamente aprovados. A pressão contra uma opinião impopular é mais prejudicial do que a pressão contra uma opinião popular. A título de advertência, lembremos que até Thomas Jefferson afirmava que, no campo da ciência política, os princípios ensinados e os textos utilizados na Universidade da Virgínia deveriam ser prescritos pelas autoridades, pois o professor seguinte pode ser "da escola do antigo federalismo!".[15]

Hoje, porém, o perigo reside não tanto na interferência externa óbvia, mas no controle cada vez maior que as crescentes necessidades financeiras da pesquisa concedem àqueles que a financiam. Esse controle constitui uma verdadeira ameaça aos interesses do progresso científico porque o ideal de uma direção unificada e centralizada de todos os esforços científicos, a que esses deveriam servir, é partilhado por alguns dos próprios cientistas. Embora o primeiro grande ataque que, em nome do planejamento da ciência e sob a forte influência marxista, foi lançado na década de 1930 tenha sido repelido[16] e as discussões por ele suscitadas tenham gerado maior consciência da importância da liberdade nesse domínio, parece provável que as tentativas de "organizar" o esforço científico e de orientá-lo para fins específicos reaparecerão sob novas formas.

Os êxitos visíveis que os russos obtiveram em certos domínios e que são causa do renovado interesse na organização deliberada da atividade científica não deveriam nos surpreender nem constituir motivo para mudar nossa opinião acerca da importância da liberdade. É inegável que qualquer objetivo, ou qualquer número limitado de objetivos já conhecidos como acessíveis, pode ser alcançado mais depressa se lhe for dada prioridade numa distribuição central de todos os recursos. É por isso que uma organização totalitária pode ser mais eficaz numa guerra curta — e que tal governo é tão perigoso para os outros quando está em posição de escolher o momento mais favorável para a guerra. No entanto, isso não significa que o progresso do conhecimento em geral seja mais rápido se todos os esforços forem dirigidos para aquilo que agora parece ser o objetivo mais importante ou que, em longo prazo, a nação que organiza seus esforços de forma mais deliberada seja a mais forte.[17]

## 24. EDUCAÇÃO E PESQUISA

Outro fator que contribuiu para a crença na superioridade da pesquisa planificada é a ideia, um tanto exagerada, do quanto a indústria moderna deve seu progresso ao trabalho organizado de equipe dos grandes laboratórios industriais. Na verdade, como foi recentemente demonstrando com algum detalhe[18], uma proporção muito maior do que geralmente se pensa dos principais progressos tecnológicos recentes resultou de iniciativas individuais, em muitos casos de pessoas com interesse amador ou que os realizaram por acaso. E aquilo que é válido para as ciências aplicadas é ainda mais para a pesquisa pura, em que os avanços importantes são, por natureza, mais difíceis de prever. Nesse campo, pode haver perigo na ênfase atual no trabalho de equipe e na cooperação, e é possível que o maior individualismo dos cientistas europeus (em parte, porque estão menos habituados a grandes apoios materiais e, por isso, dependem menos deles) lhes dê alguma vantagem em relação aos cientistas americanos na esfera mais original da pesquisa fundamental.

A aplicação mais importante das nossas principais teses é, talvez, a ideia de que o progresso do conhecimento será provavelmente mais rápido quando os objetivos científicos não forem determinados por uma concepção unificada da sua utilidade social e quando cada indivíduo qualificado puder se dedicar às tarefas que lhe parecem oferecer as melhores possibilidades de dar uma contribuição. Quando essa oportunidade deixa de ser dada, garantindo a cada estudante qualificado a possibilidade de decidir como usar o próprio tempo, e quando são necessários grandes meios materiais para a maioria dos trabalhos — como acontece cada vez mais em todos os campos experimentais —, as perspectivas de avanço seriam mais favoráveis se, em vez de o controle dos fundos estar nas mãos de uma única autoridade que age segundo um plano unitário, houvesse multiplicidade de fontes independentes, de maneira que até o pensador pouco ortodoxo tivesse possibilidade de encontrar apoio.

Embora ainda tenhamos muito a aprender acerca da melhor maneira de gerir os fundos independentes de apoio à pesquisa e apesar de não ser comprovado que a influência das grandes fundações (com sua dependência inevitável da opinião maioritária e tendência subsequente para acentuar as mudanças das modas científicas) tenha sido sempre tão benéfica quanto poderia ser, não há dúvida de que a multiplicidade de fundos privados interessados em certos campos é uma das características mais promissoras da situação americana. No entanto, embora a legislação fiscal tenha aumentado temporariamente o fluxo desses fundos, também devemos lembrar que essas mesmas leis dificultam o acúmulo de novas fortunas e que, por isso, as fontes de financiamento poderão secar no futuro. Tal como em todos os campos, a preservação da liberdade nas esferas da mente e do espírito dependerá, no longo prazo, da

## A CONSTITUIÇÃO DA LIBERDADE

dispersão do controle dos meios materiais e da existência de indivíduos que estejam em condições de destinar grandes somas a propósitos que lhes pareçam importantes.

10. A liberdade é ainda mais importante nos casos em que nossa ignorância é maior — nos limiares do conhecimento, ou seja, quando ninguém é capaz de prever o que está adiante. Embora a liberdade também esteja aqui ameaçada, continua sedo o domínio em que podemos estar certos de que a maioria dos indivíduos se juntará em sua defesa quando reconhecer essa ameaça. Se, neste livro, tratamos sobretudo da liberdade em outros campos, é porque hoje esquecemos frequentemente que a liberdade intelectual se apoia numa base muito mais ampla de liberdade, sem a qual não pode existir. No entanto, o fim último da liberdade é a ampliação das capacidades com que o homem supera seus antepassados e que cada geração deve contribuir para aumentar — uma contribuição para o aumento do conhecimento e para o progresso gradual das crenças morais e estéticas, em que nenhuma autoridade deve poder impor um conjunto de opiniões acerca do que é certo ou errado e em que só a experiência posterior pode decidir aquilo que prevalecerá.

Em última instância, a liberdade revela seu valor sempre que o homem transcende, quando o novo emerge e sua avaliação está no futuro. Os problemas da educação e da pesquisa nos levaram, assim, de volta ao tema principal deste livro, desde o ponto em que as consequências da liberdade e da restrição são mais remotas e menos visíveis até onde afetam mais diretamente os derradeiros valores. E não encontramos palavras melhores para concluir do que as de Wilhelm von Humboldt, que, há um século, John Stuart Mill usou como epígrafe para seu ensaio *On Liberty*: "O grande princípio orientador, para o qual convergem todos os argumentos tratados nestas páginas, é a importância absoluta e essencial do desenvolvimento humano na sua mais rica diversidade".[19]

POSFÁCIO

# Por que não sou conservador

*Em todos os tempos, foram sempre raros os amigos sinceros da liberdade, e os seus triunfos se deveram a minorias que prevaleceram associando-se a grupos cujos objetivos eram geralmente diferentes dos seus; e essa associação, sempre arriscada, foi algumas vezes desastrosa ao dar aos adversários razões justas de oposição.*

LORD ACTON

1. Numa época em que a maioria dos movimentos considerados progressistas defende mais interferências na liberdade individual[1], aqueles que prezam a liberdade tendem a se opor a isso com todas as suas energias. Nisso se encontram muitas vezes no mesmo lado dos que resistem habitualmente à mudança. Hoje, nas questões atuais de política, não têm geralmente outra alternativa senão apoiar os partidos conservadores. No entanto, embora a posição que tentei definir também seja muitas vezes descrita como "conservadora", é muito diferente daquela a que esse nome está tradicionalmente ligado. Existe perigo na situação confusa que junta os defensores da liberdade e os verdadeiros conservadores na oposição comum às mudanças que ameaçam igualmente seus diferentes ideais. Por isso, é importante distinguir claramente a posição aqui assumida daquela que é há muito conhecida — talvez de forma mais adequada — como conservadorismo.

O verdadeiro conservadorismo é uma atitude legítima, provavelmente necessária e certamente muito difundida, de oposição a mudanças drásticas. Desde a Revolução Francesa que, durante um século e meio, desempenhou papel importante na política europeia. Até o surgimento do socialismo, seu adversário foi o liberalismo. Esse conflito não tem equivalente nos Estados Unidos, pois aquilo que na Europa se chamava de "liberalismo" representava, nos Estados Unidos, a tradição comum em que se baseava a política americana: assim, o defensor da tradição americana era um liberal no sentido europeu.[2] Essa confusão já existente foi agravada com a tentativa recente de transplantar para a América o tipo europeu de conservadorismo que, sendo estranho à tradição americana, adquiriu um caráter de certo modo singular. E, algum tempo antes, os radicais e socialistas americanos haviam começado a se designar "liberais". Ainda assim, por ora, continuarei a descrever como liberal a posição que assumo e que penso que se distingue tanto do verdadeiro conservadorismo como do socialismo. Contudo, devo dizer que faço isso com cada vez mais dúvidas e, mais à

POSFÁCIO

frente, terei de considerar qual seria o nome apropriado para o partido da liberdade. Isso não só porque o termo "liberal", nos Estados Unidos, é hoje a causa de constantes mal-entendidos, mas também porque, na Europa, o tipo predominante de liberalismo racionalista há muito é um dos percursores do socialismo.

Permitam-me agora formular aquela que me parece ser a observação mais decisiva a qualquer conservadorismo que mereça esse nome: pela sua própria natureza, o conservadorismo não oferece uma alternativa à direção em que seguimos. Pela sua resistência às tendências correntes, pode amenizar as transformações indesejáveis, mas, como não indica outra direção, não pode evitar sua continuidade. Por essa razão, o destino do conservadorismo tem sido invariavelmente se deixar arrastar por um caminho que não escolheu. A luta entre os conservadores e os progressistas só afeta o ritmo, e não a direção das transformações contemporâneas. No entanto, embora seja necessário um "freio ao veículo do progresso"[3], não posso, pessoalmente, ficar satisfeito por ajudar apenas a segurar o freio. Aquilo que o liberal deve perguntar, desde logo, não é com que rapidez ou até onde devemos ir, mas para onde devemos ir. De fato, difere muito mais do atual coletivista radical do que do conservador. Enquanto este defende geralmente uma versão moderada dos preconceitos da sua época, o liberal de hoje se opõe de forma mais positiva a algumas das concepções básicas que a maioria dos conservadores partilha com os socialistas.

2. A imagem geralmente dada da posição relativa dos três partidos obscurece mais do que esclarece suas verdadeiras relações. São normalmente representados como posições diferentes numa linha, com os socialistas à esquerda, os conservadores à direita e os liberais pelo meio. Nada poderia ser mais enganador. Se fôssemos usar um diagrama, seria mais apropriado dispô-los num triângulo, com os conservadores ocupando um ângulo, os socialistas tendendo para o segundo e os liberais, para o terceiro. No entanto, dado que os socialistas exerceram mais força durante muito tempo, os conservadores tenderam a seguir mais a direção socialista do que a liberal e adotaram, em intervalos de tempo apropriados, as ideias tornadas respeitáveis pela propaganda radical. Com regularidade, foram os conservadores que fizeram concessões ao socialismo e se apropriaram das suas ideias. Defensores da Via do Centro[4], sem objetivos próprios, os conservadores se pautaram pela crença de que a verdade deve estar em algum lugar entre os extremos — com o resultado de mudarem sua posição sempre que um movimento mais extremo aparecia num dos outros lados.

A posição que, em qualquer época, pode ser corretamente descrita como conservadora depende, portanto, da direção das tendências existentes. Dado que, nas

381

últimas décadas, a evolução tem seguido geralmente uma direção socialista, parece que tanto os conservadores como os liberais se preocuparam sobretudo em enfraquecer esse movimento. No entanto, a principal questão em relação ao liberalismo é que esse quer ir para outro lado e não ficar parado. Embora, hoje, a impressão contrária possa por vezes ser causada pelo fato de ter existido um tempo em que o liberalismo era mais aceito e em que alguns dos seus objetivos estavam perto de ser alcançados, nunca foi uma doutrina retrógrada. Nunca existiu um período em que os ideais liberais tenham se concretizado de forma plena e em que o liberalismo não pretendesse aperfeiçoar as instituições. O liberalismo não é adverso à evolução e à mudança; e quando a mudança espontânea é sufocada pelo controle governamental, exige grandes mudanças políticas. No que diz respeito à maioria das ações governamentais, há hoje poucas razões para os liberais desejarem manter as coisas como estão. De fato, para os liberais, a necessidade mais urgente na maioria dos países do mundo é a eliminação completa dos obstáculos ao livre crescimento.

Essa diferença entre o liberalismo e o conservadorismo não deve ser obscurecida pelo fato de, nos Estados Unidos, ainda ser possível defender a liberdade individual defendendo as instituições há muito estabelecidas. Para os liberais, essas instituições são válidas não só porque existem há muito tempo, ou por serem americanas, mas porque correspondem aos ideais que prezam.

3. Antes de considerar os principais pontos em que a atitude liberal se opõe fortemente à atitude conservadora, devo salientar que os liberais poderiam, com vantagem, ter aprendido muito com a obra de alguns pensadores conservadores. Aos seus estudos apaixonados e reverentes do valor das instituições estabelecidas devemos (pelo menos fora do campo da economia) algumas ideias profundas que constituem verdadeiras contribuições para nossa compreensão de uma sociedade livre. Ainda que tenham sido figuras politicamente reacionárias, como Coleridge, Bonald, De Maistre, Justus Möser ou Donoso Cortès, mostraram uma compreensão do significado das instituições que evoluíram espontaneamente, como a linguagem, a lei, a moral e as convenções, que antecipou as modernas abordagens científicas e que poderia ter beneficiado os liberais. No entanto, a admiração dos conservadores pela evolução espontânea só se aplica geralmente ao passado. Normalmente, não têm a coragem de aceitar as mudanças imprevistas das quais surgem novos instrumentos para os empreendimentos humanos.

Isso me conduz ao primeiro ponto em que as atitudes conservadoras e liberais diferem radicalmente. Como foi muitas vezes reconhecido pelos escritores

POSFÁCIO

conservadores, uma das características fundamentais da atitude conservadora é o medo da mudança, uma desconfiança tímida em relação ao novo[5], enquanto a posição liberal se baseia na coragem e na confiança, numa disposição para deixar a mudança seguir seu curso mesmo que não se possa prever para onde irá levar. Não haveria muito a contestar se os conservadores simplesmente não gostassem de mudanças muito rápidas nas instituições e na política pública; de fato, nesse caso, justificam-se o cuidado e a lentidão. No entanto, os conservadores tendem a usar os poderes do governo para impedir a mudança ou limitar seu ritmo àquilo que agrada às mentes mais tímidas. Ao olharem para o futuro, não têm fé nas forças espontâneas de ajustamento, que levam os liberais a aceitar as mudanças sem apreensão, ainda que não saibam como se criarão as adaptações necessárias. De fato, faz parte da atitude liberal pressupor que, em especial no campo econômico, as forças autorreguladoras do mercado criarão de alguma maneira os ajustes necessários às novas condições, embora ninguém possa prever como farão isso num caso particular. O fator que mais contribui para a relutância frequente das pessoas em deixar o mercado funcionar é, talvez, sua incapacidade de conceber como algum equilíbrio necessário, entre a procura e a oferta, entre as exportações e as importações etc., será gerado sem controle deliberado. Os conservadores só se sentem seguros e satisfeitos se tiverem a certeza de que alguma sabedoria superior vigia e supervisiona a mudança, se souberem que alguma autoridade está encarregada de manter a mudança dentro da "ordem".

Esse receio de confiar em forças sociais não controladas está intimamente relacionado com duas outras características do conservadorismo: seu apreço pela autoridade e sua falta de compreensão das forças econômicas. Dado que desconfia tanto das teorias abstratas como dos princípios gerais[6], não compreende as forças espontâneas em que se baseia uma política da liberdade, nem tem uma base para formular princípios de política governamental. Para os conservadores, a ordem resulta da atenção constante da autoridade, que, para tal, deve poder fazer o que é exigido pelas circunstâncias específicas e não estar presa a normas rígidas. Um compromisso com princípios pressupõe uma compreensão das forças gerais pelas quais se coordenam os esforços da sociedade, mas é essa teoria da sociedade e, em especial, do mecanismo econômico que falta ao conservadorismo. O conservadorismo é totalmente incapaz de produzir uma concepção geral da manutenção da ordem social, de tal maneira que os seus defensores modernos, ao tentarem construir uma base teórica, veem-se obrigados a recorrer quase exclusivamente a autores que se consideravam liberais. Macaulay, Tocqueville, Lord Acton e Lecky viam-se certamente como liberais, e com

A CONSTITUIÇÃO DA LIBERDADE

razão; e até Edmund Burke continuou a ser um velho *whig* até ao fim e estremeceria à ideia de ser visto como um *tory.*

Voltemos, porém, ao ponto principal, que é a complacência característica dos conservadores em relação à ação da autoridade estabelecida, preocupando-se mais com a manutenção da força dessa autoridade do que com a ideia de seu poder ter de ser mantido dentro de certos limites. Isso é difícil de conciliar com a preservação da liberdade. De forma geral, talvez se possa dizer que os conservadores não se opõem à coerção ou ao poder arbitrário desde que seja usado para aquilo que consideram ser um fim correto. Acreditam que, se o governo estiver nas mãos de indivíduos decentes, não deve ser muito restringido por normas rígidas. Como são essencialmente oportunistas e desprovidos de princípios, sua grande esperança é que os sábios e bons governem — não só por exemplo, como todos desejamos, mas também pela autoridade que lhes é dada e por eles imposta.[7] Tais como os socialistas, os conservadores estão menos preocupados com o problema de como os poderes do governo devem ser limitados do que com o problema de quem deve exercer esses poderes; e, assim como os socialistas, julgam-se no direito de impor aos outros os valores em que acreditam.

Quando digo que os conservadores são desprovidos de princípios, não estou sugerindo que lhes falta convicção moral. De fato, o conservador típico é normalmente um homem de fortes convicções morais. O que quero dizer é que o conservador não tem princípios políticos que lhe permitam trabalhar com pessoas cujos valores morais sejam diferentes dos seus por uma ordem política na qual todos possam seguir suas convicções. É o reconhecimento desses princípios que permite a coexistência de diferentes sistemas de valores, que, por sua vez, possibilita a construção de uma sociedade pacífica com um mínimo emprego de força. A admissão desses princípios significa que concordamos em tolerar muitas coisas com que não concordamos. Há muitos valores conservadores que me atraem mais do que os socialistas; no entanto, para um liberal, a importância que pessoalmente atribui a objetivos específicos não é justificativa suficiente para obrigar os outros a servirem a esses objetivos. Não tenho dúvidas de que alguns dos meus amigos conservadores ficarão chocados com aquilo que considerarão "concessões" às opiniões modernas que fiz na Parte III deste livro. No entanto, embora eu possa discordar, tanto quanto eles, de algumas das medidas referidas e até pudesse ser contra elas, não conheço nenhum princípio geral a que pudesse recorrer para convencer os que têm opinião diferente de que essas medidas não são permissíveis no tipo geral de sociedade que ambos desejamos. Para conviver e trabalhar bem com os outros, é preciso mais do que fidelidade com nossos objetivos concretos. É necessário um compromisso intelectual com um tipo de

POSFÁCIO

ordem na qual, mesmo em questões que um indivíduo considere fundamentais, os outros possam buscar objetivos diferentes.

É por essa razão que, para o liberal, os ideais morais e religiosos não podem ser objeto de coerção, enquanto tanto os conservadores como os socialistas não reconhecem esses limites. Por vezes, penso que o atributo mais evidente do liberalismo, que o distingue tanto do conservadorismo como do socialismo, é a ideia de que as crenças morais relativas a questões de conduta que não interferem diretamente na esfera protegida das outras pessoas não justificam a coerção. Isso também pode explicar por que razão, para o socialista arrependido, parece muito mais fácil encontrar um novo lar espiritual entre os conservadores do que entre os liberais.

Em última instância, a posição conservadora se baseia na crença de que, em qualquer sociedade, há indivíduos reconhecidamente superiores cujos padrões, valores e estatutos herdados deveriam ser protegidos, e de que esses indivíduos deveriam ter mais influência do que os outros nos assuntos públicos. O liberal, obviamente, não nega que haja alguns indivíduos superiores — não é um igualitarista —, mas rejeita que alguém tenha a autoridade de decidir quem são esses indivíduos superiores. Enquanto os conservadores tendem a defender certa hierarquia estabelecida e desejam que a autoridade proteja o estatuto daqueles que eles prezam, os liberais pensam que nenhum respeito pelos valores estabelecidos justifica o recurso ao privilégio, monopólio ou qualquer outro poder coercitivo do Estado para proteger esses indivíduos das forças da mudança econômica. Embora esteja plenamente consciente do papel importante que as elites culturais e intelectuais desempenharam na evolução da civilização, o liberal também acredita que essas elites têm de demonstrar capacidade para manter suas posições obedecendo às mesmas normas que se aplicam a todos os demais indivíduos.

Intimamente relacionada com isso está a atitude habitual do conservador em relação à democracia. Já afirmei claramente que não vejo o governo da maioria como um fim, apenas como um meio, ou talvez até como a menos má das formas de governo existentes. Mas penso que os conservadores se autoenganam quando responsabilizam a democracia pelos males do nosso tempo. O maior mal é o governo ilimitado, e ninguém está qualificado para exercer um poder ilimitado.[8] Os poderes que a democracia moderna detém seriam ainda mais intoleráveis nas mãos de uma pequena elite.

Não há dúvida de que só quando o poder chegou às mãos da maioria é que se considerou desnecessário limitar mais o poder do governo. Nesse sentido, a democracia e o governo ilimitado estão interligados. No entanto, não é a democracia, mas,

385

sim, o governo ilimitado que é questionável, e não percebo por que as pessoas não devem aprender a limitar o âmbito do governo da maioria, bem como o de qualquer outra forma de governo. Seja como for, as vantagens da democracia como um método de mudança pacífica e de educação política parecem ser tão grandes comparadas com as de qualquer outro sistema que não posso ter simpatia pela corrente antidemocrática do conservadorismo. A meu ver, o problema essencial não é quem governa, mas, sim, o âmbito de ação do governo.

A oposição conservadora ao excesso de controle governamental não constitui uma questão de princípio, mas visa aos objetivos específicos do governo, o que é claramente demonstrado na esfera econômica. Normalmente, os conservadores se opõem às medidas coletivistas e dirigistas no domínio industrial, onde costumam se aliar aos liberais. No entanto, ao mesmo tempo, os conservadores são geralmente protecionistas e com frequência apoiaram medidas socialistas na agricultura. De fato, embora as restrições que hoje existem na indústria e no comércio sejam, em grande parte, resultado de opiniões socialistas, as restrições igualmente importantes na agricultura foram muitas vezes introduzidas por conservadores em épocas anteriores. E, nos seus esforços para desacreditar a livre-iniciativa, muitos líderes conservadores rivalizaram com os socialistas.[9]

4. Já me referi às diferenças entre o conservadorismo e o liberalismo no campo puramente intelectual, mas tenho de regressar ao tema porque, aqui, a atitude conservadora característica não só é uma fraqueza grave do conservadorismo como também tende a prejudicar qualquer causa que a ele se alie. De forma instintiva, os conservadores acham que as novas ideias, mais do que qualquer outra coisa, são a causa das mudanças. No entanto, do seu ponto de vista, corretamente, o conservadorismo receia as novas ideias porque não tem princípios próprios que se oponham a elas; além disso, pela sua desconfiança da teoria e falta de imaginação a respeito de tudo o que não seja experiência já provada, priva-se das armas necessárias para a luta das ideias. Ao contrário do liberalismo, com sua crença fundamental no amplo poder das ideias, o conservadorismo está vinculado a um conjunto de ideias herdado em dado momento. E como não acredita realmente no poder do debate, seu último recurso consiste, de forma geral, em apelar a uma sabedoria superior, baseada numa qualidade superior que atribui a si próprio.

Essa diferença se revela de forma mais clara nas atitudes distintas das duas tradições em relação ao avanço do conhecimento. Embora os liberais não vejam, certamente, todas as mudanças como progresso, consideram que o avanço do

POSFÁCIO

conhecimento é um dos principais objetivos do esforço humano e dele esperam a solução gradual dos problemas e das dificuldades que pretendemos resolver. Sem preferirem o novo só por ser novo, os liberais estão conscientes de que a produção do novo faz parte da essência da ação humana; e estão preparados para lidar com o novo conhecimento, gostem ou não dos seus efeitos imediatos.

Pessoalmente, penso que a característica mais reprovável da atitude conservadora é a sua propensão a rejeitar novos conhecimentos, mesmo que bem fundamentados, por não gostar das consequências que deles parecem decorrer — ou, para ser mais franco, o seu obscurantismo. Não nego que os cientistas, tais como todos os outros, são dados a modas e que temos muitas razões para ser cautelosos ao aceitar as conclusões que retiram das suas teorias mais recentes. No entanto, os motivos da nossa relutância devem ser racionais e têm de ser separados da consternação que sentimos por as novas teorias abalarem nossas crenças mais profundas. Tenho pouca paciência para aqueles que se opõem, por exemplo, à teoria da evolução ou àquilo que se chama de explicação "mecanicista" dos fenômenos da vida simplesmente por causa de certas consequências morais que parecem decorrer dessas teorias, e ainda menos por aqueles que consideram irreverente ou até impróprio fazer determinadas perguntas. Ao recusar encarar os fatos, o conservador mais não faz do que enfraquecer a própria posição. Com frequência, as conclusões que o pensamento racionalista retira das novas descobertas científicas não decorrem dessas. Contudo, só participando ativamente na elaboração das consequências das novas descobertas é que saberemos se se ajustam ou não à nossa imagem do mundo e, em caso positivo, como. Se nossas crenças morais se revelassem dependentes de pressupostos errados, não seria moral defendê-las rejeitando reconhecer os fatos.

Relacionada com a desconfiança conservadora do novo e do estranho está sua hostilidade ao internacionalismo e sua tendência para um nacionalismo radical. Essa é outra fonte da sua fraqueza no combate das ideias. Não se pode alterar o fato de que as ideias que mudam a civilização não respeitam fronteiras. No entanto, a recusa de conhecer as novas ideias mais não faz do que privar o indivíduo do poder de contestá-las eficazmente quando necessário. A evolução das ideias é um processo internacional, e só os que participam plenamente do debate poderão exercer influência significativa. Não é um argumento válido dizer que uma ideia é antiamericana, antibritânica ou antialemã; e um ideal errado ou perverso não é melhor só por ter sido concebido por um dos nossos compatriotas.

Poderia se dizer muito mais acerca da relação íntima entre o conservadorismo e o nacionalismo, mas não me deterei no assunto porque pode parecer que minha

## A CONSTITUIÇÃO DA LIBERDADE

posição pessoal me impede de simpatizar com qualquer forma de nacionalismo. Acrescentarei apenas que é a tendência nacionalista que, com frequência, providencia a ponte do conservadorismo para o coletivismo: pensar em termos da "nossa" indústria ou dos "nossos" recursos não está longe de exigir que essas riquezas nacionais sejam administradas no interesse nacional. No entanto, a esse respeito, o liberalismo continental que decorre da Revolução Francesa é um pouco melhor do que o conservadorismo. Não é necessário dizer que esse tipo de nacionalismo é uma coisa muito diferente do patriotismo e que a aversão ao nacionalismo é totalmente compatível com um apego profundo às tradições nacionais. Mas o fato de eu preferir e até estimar algumas das tradições da minha sociedade não tem de ser causa de hostilidade por aquilo que é estranho e diferente.

Só à primeira vista parece paradoxal que o anti-internacionalismo dos conservadores seja tão frequentemente associado ao imperialismo. No entanto, quanto maior é a aversão de um indivíduo ao diferente e quanto mais pensar em que é superior, mais tende a ver como sua missão "civilizar" os outros[10] — não por uma relação voluntária e livre como a favorecida pelos liberais, mas concedendo a eles as graças do governo eficiente. É significativo que, nesse caso, voltemos a ver os conservadores se aliando frequentemente aos socialistas contra os liberais — não só na Inglaterra, onde os Webbs e os seus fabianos eram imperialistas declarados, ou na Alemanha, onde o socialismo de Estado e o expansionismo colonial andavam de mãos dadas e eram apoiados pelos "socialistas de cátedra", mas também nos Estados Unidos, onde, mesmo durante o primeiro mandato de Roosevelt, se observava: "Os jingoístas e os reformistas sociais aliaram-se; e formaram um partido político que ameaça capturar o governo e usá-lo para o seu programa de paternalismo cesarista, um perigo que agora parece só ter sido afastado pelos outros partidos, que adotaram o seu programa numa forma e num conteúdo de certo modo mais moderados".[11]

5. No entanto, há um aspecto em que temos razões para dizer que o liberal ocupa uma posição a meio caminho entre o socialista e o conservador: está tão longe do racionalismo rude do socialista que pretende reconstruir todas as instituições sociais segundo um padrão prescrito pela sua razão individual, como o do misticismo a que o conservador tem de recorrer com muita frequência. Aquilo que descrevi como a posição liberal partilha com o conservadorismo de uma desconfiança em relação à razão, uma vez que o liberal está bem consciente de que não conhecemos todas as respostas e não está seguro de que as respostas que tem sejam as certas ou de que possamos encontrar todas as respostas. Também não se recusa a procurar apoio em

POSFÁCIO

quaisquer instituições ou hábitos não racionais que provaram seu valor. O liberal difere do conservador na sua disposição de admitir essa ignorância e de reconhecer o quão pouco sabemos, sem apelar à autoridade de fontes sobrenaturais de conhecimento quando a razão lhe falha. Temos de admitir que, em certos aspectos, o liberal é fundamentalmente um cético[12], mas parece ser necessário certo nível de desconfiança para deixar que os outros procurem a felicidade à sua própria maneira e para aderir a essa tolerância de forma consistente, que é uma característica essencial do liberalismo.

Isso não significa necessariamente ausência de crença religiosa por parte do liberal. Ao contrário do racionalismo da Revolução Francesa, o verdadeiro liberalismo não se opõe à religião, e só posso lastimar o movimento antirreligioso militante e essencialmente não liberal que animou grande parte do liberalismo continental do século XIX. O fato de isso não ser essencial para o liberalismo é claramente demonstrado pelos seus antepassados ingleses, os velhos *whigs*, que, no mínimo, estavam muito ligados a certa crença religiosa. Nesse aspecto, aquilo que distingue o liberal do conservador é que, por muito profundas que sejam suas crenças espirituais, nunca se considerará no direito de as impor aos outros e que, para ele, o espiritual e o temporal são duas esferas que não devem se confundir.

6. Aquilo que afirmei deve bastar para explicar por que razão não me considero conservador. No entanto, muitas pessoas pensarão que a posição daqui decorrente não é a que costumam chamar de "liberal". Portanto, tenho agora de abordar a questão de saber se essa designação é, hoje, a adequada para o partido da liberdade. Já observei que, embora tenha me definido como liberal durante toda a vida, tenho feito isso recentemente com cada vez maior apreensão — não só porque nos Estados Unidos esse termo dá origem a mal-entendidos, mas também porque me tornei cada vez mais consciente do grande abismo que existe entre a minha posição e o liberalismo continental racionalista ou até o liberalismo inglês dos utilitaristas.

Se o liberalismo ainda significasse o que significava para um historiador inglês que, em 1827, falava da Revolução de 1688 como "o triunfo dos princípios que, na linguagem atual, se chamam liberais ou constitucionais"[13], ou se ainda pudéssemos, com Lord Acton, falar de Burke, Macaulay e Gladstone como os três grandes liberais, ou se ainda fosse possível, com Harold Laski, ver Tocqueville e Lord Acton como "os liberais essenciais do século XIX"[14], eu teria muito orgulho em me definir como liberal. No entanto, ainda que eu tenha tentado ver o liberalismo deles como um verdadeiro liberalismo, tenho de reconhecer que a maioria dos liberais do continente

A CONSTITUIÇÃO DA LIBERDADE

europeu defendia ideias a que esses homens se opunham fortemente, e que eram mais motivados por um desejo de impor ao mundo um padrão racional preconcebido do que pela vontade de criar oportunidades para a evolução espontânea. O mesmo se aplica em grande medida àquilo que se autodenominava liberalismo na Inglaterra, pelo menos desde a época de Lloyd George.

Por conseguinte, é necessário reconhecer que aquilo que chamei de "liberalismo" pouco tem a ver com qualquer movimento que hoje assim se denomina. Também é duvidoso que as associações históricas atualmente evocadas por esse nome contribuam para o êxito de qualquer movimento. As opiniões podem diferir relativamente sobre se, nessas circunstâncias, devemos nos esforçar para resgatar o termo daquilo que se julga ser a sua utilização incorreta. Pessoalmente, acredito cada vez mais que usar o termo sem longas explicações provoca uma grande confusão e que, como rótulo, tornou-se mais um lastro do que uma força motriz.

Nos Estados Unidos, onde se tornou quase impossível usar o termo "liberal" no sentido em que utilizei, emprega-se no seu lugar o termo "libertário". Pode ser a solução; mas, a meu ver, considero-o particularmente pouco atrativo. Parece-me um termo muito artificial e substituto. Preferiria um termo que descrevesse o partido da vida, o partido que promove o crescimento livre e a evolução espontânea. Contudo, por mais voltas que tenha dado, não consegui encontrar um termo descritivo que fosse adequado.

7. No entanto, temos de lembrar que, quando os ideais que tentei reafirmar se difundiram pela primeira vez no mundo ocidental, o partido que os representava tinha um nome geralmente reconhecível. Foram os ideais dos *whigs* ingleses que inspiraram aquilo que, mais tarde, passou a ser conhecido em toda a Europa como o movimento liberal[15] e que deram origem às concepções que os colonizadores americanos levaram com eles e que os guiaram na sua luta pela independência e no estabelecimento da sua constituição.[16] De fato, antes de o caráter dessa tradição ter sido alterado pelas ideias oriundas da Revolução Francesa, com a sua democracia totalitária e suas tendências socialistas, o partido da liberdade era geralmente conhecido pelo nome "*whig*".

O nome morreu no país em que nasceu, em parte porque, durante algum tempo, os princípios que representava deixaram de ser distintivos de um partido específico, e em parte porque os homens que usavam o nome não se mantinham fiéis a esses princípios. Os partidos *whigs* do século XIX, tanto na Grã-Bretanha como nos Estados Unidos, desacreditaram o nome entre os radicais. No entanto, continua a ser verdade que, como o liberalismo só tomou o lugar do *whiguismo* depois de o

390

POSFÁCIO

movimento pela liberdade ter absorvido o racionalismo radical e militante da Revolução Francesa, e como a nossa tarefa consiste sobretudo em libertar essa tradição das influências ultrarracionalistas, nacionalistas e socialistas que nele se introduziram, o *whiguismo* é, historicamente, o termo correto para as ideias em que acredito. Quanto mais aprendo acerca da evolução das ideias, mais consciência tenho de que sou apenas um velho *whig* irredutível — com ênfase no "velho".

O fato de me confessar um velho *whig* não significa, obviamente, que queira regressar à situação em que estávamos no fim do século XVII. Um dos propósitos deste livro foi mostrar que as doutrinas então elaboradas continuaram a evoluir e a se desenvolver até há cerca de setenta ou oitenta anos, ainda que já não constituíssem o objetivo principal de um partido distinto. Desde então, aprendemos o suficiente para nos permitir reafirmar essas doutrinas numa forma mais satisfatória e eficaz. No entanto, embora exijam uma reformulação à luz do nosso saber atual, os princípios básicos continuam a ser os dos velhos *whigs*. É verdade que a história tardia do partido que tinha esse nome levou alguns historiadores a duvidar da existência de um corpo distinto de princípios *whigs*; no entanto, só posso concordar com Lord Acton que, embora alguns dos "patriarcas da doutrina tivessem grande má fama, a ideia de uma lei superior aos códigos municipais, que deu origem ao *whiguismo*, constitui o grande feito dos ingleses e o seu legado à nação"[17] — e, poderíamos acrescentar, ao mundo. É a doutrina que está na base da tradição comum dos países anglo-saxônicos. É a doutrina da qual o liberalismo europeu retirou o que era válido. É a doutrina em que se baseia o sistema de governo americano. Na sua forma pura, é representada nos Estados Unidos não pelo radicalismo de Jefferson nem pelo conservadorismo de Hamilton ou até de John Adams, mas pelas ideias de James Madison, o "pai da Constituição".[18]

Não sei se a reanimação desse velho nome será uma política prática. O fato de, para a maioria das pessoas, tanto no mundo anglo-saxônico como em outros países, ser um termo sem associações definidas é, talvez, mais uma vantagem do que uma desvantagem. Para aqueles que conhecem a história das ideias, talvez seja o único nome que expressa bem o significado da tradição. Se, tanto para o conservador genuíno como ainda mais para os socialistas que se tornaram conservadores, o *whiguismo* designa o seu ódio de estimação, isso revela um instinto certo da parte deles. É o nome do único conjunto de ideias que, de forma consistente, tem se oposto a todo poder arbitrário.

8. Pode-se perguntar se o nome terá assim tanta importância. Num país como os Estados Unidos, onde, de forma geral, ainda existem instituições livres e, por isso, a

A CONSTITUIÇÃO DA LIBERDADE

defesa das instituições existentes é geralmente uma defesa da liberdade, pode não fazer muita diferença que os defensores da liberdade se designem conservadores, embora, até nesse caso, a associação com os indivíduos naturalmente conservadores seja muitas vezes embaraçosa. Até quando os indivíduos aprovam as mesmas medidas, devemos perguntar se as aprovam porque existem ou porque são convenientes em si mesmas. A resistência comum à corrente coletivista não deve obscurecer o fato de a crença na liberdade integral se basear numa atitude essencialmente voltada para o futuro e não num olhar nostálgico para o passado ou numa admiração romântica por aquilo que ficou para trás.

No entanto, a necessidade de uma distinção clara é absolutamente imperativa quando, como acontece em muitas partes da Europa, os conservadores já aceitaram grande parte da doutrina coletivista — pensamento que tem dominado a política governamental há tanto tempo que muitas das suas instituições acabaram por ser admitidas como fatos consumados e se tornaram motivo de orgulho para os partidos "conservadores" que as criaram.[19] Nesse caso, aqueles que acreditam na liberdade só podem se opor aos conservadores e assumir uma posição essencialmente radical, dirigida contra os preconceitos populares, as posições arraigadas e os privilégios profundamente enraizados. Os disparates e os abusos não se tornam melhores só por serem princípios de política governamental há muito estabelecidos.

Embora a máxima *quieta non movere* possa, por vezes, ser sensata para o estadista, não pode satisfazer o filósofo político. Este pode desejar que certa medida política seja tomada com cautela e não antes de a opinião pública estar preparada para apoiá-la, mas não pode aceitar medidas só por serem sancionadas pela opinião pública corrente. Num mundo em que a principal necessidade se tornou, como era no início do século XIX, libertar o processo de evolução espontânea dos obstáculos e estorvos erigidos pela insensatez humana, suas esperanças devem se concentrar em convencer e conquistar o apoio daqueles que, por natureza, são "progressistas", aqueles que, embora atualmente procurem a mudança na direção errada, estão pelo menos dispostos a analisar de forma crítica aquilo que existe e a mudá-lo sempre que necessário.

Espero não ter levado o leitor a me interpretar erroneamente quando falei ocasionalmente de "partidos" para designar grupos de indivíduos que defendem um conjunto de princípios intelectuais e morais. Os partidos políticos de qualquer país não entraram nas preocupações deste livro. A questão de como os princípios que tentei reconstruir, juntando os fragmentos dispersos de uma tradição, podem se traduzir num programa que tenha atração popular, o filósofo político deve deixar a "esse

POSFÁCIO

animal insidioso e astuto, vulgarmente chamado estadista ou político, cujas opiniões se orientam pelas flutuações momentâneas dos acontecimentos".[20] A tarefa do filósofo político deve consistir em influenciar a opinião pública, e não em organizar as pessoas para a ação. Só realizará essa tarefa com eficácia se não se preocupar com aquilo que é agora politicamente possível, defendendo com firmeza os "princípios gerais que são sempre os mesmos".[21] Nesse sentido, duvido que possa existir uma filosofia política conservadora. Em muitos casos, o conservadorismo pode ser uma máxima prática e útil, mas não nos oferece quaisquer princípios orientadores capazes de influenciar a evolução futura.

# Agradecimentos e notas do autor

Muito daquilo que tentei dizer neste livro já foi dito de melhor maneira, mas em textos tão dispersos ou em obras tão pouco conhecidas do leitor moderno que me pareceu útil ampliar as notas para além de meras referências do que, em parte, é quase uma antologia do pensamento liberal individualista. Essas citações visam mostrar que algumas ideias que hoje podem parecer estranhas já constituíram um legado da nossa civilização, mas também que, embora tenhamos nos baseado nessa tradição, ainda falta realizar a tarefa de reunir essas ideias num corpo coerente de pensamento diretamente aplicável aos nossos tempos. As notas apresentam os elementos com que tentei construir um novo edifício. Contudo, não constituem uma bibliografia completa acerca do tema. Uma lista útil de obras relevantes pode ser encontrada em H. Hazlitt, *The Free Man's Library* (Nova York, 1956).

As notas também estão longe de ser um reconhecimento adequado da minha gratidão. O processo pelo qual formei as ideias expressas neste livro precedeu necessariamente o plano de formulá-las dessa maneira. Depois de ter decidido acerca da formulação, li algumas das obras de autores com quem eu esperava concordar, em especial porque aprendera muito com eles no passado. Na minha leitura, procurei as objeções com que deparei, os argumentos que tive de contrariar, bem como as formas como essas ideias foram expostas no passado. Por conseguinte, os nomes daqueles que mais contribuíram para a formação das minhas ideias, professores ou colegas, raramente aparecem nestas páginas. Para reconhecer toda a minha gratidão e concordância, estas notas teriam de estar repletas de referências às obras de Ludwig von Mises, Frank H. Knight, Edwin Cannan, Walter Eucken, Henry C. Simons, Wilhelm Röpke, Lionel Robbins, Karl R. Popper, Michael Polanyi e Bertrand de Jouvenel. Na verdade, se tivesse de dedicar este livro a alguém, seria mais apropriado dedicá-lo aos membros da Mont Pelerin Society e, em particular, aos seus dois líderes intelectuais, Ludwig von Mises e Frank H. Knight.

## AGRADECIMENTOS E NOTAS DO AUTOR

Contudo, quero fazer alguns agradecimentos específicos. E. Banfield, C. I. Barnard, W. H. Book, John Davenport, P. F. Goodrich, W. Frölich, David Grene, F. A. Harper, D. G. Hutton, A. Kemp, F. H. Knight, William L. e Shirley Letwin, Fritz Machlup, L. W. Martin, L. von Mises, A. Morin, F. Morley, S. Petro, J. H. Reiss, G. Stourzh, Ralph Turvey, C. Y. Wang e R. Ware leram várias partes de uma versão anterior deste livro e me ajudaram com os seus comentários. Muitos deles, bem como A. Director, V. Ehrenberg, D. Forbes, M. Friedman, M. Ginsberg, C. W. Guillebaud, B. Leoni, J. U. Nef, Margaret G. Reid, M. Rheinstein, H. Rothfels, H. Schoeck, Irene Shils, T. F. T. Plucknett e Jacob Viner, ofereceram-me referências e dados importantes; hesito em mencionar seus nomes porque estou quase certo de que me esqueci de alguns dos muitos que me auxiliaram dessa forma.

Nas fases finais da preparação do livro, recebi o valioso auxílio do senhor Edwin McClellan. Foi principalmente graças aos seus esforços solidários e, sem dúvida, aos da senhora McClellan para clarificar as minhas frases complicadas que o livro se tornou muito mais legível. O texto ainda foi mais aperfeiçoado pelas mãos do meu amigo Henry Hazlitt, que teve a gentileza de ler e comentar parte da versão final datilografada. Reconheço também minha dívida com a senhora Lois Fern por ter verificado todas as citações das notas e à jovem Vernelia Crawford por ter preparado o índice temático.

Embora o livro não seja produto de um esforço coletivo que é agora comum — nunca aprendi a recorrer ao auxílio de um assistente de pesquisa —, beneficiou-se bastante das oportunidades e condições oferecidas por várias fundações e instituições. A esse respeito, agradeço às fundações Volker, Guggenheim, Earhart e Relm. As palestras realizadas no Cairo, em Zurique, na Cidade do México, em Buenos Aires, no Rio de Janeiro e em várias universidades americanas me deram a oportunidade não só de expor publicamente algumas ideias apresentadas neste livro, como também de obter experiências que foram importantes para a sua redação. Os locais de publicação de versões anteriores de alguns dos capítulos estão mencionados nas notas, e agradeço aos vários editores por terem me permitido reeditá-los. Também agradeço a ajuda da University of Chicago Library, à qual recorri quase exclusivamente para o trabalho neste livro, e cujo Interlibrary Loan Service me forneceu quase sempre aquilo de que eu necessitava; o meu obrigado ao Social Science Research Committee e ao pessoal da Social Science Division da University of Chicago, que forneceu os fundos e a mão de obra para a datilografia das várias versões deste livro.

No entanto, minha maior dívida é com o Committee on Social Thought da Universidade de Chicago e seu presidente, o professor John U. Nef, que me possibilitou

A CONSTITUIÇÃO DA LIBERDADE

dedicar alguns anos à conclusão deste livro, tarefa que, em vez de prejudicada, foi facilitada pelos meus outros deveres na Comissão.

A seguinte lista de *abreviaturas de alguns títulos que ocorrem com frequência* inclui apenas as obras cujos títulos são um pouco compridos.

Acton, *Hist. Essays: Historical Essays and Studies*, por John E. E. Dalberg-Acton, First Baron Acton. Ed. J. N. Figgis e R. V. Laurence. Londres, 1907.

Acton, *Hist. of Freedom: The History of Freedom and Other Essays*, por John E. E. Dalberg-Acton, First Baron Acton. Ed. J. N. Figgis e R. V. Laurence. Londres, 1907.

*A.E.R.: American Economic Review.*

Bagehot, *Works: The Works and Life of Walter Bagehot.* Ed. Mrs. Russell Barrington. 10 vols. Londres, 1910.

Burke, *Works: The Works of the Right Honourable Edmund Burke.* Nova ed. 14 vols. Londres: Rivington, 1814.

Dicey, *Constitution: Introduction to the Study of the Law of the Constitution*, por A. V. Dicey. 9. ed. Londres, 1939.

Dicey, *Law and Opinion: Lectures on the Relation between Law and Public Opinion in*

*England during the Nineteenth Century.* 2. ed. Londres, 1914. *E.J.: Economic Journal* (Londres).

*E.S.S.: Encyclopaedia of the Social Sciences.* 15 vols. Nova York, 1930-1935.

Hume, *Essays: Essays Moral, Political, and Literary*, por David Hume. Ed. T. H. Green e T. H. Grose. 2 vols. Londres, 1875. Vol. II contém *inter alia* o *Enquiry concerning Human Understanding* e o *Enquiry concerning the Principles of Morals.*

Hume, *Treatise: A Treatise of Human Nature*, por David Hume. Ed. T. H. Green e T. H. Grose. 2 vols. Londres, 1890.

Locke, *Second Treatise: The Second Treatise of Civil Government and A Letter concerning Toleration*, por John Locke. Ed. J. W. Gough. Oxford, 1946.

*J.P.E.: Journal of Political Economy* (Chicago).

*Lloyds B.R.: Lloyds Bank Review* (Londres).

Menger, *Untersuchungen: Untersuchungen über die Methode der Socialwissenschaften und der politischen Oekonomie insbesondere*, por Carl Menger. Leipzig, 1883.

AGRADECIMENTOS E NOTAS DO AUTOR

J. S. Mill, *Principles: Principles of Political Economy, with Some of Their Applications to Social Philosophy*, por John Stuart Mill. Ed. W. J. Ashley. Londres, 1909.

Montesquieu, *Spirit of the Laws: The Spirit of the Laws*, por Barão de Montesquieu.

Trad. T. Nugent. Ed. F. Neumann. ("Hafner Library of Classics") 2 vols. em 1. Nova York, 1949.

*Proc. Arist. Soc.: Proceedings of the Aristotelian Society* (Londres).

*R.E.&S.: Review of Economics and Statistics* (Cambridge, Mass.).

Smith, *W.o.N.: An Inquiry into the Nature and Causes of the Wealth of Nations*, por Adam Smith. Ed. E. Cannan. 2 vols. Londres, 1904.

Tocqueville, *Democracy: Democracy in America*, por Alexis de Tocqueville. Trad. Henry Reeve. Ed. Phillips Bradley. 2 vols. Nova York, 1945.

*U.S.: United States Reports: Cases Adjudged in the Supreme Court*. Washington: Government Printing Office. (De acordo com o padrão da prática legal americana, as referências a este e a outros relatos anteriores de casos julgados em tribunais federais, como "Dallas", "Cranch", "Wheaton" e "Wallace", e a relatos de casos julgados por tribunais estaduais, são *precedidas* do número do volume e seguidas do número da página em que o relato começa e, quando necessário, a página em que ocorre a referência.)

(As referências a *op. cit.*, *loc. cit.* ou *ibid.* dizem sempre respeito a uma obra do mesmo autor citado numa nota anterior do mesmo capítulo.)

A citação da página de rosto é retirada de Algernon Sidney, *Discourses concerning Government* (Londres, 1698), p. 142, *Works* (nova ed.; Londres, 1772), p. 151.

# Notas

## INTRODUÇÃO

Citação da Oração Fúnebre de Péricles, segundo a versão de Tucídides em *História da Guerra do Peloponeso*, II, pp. 37-39.

[1] Há frases que entram no domínio popular porque expressam aquilo que, em certo período, parecia uma verdade importante, continuam a ser usadas quando essa verdade se tornou conhecida por todos e ainda são usadas quando, devido a um uso frequente e mecânico, deixaram de ter um significado distinto. Caem finalmente em desuso por já não evocarem qualquer ideia. Só são redescobertas depois de estarem dormentes durante uma geração e podem então ser usadas com nova força para expressar algo semelhante ao seu significado original, passando depois mais uma vez pelo mesmo ciclo se tiverem sucesso.

[2] A última tentativa abrangente de reafirmação dos princípios de uma sociedade livre, já muito diluída e na forma limitada de um livro acadêmico, é a obra de H. Sidgwick, *The Elements of Politics* (Londres, 1891). Embora, em muitos aspectos, seja uma obra admirável, não representa o que deve ser visto como a tradição liberal britânica e já é fortemente influenciada pelo utilitarismo racionalista que conduziu ao socialismo.

[3] Na Inglaterra, onde a tradição da liberdade durou mais do que em outros países europeus, já em 1885 um escritor cuja obra foi amplamente lida pelos liberais afirmava que, para estes, "a tarefa agora mais premente é a reconstrução da sociedade, e não a libertação dos indivíduos" (F. C. Montague, *The Limits of Individual Liberty*, Londres, 1885, p. 16).

[4] Frederick Watkins, *The Political Tradition of the West* (Cambridge: Harvard University Press, 1948), p. 10.

[5] Também espero não ser alvo do lembrete de S. T. Coleridge dirigido a Edmund Burke, particularmente importante no nosso tempo: "Não é bom representar um sistema político que só tem encanto para ladrões e assassinos, sem origem natural que não no cérebro de tolos ou loucos, quando a experiência prova que o maior perigo do sistema consiste no fascínio especial que se julga exercer sobre os espíritos nobres e imaginativos; sobre todos os que, sob a intoxicação agradável da benevolência da juventude, confundem as suas próprias melhores virtudes e poderes de eleição com as qualidades e atributos comuns do caráter humano" (*The Political Thought of Samuel Taylor Coleridge*, ed. R. J. White, Londres, 1938, p. 235).

[6] *Cf.* W. H. Auden, na sua Introdução à obra de Henry James, *The American Scene* (Nova York, 1946), p. xviii: "A liberdade não é um valor, mas o fundamento do valor"; ver também C. Bay, *The Structure of Freedom* (Stanford, Calif., Stanford University Press, 1958), p. 19: "A liberdade é o solo necessário para o crescimento pleno dos outros valores". (Esta obra chegou a mim muito tarde para admitir mais do que algumas referências ocasionais nas notas.)

[7] *Cf.* A. N. Whitehead, *Adventure of Ideas* (Nova York: Mentor Books, 1995), p. 73: "Infelizmente, a ideia de liberdade tem sido deturpada pelo tratamento literário que lhe é devotado... O conceito de liberdade foi reduzido à imagem de pessoas contemplativas que chocam a sua geração. Quando pensamos na liberdade, podemos nos limitar à liberdade de pensamento, à liberdade de imprensa, à liberdade de opinião religiosa... Isso é completamente errado...

A expressão literária da liberdade lida essencialmente com floreados... Na verdade, a liberdade de ação é a necessidade fundamental".

[8] C. L. Becker, *New Liberties for Old* (New Haven: Yale University Press, 1941), p. 4.

[9] David Hume, que será o nosso constante companheiro e sábio guia ao longo das páginas seguintes, já falava em 1742 (*Essays*, II, 371) da "grave Busca de Perfeição, que, com o Pretexto de Reformar os Preconceitos e os Erros, contraria todos os mais caros Sentimentos do Coração e todas as mais úteis Opiniões e Instintos que podem governar uma criatura humana", e advertia-nos (p. 373) para que "não nos afastássemos muito das Máximas de Conduta e Comportamento recebidas em proveito de uma nova Busca de Felicidade ou de Perfeição".

[10] W. Wordsworth, *The Excursion* (Londres, 1814), Parte II.

# PARTE I

Epígrafe extraída de H. B. Phillips, "On the Nature of Progress", *American Scientist*, XXXIII (1945), p. 255.

## 1. Liberdade e liberdades

Epígrafe retirada de *The Writings of Abraham Lincoln*, ed. A. B. Lapsley (Nova York, 1906), VII, 121. *Cf.* a observação semelhante de Montesquieu, *Spirit of the Laws*, XI, 2 (I, 149): "Não existe palavra que admita significados mais variados e que tenha produzido impressões mais variadas na mente humana do que a palavra liberdade. Alguns tomam-na como meio de depor um indivíduo a quem conferiram uma autoridade tirânica; outros, como o poder de escolher um superior a quem estão obrigados a obedecer; outros, como o direito de deter armas e, por isso, de usar a violência; outros ainda, como o privilégio de ser governado por um cidadão do próprio país ou pelas suas próprias leis".

[1] Parece não existir qualquer diferença de significado entre os termos "*freedom*" e "*liberty*", e iremos utilizá-los indistintamente. Embora tenha uma preferência pessoal pelo primeiro, o termo "*liberty*" parece menos passível de ser usado de forma abusiva. Não poderia ser usado no "nobre jogo de palavras" (Joan Robinson, *Private Enterprise or Public Control*. Londres, 1943) de Franklin D. Roosevelt quando incluiu a "liberdade [*freedom*] da necessidade" na sua concepção de liberdade [*liberty*].

[2] O valor limitado de uma análise semântica, mesmo que muito rigorosa, do termo "liberdade" é bem ilustrado por M. Cranston, *Freedom: A New Analysis* (Nova York, 1953), que será esclarecedor para os leitores que gostam de ver como os filósofos se embaraçam nas suas curiosas definições do conceito. Para um estudo mais ambicioso dos vários significados do termo, ver Mortimer Adler, *The Idea of Freedom: A Dialectical Examination of the Conceptions of Freedom* (Nova York, 1958), que tive o privilégio de ver em rascunho, e uma obra ainda mais abrangente de H. Ofstad, que deverá ser publicada pela Oslo University Press.

[3] *Cf.* J. Bentham, *The Limits of Jurisprudence Defined*, ed. C. W. Everett (Nova York: Columbia University Press, 1945), p. 59: "Pode então haver dois ou mais tipos de liberdade, em função da origem da coerção, que é a sua ausência". Ver também M. Schlick, *Problems of Ethics* (Nova York, 1939), p. 149; F. H. Knight, "The Meaning of Freedom", in *The Philosophy of American Democracy*, ed. C. M. Perry (Chicago: University of Chicago Press, 1943): "O significado principal da democracia na sociedade... é sempre um conceito negativo... e a coerção é o termo que deve ser realmente definido"; e a análise mais completa do mesmo autor em "The Meaning of Freedom", *Ethics*, Vol. LII (1940), e "Conflict of Values: Freedom and Justice", in *Goals of Economic Life*, ed. A. Dudley Ward (Nova York, 1953); também F. Neumann, *The Democratic and the Authoritarian State* (Glencoe, ILL., 1957), p. 202: "A fórmula liberdade igual a ausência de coerção continua correta... dessa fórmula, decorre essencialmente todo o sistema legal racional do mundo civilizado... É o elemento do conceito de liberdade que nunca devemos abandonar"; e C. Bay, *The Structure of Freedom* (Stanford, Calif.: Stanford University Pess, 1958), p. 94: "De todos os objetivos da liberdade, a maximização da liberdade de todos em relação à coerção deve ser a grande prioridade".

[4] Atualmente, a expressão "liberdade civil" parece ser usada sobretudo a respeito dos exercícios de liberdade individual particularmente importantes para o funcionamento da democracia, como a liberdade de expressão, de reunião e de imprensa — e, em particular nos Estados Unidos, a respeito das oportunidades garantidas pela *Bill of Rights*. Até o termo "liberdade política" tem sido ocasionalmente usado para descrever, em especial em contraste com o de "liberdade interior", não a liberdade coletiva para a qual o usaremos, mas a liberdade pessoal. No entanto, embora esse uso tenha a sanção de Montesquieu, hoje só pode gerar confusão.

[5] *Cf.* E. Barker, *Reflections on Government* (Oxford: Oxford University Press, 1942), p. 1: "Originalmente, liberdade significava a qualidade ou o estatuto do homem livre, ou do produtor livre, em oposição

ao escravo". Parece que, etimologicamente, a raiz teutônica de "livre" descrevia a posição de um membro protegido da comunidade (*cf.* Neckel, "Adel und Gefolgschaft", *Beiträge zur Geschichte der deutschen Sprache und Literatur*, XLI [1916], esp. p. 43: "Frei'hiess ursprünglich derjenige, der nicht schutz-und rechtlos war". Ver também O. Schrader, *Sprachvergleichung und Urgeschichte*, II/2, *Die Urzeit* [3. ed.; Iena, 1906-1907], p. 294, e A. Waas, *Die alte deutsche Freiheit* [Munique e Berlim, 1939], pp. 10-15). De forma similar, o termo latino *liber* e o grego *eleutheros* parecem derivar de palavras que denotavam a condição de membro da tribo. A importância disso aparecerá mais à frente, quando analisarmos a relação entre lei e liberdade.

[6] *Cf.* T. H. Green, *Lectures on the Principles of Political Obligation* (Londres, 1911), p. 3: "Quanto ao sentido dado à 'liberdade', é claro que se deve admitir que qualquer uso do termo para expressar algo mais do que uma relação social e política de um homem com outros implica uma metáfora. Até na aplicação original, o seu sentido não está de modo algum fixado. De fato, implica sempre alguma isenção da coerção exercida por outros, mas o grau e as condições dessa isenção, como gozada pelos 'homens livres' em diferentes estados da sociedade, são muito variados. A partir do momento em que o termo 'liberdade' é usado para descrever mais do que uma relação estabelecida entre os homens, o seu sentido se torna muito mais flutuante". Ver também L. von Mises, *Socialism* (nova ed.; New Haven: Yale University Press, 1951), p. 191: "A liberdade é um conceito sociológico. Não faz sentido aplicá-lo a condições fora da sociedade"; e p. 194: "Esta é, portanto, a liberdade na vida exterior do homem — é independente do poder arbitrário dos seus semelhantes".

[7] *Cf.* F. H. Knight, "Discussion: The Meaning of freedom", *Ethics*, LII (1941-1942), p. 93: "Se Crusoé caísse num buraco ou ficasse preso na selva, seria certamente correto falar da sua libertação ou reconquista da liberdade — e isso também se aplicaria a um animal". Pode ser hoje um uso consagrado, mas refere-se a uma concepção da liberdade diferente da ausência de coerção defendida pelo professor Knight.

[8] A causa linguística da transferência da palavra "livre" e dos substantivos correspondentes para vários usos parece ter sido a inexistência em inglês (e, pelo visto, em todas as línguas germânicas e românicas) de um adjetivo que possa ser usado para indicar que algo está ausente. "Privado de" ou "falta de" são geralmente usados apenas para exprimir a ausência de algo desejável ou normalmente presente. Não há um adjetivo correspondente (além de "livre" de) para descrever a ausência de algo indesejável ou estranho a um objeto. Dizemos normalmente que algo está livre de vermes, de impurezas ou de vício, e, assim, liberdade acabou por significar a ausência de algo indesejável. De forma similar, quando queremos dizer que uma coisa age por si mesma, sem ser determinada ou influenciada por fatores externos, dizemos que está livre de influências que não estão normalmente relacionadas com ela. Em ciência, falamos até de "graus de liberdade" quando há várias possibilidades não afetadas por determinações conhecidas ou pressupostas (*cf.* Cranston, *op. cit.*, p. 5).

[9] Todos esses seriam descritos como não livres por H. J. Laski, que afirmava (*Liberty in the Modern State*, Londres, 1948, p. 6) que "o direito [...] de voto é essencial para a liberdade; e um cidadão excluído desse direito não é livre". Ao definir a liberdade de maneira semelhante, H. Kelsen ("Foundations of Democracy", *Ethics*, LXVI, n.º 1, Parte 2 [1955], p. 94) chega triunfantemente à conclusão de que "as tentativas de mostrar uma relação essencial entre liberdade e propriedade... fracassaram", ainda que todos os que defendiam essa relação falassem da liberdade individual, e não da liberdade política.

[10] E. Mims, Jr., *The Majority of the People* (Nova York, 1941), p. 170.

[11] *Cf.* Montesquieu, *Spirit of the Laws*, XI, 2 (I, 150): "Enfim, tal como nas democracias, as pessoas parecem agir quase como desejam, esse tipo de governo foi considerado o mais livre, e o poder das pessoas foi confundido com a sua liberdade". Ver também J. S. De Lolme, *The Constitution of England* (nova ed.; Londres, 1800), p. 240: "Contribuir, com o próprio sufrágio, para a promulgação das leis é gozar de uma parte, seja ela qual for, do poder: viver num estado em que as leis são iguais para todos e que são aplicadas... é ser livre". *Cf.* também as passagens citadas nas notas 2 e 5 do capítulo 7.

[12] A descrição completa do estado de espírito adequado de um jesuíta, citada por William James numa das suas cartas a Inácio de Loyola (*Varieties of Religious Experience* [Nova York e Londres, 1902], p. 314), é a seguinte: "Nas mãos do meu Superior, devo ser cera mole, uma coisa, da qual ele pode exigir o que quiser, seja para redigir ou receber cartas, falar ou não falar com determinada pessoa, e coisas semelhantes; e devo pôr todo o meu fervor na execução zelosa e exata do que me é ordenado. Devo me ver como um cadáver sem inteligência nem vontade; ser como uma massa de matéria que, sem resistência, se deixa colocar onde aprouver a quem quer que seja;

## NOTAS

como um cajado na mão de um velho, que o usa de acordo com as suas necessidades e o põe onde lhe aprouver. Assim, devo estar nas mãos da Ordem, para servi-la da maneira que julgar mais útil".

[13] A diferença entre esse conceito de "liberdade interior" e de liberdade no sentido de ausência de coerção era claramente percebida pelos escolásticos medievais, que faziam uma distinção clara entre *libertas a necessitate* e *libertas a coactione*.

[14] Barbara Wootton, *Freedom under Planning* (Londres, 1945), p. 10. O primeiro uso explícito da palavra liberdade no sentido de poder que conheço ocorre em Voltaire, *Le Philosophe ignorant*, XIII, citado por B. de Jouvenel, *De la souveraineté* (Paris, 1955), p. 315: "*Être véritablement libre, c'est pouvoir. Quand je peux faire ce que je veux, voilà ma liberté*". Parece ter se mantido desde então intimamente relacionado com aquilo que, mais à frente (Capítulo 4), teremos de distinguir como a tradição "racionalista" ou francesa de liberdade.

[15] *Cf.* P. Drucker, *The End of Economic Man* (Londres, 1939), p. 74: "Quanto menos liberdade existe, mais se fala da 'nova liberdade'. Mas essa nova liberdade é uma mera palavra que encobre a própria contradição de tudo o que a Europa sempre entendeu por liberdade... A nova liberdade que é pregada na Europa, porém, é o direito da maioria contra o indivíduo". O fato de esta "nova liberdade" ter sido igualmente pregada nos Estados Unidos é demonstrado por Woodrow Wilson, *The New Freedom* (Nova York, 1913), em especial na p. 26. Uma ilustração mais recente disto é um artigo de A. G. Gruchy, "The Economics of the National Resources Committee", *A. E. R.*, XXIX (1939), no qual o autor observa, com aprovação, que, "para os economistas do National Resources Committee, a liberdade econômica não é uma questão de ausência de restrição às atividades do indivíduo, mas, sim, um problema de restrição coletiva e de direção imposta a indivíduos e a grupos a fim de se obter a segurança individual".

[16] Seria então bastante admissível uma definição em termos de ausência de restrição na qual esse sentido é sublinhado, como a de E. S. Corwin, *Liberty against Government* (Baton Rouge: Louisiana State University Press, 1948), p. 7: "Liberdade significa ausência de restrições impostas por outrem sobre a nossa liberdade de escolha e ação".

[17] *The Shorter Oxford English Dictionary* (Oxford, 1933) oferece como primeira acepção da definição de "coagir": "Compelir ou restringir pela força, ou por autoridade baseada na força".

[18] B. Russell, "Freedom and Government", in *Freedom, Its Meaning*, ed. R. N. Anshen (Nova York, 1940), p. 251.

[19] T. Hobbes, *Leviathan*, ed. M. Oakeshott (Oxford, 1946), p. 84.

[20] J. R. Commons, *The Legal Foundations of Capitalism* (Nova York, 1924), em especial os capítulos II-IV.

[21] J. Dewey, "Liberty and Social Control", *Social Frontier*, novembro de 1935, p. 41. *Cf.* também o seu artigo "Force and Coercion", *Ethics*, XXVI (1916), p. 362: "Se [o uso da força] é ou não justificável [...] trata-se, em substância, de uma questão de eficiência (incluindo de economia) dos meios para alcançar os fins"; e p. 364: "O critério de valor reside na eficiência e economia relativas do uso da força como meio para um fim". O malabarismo que Dewey faz com o conceito de liberdade é, de fato, tão impressionante que a crítica de D. Fosdick, *What Is Liberty?* (Nova York, 1939), p. 91, parece muito justa: "O palco, porém, só estará inteiramente montado para isto [identificação da liberdade com algum princípio, como a igualdade] quando as definições de liberdade e de igualdade tiverem sido de tal maneira manipuladas que ambas se referem aproximadamente à mesma condição de atividade. Um exemplo extremo desse golpe de mão é fornecido por John Dewey quando afirma: 'Se a liberdade for combinada com uma quantidade razoável de igualdade e se a segurança significar segurança cultural, moral e material, não penso que a segurança seja compatível com qualquer outra coisa que não a liberdade'. Depois de redefinir dois conceitos para que signifiquem aproximadamente a mesma condição de atividade, assegura-nos que ambos são compatíveis. Não há limites para esses truques".

[22] J. Dewey, *Experience and Education* (Nova York, 1938), p. 74; *cf.* também W. Sombart, *Der modern Kapitalismus*, II (Leipzig, 1902), p. 43, onde se explica que a "Technik" é "die Entwicklung zur Freiheit". A ideia é mais desenvolvida em E. Zschimmer, *Philosophie der Technik* (Iena, 1914), pp. 86-91.

[23] *Cf.* R. B. Perry in *Freedom: Its Meaning*, ed. R. Anshen (Nova York, 1940), p. 269: "A distinção entre 'bem-estar' e 'liberdade' cai por inteiro, pois a liberdade efetiva de um homem é proporcional aos seus recursos". Isso levou outros a dizer que "se mais pessoas compram automóveis e tiram férias, existe mais liberdade" (para referência, ver Capítulo 16, n. 72).

[24] Uma ilustração engraçada desse ponto é fornecida por D. Gabor e A. Gabor, "An Essay on the Mathematical Theory of Freedom", *Journal of the Royal Statistical Society*, Ser. A, CXVII (1954), p. 32. Os autores começam por afirmar que liberdade "significa ausência de restrições indesejáveis; por isso, o conceito pode ser estendido a tudo o que é desejável", e,

401

## A CONSTITUIÇÃO DA LIBERDADE

assim, ao invés de descartarem esse conceito claramente inútil, não só o adotam como também "medem" a liberdade nesse sentido.

[25] *Cf.* Lord Acton, *Lectures on Modern History* (Londres, 1906), p. 10: "Não existe mais proporção entre liberdade e poder do que entre eternidade e tempo". Ver também B. Malinowski, *Freedom and Civilization* (Londres, 1944), p. 47: "Se, de forma descuidada, identificássemos liberdade com poder, estaríamos obviamente alimentando a tirania, da mesma maneira que caímos na anarquia quando fazemos a liberdade equivaler à ausência de qualquer restrição". Ver ainda F. H. Knight, "Freedom as Fact and Criterion", no seu *Freedom and Reform* (Nova York, 1947), pp. 4 ss.; J. Cropsey, *Polity and Economy* (Haia, 1957), p. xi; e M. Bronfenbrenner, "Two Concepts of Economic Freedom", *Ethics*, vol. LXV (1955).

[26] A distinção entre liberdade "positiva" e "negativa" foi popularizada por T. H. Green e, por seu intermédio, vem de Hegel. Ver, em particular, a conferência "Liberal Legislation and Freedom of Contract", *The Works of T. H. Green*, ed. R. L. Nettleship (Londres, 1888), vol. III. A ideia que aí está ligada principalmente à "liberdade interior" recebeu desde então muitas acepções. *Cf.* Sir Isaiah Berlin, *Two Concepts of Liberty* (Oxford, 1958), e, para uma aquisição característica dos argumentos socialistas pelos conservadores, Clinton Rossiter, "Toward an American Conservatism", *Yale Review*, XLIV (1995), p. 361, que afirma que "o conservador deve nos dar uma definição de liberdade que seja positiva e abrangente... No novo dicionário conservador, o termo *liberdade* será definido com o auxílio de termos como *oportunidade, criatividade, produtividade* e *segurança*".

[27] W. L. Westermann, "Between Slavery and Freedom", *American Historical Review*, L (1945), pp. 213-27.

[28] Pelo menos era o que acontecia na prática, ainda que talvez não constasse na lei estrita (*cf.* J. W. Jones, *The Law and Legal Theory of the Greeks* [Oxford: Oxford University Press; 1956], p. 282).

[29] *Cf.* F. H. Knight, *Freedom and Reform* (Nova York, 1947), p. 193: "A função *primária* do governo é *evitar* a coerção e, assim, garantir a todos os homens o direito de viverem as próprias vidas em condições de associação livre com os seus semelhantes". Ver também sua análise do tema no artigo citado na nota 3.

[30] *Cf.* R. von Ihering, *Law as a Means to an End*, trad. I. Husik (Boston, 1913), p. 242; Max Weber, *Essays in Sociology* (Nova York, 1946), p. 78: "Um Estado é uma comunidade humana que reivindica (com sucesso) o *monopólio do uso legítimo da força física*"; B. Malinowski, *Freedom and Civilization* (Londres, 1944), p. 265), p. 265: "O Estado é a única instituição histórica que tem o monopólio da força"; ver também J. M. Clark, *Social Control of Business* (2. ed., Nova York, 1939), p. 115: "A coerção forçada deve ser monopólio do Estado"; e E. A. Hoebel, *The Law of Primitive Man* (Cambridge: Harvard University Press, 1954), capítulo II.

## 2. Os poderes criativos de uma civilização livre

A epígrafe deste capítulo foi retirada de A. N. Whitehead, *Introduction to Mathematics* (Londres, 1911), p. 61. Uma versão anterior deste capítulo foi publicada em *Essays on Individuality*, ed. F. Morley (Pittsburgh: University of Pennsylvania Press, 1958).

[1] *Cf.* A. Ferguson, *An Essay on the History of Civil Society* (Edimburgo, 1767), p. 279: "O engenho do castor, da formiga e da abelha é atribuído à sabedoria da natureza. O das nações civilizadas é atribuído a elas próprias e deve indicar uma capacidade superior à das mentes rudimentares. Mas as realizações humanas, tal como as dos animais, são sugeridas pela natureza e são o resultado do instinto, orientadas pela variedade de situações em que a humanidade se encontra. Essas realizações decorrem de aperfeiçoamentos sucessivos que foram feitos, sem qualquer consciência do seu efeito geral; e levam os assuntos humanos a tal estado de complexidade que nem a maior capacidade alguma vez detida pela natureza humana poderia ter projetado; nem quando o todo é executado pode ser plenamente compreendido".

[2] *Cf.* M. Polanyi, *The Logic of Liberty* (Londres, 1951), p. 199: "As concepções à luz das quais os homens ajuizarão as nossas ideias daqui a mil anos — ou talvez até cinquenta anos — estão para lá da nossa imaginação. Se uma biblioteca do ano 3.000 nos chegasse hoje às mãos, não compreenderíamos seus conteúdos. Como podemos determinar conscientemente um futuro que, pela própria natureza, está para lá da nossa compreensão? Essa presunção revela apenas a estreiteza de uma visão desprovida de humildade".

[3] Leslie A. White, "Man's Control over Civilization: An Anthropocentric Illusion", *Scientific Monthly*, LXVI (1948), 238.

[4] Ver G. Ryle, "Knowing How and Knowing That", *Proceedings of the Aristotelian Society*, 1945-46; comparar com M. Polanyi, *Personal Knowledge: Towards a Post-critical Philosophy* (Londres e Chicago, 1958).

## NOTAS

[5] *Cf.* a muito citada observação de F. P. Ramsey, *The Foundations of Mathematics* (Cambridge: Cambridge University Press, 1925), p. 287: "Nada há para conhecer a não ser ciência".

[6] Sobre esses diferentes tipos de conhecimento, ver o meu artigo "Ueber den 'sin' sozialer institutionen", *Schweizer Monatshefte*, outubro de 1955; e, acerca da aplicação de toda a tese deste capítulo aos problemas mais especificamente econômicos, os ensaios "Economics and Knowledge" e "The Use of Knowledge in Society", reeditados no meu *Individualism and Economic Order* (Londres e Chicago, 1948).

[7] G. de Santillana, *The Crime of Galileo* (Chicago: University of Chicago Press, 1955), p. 34. Herbert Spencer também observa em uma de suas obras: "Em Ciência, quanto mais conhecemos, maior é o contato com a ignorância".

[8] *Cf.* H. G. Barnett, *Innovation: The Basis of Cultural Change* (Nova York, 1953), em especial p. 19: "Todo indivíduo é, muitas vezes, um inovador"; e p. 65: "Existe uma correlação positiva entre o individualismo e o potencial de inovação. Quanto maior for a liberdade do indivíduo para explorar o seu mundo de experiência e para organizar os seus elementos de acordo com a sua interpretação privada das suas sensações, maior será a probabilidade de surgirem novas ideias".

[9] *Cf.* W. A. Lewis, *The Theory of Economic Growth* (Londres, 1955), p. 148: "Esses inovadores são sempre uma minoria. As novas ideias começam por ser postas em prática por uma, duas ou muito poucas pessoas, sejam novas ideias de tecnologia, novas formas de organização, novos produtos ou outras novidades. Essas ideias podem ser rapidamente aceitas pelo restante da população. O mais provável é que sejam recebidas com ceticismo e desconfiança, começando por se instalar de forma muito lenta. As novas ideias são depois consideradas boas e aceitas por cada vez mais pessoas. É por isso que se costuma dizer que a mudança é obra de uma elite ou que a quantidade de mudança depende da qualidade da liderança de uma comunidade. Isso só é válido quando implica que a maioria das pessoas não é inovadora, mas que imita o que os outros fazem. No entanto, é de certa maneira enganador se implicar que alguma classe ou grupo específico de pessoas tem todas as novas ideias". Ver também p. 172: "O julgamento coletivo das novas ideias é tão frequentemente errado que é discutível se o progresso depende de indivíduos com a liberdade de sustentar suas opiniões apesar da reprovação coletiva. [...] Conceder o monopólio de decisão a uma comissão do governo parece ter a desvantagem dos dois mundos".

[10] Um dos poucos autores que, pelo menos em parte, percebeu claramente isso foi F. W. Maitland, que afirma (*Collected Papers* [Cambridge: Cambridge University Press, 1911], I, p. 107) que "o argumento mais forte é o baseado na ignorância, na ignorância necessária dos nossos mestres". Ver, porém, B. E. Kline e N. H. Martin, "Freedom, Authority and Decentralization", *Harvard Business Review*, XXXVI (1958), em especial p. 70: "A principal característica da hierarquia de comando, ou de qualquer grupo na nossa sociedade, não é o conhecimento, mas, sim, a ignorância. Uma pessoa só pode conhecer uma fração do que se passa em seu redor. Muito do que essa pessoa conhece ou acredita será mais falso do que verdadeiro... Num dado momento, o que desconhecemos é muito mais do que o que conhecemos, quer por uma pessoa numa cadeia de comando, quer por toda a organização. Assim, parece possível que, ao nos organizarmos numa hierarquia de autoridade para aumentar a eficiência, estejamos institucionalizando a ignorância. Embora possamos dar um uso melhor àquilo que poucos conhecem, certificamo-nos de que a grande maioria seja impedida de explorar as zonas escuras que estão além do nosso conhecimento".
Há uma acepção importante na qual o termo "ignorância" é, de certa forma, muito limitado para os nossos fins. Há ocasiões em que talvez fosse melhor falar de "incerteza" a respeito da ignorância acerca do que é certo, uma vez que é duvidoso que possamos falar com sentido a respeito do que é certo se ninguém souber o que é certo no contexto específico. Nessas instâncias, pode-se dar o fato de a moral existente não fornecer resposta para um problema, ainda que pudesse haver alguma resposta que, se conhecida e geralmente aceita, seria de grande valor. Devo muito a Pierre F. Goodrich, cujos comentários durante uma discussão me ajudaram a clarificar esse ponto importante, embora não esteja convencido de que deva usar geralmente o termo "imperfeição" para me referir à ignorância.

[11] *Cf.* J. A. Wheeler, "A Septet of Sibyls: Aids in the Search for Truth", *American Scientist*, XLIV (1956), p. 360: "Todo o nosso problema consiste em cometer erros o mais depressa possível".

[12] *Cf.* a observação de Louis Pasteur: "Na pesquisa, o acaso só ajuda aqueles cuja mente está bem preparada para ele", citado por R. Taton, *Reason and Chance in Scientific Discovery* (Londres, 1957), p. 91.

[13] *Cf.* A. P. Lerner, "The Backward-leaning Approach to Controls", *J. P. E.*, LXV (1957), p. 441: "As doutrinas do comércio livre são válidas como *regras gerais*

cujo uso geral é normalmente benéfico. Tal como todas as regras gerais, existem casos particulares em que, se conhecêssemos todas as circunstâncias possíveis e todos os efeitos em todas as suas ramificações, seria melhor que a regra não fosse aplicada. Mas isso não faz dela uma regra má nem justifica a não aplicação da regra quando, como acontece normalmente, não conhecemos todas as ramificações que fariam do caso uma exceção desejável".

[14] *Cf.* H. Rashdall, "The Philosophical Theory of Property", in *Property: Its Duties and Rights* (Nova York e Londres, 1915), p. 62: "A defesa da liberdade não terá sucesso suficiente insistindo-se, como foi feito de forma tão eloquente e humorística por Lowes Dickinson (*Justice and Liberty: a Political Dialogue*, p. ex. pp. 129, 131), na absurdidade de pensar que o trabalhador sem propriedade num regime capitalista normal goza de alguma liberdade da qual o socialismo o privaria. Pois pode ser extremamente importante que alguns gozem de liberdade — que alguns possam dispor do seu tempo como quiserem —, ainda que essa liberdade possa não ser possível nem desejável para a grande maioria. O fato de a cultura requerer uma diferenciação considerável das condições sociais é também um princípio de importância inquestionável". Ver também Kline e Martin no artigo citado na n. 10, p. 69: "Para que haja liberdade para os poucos que a *aproveitarão*, a liberdade tem de ser concedida a muitos. Se existe alguma lição clara da história, é esta".

[15] Para o uso do termo "formação", mais adequado aqui do que o termo comum "instituição", ver o meu estudo *The Counter-Revolution of Science* (Glencoe, III, 1952), p. 83.

[16] *Cf.* o meu artigo "Degrees of Explanation", *British Journal for the Philosophy of Science*, vol. VI (1955).

[17] Ver A. Director, "The Parity of the Economic Market Place", in *Conference on Freedom and the Law* ("University of Chicago Law School Conference Series", n.º 13, Chicago, 1953).

[18] *Cf.* o meu livro *The Road to Serfdom* (Londres e Chicago, 1944), cap. VII [*O caminho para a servidão*, Edições 70, Lisboa, 2013].

[19] Ver K. R. Popper, *The Open Society and Its Enemies* (ed. americana; Princeton: Princeton University Press, 1950), em especial p. 195: "Para continuarmos a ser humanos, só há um caminho, o caminho para a sociedade aberta. Temos de entrar no desconhecido, no incerto e no inseguro, usando a razão que temos para planejar a segurança e a liberdade". [*A Sociedade Aberta e os seus inimigos*, Edições 70, Lisboa, 2013.]

## 3. O sentido comum do progresso

A epígrafe deste capítulo foi retirada de *Mémoires du Cardinal de Retz* (Paris, 1820), II, p. 497, onde o presidente Bellièvre é citado como tendo afirmado que Cromwell, certa vez, lhe terá dito: "*On ne montait jamais si haut que quand on ne sait où l'on va*". Aparentemente, a frase terá exercido uma impressão profunda nos pensadores do século XVIII, e é citada por David Hume (*Essays*, I, 124), A. Ferguson (*An Essay on the History of Civil Society* [Edimburgo, 1767], p. 187) e também (de acordo com D. Forbes, "Scientific Whiggism", *Cambridge Journal*, VII [1954], p. 654) por Turgot. Surge, mais uma vez, de forma apropriada em Dicey, *Law and Opinion*, p. 231. Uma versão ligeiramente modificada ocorre na obra póstuma de Goethe, *Maximen und Reflexionen: Literatur und Leben* (*Schriften zur Literatur Grossherzog Wilhelm Ernst Ausgabe* [Leipzig, 1913], II, 626): "Man geht nie weiter, als wenn man nicht mehr weiss, wohin man geht". *Cf.* também G. Vico (*Opere*, ed. G. Ferrari [2. ed.; Milão, 1854], V, p. 183): "*Homo non intelligendo fit omnia*". Dado que não teremos outra oportunidade de nos referirmos a Vico, deve ser aqui mencionado que ele e o seu grande discípulo, F. Galiani, constituem o único paralelo importante na Europa com a tradição antirracionalista britânica, que analisaremos com mais pormenor no próximo capítulo. Uma tradução alemã de uma versão mais antiga e mais extensa do presente capítulo foi publicada em *Ordo*, vol. IX (1957).

[1] J. B. Bury, *The Idea of Progress* (Londres, 1920), p. 2.

[2] Cf. J. S. Mill, "Representative Government", in *On Liberty*, ed. R. B. McCallum (Oxford, 1946), p. 121.

[3] *Cf.* A. Ferguson, *History of Civil Society* (Edimburgo, 1767), p. 12: "Se o palácio é pouco natural, a casa camponesa não o é menos: e os maiores refinamentos da ciência política e moral não são mais artificiais do que as primeiras operações dos sentimentos e da razão". W. Roscher, *Ansichten der Volkswirthschaft* (2. ed.; Leipzig, 1861), mostra, como exemplos dos "refinamentos perniciosos" contra os quais os moralistas austeros protestaram em certas épocas, garfos, luvas e janelas envidraçadas; em *Fédon*, Platão mostra um dos oradores temendo que a invenção da escrita, ao enfraquecer a memória, conduza à degeneração!

[4] Se ainda fosse possível modificar um uso estabelecido, seria desejável limitar o termo "progresso" ao avanço deliberado em direção a um objetivo escolhido para falar apenas da "evolução da civilização".

[5] *Cf.* J. B. Bury, *The Idea of Progress* (Londres, 1920), pp. 236-7: "As teorias do progresso diferenciam-se, portanto, em dois tipos distintos, correspondendo a duas teorias políticas radicalmente opostas e

apelando a dois temperamentos antagônicos. Um tipo é o dos idealistas construtivistas e socialistas, capazes de dizer todos os nomes das ruas e torres da 'cidade de ouro', que eles imaginam como situadas logo a seguir a um promontório. O desenvolvimento do homem é um sistema fechado; o seu limite é conhecido e pode ser alcançado. O outro tipo é o dos que, ao analisarem a ascensão gradual do homem, acreditam que, pela mesma interação das forças que o conduziram a tão longe e por um maior desenvolvimento da liberdade pela qual lutou, avançará lentamente rumo às condições de maior harmonia e felicidade. A liberdade individual é a força motriz e a teoria política correspondente é o liberalismo".

[6] Ver K. R. Popper, *The Poverty of Historicism* (Londres, 1957), e o meu *The Counter-Revolution of Science* (Glencoe, III, 1952).

[7] Foi bem expresso por I. Langmuir, "Freedom, the Opportunity To Profit From the Unexpected", [General Electric] *Research Laboratory Bulletin*, outono de 1956: "No trabalho de pesquisa, não se pode planejar fazer descobertas, mas pode-se planejar trabalho que provavelmente conduzirá a descobertas".

[8] *Cf.* M. Polanyi, *The Logic of Liberty* (Londres, 1951), e a impressionante discussão anterior sobre essas questões em S. Bailey, *Essays on the Formation and Publication of Opinions* (Londres, 1821), em especial a observação no Prefácio: "Parece ser uma condição necessária da ciência humana que devemos aprender muitas coisas inúteis a fim de conhecer as que são úteis; e tal como é impossível, antes da experiência, conhecer o valor das nossas aquisições, a única maneira de a humanidade assegurar todas as vantagens do conhecimento consiste em fazer suas investigações em todas as direções possíveis. Não pode haver maior obstáculo ao progresso da ciência do que uma referência perpétua e ansiosa, em cada passo, à utilidade palpável. Com a certeza de que os resultados gerais serão benéficos, não é sensato ser muito solícito em relação ao valor imediato de cada esforço individual. Além disso, há certa completude a ser alcançada em todas as ciências, pela qual somos obrigados a aprender muitos detalhes que, de outro modo, não teriam qualquer valor. Também não podemos nos esquecer de que as aquisições triviais e aparentemente inúteis são, em muitos casos, preparativos necessários para descobertas importantes".

[9] A. Smith, *W.o.N.*, I, 83. Ver, por contraste, J. S. Mill, que, em 1848 (*Principles*, IV, vi, 2, p. 749), afirmava seriamente que "só nos países atrasados é que o aumento de produção ainda constitui uma questão importante: nos países mais avançados, o mais necessário é uma distribuição melhor". Parece não perceber que uma tentativa de resolver até a pobreza extrema por meio da redistribuição teria conduzido, no seu tempo, à destruição de tudo o que via como vida civilizada, sem alcançar seu objetivo.

[10] G. Tarde, *Social Laws: An Outline of Sociology*, trad. H. C. Warren (Nova York, 1907), p. 164.

[11] *Cf.* dois artigos importantes no *Times Literary Supplement*: "The Dynamic Society", 24 de fevereiro de 1956 (também no formato de panfleto), e "The Secular Trinity", 28 de dezembro de 1956.

[12] *Cf.* H. C. Wallich, "Conservative Economic Policy", *Yale Review*, XLVI (1956), p. 56: "De um ponto de vista do dinheiro, é óbvio que, no período de alguns anos, mesmo os que se encontram no ponto inferior da desigualdade têm mais a ganhar com o crescimento mais rápido do que com qualquer tipo de redistribuição de rendimentos. Uma aceleração da produção real de apenas 1% ao ano logo elevará os economicamente mais pobres a faixas de rendimento a que nenhuma redistribuição pode promovê-los... Para o economista, a desigualdade econômica adquire uma justificativa funcional graças ao conceito de crescimento. Seus resultados finais beneficiam até os que, à primeira vista, parecem perdedores".

[13] Em relação a esses efeitos numa das partes mais remotas do mundo, ver John Clark, *Hunza: Lost Kingdom of the Himalayas* (Nova York, 1956), p. 266: "O contato com o Ocidente, de forma direta ou indireta, chegou até aos nômades mais remotos, às aldeias da floresta mais profunda. Mais de 1 bilhão de pessoas ficaram sabendo que temos vidas mais felizes, fazemos trabalhos mais interessantes e gozamos de mais confortos materiais. Suas culturas não lhes deram essas coisas e estão determinados a possuí-las. A maioria dos asiáticos deseja todas as nossas vantagens, com a menor mudança possível dos seus próprios costumes".

## 4. Liberdade, razão e tradição

A epígrafe deste capítulo é de Tocqueville, *Democracy*, vol. I, cap. XIV, pp. 246 ss.; *cf.* também vol. II, cap. II, p. 96: "Os benefícios da liberdade só se mostram com o passar do tempo, e é sempre fácil errarmos sobre a causa da sua origem". Uma versão mais antiga e ligeiramente mais longa deste capítulo foi publicada em *Ethics*, vol. LXVIII (1958).

[1] Algures, Tocqueville observa: "*Du dix-huitième siècle et de la révolution, étaient sortis deux fleuves: le premier conduisant les hommes aux institutions*

# A CONSTITUIÇÃO DA LIBERDADE

*libres, tandis que le second les menant au pouvoir absolu*". *Cf.* a observação de Sir Thomas E. May, *Democracy in Europe* (Londres, 1877), ii, p. 334: "A história de um [França], nos tempos modernos, é a história da Democracia, não da liberdade; a história do outro [Inglaterra] é a história da liberdade, não da Democracia". Ver também G. de Ruggiero, *The History of European Liberalism*, trad. de R. G. Collingwood (Oxford: Oxford University Press, 1927), em especial pp. 12, 71 e 81. Sobre a ausência de uma verdadeira tradição liberal na França, ver E. Faguet, *Le Libéralisme* (Paris, 1902), p. 307.

[2] Os termos "racionalismo" e "racionalista" serão aqui usados no sentido definido por B. Groethuysen em "Rationalism", *E. S. S.*, xiii, p. 113, como tendência para "regular a vida individual e social segundo princípios da razão e para eliminar tanto quanto possível ou relegar para o pano de fundo tudo o que é irracional". *Cf.* também M. Oakeshott, "Rationalism in Politics", *Cambridge Journal*, vol. i (1947).

[3] Ver E. Halévy, *The Growth of Philosophical Radicalism* (Londres, 1928), p. 17.

[4] *Cf.* J. L. Talmon, *The Origins of Totalitarian Democracy* (Londres, 1952). Embora Talmon não identifique democracia "social" com "totalitarismo", não posso deixar de concordar com a afirmação de H. Kelsen ("The Foundations of Democracy", *Ethics*, lxvi, Parte 2 [1955], p. 95 *n.*) segundo a qual "o antagonismo que Talmon descreve como tensão entre democracia liberal e democracia totalitária é, na verdade, o antagonismo entre liberalismo e socialismo, e não entre dois tipos de democracia".

[5] Francis Lieber, "Anglican and Gallican Liberty", originalmente publicado num jornal da Carolina do Sul em 1849 e reeditado em *Miscellaneous Writings* (Filadélfia, 1881), p. 282. Ver também p. 385: "O fato de a liberdade galicana esperar tudo da *organização*, enquanto a liberdade anglicana tende para o desenvolvimento, explica por que razão, na França, vemos tão pouco desenvolvimento e expansão das instituições; mas quando o desenvolvimento é tentado, existe uma abolição total do estado de coisas anterior — um início *ab ovo* —, uma reanálise dos primeiros princípios elementares".

[6] Ainda não foi escrita, nem pode ser aqui tratada, uma descrição adequada dessa filosofia do desenvolvimento que forneceu os fundamentos intelectuais para uma política da liberdade. Para uma apreciação mais ampla da escola escocesa-britânica e das suas diferenças em relação à tradição racionalista francesa, ver D. Forbes, "Scientific Whiggism: Adam Smith and John Millar", *Cambridge Journal*, vol. vii (1954), e a minha palestra *Individualism, True and False* (Dublin, 1945), reeditada em *Individualism and Economic Order* (Londres e Chicago, 1948) (em especial, a última, acerca do papel desempenhado por B. Mandeville nessa tradição que estou descrevendo). Para mais referências, ver a versão anterior deste artigo em *Ethics*, vol. lvxiii (1958).

[7] Ver, em especial, a obra de Sir Matthew Hale referida na nota 20.

[8] Montesquieu, Constant e Tocqueville são muitas vezes vistos como anglomaníacos pelos seus compatriotas. Constant foi parcialmente educado na Escócia, e Tocqueville dizia de si mesmo que "tantos dos meus pensamentos e sentimentos são partilhados pelos ingleses que a Inglaterra se tornou para mim uma segunda pátria no que diz respeito ao espírito" (A. de Tocqueville, *Journeys to England and Ireland*, ed. J. P. Mayer, New Haven: Yale Universty Press, 1958, p. 13). Uma lista mais extensa de eminentes pensadores franceses que pertenceram mais à tradição "britânica" evolucionista do que à tradição "francesa" racionalista teria de incluir o jovem Turgot e E. B. de Condillac.

[9] Sobre a mudança de Jefferson da tradição "britânica" para a "francesa" como resultado da sua estada na França, ver a importante obra de O. Vossler *Die amerikanischen Revolutionsideale in ihrem Verhältnis zu den europäischen* (Munique, 1929).

[10] Talmon, *op. cit.*, p. 2.

[11] *Ibid.*, p. 71. *Cf.* também L. Mumford, *Faith for Living* (Nova York, 1940), pp. 64-6, em que se estabelece uma distinção entre "liberalismo ideal" e "liberalismo pragmático", e W. M. McGovern e D. S. Collier, *Radicals and Conservatives* (Chicago, 1958), em que se faz uma distinção entre "liberais conservadores" e "liberais radicais".

[12] Ferguson, *An Essay on the History of Civil Society* (Edimburgo, 1767), p. 187.

[13] [Francis Jeffrey] "Craig's Life of Millar", *Edinburgh Review*, ix (1807), p. 84. Muito mais tarde, F. W. Maitland disse similarmente que, "avançando aos tropeções, o nosso estilo empírico torna-se inadvertidamente sabedoria".

[14] Forbes, *op. cit.*, p. 645. A importância dos filósofos morais escoceses como predecessores da antropologia cultural foi muito bem reconhecia por E. E. Evans. "Pritchard", *Social Anthropology* (Londres, 1951), pp. 23-5.

[15] L. von Mises, *Socialism* (nova ed.; New Haven: Yale University Press, 1951), p. 43, refere-se ao contrato social: "O racionalismo não podia encontrar outra explicação possível depois de ter abandonado a velha crença segundo a qual as instituições sociais tinham origem em fontes divinas ou pelo menos na iluminação que o homem recebeu por inspiração

divina. Por ter conduzido às condições atuais, as pessoas viam o desenvolvimento da vida social como absolutamente intencional e racional; como poderia esse desenvolvimento ter aparecido senão por escolha deliberada, reconhecendo-se o fato de ser intencional e racional?".

[16] Citado por Talmon, *op. cit.*, p. 73.

[17] Marco Túlio Cícero, *De republica* ii, 2; *cf.* também ii, 21, 37. Nerácio, um jurista romano posterior, citado no *Corpus iuris civilis*, chegou a ponto de exortar assim os jurisconsultos: *"Rationes eorum quae constituuntur inquiri non oportet, alioquin multer quae certa sunt subvertuntur"* ("Temos de evitar inquirir acerca das razões das nossas instituições, pois, de outro modo, muitas das que estão certas seriam derrubadas"). Embora, a esse respeito, os gregos fossem de algum modo mais racionalistas, tinham uma concepção similar da evolução do direito. Ver, por exemplo, o orador ático Antifonte, *On the Choreutes*, parte 2 (*Minor Attic Orators*, ed. K. J. Maidment ["Loeb Classical Library"] (Cambridge: Harvard University Press, 1941), i, p. 247), em que diz que as leis têm "a distinção de serem as mais antigas neste país... e esse é o indicador mais seguro das boas leis, pois o tempo e a experiência mostram à humanidade aquilo que é imperfeito".

[18] R. Descartes, *A Discourse on Method* (ed. "Everyman"), Parte ii, p. 11.

[19] *Cf.* Talmon, *op. cit.*, p. 142. Acerca da influência do ideal espartano sobre a filosofia grega e, em especial, sobre Platão e Aristóteles, ver F. Ollier, *Le Mirage spartiate* (Paris, 1933), e K. R. Popper, *The Open Society and Its Enemies* (Londres, 1945).

[20] "Sir Matthew Hale's Criticism on Hobbes Dialogue on the Common Law", reeditado como anexo em W. S. Holdsworth, *A History of English Law*, v (Londres, 1924), pp. 504-5. Holdsworth aponta, com razão, para a similaridade de alguns desses argumentos com os de Edmund Burke. Com efeito, não há dúvida de que são uma tentativa de elaboração das ideias de Sir Edward Coke (que Hobbes criticara), em especial a sua famosa concepção da "razão artificial", que (*Seventh Report*, ed. I. H. Thomas e I. F. Fraser [Londres, 1826], ix, 6) explica desta maneira: "Os nossos dias na Terra são apenas uma sombra se comparados com os tempos antigos, em que as leis foram feitas pela sabedoria dos homens mais excelentes, em muitas épocas sucessivas, por uma experiência longa e contínua (a prova da luz e da verdade), afinadas e refinadas, que nenhum homem (tendo tão pouco tempo), mesmo que tivesse a sabedoria de todos os homens do mundo, alguma vez poderia ter realizado numa

época". *Cf.* também o provérbio jurídico: *"Per varios usus experientia legem fecit"* [Por diferentes usos, a prática criou a habilidade].

[21] A melhor análise que conheço do caráter desse processo de evolução social continua a ser de C. Menger, *Untersuchungen*, Livro iii e Apêndice viii, em especial pp. 163-5, 203-4n. e 208. *Cf.* também a análise de A. Macbeath, *Experiments in Living* (Londres, 1952), p. 120, sobre "o princípio estabelecido por Frazer [*Psyche's Task*, p. 4] e admitido por Malinowski e outros antropólogos, segundo o qual nenhuma instituição continuará a sobreviver, salvo se realizar alguma ação útil", e a observação acrescentada numa nota de rodapé: "Mas a função que serve em determinada época pode não ser aquela para que foi originalmente criada"; e a seguinte passagem, em que Lord Acton indica como teria continuado os seus pequenos ensaios sobre a liberdade na Antiguidade e no cristianismo (*History of Freedom*, p. 58): "Gostaria de ter dito por obra de quem e em que sentido se reconheceu a verdadeira lei da formação dos Estados livres, e como essa descoberta, muito similar às que, com os nomes de desenvolvimento, evolução e continuidade, conferiram um método novo e mais profundo a outras ciências, resolveu o antigo problema da estabilidade e da mudança e determinou a autoridade da tradição no progresso do pensamento; como essa teoria, que Sir James Mackintosh formulou dizendo que as constituições não se fazem, mas evoluem; a teoria de que os criadores do direito são os costumes e as qualidades nacionais dos governados, e não a vontade do governo".

[22] Refiro-me aqui não à dívida que Darwin reconhecia ter com as teorias da população de Malthus (e, por meio deste, de R. Cantillon), mas ao ambiente geral de uma filosofia evolucionária que dominou o pensamento acerca das questões sociais no século xix. Embora essa influência tenha sido ocasionalmente reconhecida (ver, por exemplo, H. F. Osborn, *From the Greeks to Darwin*. Nova York, 1894, p. 87), nunca foi estudada de forma sistemática. Penso que tal estudo demonstraria que a maior parte do aparelho conceitual que Darwin utilizou já estava disponível. Um dos indivíduos por meio de quem o pensamento evolucionário escocês chegou a Darwin foi, talvez, o geólogo escocês James Hutton.

[23] Ver A. O. Lovejoy, "Monboddo and Rousseau" (1933), reeditado em *Essays in the History of Ideas* (Baltimore: Johns Hopkins University Press, 1948).

[24] Talvez seja significativo que a primeira pessoa a ver claramente isso no campo da linguística, Sir William Jones, fosse jurista de formação e um destacado *whig*. *Cf.* a sua famosa afirmação no "Third

Anniversary Discourse" proferida em 2 de fevereiro de 1786, em *Asiatick Researches*, I, 422, e reeditada nas suas *Works* (Londres, 1807), III, p. 34: "O *sânscrito*, seja qual for a sua antiguidade, é uma estrutura maravilhosa; é mais perfeito do que o grego, mais rico do que o latim e mais delicadamente refinado do que essas duas línguas, mas tem com ambas uma maior afinidade, tanto nas raízes dos verbos como nas formas gramaticais, do que se poderia imaginar ter sido produzido por acaso: de fato, a afinidade é tão forte que nenhum filólogo poderia analisar as três línguas sem acreditar que têm uma origem comum, que talvez já não exista". A relação entre a especulação acerca da linguagem e a especulação acerca das instituições políticas é bem demonstrada por uma das definições mais completas, ainda que um pouco tardia, da doutrina *whig*, por Dugald Stewart, *Lectures on Political Economy* (feita em 1809-1810), editada em *The Collected Works of Dugald Stewart* (Edimburg, 1865), IX, pp. 422-4, e citada numa nota da versão anterior deste capítulo em *Ethics*, vol. LXVIII (1958). Tem uma importância especial por causa da influência de Stewart no último grupo de *whigs*, o círculo da *Edinburgh Review*. Será por acaso que o maior filósofo da liberdade na Alemanha, Wilhelm von Humboldt, foi também um dos maiores teóricos da linguagem?

[25] Josiah Tucker, *The Elements of Commerce* (1755) in *Josiah Tucker: A Selection*, ed. R. L. Schuyler (Nova York: Columbia University Press, 1931), p. 92.

[26] O fato de, para Adam Smith, em particular, não ser certamente da "liberdade natural" em qualquer sentido literal que dependia o funcionamento benéfico do sistema econômico, mas, sim, da liberdade controlada pela lei, é claramente expresso em *Wealth of Nations*, Livro IV, cap. V, II, pp. 42-3: "A segurança que as leis da Grã-Bretanha providenciam a todas as pessoas para que gozem dos frutos do seu trabalho é por si só suficiente para fazer qualquer país florescer, apesar de todas as normas absurdas do comércio; e essa segurança foi aperfeiçoada pela revolução, mais ou menos na mesma época em que foi estabelecido o subsídio. O esforço natural de cada indivíduo para melhorar a sua situação, quando feito com liberdade e segurança, é um princípio tão forte que por si mesmo, sem qualquer ajuda, é capaz não só de levar a sociedade à riqueza e à prosperidade, mas também de ultrapassar muitos obstáculos impertinentes com os quais a loucura das leis humanas impedia o seu funcionamento". *Cf.* A. Cooke, "Adam Smith and Jurisprudence", *Law Quarterly Review*, LI (1935), p. 328: "A

teoria da economia política que emerge em *A riqueza das nações* pode ser vista como uma teoria consistente do direito e da legislação. [...] A passagem famosa acerca da mão invisível surge como a essência do conceito de direito de Adam Smith"; e também a análise interessante em J. Cropsy, *Polity and Economy* (Haia, 1957). É curioso que o argumento geral de Smith sobre a "mão invisível" que leva o homem a promover um fim que não fazia parte da sua intenção já apareça em Montesquieu, *O espírito das leis*, I, p. 25, no qual afirma que "cada indivíduo promove assim o bem público, ao mesmo tempo que pensa apenas na promoção do seu interesse próprio".

[27] J. Bentham, *Theory of Legislation* (5. ed.; Londres, 1887), p. 48.

[28] Ver D. H. MacGregor, *Economic Thought and Policy* (Oxford: Oxford University Press, 1949), pp. 54-89, e Lionel Robbins, *The Theory of Economic Policy* (Londres, 1952), pp. 42-6.

[29] E. Burke, *Thoughts and Details on Scarcity*, in *Works*, VII, 398.

[30] *Cf.*, por exemplo, o contraste com D. Hume, *Essays*, Livro I, vi, p. 117: "Os escritores políticos estabeleceram como máxima que, formulando-se um sistema de governo e estabelecendo-se os vários controles da constituição, qualquer homem devia ser considerado um *patife* e não ter outro fim, em todas as suas ações, senão o interesse privado" (provavelmente uma referência a Maquiavel, *Discorsi*, I, 3: "O legislador deve pressupor, para os seus fins, que todos os homens são maus"), e R. Price, *Two Tracts on Civil Liberty* (Londres, 1778), p. 11: "Sem qualquer coerção, toda a vontade do homem conduzi-lo-ia inevitavelmente à retidão e à virtude". Ver também o meu *Individualism and Economic Order* (Londres e Chicago, 1948), pp. 11-2.

[31] Ver J. S. Mill, *Essays on Some Unsettled Questions of Political Economy* (Londres, 1844), Ensaio V.

[32] Ernest Renan, num ensaio importante sobre os princípios e as tendências da escola liberal, publicado originalmente em 1858 e, mais tarde, incluído nos seus *Essais de morale et de critique* (agora em Œuvres complètes, ed. H. Psichari, II [Paris, 1947], pp. 45 ss.), observa: "*Le libéralisme, ayant la prétention de se fonder uniquement sur les principes de la raison, croit d'ordinaire n'avoir pas besoin de traditions. Là est son erreur... L'erreur de l'école libérale est d'avoir cru qu'il est facile de créer la liberté par la réflexion, et de n'avoir pas vu qu'un établissement n'est solide que quand il a des racines historiques... Elle ne vit pas que de tous ses efforts ne pouvait sortir qu'une bonne administration, mais jamais la liberté, puisque la*

*liberté resulte d'un droit antérieur et supérieur à celui de l'État, et non d'une déclaration improvisée ou d'un raisonnement philosophique plus ou moins bien déduit".* [O liberalismo, ao ter a pretensão de se fundamentar apenas nos princípios da razão, pensa normalmente que as tradições não são necessárias. Esse é o seu erro... O erro da escola liberal consiste em ter pensado ser fácil criar a liberdade por meio da reflexão e não ter percebido que uma instituição só é sólida quando tem raízes históricas... Não percebe que de todos os seus esforços só podia sair uma boa administração, mas nunca a liberdade, pois esta resulta de um direito anterior e superior ao do Estado, e não de uma declaração improvisada ou de um raciocínio filosófico mais ou menos bem deduzido.] *Cf.* também a observação de R. B. McCallum na introdução à sua edição de J. S. Mill, *On Liberty* (Oxford, 1946), p. 15: "Enquanto Mill admite a grande força dos costumes e, dentro de certos limites, os seus usos, está disposto a criticar todas as regras que dependem deles e que não se baseiam na razão. Observa que 'as pessoas estão acostumadas a acreditar, e foram encorajadas a isso por alguns que aspiram ao caráter de filósofos, que os seus sentimentos sobre questões dessa natureza são melhores do que as razões e tornam essas desnecessárias'. Essa é a posição que Mill, como racionalista utilitarista, nunca aceitou. Era o princípio 'simpatia-antipatia' que Bentham considerava a base de todos os sistemas diferentes da abordagem racionalista. A ideia principal de Mill, como pensador político, é que todos esses pressupostos irracionais deveriam ser ponderados e considerados pelo julgamento reflexivo e equilibrado dos pensadores".

[33] Joseph Butler, *Works*, ed. W. E. Gladstone (Oxford, 1896), ii, 329.

[34] Até o professor H. Butterfield, que percebe isso melhor que a maioria das pessoas, acha que é "um dos paradoxos da história" que "o nome da Inglaterra tenha ficado tão intimamente associado, por um lado, à liberdade e, por outro, à tradição" (*Liberty in the Modern World*. Toronto, 1952, p. 21).

[35] T. Jefferson, *Works*, ed. P. L. Ford, xii (Nova York), p. 111.

[36] Ver, por exemplo E. Burke, *A Letter to a Member of the National Assembly*, in *Works*, vi, p. 64: "Os homens estão preparados para a liberdade civil na proporção exata da disposição que têm para reprimir os seus apetites; na proporção em que o seu amor à justiça for superior à sua capacidade; na proporção em que a sua integridade e sobriedade em relação ao conhecimento forem superiores à sua vaidade e presunção; na proporção em que estejam mais dispostos a ouvir os conselhos dos sábios e bons do que as adulações dos patifes". Ver também James Madison, no debates na Virginia Ratifying Convention, 20 de junho de 1788 (in *The Debates in the Several State Conventions, on the Adoption of the Federal Constitution etc.*, ed. J. Elliot. Filadélfia, 1863, iii, p. 537): "É uma ideia quimérica julgar que qualquer forma de governo pode garantir a liberdade ou a felicidade sem que exista virtude no povo". E Tocqueville, *Democracy*, i, p. 12: "A liberdade não pode ser estabelecida sem moralidade, nem a moralidade sem fé"; também ii, p. 235: "Nunca houve comunidades livres sem moral".

[37] Hume, *Treatise*, Livro iii, Parte i, seção 1 (ii, p. 235), parágrafo intitulado "Moral Distinctions Not Deriv'd from Reason": "As regras da moralidade, portanto, não são conclusões da nossa razão". A mesma ideia já está implícita na máxima escolástica *Ratio est instrumentum non est judex"* [A razão é um instrumento, não um juiz]. A respeito da perspectiva evolucionista de Hume sobre a moral, tive relutância em citar uma afirmação, por medo de temer ir além daquilo que Hume queria dizer, mas que vem de um autor que penso que não vê a obra de Hume a partir do meu ponto de vista. Em *The Structure of Freedom* (Stanford, Califórnia: Stanford University Press, 1958), p. 33, C. Bay escreve: "As normas da moralidade e da justiça são aquilo a que Hume chama 'artefatos'; não são nem divinamente ordenados, nem uma parte integral da natureza humana original, nem reveladas pela razão pura. São um resultado da experiência prática da humanidade, e a única consideração no lento teste do tempo é a utilidade que cada regra moral pode demonstrar para a promoção do bem-estar humano. Hume pode ser chamado um precursor de Darwin na esfera da ética. Com efeito, proclamou uma doutrina da sobrevivência dos mais aptos em relação às convenções humanas — aptos não em termos de bons dentes, mas em termos de utilidade social máxima".

[38] *Cf.* H. B. Acton, "Prejudice", *Revue Internationale de Philosophie*, vol. xxi (1952), com a interessante demonstração da semelhança das perspectivas de Hume e Burke; ver também o discurso do mesmo autor "Tradition and Some Other Forms of Order", *Proc. Arist. Soc.*, 1952-1953, em especial a observação no início: "os liberais e os coletivistas aliam-se contra a tradição quando há alguma 'superstição' para ser atacada". Ver também Lionel Robbins, *The Theory of Economic Policy* (Londres, 1952), p. 196n.

[39] Talvez isso seja exagerado. Uma hipótese pode ser comprovadamente falsa e, ainda assim, se dela decorrerem algumas novas conclusões que se

# A CONSTITUIÇÃO DA LIBERDADE

demonstrem verdadeiras, ser melhor que nenhuma hipótese. Essas hipóteses, embora parcialmente erradas, respondem a questões importantes e podem ser muitos úteis para fins práticos, ainda que os cientistas não gostem delas porque podem impedir o progresso.

[40] C. Edward Sapir, *Selected Writings in Language, Culture, and Personality*, ed. D. G. Mandelbaum (Berkeley: University of California Press, 1949), p. 558: "Por vezes, é necessário ter consciência das formas do comportamento social a fim de promover uma adaptação que sirva melhor às condições diferentes, mas penso que pode se estabelecer como princípio de aplicação geral a ideia de que, na vida cotidiana, é inútil e até pernicioso que o indivíduo arraste consigo a análise consciente dos seus padrões culturais. Isso cabe ao estudioso, cuja tarefa é compreender esses padrões. Uma inconsciência saudável das formas do comportamento socializado a que estamos sujeitos é tão necessária para a sociedade como a ignorância da mente, ou uma melhor inconsciência, sobre o funcionamento das vísceras para a saúde do corpo". Ver também p. 26.

[41] Descartes, *op. cit.*, Parte IV, p. 26.

[42] E. Burke, *A Vindication of Natural Society*, Prefácio, in *Works*, I, 7.

[43] P. H. T. Baron d'Holbach, *Système social* (Londres, 1773), I, 55, citado em Talmon, *op. cit.*, p. 273. Não é difícil encontrar afirmações igualmente ingênuas nos escritos de psicólogos contemporâneos. Por exemplo, B. F. Skinner, em *Walden Two* (Nova York, 1948), p. 85, faz o herói da sua utopia afirmar: "Por que não experimentar? As questões são suficientemente simples. Qual é o melhor comportamento para o indivíduo no que diz respeito ao grupo? E como pode o indivíduo ser induzido a se comportar dessa maneira? Por que não analisar essas questões com um espírito científico? Poderíamos fazer isso mesmo em Walden Two. Já criámos um código de conduta — sujeito, obviamente, a alterações experimentais. O código pode manter as coisas funcionando bem se todos lhe obedecerem. Nossa tarefa seria nos certificar de que todos lhe obedecem".

[44] *Cf.* o meu artigo "Was ist und was heisst "sozial"?", in *Masse und Demokratie*, ed. A. Hunold (Zurique, 1957), e a tentativa de defesa do conceito em H. Jahrreiss, *Freiheit und Sozialstaat* "Kölner Universitätsreden", n.º 17 [Krefeld, 1957], agora reeditado em *Mensch und Staat* (Colônia e Berlim, 1957), do mesmo autor.

[45] *Cf.* a ênfase de Tocqueville no fato de que as "ideias gerais não são prova da força, mas, sim, da insuficiência do intelecto humano" (*Democracy*, II, 13).

[46] Hoje em dia, é frequente perguntar se a consistência é uma virtude na ação social. Por vezes, o desejo de consistência é até representado como um preconceito racionalista, e o julgamento de cada caso com base nos seus méritos individuais como o processo verdadeiramente experimental ou empírico. A verdade é exatamente o contrário. O desejo de consistência nasce do reconhecimento da incapacidade da nossa razão para compreender todas as implicações do caso individual, enquanto o processo supostamente pragmático se baseia na ideia de que podemos avaliar bem todas as implicações sem recorrermos a princípios que nos dizem quais são os fatos particulares que devemos levar em conta.

[47] B. Constant, "De l'arbitraire", in Œuvres politiques de Benjamin Constant, ed. C. Louandre (Paris, 1874), pp. 91-2.

[48] Temos de reconhecer que, depois de a tradição aqui discutida ter sido transmitida por Burke aos reacionários franceses e aos românticos alemães, deixou de ser uma posição antirracionalista para se tornar uma fé irracionalista, e que a sua grande parte sobreviveu apenas nessa forma. Mas não se pode permitir que esse abuso, pelo qual Burke é parcialmente responsável, contribua para desacreditar aquilo que tem valor na tradição, nem deve nos fazer esquecer "como [Burke] foi um *whig* até ao fim", como bem sublinhou F. W. Maitland (*Collected Papers*, I. Cambridge: Cambridge University Press, 1911, p. 67).

[49] S. S. Wolin, "Hume and Conservatism", *American Political Science Review*, XLVIII (1954), p. 1001; *cf.* também E. C. Mossner, *Life of David Hume* (Londres, 1954), p. 125: "Na Idade da Razão, Hume destacou-se como um antirracionalista sistemático".

[50] *Cf.* K. R. Popper, *The Open Society and Its Enemies* (Londres, 1945), *passim*.

## 5. Responsabilidade e liberdade

A citação do início do parágrafo é de F. D. Wormuth, *The Origins of Modern Constitutionalism* (Nova York, 1949), p. 212.

[1] Essa antiga verdade foi sucintamente formulada por G. B. Shaw: "Liberdade significa responsabilidade. É por isso que a maioria das pessoas a teme" (*Man and Superman: Maxims for Revolutionaries*. Londres, 1903, p. 229). Esse tema foi amplamente tratado em alguns dos romances de F. Dostoiévski (em especial na cena do Grande Inquisidor em *Os Irmãos Karamázov*), e os psicanalistas e filósofos existencialistas modernos pouco acrescentaram a essa ideia psicológica. Ver E.

410

Fromm, *Escape from Freedom* (Nova York, 1941) (edição inglesa intitulada *The Fear of Freedom*); M. Grene, *Dreadful Freedom* (Chicago: University of Chicago Press, 1948); e O. Veit, *Die Flucht vor der Freiheit* (Frankfurt, 1947). A crença na responsabilidade individual e, em consequência, o respeito pela lei que prevalecem nas sociedades livres se contrapõem à simpatia pelo transgressor da lei, que parece ocorrer regularmente em sociedades não livres e que é muito característica da literatura russa do século XIX.

2 Para uma análise cuidada dos problemas filosóficos do determinismo geral, ver K. R. Popper, *The Logic of Scientific Discovery — Postscript: After Twenty Years* (Londres, 1959); *cf.* também o meu ensaio "Degrees of Explanation", *British Journal for the Philosophy of Science*, vol. VI (1955).

3 C. H. Waddington, *The Scientific Attitude* (Pelican Books. Londres, 1941), p. 110.

4 Isso já era claramente visto por John Locke (*An Essay Concerning Human Understanding*, Livro III, cap. XXI, seção 14, em que fala da "questão irracional porque ininteligível, ou seja, *a vontade do homem é ou não livre?* Pois, se não me engano, daí se segue que a própria questão é totalmente imprópria"), e até por T. Hobbes, *Leviathan*, ed. M. Oakeshitt (Oxford, 1946), p. 137. Para análises mais recentes, ver H. Gomperz, *Das Problem der Willensfreiheit* (Iena, 1907); M. Schlick, *Problems of Ethics* (Nova York, 1939); C. D. Broad, *Determinism, Indeterminism, and Libertarianism* (Cambridge, Inglaterra, 1934); R. M. Hare, *The Language of Morals* (Oxford, 1952); H. L. A. Hardt, "The Ascription of Responsibility and Rights", *Proc. Arist. Soc.*, 1940-1941, reeditado em *Logic and Language*, ed. A. Flew (Oxford, 1951); P. H. Nowell-Smith, "Free Will and Moral Responsibility", *Mind*, vol. LVII (1948), e, do mesmo autor, *Ethics* (Pelican Books. Londres, 1954); J. D. Mabbott, "Free-will and Punishment", in *Contemporary British Philosophy*, ed. H. D. Lewis (Londres, 1956); C. A. Campbell, "Is Free Will a Pseudo-Problem?", *Mind*, vol. LX (1951); D. M. Mackay, "On Comparing the Brain with Machines" (British Association Symposium on Cybernetics), `Advancement of Science*, X (1954), em especial 406; *Determinism and Freedom in the Age of Modern Science*, ed. S. Hook (Nova York: New York Press, 1958); e H. Kelsen, "Causality and Imputation", *Ethics*, vol. LXI (1950-1951).

5 *Cf.* David Hume, *An Enquiry concerning Human Understanding*, in *Essays*, II, 79: "Por liberdade, então, só podemos querer dizer um poder de agir ou de não agir em conformidade com a determinação

da vontade". Ver também a análise no meu livro *The Sensory Order* (Londres e Chicago: University of Chicago Press, 1952), seções 8.93-8.94.

6 Embora esse debate ainda pareça um paradoxo, remonta a David Hume e até a Aristóteles. Hume afirmou explicitamente (*Treatise*, II, p. 192): "Só segundo os princípios da necessidade é que uma pessoa adquire qualquer mérito ou demérito pelas suas ações, ainda que a opinião comum tenda a pensar o contrário". Sobre Aristóteles, ver Y. Simon, *Traité du libre arbitre* (Liège, 1951), e K. F. Heman, *Des Aristoteles Lehre von der Freiheit des menschlichen Willens* (Leipzig, 1887), citado por Simon. Para discussões recentes, ver R. E. Hobart, "Free Will as Involving Determination and Inconceivable without it", *Mind*, vol. XLIII (1934); e P. Foot, "Free Will as Involving Determinism", *Philosophical Review*, vol. LXVI (1957).

7 A posição determinista mais radical tende a negar que o termo "vontade" tenha algum significado (de fato, a palavra foi banida de certos tipos de psicologia supercientífica) ou que exista tal coisa como a ação voluntária. No entanto, mesmo os que defendem essa posição não podem evitar fazer uma distinção entre os tipos de ações que podem ser influenciadas por considerações racionais e as que não podem. Isso é tudo o que importa. De fato, terão de admitir, o que é uma *reductio ad absurdum* da sua posição, que a confiança de uma pessoa na sua capacidade de elaborar e executar planos, aquilo a que normalmente se chama o seu livre-arbítrio, pode ter grande influência nas suas ações.

8 Continuamos dizendo que a decisão de um homem é "livre", embora pelas condições que criamos seja levado a fazer o que queríamos que fizesse, pois essas condições não determinam as suas ações, mas tornam apenas mais provável que alguém na sua posição faça aquilo que aprovamos. Tentamos "influenciar", mas não determinar, suas ações. Aquilo que queremos dizer nesse contexto, tal como em muitos outros, quando chamamos "livre" sua ação, é apenas que não sabemos o que a determinou, e não que não foi determinada por alguma coisa.

9 *Cf.* T. N. Carver, *Essays in Social Justice* (Cambridge: Harvard University Press, 1922), e o primeiro ensaio no meu *Individualism and Economic Order* (Londres e Chicago, 1948).

10 John Milton, *Areopagitica* (ed. "Everyman". Londres, 1927), p. 18. O conceito de mérito moral dependente da liberdade já era enfatizado por alguns dos filósofos escolásticos e também, em especial, na literatura "clássica" alemã (*cf.*, por exemplo, F. Schiller, *On the Aesthetic Education of Man* [New Haven: Yale University Press, 1954], p. 74: "O

## A CONSTITUIÇÃO DA LIBERDADE

homem tem de ter a sua liberdade a fim de estar pronto para a moralidade").

[11] C. A. R. Crosland, *The Future of Socialism* (Londres, 1956), p. 208.

[12] *Cf.* também a observação de J. Huizinga, *Incertitudes* (Paris, 1939), p. 216: "*Dans chaque groupe collectif una partie du jugement de l'individu est aborbée avec une partie de sa responsabilité par le mot d'ordre collectif. Le sentiment d'être tous ensemble responsables de tout, accroît dans le monde actuel le danger de l'irresponsabilité absolue de l'action des masses*". [Em cada grupo coletivo, parte do julgamento do indivíduo é absorvida como parte da sua responsabilidade pela palavra de ordem coletiva. O sentimento de todos serem responsáveis por tudo aumenta, no mundo atual, o perigo da irresponsabilidade absoluta da ação das massas.]

[13] Ver D. Riesman, *The Lonely Crowd* (New Haven: Yale University Press, 1950).

### 6. Igualdade, valor e mérito

A citação no início do capítulo foi retirada de *The Holmes-Laski-Letters: The Correspondence of Mr. Justice Holmes and Harold J. Laski, 1916-1935* (Cambridge: Harvard University Press, 1953), ii, p. 942. Uma tradução alemã de uma versão anterior deste capítulo foi editada em *Ordo*, vol. x (1958).

[1] Ver, por exemplo, R. H. Tawney, *Equality* (Londres, 1931), p. 47.

[2] Roger J. Williams, *Free and Unequal: The Biological Basis of Individual Liberty* (Austin: University of Texas Press, 1953), pp. 23 e 70; cf. também J. B. S. Haldane, *The Inequality of Man* (Londres, 1932), e P. B. Medawar, *The Uniqueness of the Individual* (Londres, 1957).

[3] Williams, *op. cit.*, p. 152.

[4] Ver a descrição dessa perspectiva comum no artigo de H. M. Kallen "Behaviorism", *E. S. S.*, ii, p. 498: "Quando nascem, as crianças humanas, independentemente da sua hereditariedade, são tão iguais como os automóveis Ford".

[5] Cf. Platão, *Leis* vi, 757A: "Para os desiguais, os iguais se tornam desiguais".

[6] Cf. F. H. Knight, *Freedom and Reform* (Nova York, 1947), p. 151: "Não há qualquer razão visível para alguém ter mais ou menos direito aos benefícios decorrentes das capacidades pessoais inatas do que aos benefícios de qualquer outra propriedade herdada"; e a discussão em W. Roepke, *Mass und Mitte* (Erlenbach e Zurique, 1950), pp. 65-75.

[7] Essa é a posição de R. H. Tawney, resumida por J. P. Plamenatz, "Equality of Opportunity", em *Aspects*

*of Human Equality*, ed. L. Bryson e outros (Nova York, 1956).

[8] C. A. R. Crosland, *The Future of Socialism* (Londres, 1956), p. 205.

[9] J. S. Mill, *On Liberty*, ed. R. B. McCallum (Oxford, 1946), p. 70.

[10] Cf. W. B. Gallie, "Liberal Morality and Socialist Morality", in *Philosophy, Politics, and Society*, ed. P. Laslett (Oxford, 1956), pp. 123-125. O autor representa como a essência da "moral liberal" a ideia de que, numa sociedade livre, as recompensas equivalem ao mérito. Essa era a posição de alguns liberais do século xix que, em muitos casos, enfraquecia seus argumentos. Um exemplo característico é W. G. Sumner, que afirmava (*What Social Classes Owe to Each Other*, reeditado em *Freeman*, vi [Los Angeles, s.d.], p. 141) que, se todos "tiverem oportunidades iguais, uma vez que essas são providenciadas ou limitadas pela sociedade", isso "produzirá resultados desiguais — ou seja, resultados que serão proporcionais aos méritos dos indivíduos". Isso só é válido se "mérito" for entendido no sentido em que temos entendido "valor", sem quaisquer conotações morais; mas não será válido se sugerir proporcionalidade em relação a qualquer esforço para fazer o certo ou o errado, ou qualquer esforço subjetivo do indivíduo para se conformar a um padrão ideal.

No entanto, como veremos, o Sr. Gallie tem razão ao dizer, nos termos aristotélicos que usa, que o liberalismo visa a justiça comutativa e o socialismo visa a justiça distributiva. Mas, tal como a maioria dos socialistas, não percebe que a justiça distributiva é inconciliável com a liberdade de escolha das atividades: é a justiça de uma organização hierárquica, e não de uma sociedade livre.

[11] Embora acredite que essa distinção entre mérito e valor é a mesma que Aristóteles e Tomás de Aquino tinham em mente quando faziam uma distinção entre "justiça distributiva" e "justiça cumulativa", prefiro não complicar a análise com todas as dificuldades e confusões que, ao longo do tempo, ficaram associadas a esses conceitos tradicionais. Parece claro que aquilo a que aqui chamamos "recompensa segundo o mérito" corresponde à justiça distributiva aristotélica. O conceito difícil é o de "justiça comutativa", e falar de justiça nesse sentido parece criar sempre alguma confusão. Cf. M. Solomon, *Der Begriff der Gerechtigkeit bei Aristoteles* (Leida, 1937); e para um estudo da literatura extensa, G. del Vecchio, *Die Gerechtigkeit* (2. ed.; Basileia, 1950).

[12] As dificuldades terminológicas decorrem do fato de também usarmos o termo mérito num sentido

objetivo, e falamos do "mérito" de uma ideia, de um livro, de uma imagem, independentemente do mérito adquirido pela pessoa que os criou. Em certos casos, o termo também é usado para descrever aquilo que vemos como o "verdadeiro" valor de alguma realização, distinto do seu valor de mercado. No entanto, nem a realização humana que tenha o maior valor ou mérito nesse sentido é necessariamente prova de mérito moral daquele que a produziu. O nosso uso do termo parece ter a sanção da tradição filosófica. Cf., por exemplo, D. Hume, *Treatise*, II, 252: "A realização externa não tem mérito. Temos de olhar para o interior para encontrar a qualidade moral... O objeto derradeiro do nosso louvor e da nossa aprovação é o motivo que a produziu".

[13] Cf. O ensaio importante de A. A. Alchian, "Uncertainty, Evolution, and Economic Theory", J. P. E., LVIII (1950), em especial pp. 213-4, seção II, intitulado "Success is Based on Results, Not Motivation". Provavelmente, não é por acaso que o economista americano que mais contribuiu para a nossa compreensão de uma sociedade livre, F. H. Knight, começou a carreira profissional com um estudo do *Risk, Uncertainty, and Profit*. Cf. também B. de Jouvenel, *Power* (Londres, 1948), p. 298.

[14] É frequente afirmar que a justiça requer que a remuneração seja proporcional ao desconforto de cada ofício e que, por isso, o trabalhador que limpa a rua ou os esgotos devia ser mais bem pago do que o médico ou o funcionário de escritório. De fato, essa seria a consequência do princípio de remuneração segundo o mérito (ou "justiça distributiva"). Num mercado, esse resultado só poderia ocorrer se todos os indivíduos fossem igualmente competentes em todos os ofícios, de maneira que os que pudessem ganhar tanto quanto os outros nas ocupações mais agradáveis teriam de receber mais para desempenhar as desagradáveis. Na prática, essas funções desagradáveis constituem, para aqueles cuja utilidade nos ofícios mais atraentes é reduzida, uma oportunidade de ganhar mais do que ganhariam em outra função. O fato de os indivíduos que pouco têm a oferecer aos seus semelhantes só poderem obter uma renda similar à dos outros com um sacrifício muito maior é inevitável em qualquer sistema no qual o indivíduo tenha a liberdade de escolher a própria esfera de utilidade.

[15] Cf. Crosland, *op. cit.*, p. 235: "Mesmo que todos os que fracassaram pudessem ser convencidos de que tiveram uma igual oportunidade, seu descontentamento não seria aliviado; de fato, poderia até ser intensificado. Quando se sabe que as oportunidades são desiguais e a seleção tende claramente para a riqueza ou para a origem familiar, as pessoas podem se consolar pelo insucesso dizendo que nunca tiveram uma verdadeira oportunidade — o sistema foi injusto, e os padrões de julgamento, muito parciais. Mas se a seleção for realmente pelo mérito, essa fonte de conforto desaparece, e o fracasso provoca um sentimento de inferioridade total, sem desculpa nem consolo; e isso, por uma peculiaridade da natureza humana, aumenta a inveja e o ressentimento em relação ao sucesso dos outros". Cf. também cap. XXIV, na n. 8. Ainda não li Michael Young, *The Rise of the Meritocracy* (Londres, 1958), que, a julgar pelas recensões, parece apresentar esses problemas de forma muito clara.

[16] Ver a interessante análise em R. G. Collingwood, "Economics as a Philosophical Science", *Ethics*, vol. XXXVI (1926), que conclui (p. 174): "Um preço justo, um salário justo, uma taxa de juro justa, é uma contradição. A questão acerca do que deve uma pessoa receber em troca dos seus bens e trabalho é uma questão totalmente desprovida de sentido. As únicas questões válidas são o que *pode* ele receber em troca dos seus bens e trabalho, e se deveria realmente vendê-los".

[17] Obviamente, é possível conferir um significado jurídico razoavelmente preciso à distinção entre rendimentos, ganhos ou aumentos "merecidos" ou "imerecidos", mas depressa deixará de corresponder à distinção moral que lhe fornece a justificativa. Qualquer tentativa séria de aplicar a distinção moral na prática enfrentará depressa as mesmas dificuldades insuperáveis com que se depara qualquer tentativa de avaliar o mérito subjetivo. A fraca compreensão dessas dificuldades pelos filósofos (exceto em casos raros, como o citado na nota anterior) é bem ilustrada numa discussão em L. S. Stebbing, *Thinking to Some Purpose* (Pelican Books. Londres, 1939), p. 184, em que, como exemplo de uma distinção clara, mas não precisa, usa a de entre lucros "legítimos" e "excessivos" e afirma: "a distinção é clara entre 'lucros excessivos' (ou 'especulação') e 'lucros legítimos', embora não seja uma distinção precisa".

## 7. O governo da maioria

A citação da epígrafe do capítulo foi retirada de D. Hume, *Essays*, I, 125. A ideia decorre aparentemente dos grandes debates do século anterior. William Haller reedita como Frontispício do vol. I do *Tracts on Liberty in the Puritan Revolution, 1638-1647* (Nova York: Columbia University Press, 1934) uma página com uma gravura de Wenceslas Hollar, datada de 1641 e intitulada *O mundo é governado pela opinião*.

[1] Acerca da origem do Estado "total" e a oposição entre o totalitarismo e o liberalismo, mas não a democracia, ver a análise em H. O. Ziegler, *Autoritärer oder totaler Staat* (Tubinga, 1932), em especial pp. 6-14; cf. F. Neumann, *The Democratic and the Authoritarian State* (Glencoe, III., 1957). O conceito que, em todo este capítulo, chamaremos de "democratas dogmáticos" pode ser claramente visto em E. Mims, Jr., *The Majority of the People* (Nova York, 1941), e H. S. Commager, *Majority Rule and Minority Rights* (Nova York, 1943).

[2] Cf., por exemplo, Ortega Y Gasset, *Invertebrate Spain* (Nova York, 1937), p. 125: "O liberalismo e a democracia são duas coisas que inicialmente não se relacionam, e que, no que diz respeito às tendências, acabam por ter significados mutuamente antagônicos. A democracia e o liberalismo são duas respostas para duas questões completamente diferentes. A democracia responde a esta questão: 'Quem deve exercer o poder público?'. A resposta que dá é a seguinte: 'O exercício do poder público pertence aos cidadãos como um organismo'.

Mas essa questão não aborda o que deve ser o domínio do poder público. Está apenas interessada em determinar a quem pertence esse poder. A democracia propõe que todos governemos; ou seja, que somos soberanos em todos os atos sociais.

O liberalismo, por outro lado, responde a outra questão: 'Independentemente de quem exerce o poder público, quais devem ser os seus limites?'. A resposta é a seguinte: 'Quer o poder público seja exercido por um autocrata ou pelo povo, não pode ser absoluto: o indivíduo tem direitos que estão acima e além de qualquer interferência do Estado'".

Ver também, do mesmo autor, *The Revolt of the Masses* (Londres, 1932), p. 83.

Não menos enfático da posição democrática dogmática é Max Lerner, "Minority Rule and the Constitutional Tradition", em *The Constitution Reconsidered*, ed. Conyers Read (Nova York: Columbia University Press, 1938), p. 199: "Quando falo aqui de *democracia*, distingo-a claramente de *liberalismo*. Hoje não há maior confusão na mente do leigo do que a tendência para identificar as duas ideias". Cf. também H. Kelsen, "Foudations of Democracy", *Ethics*, LXVI (1955), 3: "É importante ter consciência de que o princípio da democracia e o do liberalismo não são idênticos, existe até certo antagonismo entre eles".

Uma das melhores análises históricas da relação entre os dois ideais encontra-se em F. Schnabel, *Deutsche Geschichte im neunzehnten Jahrhundert*, II (Friburgo, 1933), p. 98: "*Liberalismus und Demokratie waren also nicht sich ausschliessende Gegensätze, sondern handelten von zwei verschiedenen Dingen: der Liberalismus sprach vom Umfang der staatlichen Wirksamkeit, die Demokratie vom Inhaber der staatlichen Souveränität*". Cf. também A. L. Lowell, "Democracy and Liberty", em *Essays on Government* (Boston, 1889); C. Schmitt, *Die geistesgeschichtlichen Grundlagen des heutigen Parlamentarismus* (Munique, 1923); G. Radbruch, *Rechtsphilosophie* (4. ed.; Stuttgart, 1950), pp. 137 ss, esp. p. 160; B. Croce, "Liberalism as a Concept of Life", *Politics and Morals* (Nova York, 1945); e L. von Wiese, "Liberalismus und Demokratismus in ihren Zusammenhägen und Gegensätzen", *Zeitschrift für Politik*, vol. IX (1916). Um levantamento útil de alguma da literatura sobre o tema é o de J. Thür, *Demokratie und Liberalismus in ihren gegenseitigen Verhältnis* (dissertação, Zurique, 1944).

[3] Ver F. A. Hermens, *Democracy or Anarchy?* (Notre Dame, Ind., 1941).

[4] Vale a pena lembrar que, na democracia europeia mais antiga e mais bem-sucedida, a Suíça, as mulheres continuam excluídas do direito de voto e, pelo visto, com a aprovação da maioria delas. Também parece possível que, em condições primitivas, só um sufrágio limitado, por exemplo, aos proprietários de terras, produziria uma legislatura suficientemente independente do governo para exercer um controle efetivo sobre este.

[5] Cf. F. W. Maitland, *Collected Papers* (Cambridge: Cambridge University Press, 1922), I, p. 84: "Aqueles que veem o caminho para a democracia como o caminho para a liberdade confundem meios temporários com um fim derradeiro". Ver também J. Schumpeter, *Capitalism, Socialism, and Democracy* (Nova York, 1942), p. 242: "A democracia é um *método* político, ou seja, certo tipo de organização institucional para chegar a decisões políticas — legislativas e administrativas — e, por isso, incapaz de ser um fim em si mesma, independentemente das decisões que produza em determinadas condições históricas".

[6] Cf. E. A. Hoebel, *The Law of Primitive Man* (Cambridge; Harvard University Press, 1954), p. 100, e F. Fleiner, *Tradition, Dogma, Entwicklung als aubauende Kräfte der schweizerischen Demokratie* (Zurique, 1933), reeditado em *Ausgewählte Schriften und Reden*, do mesmo autor (Zurique, 1941); ver também Menger, *Untersuchungen*, p. 277.

[7] Cf., por exemplo, o discurso de Joseph Chamberlain no Clube "Eighty", em 28 de abril de 1885 (relatado no *Times* [Londres], 29 de abril de 1885): "Quando o governo era representado apenas pela autoridade

## NOTAS

da Coroa e pelas opiniões de uma classe específica, entendo que o primeiro dever dos indivíduos que valorizavam a sua liberdade era limitar a autoridade e os gastos do governo. Mas tudo isso mudou. Agora o governo é a expressão organizada dos desejos e das necessidades do povo, e, nessas circunstâncias, devemos deixar de olhá-lo com desconfiança. A suspeita é produto de tempos passados, de circunstâncias há muito desaparecidas. Agora nosso dever é ampliar as suas funções e ver como as suas operações podem ser ampliadas de forma útil". Mas ver J. S. Mill, que, em 1848, já argumentava contra essa ideia em *Principles*, Livro v, cap. xi, seção 3, p. 944, e também em *On Liberty*, ed. R. B. McCallum (Oxford, 1946), p. 3.

[8] H. Finer, *Road to Reaction* (Boston, 1945), p. 60.

[9] Ver J. F. Stephen, *Liberty, Equality, Fraternity* (Londres, 1873), p. 27: "Concordamos em medir forças contando cabeças, e não partindo cabeças... Não é o lado mais sábio que vence, mas, sim, o que, no momento, mostra força superior (da qual a sabedoria é certamente um elemento), recrutando o maior número de simpatizantes ativos. A minoria cede não por estar convencida de que está errada, mas por estar convencida de que é uma minoria". Cf. também L. von Mises, *Human Action* (New Haven: Yale University Press, 1949), p. 150: "A bem da paz doméstica, o liberalismo visa ao governo democrático. A democracia, portanto, não é uma instituição revolucionária. Pelo contrário, é um meio de prevenir revoluções e guerras civis. Providencia um método para o ajustamento pacífico do governo à vontade da maioria". De forma similar, ver K. R. Popper, "Prediction and Prophecy and Their Significance for Social Theory", *Proceedings of the 10th International Congress of Philosophy*, i (Amsterdã, 1948), esp. 90: "Pessoalmente, chamo 'democracia' ao tipo de governo que pode ser derrubado sem violência e, ao outro, chamo 'tirania'".

[10] Sir John Culpepper, *An Exact Collection of All the Remonstrances etc.* (Londres, 1643), p. 266.

[11] O fascínio dos liberais racionalistas pela concepção de um governo no qual as questões políticas fossem decididas não por "um apelo, direto ou indireto, ao julgamento ou à vontade de uma massa não instruída, de cavalheiros ou palhaços, mas pelas opiniões deliberadamente formadas de poucos, especialmente formados para a tarefa", é bem ilustrado pelo ensaio de J. S. Mill sobre "Democracy and Government", do qual foi retirado esse trecho (*London Review*, 1835, reeditado em *Early Essays* [Londres, 1897], p. 384). Chega a observar que, "de todos os governos, antigos ou modernos, aquele que tem essa excelência em mais alto nível é o

governo da Prússia — uma aristocracia poderosa e altamente organizada formada pelos homens mais cultos do Reino". Cf. também a passagem em *On Liberty*, ed. R. B. McCallum (Oxford, 1946), p. 9. A respeito da aplicabilidade da liberdade e da democracia a pessoas menos civilizadas, alguns dos velhos *whigs* eram consideravelmente mais liberais do que os radicais posteriores. T. B. Macaulay, por exemplo, diz: "Muitos políticos da nossa época costumam considerar evidente a ideia de que ninguém deve ser livre até estar preparado para usar sua liberdade. Essa máxima equivale à velha história do tolo que resolveu nunca entrar na água até ter aprendido a nadar. Se os homens tiverem de esperar pela liberdade até se tornarem sábios e bons na escravidão, poderão ter de esperar para sempre".

[12] Isso também parece explicar o contraste intrigante entre, por um lado, a crítica persistente que Tocqueville faz à democracia em quase todos os pontos específicos e, por outro, a admissão enfática do princípio da democracia, tão característica da sua obra.

[13] Cf. a passagem de Dicey citada na n. 15.

[14] J. S. Mill, "Bentham", *London and Westminster Review*, 1838, reeditado em *Dissertations and Discussions*, i (3. ed.; Londres, 1875), p. 330. A passagem continua: "Os dois escritores de quem falamos [Bentham e Coleridge] nunca foram lidos pela massa; à exceção das suas obras mais superficiais, foram pouco lidos: mas foram os professores dos professores; não existe na Inglaterra um indivíduo de alguma importância no mundo intelectual que (independentemente das ideias que possa ter depois adotado) não tenha aprendido a pensar com um desses dois escritores; e, embora as suas influências só agora tenham começado a se difundir por esses canais intermédios para a sociedade em geral, não existem publicações importantes dirigidas às classes cultas, que, se essas pessoas não tivessem existido, não seriam diferentes do que são". Cf. também a passagem frequentemente citada de Lord Keynes, ele próprio o exemplo mais eminente dessa influência na nossa geração, na qual afirma, no fim de *The General Theory of Employment, Interest, and Money* (Londres, 1936), p. 383, que "as ideias dos economistas e dos filósofos políticos, certas ou erradas, são mais poderosas do que se julga. De fato, o mundo é praticamente governado por elas. Os homens práticos, que se julgam isentos de quaisquer influências intelectuais, são normalmente escravos de algum economista defunto. Loucos em posição de autoridade, que ouvem vozes no ar, destilam o seu frenesi de algum escritor acadêmico dos anos recentes. Estou convencido de que o

poder dos interesses manifestos é altamente exagerado em comparação com a penetração gradual das ideias. De fato, não imediatamente, mas passado algum tempo; pois, no campo da filosofia econômica e política, não são muitos os que se deixam influenciar por novas teorias depois dos 25 ou trinta anos, de maneira que as ideias que os funcionários públicos, os políticos e até os agitadores aplicam aos acontecimentos correntes não são provavelmente as mais recentes. No entanto, mais tarde ou mais cedo, são as ideias, e não os interesses, que se revelam perigosas para o bem ou para o mal".

[15] A descrição clássica da maneira como as ideias, em longo prazo, afetam a política continua a ser a de Dicey, *Law and Opinion*, pp. 28 ss. E, em especial, p. 33: "A opinião que modifica a lei é, em certo sentido, a opinião do tempo em que a lei é realmente alterada; em outro sentido, na Inglaterra, tem sido a opinião dominante há vinte ou trinta anos antes desse momento; na verdade, tem sido quase sempre a opinião de ontem, e não a de hoje.

A opinião legislativa tem de ser a opinião atual, pois, quando as leis são modificadas, a alteração é necessariamente efetivada por legisladores que agem segundo a crença de que a mudança é uma emenda; mas essa opinião que muda a lei é também a opinião de ontem, pois as crenças que influenciaram a legislatura de maneira a produzirem uma modificação da lei foram geralmente criadas por pensadores ou escritores que exerceram influência muito antes de se levar a cabo a alteração da lei. Assim, pode ocorrer que uma inovação seja feita num momento em que os professores que forneceram os argumentos a seu favor já estão enterrados, ou até — e vale a pena observá-lo — quando, no mundo da especulação, um movimento já se opõe às ideias que exercem toda a sua influência no mundo da ação e da legislação".

[16] Cf. H. Schoeck, "What Is Meant by 'Politically Impossible'?", *Pall Mall Quarterly*, vol. I (1958); ver também C. Philbrook, "'Realism' in Policy Espousal", *A. E. R.*, vol. XLIII (1953).

[17] Cf. a observação de Marshall (*Memorials of Alfred Marshall*, ed. A. C. Pigou [Londres, 1925], p. 89) segundo a qual "os estudiosos da ciência social devem temer a aprovação popular: infeliz aquele de quem todos falam bem. Se houver um conjunto de opiniões com cuja defesa um jornal pode aumentar suas vendas, o estudioso, que deseja deixar o mundo em geral e o seu país em particular melhores do que seriam se não tivesse nascido, está obrigado a apontar os defeitos e os erros, se os houver, desse conjunto de opiniões: e nunca deverá defendê-las incondicionalmente, sequer numa discussão *ad*

*hoc*. Para um intelectual, é quase impossível ser um verdadeiro patriota ou ter a reputação de o ser na sua própria época".

[18] Ver a análise mais ampla desses temas no cap. V do meu livro *The Road to Serfdom* (Londres e Chicago, 1944) [*O caminho da servidão*] e em Walter Lippmann, *An Inquiry into the Principles of the Good Society* (Boston, 1937), esp. p. 267: "[O povo] só pode governar quando percebe como uma democracia *pode* governar a si mesma; que só pode governar nomeando representantes para adjudicar, implementar e rever leis que declaram os direitos, os deveres, os privilégios e as imunidades das pessoas, das associações, das comunidades e dos próprios governantes, cada um em relação a todos os outros. Essa é a constituição de um Estado livre. Dado que os filósofos democráticos do século XIX não perceberam claramente que o corolário indispensável do governo representativo é um modo específico de governação, ficaram perplexos com o suposto conflito entre a lei e a liberdade, entre o controle social e a liberdade individual. Esses conflitos não existem quando o controle social é exercido por uma ordem jurídica na qual os direitos recíprocos são aplicados e ajustados. Assim, numa sociedade livre, o Estado não administra os assuntos dos homens. Administra a justiça entre os homens que governam os próprios assuntos".

## 8. Emprego e independência

A citação de Robert Burns da epígrafe foi retirada de Samuel Smiles, *Self Help* (Londres, 1859), em que também é usada como epígrafe no capítulo IX, p. 215.

[1] Cf. C. W. Mills, *White Collar* (Nova York, 1951), p. 63: "Em inícios do século XIX, apesar de não haver números exatos, cerca de quatro quintos da população ocupada eram empresários por conta própria; em 1879, eram apenas cerca de um terço e, em 1940, apenas cerca de um quinto pertencia a esta velha classe média". Ver também *ibid.*, p. 65, sobre em que medida esse desenvolvimento é, em grande parte, um efeito da proporção decrescente da população rural, o que, porém, não altera o seu significado político.

[2] Importa lembrar que até aqueles que, devido à idade ou ao caráter especializado das suas aptidões, não podem contemplar uma mudança de emprego estão protegidos pela necessidade do patrão de criar condições de trabalho que lhe assegurem o fluxo necessário de novos trabalhadores.

[3] Cf. a análise interessante desses problemas em E. Bieri, "Kritische Gedanken zum Wohlfahrtsstaat",

# NOTAS

*Schweizer Monatshefte*, xxxv (1956), esp. p. 575: *"Die Zahl der Unselbstständigerwerbenden hat stark zugenommen, sowohl absolut wie prozentuell zu den Beschäftigten. Nun ist das Gefühl der Verantwortung für sich und die Zukunft bei den Selbstständigerwerbenden aus naheliegenden Gründen lebhafter entwickelt; sie müssen auf lange Sicht planen und haben auch die Möglichkeit, durch Geschick und initiative für schlechte Zeiten vorzusorgen. Die Unselbstständigerwerbenden hingegen, die in regelmässigen Abständen ihren Lohn erhalten, haben ein anderes, statiches Lebensgefühl; sie planen selten auf lange Sicht, und erschrecken bei der geringsten Schwankung. Ihr Sinnen und Trachten ist auf* Stabilität und Sicherheit gerichtet".

[4] Cf. a discussão em C. I. Barnard, *The Functions of the Executive* (Cambridge: Harvard University Press, 1938).

[5] Acerca da relação entre as práticas e as organizações burocráticas e a impossibilidade de um cálculo de lucros e prejuízos, ver em especial L. von Mises, *Human Action* (New Haven: Yale University Press, 1949), pp. 300-7.

[6] *Cf.*, sobre isso, J. Schumpeter, *Capitalism, Socialism, and Democracy* (Nova York e Londres, 1942), e a discussão acerca do caráter das grandes organizações, mais à frente, cap. xvii, seção 8.

[7] Gostaria de ter a eloquência com que ouvi, certa vez, Lord Keynes falar do papel indispensável que o indivíduo com meios independentes desempenha em qualquer sociedade decente. De certo modo, foi uma surpresa ouvir isso de um homem que, antes, saudava a "eutanásia do rendeiro". Teria ficado menos surpreendido se soubesse quão agudamente Keynes sentira que, para a posição a que aspirava, era necessária a criação de uma fortuna independente e como fora tão bem-sucedido em relação a adquirir essa fortuna. Como nos é dito pelo seu biógrafo, aos 36 anos, Keynes "estava determinado a não cair na situação dura do assalariado. Precisava ser financeiramente independente. Sentia que tinha o que justificaria essa independência. Tinha muitas coisas a dizer à nação. E queria ser independente". Assim, dedicou-se profundamente à especulação e, começando praticamente sem nada, ganhou meio milhão de libras em doze anos (R. F. Harrod, *The Life of John Maynard Keynes*. Londres, 1951, p. 297). Por conseguinte, não me devia surpreender que, à minha tentativa de lhe arrancar alguma declaração sobre o assunto, me tenha respondido com um elogio entusiástico ao papel desempenhado pelo indivíduo culto e próspero no crescimento da civilização. Gostaria apenas que esse relato, com os seus ricos exemplos, tivesse sido publicado.

[8] Não me oponho, por certo, à influência natural exercida pelas classes intelectuais a que eu próprio pertenço, ou seja, os professores, jornalistas ou funcionários públicos. Mas reconheço que, sendo um grupo de assalariados, têm os seus preconceitos profissionais que, em alguns pontos essenciais, são contrários aos requisitos de uma sociedade livre e que devem ser contestados, ou pelo menos modificados, por uma abordagem a partir de uma posição diferente, pela perspectiva de indivíduos que não sejam membros de uma hierarquia organizada, cuja posição na vida seja independente da popularidade das opiniões que expressam e que possam frequentar, em posição de igualdade, os ricos e poderosos. Por vezes, na história, esse papel foi desempenhado por uma aristocracia proprietária de terras (ou pelos cavalheiros rurais da Virgínia em finais do século xviii). Não é necessário o privilégio hereditário para criar tal classe, e as famílias patrícias de muitas cidades comerciais republicanas conquistaram, talvez, mais crédito a esse respeito do que toda a nobreza. Contudo, sem um punhado de homens que possam dedicar a vida a quaisquer valores que desejem sem terem de justificar suas atividades a superiores ou a clientes e que não dependam de recompensas para que lhes reconheçam os méritos, alguns canais, que foram muito benéficos, teriam de ser fechados. Ainda que "a maior das bênçãos terrestres, a independência" (como Edward Gibbon chamou na sua *Autobiography* ["World's Classics"], p. 176), seja um "privilégio" no sentido em que poucos a têm, é desejável que alguns dela desfrutem. Esperemos apenas que essa rara vantagem não seja distribuída pela vontade humana, mas que seja concedida, por acaso, a alguns afortunados.

[9] O próprio Darwin estava bem consciente disso; ver *The Descent of Man* ("Modern Library"), p. 522: "A existência de um grupo de homens bem formados, que não tenham de trabalhar pelo pão de cada dia, é extremamente importante; pois o trabalho altamente intelectual é realizado por eles, do qual depende todo o tipo de progresso material, para não falar de outras vantagens ainda maiores".

[10] Acerca do papel importante que os indivíduos ricos desempenharam na América atual na difusão de opiniões radicais, ver M. Friedman, "Capitalism and Freedom", em *Essays on Individuality*, ed. F. Morley (Pittsburgh: University of Pennsylvania Press, 1958), p. 178; cf. também L. von Mises, *The Anti-capitalistic Mentality* (Nova York, 1956), e o meu ensaio "The Intellectuals and Socialism", *University of Chicago Law Review*, vol. xvi (1949).

[11] Só os gastos em tabaco e em bebidas da população dos Estados Unidos representam cerca de 120 dólares anuais por adulto!

[12] Um estudo da evolução da arquitetura doméstica e dos hábitos de vida ingleses levou um distinto arquiteto dinamarquês a afirmar que "na cultura inglesa, o ócio tem sido a fonte de tudo o que é bom" (S. E. Rasmussen, *London, the Unique City* [Londres e Nova York, 1937], p. 294).

[13] Cf. B. de Jouvenel, *The Ethics of Redistribution* (Cambridge: Cambridge University Press, 1951), esp. p. 80.

# PARTE II

A citação da epígrafe ao subtítulo da Parte II foi retirada de R. Hooker, *The Laws of Ecclesiastical Polity* (ed. "Everyman", 1593), I, 192; a passagem é instrutiva, apesar da interpretação racionalista do desenvolvimento histórico nela implicada.

### 9. A coerção e o Estado

A citação de Henry de Bracton no início do capítulo é retirada de M. Polanyi, *The Logic of Liberty* (Londres, 1951), p. 158. A ideia principal do capítulo também foi bem explicada por F. W. Maitland no seu "Historical Sketch of Liberty and Equality as Ideals" (1875), em *Collected Papers* (Cambridge: Cambridge University Press, 1911), I, p. 80: "O exercício do poder de formas que não podem ser previstas causa enormes constrangimentos, pois quanto menos previsto, mais forte é o constrangimento. Sentimo-nos menos livres quando sabemos que, a qualquer momento, podem ser impostas restrições sobre as nossas ações e quando não podemos prever essas restrições... As leis gerais conhecidas, mesmo que más, interferem menos na liberdade do que as decisões não baseadas em qualquer regra previamente conhecida".

[1] Cf. F. H. Knight, "Conflict of Values: Freedom and Justice", em *Goals of Economic Life*, ed. A. Dudley Ward (Nova York, 1953), p. 208: "A coerção é a manipulação 'arbitrária' exercida por uma pessoa em relação às condições ou às alternativas de escolha de outra — e deveríamos chamar-lhe uma interferência 'injustificada'". Ver também R. M. MacIver, *Society: A Textbook of Sociology* (Nova York, 1937), p. 342.

[2] Cf. a máxima jurídica "*etsi coactus tamen voluit*", do *Corpus juris civilis*, Digesta, LIV, ii. Para uma análise da sua importância, ver U. von Lübtow, *Der Ediktstitel "Quod metus causa gestum erit"* (Greifswald, 1932), pp. 61-71.

[3] Cf. F. Wieser, *Das Gesetz der Macht* (Viena, 1926); B. Russell, *Power: A New Social Analysis* (Londres,

1930); G. Ferrero, *The Principle of Power* (Londres, 1942); B. de Jouvenel, *Power: The Natural History of Its Growth* (Londres, 1948); G. Ritter, *Vom sittlichen Problem der Macht* (Berna, 1948); e, do mesmo autor, *Machstaat und Utopie* (Munique, 1940); Lord Radcliffe, *The Problem of Power* (Londres, 1952); e Lord MacDermott, *Protection from Power under English Law* (Londres, 1957).

[4] As denúncias do poder como o maior de todos os males são tão antigas quanto o pensamento político. Heródoto já fazia Otanes dizer, no seu famoso discurso acerca da democracia, que "mesmo o melhor dos homens, ao ser elevado a essa posição [de poder irresponsável], se transformará no pior dos homens" (*Histórias*, III, 80); John Milton considera a possibilidade de "a longa permanência no poder levar à corrupção do mais sincero dos homens" (*The Ready and Easy Way* etc., em *Milton's Prose*, ed. M. W. Wallace ("World's Classics", Londres, 1925, p. 459); Montesquieu afirma que "a experiência constante nos mostra que qualquer homem investido de poder se torna capaz de abusar dele e de levar a sua autoridade até ao máximo" (*Spirit of the Laws*, I, 150); I. Kant diz que "a posse de poder corrompe sempre o julgamento livre da razão" (*Zum ewigen Frieden* [1795], 2. ed., último parágrafo); Edmund Burke afirma que "muitos dos maiores tiranos da história começaram os seus reinados da maneira mais justa. Mas a verdade é que este poder pouco natural corrompe tanto o coração como o entendimento" (*Thoughts on the Causes of Our Present Discontents*, in *Works*, II, p. 307); John Adams diz que o "poder é sempre exercido de forma abusiva quando é ilimitado e desequilibrado" (*Works*, ed., C. F. Adams [Boston, 1851], VI, p. 73) e que "o poder absoluto intoxica tanto déspotas como monarcas, aristocratas, democratas, jacobinos e *sans culottes*" (*ibid.*, p. 477); James Madison afirma que "todo o poder em mãos humanas tende a ser exercido de forma abusiva" e que "o poder, esteja onde estiver, tende mais ou menos para o abuso" (*The Complete Madison*, ed. S. K. Padover [Nova York, 1953], p. 46); Jakob Burckhardt não se cansa de repetir que o poder é o mal em si mesmo (*Force and Freedom*. Nova York, 1953, p. ex., p. 102); e temos, obviamente, a máxima de Lord Acton: "o poder máximo tende a corromper, e o poder absoluto corrompe absolutamente" (*Hist. Essays*, p. 504).

[5] Liev Trótski, *The Revolution Betrayed* (Nova York, 1937), p. 76.

[6] Um exemplo característico disso, que chegou ao meu conhecimento enquanto escrevia, aparece num artigo de B. F. Willcox, na *Industrial and Labor Relations Review*, XI (1957-1958), p. 273: para justificar

## NOTAS

a "coerção econômica pacífica" pelos sindicatos, o autor afirma que a "concorrência pacífica, baseada na livre escolha, desencoraja a coerção. Um vendedor livre de bens ou serviços, ao fixar os seus preços, coage aquele que quer comprar — coage-o a pagar, a não comprar ou a ir a outro lado. Um vendedor livre de bens e serviços, ao estabelecer uma condição segundo a qual ninguém lhe pode comprar nada se tiver comprado a X, coage quem quer comprar — coage-o a não comprar, a ir a outro lado ou a não comprar a X — e, em última instância, também coage X". Esse abuso do termo "coerção" deriva sobretudo de J. R. Commons (cf. o seu *Institutional Economics* [Nova York, 1934], esp. p. 336; ver também R. L. Hale, "Coercion and Distribution in a Supposedly Noncoercive State", *Political Science Quarterly*, vol. XXXVIII, 1923).

[7] Cf. a passagem de F. H. Knight citada na n. 1 deste capítulo.

[8] A expressão "propriedade por cotas" [*several property*], usada por Sir Henry Maine (ver n. 10 deste capítulo), é, em muitos aspectos, mais adequada do que a expressão "propriedade privada", e vamos utilizá-la por vezes no lugar dessa.

[9] Acton, *Hist. of Freedom*, p. 297.

[10] Sir Henry Maine, *Village Communities* (Nova York, 1880), p. 230.

[11] B. Malinowski, *Freedom and Civilization* (Londres, 1944), pp. 132-133.

[12] Não sugiro que essa seja uma forma desejável de vida. No entanto, vale a pena observar que, hoje em dia, uma parte considerável das pessoas que exercem influência sobre a opinião pública, como jornalistas e escritores, vive frequentemente durante longos períodos de tempo com um mínimo de posses pessoais, e isso afeta certamente os seus pontos de vista. Aparentemente, algumas pessoas veem os bens materiais mais como um impedimento do que como uma vantagem, desde que tenham dinheiro para adquirir aquilo de que necessitam.

[13] I. Kant, *Critique of Practical Reason*, ed. L. W. Beck (Chicago: University of Chicago Press, 1949), p. 87: "Age de maneira a tratar a humanidade, quer na tua própria pessoa ou em outra, sempre como um fim e nunca apenas como um meio". Uma vez que isso significa que nenhuma pessoa deve ser obrigada a fazer alguma coisa que sirva apenas os fins de outras, equivale a dizer que a coerção deve ser evitada. No entanto, se a máxima for interpretada no sentido de que, quando colaboramos com outras pessoas, devemos ser guiados não só pelos nossos fins, mas também pelos dos outros, depressa se revelará em conflito com a liberdade dos outros quando discordamos dos seus fins. Para um

exemplo dessa interpretação, ver John M. Clark, *The Ethical Basis of Economic Freedom* (Kazanijan Foudation Lecture [Westport, Conn., 1955], p. 26, e a literatura alemã analisada na obra citada na nota seguinte.

[14] Cf. L. von Mises, *Socialism* (nova ed.; New Haven: Yale University Press, 1951), pp. 193 e 430-41.

[15] Dada a alegada falta de liberdade individual na Grécia Clássica, vale a pena referir que, na Atenas do século V a.C., a santidade do lar privado era de tal maneira reconhecida plenamente que até durante o governo dos Trinta Tiranos um homem "podia salvar a vida ficando em casa" (ver J. W. Jones, *The Law and Legal Theory of the Greeks*. Oxford, 1956, p. 91, com referência a Demóstenes, XXIV, 52).

[16] J. S. Mill, *On Liberty*, ed. R. B. McCallum (Oxford, 1946), cap. IV.

[17] Cf. *ibid.*, p. 84: "Em muitos casos, o indivíduo, ao perseguir um objetivo legítimo, causa necessariamente e, por isso, legitimamente sofrimento ou prejuízo a outros, ou intercepta um bem que outros esperavam obter". Ver também a mudança significativa da formulação enganadora na Declaração dos Direitos do Homem de 1789 na França, "*La Liberté consiste à pouvoir faire tout ce qui ne nuit pas à autrui*", para a formulação correta do Artigo VI da Declaração de 1793: "*La Liberté est le pouvoir qui appartient à l'homme de faire tout ce que ne nuit pas aux droits d'autrui*".

[18] O exemplo mais conhecido disso na nossa sociedade é o tratamento da homossexualidade. Como Bertrand Russell observou ("John Stuart Mill", *Proceedings of the British Academy*, XLI [1955], 55): "Se ainda se acreditasse, como acontecia dantes, que a tolerância desse comportamento exporia a comunidade ao destino de Sodoma e Gomorra, a comunidade teria todo o direito de interferir". No entanto, quando essas crenças não dominam, a prática privada entre adultos não deve ser alvo de ação coerciva para um Estado cujo objetivo é minimizar a coerção.

[19] C. A. R. Crosland, *The Future of Socialism* (Londres, 1956), p. 206.

[20] A afirmação citada é atribuída a Ignazio Silone. Cf. também Iakob Burckhardt, *op. cit.*, p. 105: "É degeneração, é arrogância filosófica e burocrática o Estado tentar desempenhar diretamente funções morais, pois só a sociedade pode e deve fazer isso". Ver também H. Steams, *Liberalism in America* (Nova York, 1919), p. 69: "A coerção em nome da virtude é tão repugnante quanto a coerção em nome do vício. Se os liberais americanos não estão dispostos a combater o princípio de coerção no caso da emenda de proibição do álcool só por não

# A CONSTITUIÇÃO DA LIBERDADE

estarem pessoalmente muito interessados que o seu país beba ou não beba, então caem em descrédito a partir do momento em que combatem a coerção nos casos em que *estão* interessados". A atitude socialista típica sobre esses problemas é descrita explicitamente em Robert L. Hall, *The Economic System in a Socialist State* (Londres, 1937), p. 202, em que se afirma (a respeito do dever de aumentar o capital do país) que "o fato de ser necessário usar termos como 'obrigação moral' e 'dever' mostra que não se trata de cálculos rigorosos e que estamos lidando com decisões que não só podem, como também devem ser tomadas pela comunidade como um todo, ou seja, com decisões políticas". Para uma defesa conservadora do uso do poder político para impor princípios morais, ver W. Berns, *Freedom, Virtue, and the First Emendment* (Baton Rouge: Louisiana State University Press, 1957).

[21] Mill, *op. cit.*, cap. III.

## 10. Lei, ordens e ordem

A citação no início do capítulo é retirada de J. Ortega y Gasset, *Mirabeau o el político* (1927), in *Obras completas* (Madrid, 1947), III, p. 603: "*Orden no es una presión que desde fuera se ejerce sobra la sociedade, sin un equilibrio que se suscita en su interior*". Cf. J. C. Carter, "The Ideal and the Actual in the Law", *Report of the Thirteenth Annual Meeting of the American Bar Association* (1890), p. 235: "A lei não é um conjunto de ordens impostas à sociedade a partir de fora, quer por um indivíduo soberano ou superior, quer por um organismo soberano constituído por representantes da própria sociedade. Existe sempre como um dos elementos da sociedade que decorre diretamente dos hábitos e dos costumes. Por conseguinte, é a criação inconsciente da sociedade, ou, em outras palavras, uma evolução". A ênfase dada à lei como anterior ao Estado, que é o esforço organizado para criá-la e impô-la, remonta pelo menos a D. Hume (ver o seu *Treatise*, Livro III, Parte II).

[1] F. C. von Savigny, *System des heutigen römischen Rechts* (Berlim, 1849), I, pp. 331-32. A passagem citada em tradução é uma síntese de duas frases que merecem ser citadas no seu contexto: "*Der Mensch steht inmitten der äusseren Welt, und das wichtigste Element in dieser seiner Umgebung ist ihm die Berührung mit denen, die ihm gleich sind durch ihre Natur und Bestimmung. Sollen nun in solcher Berührung freie Wesen neben einander bestehen, sich gegenseitig fördernd, nicht hemmend, in ihrer Entwicklung, so ist dieses nur möglich durch Anerkennung einer unsichtbaren Grenze, innerhalb welcher das Dasein und die Wirksamkeit jedes Einzelnen einen sichern, freien Raum gewinne. Die Regel, wodurch jene Grenze und durch die dieser freie Raum bestimmt wird, ist das Recht. Damit ist zugleich die Verwandtschaft und die Verschiedenheit zwischen Recht und Sittlichkeit gegeben. Das Recht dient der Sittlichkeit, aber nicht indem es ihr Gebot vollzieht, sondern indem es die freie Entfaltung ihrer, jedem einzelnen Willen inwohnenden Kraft sichert. Sein Dasein aber ist ein selbstständiges, und darum ist es kein Widerspruch, wenn im einzelnen Fall die Möglichkeit unsittlicher Ausübung eines wirklich vorhandenen Rechts behauptet wird*" (A ortografia dessa passagem foi modernizada).

[2] Charles Beudant, *Le Droit individual et l'état* (Paris, 1891), p. 5: "*Le Droit, au sens le plus general du mot, est la science de la liberté*".

[3] Cf. C. Menger, *Untersuchungen*, Apêndice VIII.

[4] A "abstração" surge não apenas na forma de expressões verbais. Também se manifesta na maneira como reagimos do mesmo modo a qualquer tipo de acontecimentos que, em muitos aspectos, podem ser muito diferentes entre si, e nos sentimentos evocados por esses acontecimentos que guiam as nossas ações, seja o sentido de justiça, seja a aprovação ou reprovação moral ou estética. É provável que também haja sempre princípios mais gerais que orientam a nossa mente que não podemos formular, mas que orientam o nosso pensamento — leis da estrutura da mente demasiado gerais para serem formuladas dentro dessa estrutura. Mesmo quando falamos de uma norma abstrata que orienta as nossas decisões, não nos referimos a uma norma expressa por palavras, mas a uma que poderia ser assim formulada. Sobre todos esses problemas, ver o meu livro *The Sensory Order* (Londres e Chicago, 1952).

[5] Cf. E. Sapir, *Selected Writings*, ed. D. G. Mandelbaum (Berkeley: University of California Press, 1949), p. 548: "Por exemplo, para um nativo australiano, é fácil dizer que termo de parentesco usa para chamar uma pessoa ou se pode ou não ter determinadas relações com um dado indivíduo. Para ele, é extremamente difícil expressar uma norma geral da qual esses exemplos específicos são apenas ilustrações, embora aja como se conhecesse perfeitamente a norma. *Em certo sentido, conhece-a bem.* Mas esse conhecimento não é capaz de uma manipulação consciente em termos de símbolos verbais. Trata-se, ao contrário, de um sentimento muito delicadamente matizado de relações sutis, tanto vividas como possíveis".

[6] A visão da lei como uma espécie de ordem (decorrente de Thomas Hobbes e de John Austin) tinha a intenção original de sublinhar a similaridade desses dois tipos de proposições, distintas de, por exemplo, uma declaração de fato. Contudo, não deve obscurecer, como fez muitas vezes, as diferenças essenciais. Cf. K. Olivecrone, *Law as Fact* (Copenhage e Londres, 1939), p. 43, em que as leis são descritas como "imperativos independentes" que "não são ordens de ninguém, embora tenham a forma de linguagem característica de uma ordem"; ver também R. Wollheim, "The Nature of Law", *Political Studies*, vol. II (1954).

[7] O exemplo vem de J. Ortega y Gasset, *Del imperio romano* (1940), in *Obras completas*, VI (Madrid, 1947), p. 76, que terá ido buscá-lo de algum antropólogo.

[8] Se não houvesse um perigo de confusão com outros sentidos desses termos, seria preferível falar de leis "formais" em vez de "abstratas", no mesmo sentido em que o termo "formal" é usado na análise lógica (cf. K. R. Popper, *Logik der Forschung* [Viena, 1935], pp. 85 e 29-32). Infelizmente, "formal" também se aplica a tudo o que emana da legislatura, enquanto só quando tal assume a forma de norma abstrata é que uma lei no sentido formal constitui também uma lei no sentido substantivo ou material. Por exemplo, quando Max Weber, no seu *Law in Economy and Society*, ed. M. Rheinstein (Cambridge: Harvard University Press, 1954), pp. 226-29, fala de "justiça formal", quer dizer justiça determinada pela lei, não apenas no sentido formal, mas também no sentido substantivo. Acerca dessa distinção no direito constitucional alemão e francês, ver mais à frente, cap. XIV, n. 10.

[9] Cf. G. C. Lewis, *An Essay on the Government of Dependencies* (Londres, 1841), p. 16, n.: "Quando um indivíduo rege voluntariamente a sua conduta de acordo com uma norma ou máxima, à qual anunciou previamente a intenção de lhe obedecer, diz-se que se priva de *arbitrium*, livre-arbítrio, discrição ou *willkühr*, na ação individual. Assim, quando um governo age num caso individual não em conformidade com uma lei ou uma norma de conduta existente e estabelecida por si mesmo, diz-se que a sua ação é arbitrária". Ver também *ibid.*, p. 24: "Qualquer governo, seja monárquico, aristocrático ou democrático, pode agir de forma arbitrária e não de acordo com normas gerais. Não há nem pode haver nenhuma forma de governo que garanta aos seus cidadãos uma segurança legal contra o uso arbitrário do poder soberano. Essa segurança só se encontra na influência da opinião pública e nas outras restrições morais que criam a principal diferença na bondade dos governos supremos".

[10] Sir Henry Maine, *Ancient Law* (Londres, 1861), p. 51; cf. R. H. Graveson, "The Movement from Status to Contract", *Modern Law Review*, vol. IV (1940-1941).

[11] Cf. n. 8 e a discussão a que se refere no seu seguimento.

[12] John Marshall em *Osborn v. Bank of United States*, 22 U.S. (9 Wheaton), 736, 866 (1824).

[13] O. W. Holmes Jr., *Lochner v. New York*, 198 U.S., 45, 76 (1905).

[14] F. Neumann, "The Concept of Political Freedom", *Columbia Law Review*, LIII (1953), 910, reeditado no seu *The Democratic and the Authoritarian State* (Glencoe, Ill., 1957), pp. 160-200.

[15] Cf. Smith, *Wealth of Nations*, p. 421: "Em relação à atividade privada na qual pode aplicar o seu capital, e cujo produto pode ter grande valor, é evidente que cada indivíduo, *na sua situação particular*, pode julgar melhor do que qualquer estadista ou legislador no seu lugar" (itálicos acrescentados).

[16] Cf. Lionel Robbins, *The Theory of Economic Policy* (Londres, 1952), p. 193: o liberal clássico "propõe, por assim dizer, uma divisão do trabalho: o Estado terá de prescrever aquilo que os indivíduos não devem fazer, a fim de que não interfiram uns com os outros, e o cidadão deve ter a liberdade de fazer tudo o que não seja proibido. A um é atribuída a tarefa de estabelecer normas formais, ao outro a responsabilidade pela substância da ação específica".

[17] D. Hume, *Treatise*, Parte II, seção 6 (*Works*, II, 293); cf. também John Walter Jones, *Historical Introduction to the Theory of Law* (Oxford, 1940), p. 114: "Ao examinar o Código Civil Francês e deixando de lado o direito da família, Duguit encontra apenas três normas fundamentais — a liberdade de contrato, a inviolabilidade da propriedade e o dever de compensação por danos cometidos a outrem. Tudo o restante se resume a orientações subsidiárias para qualquer agente do Estado".

[18] Cf. Hume, *Treatise*, Livro III, Parte II, seções 2-6, que contêm, talvez, a análise mais satisfatória dos problemas aqui considerados, em especial II, 269: "Um ato isolado de justiça é, com frequência, contrário ao *interesse público*; e se for isolado, sem ser seguido por outros atos, pode até ser muito prejudicial para a sociedade... Tampouco qualquer ato de justiça, considerado de forma isolada, é mais benéfico para o interesse privado do que para o interesse público... Mas ainda que certos atos de justiça possam ser contrários ao interesse público ou privado, a verdade é que todo o plano ou esquema é altamente benéfico, ou absolutamente necessário, para o equilíbrio da sociedade e para o bem-estar de todos os indivíduos. É impossível separar o bem do

mal. A propriedade tem de ser estável e fixada por normas gerais. Embora, em certos casos, o interesse público possa ser prejudicado, esse mal temporário é fortemente compensado pela aplicação firme da norma e pela paz e ordem, que ela estabelece na sociedade". Ver também o *Enquiry*, em *Essays*, II, p. 273: "O benefício resultante [das virtudes sociais da justiça e da fidelidade] não é consequência de qualquer ato individual isolado; mas decorre de todo o esquema ou sistema, partilhado por toda ou grande parte da sociedade... O resultado das ações individuais, em muitos casos, é diretamente oposto ao de todo o sistema de ações; e o ato isolado pode ser extremamente prejudicial, enquanto o sistema de ações é altamente vantajoso. A riqueza herdada da família, nas mãos de um indivíduo mau, é um instrumento de maldade. O direito sucessório pode, em certos casos, ser prejudicial. O seu benefício decorre apenas da observância da norma geral; e essa será suficiente se existir compensação para todos os males e inconvenientes causados por pessoas e situações particulares". Ver também *ibid.*, p. 274: "Todas as leis da natureza, que regem a propriedade, bem como as leis civis, são gerais e só dizem respeito a certas circunstâncias essenciais do caso, sem levarem em consideração as pessoas, as situações e as relações da pessoa em causa, ou quaisquer consequências particulares que possam resultar da determinação dessas leis, em qualquer caso existente. Privam, sem escrúpulos, um homem benéfico de todas as suas posses se as adquiriu, por erro, sem título válido; para depois as entregarem a um avarento, que já acumulou grandes quantidades de riquezas supérfluas. A utilidade pública requer que a propriedade seja regida por normas gerais e inflexíveis; e embora essas normas sejam adotadas como as que melhor servem o fim da utilidade pública, não podem prevenir todas as dificuldades particulares ou fazer com que cada caso particular resulte em consequências benéficas. Serão suficientes se todo o plano ou esquema contribuir para o equilíbrio da sociedade civil e se o saldo do bem superar fortemente o saldo do mal". A esse respeito, gostaria de reconhecer a minha dívida de gratidão com Sir Arnold Plant, que, há muitos anos, me chamou a atenção para a importância da análise que Hume faz dessas questões.

[19] Ver J. S. Mill, *On Liberty*, ed. R. B. McCallum (Oxford, 1946), p. 68.

[20] Ver J. Rawls, "Two Concepts of Rules", *Philosophical Review*, vol. LXIV (1955); J. J. C. Smart, "Extreme and Restricted Utilitarianism", *Philosophical Quarterly*, vol. VI (1956); H. J. McCloskey, "An Examination of Restricted Utilitarianism", *Philosophical Review*, vol. LXVI (1957); J. O. Urmson, "The Interpretation of the Moral Philosophy of J. S. Mill", *Philosophical Quarterly*, vol. III (1953); J. D. Mabbott, "Interpretations of Mill's Utilitarianism", *Philosophical Quarterly*, vol. VI (1956); e S. E. Toulmin, *An Examination of the Place of Reason in Ethics* (Cambridge: Cambridge University Press, 1950), em esp. p. 168.

[21] John Selden, no seu *Table Talk* ([Oxford, 1892], p. 131), observa: "Não há no mundo uma frase mais abusada do que esta, *salus populi suprea lex esto*". Cf. C. H. McIlwain, *Constitutionalism: Ancient and Modern* (ed. ver.; Ithaca, Nova York: Cornell University Press, 1947), p. 149, e, sobre a questão em geral, F. Meinecke, *Die Idee der Staatsräson* (Munique, 1924), agora traduzido como *Machiavellism* (Londres, 1957); ver também L. von Mises, *Socialism* (New Haven: Yale University Press, 1951), p. 400.

[22] Cf., por ex., a opinião de Jaime I, citada por F. D. Wormuth, *The Origins of Modern Constitutionalism* (Nova York, 1949), p. 51, segundo a qual "a ordem depende da relação entre comando e obediência. Toda organização deriva da superioridade e da subordinação".

[23] Peço desculpa ao autor, cujas palavras cito, por não me recordar do seu nome. Reparei no excerto com uma referência a E. E. Evans-Pritchard, *Social Anthropology* (Londres, 1951), p. 19, mas, embora a mesma ideia esteja nela expressa, não é nas palavras citadas.

[24] Cf. H. Jahrreiss, *Mensch und Staat* (Colônia, 1957), p. 22: "*Sozial-Ordnung ist Sozial-Berechenbarkeit*".

[25] M. Polanyi, *The Logic of Liberty* (Londres, 1951), p. 159.

[26] Max Weber, *Theory of Social and Economic Organization* (Londres, 1947), p. 386, tende a ver a necessidade de "previsão e fiabilidade no funcionamento da ordem jurídica" como uma peculiaridade do "capitalismo" ou a "fase burguesa" da sociedade. Isso só é correto se esses termos forem entendidos como descritivos de qualquer sociedade livre baseada na divisão do trabalho.

[27] Cf. E. Brunner, *Justice and the Social Order* (Nova York, 1945), p. 22: "A lei é a ordem por previsão. Em relação aos seres humanos, é o serviço que presta; é também a sua responsabilidade e o seu risco. Oferece proteção contra a arbitrariedade, dá uma sensação de confiança e de segurança, priva o futuro da sua escuridão sinistra".

## 11. As origens do estado de direito

A citação da epígrafe foi retirada de John Locke, *Second Treatise*, seção 57, p. 29. O conteúdo deste capítulo, bem

# NOTAS

como dos capítulos xiii-xvi, foi usado nas minhas palestras *The Political Ideal of the Rule of Law*, apresentadas e publicadas pelo Banco Nacional do Egito (Cairo, 1955).

[1] Quanto mais conheço o desenvolvimento dessas ideias, mais me convenço do papel importante desempenhado pelo exemplo da República holandesa. No entanto, embora essa influência seja bastante clara no fim do século xvii e início do século xviii, seus efeitos iniciais ainda precisam ser estudados. Entretanto, ver Sir George Clark, "The Birth of the Dutch Republic", *Proceedings of the British Academy*, vol. xxxii (1946), e P. Geyl, "Liberty in Dutch History", *Delta*, vol. i (1958). A ignorância também me obriga a passar ao lado das discussões importantes e do desenvolvimento de ideias similares na Itália renascentista, especialmente em Florença. (Para algumas referências breves, ver introdução às notas do capítulo xx.) E não posso falar com competência acerca do fato interessante de uma grande civilização não europeia, a China, parecer ter desenvolvido, mais ou menos ao mesmo tempo que os gregos, conceitos jurídicos semelhantes aos da civilização ocidental. Segundo Fung Yu-Lan, *A History of Chinese Philosophy* (Peiping, 1937), p. 312, "a grande tendência política da época [séculos vii a iii a.C.] foi um movimento do domínio feudal para um governo dotado de poder absoluto; do governo baseado na moral consuetudinária (*li*) e exercido por indivíduos para o governo baseado no direito". O autor cita (p. 321) como prova uma passagem do *Kuan tzu*, um tratado atribuído a Kuang Chung (*c.* 715-645 a.C.), mas provavelmente composto no século iii a.C.: "Quando um Estado é governado pela lei, as coisas seguirão simplesmente o seu curso regular... Se a lei não for uniforme, haverá adversidades para o chefe de Estado... Quando o chefe e o ministro, superiores e inferiores, nobres e humildes, todos obedecem à lei, chamamos a isso o Grande e Bom Governo". No entanto, acrescenta que isso "é um ideal que nunca foi realmente alcançado na China".

[2] Cf. A observação de Montesquieu em *The Spirit of the Laws* (i, 151): "Há uma nação no mundo que tem como finalidade direta da sua constituição a liberdade política". Ver também R. Henne, *Der englische Freiheitsbegriff* (dissertação, Zurique; Aarau, 1927). Está ainda por fazer um estudo cuidadoso da descoberta da liberdade inglesa pelos povos do continente e da influência do modelo inglês sobre a Europa. Entre algumas obras importantes sobre esse tema, ver Guy Miege, *L'État présent de la Grande-Bretagne* (Amsterdã, 1708), também numa edição alemã aumentada, com o título *Geistlicher und weltlicher*

*Stand von Grossbritannien und Ireland* (Leipzig, 1718); P. de Rapin-Thoyras, *Dissertation sur les Whigs et les Torys, or an Historical Dissertation upon Whig and Tory*, trad. M. Ozell (Londres, 1717); e A. Hennings, *Philosophische und statistische Geschichte des Ursprungs und des Fortgangs der Freyheit in England* (Copenhage, 1783).

[3] Cf., em especial, F. Pollock e F. W. Maitland, *History of English Law* (Cambridge: Cambridge University Press, 1911); R. Keller, *Freiheitsgarantien für Person und Eigentum im Mittelalter* (Heidelberga, 1933); H. Planitz, "Zur Ideengeschichte der Grundrechte", *Die Grundrechte und Grundpflichten der Reichsverfassung*, ed. H. C. Nipperdey (Berlim, 1930), vol. iii; e O. von Gierke, *Johannes Althusius und die Entwicklung der naturrechtlichen Staastheorien* (2. ed.; Breslau, 1902).

[4] Ver C. H. McIlwain, "The English Common Law Barrier against Absolutism", *American Historical Review*, xlix (1934), 27. A mais famosa e, depois, mais influente disposição da Carta Magna expressava apenas ideias comuns da época, como demonstra um decreto do imperador Conrado ii, datado de 28 de maio de 1037 (em W. Stubbs, *Germany in the Early Middle Ages, 476-1250*, ed. A. Hassall [Londres, 1908], p. 147), que declara: "Nenhum homem será privado de um feudo... a não ser pelas leis do Império e pelo julgamento dos seus pares".

Não podemos analisar em detalhe a tradição filosófica legada da Idade Média. No entanto, em certos aspectos, Lord Acton não estava sendo totalmente paradoxal quando descrevia Tomás de Aquino como o primeiro *whig* (ver *History of Freedom*, p. 37, e cf. J. N. Figgis, *Studies of Political Thought from Gerson to Grotius* [Cambridge: Cambridge University Press, 1907], p. 7). Sobre Tomás de Aquino, ver T. Gilby, *Principality and Polity* (Londres, 1958); e sobre a sua influência na antiga teoria política inglesa, em especial sobre Richard Hooker, ver S. S. Wolin, "Richard Hooker and English Conservatism", *Western Political Quarterly*, vol. vi (1953). Um estudo detalhado teria de dar atenção especial a Nicolau de Cusa, do século xiii, e a Bártolo, do século xiv, que continuaram a tradição. Ver F. A. von Scharpff, *Der Cardinal und Bischof Nicolaus von Cusa* (Tubinga, 1871), em esp. p. 22; J. N. Figgis, "Bartolus and the Development of European Political Ideas", *Transactions of the Royal Historical Society*, N. S., vol. xix (Londres, 1905); e C. N. S. Woolf, *Bartolus of Sassoferato* (Cambridge, 1913); e, sobre a teoria política do período em geral, R. W. e A. J. Carlyle, *A History of Mediaeval Political Theory* (Edimburgo e Londres, 1903 e outras posteriores).

## A CONSTITUIÇÃO DA LIBERDADE

[5] Cf. O. Vossler, "Studien zur Erklärung der Menschenrechte", *Historische Zeitschrift*, CXLII (1930), p. 512; ver também F. Kern, *Kingship and Law in the Middle Ages*, trad. S. B. Chrimes (Oxford, 1939); E. Jenks, *Law and Politics in the Middle Ages* (Londres, 1898), pp. 24-25; C. H. McIlwain, *The High Court of Parliament and Its Supremacy* (New Haven: Yale University Press, 1910); J. N. Figgis, *The Divine Right of Kings* (2. ed.; Cambridge, 1914); C. V. Langlois, *Le Règne de Philippe III, le Hardi* (Paris, 1887), p. 285; e, para uma correção sobre a situação na Baixa Idade Média, T. F. T. Plucknett, *Statutes and Their Interpretation in the First Half of the Fourteenth Century* (Cambridge, 1922), e *Legislation of Edward I* (Oxford, 1949). Sobre toda a questão, ver J. W. Gough, *Fundamental Law in English Constitutional History* (Oxford, 1955).

[6] Cf. B. Rehfeldt, *Die Wurzeln des Rechtes* (Berlim, 1951), p. 67: "*Das Auftauchen des Thänomens der Fesetzgebung... bedeutet in der Menschheitsgeschichte die Erfindung der Kunst, Recht und Gesetz zu Machen. Bis dahin hatte man ja geglaubt Recht nicht setzen sondern nur anwenden zu können als etwas, das seit jeher war. An dieser Vorsellung gemessen ist die Erfindung der Gezetzbung vielleicht die folgenschwerste, die je gemacht worden — folgenschwerer als die des Feuermachens oder des Schiesspulvers —, denn am Stärksten von allen hat sie das Schicksal des Menschen in seine Hände gelegt*".

De forma similar, num estudo ainda inédito e apresentado num simpósio sobre "A expansão da sociedade" organizado pelo Oriental Institute of the University of Chicago, em dezembro de 1958, Max Rheinstein observa: "A ideia de que normas válidas de conduta podem ser estabelecidas por legislação era peculiar às fases tardias da história grega e romana; na Europa Ocidental, esteve esquecida até a redescoberta do direito romano e a ascensão da monarquia absoluta. A afirmação de que toda lei constitui uma ordem de um soberano é um postulado engendrado pela ideologia democrática da Revolução Francesa, segundo o qual toda lei tinha de emanar dos representantes do povo devidamente eleitos. No entanto, não é uma verdadeira descrição da realidade, muito menos nos países que adotaram o direito consuetudinário anglo-saxônico".

A profunda influência sobre a opinião inglesa da ideia tradicional de que as leis são descobertas e não feitas é mostrada pela afirmação de Edmund Burke em *Tracts Relative to the Laws against Popery in Ireland*, in *Works*, IX, p. 350: "Seria difícil apontar um erro mais subversivo de toda a ordem e beleza, de toda a paz e felicidade, da sociedade humana, que a posição de que qualquer grupo de homens tem o direito de fazer as leis que lhe aprouver; ou que as leis podem derivar a sua autoridade apenas da sua instituição e que são independentes da qualidade do seu conteúdo. Nenhum argumento de política, razão de Estado ou de defesa da Constituição pode ser invocado a favor dessa prática. [...] Todas as leis humanas são, a bem dizer, apenas declarativas; podem alterar a forma e a aplicação, mas não têm poder sobre a substância da justiça original". Para outros exemplos, ver E. S. Corwin, *The "Higher Law" Background of American Constitutional Law* ("Great Seal Books". Ithaca, Nova York: Cornell University Press, 1955), p. 6, n. 11.

[7] Cf. Dicey, *Constitution*, p. 370: "Um advogado, que vê o assunto a partir de um ponto de vista exclusivamente jurídico, tende a afirmar que a verdadeira questão em causa entre estadistas como Bacon e Wentworth, por um lado, e Coke ou Eliot, por outro, consistia em saber se uma administração forte de tipo continental deveria ser permanentemente estabelecida na Inglaterra".

[8] É assim que Henry Bracton descreve a Carta Magna em *De legibus*, fol. 186b. Acerca das consequências do que foi, com efeito, uma interpretação errada da Carta Magna, ver W. S. McKechnie, *Carta Magna* (2. ed.; Glasgow, 1914), p. 133: "Se as palavras vagas e imprecisas de Coke deturparam o sentido de muitos capítulos [da Carta Magna] e difundiram ideias falsas acerca do desenvolvimento do direito inglês, o serviço que esses mesmos erros prestaram à causa do progresso constitucional é imensurável". Essa opinião foi desde então exprimida muitas vezes (ver, em especial, H. Butterfield, *The Englishman and His History*. Cambridge: Cambridge University Press, 1944, p. 7).

[9] Cf. a descrição de Thomas Hobbes de como "uma das causas mais frequentes disso [o espírito rebelde dessa época] é a leitura de livros de política e de histórias dos gregos e romanos antigos", e, por isso, "nunca houve nada tão carinhosamente adquirido quanto a aprendizagem das línguas grega e latina pelos ocidentais" (*Leviathan*, ed. M. Oakeshott [Oxford, 1946], pp. 214 e 141); e a observação de Aubrey segundo a qual as raízes do "zelo pela liberdade da humanidade" de Milton decorrem do fato de "ser tão versado em Lívio e nos autores romanos, e na grandeza que via na comunidade romana" (*Aubrey's Brief Lives*, ed. O. L. Dick. Ann Arbor: University of Michigan Press, 1957, p. 203). Acerca das fontes clássicas do pensamento de Milton, Harrington e Sidney, ver Z. S. Fink, *The Classical Republicans* ("Northwestern University Studies in Humanities", n.º 9, Evanston, III, 1945).

[10] Tucídides, *Peloponnesian War*, trad. Crawley, II, 37. O testemunho mais convincente é, provavelmente, o dos inimigos da democracia liberal de Atenas, que revelam muito quando se queixam de que, como Aristóteles (*Politics* VI, 2. 1317b), "nessas democracias cada pessoa vive como quer". Os gregos podem ter sido os primeiros a confundir a liberdade pessoal e liberdade política; mas isso não significa que não conhecessem a primeira ou que não a estimassem. Os filósofos estoicos, de qualquer maneira, preservaram o sentido original e transmitiram-no às épocas posteriores. De fato, Zenão definia a liberdade como o "poder de ação independente, enquanto a escravidão é a privação dessa ação independente" (Diógenes Laércio, *Lives of Eminent Philosophers*, III, 121. "Loeb Classical Library", Londres, 1925, II, 227). Fílon de Alexandria, *Quod omnis probus liber sit*, 452, 45. "Loeb Classical Library", Londres, 1941, IX, 36), oferece até uma concepção bastante moderna da liberdade dentro da lei: *hosoi de meta nomou zosin, eleutheroi*. Ver E. A. Haverlock, *The Liberal Temper in Greek Politics* (New Haven: Yale University Press, 1957). Também já não é possível negar a existência da liberdade na Atenas antiga com o argumento de que o seu sistema econômico se "baseava" na escravatura, pois estudos recentes demonstram claramente que isso era relativamente pouco importante; ver W. L. Westermann, "Athenaeus and the Slaves of Athenas", *Athenian Studies Presented to William Scott Ferguson* (Londres, 1940), e A. H. M. Jones, "The Economic Basis of Athenian Democracy", *Past and Present*, vol. I (1952), reeditado no seu *Athenian Democracy* (Oxford, 1957).

[11] *Tucídides, op. cit.*, VII, 69. A interpretação equívoca da liberdade grega remonta a Thomas Hobbes e tornou-se conhecida por meio de B. Constant, *De la liberté des anciens comparée à celle des modernes*, reeditado no seu *Cours de politique constitutionnelle*, vol. II (Paris, 1861), e N. D. Fustel de Coulanges, *La Cité antique* (Paris, 1864). Acerca desse tema, ver G. Jellinek, *Allgemeine Staatslehre* (2. ed.; Berlim, 1905), pp. 288 ss. É difícil perceber como, ainda em 1933, H. J. Laski ("Liberty", *E. S. S.* IX, 442) podia afirmar, com referência explícita ao período de Péricles que, "nessa sociedade orgânica, o conceito de liberdade individual era praticamente desconhecido".

[12] Cf. J. Huizinga, *Wenn die Waffen schweigen* (Basileia, 1945), p. 95: *"Man muss eugentlich bedauern, dass die Kulturen, die sich auf der Grundlage des griechischen Antike aufbauten, nicht an Stelle des Wortes Demokratie jenes andere übernommen haben, das in Athen auf Grund der geschichtlichen*

*Entwicklung besondere Achtung erweckte und ausserdem den hier wesentlichen Gedanken einer guten Regierungsform besonders rein zum Ausdruck brachte: das Wort 'Isonomia', Gleichheit der Gesetze. Dies Wort hatte sogar einen unsterblichen Klang... Aus dem Worte 'Isonomia' spricht weit deutlicher und unmittelbarer als aus 'Demokratia' das Ideal der Freiheit; auch ist die in der Bezeichnung 'Isonomia' enthaltene These nichts Unerfüllbares, wie dies bei 'Demokratia' der Fall ist. Das wesentliche Prinzip des Rechtsstaates ist in diesem Wort bündig und klar wiedergegeben".*

[13] No dicionário italiano de John Florio, *World of Wordes* (Londres, 1598).

[14] Tito Lívio, *Romane Historie*, trad. Philemon Holland (Londres, 1600), pp. 114, 134 e 1016.

[15] O *Oxford English Dictionary*, s.v. "Isonomy", oferece exemplos do seu uso em 1659 e 1684, sugerindo que o termo era então normalmente usado.

[16] O uso mais antigo preservado do termo "isonomia" parece remontar a Alcméon, por volta de 500 a.C. (H. Diels, *Die Fragmente der Vorsokratiker* [4. ed.; Berlim, 1922], vol. I, p. 136, Alkmaion, Frag. 4). Dado que o seu uso é metafórico, descrevendo a isonomia como uma condição de saúde física, isso sugere que o termo estava então bem implantado.

[17] E. Diehl, *Anthologia lyrica Graeca* (3. ed.; Leipzig, 1949), Frag, 24. Cf. E. Wolf, "Mass und Gerechtigkeit bei Solon", *Gegenwartsprobleme des internationalen Rechtes und der Rechtsphilosophie: Festschrift für Rudolf Laun* (Hamburgo, 1953); K. Freeman, *The Work and Life of Solon* (Londres, 1926); W. J. Wood-house, *Solon, the Liberator* (Oxford, 1938); e K. Hönn, *Solon, Staatsmann und Wiser* (Viena, 1948).

[18] Ernest Barker, *Greek Political Theory* (Oxford, 1925), p. 44. Cf. Lord Acton, *History of Freedom*, p. 7, e P. Vinogradoff, *Collected Papers* (Oxford, 1928), II, p. 41.

[19] Cf. G. Busolt, *Griechische Staatskunde* (Munique, 1920), I. 417; J. A. O. Larsen, "Cleisthenes and the Development of the Theory of Democracy at Athens", *Essays in Political Theory Presented to George H. Sabine* (Ithaca, Nova York.: Cornell University Press, 1948); V. Ehrenberg, "Isonomia", in *Pauly's Real-Encyclopaedie der classischen Altertumswissenschaft*, supl. VII (1940), e os seus artigos "Origins of Democracy", *Historia*, I (1950), em esp. 535, e "Das Harmodioslied", *Festschrift Albin Lesky* ("Wiener Studien", vol. LXIX), em especial pp. 67-69; G. Vlastos, "Isonomia", *American Journal of Philology*, vol. LXXIV (1953); e J. W. Jones, *The Law and Legal Theory of the Greeks* (Oxford: Oxford University Press, 1956), cap. VI.

# A CONSTITUIÇÃO DA LIBERDADE

O *skolion* grego mencionado no texto se encontra em duas versões em Diehl, *op. cit.*, vol. ii, *skolia* 10 (9), e 13 (12). Um exemplo curioso da popularidade dessas canções que celebram a isonomia entre os *whigs* ingleses de finais do século xviii é a "Ode à imitação de Calístrato", de Sir Willam Jones, que mencionei atrás como a ligação entre as ideias políticas dos *whigs* e a tradição evolucionista da linguística (ver o seu *Works* [Londres, 1807], x, 391), que começa com o texto grego do *skolion* e, após vinte linhas de elogio a Harmódio e a Aristogíton, continua:

"Then in *Athens* all was Peace,
Equal Laws and Liberty:
Nurse of Arts, and eye for *Greece!*
People valiant, firm, and free!
Not less glorious was thy deed,
*Wentworth,* fix'd in Virtue's cause;
Not less brilliant be thy meed,
*Lenox,* friend to *Equal Laws!*

High in Freedom's temple rais'd,
See *Fitz Maurice* beaming stand,
For collected Virtues prais'd,
Wisdom's voice, and Valour's hand!
Ne'er shall fate their eyelids close:
They, in blooming religions blest,
With *Harmodius* shall repose,
With *Aristogiton* rest."

Cf. também *ibid.*, p. 389, "Ode in imitation of Alcaeus", em que Jones diz, referindo-se à "Lei Imperatriz Soberana":

"Smit by her sacred frown
The fiend *Discretion* like a vapour
sinks."

[20] Heródoto, *Histories*, iii, 80; cf. também iii, 142, e v, 37.

[21] Busolt, *op. cit.*, p. 417, e Ehrenberg, in Pauly, *op. cit.*, p. 299.

[22] Tucídides, *op. cit.*, iii, 62, 3-4, compara esse uso do termo no seu sentido legítimo com a sua referência àquilo que descreve como o seu uso capcioso, *ibid.*, iii, 82, 8; cf. também Isócrates, *Areopagitus*, vii, 20, e *Panathenaicus*, xii, 178.

[23] Platão, *Republic*, viii, 557bc, 559d, 561e.

[24] Hipérides, *In defense of Euxenippus*, xxi, 5 (*Minor Attic Orators*, ed. J. O. Burtt. "Loeb Classical Library", ii, 468): "*hópôs én démokratía hoi nómoi ésontai*". A frase sobre a lei como rei (*nomós basileùs*) já ocorre muito mais cedo.

[25] Aristóteles, *Politics*, 1287a. A tradução usada é a de W. Ellis na edição "Everyman", preferível às versões mais conhecidas de B. Jowett.

[26] *Ibid.*, 1292a.

[27] A forma como essas concepções se conservaram fundamentais para os atenienses é revelada por uma lei a que Demóstenes se refere numa das suas orações (*Contra Aristócrates*, xxiii, 86; cf. também xxiv, 59) como uma lei "tão boa quanto sempre foi a lei". O ateniense que a introduziu era da opinião de que, como todos os cidadãos tinham os mesmos direitos civis, todos deveriam estar sujeitos às mesmas leis; por isso, propusera que "não seria legítimo implementar uma lei que afetasse algum indivíduo, a não ser que se aplicasse a todos os atenienses". Essa se tornou a lei de Atenas. Não sabemos quando aconteceu — Demóstenes mencionou em 352 a.C. Mas é interessante saber como, nessa época, a democracia já se tornara o principal conceito, superando o conceito mais antigo de igualdade perante a lei. Embora Demóstenes já não empregasse o termo "isonomia", sua referência à lei pouco muda é do que uma paráfrase do antigo ideal. Acerca da lei em questão, cf. J. H. Lipsius, *Attisches Recht und Rechtsverfahren* (Leipzig, 1905), i, 388, e E. Weiss, *Griechisches Privatrecht* (Leipzig, 1923), i, 96, n. 186a; cf. também A. H. M. Jones, "The Athenian democracy and Its Critics", *Cambridge Historical Journal*, vol. ix (1953), reeditado no seu *Athenian Democracy*, p. 52: "Em momento algum era legal [em Atenas] alterar uma lei por meio de um simples decreto da Assembleia. O autor de tal decreto estava sujeito à famosa 'acusação por procedimento ilegal', que, se provada pelos tribunais, o expunha a pesadas penas".

[28] Aristóteles, *Rhetoric*, 1354ab, trad. Rhus Roberts em *The Works of Aristotle*, ed. W. D. Ross, vol. xi (Oxford, 1924). Não cito a passagem de *A política*, 1317b, em que Aristóteles menciona como condição de liberdade que "nenhum magistrado deve ter um poder discricionário, a não ser em poucos casos e sem consequências para os assuntos públicos", pois ocorre num contexto que não apresenta sua própria opinião, mas cita as opiniões de outros. Uma afirmação importante a respeito das suas opiniões acerca da discrição judicial encontra-se em *Ética a Nicómaco*, v, 1137b, em que declara que o juiz deve preencher uma lacuna na lei "decidindo tal como o próprio legislador decidiria se estivesse presente e como teria disposto na lei, tivesse ele previsto a ocorrência do caso" — antecipando assim uma cláusula famosa do Código Civil suíço.

[29] T. Hobbes, *Leviathan*, ed. M. Oakeshott (Oxford, 1946), p. 448.

30 J. Harrington, *Oceana* (1656), no início. A frase ocorre pouco depois numa passagem em *The Leveller*, de 1659, citada por Gough, *op. cit.*, p. 137.

31 Ver *The Civil Law*, ed. S. P. Scott (Cincinnati, 1932), p. 73. Acerca de toda esta seção, ver também as obras de T. Mommsen, C. Wirszubski, *Libertas as a Political Idea at Rome* (Cambridge: Cambridge University Press, 1950); e U. von Lübtow, *Blüte und Verfall der römischen Freiheit* (Berlim, 1953), que só conheci depois de ter concluído esta obra.

32 Ver W. W. Buckland e A. D. McNair, *Roman Law and Common Law* (Cambridge: Cambridge University Press, 1936).

33 Tito Lívio, *Ab urbe condita*, II, 1, 1: "*Imperia legume potentiora quam hominum*". A frase latina é citada (de forma imprecisa) por Algernon Sidney (*Works* [Londres, 1772], p. 10) e John Adams (*Works* [Boston, 1851], IV, 403). Na tradução de Holland, de 1600, de Tito Lívio, citada na n. 14, essas palavras são interpretadas como "a autoridade e a *soberania das leis [rule of laws]*, mais fortes e poderosas do que as dos homens" — as palavras em itálico são o primeiro exemplo que conheço no qual *rule* é usado no sentido de "governo" ou "domínio".

34 Cf. W. Rüegg, *Cicero und der Humanismus* (Zurique, 1946), e a Introdução de G. H. Sabine e S. B. Smith a Marco Túlio Cícero, *On the Commonwealth* (Columbus, Ohio, 1929). Sobre a influência de Cícero em David Hume, ver o seu "My Own Life", *Essays*, I, 2.

35 M. Túlio Cícero, *De legibus*, II, 7, 18. Essas "leis superiores" foram organizadas pelos romanos, que inscreveram nos seus estatutos uma disposição afirmando que não pretendiam revogar aquilo que era sacrossanto ou *jus* (ver Corwin, *op. cit.*, pp. 12-18, e a literatura citada nessa obra).

36 M. Túlio Cícero, *Pro Cluentio*, 53: "*omnes legum servi summus ut liberi esse possumus*". Cf. Montesquieu, *Spirit of the Laws* (II, 76): "A liberdade consiste principalmente em não ser forçado a fazer algo que as leis não obriguem: os indivíduos só estarão nessa posição se forem governados por leis civis; e porque vivem dentro dessas leis civis, são livres". Voltaire, *Pensées sur le gouvernement* (Œuvres complètes, ed. Garnier, XXIII, p. 526): "*La liberté consiste à ne dépendre que de lois*". J. J. Rousseau, *Lettres écrites de la Montagne*, Carta VIII (em *The Political Writings of Jean Jacques Rousseau*, ed. C. E. Vaughan [Cambridge, 1915], II, p. 235): "Não há liberdade sem leis, e ninguém está acima das leis: mesmo no estado natural, o homem só é livre por causa da lei da natureza, da qual todos desfrutam".

37 Marco Túlio Cícero, *De legibus*, III, 122: "*Magistratum legem esse loquentem*". Cf. Sir Edward Coke no caso de Calvino (como citado na n. 18 do cap. IV: "*Judex est lex loquens*", e a máxima jurídica do século XVIII, "*Rex nihil alius est quam lex agens*"; ver também Montesquieu, *Spirit of the Laws*, XI, 6 (I, 159): "Os juízes nacionais são apenas a boca que pronuncia a palavra da lei, meros seres passivos, incapazes de lhe moderarem a força ou o rigor". A frase foi repetida nos Estados Unidos pelo presidente do Supremo Tribunal John Marshall (*Osborn v. Bank of United States*, 22, U. S. [p. Wheaton] 738, 866), quando falou dos juízes como "os meros porta-vozes da lei" e "incapazes de fazer valer a sua vontade".

38 Ver M. Rostovtzeff, *Gesellschaft und Wirtschaft im römischen Kaiserreich* (Leipzig, 1931), I, pp. 49 e 140.

39 Cf. F. Oertel, "The Economic Life of the Empire", in *Cambridge Ancient History*, XII (Cambridge, 1939), em esp. pp. 270 ss., e o Apêndice do mesmo autor para R. Pöhlmann, *Geschichte der sozialen Frage und des Sozialismus in der antiken Welt* (3. ed.; Munique, 1925); ver também Lübtow, *op. cit.*, pp. 87-109; M. Rostovtzeff, "The Decay of the Ancient World and Its Economic Explanation", *Economic History Review*, vol. II (1930); Tenney Frank, *Economic Survey of Ancient Rome* (Baltimore: Johns Hopkins Press, 1940); Epílogo; H. J. Haskell, *The New Deal in Old Rome* (Nova York, 1939); e L. Einaudi, "Greatness and Decline of Planned Economy in the Hellenistic World", *Kyklos*, vol. II (1948).

40 F. Pringsheim, "*Jus aequum und jus strictum*", *Zeitschrift der Savigny-Stiftung für Rechtsgeschichte, Romanistische Abteilung*, XLII (1921), 668; cf. também, do mesmo autor, *Höhe und Ende der Jurisprudenz* (Friburgo, 1933).

41 Ver A. Esmein, "La Maxime Princeps *legibus solutus est* dans l'ancien droit public français", *Essays in Legal History*, ed. P. Vinogradoff (Oxford, 1913).

42 Cf. J. U. Nef, *Industry and Government in France and England; 1540-1640* (Filadélfia, 1940), p. 114. Uma descrição interessante de como, mais tarde, "a liberdade de imprensa surgiu em Londres, quase por acaso, na sequência da eliminação de um monopólio comercial", é oferecida por M. Cranston, *John Locke* (Londres, 1957), p. 387.

43 *Darcy v. Allein*, decidido em 1603. O princípio parece ter sido pela primeira vez afirmado quatro anos antes em *Davenant v. Hurdis*, quando se declarou que "tal prescrição, ao conceder todo o comércio a uma empresa ou pessoa e excluir todas as outras, é contrária à lei". Ver W. L. Letwin, "The English Common Law Concerning Monopolies", *University of Chicago Law Review*, vol. XXI (1953-1954), e os

dois artigos de D. O. Wagner, "Coke and the Rise of Economic Liberalism", *Economic History Review*, vol. vi (1935-1936), e "The Common Law and Free Enterprise: An Early Case of Monopoly", *ibid.*, vol. vii (1936-1937).

[44] Grã-Bretanha, Public Record Office, *Calendar of State Papers, Domestic Series*, 7 de julho de 1610.

[45] Edward Coke, *The Second Part of the Institutes of the Laws of England* (1642), (Londres, 1809), p. 47.

[46] *Ibid.*, p. 51. Comparar também a *Fourth Part*, p. 41.

[47] Ver Sir William Clarke, *The Clarke Papers*, ed. C. H. Firth (Londres: Camden Society, 1891-1901); F. P. Gooch, *English Democratic Ideas in the Seventeenth Century* (Cambridge: Cambridge University Press, 1893); T. C. Pease, *The Leveller Movement* (Washington, D.C., 1916); *Tracts on Liberty in the Puritan Revolution, 1638-1647*, ed. W. Haller (Nova York: Columbia University Press, 1934); A. S. P. Woodhouse (ed.), *Puritanism and Liberty* (Londres, 1938); *The Leveller Tracts*, ed. W. Haller e G. Davies (Nova York, 1944); D. M. Wolfe, *Leveller Manifestoes* (Nova York e Londres, 1944); W. Haller, *Liberty and Reformation in the Puritan Revolution* (Nova York: Columbia University Press, 1955); P. Zagorin, *A History of Political Thought in the English Revolution* (Londres, 1954).

[48] F. W. Maitland, *The Constitutional History of England* (Cambridge: Cambridge University Press, 1909), p. 263.

[49] Cf. C. H. McIlwain, "The Tenure of English Judges", no seu *Constitutionalism and the Changing World* (Cambridge: Cambridge University Press, 1939), p. 300.

[50] Ver Gough, *op. cit.*, pp. 76 ss. e 159.

[51] Esse é um dos principais tópicos da parte registrada dos Debates do Exército (ver Woodhouse, *op. cit.*, pp. 336, 345, 352, 355 e 472).

[52] Essa frase recorrente parece derivar de Edward Coke, *op. cit*, p. 292: "*Nova constitutio futuris formam imponere debet, non praeteritis*".

[53] Ver Woodhouse, *op. cit.*, pp. 154 ss., e 353 ss.

[54] [Samuel Rutherford], *Lex, Rex: The Law and the Prince* etc. (Londres, 1644); podemos ler alguns trechos em Woodhouse, *op. cit.*, pp. 199-212. A frase do título remonta ao grego antigo *nómos basileùs*. A questão da lei *versus* arbitrariedade foi usada não apenas pelos "Roundheads"; também aparece com frequência no argumento do partido do rei, e Carlos I, no seu *Speech Made Upon the Scaffold* (Londres, 1649), afirmou que "A liberdade e a autonomia dos cidadãos consistem em receber do governo as leis que lhes permitem conservar a vida e os bens, e não em participarem no governo".

[55] Ver S. R. Gardiner, *The Constitutional Documents of the Puritan Revolution, 1625-1660* (3. ed.; Oxford,

1906). A melhor descrição encontra-se em F. D. Wormuth, *The Origins of Modern Constitutionalism* (Nova York, 1949). Ver também W. Rothschild, *Der Gedanke der geschriebenen Verfassung in der englischen Revolution* (Tubinga, 1903); M. A. Judson, *The Crisis of the Constitution* (New Brunswick, NJ: Rutgers University Press, 1949), e a obra de J. W. Gough citada antes na n. 50; ver também Oliver Cromwell, *Letters and Speeches*, ed. T. Carlyle (2. ed.; Londres, 1846), iii, p. 67: "Em qualquer governo deve haver algo de fundamental, como a Carta Magna, que tem de ser permanente e inalterável".

[56] A ideia de separação dos poderes parece ter surgido pela primeira vez em 1645 num panfleto de John Lilburne (ver Pease, *op. cit.*, p. 114) e, pouco depois, aparece com frequência, por exemplo, em John Milton, *Eikonoklastes* (1649) (*Prose Works*, ed. Bohn [Londres, 1884], i, 363): "Em todas as nações sensatas, o Poder Legislativo e a execução judicial desse poder são normalmente distintos e estão em várias mãos; mas o primeiro é supremo, e o segundo, subordinado", e em John Sadler, *Rights of the Kingdom* (1649), citado por Wormith, *op. cit*, p. 61: "Temos de discutir se o Poder Legislativo, o Judicial e o Executivo devem se ocupar de assuntos diferentes segundo a lei natural natureza". A ideia é pormenorizadamente elaborada por G. Lawson, *An Examination of the Political Part of Mr. Hobbes, His Leviathan* (Londres, 1657) (ver A. H. Maclean, "George Lawson and John Locke", Cambridge Historical Journal, vol. ix, 1947). Para mais referências, ver Wormuth, *op. cit.*, pp. 59-72, e, para o desenvolvimento posterior, pp. 191-206.

[57] Wormuth, *op. cit.*, p. 71.

[58] *Ibid.*, p. 72.

[59] Os dois principais autores que devem ser considerados são Algernon Sidney e Gilbert Burnet. Para nós, os pontos fundamentais nos *Discourses concerning Government* (publicado pela primeira vez em 1698) de Sidney são: "A liberdade consiste apenas numa independência em relação à vontade de outrem", que se liga à máxima "*potentiora erant legum quam hominum imperia*" (cap. i, seção v, *Works of Algernon Sydney* [Londres, 1772], p. 10); "As leis que visam ao bem público não fazem distinção entre pessoas" (*ibid.*, p. 150); as leis são promulgadas "para que as nações sejam governadas pelas normas, e não pela arbitrariedade" (*ibid.*, p. 338); e as leis "devem visar à perpetuidade" (*ibid.*, p. 492). Das numerosas obras de Gilbert Burnet, destacamos o seu livro, publicado com autoria anônima, *Enquiry into the Measures of Submission to the Supreme Authority* (1688), citado na sua

## NOTAS

reedição em *Harleian Miscellany* (Londres, 1808), em esp. p. 442: "A exigência de liberdade justifica-se sempre por si mesma, a menos que se renuncie a ela ou que seja limitada por algum acordo especial. [...] No governo da sociedade civil, deve ser feita uma grande distinção entre o poder de legislar para regular a sua condução e o poder de executar essa legislação; a autoridade suprema deve estar nas mãos daqueles que detêm o Poder Legislativo, mas não nas mãos dos que detêm apenas o Poder Executivo, o que constitui apenas uma questão de confiança quando está separado do Poder Legislativo". Ver também p. 447: "As medidas do poder e, por consequência, de obediência, devem decorrer de leis expressas de qualquer Estado ou grupo de indivíduos, dos juramentos por esses prestados; ou da prescrição imemorial e de uma posse prolongada, ambas concedendo um título, e que, depois de muito tempo, tornam um mau num bom estatuto; pois a prescrição, quando sai da memória dos homens e não é disputada por nenhum pretendente, concede, por consentimento de todos, um título justo e bom. Assim, os graus da autoridade civil devem decorrer de leis expressas, de costumes imemoriais ou de juramentos particulares, que os súditos prestam aos seus príncipes; e em todas as disputas entre o poder e a liberdade, o poder tem de ser sempre legitimado, mas a liberdade legitima a si própria; o poder baseia-se na lei positiva, e a liberdade na lei natural", p. 446: "O objetivo principal de todo o nosso direito e de todas as normas da nossa constituição é garantir e conservar a nossa liberdade". Foi a esse folheto que um contemporâneo continental e descobridor da liberdade inglesa como G. Miege (ver n. 2 deste capítulo) se referiu num dos seus textos: Miege afirmava que "nenhum súdito do mundo gozava de liberdades tão fundamentais e transmissíveis como o povo de Inglaterra", e que "o seu Estado era, portanto, mais feliz e preferível ao de todos os súditos europeus" (*op. cit.*, pp. 512-3).

60 Isso ainda pode ser verdade, apesar de parecer agora que o *Tratado* foi iniciado antes da revolução de 1688.

61 Cf. J. W. Gough, *John Locke's Political Philosophy* (Oxford, 1950). Vale a pena tentar perceber até que ponto, ao abordar os pontos aqui discutidos, Locke se limitou a resumir opiniões há muito expostas por juristas do período. Especialmente importante a esse respeito é Sir Mathew Hale, que, numa resposta manuscrita a Hobbes redigida por volta de 1673 e que Locke terá conhecido (ver a carta de Aubrey a Locke citada em Cranston, *op. cit.*, p. 152), afirmava que, "para evitar aquela grande incerteza na aplicação da razão por determinadas pessoas a determinados casos; e, assim, para que os indivíduos pudessem compreender por que norma e medida podiam viver e possuir; e para que não vivessem submetidos à razão desconhecida, arbitrária e incerta de certas pessoas, os mais sábios concordaram sempre em certas leis, normas e métodos da administração de justiça comum, e que esses fossem tão específicos e certos quanto se pudesse conceber" ("Sir Mathew Hale's Criticisms of Hobbe's Dialogue of the Common Laws", editado como anexo a W. S. Holdsworth, *A History of English Law* [Londres, 1924], v, 503).

62 J. Locke, *The Second Treatise of Civil Government*, ed. J. W. Gough (Oxford, 1946), seção 22, p. 13.

63 *Ibid.*, seção 127, p. 63.

64 *Ibid.*, seção 131, p. 64.

65 *Ibid.*, seção 137, p. 69.

66 *Ibid.*, seção 136, p. 68

67 *Ibid.* seção 151, p. 75.

68 Ver J. N. Figgis, *The Divine Rights of Kings*, p. 242; W. S. Holdsworth, *Some Lessons from Our Legal History* (Nova York, 1928); e C. E. Vaughan, *Studies in the History of Political Philosophy before and after Rousseau* (Manchester: Manchester University Press, 1939), I, p. 134.

69 Locke, *Second Treatise*, cap. XIII. Comparar com n. 56.

70 *Ibid.*, seção 159, p. 80.

71 *Ibid.*, seção 22, p. 107.

72 Cf. G. M. Trevelyan, *English Social History* (Londres, 1942), pp. 245 e 350 ff., em esp. p. 351: "A marca específica do início da época hanoveriana foi o estado de direito; e esse direito, com todos os seus graves defeitos, era pelo menos um direito de liberdade. Foi sobre este que se desenvolveram todas as nossas reformas subsequentes".

73 Acerca da importância deste acontecimento, ver especialmente W. S. Holdsworth, *A History of English Law*, x (Londres, 1938), em esp. p. 647. "Como resultado de todas essas consequências da independência dos tribunais, a doutrina da soberania ou da supremacia do direito foi estabelecida na sua forma moderna e tornou-se, talvez, a característica mais distintiva e por certo a mais salutar do direito constitucional inglês".

74 Sua influência foi reanimada no século XIX pelo relato dramático do episódio apresentado em T. B. Macaulay, *History of England*, cap. XXII (ed. "Everyman", IV, 272-92).

75 Cf. também Daniel Defoe, *The History of the Kentish Petitiom* (Londres, 1791), e, do mesmo ano, o seu chamado *Legion's Memorial*, com a afirmação conclusiva de que "os ingleses não são escravos dos

## A CONSTITUIÇÃO DA LIBERDADE

parlamentos nem dos reis" (*The Works of Daniel Defoe* [Londres, 1843], III, 5). Sobre isso, ver C. H. McIlwain, *Constitutionalism: Ancient and Modern* (Ithaca, Nova York: Cornell University Press, 1947), p. 150.

[76] Cf., por exemplo, Sir Alfred Denning, *Freedom under the Law* (Londres, 1949), em que, acerca da doutrina europeia "*Nullum crimen, nulla poena sine lege*" afirma: "Neste país, porém, o direito consuetudinário não se limitou dessa maneira. Não existe num código, mas no coração dos juízes, que enunciam e desenvolvem os princípios necessários para lidar com qualquer nova situação que surja". Ver também S. Glaser, "*Nullum crimen sine lege*", *Journal of Comparative Legislation and International Law*, vol. XXIV (1942). Na forma citada, a máxima latina data apenas de finais do século XVIII (ver adiante, cap. 13, n. 22), mas, na Inglaterra do século XVIII, era corrente uma expressão semelhante: "*Ubi non est lex ibi non est transgressio*".

[77] *The Works of Samuel Johnson* (Londres, 1787), XIII, 22, ao relatar um discurso do sr. Campbell, no Debate sobre a Lei do Milho, da Câmara dos Comuns em 26 de novembro de 1740. Cf. E. L. McAdam, *Dr. Johnson and the English Law* (Syracuse, Nova York: Syracuse University Press, 1951), p. 17.

[78] Assim, a opinião de Lord Camden é por vezes citada. Sua única afirmação na qual exprime substancialmente a mesma ideia ocorre em *Entick v. Carrington* (1765) (*State Trials* de T. B. Howell, XIX, 1073): "A respeito do argumento da necessidade de Estado, ou de uma distinção que se pretende estabelecer entre ofensas ao Estado e outras, a lei consuetudinária não compreende esse tipo de raciocínio, e os nossos livros não reconhecem essas distinções".

[79] Aquilo que decidiu finalmente essa incorporação na doutrina dos *tories* foi provavelmente a obra de Henry Saint-John Bolingbroke, *A Dissertation upon Parties* (1734), com a sua admissão da distinção entre "um governo pela constituição" e um "governo pela vontade" (Carta X [5. ed.; Londres, 1738], p. 111).

[80] Cf. W. S. Holdsworth, *A History of English Law*, X, 713: "Se se perguntasse a um jurista, a um estadista ou a um filósofo político do século XVIII qual era, na sua opinião, a característica mais distintiva da constituição britânica, responderia que era a separação de poderes dos diferentes órgãos do governo". No entanto, na época em que Montesquieu popularizou a concepção no continente europeu, essa situação era apenas parcial na Inglaterra.

[81] Além do excerto citado no texto mais à frente, ver, em especial, D. Hume, *Essays*, I, "Sobre a Origem do Governo", 117; "Sobre a Liberdade Civil", p. 161; e sobretudo "Sobre o Desenvolvimento e o Progresso das Artes e Ciências", p. 178, no qual afirma: "Todas as leis gerais têm inconvenientes quando aplicadas a casos particulares; e é preciso grande discernimento e experiência para perceber que o número desses inconvenientes é menor do que os resultados decorrentes dos poderes discricionários de qualquer magistrado; e para perceber quais são as leis que têm menos inconvenientes. Trata-se de uma questão muito difícil acerca da qual os homens fizeram alguns progressos, incluindo nas artes sublimes da poesia e da eloquência, em que a rapidez do gênio e a da imaginação contribuíram para o seu progresso, antes de chegarem a um alto nível de refinamento nas suas leis municipais, cujo aperfeiçoamento só pode ser alcançado por tentativas frequentes e pela observação diligente". Cf. também *Enquiry concerning the Principles of Morals*, *Essays*, pp. 179-196, 256 e 272-278. Como Hume é frequentemente representado como *tory*, vale a pena observar que ele próprio afirmou que "as minhas opiniões sobre as *coisas* se conformam mais aos princípios *whig*; as minhas representações sobre as *pessoas* se ajustam mais aos princípios *tory*" (citado em E. C. Mossner, *Life of David Hume* [Londres, 1954], p. 311; ver também *ibid.*, p. 179, em que Hume é descrito como um "'*Whig* revolucionário', mas não do tipo dogmático").

[82] F. Meinecke, *Die Entstehung des Historismus* (Berlim, 1936), I, p. 234.

[83] D. Hume, *History of England*, V (Londres, 1762), p. 280.

[84] Acerca da forma como Adam Smith aceita a separação de poderes e a sua justificativa como uma realidade, ver *Wealth of Nations*, Livro V, cap. I, Parte II (II, pp. 213-214). Uma referência anterior a esses problemas (*ibid.*, p. 201) — na qual Smith explica sucintamente que, na Inglaterra, "a segurança pública não requer que o soberano detenha poder discricionário", mesmo para suprimir "os protestos mais rudes, injustificados e imorais", porque "é garantida por um exército bem organizado" — forneceu a ocasião para uma discussão importante dessa situação singular por um dos estudiosos estrangeiros mais argutos da Constituição britânica: J. S. de Lolme, no livro *Constitution of England* (1784) (nova ed., Londres, 1800), pp. 436-441, representa-a como "a circunstância mais característica do governo inglês e a prova mais clara da verdadeira liberdade que é a consequência da sua estrutura", ou seja, na Inglaterra, "todas as ações dos indivíduos devem estar em conformidade com

a lei, até que se aponte uma lei que diga o contrário". E continua: "O fundamento desse princípio ou doutrina legal, que limita o exercício do poder do governo aos casos previstos pela lei", e que, embora remonte à Carta Magna, só foi aplicado com a abolição da Câmara da Estrela, mostra que, com "esse acontecimento, a restrição extraordinária à autoridade do governo a que nos referimos e à sua execução não vão além do que a situação intrínseca das coisas e a força da constituição podem sustentar". (Note-se como esta passagem é evidentemente influenciada pela exposição de Hume citada no texto.)

Poderíamos citar muitas afirmações semelhantes dessa época, mas bastam duas particularmente características. A primeira é de John Wilkes, em *The North Briton*, vol. LXIV (3 de setembro de 1768; citada por C. K. Allen, *Law and Orders* [Londres, 1945] p. 5): "Num governo livre, estes Três Poderes estiveram sempre, ou pelo menos deveriam estar, separados; pois se estivessem os três, ou apenas dois deles, reunidos na mesma pessoa, as liberdades das pessoas ficariam logo arruinadas. Por exemplo, quando o poder Legislativo e o Executivo estão reunidos no mesmo magistrado, ou no mesmo organismo de magistrados, não pode existir liberdade, uma vez que haveria razões para temer que o mesmo monarca, ou senado, promulgasse leis tirânicas para executá-las de forma tirânica. É evidente que também não poderia existir liberdade se o Poder Judiciário estivesse reunido ao Legislativo ou ao Executivo. No primeiro caso, a vida e a liberdade do súdito estariam necessariamente expostas ao perigo mais iminente, pois a mesma pessoa seria juiz e legislador. No segundo, a condição do súdito não seria menos deplorável, pois a mesma pessoa poderia ditar uma sentença cruel para, talvez, executá-la com ainda mais crueldade". A segunda passagem ocorre em *Letters of Junius* (1772), Carta 47, datada de 25 de maio de 1771, ed. C. W. Everett (Londres, 1927), p. 208: "O governo da Inglaterra é um governo de leis. Traímo-nos, contradizemos o espírito das nossas leis e abalamos todo o sistema de jurisprudência inglesa sempre que confiamos um poder discricionário sobre a vida, a liberdade ou a fortuna do súdito a um homem ou grupo de homens pressupondo que não abusarão desse poder".

[85] Sir William Blackstone, *Commentaries on the Laws of England* (Londres, 1765), I, p. 269: "Nesta existência distinta e separada do Poder Judiciário num grupo peculiar de homens, nomeados, mas não arbitrariamente afastados, pela Coroa, consiste uma importante garantia de liberdade pública; que não subsiste durante muito tempo num Estado a não ser que a administração de justiça comum esteja de algum modo separada do Poder Legislativo e do Poder Executivo. Ligado ao Legislativo, a vida, liberdade e propriedade do súdito estariam nas mãos de juízes arbitrários, cujas decisões seriam então regidas apenas pelas suas opiniões e não por quaisquer princípios fundamentais do direito, que, embora as legislaturas possam se afastar deles, os juízes estão obrigados a observar".

[86] *Ibid.*, p. 44.

[87] Ver, em especial, Edmund Burke, *Speech on the Motion Made in the House of Commons, the 7th of February, 1771, Relative to the Middlesex Elections*, em *Works, passim*.

[88] E. Barker, *Traditions of Civility* (Cambridge: Cambridge University Press, 1948), p. 216. Ver também a expressão interessante, *ibid.*, pp. 245 e 248, da admiração de A. V. Dicey por Paley.

[89] W. Paley, *The Principles of Moral and Political Philosophy* (1785) (Londres, 1824), pp. 348 ss.

[90] Hoje raramente é recordado o sucesso de Macaulay por ter feito das lutas constitucionais do passado um patrimônio vivo de qualquer inglês bem formado. Ver o *Times Literary Supplement*, 16 de janeiro de 1953, p. 40: "Fez pela nossa história o que Lívio fizera pela história de Roma; e fê-lo melhor". Cf. também a observação de Lord Acton, *Hist. Essays*, p. 482, segundo a qual Macaulay "fez mais do que qualquer outro escritor da literatura mundial pela divulgação da fé liberal, e foi não só o maior, como também o mais representativo inglês da época [1856]".

[91] Em certos aspectos, até os discípulos de Bentham não mais podiam fazer do que basear-se na antiga tradição que tanto se esforçaram por destruir. Isso se aplica, certamente, aos esforços de John Austin para estabelecer distinções claras entre verdadeiras "leis" gerais e "ordens ocasionais ou particulares" (Ver *Lectures on Jurisprudence* [5. ed.; Londres, 1885], I, 92).

[92] Richard Price, *Two Tracts on Civil Liberty* etc. (Londres, 1778), p. 7.

[93] Richard Price, *Observations on the Importance of the American Revolution... to Which Is Added a Letter from M. Turgot* (datada de 22 de março de 1778) (Londres, 1785), p. 111.

[94] W. S. Holdsworth, *A History of English Law*, X, 23.

## 12. A contribuição americana: o constitucionalismo

A citação da epígrafe foi retirada de Lord Acton, *Hist. of Freedom*, p. 55.

[1] E. Mims, Jr., *The Majority of the People* (Nova York, 1941), p. 71.

[2] E. Burke, "Speech on Conciliation with America" (1775), in *Works* III, 49. A influência predominante dos ideais ingleses sobre a Revolução Americana parece ainda mais clara para o estudioso de um país da Europa Continental do que para os historiadores americanos contemporâneos; cf., em especial, O. Vossler, *Die amerikanischen Revolutionsideale in ihrem Verhältnis zu den europäischen* (Anexo 17 à *Historische Zeitchrift*) (Munique, 1929); mas ver também C. H. McIlwain, *The American Revolution* (Nova York, 1923), em esp. pp. 156-60 e 183-91.

[3] Cf., por exemplo, a resposta dada pela legislatura de Massachusetts ao governador Bernard em 1769 (citada por A. C. McLaughlin, *A Constitutional History of the United States* [Nova York, 1935], p. 67, de *Massachusetts State Papers*, pp. 172-73), na qual se afirma que "nenhum tempo é mais bem empregado do que na preservação dos direitos decorrentes da Constituição britânica, e na insistência em pontos que, embora Vossa Excelência possa achá-los não essenciais, consideramos serem os seus melhores baluartes. Nenhum tesouro pode ser mais bem despendido do que para garantir a velha e autêntica liberdade inglesa, que é uma antevisão de todos os outros deleites".

[4] Cf. [Arthur Lee], *The Political Detection... Letters signed Junius Americanus* (Londres, 1770), p. 73: "Em princípio, essa disputa é essencialmente a mesma que ocorreu no século passado entre o povo deste país e Carlos I. [...] O Rei e a Câmara dos Comuns podem diferir no nome, mas o poder ilimitado torna-os, com efeito, iguais, exceto que é infinitamente mais temido em muitas do que numa só pessoa"; e E. Burke, *An Appeal from the New to the Old Whigs* (1791), in *Works*, VI, 123, em que diz que, na época da Revolução, os americanos "estavam na mesma relação com a Inglaterra que esta estava com o rei Jaime II, em 1688". Acerca de toda a questão, ver G. H. Guttridge, *English Whiggism and the American Revolution* (Berkeley: University of California Press, 1942).

[5] Lord Acton, *Lectures on Modern History* (Londres, 1906), p. 218.

[6] Ver C. Rossiter, *Seedtime of the Republic* (Nova York, 1953), p. 360, em que cita, do *Newport Mercury* de 19 de maio de 1766, um brinde "a um filho da liberdade do condado de Bristol, Massachusetts": "O nosso brinde geral é — *Carta Magna, Constituição britânica* — Pitt e liberdade para sempre!".

[7] Acton, *Hist. of Freedom*, p. 578.

[8] Um resumo excelente da influência dessas ideias é oferecido em R. A. Humphreys, "The Rule of Lay and the American Revolution", *Law Quarterly Review*, vol. LIII (1937). Ver também J. Walter Jones, "Acquired and Guaranteed Rights", em *Cambridge Legal Essays* (Cambridge University Press, 1926); C. F. Mullett, *Fundamental Law and the American Revolution, 1760-1776* (tese, Columbia University; Nova York, 1933); e A. M. Baldwin, *The New England Clergy and the American Revolution* (Durham, N. C.: Duke University Press, 1928); e cf. a observação de Lord Acton, *Hist. of Freedom*, p. 56, de que os americanos "fizeram mais; ao terem sujeito todas as autoridades civis à vontade popular, cercaram a vontade popular de restrições que a legislatura britânica não aceitaria".

[9] A expressão "constituição fixa" constantemente usada por James Otis e Samuel Adams, parece decorrer de E. de Vattel, *Law of Nations* (Londres, 1797), Livro I, cap. 3, seção 34. A afirmação mais conhecida das concepções discutidas no texto ocorre na "Massachusetts Circular Letter of February 11, 1768 (citada em W. MacDonald, *Documentary Source Book of American History* [Nova York, 1929], pp. 146-150), cujo parágrafo mais importante é o seguinte: "A Câmara levou humildemente ao conhecimento do ministério a sua convicção de que o alto tribunal parlamentar de Sua Majestade é o Poder Legislativo supremo de todo o império; que em todos os Estados livres, a Constituição é permanente e, como o Legislativo supremo deriva o seu poder e autoridade da Constituição, não pode exceder os limites desta sem destruir o seu próprio fundamento; que a Constituição determina e limita a soberania e a sujeição, e, por isso, os súditos americanos de Sua Majestade, que se reconhecem vinculados pelos laços de lealdade, têm um direito justo ao gozo pleno das normas fundamentais da Constituição britânica; que é um direito essencial e inalterável, extraído da Constituição britânica, como lei fundamental, e sempre tido como sagrado e irrevogável pelos súditos do reino, que aquilo que um indivíduo adquiriu de forma honesta lhe pertence absolutamente, que ele pode dar de livre vontade, mas não lhe pode ser retirado sem o seu consentimento; que os súditos americanos podem, portanto, excluindo qualquer consideração de direitos concedidos por carta régia, com uma firmeza decente, adaptada ao caráter dos homens e súditos livres, afirmar este direito natural e constitucional".

[10] A expressão mais comumente usada era "constituição limitada", em cuja forma foi resumida a ideia de uma constituição limitadora dos poderes do governo. Ver, em especial, *Federalist*, n.º LXXVIII, ed. M. Beloff (Oxford, 1948), p. 397, em que Alexander

## NOTAS

Hamilton oferece a seguinte definição: "Por constituição limitada, entendo uma constituição que contém certas restrições específicas à autoridade legislativa; por exemplo, não promulgar leis que suprimam direitos civis, nenhuma lei *ex post fato* etc. As limitações desse tipo só podem ser conservadas na prática por meio dos tribunais de justiça, cuja tarefa deve ser declarar nulas todas as leis contrárias ao espírito manifesto da Constituição. Sem isso, todas as reservas de direitos ou privilégios particulares de nada serviriam".

[11] Cf. J. Walter Jones, *op. cit.*, pp. 229 ss.: "Na época da disputa com a metrópole, os colonialistas estavam bem familiarizados com duas ideias mais ou menos estranhas à tendência geral do pensamento jurídico inglês — a doutrina dos direitos do homem e a possibilidade ou até necessidade (porque estavam então em luta contra um Parlamento) de limitar o Poder Legislativo por meio de uma constituição escrita".

Em relação a toda a discussão que se segue, exprimo a minha dívida com dois autores americanos, C. H. McIlwain e E. S. Corwin, cujas principais obras podem ser aqui enumeradas sem grande pormenor de referências:

C. H. MacIlwain, *The High Court of Parliament and Its Supremacy* (New Haven: Yale University Press, 1910); *The American Revolution* (Nova York, 1923); "The English Common Law Barrier Against Absolutism", *American Historical Review*, vol. XLIX (1943-1944); *Constitutionalism and the Changing World* (Cambridge: Cambridge University Press, 1939); *Constitutionalism, Ancient and Modern* (ed. rev.; Ithaca, Nova York: Cornell University Press, 1947).

E. S. Corwin, *The Doctrine of Judicial Review* (Princeton: Princeton University Press, 1914); *The Constitution and What It Means Today* (Princeton: Princeton University Press [1920]; 11. ed., 1954); "The Progress of Constitutional Theory Between the Declaration of Independence and the Meeting of the Philadelphia Convention", *American Historical Review*, vol. XXX (1924-1925); "Judicial Review in Action", *University of Pennsylvania Law Review*, vol. LXXIV (1925-1926); "The "Higher Law" Background of American Constitutional Law", *Harvard Law Review*, vol. XLII (1929) (reed. em "Great Seal Books". Ithaca, Nova York: Cornell University Press, 1955); *Liberty Against Government* (Baton Rouge: Louisiana State University Press, 1948); e a sua edição de *The Constitution of the United States of America: Analysis and Interpretation* (Washington: Government Printing Office, 1953). Vários dos artigos mencionados e alguns ainda não

citados estão coligidos em *Selected Essays on Constitutional Law*, ed. Committee of the Association of American Law Schools, vol. I (Chicago, 1938).

[12] Cf. Humphreys, *op. cit.*, p. 90: "A própria definição de liberdade era não estar sujeito a um governo arbitrário".

[13] Acerca do caráter derivado do poder de todas as assembleias representativas no processo de elaboração da constituição, ver, em especial, McLaughlin, *op. cit.*, p. 109.

[14] Ver anteriormente, cap. IV, seção 8, e cap. VII, seção 6, e cf., acerca de toda a questão, D. Hume, *Treatise* (II, 300-304).

[15] Ver John Lilburne, *Legal Fundamental Liberties*, de 1649 (parcialmente reeditado em *Puritanism and Liberty*, ed. A. S. P. Woodhouse [Chicago: University of Chicago Press, 1951], p. 344), em que, ao falar daquilo que chamaríamos de uma convenção constitucional, estipula explicitamente que "essas pessoas não devem exercer qualquer Poder Legislativo, mas apenas estabelecer as fundações de um governo justo e propor a sua aceitação às pessoas de boa vontade de todas as terras. Essa aceitação deve estar acima da lei, e, portanto, os limites, as restrições e a margem de ação dos representantes do povo no Parlamento, contidos no Acordo, [devem] constar num contrato formal mutuamente assinado". A esse respeito, também é significativa a resolução da assembleia municipal de Concord, Massachusetts, de 21 de outubro de 1776 (reeditada em S. E. Morison, *Sources and Documents Illustrating the American Revolution* [Oxford: Oxford University Press, 1923], p. 177), que declara que a assembleia legislativa não é um organismo adequado para elaborar uma constituição, "em primeiro lugar, porque entendemos que uma Constituição, na sua própria ideia, visa a um sistema de princípios estabelecidos para garantir ao súdito a posse e o gozo dos seus direitos e privilégios contra qualquer intromissão do governo. Em segundo, porque o mesmo organismo que elabora uma Constituição tem, por consequência, o poder de alterá-la. Em terceiro, porque uma Constituição alterável pelo poder Supremo Legislativo não oferece qualquer segurança ao súdito contra a intromissão do governo nos seus direitos e privilégios". Obviamente, os pais da Constituição Americana rejeitaram a democracia direta do tipo da que existiu na Grécia Antiga para impedir que a autoridade superior se preocupasse com particularidades, e não tanto por causa da sua inviabilidade técnica.

[16] D. Hume, *Treatise*, II, 300; cf. também *ibid.*, p. 303.

[17] Cf. atrás, cap. XI, em especial notas 4 e 6.

[18] Acerca do conceito de legitimidade, cf. G. Ferrero, *The Principles of Power* (Londres, 1942).

[19] Isso não é válido para o conceito original de soberania tal como introduzido por Jean Bodin. Cf. C. H. McIlwain, *Constitutionalism and the Changing World*, cap. II.

[20] Como foi sublinhado por D. Hume e por uma longa linhagem de teóricos, desde F. Wieser e a sua elaboração mais completa da ideia em *Das Gesetz der Macht* (Viena, 1926).

[21] Ver Roscoe Pound, *The Development of Constitutional Guarantees of Liberty* (New Haven: Yale University Press, 1957). Existe uma importante literatura alemã acerca da origem das Declarações de Direitos, da qual podemos destacar as seguintes obras: G. Jellinek, *Die Erklärung der Menschen und Bürgerrechte* (3. ed., Munique, 1919), ed. W. Jellinek (que contém um apanhado das discussões desde a primeira edição da obra, em 1895); J. Hashagen, "Zur Entstehungsgeschichte der nordamerikanischen Erklärungen der Menschenrechte", *Zeitschrift für die gesamte Staatswisssenschaf*, vol. LXXVIII (1924); G. A. Salander, *Vom Werden der Menschenrechte* (Leipzig, 1926); e O. Vossler, "Studien zur Erklärung der Menschenrechte", *Historische Zeitschrift*, vol. CXLII (1930).

[22] W. C. Webster, "A Comparative Study of the State Constitutions of the American Revolution", *Annals of the American Academy of Political and Social Science*, IX (1897), p. 415.

[23] *Ibid.*, p. 418.

[24] Constituição do Massachusetts (1780), Parte I, Art. XXX. Embora essa cláusula ainda não apareça no rascunho original de John Adams, está totalmente de acordo com o espírito do seu pensamento.

[25] Para uma análise dessa relação, ver as obras citadas na nota 21.

[26] Cf. Webster, *op. cit.*, p. 386. "Cada um desses instrumentos declarava que ninguém pode ser privado da sua liberdade salvo pela lei ou pelo julgamento dos seus pares; que todos os indivíduos, quando acusados, têm o direito de conhecer o teor da acusação, bem como o direito de procurar defesa e provas; e que ninguém pode ser obrigado a apresentar provas contra si próprio. Todos protegiam cuidadosamente o direito a julgamento por um júri; garantiam a liberdade de imprensa e eleições livres; proibiam a concessão de títulos de nobreza, honras hereditárias e privilégios exclusivos. Todos esses instrumentos, à exceção dos da Virgínia e Maryland, garantiam os direitos de reunião, de petição e de instrução de representantes. Todos, exceto os da Pensilvânia e de Vermont, proibiam a exigência de fianças excessivas, a imposição de multas excessivas, a imposição de penas não previstas, a suspensão de leis por qualquer autoridade que não o Poder Legislativo e a tributação fiscal sem representação".

[27] Constituição da Carolina do Norte, Art. XXIII. Cf. Constituição do Maryland, "Declaration of Rights", art. 41: "Os monopólios são odiosos, contrários ao espírito de um governo livre e aos princípios do comércio, e não devem ser tolerados".

[28] Ver, em especial, a Constituição de Massachusetts, Parte I, "Declaration of Rights", art. XXX: "No governo desta comunidade, o ramo Legislativo nunca exercerá os Poderes Executivos e Judiciais ou algum desses; o Executivo nunca exercerá os Poderes Legislativos e Judiciais ou algum desses; [...] a fim de que seja um governo de leis, e não de homens".

[29] Constituição de Massachusetts, art. XXIV.

[30] A frase aparece pela primeira vez no esboço da Declaração de Direitos da Virgínia, 1776, por George Mason (ver K. M. Rowland, *The Life of George Mason* [Nova York, 1892], pp. 435 ss.) e, depois, na seção 15 da declaração adotada. Ver também a Constituição de New Hampshire, art. XXXVIII, e a de Vermont, art. XVIII. (Dado que parece não existir uma compilação das constituições estaduais em vigor em 1787, recorro a *The Constitutions of All the United States* [Lexington, Ky. 1817], que nem sempre oferece as datas dos textos impressos. Por isso, algumas das referências dadas nestas notas podem se referir a emendas posteriores à Constituição federal.) Acerca da origem dessa disposição, ver o livro de G. Stourzh, *The Pursuit of Greatness*, a publicar em breve.

[31] Webster, *op. Cit.*, p. 398.

[32] Cf. J. Madison no fim da *Federalist*, n.º XLVIII: "Uma mera demarcação em pergaminho dos limites constitucionais dos vários ramos não é uma garantia suficiente contra as violações que conduziram a uma concentração tirânica de todos os poderes do governo nas mesmas mãos".

[33] John Jay é citado (por M. Oakeshott, "Rationalism in Politics", *Cambridge Journal*, I [1947], 151) como tendo dito, em 1777: "Os americanos foram o primeiro povo a quem o Céu concedeu a oportunidade de deliberar e escolher as formas de governo sob as quais deviam viver. Todas as outras constituições derivaram sua existência da violência ou de circunstâncias acidentais e, por isso, estão mais longe da perfeição". Compare-se isso com a afirmação enfática de John Dickinson na Convenção da Filadélfia (M. Farrand [ed.], *The Records of the Federal Convention* od 1787, [ed. rev.; New Haven: Yale University Press, 1937], datada de 13 de agosto, II, p. 278): "A experiência deve ser o nosso

# NOTAS

único guia. A razão pode nos enganar. Não foi a Razão que descobriu o mecanismo singular e admirável da Constituição inglesa. Não foi a Razão que descobriu [...] o modo estranho e, aos olhos dos governados pela razão, absurdo de julgamento por júri. Provavelmente, foram acidentes que produziram essas descobertas, que foram depois sancionadas pela experiência. Esta é então o nosso guia".

[34] Na Convenção da Filadélfia, James Madison referiu como os principais objetivos do governo nacional "a necessidade de garantir mais eficazmente a segurança dos direitos individuais e a aplicação consistente da justiça. As interferências nesses princípios foram males que, talvez mais do que tudo, levaram à realização dessa convenção" (*Records of the Federal Constitution*, I, 133). Cf. também a famosa passagem citada por Madison no *Federalist*, n.º XLVIII, p. 254, de *Notes on the State of Virginia*, de Thomas Jefferson: "Todos os poderes do governo, Legislativo, Executivo e Judiciário, decorrem do órgão Legislativo. A concentração desses poderes nas mesmas mãos é precisamente a definição de um governo despótico. Esse problema não será mitigado se todos esses poderes forem exercidos por várias pessoas em vez de por uma só. Não há dúvida de que 173 déspotas seriam tão opressivos como um. Quem duvidar disso que olhe para a República de Veneza. Não nos serve de consolo o fato de terem sido escolhidos por nós. Um despotismo eletivo não é o governo por que lutamos; lutamos por um governo não só fundado em princípios livres, mas no qual os poderes do governo sejam divididos e distribuídos entre vários órgãos de magistratura, a fim de que nenhum possa exceder seus limites legais sem ser efetivamente controlado e limitado pelos outros. [...] [Outros organismos que não a legislatura], em muitos casos, *decidiram sobre direitos* que deviam ser deixados à *decisão judicial, e a direção do Poder Executivo, durante todo o período de tempo de exercício das suas funções, está se tornando habitual e familiar*". A conclusão de R. A. Humphrey (*op. cit*, p. 98) aplica-se, portanto, a Jefferson, o ídolo dos últimos democratas doutrinários: "Essa foi a república que os autores da Constituição Federal tentaram criar. Não estavam interessados em tornar a América segura para a democracia, mas em tornar a democracia segura para a América. Desde o presidente do Supremo Tribunal, Lord Coke, até o Supremo Tribunal dos Estados Unidos é um longo caminho, mas é um caminho claro. A soberania da lei que o século XVII impôs ao rei ou ao Parlamento, que os puritanos enalteceram tanto no plano civil como no eclesiástico, que os filósofos viam como o princípio regulador do universo, que os colonos

invocavam contra o absolutismo do Parlamento, tornava-se agora o princípio essencial da federação".

[35] E. S. Corwin, *American Historical Review*, XXX (1925), p. 536; a passagem continua: "No entanto, restava à Convenção Constitucional, ao aceitar a principal ideia de Madison, aplicá-la por meio do controle judicial. Não há dúvida de que essa determinação foi apoiada por uma crescente compreensão, pela Convenção, da *doutrina* do controle judicial".

[36] Lord Acton, *Hist. of Freedom*, p. 98.

[37] Cf. o meu ensaio sobre "The Economic Conditions of Inter-State Federalism", *New Commonwealth Quarterly*, vol. V (1939), reeditado no meu *Individualism and Economic Order* (Londres e Chicago, 1948).

[38] *Federalist*, n.º LXXXIV, ed. Beloff, pp. 439 ss.

[39] Uma formulação desse ponto de vista ainda mais clara do que a passagem de Hamilton citada no texto é a de James Wilson no debate sobre a Constituição na convenção da Pensilvânia (*The Debates in the Several State Conventions, on the Adoption of the Federal Constitution*, ed. J. Elliot [Filadélfia e Washington, 1863], II, 436): descrevia uma carta de direitos como "altamente imprudente" porque, "em todas as sociedades, existem muitos poderes e direitos que não podem ser especificamente enumerados. Uma carta de direitos anexa a uma constituição é uma *enumeração dos poderes* reservados. Se tentássemos fazer uma enumeração, tudo o que não fosse enumerado seria considerado concedido". No entanto, James Madison parece ter defendido, desde o princípio, o ponto de vista que acabou prevalecendo. Numa carta importante a Jefferson, datada de 17 de outubro de 1788 (aqui citada de *The Complete Madison*, ed. S. K. Padover [Nova York, 1953], p. 253), muito longa para a reproduzirmos na íntegra, escreveu: "A minha opinião foi sempre a favor de uma carta de direitos; desde que estruturada de maneira que não implique poderes não incluídos na enumeração. [...] É de temer *principalmente* a violação dos direitos individuais, não por atos do governo contrários à opinião dos seus constituintes, mas por atos nos quais o governo é mero instrumento da maioria dos constituintes. Essa é uma verdade de grande importância, mas à qual ainda não se deu importância suficiente. [...] Pode perguntar-se: que utilidade pode ter uma carta de direitos num governo popular? [...] 1. As verdades políticas declaradas de modo tão solene adquirem progressivamente o caráter de máximas fundamentais do governo livre e, à medida que se incorporam no sentimento nacional, neutralizam os impulsos do interesse e da paixão...".

# A CONSTITUIÇÃO DA LIBERDADE

[40] John Marshall, em *Fletcher v. Peck*, 10 U. S. (6, Cranch), 48 (1810).

[41] Joseph Story, *Commentaries on the Constitution* (Boston, 1833), III, pp. 718-720.

[42] Cf. L. W. Dunbar "James Madison and the Ninth Amendment", *Virginia Law Review*, vol. XLII (1956). É significativo que até a principal autoridade da Constituição americana cite erradamente, num ensaio muito conhecido (E. S. Corwin, "The 'Higher Law' Background etc." [reed. 1955], p. 5), o texto da 9ª Emenda e reedite a citação errada 25 anos depois, aparentemente porque ninguém reparou na substituição de uma frase de seis palavras por uma frase de onze no texto autêntico!

[43] Essa admiração foi largamente partilhada pelos liberais do século XIX, como W. E. Gladstone, que descreveu a Constituição americana como "a mais bela obra alguma vez criada pela inteligência e vontade dos homens".

[44] C. H. McIlwain, *Constitutionalism and the Changing World*, p. 278; cf. E. S. Corwin, "The Basic Doctrine of American Constitutional Law" (1914), reeditado em *Selected Essays on Constitutional Law*, I, 105: "A história do controle judicial é, em outras palavras, a história das limitações constitucionais". Ver também G. Dietze, "America and Europe — decline and Emergence of Judicial Review", *Virginia Law Review*, vol. XLIV (1958).

[45] Todos os argumentos a favor da rejeição foram recentemente enumerados em detalhe em W. W. Crosskey, *Politics and the Constitution in History of the United States* (Chicago: University of Chicago Press, 1953).

[46] Ver, sobretudo, Alexander Hamilton em *Federalist*, n.º LXXVIII, p. 399: "Sempre que determinado estatuto não estiver em conformidade com a Constituição, é dever dos tribunais de justiça aderirem a esta e repudiarem esse estatuto"; ver também James Madison, *Debates and Proceedings in the Congress*, I (Washington, 1834), p. 439, em que declara que os tribunais devem "considerar-se, de uma forma peculiar, os guardiões desses direitos; serão um bastião impenetrável contra qualquer presunção de poder do ramo legislativo ou executivo; por sua natureza, deverão resistir a qualquer intromissão nos direitos expressamente estipulados na Constituição pela declaração de direitos", e a sua afirmação posterior numa carta a George Thompson, datada de 30 de junho de 1825 (citada em *The Complete Madison*, ed. S. K. Padover, p. 344): "Nenhuma doutrina pode ser boa se isentar a legislatura do controle de uma Constituição. Esta é uma lei para a legislatura, da mesma maneira que as leis desta o são para os indivíduos, e embora possa ser sempre alterada pelo povo que a elaborou, não é alterável por mais nenhuma autoridade; por certo, não é alterável por aqueles que o povo escolheu para implementá-la. Esse é um princípio tão fundamental e constitui tão justamente o orgulho do nosso governo popular que a sua rejeição não poderá durar nem propagar-se". Ver também as declarações do senador Mason e do governador Morris no debate congressional sobre a revogação da decisão judicial de 1801 citadas em McLaughin, *op. cit.*, p. 291, e as palestras de James Wilson realizadas em 1792 para estudantes da Universidade da Pensilvânia (*Works*, ed., J. D. Andrews [Chicago, 1896], I, 416-17), nas quais apresenta o controle judicial como "o resultado necessário da distribuição do poder feita pela Constituição, entre os ramos legislativo e judicial".

[47] Até o estudo recente e muito crítico de Crosskey, *op. cit.*, II, 943, resume a situação dizendo que "há indícios de que a noção básica de controle judicial tinha alguma aceitação na América no período colonial".

[48] *Marbury vs. Madison*, 5 U. S. (1 Cranch) (1803); citemos apenas algumas passagens dessa famosa decisão: "O governo dos Estados Unidos tem sido enfaticamente definido como um governo de leis, e não de homens. Deixará certamente de merecer essa alta designação se as leis não providenciarem remédio para a violação de um direito legal garantido. [...] A questão acerca de se uma lei contrária à Constituição pode se tornar uma lei da nação é profundamente interessante para os Estados Unidos, mas, felizmente, não tem uma complexidade proporcional ao seu interesse. Para decidi-la, parece ser apenas necessário reconhecer certos princípios que, supostamente, estariam há muito estabelecidos. [...] Os poderes da legislatura são definidos e limitados; e para que estes limites não sejam mal interpretados ou esquecidos, existe a Constituição escrita. Com que propósito estão os poderes limitados e por que razão essa limitação está escrita, se esses limites podem, em qualquer época, ser excedidos por aqueles a quem tentam limitar? A distinção entre um governo com poderes limitados e ilimitados é abolida se tais limites não restringirem as pessoas a quem são impostos e se as leis proibidas e as leis permitidas tiverem a mesma obrigatoriedade. [...] Constitui competência e dever do Poder Judiciário dizer o que é a lei. Aqueles que aplicam a norma a casos particulares têm necessariamente de expor e interpretar essa norma. Se duas leis estiverem em conflito, os tribunais têm de decidir acerca da aplicabilidade de cada uma".

[49] Cf. R. H. Jackson, *The Struggle for Judicial Supremacy* (Nova York, 1941), pp. 36-37, em que sugere que

# NOTAS

"isso pode ter sido o resultado não só da abstinência judicial, mas também do fato de haver pouca legislação congressional que ofendesse os espíritos conservadores. Em certa medida, o *laissez faire* era a filosofia da legislatura, tal como do Supremo Tribunal. Em parte, foi esse fato que obscureceu as potencialidades do caso *Marbury v. Madison* e anda mais do caso *Dred Scott*".

[50] Acerca da grande influência do pensamento jurídico na política americana durante esse período, ver sobretudo Tocqueville, *Democracy*, I, cap. XVI, pp. 272-280. Poucos fatos são mais indicativos da mudança do clima da opinião do que o declínio da reputação de homens como Daniel Webster, cujas posições quanto à teoria constitucional foram outrora consideradas clássicas, mas que estão agora em grande parte esquecidas. Ver, em especial, seus argumentos no caso de Dartmouth e em *Luther v. Borden*, em *Writings and Speeches of Daniel Webster* (ed. National., vols. X e XI [Boston, 1903], esp. X, 219: "Por lei da nação entende-se, sem dúvida, a lei geral; uma lei que ouve antes de condenar; que procede por investigação e só emite sentenças após o julgamento. Isso significa que todos os cidadãos têm a sua vida, liberdade, propriedade e imunidades sob a proteção das normas gerais que regem a sociedade. Assim, nem tudo o que tem forma de promulgação deve ser considerado a lei da nação". Ver também *ibid.*, X, 232, em que sublinha que o povo "escolheu muito sabiamente correr o risco da inconveniência ocasional da falta de poder a fim de que possa haver um limite estabelecido ao seu exercício e uma segurança permanente contra o seu abuso". Ver também *ibid.*, XI, 224: "Já afirmei que um dos princípios do sistema americano está no poder do povo para limitar os seus governos, tanto em nível federal como estadual. É o que o povo faz; mas outro princípio, igualmente verdadeiro e certo, e, na minha opinião, igualmente importante, afirma que o povo se *limita a si próprio*. Estabelece limites ao próprio poder. O povo escolheu a garantia das instituições que estabeleceu contra os impulsos súbitos das maiorias. Todas as nossas instituições estão cheias de exemplos disso. Ao constituir as formas de governo, o grande princípio conservador do povo consistia em garantir que se estabeleciam contra as mudanças apressadas feitas por maiorias simples".

[51] *Ex parte Bollman*, 8 U. S. (4 Cranch), 75, p. 46 (1807).

[52] Ver E. S. Corwin, "The Basic Doctrine, etc.", p. 111, citado na n. 45.

[53] Ver *ibid.*, p. 112.

[54] Ver as constituições do Arkansas, V, 25; Geórgia, I, IV, 1; Kansas, II, 17; Michigan, VI, 30; e Ohio, II, 25; e

para uma análise dessa característica, ver H. von Mangoldt, *Rechtsstaatsgedanke und Regierungsformen in den Vereinigten Staaten von Amerika* (Essen, 1938), pp. 35-38.

[55] Calder v. Bull, 3 U. S. (3 Dall), 386, 388 (1789); cf. Corwin, "The Basic doctrine, etc.", pp. 102-11.

[56] T. M. Cooley, *A Treatise on the Constitutional Limitations*, etc. (I. ed.; Boston, 1868), p. 173.

[57] Cf. R. H. Jackson, *The Supreme Court in the American System of Government* (Cambridge: Harvard University Press, 1955), p. 74.

[58] "Slaughter House Case", 83 U. S. (16 Wallace), 36 (1873). Cf. E. S. Corwin, *Liberty against Government*, p. 122.

[59] Na edição anotada de E. S. Corwin da Constituição dos Estados Unidos, 215 de 1.237 páginas são dedicadas à jurisdição sobre a 14ª emenda, enquanto 136 páginas são dedicadas à "disposição do comércio"!

[60] Cf. o comentário em E. Freund, *Standards of American Legislation* (Chicago: University of Chicago Press, 1917), p. 208: "O único critério sugerido é o da razoabilidade. Do ponto de vista da ciência legal, seria difícil conceber alguma coisa mais insatisfatória".

[61] W. Bagehot, "The Metaphysical Basis of Toleration" (1875), in *Works*, VI, 232.

[62] Citado em Dorothy Thompson, *Essentials of Democracy*, I (primeiro dos três "Town Hall Pamphlets" publicados sob esse título. Nova York, 1938), p. 21.

[63] *Reorganization of the Federal Judiciary: Adverse Report from the [Senate] Committee on the Judiciary Submitted to Accompany S. 1392* (75ª sessão do Congresso, Relatório do Senado n.º 711, 7 de junho de 1937, pp. 8, 15 2 20). Cf. também p. 19: "Os tribunais não são perfeitos, tampouco os juízes. O Congresso não é perfeito, tampouco os senadores e os deputados. O Executivo não é perfeito. Esses ramos do governo e as administrações deles dependentes estão cheios de pessoas que, na sua maioria, se esforçam por viver à altura da dignidade e do idealismo de um sistema que foi concebido para alcançar o máximo possível de justiça e liberdade para todos os indivíduos. O sistema será destruído se o reduzirmos aos padrões imperfeitos dos indivíduos que o gerem. O sistema será reforçado e nós próprios ficaremos reforçados, garantiremos a justiça e a liberdade para todos se, com paciência e autodisciplina, o mantivermos no plano elevado em que foi concebido.

A inconveniência e até a demora do processo legislativo não são um alto preço a pagar pelo nosso sistema. A democracia constitucional progride mais com firmeza do que com rapidez. A segurança e a permanência do progresso da nossa civilização são mais importantes para nós e para aqueles que virão depois de nós do que a promulgação atual de qualquer lei. A Constituição dos Estados Unidos oferece ampla oportunidade para que a expressão da vontade popular possibilite reformas e mudanças que as pessoas consideram essenciais para o seu bem-estar presente e futuro. É a carta de poderes que o povo outorga a quem o governa".

[64] Não esquecerei tão depressa como esse sentimento foi expresso pelo taxista na Filadélfia em cujo táxi ouvimos o anúncio da morte repentina do presidente Roosevelt. Penso que falou pela maioria das pessoas quando concluiu um elogio profundamente sentido ao presidente com estas palavras: "Mas ele não devia ter mexido no Supremo Tribunal, nunca devia ter feito *isso!*". O choque foi muito profundo.

[65] C. H. McIlwain, *Constitutionalism and the Changing World* (Nova York, 1939), p. 286; cf. também F. L. Neumann, *The Democratic and the Authoritarian State* (Glencoe, III, 1957, p. 31).

[66] Ver M. Lerner, "Minority Rule and the Constitutional Tradition", em *The Constitution Reconsidered*, ed. Conyers Read (Nova York: Columbia University Press, 1938), pp. 199 ss.

## 13. Liberalismo e administração: o Rechtsstaat

A citação da epígrafe foi retirada de G. H. von Berg, *Handbuch des teutschen Policeyrechtes* (Hanôver, 1799-1804), II, 3. O texto alemão diz: "*Wo bleibt eine bestimmte Grenze der höchsten Gewalt, wenn eine unbestimmte, ihrem eigenen Urtheile überlassene allgemeine Glückseligkeit ihr Ziel sein soll? Sollen die Fürsten Väter des Volks seyn, so gross auch die Gefahr ist, dass sie seine Despoten seyn werden?*". Percebemos com os problemas mudaram pouco durante um século e meio quando comparamos isto com a observação de A. Von Martin, *Ordnung und Freiheit* (Frankfurt, 1956), p. 117: "*Denn es kann — auch bei aller revolutionär-demokratischen Ideologie — keinen weiterreichenden Freibrief für die Macht geben, als wenn sie lediglich an den (jeder jeweiligen "Generallinie" nachgebenden) Kautschukbegriff des Gemeinwohls gebunden ist, der unter dem Deckmantel des Moralischen, jeder politischen Beliebigkeit freie Bahn gibt*".

Para referências a uma edição anterior da substância deste e dos três capítulos seguintes, ver a nota no início do capítulo XI.

[1] J. J. Rousseau, *Lettre à Mirabeau*, Œuvres (Paris, 1826), p. 1620. Cf. também a passagem das suas *Lettres écrites de la montagne*, n.º VIII, citada atrás

na n. 36 do cap. XI, e a discussão em Hans Nef, "Jean Jacques Rousseau und die Idee des Rechtsstaates", *Schweizer Beiträgre zur allgemeinen Geschichte*, vol. V (1947).

[2] J. J. Rousseau, *Du contrat social*, Livro II, cap. VI.

[3] J. Michelet, *Histoire de la Révolution française* (Paris, 1847), I, XXIII. Ver também F. Mignet, *Histoire de la Révolution française* (Paris, 1824), no início.

[4] A. V. Dicey, *Constitution* (1. ed.; Londres, 1884), p. 177.

[5] Ver o ponto 16 da *Déclaration* de 26 de agosto de 1789: "*Toute société dans laquelle la garantie des droits n'est assurée, ni la séparation des pouvoirs déterminée, n'a point de Constitution*".

[6] Especialmente os textos e vários rascunhos constitucionais de A. N. de Condorcet preocupam-se com distinções fundamentais que vão ao cerne da questão, como a distinção entre verdadeiras leis, no sentido de normas gerais, e simples ordens. Ver, em especial, o "Projet girondin", em *Archives parlementaires*, 1ª série, vol. LVIII, Título VII, seção II, artigos I-VII (p. 617), e Œuvres de Condorcet, ed. A. C. O'Connor e M. F. Arago (2ª ed.; Paris, 1847-1849), XII, pp. 356-358 e 367, e a passagem citada sem referência de J. Barthélemy, *Le Rôle du pouvoir exécutif dans les republiques modernes* (Paris, 1906), p. 489. Ver também A. Stern, "Condorcet und der girondistische Verfassungsentwurf von 1793", *Historische Zeitschrift*, vol. CXLI (1930).

[7] Cf. J. Ray, "La Révolution française et la pensée juridique: l'idée du règne de la loi", *Revue philosophique*, vol. CXXVIII (1938); e J. Belin, *La Logique d'une idée-force — l'idée d'utilité sociale et la Révolution française* (Paris, 1939).

[8] Cf. Ray, *op. cit.*, p. 372. É interessante que uma das afirmações mais claras da concepção inglesa de liberdade ocorra numa obra publicada em Genebra, em 1792, por Jean Joseph Mounier em protesto contra o abuso do termo "liberdade" durante a Revolução Francesa. Tem o título significativo de *Recherches sur les causes que ont empêché les François de devenir libres*, e o seu primeiro capítulo, intitulado "Quels sont les caractères de la liberté?", começa assim: "*Les citoyens sont libres, losqu'ils ne peuvent être constraints ou empêchés dans leus actions ou dans la jouissance de leurs biens et de leur industrie, si ce n'est en vertue des loix antérieures, établies pour l'intérêt public, et jamais d'après l'autorité arbitraire d'aucun homme, quels que soient son range et son pouvoir. Pour qu'un peuple jouisse de la liberté, les loix, que sont les actes plus essentiels de la puissance souveraine, doivent être dictées par de vues générales, et non par des motifs d'intérêt*

## NOTAS

*particulier; elles ne doivent jamais avoir un effect rétroactif, ni se rapporter à certaines personnes".* Mounier tem perfeita consciência de que aquilo que está defendendo é o conceito inglês de liberdade e, na página seguinte, diz explicitamente: *"SURETÉ, PROPRIETÉ, disent les Anglois, quando ils veulent caractériser la liberté civile ou personelle. Cette définition est en effect très exacte: tous les avantages que la liberté procure sont exprimés dans ces deux mots".* Acerca de Mounier e, em geral, acerca da influência inicial e do recuo gradual do exemplo inglês durante a Revolução Francesa, ver G. Bonno, *La Constitution britannique devant l'opinion française* (Paris, 1932), em esp. cap. VI.

⁹ J. Portalis, num discurso por ocasião da apresentação do terceiro esboço do código civil francês ao Conselho dos Quinhentos em 1796, citado em P. A. Febet, *Recueil complet des travaux préparatoires du code civil* (Paris, 1827), pp. 464-67.

¹⁰ Para uma descrição de como a França nunca chegou a ter uma constituição no sentido americano e como isso conduziu a um declínio gradual do estado de direito, ver L. Rougier, *La France à la recherche d'une constitution* (Paris, 1952).

¹¹ Além de *L'Ancient regime* (1856) de A. de Tocqueville, na tradução inglesa com o mesmo título de M. W. Patterson (Oxford, 1952), em especial os caps. II e IV, ver sobretudo as suas *Recollections* (Londres, 1896), p. 238: "Quando, portanto, as pessoas dizem que nada está livre das revoluções, digo-lhes que estão erradas e que a centralização é uma dessas coisas. Na França, só há uma coisa que não se pode instituir, um governo livre; e só há uma instituição que não se pode destruir: ou seja, a centralização. Como poderia esta morrer? Os inimigos do governo adoram-na, e os que governam veneram-na. É verdade que estes compreendem que, assim, se expõem a desastres repentinos e irremediáveis; mas isso não os indispõe contra a centralização. O prazer que têm em interferir na esfera de todos os indivíduos e em deter todo o poder compensa os seus perigos".

¹² O próprio rei Filipe terá dito num discurso à Guarda Nacional (citado num ensaio de H. de Lamennais, originalmente publicado em *L'Avenir* de 23 de maio de 1831, e reeditado em *Troisièmes mélanges* [Paris, 1835], p. 266): *"La liberté ne consiste que dans le règne des lois. Que chacun ne puisse pas être tenu de faire autre chose que ce que la loi exige de lui, et qu'il puisse faire tout ce que la loi n'interdit pas, telle est la liberté. C'est vouloir la détruire que de vouloir autre chose".* Uma descrição mais completa dos acontecimentos franceses durante esse período teria de dar espaço

considerável aos principais pensadores políticos e estadistas do período, como Benjamin Constant, Guizot e o grupo dos "doutrinários", que desenvolveram uma teoria do *garantismo*, um sistema de controles concebido para proteger os direitos dos indivíduos contra a interferência do Estado. Sobre eles, ver G. de Ruggiero, *The History of European Liberalism* (Oxford: Oxford University Press, 1927), e L. Diez del Corral, *El Liberalismo doctrinario* (Madrid, 1945). Acerca do desenvolvimento doutrinário da jurisdição e do direito administrativo durante o período, comparar sobretudo (Achille) Duc de Broglie, "De la jurisdiction administratif" (1829), em Écrits et discours, vol. I (Paris), 1836), e L. M. de La Haye de Cormenin, *Questions de droit administratif* (Paris, 1822).

¹³ Ver B. Schwartz, *French Administrative Law and the Common Law World* (Nova York: New York University Press, 1954); C. J. Hamson, *Executive Discretion and Judicial Control* (Londres, 1954); e M. A. Sieghart, *Government by Decree* (Londres, 1950).

¹⁴ Acerca da importância dos desenvolvimentos teóricos alemães, cf. F. Alexéef, "L'État — le droit — et le pouvoir discrétionnaire des autorités publiques", *Revue internationale de la théorie du droit*, III (1928-1929), 216; C. H. Mcllwain, *Constitutionalism and the Changing World* (Cambridge: Cambridge University Press, 1939), p. 270; e Leon Duguit, *Manuel de droit constitutionnel* (3. ed.; Paris, 1918), que é um bom exemplo de como um dos tratados de direito constitucional continentais mais conhecidos no mundo anglo-saxônico baseia seus argumentos tanto nos antecessores alemães como nos franceses.

¹⁵ Cf. a observação arguta em A. L. Lowell, *Governments and Parties in Continental Europe* (Nova York, 1896), II, 86: "Na Prússia, a burocracia estava organizada de maneira que fornecesse uma melhor proteção dos direitos individuais e que permitisse uma observância mais firme da lei. No entanto, isso acabou com a difusão das ideias francesas após 1848, quando os interesses antagônicos do Estado, aproveitando-se do sistema parlamentar, abusaram do poder administrativo e introduziram uma autêntica tirania partidária".

¹⁶ A concepção do poder da lei que prevalecia na Prússia do século XVIII é bem ilustrada por um episódio conhecido por todas as crianças alemãs. Diz-se que Frederico II não gostava de um velho moinho que se encontrava perto do seu palácio de Sanssouci, que lhe estragava a vista, e, depois de várias tentativas infrutíferas de comprá-lo ao proprietário, tê-lo-á ameaçado de expulsão; ao que o dono do

moinho respondeu: "Ainda há tribunais de justiça na Prússia" (*"Es gibt noch eine Kammergericht in Berlin!"*, como a frase é normalmente citada). Para os fatos, ou melhor, para a falta de base factual da lenda, ver R. Koser, *Geschichte Friedrich des Grossen*, iii [4. ed.; Stuttgart, 1913], pp. 413 ss. A anedota sugere a existência de certos limites ao poder real que, na época, não existiriam em mais nenhum país do continente e que não estou certo de que se aplicariam hoje aos chefes dos Estados democráticos: uma simples sugestão aos seus planejadores urbanos conduziria rapidamente à remoção de tudo o que ofendesse a vista — embora, obviamente, apenas no interesse público, e não para satisfazer o capricho de alguém!

[17] Acerca da filosofia do direito de Kant, ver sobretudo o seu *Die Metaphysik der Siteen*, vol. i: *Der Rechtslehre*, Parte ii, "Das Staatsrecht", seções 45-49; ver também os dois ensaios "Über den Gemeinspruch: Das mag in der Theorie richtig sein, taught aber nicht für die Praxis", e "Zum ewigen Frieden". Cf. W. Haensel, *Kants Lehre vom Widerstandsrecht* ("Kant Studien", n.º 60. Berlim, 1926), e F. Darmstädter, *Die Grenzen der Wirksamkeit des Rechtsstaates* (Heidelberga, 1930).

[18] I. Kant, *Fundamental Principles of Morals*, trad. A. D. Lindsay, p. 421. Em conformidade com essa transferência do conceito da soberania da lei para o campo da moral, o conceito de liberdade, que Kant considera ser apenas dependente da lei, torna-se "independência de tudo aquilo que não seja unicamente a lei moral" (*Kritik der praktischen Vernunft*, Akademieausgabe, p. 93).

[19] Cf. Carl Menger, *Moral, Wille und Weltgestaltung* (Viena, 1934), pp. 14-16.

[20] Um estudo mais profundo teria de levar em conta, em especial, as primeiras obras do filósofo J. G. Fichte, sobretudo o seu *Grundlage des Naturrechts nach Principien der Wissenschaftslehre* (1796), em *Werke* (Berlim, 1845), vol. iii, e os escritos do poeta Friedrich Schiller, que provavelmente contribuiu mais do que ninguém para a difusão das ideias liberais na Alemanha. Acerca desses e de outros clássicos alemães, ver G. Falter, *Staatsideale unserer Klassiker* (Leipzig, 1911), e W. Metzger, *Gesellschaft, Recht und Staat in der Ehik des deutschen idealismus* (Heidelberga, 1917).

[21] W. von Humboldt, *Ideen zu einem Versuch die Gränzen der Wirksamkeit des Staats zu bestimmen* (Breslau, 1851). Só parte dessa obra foi publicada pouco depois da sua composição, em 1792, e a sua totalidade só foi publicada na edição póstuma citada, rapidamente seguida de uma tradução inglesa, quando afetou profundamente não só John Stuart Mill, mas também Édouard Laboulaye na França. Deste, ver *L'État et ses limites* (Paris, 1836).

[22] Foi precedido de um código sueco em 1734 e um código dinamarquês ainda mais antigo.

[23] O princípio parece ter sido afirmado pela primeira vez nessa forma por P. J. A. Feuerbach, *Lehrbuch des geneinen in Deutschland gültigen peinlichen Rechts* (Giessen, 1801). Ver atrás, n. 76, cap. xi.

[24] "8. *La loi ne doit établir que de peines strictement et évidemment necessaire, et nul ne peut être puni qu'en vertu d'une loi établie et promulguée antérieurment au délit, et légalement applicquée.*"

[25] Cf. E. Löning, *Gerichte und Verwaltungsbehörden in Brandenburg-Preussen* (Halle, 1914), e, em especial, a análise abrangente dessa obra por O. Hintze, "Preussens Entwicklung zum Rechtsstaat", reeditado em *Geist und Epochen der preussischen Geschichte* (Leipzig, 1943), do mesmo autor.

[26] Não podemos entrar aqui nos detalhes da história inicial desse conceito alemão e, em especial, da questão interessante acerca de até que ponto poderá ter derivado do conceito de Jean Bonin de um *"droit gouvernement"*. Sobre as fontes alemãs mais específicas, ver O. Gierke, *Johannes Althusius* (Breslau, 1880). O termo *Rechtsstaat* parece surgir pela primeira vez, mas ainda não com o seu significado posterior, em K. T. Welcker, *Die letzten Gründe von Recht, Staat, und Strafe* (Giessen, 1813), em que se distinguem três tipos de governo: despotismo, teocracia e *Rechtsstaat*. Acerca da história do conceito, ver R. Asanger, *Beiträge zur Lehre vom Rechtsstaat im 19. Jahrhundert* (dissertação, Universidade de Munster, 1938). O melhor estudo acerca do papel do ideal no movimento liberal alemão encontra-se em F. Schnabel, *Deutsche Geschichte im neunzehnten Jahrhundert*, ii (Friburgo, 1933), em esp. pp. 99-109. Ver também Thomas Ellwein, *Das Erbe der Monarchie in der deutschen Staatskrise: Zur Geschichte des Verfassungsstaates in Deutschland* (Munique, 1954).

Provavelmente, não foi por acaso que o início do movimento teórico que conduziu ao desenvolvimento do ideal do *Rechtsstaat* teve origem em Hanôver, que, graças aos seus reis, tivera mais contato com a Inglaterra do que o restante da Alemanha. Em finais do século xviii, surgiu nessa cidade um grupo de distintos teóricos políticos influenciados pela tradição *whig* inglesa; destes, E. Brandes, A. W. Rehberg e, mais tarde, F. C. Dahlmann foram os mais importantes para a difusão das ideias constitucionais inglesas na Alemanha. Acerca desses indivíduos, ver H. Christern, *Deutscher Ständestaat und englischer Parlamentarismus am Ende des 18. Jahrhunderts* (Munique, 1939). Para o nosso

# NOTAS

propósito presente, a figura mais importante desse grupo é, porém, G. H. von Berg, cuja obra foi citada no início deste capítulo (ver, em especial, o *Handbuch*, I, 158-160, e II, 1-4 e 12-17). A influência do seu trabalho é descrita em G. Marchet, *Studien über die Entwickelung der Verwaltungslehre in Deutschland* (Munique, 1885), pp. 421-434. O acadêmico que, depois, mais contribuiu para a difusão da teoria do *Rechtsstaad*, Robert von Mohl, fora um grande estudioso da Constituição americana; ver o seu *Das Bundesstaatsrecht der Vereinigten Staaten von Nordamerika* (Stuttgart, 1824), que parece ter merecido uma reputação considerável nos Estados Unidos e levou a que fosse convidado a rever os *Commentaries in the American Jurist*, vol. XIV (1835) do juiz Story. As principais obras nas quais elaborou a teoria do *Rechtsstaat* são *Staatsrecht des Königreiches Württemberg* (Tubinga, 1829-1831); *Die Polizei-Wissenschaft nach den Grundsätzen des Rechtsstaates* (Tubinga, 1832); e *Geschichte und Literatur der Staatswissenschaften* (Erlangen, 1855-1858). A formulação mais conhecida do conceito de *Rechtsstaat*, tal como acabou por emergir, é a de um dos teóricos conservadores do período, F. J. Stahl. Em *Die Philosophie des Rechts*, vol. II: *Rechts und Staatslehre*, Parte II (1837) (5. ed.; Tubinga e Leipzig, 1878), define-o da seguinte maneira (p. 352): "O Estado deve ser um Estado de lei, essa é a palavra de ordem, e, na verdade, é também a tendência dos tempos modernos. Deve determinar e garantir, de forma exata e irrevogável, as *direções* e os *limites* da sua atividade e a esfera livre do cidadão, e não impor em seu nome ou diretamente quaisquer ideias morais para lá da esfera da lei. Esse é o conceito do *Rechtsstaat*, e não aquele segundo o qual o Estado deve limitar-se a administrar a lei, não deve perseguir nenhum objetivo administrativo e deve *apenas* proteger os direitos dos indivíduos. Nada diz sobre o *conteúdo* ou *objetivo* do Estado, mas define apenas a forma e o método de alcançá-los". (As últimas frases visam à posição radical representada, por exemplo, por W. von Humboldt.)

27 Cf., por exemplo, P. A. Pfizer "Liberal, Liberalismus", *Staatslexicon oder Enzyklopaedie der sämmtlichen Staatswissenschaften*, ed. C. von Rotteck e C. T. Welcker (nova ed.; Altona, 1847), VIII, 534: "*Noch mächtiger und unbesiegbarer muss aber der Liberalismus dann erscheinen, wenn man sich überzeugt, dass er nichts Anderes ist als der auf einer gewissen Stufe menschlicher Entwickelung nothwendige Übergang des Naturstaats in den Rechtsstaat*".

28 L. Minnigerode, *Beitrag zu der Frage: Was ist Justiz und was ist Administrativ Sache?* (Darmstadt, 1835).

29 Vale a pena observar que havia uma diferença significativa de opinião entre o sul da Alemanha, onde dominavam as influências francesas, e o norte da Alemanha, onde parece ter prevalecido uma combinação de velha tradição alemã e da influência dos teóricos do direito natural e do exemplo inglês. Em particular, o grupo dos juristas alemães do sul que, na enciclopédia política citada na n. 27, providenciaram o manual mais influente do movimento liberal, era claramente mais influenciado por franceses, como B. Constant e F. P. G. Guizot, do que por quaisquer outras fontes. Acerca da importância do *Staatslexikon*, ver H. Zehner, *Das Staatslexikon von Rotteck und Welcker* ("List Studien", n.º 3. Iena, 1924), e das influências predominantemente francesas no liberalismo do sul da Alemanha, ver A. Fickert, *Montesquieus und Rousseaus Einfluss auf den vormärzlichen Liberalismus Badens* ("Leipziger historische Abhandlungen", vol. XXXVII. Leipzig, 1914). Cf. Theodor Wilhelm, *Die englische Verfassung und der vormärzliche deutsche Liberalismus* (Stuttgart, 1928). A diferença na tradição manifestou-se mais tarde no fato de que, enquanto na Prússia o controle judicial se estendeu, pelo menos em princípio, às questões acerca das quais os departamentos administrativos tinham poderes discricionários, no sul da Alemanha, essas questões estavam explicitamente excluídas do controle judicial.

30 G. Anschütz, "Verwalttungsrecht", *Systematische Rechtwissenschaft* (*Die Kultur der Gegenwart*, vol. II, n.º VII. Leipzig, 1906), p. 352.

31 Ver E. Lasker, "Polizeigewalt und Rechtsschutz in Preussen", *Deutsche Jahrbücher für Politik und Literatur*, vol. I (1861), reeditado no seu *Zur Verfassungsgeschichte Preussens* (Leipzig, 1874). O ensaio também é importante por mostrar até que ponto o exemplo inglês orientou os desenvolvimentos alemães.

32 A obra mais representativa desse ponto de vista é O. Bähr, *Der Rechtsstaat: Eine publicistische Skizze* (Cassel, 1864).

33 Rudolf von Gneist, *Der Rechtsstaat* (Berlim, 1872), e, em especial, a segunda edição ampliada da mesma obra, *Der Rechtsstaat und die Verwaltungsgerichte in Deutschland* (Berlim, 1879). A importância atribuída à obra de Gneist nessa época pode ser vista no título de um panfleto anônimo contemporâneo: *Herr Professor Gneist oder der Retter der Gesellschaft durch den Rechtsstaat* (Berlim, 1873).

34 Ver, por exemplo, G. Radbruch, *Einführung in die Rechtswissenschaft* (2. ed.; Leipzig, 1913), p. 108;

## A CONSTITUIÇÃO DA LIBERDADE

F. Fleiner, *Institutionen des deutschen Verwaltungsrechts* (8. ed.; Tubinga, 1928), e E. Forsthoff, *Lehrbuch des Verwaltungsrechts*, I (Munique, 1950), 394.

[35] Não é correto dizer, a respeito da fase inicial desse desenvolvimento alemão, como fez F. L. Neumann ("The Concept of Political Freedom", *Columbia Law Review*, LIII [1953], p. 910, na reedição de *The Democratic and the Authoritarian State* [Glencoe, Ill., 1957], p. 1669, do mesmo autor; ver também a afirmação contrária na obra citada anteriormente, p. 22), que "o conceito inglês de soberania da lei e a doutrina alemã do *Rechtsstaat* nada têm em comum". Talvez isso possa se aplicar ao conceito musculado do *Rechtsstaat* meramente "formal" que se mostrou dominante no final do século, mas não aos ideais que inspiraram o movimento liberal da primeira metade do século ou às concepções teóricas que orientaram a reforma da jurisdição administrativa na Prússia. R. Gneist, em especial, usou deliberadamente a posição inglesa como seu modelo (e, aliás, foi autor de um tratado importante acerca do "direito administrativo" inglês, fato que deveria ter impedido A. V. Dicey, se o conhecesse, de ter interpretado de forma totalmente errada o uso do termo no continente europeu). A tradução alemã de "estado de direito", *Herrschaft des Gesetzes*, era, de fato, frequentemente usada em vez de *Rechtsstaat*.

[36] Lowell, *op. cit.*, I, 44.

[37] Dicey, *Constitution*, originalmente apresentado na forma de palestras, em 1884.

[38] Mais tarde, Dicey tomou parcialmente consciência do seu erro. Ver seu artigo *"Droit Administratif* in Modern French Law", *Law Quarterly Review*, vol. XVII (901).

[39] Sieghart, *op. cit.*, p. 221.

[40] C. K. Allen, *Law and Orders* (Londres, 1945), p. 28.

## 14. As garantias da liberdade individual

A citação da epígrafe foi retirada do discurso de John Selden, em "Proceedings in Parliament Relating to the Liberty of the Subject, 1627-1628", em T. B. Howell, *A Complete Collection of State Trials* (Londres, 1816), II, 170.

[1] Os estudos recentes sobre o significado do estado de direito são muito numerosos, e só podemos citar aqui os mais importantes: C. K. Allen, *Law and Orders* (Londres, 1945); Ernest Barker, "The 'Rule of Law'", *Political Quarterly*, vol. I (1914), reeditado no seu *Church, State, and Study* (Londres, 1930);

H. H. L. Bellot, "The Rule of Law", *Quarterly Review*, vol. CCXLVI (1926); R. G. Collingwood, *The New Leviathan* (Oxford: Oxford University Press, 1942), cap. 39; John Dickinson, *Administrative Justice and the Supremacy of Law in the United States* (Cambridge: Harvard University Press, 1927); C. J. Friedrich, *Constitutional Government and Democracy* (Boston, 1941); Frank J. Goodnow, *Politics and Administration* (Nova York, 1900); A. N. Holcombe, *The Foundations of the Modern Commonwealth* (Nova York, 1923), cap. 11; Harry W. Jones, "The Rule of Law and the Welfare State", *Columbia Law Review*, vol. LVIII (1958); Walter Lippmann, *An Inquiry into the Principles of the Good Society* (Boston, 1937); H. H. Lurton, "A Government of Law or a Government of Men", *North American Review*, vol. CXCIII (1911); C. H. McIlwain, "Government by Law", *Foreign Affairs*, vol. XIV (1936), reeditado no seu *Constitutionalism and the Changing World* (Cambridge: Cambridge University Press, 1939); F. L. Neumann, *The Democratic and the Authoritarian State* (Glencoe, III., 1957); J. R. Pennock, *Administration and the Rule of Law* (Nova York, 1941); Roscoe Pound, "Rule of Law", *E. S. S.*, vol. XIII (1934), e "The Rule of Law and the Modern Social Welfare State", *Vanderbilt Law Review*, vol. VII (1953); F. G. Wilson, *The Elements of Modern Politics* (Nova York, 1936); cf. também *Rule of Law: A Study by the Inns of Court Conservative and Unionist Society* (Londres: Conservative Political Centre, 1955).

M. Leroy, *La Loi: Essai sur la théorie de l'autorité dans la démocratie* (Paris, 1908); A. Picot, "L'État fondé sur le droit et le droit penal", *Actes de la Société Suisse de Juristes* (Basileia, 1944); M. Waline, *L'Individualisme et le droit* (Paris, 1949).

O comportamento de Carl Schmitt durante o regime de Hitler não altera o fato de, entre os escritos alemães modernos acerca do assunto, ser um dos autores mais eruditos e perspicazes; ver, em especial, o seu *Verfassungslehre* (Munique, 1929), e *Der Hüter der Verfassung* (Tubinga, 1931). Igualmente importantes em relação à situação do pensamento pré-nazi são H. Heller, *Rechtsstaat oder Diktatur?* (Tubinga, 1930), e *Staatslehre* (Leida, 1934); e F. Darmstaedter, *Die Grenzen der Wirksamkeit des Rechtsstaates* (Heidelberga, 1930), e *Rechtsstaat oder Machtstaat?* (Berlim, 1932). Cf. John H. Hallowell, *The Decline of Liberalism as an Ideology* (Berkeley: University of California Press, 1943). Da literatura alemã pós-guerra, ver F. Boehm, "Freiheitsordnung und soziale Frage", em *Grundsatzfragen der Wirtschaftsordnung* "Wirtschaftswissenschaftliche Abhandlungen", vol. II

[Berlin, 1953]; C. F. Menger, *Der Begriff des sozialen Rechtsstaates im Bonner Grundgesetz* (Tubinga, 1953); *Recht, Staat, Wirtschaft*, ed. H. Wandersleb (4 vols.; Stuttgart e Colônia, 1949-1953); e R. Marcic, *Vom Gesetzesstaat zum Richterstaat* (Viena, 1957).

De importância especial, sobretudo quanto à relação entre democracia e o *Rechtsstaat*, é a ampla literatura suíça nesse campo, em grande parte sob a influência de F. Fleiner e do seu discípulo e sucessor Z. Giacometti. Ver F. Fleiner, *Schweizerisches Bundesstaatsrecht* (Tubinga, 1923; nova ed. de Z. Giacometti. 1949) e o seu *Institutionen des deutschen Verwaltungsrechts* (8. ed.; Tubinga, 1928), Z. Giacometti, *Die Verfassungsgerichtsbarkeit des shweizerrischen Bundesgerichtes* (Zurique, 1933) e o volume dedicado a ele com o título *Demokratie und Rechtsstaat* (Zurique, 1953), em especial a contribuição de W. Kaegi; R. Bäumlin, *Die rechtstaatliche Demokratie* (Zurique, 1954); R. H. Grossmann, *Die Staats und rechtsideologischen Grundlagen der Vervassungsgerichtsbarkeit in den U.S.A un der Schweiz* (Zurique, 1948); W. Kaegi, *Die Verfassung als rechtliche Grundordnung des Staates* (Zurique, 1945); e *Die Freiheit des Bürgers im schweizerischen Recht*, de vários autores (Zurique, 1948).

Cf. também C. H. Polak, *Ordening en Rechtsstaat* (Zwolle, 1951]; L. Legaz y Lacambra, "El Estado de derecho", *Revista de Administración Pública*, vol. VI (1951); F. Battaglia, "Stato etico e stato di diritto", *Rivista internazionale di filosofia di diritto*, vol. XII (1937); e Comissão Internacional de Juristas, *Report of the International Congress of Jurists, Athens 1955* (Haia, 1956).

[2] Uma afirmação clara e recente desse princípio básico de um sistema realmente liberal ocorre em Neumann, *op. cit.*, p. 31: "A exigência mais importante e, talvez, mais decisiva do liberalismo é que a interferência nos direitos reservados ao indivíduo não seja permitida com base em leis individuais, mas apenas em leis gerais"; e *ibid.*, p, 166: "A tradição jurídica liberal se baseia, portanto, numa afirmação muito simples: os direitos individuais só podem sofrer interferência do Estado se este justificar a sua ação por uma lei geral que regule um número indeterminado de casos futuros; isso exclui leis com efeitos retroativos e exige uma separação entre as funções legislativas e judiciais". Cf. também a citação na n. 12 do capítulo anterior. A mudança de ênfase aparentemente ligeira que, com a ascensão do positivismo legal, tornou essa doutrina ineficaz surge claramente se compararmos duas declarações características de finais do século XIX. A.

Esmein, Éléments de droit constitutionnel français et compare (1896) (7. ed. rev. por H. Nézard [Paris, 1921], I, 22), vê a essência da liberdade na limitação da autoridade graças à existência de *"règles fixes, connues d'avance, que, dans le cas donné*, dicteron *au souverain sa décision"* (grifos nossos). No entanto, para G. Jellinek, *System der subjektiven öffentlichen Rechte* (Friburgo, 1892), "alle Freiheit ist einfach Freiheit von gesetzwidrigem Zwange". Na primeira afirmação, tal coerção só é permissível ao abrigo da lei; na segunda, toda coerção que a lei não proíbe!

[3] H. Stoll, "Rechtsstaatsidee und Privatrechtslehre", *Iherings Jahrbücher die dogmatic des bürgerlichen Rechts*, LXXVI (1926), em especial pp. 193-204.

[4] Cf. a afirmação de Francis Bacon: "Pois um poder supremo e absoluto não pode pôr fim a si mesmo; tampouco pode ser fixo aquilo que é por natureza revogável" (citado por C. H. McIlwain, *The High Court of Parliament*. New Haven: Yale University Press, 1910).

[5] Ver G. Jellinek, *Die rechtliche Natur der Staatenverträge* (Viena, 1880), p. 3, e Hans Kelsen, *Haultprobleme der Staatsrechtslehre* (Tubinga, 1911), pp. 50 ss.; cf. B. Winkler, *Principiorum juris libri*, V (Leipzig, 1650): "*In tota jurisprudentia nihil est quod minus legaliter tractari possit quam ipsa principia"*.

[6] Cf. F. Fleiner, *Tradition, Dogma, Entwicklung als aufbauende kräfte der schweizerischen Demokratie* (Zurique, 1933), reeditado em *Ausgewählte Schriften und Reden* (Zurique, 1941); e L. Duguit, *Traité de droit constitutionnel* (2. ed.; Paris, 1921), p. 408.

[7] Parece ser uma compreensão errada desse ponto que leva Lionel Robbins "Freedom and Order", em *Economics and Public Policy* [Brookings Lectures, 1954 (Washington, D.C., 1955)] a recear que sugerir "uma concepção de governo demasiado limitado à execução de leis conhecidas, excluindo funções de iniciativa e discrição que não podem ser deixadas de fora do quadro geral sem que haja distorção", é simplificar exageradamente nossa posição e expô-la ao ridículo.

[8] Cf. S. Glase, "*Nullum crimen sine lege*", *Journal of Comparative Legislation and International Law*, 3ª série, vol. XXIV (1942); H. B. Gerland, "*Nulla poena sine lege*", em *Die Grundrechte und Grundpflichten der Reichsverfassung*, vol. 1 (Berlim, 1929); J. Hall, "Nulla poena sine lege", *Yale Law Journal*, vol. XLVIII (1937-38); De la Morandière, *De la règle nulla poena sine lege* (Paris, 1910); A. Schottländer, *Die geschichtliche Entwicklung des Satzes: Nulla poena sine lege* ("Strafrechtliche

Abhandlungen", vol. CXXXII. Breslau, 1911); e O. Giacchi, "Precedenti canonistici del principio 'Nullum crimen sine proevia lege penali'", *Studi in onore di F. Scaduto*, vol. I (Milão, 1936). Acerca da posição do princípio como condição fundamental do estado de direito, ver Dicey, *Constitution*, p. 187.

[9] Ver, em especial, Carl Schmitt, *Unabhängigkeit der Richter, Gleichheit vor dem Gesetz und Gewährleistung des Privateigentums nach der Weimarer Verfassung* (Berlim, 1926), e *Verfassungslehre*.

[10] Acerca desta distinção, ver P. Laband, *Staatsrecht des deutschen Reich* (5. ed.; Tubinga, 1911-1914), II, 54-56; E. Seligman, *Der Begriff des Gesetz im materiellen und formellen Sinn* (Berlim, 1886); A. Haenel, *Studien zum deutschen Staatsrechte*, vol. II: *Gesetz im formellen und materiellen Sinne* (Leipzig, 1888); Duguit, *op. cit.*, e R. Carré de Malberg, *La Loi: Expression de la volonté générale* (Paris, 1931).

De grande importância a esse respeito é também uma série de casos do direito constitucional americano, dos quais só podemos aqui citar dois. A melhor declaração é, talvez, a do juiz do Supremo Tribunal Mathew em *Hurtado vs. California*, 119 U. S., p. 535: "Nem todos os atos, em forma de legislação, são leis. A lei é algo mais do que uma mera vontade exercida como ato de poder. Não pode ser uma norma especial para determinado indivíduo ou para um caso particular, mas, nas palavras do Sr. Webster, na sua definição conhecida, 'a lei geral, uma lei que ouve antes de condenar, que procede por investigação e que só sentencia após julgamento', de forma que o 'cidadão mantenha a sua vida, liberdade, propriedade e imunidades ao abrigo das leis gerais que regem a sociedade', excluindo assim como processos não devidos as leis de supressão de direitos, decretos punitivos e de coimas, atos de confiscação, atos que alterem decisões judiciais e que transfiram diretamente os bens de um indivíduo para outro, julgamentos e decretos legislativos e outros exercícios similares, parciais e arbitrários de poder sob a forma de legislação. O poder arbitrário, que faz cumprir à força os seus decretos em detrimento das pessoas e propriedades dos súditos, não é lei, quer manifestado como decreto de um monarca pessoal ou de uma multidão impessoal. E as limitações impostas pelo nosso direito constitucional à ação dos governos, tanto estaduais como nacional, são essenciais para a preservação dos direitos públicos e privados, apesar do caráter representativo das nossas instituições políticas. A imposição dessas limitações por meio de processos judiciais é o mecanismo das comunidades autogovernadas para proteger os direitos dos indivíduos e das minorias, bem como para protegê-los do poder dos números e da violência dos agentes públicos que excedam os limites da autoridade legal, mesmo quando agem em nome e com a força do governo". Cf. a declaração mais recente em *State vs. Boloff*, Oregon Reports 138 (1932), p. 611: "Um ato legislativo cria uma norma para todos: não é uma ordem para algum indivíduo; é permanente, não provisório. Uma lei é universal na sua aplicação; não é uma ordem repentina para um indivíduo particular".

[11] Ver W. Bagehot, *The English Constitution* (1867), em *Works*, V, pp. 255-56: "De fato, uma massa imensa da legislação não é, na linguagem estrita da jurisprudência, propriamente legislação. A lei é uma ordem geral aplicável a muitos casos. Os 'atos especiais', que enchem o código de estatutos e cansam as comissões parlamentares, só são aplicáveis a um caso. Não estabelecem normas que regem como devem ser construídas as linhas ferroviárias; decretam que determinada linha férrea deve ser construída deste até aquele sítio e não levam mais nada em conta". Hoje essa tendência chegou a tal ponto que um eminente juiz inglês perguntou: "Não terá chegado o momento de arranjar outro nome para a lei estatutária que não a própria lei? Talvez 'paralei'; ou até 'sublei'" (Lord Radcliffe, *Law and the Democratic State* [Holdsworth Lectre (Birmingham: University of Birminggham, 1955)], p. 4). Cf. também H. Jahrreiss, *Mensch und Staat* (Colônia, 1957), p. 15: "*Wir sollten e suns einmal überlegen, ob wir nicht hinfort unter diesem ehrwürdigen Namen 'Gesetz' nur solche Normen setzen und Strafdrohungen nur hinter solche Normen stellen sollten, die dem Jedermann 'das Gesetz' zu warden vermögen. Sie, nur sie, seien 'Gesetze'! Alle übrigen Regelungen — die technischen Details zu solchen echten Gesetzen oder selbstständige Vorschriften ephemeren Charakters — sollten äusserlich abgesondert unter einem anderen Namen, als etwa 'Anordnungen' ergehen und allenfalls Sanktionen nicht strafrechtlichen Charakters vorsehen, auch wenn die Legislative sie beschliesst*".

[12] É interessante especular acerca de como teria sido o desenvolvimento se, na época em que a Câmara dos Comuns obteve o controle exclusivo sobre a despesa e, com efeito, o controle da administração, a Câmara dos Lordes tivesse obtido o poder exclusivo de elaborar leis gerais, incluindo os princípios da tributação fiscal dos cidadãos. Uma divisão da competência das duas câmaras legislativas, segundo esse princípio, nunca foi tentada, mas valeria a pena ser levada em consideração.

## NOTAS

[13] Ver H. W. Wade, "The Concept of Legal Certainty", *Modern Law Review*, vol. IV (1941); H. Jahreiss, *Berechenbarkeit und Recht* (Leipzig, 1927); C. A. Emge, *Sicherheit und Gerechtigkeit* ("Abhandlungen der Preussischen Akademie der Wissenschaften, *Phil.-hist. Klasse*", n.º 9, 1940); e P. Roubier, *Théorie générale du droit* (Paris, 1946), em especial, pp. 269 ss.

[14] Cf. G. Philips, "The Rule of Law", *Journal of Comparative Legislation*, vol. XVI (1934), e a literatura aí citada. Ver também Montesquieu, *Spirit of the Laws*, VI, 2, e a análise extensa em Max Weber, *Law in Economy and Society*, ed., M. Rheinstein (Cambridge: Harvard University Press, 1954); ver também Neumann, *op. cit.*, p. 40.

[15] É um fato curioso que as mesmas pessoas que sublinham mais frequentemente a incerteza da lei representam, ao mesmo tempo, a previsão das decisões judiciais como o único objetivo da ciência jurídica. Se a lei fosse tão incerta quanto esses autores sugerem, não existiria qualquer ciência jurídica.

[16] Cf. Roscoe Pound, "Why Law Day?", *Harvard Law School Bulletin*, X, n.º 3 (dezembro de 1958), 4: "A parte vital e duradoura da lei está nos princípios — pontos de partida do raciocínio —, e não nas normas. Os princípios mantêm-se relativamente constantes ou desenvolvem-se ao longo de linhas constantes. As normas têm uma vida relativamente curta. Não se desenvolvem; são revogadas e substituídas por outras normas".

[17] Ver E. H. Levi, *An Introduction to Legal Reasoning* (Chicago: University of Chicago Press, 1949).

[18] Cf. R. Brunet, *Le Principe d'égalité en droit français* (Paris, 1910); M. Rümelin, Die Gleichheit vor dem Gesetz (Tubinga, 1928); O. Mainzer, *Gleichheit vor dem Gesetz, Gerechtigkeit und Recht* (Berlim, 1929); E. Kaufmann e H. Nawiasky, *Die Gleicheit vor dem Gesetz im Sinne des Art. 109 der Reichsverfassung* ("Veröffentlichungen der Vereinigung deutscher Staatsrechtslehre", n.º 33. Berlim, 1927); G. Leibholz, *Die Gleichheit vor dem Gesetz* (Berlim, 1925); Hans Nef, *Gleichheit und Gerechtigkeit* (Zurique, 1941); U. Scheuner, vol. II (Berlim, 1954); e E. L. Llorens, *La igualdad ante la Ley* (Murcia, 1934).

[19] Um bom exemplo, de outro campo, de como uma norma não discriminatória pode ser contornada por disposições formuladas em termos gerais (dado por G. Haberler, *The Theory of International Trade* [Londres, 1936], p. 339) é a tarifa alfandegária alemã de 1902 (ainda em vigor em 1936), que, para evitar um compromisso com as nações mais favorecidas, previa uma taxa especial alfandegária para "as vacas castanhas ou malhadas criadas em um nível de pelo menos 300 metros acima do mar, que passem pelo menos um mês de cada verão em uma altitude mínima de 800 metros".

[20] Cf. Art. 4 da Constituição Federal suíça: "*Die Verschiedenheiten, die der Gesetzgeber aufstellt, müssen sachlich begründet sein, d. h. auf vernünftigen und ausschlaggebenden Erwägungen in der Natur der Sache beruhen derart, dass der Gesetzgeber nur durch solche Unterscheidungen dem inneren Zweck, der inneren Ordnung der betreffenden Lebensverhältnisse gerecht wird*".

[21] L. Duguit, *Manuel de droit constitutionnel* (3. ed.; Paris, 1918), p. 96.

[22] Não iremos colocar aqui a questão de saber se os atributos distintos que o direito continental concede à lei "pública" distinta da "privada" são compatíveis com a liberdade dentro da lei no sentido anglo-saxônico. Embora essa classificação possa ser útil para alguns fins, serviu para dar à lei que rege as relações entre o indivíduo e o Estado um caráter diferente daquele que rege as relações entre os indivíduos, ainda que pareça fazer parte da essência do estado de direito que esse caráter deva ser o mesmo nos dois campos.

[23] Ver a análise de W. S. Holdsworth da 9ª edição de A. V. Dicey, *Constitution*, na *Law Quarterly Review*, vol. LV (1939), que contém uma das exposições mais autorizadas na Inglaterra do conceito tradicional do estado de direito. Mereceria ser citada na íntegra, mas reproduziremos apenas um parágrafo: "O estado de direito é um princípio tão válido hoje como no passado. Pois significa que os tribunais garantirão que o poder dos funcionários e dos organismos oficiais com funções governativas não é excedido nem abusado, e que os direitos dos cidadãos serão determinados em conformidade com a lei escrita e não escrita. Se os tribunais forem privados da sua jurisdição e os funcionários ou os organismos oficiais tiverem um poder discricionário puramente administrativo, o estado de direito deixa de existir. Não deixará de existir se esses funcionários ou organismos oficiais estiverem investidos de um poder discricionário judicial ou quase judicial, ainda que o mecanismo pelo qual a norma é aplicada não seja o dos tribunais". Cf. também A. T. Vanderbilt, *The Doctrine of the Separation of Powers and Its Present-Day Significance* (Omaha: University of Nebraska Press, 1953).

[24] Ver *C. T. Carr, Delegated* Legislation (Cambridge: Cambridge University Press, 1921); Allen, *op. cit.*; e os estudos de vários autores coligidos no volume *Die Uebertragung rechtsetzender Gewalt im Rechtsstaat* (Frankfurt, 1952).

## A CONSTITUIÇÃO DA LIBERDADE

[25] A. V. Dicey, "The Development of Administrative Law in England", *Law Quarterly Review*, XXXI (1915), 150.

[26] Ver L. von Mises, *Bureaucracy* (New Haven: Yale University Press, 1944).

[27] Ver E. Freund, *Administrative Powers over Persons and Property* (Chicago: University of Chicago Press, 1928), pp. 71 ss.; R. F. Fuchs, "Concepts and Policies in Anglo-American Administrative Law Theory", *Yale Law Journal*, vol. XLVII (1938); R. M. Cooper, "Administrative Justice and the Role of Discretion", *Yale Law Journal*, vol. XLVII (1938); M. R. Cohen, "Rule versus Discretion", *Journal of Philosophy*, vol. XII (1914), reeditado em *Law and the Social Order* (Nova York, 1933); Morstein Marx, "Comparative Administrative Law: A Note on Review of Discretion", *University of Pennsylvania Law Review*, vol. LXXXVII (1938-1939); G. E. Treves, "Administrative Discretion and Judicial Control", *Modern Law Review*, vol. X (1947); R. von Laun, *Das freie Ermessen und seine Grenzen* (Leipzig e Viena, 1910); P. Oertmann, *Die staatsbürgerliche Freiheit und das freie Ermessen* ("Gehe Stiftung", vol. IV) [Leipzig, 1912]; F. Tetzner, *Das freie Ermessen der Verwaltungsbehörden* (Viena, 1924); C. Menger, *System des verwalttungsrechtlichen Rechtschutzes* (Tubinga, 1954); e o ensaio de P. Alexée citado na n. 14, cap. XIII.

[28] Cf. a observação de E. Bodenheimer na sua análise instrutiva da relação entre lei e administração em *Jurisprudence* (Nova York e Londres, 1940), p. 95: "A lei preocupa-se principalmente com direitos, a administração preocupa-se sobretudo com resultados. A lei conduz à liberdade e à segurança, enquanto a administração promove a eficiência e a decisão rápida".

[29] Sobre isso, ver D. Lloyd, *Public Policy* (Londres, 1953); ver também H. H. Todsen, *Der Gesichtspunkt der Public Policy im englischen Recht* (Hamburgo, 1937).

[30] Z. Giacommetti, *Die Freiheitsrechtskataloge als Kodifikation der Freiheit* (Zurique, 1955); cf. também M. Hauriou, *Précis de droit constitutionnel* (2. ed.; Paris, 1929), p. 625; e F. Battaglia, *Le Carte dei diritti* (2. ed.; Florença, 1946).

[31] Para uma versão não tão pessimista dos horrores que nos podem esperar, ver Aldous Huxley, *Brave New World* [*Admirável mundo novo*] (Londres, 1932) e *Brave New World Revisited* (Londres, 1958); e, ainda mais alarmante porque não visa ser um aviso, mas expor um ideal "científico", B. F. Skinner, *Walden Two* (Nova York, 1948).

[32] Cf. A. T. Vanderbilt, "The Role of Procedure in the Protection of Freedom", *Conference on Freedom and the Law* ("University of Chicago Law School Conference Series", vol. XIII. 1953); ver também a declaração muito citada do juiz Frankfurter: "A história da liberdade foi, em grande medida, a história da observância das garantias processuais" (*McNabb vs. United States*, 318 U. S. 332, 347. 1943).

[33] Lord Radcliffe, *Law and the Democratic State*, como citado na n. 11 deste capítulo. Acerca da situação na América, ver o artigo importante de R. G. McCloskey, "American Political Thought and the Study of Politics", *American Political Science Review*, vol. LI (1957), em especial a observação, na p. 126, de que os tribunais americanos manifestam "uma preocupação zelosa pelas sutilezas processuais, bem como uma larga tolerância pelas restrições substantivas da liberdade. [...] A preocupação americana com os direitos processuais é mais profunda e constante do que a preocupação com a liberdade substantiva. De fato, a realidade mostra que a liberdade, no sentido óbvio de liberdade de pensar, de falar e de agir sem restrições, não ocupa uma posição importante na hierarquia americana dos valores políticos". No entanto, parece haver uma consciencialização cada vez maior desse perigo, bem expressa por Allan Keith-Lucas, *Decisions about People in Need: A Study of Administrative Responsiveness in Public Assistance* (Chapel Hill: University of North Carolina Press, 1957), p. 156: "Confiar apenas nos processos legais para fazer justiça é a falácia do liberalismo moderno. Isso possibilitou a legalidade de regimes totalitários como o de Hitler".

## 15. Política econômica e estado de direito

A citação da epígrafe foi retirada do *Federalist*, n.º LVII, ed. M. Beloff (Oxford, 1948), p. 294.

[1] Cf. L. von Mises, *Kritik des Interventionismus* (Iena, 1929), p, 6: "*Der Eingriff ist ein von einer gesellschaftlichen Gewalt ausgehender* isolierter *Befehl, der die Eugentümer der Produkttionsmittel und die Unternehmer zwingt, die Produktionsmittel anders zu verwenden, als sie es sonst tun würden*" (grifos meus). Ver também a distinção entre *produktionspolitische* e *preispolitische Eingriffe* elaborada mais tarde na mesma obra. J. S. Mill, *On Liberty*, ed. R. B. McCallum (Oxford, 1946), p. 85, afirma que "a chamada doutrina do comércio livre [...] se baseia em fundamentos diferentes do princípio, igualmente sólido, da liberdade individual exposto no seu ensaio. As limitações ao comércio ou à produção tendo em vista o comércio são, de fato,

restrições; e todas as restrições, *enquanto* restrições, são nocivas: mas as restrições em causa afetam apenas parte da conduta que a sociedade pode restringir, e só são erradas porque não produzem realmente os resultados desejados. Dado que o princípio da liberdade individual não está implicado na doutrina do comércio livre, também não diz respeito à maioria das questões que surgem acerca do limite dessa doutrina; como, por exemplo, que controle público é admissível para a prevenção da fraude por adulteração; até que ponto as precauções sanitárias ou as medidas de proteção dos trabalhadores em ocupações perigosas devem ser impostas aos empregados".

[2] Dado que a análise das medidas políticas pela sua conveniência é uma das principais tarefas dos economistas, não admira que tenham deixado de lado o critério mais geral. John Stuart Mill, ao admitir (*On Liberty*, ed., R. B. McCallum [Oxfor, 1946], p. 8) que, "de fato, não existe um princípio reconhecido pelo qual a justificativa da interferência governamental seja normalmente testada", dera a impressão de que era tudo uma questão de conveniência. E o seu contemporâneo N. W. Senior, normalmente considerado muito mais ortodoxo, disse explicitamente na mesma época: "O único fundamento racional do governo, o único fundamento do direito de governar e do direito de obedecer é a conveniência — o benefício geral da comunidade" (citado por L. Robbins, *The Theory of Economic Policy*. Londres, 1952, p. 45). No entanto, ambos tomavam por garantido que a interferência na esfera privada do indivíduo só era admissível quando prevista pelas leis gerais e nunca com base na conveniência.

[3] A distinção é a mesma que J. S. Mill, *Principles*, Livro v, cap. xi, seção 1., faz entre a interferência "autoritária" e "não autoritária" do governo. É uma distinção de grande importância, e o fato de toda a atividade do governo ser geralmente considerada de caráter "autoritário" constitui uma das principais causas dos desenvolvimentos objetáveis dos tempos modernos. Não adoto aqui os termos de Mill porque me parece inconveniente chamar "interferência" às atividades "não autoritárias" do governo. Esse termo se adapta melhor às violações da esfera privada protegida, que só podem ser feitas de maneira "autoritária".

[4] Ver, mais uma vez, a análise cuidadosa que Mill faz dessa questão, *ibid.*

[5] Adam Smith, *Wealth of Nations*, Livro v, cap. i, Parte ii (ii, 214); cf. também o argumento a favor das obras públicas feitas pela administração local, e não pela administração central, *ibid.*, p. 222.

[6] Também temos a situação teoricamente interessante, embora não muito importante na prática, em que, apesar de certos serviços poderem ser fornecidos por empresas privadas competitivas, nem todo custo envolvido ou nem todos os benefícios entrariam nos cálculos do mercado, e, por isso, poderia ser desejável impor taxas especiais ou conceder subsídios especiais aos que empreendessem essas atividades. Esses casos podem ser, talvez, incluídos entre as medidas pelas quais o governo pode apoiar a orientação da produção privada, não por intervenção específica, mas agindo em conformidade com as normas gerais.

O fato de esses casos não terem grande importância prática, não porque essas situações não ocorram com frequência, mas porque raramente é possível determinar a magnitude das "divergências entre o produto social bruto marginal e o produto social bruto privado", é agora admitido pelo autor que, mais do que ninguém, chamou a atenção para eles: ver A. C. Pigou, "Some Aspects of the Welfare State", *Diogenes*, n.º 7 (verão, 1954), p. 6: "No entanto, temos de confessar que raramente podemos decidir em que campos e em que medida pode o Estado [em relação às disparidades entre os custos privados e públicos] interferir de forma útil na liberdade de escolha individual".

[7] Ver, de novo, L. von Mises, *Kritik des Interventionismus*, como citado na n. 1 deste capítulo.

[8] E. Freund, *Administrative Powers over Persons and Property* (Chicago: University of Chicago Press, 1928), p. 98.

[9] Acerca da questão do licenciamento, ver W. Gellhorn, *Individual Freedom and Governmental Restraints* (Baton Rouge: Louisiana State University Press, 1965), cap. iii. Não teria tratado desse assunto de forma tão ligeira se o texto final deste capítulo não tivesse sido concluído antes de eu conhecer essa obra. Penso que poucos observadores estrangeiros e, provavelmente, não muitos americanos sabem o quão essa prática foi exercida nos Estados Unidos nos anos recentes — de fato, de tal maneira que parece ser agora uma das verdadeiras ameaças para o futuro do desenvolvimento econômico americano.

[10] Ver, em especial, J. R. Commons, *The Legal Foundations of Capitalism* (Nova York, 1924); W. H. Hamilton, *The Power To Govern*; *The Constitution — Then and Now* (Nova York, 1937); e J. M. Clark, *Social Control of Business* (Chicago, 1926); e cf., acerca desta escola, A. L. Harris, *Economics and Social Reform* (Nova York, 1958).

[11] Ver, em especial, Herbert Spencer, *Justice*, Parte iv dos *Principles of Ethics* (Londres, 1891); e cf. T. H.

Green, "Liberal Legislation and Freedom of Contracts, em *Works*, vol. iii (Londres, 1880).

[12] Cf. Roscoe Pound, "Liberty of Contract", *Yale Law Journal*, vol. xviii (1908-1909).

## 16. O declínio do direito

A epígrafe deste capítulo foi retirada de Lord Acton, *History of Freedom*, p. 78. O título do capítulo inspira-se em G. Ripert, *Le Déclin du droit* (Paris, 1949).

[1] A. Menger, *Das bürgerliche Recht und die besitzlosen Volksklassen* (1896) (3. ed.; Tubinga, 1904), p. 31. As consequências totais dessa concepção são analisadas no último livro desse autor, *Neue Staatslehre* (Iena, 190). Mais ou menos na mesma época, o grande criminologista alemão F. von Liszt comentava (*Strafrechtliche Aufsätze* [Leipzig, 1897], ii, 60): "*Das heranwachsende socialistische Geschlecht, das die gemeinsamen Interessen stärker betont als seine Vorgänger, für dessen Ohren das Wort 'Freiheit' einen archaistischen Klang gewonen hat, rüttelt an den Grundlagen*". A infiltração das mesmas ideias na Inglaterra é bem ilustrada por D. G. Ritchie, *Natural Rights* (1894) (3. ed.; Londres, 1916), p. 258: "A exigência de igualdade, no seu sentido mais lato, significa exigência de igualdade de oportunidades — a *carrière ouverte aux talents*. O resultado dessa igualdade de oportunidades será claramente o oposto da igualdade da condição social se as leis permitirem a transmissão de propriedade de pais para filhos ou até o acúmulo de riqueza pelos indivíduos. E assim, como foi muitas vezes observado, o efeito do triunfo quase total dos princípios de 1789 — a abolição das restrições legais acerca da concorrência livre — foi a acentuação da diferença entre riqueza e pobreza. A igualdade de direitos políticos, bem como as maiores desigualdades na condição social, revelou 'a questão social', que já não está escondida como estava por detrás da luta pela igualdade perante a lei e pela igualdade de direitos políticos".

[2] Anatole France, *Le Lys rouge* (Paris, 1894), p. 117.

[3] A tradição remonta à obra de R. von Ihering. Para um desenvolvimento moderno, ver os ensaios coligidos em *The Jurisprudence of Interests* ("Twentieth Century Legal Philosophy Series", vol. ii. Cambridge: Harvard University Press, 1948).

[4] Ver, por exemplo, *Ausgewählte Schriften und Reden* (Zurique, 1941), p. 438: "*Dieser Umschwung [zum totalitären Staat] ist vorbereitet worden durch gewisse Richtungen innerhalb der deutschen Rechstwissenschaft (Z. B. die sogenannte*

*Freirechtsschule), die geglaubt haben, dem Rechte zu dienen, indem sie die Gesetzestreue durchbrachen*".

[5] Sobre o caráter desse historicismo, ver Menger, *Untersuchungen*, e K. R. Popper, *The Poverty of Historicism* (Londres, 1957).

[6] Cf. o meu *The Counter-Revolution of Science* (Glencoe, Ill., 1952), Parte i, cap. vii.

[7] Acerca da relação entre o historicismo e o positivismo legal, cf. H. Heller, "Bemerkungen zur Staats- und rechtstheoretishchen Problematik der Gegenwart", *Archiv für öffentliches Rechts*, xvi (1929), p. 336.

[8] O melhor estudo conciso sobre as diferentes tradições do "direito natural" é o de A. P. d'Entrèves, *Natural Law* ("Hutchinson's University Library". Londres, 1916). Podemos também mencionar aqui, de forma breve, que o positivismo legal moderno deriva sobretudo de T. Hommes e R. Descartes, as duas figuras contra cuja interpretação racionalista da sociedade se desenvolveu a teoria evolucionista, empirista ou "whigh", e que o positivismo adquiriu sua predominância atual, em grande medida, por causa da influência de Hegel e Marx. Acerca da posição de Marx, ver a análise dos direitos individuais na introdução do seu *Kritik der Hegelschen Rechts-philosophie*, em Karl Marx, Friedrich Engels; *Historische-kritische Gesamtausgabe*, ed. D. Rjazanov (Berlim, 1929), vol. i, Parte i.

[9] Cf. H. Heller, *Rechtsstaat oder Diktatur* (Tubinga, 1930); H. Hallowell, *The Decline of Liberalism as an Ideology* (Berkeley: University of California Press, 1943), e *The Moral Foundations of Democracy* (Chicago: University of Chicago Press, 1954), cap. iv, em especial p. 73.

[10] R. Thoma, "Rechtsstaatsidee und Verwaltungstrechtswissenschaft", *Jahrbuch des öffentliches Rechts*, iv (1910), p. 208.

[11] E. Bernatzik, *Rechtsstaat und Kulturstaat* (Hanôver, 1912), p. 56; cf. também, do mesmo autor, "Polizei und Kulturpflege", em *Systematische Rechtswissenschaft* (*Kultur der Gegenwart*, Parte ii, seção viii. Leipzig, 1906).

[12] A vitória do positivismo legal fora garantida mais cedo, sobretudo graças aos esforços incansáveis de K. Bergbohm (*Jurisprudenz und Rechtsphilosophie*. Leipzig, 1892), mas foi na forma que H. Kelsen lhe deu que se tornou uma base filosófica amplamente aceita e consistente. Citaremos aqui principalmente H. Kelsen, *Allgemeine Staatslehre* (Berlim, 1925), mas o leitor encontrará a maioria das ideias essenciais no seu *General Theory of Law and State* (Cambridge: Harvard University Press, 1945), que também contém uma tradução da importante palestra sobre *Die philosophischen*

## NOTAS

*Grundlagen der Naturrechtslehere und des Rechtspositivismus* (1928).

[13] H. Kelsen, *Vom Wesen und Wert der Demokratie* (Tubinga, 1920), p. 10; a frase acerca da "*im Grunde unrettbare Freiheit des Individuums*", na segunda edição de 1929, torna-se "*im Grunde unmögliche Freiheit des Individuums*".

[14] *Ibid.*, p. 10: "*Loslösung des Demokratismus vom Liberalismus*".

[15] H. Kelsen, *Allgemeine Staatslehre*, p. 91. Cf. também o seu *Hauptprobleme der Staatsrechtslehre* (Viena, 1923), em que sua abordagem o leva a afirmar consistentemente que "um erro do Estado deve ser, em todas as circunstâncias, uma contradição".

[16] *Allgemeine Staatslehre*, p. 335; as passagens relevantes dizem: "Totalmente sem sentido é a afirmação de que, no despotismo, não existe ordem legal [*Rechtsordnung*], [que aí] reina a vontade arbitrária do déspota. [...] O Estado governado de forma despótica também representa uma ordem de comportamento humano. Essa é a ordem do direito. Negá-la em nome de uma ordem da lei mais não é do que ingenuidade e preconceito derivados do pensamento do direito natural. [...] Aquilo que é interpretado como vontade arbitrária é apenas a possibilidade legal de todas as decisões serem tomadas pelo autocrata, que determina incondicionalmente as atividades dos órgãos subordinados e revoga ou altera em qualquer época normas já publicadas, quer de forma geral, quer para um caso particular. Essa é uma condição legal, mesmo quando considerada prejudicial. Também tem seus aspectos positivos. A exigência de uma ditadura, não rara no *Rechtsstaat* moderno, mostra isso de forma muito clara". O fato de essa passagem ainda representar as opiniões do autor é explicitamente reconhecido por ele no ensaio "Foundations of Democracy", *Ethics*, LXVI, n.º 1, Parte II (outubro de 1955), p. 100, n. 12; ver também uma versão anterior do mesmo argumento, intitulada "Democracy and Socialism", *Conference on Jurisprudence and Politics* ("University of Chicago Law School Conference Series", n.º 15. Chicago, 1955).

[17] *Allgemeine Staatslehre*, p. 14.

[18] *Ibid.*, pp. 154 ss.; a frase é "*die sogenannten Freiheitsrechte*".

[19] *Ibid.*, p. 335.

[20] *Ibid.*, pp. 231 ss.; cf., do mesmo autor, *General Theory of Law and State*, p. 38.

[21] E. Voegelin, "Kelsen's Pure Theory of Law", *Political Science Quarterly*, XLII (1927), 268.

[22] F. Darmstädter, *Die Grenzen der Wirksamkeit des Rechtsstaates* (Heidelberga, 1930), e cf. Halowell, *The Decline of Liberalism as an Ideology* e *The*

*Moral Foundations of Democracy*. Acerca dos acontecimentos sob o regime nazista, ver F. Neumann, *Behemoth: The Structure and Practice of National Socialism* (2. ed.; Nova York, 1944), e A. Kolnai, *The War against the West* (Nova York, 1938), pp. 299-310.

[23] Darmstädter, *op. cit.*, p. 95.

[24] Ver *Veröffentlichungen der Vereinigung deutscher Staatsrechtsleher*, vol. VII (Berlim, 1932), em especial as contribuições de H. Triepel e G. Leibholz.

[25] A. L. Malitzki, numa publicação russa de 1929, citada em B. Mirkin-Getzewitch, *Die rechtstheoretischen Grundlaen des Sovjetstaats* (Leipzig e Viena, 1929), p. 117. Cf., porém, uma discussão semelhante em R. von Ihering, *Law as a Means to an End*, trad. de I. Husik (Boston, 1913), p. 315: "O domínio exclusivo do direito é sinônimo da resignação, por parte da sociedade, do uso livre das suas mãos. A sociedade se entregaria de mãos atadas à necessidade rígida, impotente na presença de todas as circunstâncias e exigências da vida não previstas pela lei ou para as quais esta seria considerada inadequada. Daqui decorre a máxima de que o Estado não deve limitar seu próprio poder de ação espontânea pela lei além do absolutamente necessário — menos nessa direção do que demasiado. É errada a crença de que o interesse ou a segurança da liberdade política exige a maior limitação possível do governo pela lei. Isso se baseia na ideia estranha [!] de que a força é um mal que deve ser fortemente combatido. Mas, na verdade, é um bem, no qual, como qualquer bem, é necessário, para tornar possível o seu uso total, levar em conta a possibilidade do seu abuso como parte do jogo".

[26] G. Perticone, "Quelques aspects de la crise du droit publique en Italie", *Revue internationale de la théorie du droit*, 1931-1932, p. 2.

[27] Ver C. Schmitt, "Was bedeutet der Streit um den 'Rechtsstaat'", *Zeitschrift für die gesamte Staatswissenschaft*, XCV (1935), p. 190.

[28] Archipov, *Law in the Soviet State* (Moscou, 1926) (em russo), citado por B. Mirkin-Getzewitch, *op. cit.*, p. 108.

[29] P. J. Stuchka, *The Theory of the State of the Proletarians and Peasants and Its Constitution* (5. ed.; Moscou, 1926) (em russo), citado por Mirkin-Getzewitch, *op. cit.*, pp. 70 ss.

[30] Mirkin-Getzewitch, *op. cit.* p. 107.

[31] Malitzki, *op. cit.* No entanto, temos de admitir que esse princípio também se encontra na Ética de Aristóteles, 1138a: "Aquilo que [a lei] não permite, proíbe".

[32] Citado por V. Gsovski, *Soviet Civil Law* (Ann Arbor, Mich., 1948), I, 170, de P. J. Stuchka em

*Encyclopedia of State and Law* (Moscou, 1925-27) (em russo), p. 1593).

[33] A respeito do destino de Pashukanis, Roscoe Pound observa no seu *Administrative Law* (Pittsburgh: University of Pittsburgh Press, 1942), p. 127: "O professor não está agora conosco. Com a elaboração de um plano pelo governo atual da Rússia, exigiu-se uma mudança de doutrina, e ele não mudou seu ensino suficientemente depressa para se conformar às exigências doutrinárias da nova ordem. Se houvesse lei em vez de apenas ordens administrativas, teria sido possível perder o emprego sem perder a vida".

[34] E. B. Paschukanis, *Allgemeine Rechtslehre und Marxismus*, traduzido da 2ª ed. russa (Moscou, 1927) (Berlim, 1929), p. 117. Uma tradução inglesa dessa e de uma obra posterior de Pashukanis foi publicada em *Soviet Legal Philosophy*, trad. de H. W. Babb, introdução de J. N. Hazard (Cambridge: Harvard University Press, 1951). Para uma análise, ver H. Kelsen, *The Communist Theory of Law* (Nove York e Londres, 1955); R. Schlesinger, *Soviet Legal Theory* (2. ed.; Londres, 1951); e S. Dobrin, "Soviet Jurisprudence and Socialism", *Law Quarterly Review*, vol. LII (1936).

[35] Esse resumo do argumento de Pashukanis é retirado de W. Friedmann, *Law and Social Change in Contemporary Britain* (Londres, 1951), p. 154.

[36] Dicey, *Constitution* (8. ed.), p. xxxviii.

[37] Lord Hewart, *The New Despotism* (Londres, 1929).

[38] Característico das críticas que esse aviso bem justificado recebeu nos Estados Unidos é o seguinte comentário do professor (agora juiz do Supremo Tribunal) Felix Frankfurter, publicado em 1938: "Em 1929, Lord Hewart tentou reanimar as fantasias moribundas de Dicey adornando-as com aspectos alarmistas. Infelizmente, o jornalismo eloquente desse livro tinha o aval do presidente do Supremo Tribunal. Suas acusações extravagantes exigiam uma refutação autoritária e receberam-na" (prefácio a uma crítica de "Current Developments in Administrative Law", *Yale Law Journal*, XLVII [1938], 517).

[39] *The Economist*, 19 de junho de 1954, p. 952: "O "novo despotismo", em suma, não é um exagero, mas, sim, uma realidade. É um despotismo praticado pelos tiranos mais conscientes, incorruptíveis e industriosos que o mundo alguma vez conheceu".

[40] R. H. S. Crossman, *Socialism and the New Despotism* ("Fabian Tracts", n.º 298. Londres, 1956).

[41] Comissão para os Poderes dos Ministros, *Report* (geralmente conhecido como "Donoughmore Report") (Londres: H. M. Stationery Office; Cmd. 4060); ver também *Memoranda Submitted by Government Departments in Reply to Questionnaire of November 1929 and Minutes of Evidence Taken Before the Committee on Minister's Powers* (Londres: H. M. Stationery Office, 1932).

[42] Para a descrição de H. J. Laski, W. I. Jennings, W. A. Robson e H. Finer como membros do mesmo grupo, ver W. I. Jennings, "Administrative Law and Administrative Jurisdiction", *Journal of Comparative Legislation and International Law*, 3º ser., XX (1938), p. 103.

[43] W. Ivor Jennings, "The Report on Minister's Powers", *Public Administration*, vols. X (1932) e XI (1933).

[44] *Ibid.*, X, p. 342.

[45] *Ibid.*, p. 343.

[46] *Ibid.*, p. 345.

[47] *Ibid.*

[48] W. Ivor Jennings, *The Law and the Constitution* (1933) (4. ed.; Londres, 1952), p. 54.

[49] *Ibid.*, p. 291.

[50] *Ibid.*, p. 292.

[51] *Ibid.*, p. 294.

[52] *Ibid.*

[53] Sir Ivor Jennings, *The Queen's Government* (Pelican Books. Londres, 1954).

[54] T. D. Weldon, *The Vocabulary of Politics* (Pelican Books. Londres, 1953).

[55] W. A. Robson, *Justice and Administrative Law* (3. ed.; Londres, 1951), p. xi.

[56] *Ibid.*, p. 16.

[57] *Ibid.*, p. 433.

[58] *Ibid.*, pp. 572-573.

[59] *Rule of Law: A Study by the Inns of Courts Conservative and Unionist Society* (Londres: Conservative Political Centre, 1955), p. 30.

[60] *Liberty in the Modern State* (Londres: Conservative Political Centre, 1957).

[61] *Times Literary Supplement* (Londres), 1º de março de 1951. A esse respeito, alguns socialistas mostram uma preocupação maior do que a visível na posição conservadora oficial. O senhor R. H. S Crossman, no panfleto supracitado (n. 40), espera "reformar o sistema judicial, de maneira que se recupere a função tradicional de defesa dos direitos individuais contra as suas violações".

[62] W. Friedmann, *The Planned State and the Rule of Law* (Melbourne, Austrália, 1948), reeditado no seu *Law and Social Change in Contemporary Britain* (Londres, 1951).

[63] *Ibid.*, reedição, p. 284.

[64] *Ibid.*, p. 310. É curioso que a ideia de que o estado de direito e o socialismo são incompatíveis, há muito defendida pelos autores socialistas, tenha suscitado tanta indignação entre eles quando foi virada contra o socialismo. Muito antes de eu ter sublinhado

essa questão em *O caminho da servidão*, K. Mannheim, em *Man and Society in an Age of Reconstruction* (Londres, 1940), p. 180, resumiu o resultado de uma longa discussão na afirmação de que "estudos recentes de sociologia do direito confirmaram mais uma vez que o princípio fundamental do direito formal pelo qual cada caso deve ser julgado de acordo com preceitos racionais e gerais, que tenham um mínimo possível de exceções e se baseiem na inserção lógica, só prevalece na fase liberal e competitiva do capitalismo". Cf. também F. L. Neumann, *The Democratic and the Authoritarian State* (Glencoe, III, 1957), p. 50, e M. Horkheimer, "Bemerkungen zur philosophischen Anthropologie", *Zeitschrift für Sozialforschung*, IV (1935), em especial p. 14: "A base econômica da importância das promessas se torna cada vez menos relevante, porque a vida econômica se caracteriza cada vez mais não pelo contrato, mas pela ordem e obediência".

[65] H. Finer, *The Road to Reaction* (Boston, 1945), p. 60.

[66] Cf. W. S. Churchill, "The Conservative Case for a New Parliament", *Listener*, 19 de fevereiro de 1948, p. 302: "Disseram-me que trezentos funcionários têm agora o poder de elaborar novos regulamentos, totalmente independentes do Parlamento, prevendo penas de prisão para crimes até então desconhecidos pela lei".

[67] O *Town and Country Planning Act* (1947), seção 70, subseção (3), estabelece que "os regulamentos criados por esta lei com o consentimento do Tesouro podem prescrever princípios gerais a serem seguidos pelo Central Land Board para determinar [...] o valor da taxa a ser paga pelo melhoramento". Foi baseado nessa disposição que o ministro do Planejamento Urbano e Rural pôde publicar inesperadamente um regulamento segundo o qual as taxas de melhoramentos "não devem ser inferiores" ao valor adicional total da terra na qual se pretenda fazer determinado melhoramento.

[68] Central Land Board, *Practice Notes (First Series): Being Notes on Development Charges under the Town and Country Planning Act, 1947* (Londres: H. M. Stationery Office, 1949), Prefácio. É aí explicado que as Notas "servem para descrever normas e princípios funcionais com os quais qualquer requerente pode pressupor com confiança que o seu caso será resolvido, salvo se puder apresentar justa causa para um tratamento diferente ou se o Conselho informá-lo de que, por razões especiais, as regras normais não se aplicam". Mais se explica que "uma norma particular tem de ser sempre variável se não se ajustar a um caso particular" e que o conselho "não tem dúvidas de que, de vez em quando,

deveremos variar a nossa política". Para mais detalhes acerca dessa medida, ver à frente, cap. XXII, seção 6.

[69] Cf. o relatório oficial, *Public Inquiry Ordered by the Minister of Agriculture into the Disposal of Land at Crichel Down* (Londres: H. M. Stationery Office, 1954) (Cmd. 9176); cf. também o caso menos conhecido, mas quase tão instrutivo de *Odlum vs. Stratton*, decidido pelo juiz Atkison na King's Bench Division, do qual a *Withshire Gazette* (Devizes, 1946) publicou um relato completo.

[70] Ver Dwight Waldo, *The Administrative State: A Study of the Political Theory of American Public Administration* (Nova York, 1948), p. 70, n. 13; cf. também pp. 5, 15 e 40 da mesma obra.

[71] Ver *ibid.*, p. 79: "Se há alguém que não conta na Nova Ordem, é o jurista!".

[72] *Ibid.*, p. 73.

[73] Roscoe Pound, *The Spirit of the Common Law* (Boston, 1921), p. 72; cf. também C. H. McIlwain, *Constitutionalism and the Changing World* (Cambridge: Cambridge University Press, 1939), p. 261: "De forma lenta mas segura, estamos caminhando para o Estado totalitário, e é estranho que muitos, ou a maioria, dos idealistas estejam entusiasmados ou despreocupados com isso".

[74] J. Dickinson, *Administrative Justice and the Supremacy of Law in the United States* (Cambridge: Harvard University Press, 1927), p. 21.

[75] Cf. *The Political Philosophy of Robert M. La Follette*, ed. E. Torelle (Madison, Wis., 1920).

[76] A. H. Pekelis, *Law and Social Action* (Ithaca e Nova York, 1950), p. 88; cf. também H. Kelsen, "Foundations of Democracy", *Ethics*, LXVI (1955), supl., em especial p. 77 ss.

[77] C. G. Haines, *A Government of Laws or a Government of Men* (Berkeley: University of California Press, 1929), p. 37.

[78] *Ibid.*, p. 18.

[79] Thomas Jefferson, *Draft of Kentucky Resolution of 1789*, em E. D. Warfield, *The Kentucky Resolutions of 1799* (2. ed.; Nova York, 1894), pp. 157-158.

[80] Jerome Frank, *Law and the Modern Mind* (Nova York, 1930). Mais de um quarto de século após a publicação desse livro, Thurman Arnold, na *University of Chicago Law Review*, XXIV (1957), p. 635, disse acerca dele que, "mais do que qualquer outro, abriu caminho para um novo conjunto de conceitos e ideais a respeito da relação entre o cidadão e o seu governo".

[81] Ver *U. S. Attorney General's Committee on Administrative Procedure, Report* (Washington, D.C.: Government Prining Office, 1941).

[82] Roscoe Pound, "Administrative Procedure Legislation. For the 'Minority Report'", *American Bar Association Journal*, XXVI (1941), 664. Quanto à situação presente, ver B. Schwartz, "Administrative Justice and Its Place in the Legal Order", *New York University of Law Review*, vol. XXX (1955); e W. Gellhorn, *Individual Freedom and Governmental Restraints* (Baton Rouge: Louisiana State University Press, 1956), em especial a observação, na p. 18, de que "alguns dos antigos apoiadores do processo administrativo (incluindo o autor) sentem agora que os perigos, que eram sobretudo imaginários, se tornaram reais e assustadores".

[83] G. Radbruch, *Rechtsphilosophie*, ed. E. Wolf (4. ed.; Stuttgart, 1950), p. 357. Ver também os comentários importantes, nessa obra, acerca do papel que o positivismo legal desempenhou na destruição da crença no *Rechsstaat*, em especial p. 335: "*Diese Auffassung vom Gesetz und seiner Geltung (wir nennen sir die positivistische Lehre) hat die Juristen wie das Volk wehrlos gemacht gegen noch so willkürliche, noch so grausame, noch so verbrecherische Gesetze. Sie setzt letzen Endes das Recht der Macht gleich, nur wo die Macht ist, ist das Recht*"; e p. 352: "*Der Positivismus hat in der Tat mit seiner Überzeugung 'Gesetzs ist Gesetz' den deutschen Juristenstand wehrlos gemacht gegen Gesetze willkürlichen und verbrecherischen Inhalts. Dabei ist der Positivismus gar nicht in der Lage, aus eigener Kraft die Geltung von Gesetzen zu begründen. Er glaubt die Geltung eines Gesetzes schon damit erwiesen zu haben, dass es die Macht besessen hat, sich durchzusetzen*". Assim, não é um exagero quando E. Brunner, *Justice and the Social Order* (Nova York, 1945), p. 7, afirma que "o Estado totalitário é apenas e simplesmente o positivismo legal na prática política".

[84] Ver G. Dietze, "America and Europe — Decline and Emergence of Judicial Review", *Virginia Law Review*, vol. XLIV (1958), e, acerca da reanimação do direito natural, H. Coing, *Grundzüge der Rechtsphilosophie* (Berlim, 1950); H. Mitteis, *Ueber das Naturrecht* (Berlim, 1948); e K. Ritter, *Zwischen Naturrecht und Rechtspositivismus* (Witten-Ruhr, 1956).

[85] G. Ripert, *Le Déclin du droit* (Paris, 1949). Cf. também P. Roubier, *Théorie générale du droit* (Paris, 1950); e L. Rougier, *La France à la recherche d'une constitution* (Paris, 1952).

[86] Ver C. K. Allen, *Law and Orders* (Londres, 1945); G. W. Keeton, *The Passing of Parliament* (Londres, 1952); C. J. Hamson, *Executive Discretion and Judicial Control* (Londres, 1954); e Lord Radcliffe, *Law and the Democratic State* (Birmingham: Holdsworth Club of the University of Birmingham, 1955).

[87] *Report of the Committee on Administrative Tribunals and Enquiries* ("Franks Committee") (Londres: H. M. Stationery Office, 1957), p. 218, parág. 37.

[88] *Ibid.*, parágrafos 28 e 29.

[89] *Ibid.*, parágrafo 120.

[90] Ver o opúsculo conservador *Rule of Law*, mencionado na n. 59, e W. A. Robson, *Justice and Administrative Law* (3. ed.; Londres, 1951). Acerca de recomendações semelhantes da "Comissão Hoover" nos Estados Unidos, ver o simpósio "Hoover Commission and Task Force Reports on Legal Services and Procedure", *New York University Law Review*, vol. XXX (1955).

[91] A Comissão Internacional de Juristas em Haia (agora em Genebra) reuniu-se em Atenas, em junho de 1955, e adotou uma resolução que declara solenemente: "1. O Estado está sujeito à lei. 2. Os governos devem respeitar os direitos dos indivíduos ao abrigo do estado de direito e providenciar meios eficazes para a sua imposição. 3. Os juízes devem pautar-se pelo estado de direito, protegê-lo e fazê-lo cumprir sem receio de imparcialidade e resistir a quaisquer intervenções dos governos ou dos partidos políticos na sua independência como juízes. 4. Os juristas de todo o mundo devem preservar a independência da sua profissão, afirmar os direitos do indivíduo ao abrigo do estado de direito e insistir que qualquer acusado tem direito a um julgamento justo" (ver *Report of the International Congress of Jurists*. Haia, 1956, p. 9).

[92] Não é exagero quando um estudioso de jurisprudência (J. Stone, *The Province and Function of Law*. Cambridge: Harvard University Press, 1950, p. 261) afirma que a restauração do estado de direito, tal como aqui definido, "implicaria a revogação estrita das medidas legislativas que todas as legislaturas democráticas parecem ter considerado essenciais no último meio século". O fato de as legislaturas democráticas terem feito isso não prova, evidentemente, que era sensato ou até essencial recorrer a esse tipo de medida para alcançarem seus objetivos, e ainda menos que não devessem revogar suas decisões ao reconhecerem que produzem consequências imprevistas e indesejáveis.

# Parte III

A citação após o subtítulo é retirada de Tocqueville, *Democracy*, II, 318. Os três parágrafos que se seguem, ou melhor, todo o cap. VI, Livro IV, do qual é retirada, mereceria ser citado como prólogo à análise que se segue.

# NOTAS

## 17. O declínio do socialismo e a ascensão do Estado-providência

A citação em epígrafe é retirada da opinião dissidente do juiz Brandeis em *Olsmtead v. United States*, xxx, 277, U. S. 479 (1927).

[1] O debate mais vivo acerca desses problemas ocorre na Grã-Bretanha. Ver, em especial, *New Fabian Essays*, ed. R. H. Crossman (Londres, 1952); *Socialism: A New Statement of Principles*, apresentado pela União Socialista (Londres, 1952); W. A. Lewis, *The Principles of Economic Planning* (Londres, 1949); G. D. H. Cole, *Is This Socialism?* (panfleto *New Statesman*) (Londres, 1954); H. T. N. Gaitskell, *Recent Developments in British Socialism* (Londres, s.d.); *Twentieth Century Socialism*, pela União Socialista (Londres, 1956); C. A. R. Crosland, *The Future of Socialism* (Londres, 1956); R. H. S. Crossman, *Socialism and the New Despotism* ("Fabian Tracts", n.º 298). Londres, 1956); e os debates publicados nos jornais *Socialist Commentary* e *New Statesman*. Um estudo útil desses debates é o de T. Wilson, "Changing Tendencies in Socialist Thought", *Lloyds B. R.*, julho de 1956. Ver alguns comentários esclarecedores acerca da experiência britânica por observadores estrangeiros em B. de Jouvenel, *Problèmes de l'Angleterre socialiste* (Paris, 1947); C. E. Griffin, *Britain: A Case Study for Americans* (Ann Arbor: University of Michigan Press, 1950); D. M. Wright, *Post-War West German and United Kingdom Recovery* (Washington: American Enterprise Association, 1957); e J. Messner, *Das englische Experiment des Sozialismus* (Innsbruck, 1954).

[2] Para os acontecimentos nos países do continente europeu, ver, em especial, J. Buttinger, *In the Twilight of Socialism: An Epilogue to Austro-Marxism*, trad. F. B. Ashton (Cambridge: Harvard University Press, 1956); K. Bednarik, *The Young Worker of Today — a New Type* (Londres, 1955); F. Klenner, *Das Unbehagen in der Demokratie* (Viena, 1956). Uma mudança semelhante de atitude entre os socialistas americanos é observada por Norman Thomas, *Democratic Socialism: A New Appraisal* (Nova York: League for Industrial Democracy, 1953).

[3] Ver a descrição de um debate na Fabian Summer School em Oxford, em 1955, apresentada em Crossman, *op. cit.*, p. 4.

[4] Crosland, *op. cit.*, e Bednarik, *op. cit.*

[5] Ver, em especial, Klenner, *op. cit.*, pp. 66 ss.

[6] Como parece claro na citação de Karl Mannheim que coloquei como epígrafe ao capítulo sobre "Planejamento e o estado de direito" em *The Road to Serfdom* (Londres e Chicago, 1944) e aqui repetida na n. 64 do cap. xvi.

[7] Em especial George Orwell, *Nineteen Eighty-four* (Londres, 1949); cf. também a sua resenha de *O caminho da servidão* no *Observer* (Londres), 9 de abril de 1944.

[8] Crossman, *op. cit.*, p. 1.

[9] *Ibid.*

[10] *Ibid.*, p. 6.

[11] *Ibid.*, p. 13. Essas apreensões também influenciaram claramente a última declaração oficial do Partido Trabalhista britânico acerca dessas questões (ver *Personal Freedom: Labour's Policy for the Individual and Society*. Londres: Labour Party, 1956). No entanto, embora esse opúsculo aborde a maioria das questões essenciais e mostre como os problemas que discutimos capturaram o primeiro plano num regime socialista até num país com tradições liberais, trata-se de um documento curiosamente contraditório. Não só repete a frase de que "não vale a pena ter liberdade com grandes desigualdades" (p. 7), como também reafirma expressamente a tese básica do despotismo administrativo segundo a qual "um ministro deve ter a liberdade de tomar decisões diferentes em casos exatamente iguais" (p. 26).

[12] O termo "Estado-providência" [*Welfare State*] é relativamente novo na língua inglesa e, provavelmente, ainda era desconhecido há 25 anos. Como o termo alemão *Wohlfahrstaat* é usado na Alemanha desde há muito tempo e aquilo que descreve começou por ser desenvolvido nesse país, o termo inglês deriva talvez do alemão. Vale a pena observar que o termo alemão foi usado desde o início para descrever uma variante da concepção do Estado policial (*Polizeistaat*) — aparentemente pelos historiadores do século xix para descrever os aspectos mais favoráveis do governo do século xviii. O conceito moderno de Estado-providência foi totalmente desenvolvido pelos acadêmicos alemães *Sozialpolitiker*, ou "socialistas de cátedra", a partir de 1870 e pela primeira vez posto em prática por Bismarck.

As transformações semelhantes na Inglaterra, contempladas pelos fabianos e por teóricos como A. C. Pigou e L. T. Hobhouse, postas em prática por Lloyd George e Beveridge, foram, pelo menos no início, fortemente influenciadas pelo exemplo alemão. Para a aceitação do termo "Estado-providência", contribuiu o fato de os fundamentos teóricos defendidos por Pigou e pela sua escola serem conhecidos como "economia da providência" [*welfare economics*].

Na época em que F. D. Roosevelt seguiu os passos de Bismarck e Lloyd George, o terreno estava já

## A CONSTITUIÇÃO DA LIBERDADE

bem preparado nos Estados Unidos, e o uso dado desde 1937 pelo Supremo Tribunal da cláusula "bem-estar geral" da Constituição conduziu naturalmente à adoção do termo "Welfare State" já em uso em outros países.

[13] Cf. por exemplo, Henry Sidgwick, *The Elements of Politics* (Londres, 1891), cap. IV.

[14] Acerca disso, ver Lionel Robbins, *The Theory of Economic Policy* (Londres, 1952).

[15] As frases seguintes são deliberadamente retiradas, com pequenas alterações, do meu livro *O caminho da servidão*, cap. IX, no qual essa questão é abordada com mais detalhes.

[16] A. H. Hansen, "The Task of Promoting Economic Growth and Stability", discurso na National Planning Association, 26 de fevereiro de 1956 (mimeografado).

[17] Cf. J. S. Mill, *On Liberty*, ed. R. B. McCallum (Oxford, 1946), pp. 99-100: "Se as estradas, as linhas férreas, os bancos, os seguros, as grandes sociedades por ações, as universidades e as entidades de apoio social fossem todos ramos do governo; se, além disso, as empresas municipais e os conselhos municipais, como tudo o que agora sobre eles recai, se tornassem departamentos da administração central; se os funcionários de todas essas diferentes empresas fossem nomeados e pagos pelo governo e esperassem deste qualquer aumento do nível de vida; a liberdade de imprensa e a constituição popular da legislatura não tornariam este ou qualquer outro país livre, a não ser nominalmente. Quanto mais eficiente e científica fosse a construção da máquina administrativa, e quanto mais habilidosos fossem os métodos para obter as pessoas mais capacitadas para fazê-la funcionar, maior seria o mal".

[18] Cf. T. H. Marshall, *Citizenship and Social Class* (Cambridge: Cambridge University Press, 1958), p. 59; "Vemos então que a legislação [...] adquire cada vez mais o caráter de uma declaração de política governamental que se espera ver posta em prática algum dia".

[19] Roscoe Pound, "The Rise of the Service State and Its Consequences", em *The Welfare State and the National Welfare*, ed. S. Glueck (Cambridge, Mass., 1952), p. 220.

[20] P. Wiles, "Property and Equality", em *The Unservile State*, ed., G. Watson (Londres, 1957), p. 107. Cf. também a declaração do opúsculo do Partido Conservador, *Rule of Law* (Londres, 1955), p. 20, e endossada pelo "Franks Committee" (*Report of the Committee on Administrative Tribunals and Enquiries* [Cmd, 218, londres, 1957], p. 60), segundo a qual "seja qual for a validade teórica desse argumento, os Membros do Parlamento não hesitam em

dizer que pouco tem a ver com a realidade. O Parlamento não tem o tempo nem o conhecimento para supervisionar o ministro e pedir-lhe contas acerca das suas decisões administrativas".

[21] Ver L. von Mises, *Human Action* (New Haven: Yale University Press, 1949), pp. 196 ss.

[22] Cf. Lionel Robbins, *Economic Planning and International Order* (Londres, 1937).

[23] Cf. W. F. Berns, "The Case against World Government" em *World Politics*, ed. American Foundation for Political Education (3. ed.; Chicago, 1955).

[24] Cf. George Stigler, "The Tenable Range of Functions of Local Government" (palestra inédita, 1957; mimeografada).

[25] Ver o tratamento enciclopédico desses problemas pelo meu amigo Fritz Machlup em *The Political Economy of Monopoly* (Baltimore: John Hopkins Press, 1952).

[26] Ver, sobretudo, J. Schumpeter, *Capitalism, Socialism, and Democracy* (Nova York, 1942), cap. VII.

[27] *The Road to Serfdom*, cap. IV.

[28] Cf. F. H. Knight, "Conflict of Values: Freedom and Justice", *Goals of Economic Life*, ed. A. Dudley Ward (Nova York, 1953), p. 224: "O público tem ideias exageradas sobre monopólio como mau e remediável, e falar na sua 'abolição' só mostra ignorância e irresponsabilidade. Não existe uma linha clara entre o lucro legítimo e necessário e o ganho do monopólio que determine uma ação para resolver um problema. Qualquer médico ou artista de reputação tem um monopólio, e os monopólios são deliberadamente concedidos pela lei para encorajar a invenção e outras atividades criativas. Por último, a maioria dos monopólios funciona como 'patentes' etc., e são temporários e normalmente contrabalanceados por prejuízos. Além disso, as piores restrições monopolistas são as organizadas pelos assalariados e pelos camponeses com a conivência ou o apoio direto do governo e com a aprovação do público". Cf. também a afirmação do mesmo autor em "The Meaning of Freedom", *Ethics*, LII (1941-1942), 103: "É necessário afirmar que o papel do 'monopólio' na vida econômica atual é extraordinariamente exagerado na opinião popular e que grande parte do monopólio real, e sobretudo a sua pior parte, deve-se às atividades do governo. De forma geral (e em especial nos Estados Unidos com o *New Deal*), essas atividades chegaram a promover (ou até a criar diretamente) monopólios em vez de criar ou de implementar condições para a concorrência no mercado. Concorrência significa apenas a liberdade do indivíduo para 'negociar' com todos os outros indivíduos e para escolher as melhores condições entre todas as oferecidas".

## 18. Sindicatos e emprego

A citação da epígrafe foi retirada de H. C. Simons, "Hansel on Fiscal Policy", reed. de J. P. E., vol. L (1942), em *Economic Policy for a Free Society* (Chicago: University of Chicago Press, 1948), p. 193.

[1] Incluindo os economistas políticos mais "ortodoxos", que invariavelmente apoiavam a liberdade de associação. Ver, em especial, a discussão em J. R. McCulloch, *Treatise on the Circumstances Which Determine the Rate of Wages and the Condition of the Labouring Classes* (Londres, 1851), pp. 79-89), com ênfase na associação *voluntária*. Para uma descrição abrangente da atitude liberal clássica em relação aos problemas legais implicados, ver Ludwig Bamberger, *Die Arbeiterfrage unter dem Gesichtspunkte des Vereinsrechtes* (Stuttgart, 1873).

[2] É característica a descrição da atitude "liberal" em relação aos sindicatos em C. W. Mills, *The New Men of Power* (Nova York, 1948), p. 21: "Em muitas mentes liberais, parece haver uma voz que lhes suspira: 'Não vou criticar os sindicatos nem os seus dirigentes. É uma linha intransponível'. Devem julgar que isso os distingue da maioria do Partido Republicano e dos democratas de direita, que isso os mantém à esquerda e socialmente puros".

[3] A. V. Dicey, Introdução à 2. ed. do seu *Law and Opinion*, pp. xlv-xlvi. Continua ao dizer que a lei "faz de um sindicato um organismo privilegiado isento da lei ordinária do país. Nenhum organismo assim privilegiado fora alguma vez criado por um parlamento inglês [e que] estimula entre os trabalhadores a ilusão fatal de que devem visar não a igualdade, mas o privilégio". Cf. também o comentário à mesma lei, trinta anos depois, por J. A. Schumpeter, *Capitalism, Socialism, and Democracy* (Nova York, 1942), p. 321: "É difícil, no momento atual, imaginar o impacto dessa medida nas pessoas que ainda acreditavam num Estado e num sistema legal centrado na instituição da propriedade privada. Pois, ao relaxar a lei da conspiração a respeito do piquete pacífico — que, praticamente, equivalia à legalização da ação sindical que implicava a ameaça do uso da força — e ao isentar os fundos dos sindicatos das custas por danos — o que equivalia a decretar que os sindicatos não podiam causar danos —, essa medida entregou aos sindicatos parte da autoridade do Estado e concedeu-lhes uma posição de privilégio que a extensão formal da isenção aos sindicatos patronais não conseguiu afetar". Ainda mais recentemente, o presidente do Tribunal Supremo da Irlanda do Norte disse acerca da mesma lei (Lord MacDermott, *Protection from Power under English Law*. Londres, 1957, p. 174): "Em suma, colocou o sindicalismo na mesma posição privilegiada de que a Coroa gozava há dez anos a respeito de atos ilegais cometidos em seu nome".

[4] Roscoe Pound, *Legal Immunities of Labor Unions* (Washington: American Enterprise Association, 1957), p. 23, reeditado em E. H. Chamberlin e outros, *Labor Unions and Public Policy* (Washington: American Enterprise Association, 1958).

[5] Voto contra do juiz Jackson em *Hunt vs. Crumboch*, 325 U. S. 831 (1946).

[6] L. von Mises, *Die Gemeinwitschaft* (2. ed.; Iena, 1932), p. 447.

[7] Poucos simpatizantes liberais dos sindicatos ousariam exprimir a verdade óbvia como afirmou francamente uma corajosa mulher do movimento trabalhista britânico, nomeadamente que "a natureza de um sindicato é ser antissocial; os membros teriam razão de queixa se os seus dirigentes e comitês deixassem de colocar os interesses setoriais em primeiro lugar" (Barbara Wootoon, *Freedom under Planning* [Londres, 1945], p. 97). Sobre os abusos flagrantes do poder sindical nos Estados Unidos, que não desenvolverei aqui, ver Sylvester Petro, *Power Unlimited: The Corruption of Union Leadership* (Nova York, 1959).

[8] Neste capítulo, mais do que em todos os outros, tomarei como base um corpo de opinião que está se formando gradualmente entre cada vez mais estudiosos dessas matérias — indivíduos cuja formação e interesses são pelo menos tão simpatizantes com as verdadeiras preocupações dos trabalhadores quanto aqueles que, no passado, defendiam os privilégios dos sindicatos. Ver, em especial, W. H. Hutt, *The Theory of Collective Bargaining* (Londres, 1930), e *Economists and the Public* (Londres, 1936); H. C. Simons, "Some Reflections on Syndicalism", *J. P. E.* vol. LII (1944), reeditado em *Economic Policy for a Free Society*; J. T. Dunlop, *Wage Determination under Trade Unions* (Nova York, 1944); *Economic Institute on Wage Determination and the Economics of Liberalism* (Washington: Chamber of Commerce of the United States, 1947) (em especial as contribuições de Jacob Viner e Fritz Machlup); Leo Wolman, *Industry-wide Bargaining* (Irvington-on-Hudson, Nova York: Foundation for Economic Education, 1948); C. E. Lindblom, *Unions and Capitalism* (New Haven: Yale University Press, 1949) (cf. as resenhas a esse livro por A. Director, *University of Chicago Review*, vol. XVIII, 1950; por J. T. Dunlop em *A. E. R.*, vol. XL, 1950; e por Albert Rees, em *J. P. E.*, vol. LVIII, 1950); *The Impact of the Union*, ed.

David McCord Wright (Nova York, 1951 [em especial, as contribuições de M. Friedman e G. Haberler]); Fritz Machlup, *The Political Economy of Monopoly* (Baltimore: John Hopkins Press, 1952); D. R. Richberg, *Labor Union Monopoly* (Chicago, 1957); Sylvester Petro, *The Labor Policy of the Free Society* (Nova York, 1957); E. H. Chamberlin, *The Economic Analysis of Labor Power* (1958), P. D. Bradley, *Involuntary Participation in Unionism* (1956), e G. D. Reilley, *State Rights and the Law of Labor Relations* (1966), os três publicados pela American Contribuiprise Association (Washington, 1958) e reeditados juntamente com o opúsculo de Roscoe Poud citado na n. 4 no volume aí citado; B. C. Roberts, *Trade Unions in a Free Society* (Londres, Institute of Economic affairs, 1959); e John Davenport, "Labor Unions in the Free Society", *Fortune*, abril de 1959, e "Labor and the Law", *ibid.*, maio de 1959. Acerca da teoria geral dos salários e dos limites dos poderes dos sindicatos, ver também J. R. Hicks, *The Theory of Wages* (Londres, 1932); R. Strigl, *Angewandte Lahntheorie* (Leipzig e Viena, 1926); e *The Theory of Wage Determination*, ed. J. T. Dunlop (Londres, 1957).

[9] Ver, em especial, as obras de H. C. Simons e W. H. Hutt citadas na nota anterior. Por muito limitada que tenha sido a validade do velho argumento acerca da necessidade de "equilibrar o poder de negociação" pela formação de sindicatos, foi certamente destruído, por um lado, pelo aumento moderno da dimensão e especificidade do investimento do empregador e, por outro, pela mobilidade crescente da mão de obra (possibilitada pelo automóvel).

[10] Isso deve ser enfatizado em especial contra o argumento de Lindblom na obra citada na n. 8.

[11] Chamberlin, *op. cit*, pp. 4-5, sublinha com razão que "não há dúvida de que um dos efeitos da política sindical [...] é diminuir ainda mais o rendimento real dos grupos com menores remunerações reais, incluindo não só os que recebem salários baixos, mas também outros elementos da sociedade como os trabalhadores independentes e os pequenos empresários".

[12] Cf. F. Machlup nos dois estudos citados na n. 8.

[13] Um exemplo notório disso nos tempos recentes é o caso dos empregados domésticos não organizados, cujos salários anuais médios (como observado por M. Friedman em *The Impact of the Union*, de D. Wright, p. 224) nos Estados Unidos em 1947 eram 2,72 vezes mais elevados do que em 1939, enquanto, no fim do mesmo período, os salários dos operários metalúrgicos muito organizados subiram apenas 1,98 vez em relação ao nível inicial.

[14] Cf. Bradley, *op. cit.*

[15] Cf. S. P. Sobotka, "Union Influence on Wages: The Construction Industry", *J. P. E.*, vol. LXI (1953).

[16] Seria difícil exagerar em que medida os sindicatos impedem a experimentação e a introdução gradual de novos acordos que poderiam ser de interesse mútuo dos patrões e empregados. Por exemplo, em certos setores, poderia ser do interesse de ambos concordar com "salários anuais garantidos" se os sindicatos permitissem que os indivíduos sacrificassem o valor dos salários em troca de um nível maior de segurança.

[17] Para ilustrar a natureza de grande parte da negociação salarial nos Estados Unidos, E. H. Chamberlin, no ensaio citado na n. 8 deste capítulo, p. 41, usa uma analogia excelente: "Podemos ter uma ideia do que está aqui implicado se imaginarmos uma aplicação das técnicas do mercado de trabalho em outra área. Se A negociar com B a venda da sua casa, e se A gozasse dos privilégios de um sindicato moderno, poderia (1) conspirar com todos os outros proprietários de casas a fim de que estes não fizessem ofertas alternativas a B, usando violência ou ameaça de violência se necessário para impedi-las; (2) privar B do acesso a outras ofertas alternativas; (3) cercar a casa de B e bloquear todos os fornecimentos de comida (exceto por correio); impedir todas as saídas da casa de B, de maneira que, se este fosse, por exemplo, um médico, não pudesse vender seus serviços e ganhar a vida; e (5) instituir um boicote às atividades profissionais de B. Todos esses privilégios, se A pudesse usá-los, reforçariam a sua posição. Mas ninguém os veria como parte da "negociação" — salvo se A fosse um sindicato".

[18] Cf. Petro, *op. cit.*, p. 51: "Os sindicatos podem servir, e servem, a objetivos úteis, e ainda só usaram uma parte minúscula da sua utilidade potencial para os empregados. Quando se interessarem realmente em servir aos empregados, em vez de granjearem má reputação ao exercerem coerção e ao abusarem dos empregados, terão muito menos dificuldade do que agora de garantir e manter novos membros. Na situação atual, a insistência dos sindicatos no *closed shop* equivale a uma admissão de que os sindicatos não estão cumprindo bem suas funções".

[9] Cf. C. I. "Functions and Pathology of Status Systems in Formal Organizations", em *Industry and Society*, ed. W. F. Whyte (Nova York, 1946), reeditado em *Organization and Management*, de Barnard (Cambridge: Harvard University Press, 1949).

[20] Cf. Sumner Slichter, *Trade Union in a Free Society* (Cambridge, Mass., 1947), p. 12, em que se afirma que essas normas "introduzem no setor o equivalente aos direitos civis e que ampliam bastante o campo de atividades humanas que são regidas pelo

# NOTAS

estado de direito e não por desejos ou caprichos". Ver também A. W. Gouldner, *Patterns of Industrial Bureaucracy* (Glencoe, III, 1954), em especial a discussão relativa à "administração pela norma".

[21] Ver, em especial, Franz Böhm, "Das wirtschaftliche Mitbestimungsrecht der Arbeiter im Betrieg", *Ordo*, vol. IV (1951); e Goetz Briefs, *Zwischen Kapitalismus und Syndikalismus* (Berna, 1952).

[22] Ver os ensaios de J. Viner, G. Haberler e M. Friedman, e o livro de S. Petro citado na n. 8 deste capítulo.

[23] Esses contratos que vinculam terceiros são tão censuráveis nessa área quanto a obrigatoriedade de manutenção dos preços para os não signatários de acordos ao abrigo de leis do "comércio justo".

[24] Essa legislação, para ser coerente com os nossos princípios, não deveria ir além de declarar a invalidade de certos contratos, o que é suficiente para remover qualquer pretexto de ação para obtê-los. Ao contrário daquilo que as leis de "direito ao trabalho" possam sugerir, não deveria possibilitar que os indivíduos exigissem um emprego específico, ou sequer (como fazem algumas leis vigentes em certos estados americanos) conferir um direito de indenização de danos no caso de um emprego ter sido negado a um indivíduo, quando essa negação não é ilegal por outras razões. As objeções contra essas disposições são as mesmas que se aplicam às leis relativas às "práticas justas de emprego".

[25] Ver A. Lenhoff, "The Problem of Compulsory Unionism in Europe", *American Journal of Comparative Law*, vol. V (1956).

[26] Ver Petro, *op. cit.*, em esp. pp 235 ss. e 282.

[27] Ver os artigos de G. Haberler e os meus em *Problems of The United States Economic Development*, ed. do *Committee for Economic Devlopment*, vol. I (Nova York, 1958).

[28] Cf. Arthur J. Brown, *The Great Inflation, 1939-1951* (Londres, 1955).

[29] Ver J. R. Hicks, "Economic Foundations of Wage Policy", *E. J.*, vol. LXV (1955), em especial p. 391: "Vivemos agora num mundo em que o sistema monetário se tornou relativamente flexível, de maneira que possa ajustar-se às alterações salariais, e não o contrário. Em vez de os salários reais terem de se ajustar a um nível de equilíbrio, a política monetária ajusta o nível de equilíbrio dos salários nominais para que estes se ajustem ao nível atual. Não é exagero dizer que, em vez de seguirmos um padrão--ouro, seguimos um padrão-mão de obra". Ver também, do mesmo autor, o artigo "The Instability of Wages", *Three Banks Review*, n.º 31 (setembro de 1956).

[30] Ver W. Beveridge, *Full Employment in a Free Society* (Londres, 1944); M. Joseph e N. Kaldor, *Economic Reconstruction after the War* (manuais publicados para a Association for Education in Citizenship. Londres, s.d.); Barbara Wootton, *The Social Foundations of Wage Policy* (Londres, 1955); e, sobre a situação atual da discussão, D. T. Jack, "Is a Wage Policy Desirable and Practicable?", *E. J.*, vol. LXVII (1957). Parece que alguns dos defensores desse desenvolvimento imaginam que essa política salarial será conduzida pelos "trabalhadores", o que significa pela ação conjunta de todos os sindicatos. Isso não parece ser uma ideia provável nem viável. Muitos grupos de trabalhadores rejeitariam logo o fato de os seus salários relativos serem determinados por um voto maioritário de todos os trabalhadores, e, se o governo permitisse este sistema, transferiria, com efeito, todo o controle da política econômica para os sindicatos.

[31] Ver, por exemplo, Barbara Wootton, *Freedom under Planning*, p. 101: "No entanto, o uso constante de termos como 'justo' é muito subjetivo: não implica nenhum modelo ético geralmente aceito. Assim, o infeliz árbitro, que tem o dever de agir de forma 'justa e imparcial', terá de revelar essas qualidades em circunstâncias em que não têm sentido; pois só há justiça e imparcialidade em termos de um código aceito. Ninguém pode ser imparcial num vazio. Só se pode arbitrar um jogo de críquete porque existem regras, ou um combate de pugilismo quando certos golpes, como os abaixo da cintura, são proibidos. Portanto, quando, como nas determinações dos salários, não há regras nem código, a única interpretação possível da imparcialidade é o conservadorismo". Ver também Kenneth F. Walker, *Industrial Relations in Australia* (Cambridge: Harvard University Press, 1956), p. 362: "Os tribunais industriais, ao contrário dos tribunais ordinários, são chamados a decidir questões acerca das quais não só não existe lei definida, como também não há modelos de equidade ou de justiça geralmente aceitos". Cf. também Gertrud Williams [Lady Williams], "The Myth of "Fair" Wages", *E. J.*, vol. LXVI (1956).

[32] Ver Petro, *op. cit.* pp. 262 ss., em especial p. 264: "Mostrarei neste capítulo que o estado de direito não existe nas relações laborais; que, nessa área, só em casos excepcionais um indivíduo tem o direito de ser ouvido em tribunal, por muito ilegal que tenha sido a ação que lhe causou danos"; e p. 272: "O Congresso deu ao NLRB [National Labor Relations Board] e ao seu Conselho Geral poder arbitrário para negar audiência a pessoas lesadas; fechou os tribunais federais a indivíduos lesados por conduta proibida segundo a lei federal. O Congresso, porém, não impediu que as pessoas ilegalmente

# A CONSTITUIÇÃO DA LIBERDADE

lesadas procurassem reparação nos tribunais estaduais. Esse golpe ao ideal de que todos os homens têm direito a ser ouvidos em tribunal foi desferido pelo Supremo Tribunal".

[33] Em 1955, o presidente do English Trade Union Congress, Charles Geddes, afirmou: "Não acredito que o movimento sindical da Grã-Bretanha possa viver durante muito mais tempo com base na compulsão. Terão as pessoas de estar filiadas ou morrer de fome, gostem ou não das nossas políticas? Não. Penso que a filiação sindical é uma honra conferida, e não uma insígnia que obrigue os indivíduos a agir de determinada maneira, queiram ou não. Queremos o direito de excluir pessoas do nosso sindicato se necessário e não podemos fazer isso com base no 'filia-te ou morre de fome'".

## 19. Previdência social

A citação da epígrafe foi retirada do *The Economist* (Londres), 15 de março de 1958, p. 918.

[1] Cf. o que Alfred Marshall disse sensatamente sobre um sistema universal de pensões perante a Comissão Real para os Pobres Idosos (1893) (*Official Papers by Alfred Marshall*, ed. J. M. Keynes. Londres, 1926), p. 24: "A minha objeção às pensões é que o seu efeito pedagógico, embora verdadeiro, seria indireto; seriam dispendiosas; e não contêm em si mesmas as sementes do seu próprio desaparecimento. Receio que, se implementadas, tenderão a se tornar perpétuas. Vejo todo esse problema da pobreza como um mero mal passageiro no progresso do homem; e não gostaria de ver implantada uma instituição que não contivesse em si mesma as causas que a fariam desaparecer, conforme as próprias causas da pobreza também fossem desaparecendo".

[2] Cf. Eveline M. Burns, "Private and Social Insurance and the Problem of Social Security", reeditado de *Canadian Welfare*, 1ª de fevereiro e 15 de março de 1953, em *Analysis of the Social Security System: Hearings before a Subcommittee of the Committee on Ways and Means, House of Representatives* (83º Congresso, 1ª Sessão), n.º 38 458. Washington: Government Printing Office, 1954), p. 1475: "Já não se trata de oferecer a cada indivíduo uma escolha quanto à proteção que pode comprar com base na gama de prêmios resultantes dos cálculos do atuário. Ao contrário do segurador privado, o governo não está limitado pelo medo da concorrência e pode, de forma segura, oferecer benefícios diferentes em troca de contribuições uniformes ou discriminar certos grupos segurados. [...] No seguro privado, o objetivo é fazer lucro com a venda de um serviço que as pessoas querem. O critério essencial que rege todas as decisões relativas a termos e condições é o seu efeito sobre a sobrevivência da companhia. Obviamente, para que a companhia continue a operar num mundo concorrencial, tem de oferecer serviços que as pessoas julguem valer a pena pagar e gerir os seus negócios de maneira que as garantias oferecidas sejam honradas nos termos contratuais. [...] Na previdência social, o objetivo é diferente". Cf. também, da mesma autora, "Social Insurance in Evolution", *A. E. R.*, vol. XLV, Sup. (1944); e o seu *Social Security and Public Policy* (Nova York, 1956); e W. Hagenbuch, *Social Economics* (Cambridge: Cambridge University Press, 1958), p. 198.

[3] L. Meriam e K. Schlotterbeck, *The Cost and Financing of Social Security* (1950), p. 8: "A adoção do termo 'seguro' pelos proponentes da previdência social foi um golpe de gênio promocional. Assim, a previdência social tirou partido da boa imagem dos seguros privados e, com o estabelecimento de um fundo de reserva, revestiu-se de uma aura de solidez financeira. Na verdade, porém, a solidez do seguro de velhice e de vida assenta-se não no Fundo de Previdência da Segurança Social, mas no poder federal de cobrar impostos e de contrair empréstimos".

[4] Cf. as declarações do dr. A. J. Altmeyer, comissário da Previdência Social dos EUA e, durante algum tempo, presidente do Conselho de Administração da Previdência Social, no documento citado na n. 2 deste capítulo, p. 1407: "Não estou sugerindo que a previdência social seja usada principalmente como método de redistribuição de renda. Esse problema tem de ser abordado de forma direta e franca por meio de impostos progressivos. [...] Mas também sou a favor de que uma imposição de impostos progressivos cubra boa parte do custo dos benefícios da previdência social". De forma similar, M. P. Laroque, "From Social Insurance to Social Security: Evolution in France", *International Labour Review*, LVII (junho de 1948), 588: "O plano francês de previdência social visava essencialmente à introdução de um pouco mais de justiça na distribuição da riqueza nacional"; e G. Weisser, "Soziale Sicherheit", *Handwörterbuch der Sozialwissenschaften*, IX (1956), 401: "*Ein weiterer Wesenszug der Sicherungssysteme ist unter kulturellen Gesichtspunkten beachtlich. Diese Systeme verwenden Teile des Volkseinkommens zwangsweise zur Deckung eines bestimmten Bedarfs, der für objective gegeben gehalten wird*". Ver também A. Müller-Armack, "Soziale Markwirtschaft", *ibid.*, p. 391: "*Der marktwirtschaftliche Einkommensprozess bietet der Sozialpolitik ein tragfähiges Fundament*

## NOTAS

*für eine Staatliche Einkommenumleitung, die in Form von Fürsorgeleistungen, Renten, und Lastenausgleichszahlungen, Wohnungsbauzuschüssen, Subventionen u.s.w* [...] *die Einkommensverteilung korrigiert*".

[5] No nosso espaço limitado, é impossível mostrar de forma detalhada como os objetivos ambiciosos dos esquemas estatais de previdência social tornam inevitável a concessão de amplos poderes discricionários e coercitivos às autoridades. Alguns desses problemas são claramente descritos na tentativa interessante de A. D. Watson, em *The Principles Which Should Govern the Structure and Provisions of a Scheme of Unemployment Insurance* (Otava: Unemployment Insurance Commission, 1948), de construir um sistema de seguro privado que visava aos mesmos fins. Sobre isso, E. M. Burns, no documento citado na n. 2 deste capítulo, p. 1474, comenta: "Assim, A. D. Watson, o autor daquele que é, provavelmente, o esforço mais sustentado e coerente de relacionar o seguro social com o privado, afirma: 'A transgressão dos princípios sólidos do seguro conduz ao caos, de onde poderá não haver regresso'. No entanto, no esforço de conceber disposições específicas para uma lei do seguro de desemprego, até este autor se vê obrigado a regressar a princípios que funcionam em termos daquilo que é 'razoável', 'viável em termos administrativos' ou 'justo em termos práticos'. Mas essas palavras só podem ser interpretadas em função de um objetivo subjacente, de um ambiente social específico e de um conjunto de valores sociais predominantes. A decisão quanto ao que é especificamente 'razoável' implica assim um equilíbrio de interesses e objetivos". A dificuldade só surge quando se julga que um sistema de seguros privados deve providenciar tudo o que um sistema estatal de seguros providencia. Mesmo com objetivos mais limitados, os sistemas privados e concorrenciais podem ainda ser preferíveis.

[6] Um exemplo de como essa crença errônea orientou a política nos Estados Unidos é dado em Dillard Stokes, *Social Security — Fact and Fancy* (Chicago, 1956). Outros exemplos podem ser dados em relação à Grã-Bretanha.

[7] Ver Meriam e Schlotterbeck, *op. cit.*, pp. 9-10, em que se diz que a mais recente legislação norte-americana relativa à previdência social "foi aprovada na Câmara dos Representantes em 5 de outubro de 1949, de acordo com uma norma que não permitia propostas de emendas pelos representantes ou pelos membros da minoria do Ways and Means Committee. A posição tomada, não sem mérito substancial, foi de que o projeto-lei H. R. 6000 era muito complexo e técnico para sofrer emendas pontuais por pessoas não familiarizadas com todas as suas complexidades".

[8] Cf. L. von Mises, *Human Action* (New Haven Yale University Press, 1949), p. 613: "Pode se tentar justificar [tal sistema de previdência social] declarando que os assalariados não têm discernimento nem força moral para tomarem espontaneamente providências quanto ao seu futuro. No entanto, não é fácil calar as vozes dos que perguntam se não será paradoxal confiar o bem-estar da nação às decisões de eleitores que a própria lei considera incapazes de gerirem os próprios assuntos; se não será absurdo confiar a condução suprema do governo a pessoas que, manifestamente, precisam de um guardião para impedi-las de dependerem seus rendimentos de forma leviana. Será sensato conceder aos detidos o direito de elegerem os seus guardas?".

[9] Um exemplo esclarecedor disso foi dado há uns anos, numa área relacionada, pela recepção de um simpósio acerca d' *O impacto da União*, em que participaram alguns dos economistas mais distintos do nosso tempo. Embora apresentasse as análises mais profundas de um dos nossos problemas econômicos mais prementes, foi tratado de forma paternalista e condescendente pelos "especialistas em relações laborais".

[10] Existe ainda outro efeito da ação do especialista que merece uma breve consideração. Qualquer desenvolvimento orientado pelas decisões sucessivas de uma série de diferentes especialistas que trabalham na mesma organização será levado mais longe porque enfrenta menos obstáculos reais do que aconteceria num mundo competitivo. Quando os especialistas médicos dizem que isto ou aquilo é necessário e "tem" de ser feito, trata-se de um dado em que o especialista em administração baseará a sua decisão; e, do mesmo modo, aquilo que este decide ser administrativamente necessário se torna o dado a partir do qual o jurista elaborará a lei, e assim sucessivamente. Nenhum desses diferentes especialistas pode se sentir em posição de olhar para o todo nem, tendo em vista o resultado global, ignorar aquilo que cada um dos outros especialistas considera que "tem de" ser feito. No passado, quando as coisas eram mais simples e a norma era que "o especialista deve aconselhar, mas não mandar", isso era função do chefe político do departamento governamental em causa. A complexidade das medidas modernas torna-o quase impotente face ao conjunto dos especialistas. Em consequência, as medidas resultantes são cada vez mais não o resultado da coordenação e de decisões mutuamente ajustadas, mas o produto de um somatório, no qual

# A CONSTITUIÇÃO DA LIBERDADE

uma decisão torna a outra inevitável, ainda que isso não fosse previsto por quem tomou a primeira, um processo no qual ninguém tem o poder para dizer "Chega!". As medidas resultantes não se baseiam no tipo de divisão do trabalho em que, a cada passo, um indivíduo tem a liberdade de aceitar ou rejeitar, como base para a sua decisão, aquilo que outros lhe oferecem. O sistema único resultante, para o qual não há alternativa, é determinado pelas necessidades internas desse processo, que pouco tem a ver com qualquer compreensão do todo por uma pessoa.

De fato, não há dúvida de que, para tarefas da dimensão, por exemplo, do fornecimento de serviços médicos a toda a nação, uma única organização abrangente não é o método mais eficiente, mesmo para a utilização de todo o conhecimento já disponível; tampouco é o método mais conducente a um desenvolvimento rápido e à transmissão de novos conhecimentos. Tal como em muitas outras áreas, a complexidade da tarefa requer uma técnica de coordenação que não se baseie no domínio e controle consciente das partes por uma autoridade dirigente, mas que seja orientada por um mecanismo impessoal.

[11] J. Schreiegg, *Die Versicherung als geistige Schöpfung des Wirtschaftslebens* (Leipzig e Berlim, 1934), pp. 59-60.

[12] Acerca do desenvolvimento dos sistemas privados de pensões na Grã-Bretanha, ver, em especial, o *Report of the Committee on the Economic and Financial Problems of the Provisions for Old Age* (Londres: H. M. Stationery Office, 1954; Cmd. 9333), e o resumo das suas conclusões em A. Seldon, *Pensions in a Free Society* (Londres: Institute of Economic Affairs, 1957), p. 4, em que é afirmado que "em 1936, cerca de 1.800.000 pessoas estavam cobertas na indústria e no comércio. Em 1951, cerca de 6.300.000 pessoas estavam cobertas, 3.900.000 no setor provado e 2.400.000 no setor público. Em 1953-1954, o total aumentara para 7.100.000. Atualmente (junho de 1957), são quase 8.500.000. Nestes, incluem-se cerca de 5.500.000 no setor privado". As transformações americanas nessa área são ainda mais impressionantes, mas o fato mais significativo aqui é o desenvolvimento rápido de novos tipos de seguros de saúde (ver C. C. Nash, "The Contribution of Life Insurance to Social Security in the United States", *International Labour Review*, vol. LXXII, julho de 1955).

[13] Infelizmente, não existem equivalentes convenientes para traduzir os termos alemães que descrevem esses estágios, como *Fürsorge, Versicherung* e *Versorgung*; ver H. Achinger, *Soziale Sicherheit* (Stuttgart, 1953), p. 35, e cf. a contribuição do mesmo autor para o volume coletivo, *Neurodnung der sozialen Leistungen* (Colônia, 1955), e K. H. Hansmeyer, *Der Weg zum Wohlfahrtsstaat* (Frankfurt, 1957).

[14] Para numerosos exemplos disso, ver Stokes, *op. cit.*

[15] Cf. as passagens citadas na n. 4 deste capítulo e, em relação ao fato de esse objetivo ter sido alcançado em vários países, ver A. T. Peacock (ed.), *Income Redistribution and Social Policy* (Londres, 1954).

[16] Além de muitas das publicações da Organização Mundial do Trabalho, o luxuoso volume *Freedom and Welfare: Social Patterns in the Northern Countries of Europe*, ed. G. R. Nelson e apoiado pelos ministérios dos Assuntos Sociais da Dinamarca, Finlândia, Islândia, Noruega e Suécia (1953) (sem lugar de publicação), é um exemplo claro dessa propaganda em escala internacional, cujo financiamento seria interessante investigar.

[17] Bank of International Settlements, *24th Annual Report* (Basileia, 1954), p. 46.

[18] Ver Laroque, *op. cit.*, e G. Rottier na obra citada em Peacock, *op. cit.*, p. 98.

[19] Weisser, *op. cit.*, p. 407. As percentagens correspondentes do rendimento nacional afetado, por volta de 1950, nos cinco maiores países de língua inglesa, são dadas por E. M. Burns, *Social Security and Public Policy*, p. 5: 7,3 na Austrália, 7,99 no Canadá, 11,87 no Reino Unido, 13,18 na Nova Zelândia e 5,53 nos Estados Unidos. Em "Free Trade and Social Security", *Planning*, n.º 412 (1957), podemos ver os valores em alguns países europeus: 20 na Alemanha, 16,5 na França, 15,8 na Áustria, 11,3 na Itália, 11 no Reino Unido e 10 na Suíça.

[20] Na Bélgica, ao que parece, os trabalhadores e empregados puseram termo a esse desenvolvimento depois de, ao longo de doze anos, o encargo ter aumentado de 25% para 41% dos salários (Ver W. Roepke, *Jenseits von Angebot und Nachfrage* [Erlenbach e Zurique, 1958], p. 295).

[21] Ver A. T. Peacock, *The Economics of National Insurance* (Londres, 1952).

[22] Cf. Stokes, *op. cit.*, pp. 89 ss.

[23] Ver Henry D. Allen, "The Proper Federal Function in Security for the Aged", *American Social Security*, x (1953), 50.

[24] Ver, por exemplo, *Wall Street Journal*, 2 de janeiro de 1958, coluna intitulada: "Social Security. With Elections Near, Chances Grow for New Increase in Benefits. Congress May Hike Monthly Check 5% or 10%" etc. A previsão revelou-se correta.

[25] *National Superannuation: Labour's Policy for Security in Old Age* (Londres: Partido Trabalhista, 1957), p. 30.

# NOTAS

[26] *Ibid.*, pp. 104 e 106.

[27] A expressão mais característica dessa ideia encontra-se no "Beveridge Report" (*Social Insurance and Allied Services: Report by William Beveridge*. Londres: H. M. Stationery Office, 1942; Cmd. 6404. seções 426-439), em que se propõe que o serviço nacional de saúde deve "garantir a cada cidadão todos os tratamentos de que este necessitar, em todas as formas que quiser, domiciliária ou institucional, por clínicos gerais ou especialistas", e que deve constituir "um serviço de saúde capaz de oferecer todos os tipos de tratamentos preventivos e curativos a todos os cidadãos sem exceções, sem limites de remuneração e sem barreira econômica que possa impedi-los de recorrer ao sistema". Podemos observar aqui que o custo anual do serviço proposto calculado no Beveridge Report em 170 milhões de libras é agora superior a 450 milhões de libras. Ver B. Abel-Smith e R. M. Titmuss, *The Cost of the National Health Service in England and Wales* (Cambridge: Cambridge University Press, 1956), e *Report of the Committee of Enquiry into the Cost of the National Health Service* ("Guillebaud Report") (Londres: H. M. Sationery Office, 1956; Cmd. 9663); cf. também C. A. R. Crosland, *The Future of Socialism* (Londres, 1956), pp. 120 e 135.

[28] Cf. Frangcon Roberts, *The Cost of Health* (Londres, 1952), e W. Bosch, *Arzt, Kasse* (Heidelgerba, 1954); ver também L. von Mises, *Socialism* (nova ed.; New Haven: Yale University Press, 1951), pp. 476 ss.; e a literatura alemã menos recente aqui citada.

[29] Ver Roberts, *op. cit.*, p. 129. Cf. também J. Jewkes, "The Economist and Economic Change", em *Economics and Public Policy* (Washington, D.C., 1995), p. 96: "A questão econômica importante [sobre o Serviço Nacional de Saúde da Grã-Bretanha] é a seguinte: se houver um serviço cuja procura gratuita for quase infinitamente grande, se não se tomarem medidas para aumentar a oferta, se a curva dos custos aumentar depressa, se cada cidadão tiver garantido por lei o melhor serviço médico possível e se não houver um método claro de racionalização, o que acontecerá? Não me recordo de algum economista britânico ter levantado essas questões simples antes da implementação do sistema, e, depois, foram os próprios médicos, e não os economistas, que levantaram essas questões".

[30] Cf. Roberts, *op. cit.*, p. 116: "A nossa pesquisa mostrou que a medicina, tendo se ligado à ciência, adquiriu a propriedade de expansão perpétua em velocidade crescente; que esse processo é acentuado pelo seu próprio sucesso no sentido em que promove o prolongamento da vida num estado de sobrevivência medicada, e não a cura; e que outros fatores que contribuem para a expansão da medicina são o aumento do nível de vida e a emoção e o sentimento inseparáveis da contemplação da doença".

[31] *Ibid.*, p. 136. "Um homem de oitenta anos com uma fratura na anca requer admissão imediata no hospital, onde terá de permanecer durante muito tempo. Por outro lado, o indivíduo que poderia ser tratado, com um breve internamento no hospital, de um pequeno mau jeito físico que lhe prejudica a capacidade de trabalhar poderá ter de esperar muito tempo". O doutor Roberts continua: "Essa visão econômica da arte de curar pode parecer cruel. De fato, essa acusação seria justificada se o nosso objetivo fosse o bem-estar do Estado visto como uma entidade sobre-humana; e será desnecessário dizer que o médico não se preocupa com o valor econômico dos seus pacientes. Nosso objetivo, porém, é o bem-estar dos membros do Estado; e como os nossos recursos são insuficientes para podermos tratar todas as doenças com a eficiência que, em condições mais felizes, o avanço da ciência possibilitaria, somos obrigados a encontrar um equilíbrio entre os benefícios diretos em curto prazo para o indivíduo e os benefícios de longo prazo que nele se refletem".

[32] Ver Mark G. Field, *Doctor and Patient in Soviet Russia* (Cambridge: Harvard University Press, 1957).

[33] Cf. E. M. Burns, "Social Insurance in Evolution".

[34] Como observou há algum tempo um dos melhores estudiosos dessas questões, J. R. Hicks ("The Pursuit of Economic Freedom", em *What We Defend*, ed. E. F. Jacob. Oxford: Oxford University Press, 1942, p. 105): "Uma das razões por que temos níveis elevados de desemprego [...] é consequência direta da nossa política social progressista; a elaboração das nossas estatísticas do desemprego está intimamente relacionada com a administração do subsídio de desemprego, e o direito a esse subsídio é concedido de forma muito generosa".

[35] Ver Colin Clark, *Welfare and Taxation* (Oxford, 1954), p. 25.

[36] Cf. Barbara Wootton, "The Labour Party and the Social Services", *Political Quarterly*, xxiv (1953), 65: "A concepção futura dos serviços sociais implica uma decisão mais clara acerca da finalidade desses serviços. Em particular, devem contribuir para uma política de igualdade social? Ou são apenas parte do programa nacional mínimo enunciado no trabalho inicial dos Webbs — medidas para garantir que ninguém passe fome, ou que não tenha dinheiro para consultar um médico ou para receber uma educação rudimentar? São as respostas a essas questões que devem reger todo o futuro dos nossos serviços sociais".

# A CONSTITUIÇÃO DA LIBERDADE

[37] Vale a pena recordar aqui a doutrina clássica sobre essas matérias, tal como descrita por Edmund Burke, *Thoughts and Details on Scarcity*, *Works*, vii, 390-91: "Sempre que um homem nada pode reclamar de acordo com as regras do comércio e com os princípios de justiça, sai desse departamento e entra na jurisdição da misericórdia".
As melhores análises que conheço acerca das tendências presentes nessa área estão contidas num ensaio de W. Hagenbuch, "The Rationale of the Social Services", *Lloyds B. R.*, julho de 1953 (parcialmente reproduzido no Epílogo, do mesmo autor, de *Social Economics*. Cambridge: Cambridge University Press, 1958), em que afirma (pp. 9-12) que, "sem nos darmos conta, podemos ficar permanentemente dependentes do Estado em relação a certas necessidades básicas e, inevitavelmente, seremos cada vez mais dependentes. Os serviços sociais não só deixaram de se autoeliminar, como também se autodisseminam. [...] Não há dúvida de que há uma diferença gritante entre um regime no qual alguns infelizes recebem benefícios ocasionais e temporários para lhes aliviar a desgraça e um regime em que uma grande fatia dos rendimentos de todos é continuamente canalizada pelo Estado. A falta de quaisquer relações diretas entre aquilo que o indivíduo dá e aquilo que recebe, a situação política que emerge quando se discute qualquer tipo de desigualdade da redistribuição e o paternalismo de tudo isso sugerem um desaparecimento rápido do pequeno fluxo do rendimento nacional que não é canalizado para o serviço social, e um movimento na direção do total controle estatal de todos os rendimentos. [...] Por conseguinte, podemos resumir o futuro conflito político da seguinte maneira: por um lado, podemos visar a um sistema de serviços sociais que elimine a pobreza empobrecendo todos (ou enriquecendo todos, conforme o ponto de vista), só dando benefícios se forem universais e socializando o rendimento nacional. Por outro, podemos visar a um sistema de serviços sociais que elimine a pobreza erguendo as pessoas que estão abaixo da linha da pobreza, concedendo benefícios seletivos a grupos de pessoas em necessidade, adotando uma verificação de meios ou o método de categorias de seguro, e esperando pelo dia em que os serviços sociais já não sejam necessários porque o nível de vida até dos grupos de rendimentos mais baixos está acima da linha da pobreza". Ver também, do mesmo autor, "The Welfare State and Its Finances", *Lloyds B. R.*, julho de 1958; H. Willgerodt, "Die Krisis der sozialen Sicherheit und das Lohnproblem", *Ordo*, vol. vii (1955); H. Achinger, *Soziale Sicherheit*, e Roepke, *op. cit.*, cap. iv.

[38] Cf. o primeiro ensaio de E. M. Burns, citado na n. 2 deste capítulo.

[39] P. Wiles, "Property and Equality", em *The Inservile State*, ed. G. Watson (Londres, 1957), p. 100. Cf. também E. Dodds, "Liberty and Welfare", em *The Inservile State*, e especial p. 20: "Mostrou-se evidente que um monopólio estatal da assistência social tem certas consequências não liberais, e acreditamos que chegou o momento de fornecer não só assistência, mas também uma assistência variada e competitiva".

[40] Contra as propostas de reforma apresentadas em Stokes, *op. cit.*, que equivaleriam a uma rejeição das obrigações assumidas, devemos dizer que, por muito grande que seja a tentação de "fazer tábua rasa" e por muito pesado que seja o fardo já assumido, isso seria, a meu ver, um novo ponto de partida fatal para qualquer tentativa de criar sistemas mais razoáveis.

[41] Essa frase foi usada por Joseph Wood Krutch numa conversa informal.

## 20. Tributação e redistribuição

A citação da epígrafe foi retirada de F. Guicciardini, "La decima scalata", *Opere inedite*, ed. P. e L. Guicciardi (Florença, 1867), x, 377. A ocasião dessa observação e a notável discussão da tributação progressiva, no século xvi, de onde é retirada merecem um breve comentário. No século xv, a república de Florença, que durante duzentos anos gozara de um regime de liberdade individual ao abrigo da lei não conhecido desde as antigas Atenas e Roma, caiu sob o domínio da família Médici, que foi adquirindo poderes despóticos por meio do apelo às massas. Um dos instrumentos que usaram para esse fim foi a tributação progressiva, como Guicciardini descreve em outro texto ("Del regimento di Firenze", *Opere inedite*, ii, 40): "Sabemos bem como os nobres e os ricos foram oprimidos por Cosme e, depois, pelos impostos, e a razão disso, que os Médici nunca admitiram, era que fornecia certos meios de destruição numa forma aparentemente legal, pois reservaram sempre para si próprios o poder de derrubar arbitrariamente quem quisessem". Quando, no século seguinte, a tributação progressiva voltou a ser defendida, Guicciardini escreve (a data de 1538, sugerida por K. T. von Eheberg, "Finanzwissenschaft", *Handwörterbuch der Staatswissenschaften* [3. ed, Iena, 1909], vol. iv, é apenas uma conjetura) dois discursos brilhantes acerca do tema, um de apoio e o segundo, que representa evidentemente a sua opinião, contra. O manuscrito só foi publicado no século xix. Sua objeção básica é que (x, p. 368) "a igualdade que devemos visar consiste na ideia de que nenhum cidadão pode oprimir outro, de todos os cidadãos estarem sujeitos às leis e às autoridades e de a voz de cada um no Conselho ser tão admissível quanto a de qualquer outro. É isso que significa a igualdade na liberdade, e não que todos são iguais em todos os aspectos". E continua: "Não há liberdade quando uma parte da comunidade é oprimida e maltratada pelos demais, tampouco foi para isso que procuramos a liberdade, que deve permitir que cada um preserve em segurança os seus próprios bens". Para ele (*ibid.*), os defensores da tributação progressiva são *"suscitatori del popolo, dissipatori della liberta e de buoni governi delle republiche"*. O principal perigo é aquele que menciona na passagem citada na epígrafe, que também podemos reproduzir aqui no italiano original: *"Ma è la natura delle cose, che i principii comminciano piccoli, ma se l'uomo non avvertisce, moltiplicano presto e scorrono in luogo che poi nessuno è a tempo a provvedervi"*. Acerca disso, cf. G. Ricca-Salerno, *Storia delle dottrine finanziarie in Italia* (Palermo, 1896), pp. 73-76, e M. Grabein, "Beiträge zur Geschichte der Lehre von der Steuerprogression", *Finanz-archiv*, xii (1895) 481-496.

[1] Há dez anos, só restavam alguns economistas que se opunham ao princípio da tributação progressiva, de entre os quais L. von Mises (ver, por exemplo, *Human Action* [New Haven: Yale University Press, 1949], pp. 803 ss.) e H. L. Lutz, *Guideposts to a Free Economy* [Nova York, 1948], cap. xi, devem ser mencionados. O primeiro da geração mais jovem que destacou os seus perigos parece ter sido D. M. Wright, *Democracy and Progress* (Nova York, 1948), pp. 94-103. Blum e Harry Kalven, Jr., *The Uneasy Case for Progressive Taxation*, publicado pela primeira vez na *University of Chicago Review*, vol. xix (1952) e depois publicado pela University of Chicago Press em 1952. Duas análises minhas do problema são "Die Ungerechtigkeit der Steuerprogression", *Schweizer Monatshefte*, vol. xxxii (1952), e "Progressive Taxation Reconsidered", em *On Freedom and Free Enterprise: Essays in Honor of Ludwig von Mises*, ed. M. Sennholz (Princeton, 1956). Uma parte substancial dessa análise foi incorporada no presente capítulo. Uma história da tributação progressiva, não crítica, mas altamente instrutiva, recentemente publicada na Grã-Bretanha é F. Shehab, *Progressive Taxation* (Oxford, 1953).

[2] A observação de Turgot *"Il faut exécuter l'auteur, et non le projet"* é relatada por F. Gentz, *"Ueber dir Hülfsquellen der französischen Regierung"*, *Historisches Journal*, iii (1799), 138. O próprio Gentz comenta a tributação progressiva: *"Nun ist schon eine jede Abgabe, bei welcher irgend eine andere, als die reine (geometrische) Progression der*

*Einkünfte oder des Vermögens zum Grunde liegt, jede, die sich auf das Prinzip einer steigenden Progression gründet, nicht viel besser als ein Strassenraub"*. (Obviamente, Gents usa aqui "progression" em relação ao volume absoluto do imposto, e não ao volume proporcional.)

[3] [J. R. McCulloch], "On the Complaints and Proposals Regarding Taxation", *Edinburgh Review*, lvii (1833), 164. Esse artigo foi em grande parte incorporado na versão ampliada e mais conhecida, do mesmo autor, do *Treatise on the Principles and Practical Influence of Taxation and the Funding System* (Londres, 1845, p. 142.)

[4] Ver Karl Marx, *Selected Works*, ed. V. Adoratsky (Londres, s.d.), i, 227. Como observou L. von Mises (*Planning for Freedom* [South Holland, iii, 1952), a expressão "necessitam de mais incursões na velha ordem social" não ocorre na versão original do *Manifesto Comunista*, tendo sido introduzida por Friedrich Engels na tradução inglesa de 1888.

[5] M. A. Thiers, *De la propriété* (Paris, 1848), p. 319: *"La proportionnalité est un principe, mais la progression n'est qu'un odieux arbitraire"*.

[6] J. S. Mill, *Principles* (1. ed., 1848), ii, 353.

[7] Para estudos recentes desses argumentos a favor da tributação progressiva, ver E. D. Fagan, "Recent and Contemporary Theories of Progressive Taxation", *J. P. E.*, vol. xlvi (1938), e E. Allix, "Die Theorie der Progressiv Steuer", *Die Wirtschafstheorie der Gegenwart*, vol. iv (Viena, 1928).

[8] Lembro-me de o meu próprio professor F. von Wieser, um dos fundadores da análise moderna da utilidade marginal e autor do termo "utilidade marginal" (*Grenznutzen*), ver como um dos seus grandes feitos o fato de ter fornecido uma base científica para a tributação justa. O autor que, a esse respeito, teve mais influência no mundo de língua inglesa foi F. Y. Edgeworth; ver o seu *Papers Relating to Political Economy* (Londres, 1925), ii, em especial pp. 234-270.

[9] Em 1921, Sir Josiah Stamp (mais tarde, Lorde Stamp) já dizia (*The Fundamental Principles of Taxation*. Londres, 1921, p. 40) que "só depois de a teoria marginal ter sido desenvolvida no seu aspecto psicológico é que a tributação progressiva obteve uma base realmente segura". Mais recentemente, T. Barna, *Redistribution of Incomes through Public Finance* (Oxford: Oxford University Press, 1945), p. 5, ainda afirmava que, "dado o rendimento nacional total, a satisfação é maximizada com uma distribuição igual dos rendimentos". Esse argumento se baseia, por um lado, na lei da utilidade marginal decrescente do rendimento e, por outro, no princípio (baseado nos postulados da democracia política,

## A CONSTITUIÇÃO DA LIBERDADE

e não da economia) de que as pessoas com o mesmo rendimento têm a mesma capacidade de ficar satisfeitas. Além disso, a doutrina econômica atualmente aceita rejeita que haja virtude na poupança (facilitada pela existência de altos rendimentos) *desde que exista desemprego*, caindo assim por terra a principal justificativa tradicional da desigualdade.

[10] Essa conclusão pode ser vista como firmemente estabelecida, apesar da objeção recorrente de que, individualmente, a maioria das pessoas tem opiniões definidas acerca de se determinada necessidade de uma pessoa é maior ou menor do que a de outra. O fato de termos uma opinião acerca disso não implica de modo algum que haja uma base objetiva para decidir quem tem razão se as pessoas tiverem opiniões diferentes quanto à importância relativa das necessidades dos diferentes indivíduos; tampouco há indícios de que possam concordar.

[11] *Stenographische Berichte der Verhandlungen... des preussischen Abgeordnenhauses* (1898-99), II, 907: "*Die Allerheiligsten politishchen Grundsätze der Gleichheit warden sich aber untrue, wenn wir an die Frage der Progressivsteuer herangehen. Da verleugnet selbst die absolute Demokratie in Hunderttausenden von Stimmen ihre Grundsätze, wenn es sich darum handelt, den Reichen schärfer zu treffen*".

[12] Ver, em especial, H. C. Simons, *Personal Income Taxation* (Chicago: University of Chicago Press, 1938), pp. 17 ss. Cf. também A. T. Peacock, "Welfare in the Liberal State?", em *The Inservile State*, ed. G. Watson (Londres, 1957), p. 117: "O apoio liberal a medidas como a tributação progressiva não se baseia na crença utilitarista de que uma libra adicional é mais 'valiosa' ou 'dará maior utilidade' a um pobre do que a um rico. Assenta num desagrado absoluto em relação à desigualdade grosseira".

[13] Taxation Committee of the National Association of Manufacturers, *Facing the Issue of Income Tax discrimination* (ed. revista e aumentada; Nova York, 1956), p. 14.

[14] D. G. Hutton, "The Dynamics of Progress", em *The Unservile State*, pp. 184-185. Isso parece ser agora reconhecido até nos círculos do Partido Liberal (ver, por exemplo C. A. R. Crosland, *The Future of Socialism* [Londres, 1956], p. 190).

[15] Cf. G. Findlay Shirras e L. Rostas, *The Burden of British Taxation* (Cambridge: Cambridge University Press, 1943), p. 56. Os principais resultados dessa pesquisa são apresentados no quadro que se segue. Ver também as discussões anteriores no *Report of the Committee on National Debt and Taxation* (Londres: H. M. Stationery Office, 1927; Cmd.

2800); a respeito dos Estados Unidos, G. Colm e H. Tarasov, *Who Pays the Taxes?*, "Temporary National Economic Committee Monographs", n.º 3 [Washington: Government Printing Office, 1940]; e J. H. Adler, "The Fiscal System: The Distribution of Income and Public Welfare", em *Fiscal Policies and the American Economy*, ed. K. E. Poole (Nova York, 1951); a respeito da França, ver H. Brochier, *Finances publiques et redistribution des revenus* (Paris, 1950); e, para um resultado similar e anterior relativo à Prússia, F. J. Neumann, *Die persönlichen Steuem vom Einsommen* (Tubinga, 1896).

| Rendimento (£) | % tributada | Rendimento (£) | % tributada |
|---|---|---|---|
| 100 | 18 | 1.000 | 19 |
| 150 | 16 | 2.000 | 24 |
| 200 | 15 | 2.500 | 25 |
| 250 | 14 | 5.000 | 33 |
| 300 | 12 | 10.000 | 41 |
| 350 | 11 | 20.000 | 50 |
| 500 | 14 | 50.000 | 58 |

[16] A. M. Cartter, *The Redistribution of Income in Postwar Britain* (New Haven: Yale University Press, 1955); ver também *Income Redistribution and Social Policy*, ed. A. T. Peacock (Londres, 1954); e R. A. Musgrave, J. J. Carroll, L. D. Cooke e L. Frane, "Distribution of Tax Payments by Income Groups: A Case for 1948", *National Tax Journal*, vol. IV (1951).

[17] O mais conhecido desses prognósticos pessimistas é o de W. E. H. Lecky, *Democracy and Liberty* (nova ed.; Nova York, 1899), I, 347: "A tributação altamente progressiva realiza de forma completa o perigo supremo para a democracia, criando um estado de coisas em que uma classe impõe a outra encargos que esta não pediu e impele o Estado a entrar em vastos esquemas de extravagância, na crença de que todos os custos serão transferidos para outros".

[18] *Royal Commission on Taxation of Profits and Income, Second Report* (Londres: H. M. Stationery Office, 1954; cmd. 9105), seção 142.

[19] Juiz White em *Knowlton vs Moore*, 178 U. S. 41 (1900), citado por Blum e Kalven, cf. n. 1 deste capítulo.

## NOTAS

[20] E. R. A. Seligman, *Progressive Taxation in Theory and Practice* (2. ed.; Baltimore: American Economic Association, 1908), p. 298.

[21] Ver o *Report* citado na n. 18, seção 150.

[22] J. R. McCulloch no artigo citado na n. 3 deste capítulo; também em *Treatise on Taxation*, p. 141. A expressão foi depois muito usada e ocorre, por exemplo, em F. A. Walker, *Political Economy* (2. ed.; Nova York, 1887), p. 491.

[23] Ver a análise pormenorizada no *Final Report of the Royal Commission on the Taxation of Profits and Income* (Londres: H. M. Stationery Office, 1958; (Cmd. 9474), seções 186-207, em especial 186: "É da natureza de um imposto progressivo que tenha uma incidência diferente tanto sobre os rendimentos irregulares como sobre os rendimentos regulares".

[24] Vale a pena observar que os mesmos autores que deram mais ênfase ao alegado "esgotamento das oportunidades de investimento" exigem agora que "a progressividade efetiva do imposto sobre os rendimentos deve ser reforçada" e sublinham que "o problema mais importante que a política americana hoje enfrenta é a progressividade dos nossos impostos sobre os rendimentos", afirmando com grande seriedade que "estamos numa situação em que um *dólar marginal coletado* pode ter utilidade social muito maior do que um *dólar marginal oriundo do rendimento*" (A. H. Hansen, "The Task of Promoting Economic Growth and Stability", discurso na National Planning Association, 20 de fevereiro de 1956; mimeografado).

[25] Isso parece ter abalado até um autor tão firmemente convencido da justiça da tributação progressiva a ponto de desejar aplicá-la à escala internacional (ver J. E. Meade, *Planning and the Price Mechanism*. Londres, 1948, p. 40): "Assim, um autor talentoso que seja tributado em 97% tem de ganhar duzentas libras para poder pagar cinco libras em trabalhos domésticos. Pode resolver fazer ele próprio esses trabalhos em vez de escrever. Só se for quarenta vezes mais produtivo na escrita do que no trabalho doméstico é que terá interesse em ampliar a divisão do trabalho e trocar a sua escrita pelo trabalho doméstico".

[26] W. A. Lewis, *The Principles of Economic Planning* (Londres, 1949), p. 30; o argumento parece ter sido usado pela primeira vez por L. T. Hobhouse, *Liberalism* (Londres, 1911), pp. 199-201, que sugere que uma sobretaxa se justifica "por uma dúvida séria de que alguém valha para a sociedade tanto quanto alguns indivíduos ganham" e sugere que, "quando obtemos um rendimento de cerca de 5 mil libras anuais, estamos próximos do limite do valor industrial do indivíduo".

[27] Cf. Wright, *op. cit.*, p. 96: "Devemos lembrar de que a nossa legislação relativa aos impostos sobre os rendimentos foi, em grande parte, elaborada e promulgada por indivíduos com salários fixos em benefício de indivíduos com salários fixos".

[28] L. von Mises, *Human Action*, pp. 804-805. Cf. também *Colin Clark, Welfare and Taxation* (Oxford, 1954), p. 51: "Muitos defensores da alta tributação são opositores sinceros do monopólio; no entanto, se a tributação fosse mais baixa e, em especial, se os lucros não distribuídos estivessem isentos de tributação, nasceriam muitas empresas que concorreriam ativamente contra os velhos monopólios estabelecidos. Na verdade, as atuais taxas fiscais excessivas são um dos principais motivos por que os monopólios não são tão fortes". De forma semelhante, Lionel Robbins, "Notes on Public Finance", *Lloyds B. R.*, outubro de 1955, p. 10: "O fato de ter ficado tão difícil acumular até uma fortuna relativamente pequena deve ter um efeito muito profundo na organização das empresas; e, para mim, não é de modo algum claro que esses resultados sejam do interesse social. A consequência inevitável de tudo isso é que será cada vez mais difícil para a inovação se desenvolver, a não ser no âmbito de uma empresa estabelecida, e que uma parcela cada vez maior de acúmulo será feita nas grandes empresas — em grande parte como resultado da iniciativa individual do passado —, criadas antes do advento da era glacial".

[29] Ver Wright, *op. cit.*, pp. 96-103; cf. também J. K. Butters e J. Lintner, *Effects of Federal Taxes on Growing Enterprises* (Boston: Harvard Graduate School of Business Administration, 1945).

[30] Ver a notícia no *New York Times*, 6 de janeiro de 1956, p. 24.

[31] Grande parte do desperdício com despesas de representação é consequência indireta da tributação progressiva, pois, sem elas, seria do melhor interesse de uma empresa pagar aos seus executivos a fim de levá-los a pagar as próprias despesas de representação. Muito maiores do que se imagina são também os custos legais causados pela tributação progressiva; cf. Blum e Kalven, *op. cit.*, p. 431: "É notável a quantidade diária de trabalho do advogado na área do imposto sobre os rendimentos que deriva do simples fato de o imposto ser progressivo. Talvez a maioria dos seus problemas seja causada ou agravada por esse fato".

## 21. A estrutura monetária

A citação da epígrafe foi retirada de J. M. Keynes, *The Economic Consequences of the Peace* (Londres, 1919),

# A CONSTITUIÇÃO DA LIBERDADE

p. 220. A observação de Keynes foi motivada por uma observação semelhante atribuída a Lenine, segundo a qual "a melhor forma de destruir o sistema capitalista é corromper a moeda". Cf. também a afirmação mais tardia de Keynes em *A Tract of Monetary Reform* (Londres, 1923), p. 45: "O atual capitalismo individualista, precisamente porque deixa as poupanças nas mãos do investidor privado e a produção nas do empregador individual, *pressupõe* um padrão estável do valor, sem o qual não pode ser eficiente — nem, talvez, sobreviver".

[1] Cf. L. von Mises, *Human Action* (New Haven: Yale University Press, 1949), pp. 429-45.

[2] Embora eu esteja convencido de que a moderna banca de crédito, tal como se desenvolveu, requer a existência de algumas instituições públicas como os bancos centrais, duvido que seja necessário ou desejável que estas (ou o governo) devam ter o monopólio da emissão de todos os tipos de dinheiro. É claro que o Estado tem o direito de proteger a credibilidade da moeda que emite (ou emitida por outrem) e, se emitir "dólares", de impedir que outros emitam uma moeda com o mesmo nome. E, da mesma maneira que tem a tarefa de fazer valer os contratos, tem de poder ser capaz de determinar o que é o "valor legal" para a quitação de qualquer obrigação contratada. Mas parece não haver motivos para o Estado proibir outros meios de troca, sejam mercadorias ou moedas emitidas por outra instituição, nacional ou estrangeira. Uma das medidas mais eficazes para proteger a liberdade do indivíduo pode, de fato, ser a adoção de constituições que, em tempo de paz, proíbem todas as restrições às transações em qualquer tipo de moeda ou metais preciosos.

[3] Dessas mudanças temporárias e autorreversíveis na procura que podem ser provocadas pelas alterações monetárias, as mais importantes são as mudanças na procura relativa de bens de consumo e de investimento; esse problema não pode ser aqui abordado sem entrar nas questões muito debatidas da teoria dos ciclos econômicos.

[4] Ver a análise mais detalhada desses problemas no meu *Monetary Nationalism and International Stability* (Londres, 1937).

[5] Ver R. S. Sayers, *Central Banking after Bagehot* (Oxford, 1957), pp. 92-107.

[6] Ver Colin Clark, "Public Finance and Changes in the Value of Money", *E. J.*, vol. LV (1945), e comparar a análise da sua tese por J. A. Pechman, T. Mayer e D. T. Smith em *R. E. & S.*, vol. XXXIV (1952).

[7] Os números citados no texto resultam dos cálculos realizados para mim pelo sr. Salvator V. Ferrera, por cujo auxílio estou profundamente grato. Limitaram-se necessariamente aos países em relação aos quais os valores dos índices de custo de vida estavam disponíveis para todo o período de quarenta anos. É de forma deliberada que apresento números redondos, pois não penso que os resultados desse tipo de cálculo nos possam dar mais do que indicações grosseiras das ordens de magnitude envolvidas. Para os interessados, apresento aqui os resultados (até uma casa decimal) em relação a todos os países abrangidos pela estatística:

| | % | | % | | % |
|---|---|---|---|---|---|
| Suíça | 70,0 | Nova Zelândia | 49,9 | Alemanha | 37,1 |
| Canadá | 59,7 | Noruega | 49,4 | Bélgica | 28,8 |
| Estados Unidos | 58,3 | Egito | 48,2 | Peru | 20,6 |
| África do Sul | 52,3 | Dinamarca | 48,1 | Itália | 11,4 |
| Reino Unido | 50,2 | Holanda | 44,0 | França | 11,4 |
| Suécia | 50,1 | Irlanda | 42,1 | Grécia | 8,4 |

[8] No que diz respeito à França, é claro que isso não leva em conta os efeitos da grande depreciação (e consequente desvalorização) do franco francês durante 1958.

[9] Não existe um índice para esse período de dois séculos, mas a tendência aproximativa dos preços pode ser estimada analisando-se os dados fornecidos por Elizabeth W. Gilboy, "The Cost of Living and Real Wages in Eighteenth Century England", *R. E. & S.*, vol. XVIII (1936), e R. S. Tucker, "Real Wages of Artisans in London, 1729-1935", *Journal of the American Statistical Association*, vol. XXXI (1936).

[10] Essa afirmação se baseia no índice dos preços grossistas nos Estados Unidos (ver *Bureau of Labor Statistics Chart Series* [Washington: Government Printing Office, 1948], Tabela E-11).

[11] Cf. W. Roepke, *Welfare, Freedom, and Inflation* (Londres, 1957).

[12] Cf. o meu ensaio "Full Employment, Planning, and Inflation", *Review of the Institute of Public Affairs* (Melbourne, Victoria, Austrália), vol. IV (1950), e da versão alemã em *Vollbeschäftigung, Inflation und Planwirstschaft*, ed. A. Hunold (Zurique, 1951); e F. A. Lutz, "Inflationsgefahr und Konjunkturpolitik", *Schweizerische Zeitschrift für Volkswirtschaft und Statistik* (XCIII, 1957), e "Cost-and-Demand-Induced Inflation", *Banca Nazionale de Lavoro Quarterly Review*, vol. XLIV (1958).

[13] J. M. Keynes, *A Tract on Monetary Reform*, p. 80.

[14] O ensaio de Henry C. Simons, originalmente publicado em *J. P. E.*, vol. XLIV (1936), foi reeditado no seu *Economic Policy for a Free Society* (Chicago: University of Chicago Press, 1948).

[15] Isso se aplica, pelo menos, aos instrumentos tradicionais de política monetária, mas não a medidas mais recentes como a exigência de mudanças nas reservas dos bancos.

[16] Os erros fatais começaram com a tentativa britânica, após a Primeira Guerra Mundial, de repor o valor antigo da libra em vez de voltar a ligá-lo ao ouro numa nova paridade correspondente ao seu valor reduzido. Além do fato de isso não ser exigido pelos princípios do padrão-ouro, era contrário aos melhores ensinamentos clássicos. Um século antes, D. Ricardo dissera, acerca de uma situação semelhante, que "nunca aconselharia um governo a restaurar a paridade de uma moeda que desvalorizou 30%; eu recomendaria, como propõe, mas não da mesma maneira, que a moeda fosse fixada ao valor depreciado reduzindo o padrão, sem que se permitissem mais desvios" (carta a John Wheatley, 18 de setembro de 1821, em *The Works and Correspondence of David Ricardo*, ed. P. Sraffa [Cambridge: Cambridge University Press, 1952], IX, 73).

[17] É claro que se pode defender a liberalização total das transações em ouro. De fato, poderia ser desejável ir mais longe nessa direção: provavelmente, nada contribuiria mais para a estabilidade monetária internacional do que o fato de diferentes países se ligarem mutuamente por tratado a fim de não levantarem obstáculos às transações livres nas suas divisas. (Provavelmente, também se poderia permitir que seus respetivos bancos operassem livremente nos seus territórios.) No entanto, embora isso contribuísse bastante para a restauração de um padrão internacional estável, o controle do valor desse padrão continuaria nas mãos das autoridades dos países mais fortes pertencentes ao sistema.

[18] Cf. o meu ensaio "A Commodity Reserve Currency", *E. J.*, vol. LIII (1943), reeditado em *Individualism and Economic Order* (Londres Chicago, 1948).

[19] Ver o meu ensaio *Monetary Nationalism and International Stability*.

## 22. Habitação e planejamento urbano

A citação da epígrafe foi retirada de W. A. Lewis, *The Principles of Economic Planning* (Londres, 1949), p. 32.

[1] Uma tentativa válida de remediar essa posição foi feita recentemente em R. Turvey, *Economics of Real Property* (Londres, 1957). Em relação a obras anteriores, as análises da tributação local por E. Cannan, em especial a sua *History of Local Rates* (2. ed.; Londres, 1912) e o seu memorando na *Royal Commission on Local Taxation: Memoranda Chiefly Relating to the Classification and Incidence of Imperial and Local Taxes* (Londres: H. M. Stationery Office, 1899; Cmd. 9528), continuam a ser as mais úteis acerca de algumas questões cruciais.

[2] Adam Smith, *Lectures on Justice, Police, Revenue, and Arms* (pronunciadas em 1763), ed. E. Cannan (Oxford, 1896), p. 154.

[3] Cf. M. Friedman e G. J. Stigler, *Roofs or Ceilings?* (Nova York: Foundation for Economic Education, 1946); B. de Jouvenel, *No Vacancies* (Nova York: Foundation for Economic Education, 1946); R. F. Harrod, *Are These Hardships Necessary?* (Londres, 1948); F. W. Paish, "The Economics of Rent Restriction", *Lloyds B. R.*, abril de 1950, reeditado em *Post-War Financial Problems* (Londres, 1950), do mesmo autor; W. Roepke, *Wohnungszwangswirtschaft — ein europäisches Problem* (Dusseldorf, 1951); A. Amonn, "Normalisierung der Wohnungswirtschaft in grundsätzlicher Sicht", *Schweizer Monatshefte*, junho de 1953; e os meus próprios ensaios anteriores, *Das Mieterschutzproblem*

467

(Viena, 1929) e "Wirkungen der Mietzinsbeschränkungen", *Schriften des Vereins für Sozialpolitik*, vol. CLXXXII (1929).

[4] O exemplo é dado por F. W. Paish no ensaio citado na nota anterior, p. 79 da reedição.

[5] E. Forsthoff, *Lehrbuch des Verwaltungsrechts*, I (Munique, 1950), 222.

[6] Só recentemente alguns esforços determinados e sistemáticos foram feitos na Grã-Bretanha e na Alemanha para abolir todo o sistema de controle de rendas. Nos Estados Unidos, ainda existem na cidade de Nova York.

[7] Essa hipótese foi usada com frequência em vários países para expulsar minorias raciais impopulares.

[8] Sir Frederick Osborn, "How Subsidies Distort Housing Development", *Lloyds B. R.*, abril de 1955, p. 36.

[9] Sobre esses problemas, ver Turvey, *op. cit.*, e Allison Dunham, "City Planning: An Analysis of the Content of the Master Plan", *Journal of Law and Economics*, vol. I (1958).

[10] Seria interessante analisar a forma como o movimento para o planejamento urbano, sob a liderança de indivíduos como Frederick Law Olmsted, Patrick Geddes e Lewis Mumford, se tornou uma espécie de antieconomia.

[11] Talvez se devesse dizer, em defesa dos economistas britânicos, que não seria possível que esses absurdos se tornassem lei se a fase decisiva de preparação da legislação não tivesse ocorrido numa época em que os economistas estavam quase exclusivamente ocupados com o esforço de guerra e em que os planejadores urbanos tinham tempo e liberdade para avançar com as suas concepções de um melhor mundo no pós-guerra. Não é exagerado dizer que, na época em que a lei foi aprovada, quase ninguém no Parlamento compreendia suas implicações e que, provavelmente, ninguém previa que o ministro responsável usaria os poderes que lhe foram concedidos para decretar uma confiscação total dos ganhos decorrentes das melhorias. Acerca da lei, ver Sir Arnold Plant, "Land Planning and the Economic Functions of Ownership", *Journal of the Chartered Auctioneers and Estate Agents Institute*, vol. XXIX (1949), e, além do livro de R. Turvey já mencionado, o seu artigo "Development Charges and the Compensation-Betterment Problem", *E. J.*, vol. LXIII (1953), e o meu artigo "A Levy on Increasing Efficiency", *Financial Times* (Londres), 26, 27 e 28 de abril de 1949.

[12] C. M. Haar, *Land Planning Law in a Free Society: A Study of the British Town and Country Planning Act* (Cambridge: Harvard University Press, 1951); cf. a minha resenha dessa obra na *University of Chicago Law Review*, vol. XIX (1951-1952).

[13] Em rigor, essa lei foi implementada pelo ministro responsável, que, autorizado a determinar os encargos do desenvolvimento em certa percentagem do lucro do desenvolvimento, decidiu fixá-la em 100%.

[14] Central Land Board, *Practice Notes* (1ª série) (Londres: H. M. Stationery Office, 1949), pp. ii-iii.

[15] August Lösch, *The Economics of Location* (New Haven: Yale University Press, 1954), pp. 343-44.

## 23. Agricultura e recursos naturais

A citação da epígrafe foi a frase final do livro de Edmund Burke *Thoughts and Details upon Scarcity* (1795), em *Works*, VII, 419.

[1] Ver E. M. Ojala, *Agriculture and Economic Progress* (Oxford: Oxford University Press, 1952); K. E. Boulding, "Economic Analysis and Agricultural Policy", *Canadian Journal of Economics and Political Science*, vol. XIII (1947), reeditado em *Contemporary Readings in Agricultural Economics*, ed. H. G. Halcrow (Nova York, 1955); T. W. Schultz, *Agriculture in an Unstable Economy* (Nova York, 1945); J. Fourastié, *Le grand espoir du xxᵉ siècle* (Paris, 1949); H. Niehaus, *Leitbilder der Wirtschafts und Agrarpolitik* (Stuttgart, 1957); e H. Niehaus e H. Priebe, *Agrarpolitik in der sozialen Marktwirtschaft* (Ludwigsburg, 1956).

[2] Sir Ralph Enfield, "How Much Agriculture?", *Lloyds B. R.*, abril de 1954, p. 30.

[3] Talvez mereça menção, uma vez que isto é pouco conhecido, que, também nesse campo, a inspiração para as medidas de controle parece ter vindo da Alemanha. Cf. o relato em A. M. Schlesinger, Jr., *The Age of Roosevelt: The Crisis of the Old Order, 1919-1933* (Boston, 1957), p. 110: "Em finais da década de 1920, Beardsley Ruml, da Laura Spelman Rockefeller Foundation, impressionado com um programa de controle agrícola que observara em funcionamento na Alemanha, pediu a John Black, agora em Harvard, que investigasse a possibilidade de sua adaptação ao problema agrícola americano. Em 1929, Black trabalhou nos detalhes daquilo que batizou como o plano voluntário de loteamento nacional".

[4] Cf. Hilde Weber, *Die Landwirtschaft in der volkswirtschaftlichen Entwicklung* ("Berichte über Landwirtschaft", Sonderheft n.º 161. Hamburgo, 1955).

[5] Acerca de que forma a "conservação do solo" serviu muitas vezes como mero pretexto para controles econômicos, ver C. M. Hardin, *The Politics of Agriculture: Soil Conservation and the Struggle for Power in Rural America* (Glencoe, III, 1952).

[6] Relativamente aos problemas dos países subdesenvolvidos e à assistência ao seu desenvolvimento

econômico, ver, em especial, P. T. Bauer, *Economic Analysis and Policy in Underdeveloped Countries* (Cambridge: Cambridge University Press, 1958); S. H. Frankel, *The Economic Impact on Under-developed Societies* (Oxford, 1953); F. Benham, "Reflexiones sobre los países insuficientemente desarrollados", *El Trimestre econômico*, vol. xix (1952); e M. Friedman, "Foreign Economic Aid", *Yale Review*, vol. xlviii (1958).

[7] Isso tem o seu complemento no fato, pela primeira vez observado, penso eu, por F. W. Paish, de os países ricos pagarem hoje em excesso aos seus agricultores, enquanto os países pobres lhes pagam muito pouco.

[8] O fato importante e bem estabelecido da necessidade do desenvolvimento de um excedente agrícola antes de a industrialização rápida poder criar um crescimento da riqueza é particularmente bem apresentado por K. E. Boulding no artigo citado na nota 1 deste capítulo, em especial na p. 197 da sua reedição: "A chamada 'revolução industrial' não foi criada por algumas mudanças técnicas pouco importantes na indústria têxtil; foi o resultado direto da revolução agrícola baseada no cultivo do nabo e do trevo, na rotatividade das lavouras e no melhoramento do gado, que se desenvolveu na primeira metade do século xviii. O pai da sociedade industrial é o nabo, e não o tear mecânico".

[9] É significativo que, como foi observado por Anthony Scott, *Natural Resources: The Economics of Conservation* (Toronto: University of Toronto Press, 1955), p. 37, "toda a doutrina da economia do solo (e a sua prima, a economia institucional)" tenha tido origem nessa preocupação dos americanos.

[10] Cf. P. B. Sears, "Science and Natural Resources", *American Scientist*, vol. xliv (1956), e "The Processes of Environmental Change by Man", em *Man's Role in Changing the Face of the Earth*, ed. W. L. Thomas, Jr. (Chicago: University of Chicago Press, 1956).

[11] Ver, sobretudo, Scott, *op. cit*; Scott Gordon, "Economics and the Conservation Question", *Journal of Law and Economics*, vol. 1 (1958); e S. von Ciriacy-Wantrup, *Resource Conservation: Economics and Policies* (Berkeley; University of California Press, 1952).

[12] Cf. L. von Mises, *Socialism* (New Haven: Yale University Press, 1951), p. 392; e Scott, *op. cit.*, pp. 82 85.

[13] Cf. o meu *The Pure Theory of Capital* (Londres, 1941), cap. vii, em especial p. 88.

[14] Ver Scott, *op. cit.*, p. 8.

[15] *Ibid.*, p. 97.

## 24. Educação e pesquisa

A citação da epígrafe foi retirada de J. S. Mill, *On Liberty*, ed. R. B. McCallum (Oxford, 1946), p. 95. Cf. também Bertrand Russell, que, noventa anos depois, comenta o mesmo problema na sua palestra "John Stuart Mill", *Proceedings of the British Academy*, xli (1955), 57: "A educação estatal em países que adotam esses princípios [de Fichte] produz, quando bem-sucedida, um rebanho de fanáticos ignorantes, prontos para obedecer a quaisquer ordens que recebam relativas à guerra ou à perseguição. É um mal de tal maneira grande que o mundo seria um lugar melhor (pelo menos, na minha opinião) se a educação estatal nunca tivesse sido criada".

[1] Cf. Mill *op. cit.*, pp. 94-95: "É no caso das crianças que os conceitos mal aplicados de liberdade constituem um verdadeiro obstáculo ao cumprimento dos deveres do Estado. Poder-se-ia pensar que os filhos de um homem deveriam ser literalmente, e não metaforicamente, parte dele próprio, tão ciosa é a opinião pública acerca da mínima interferência da lei no seu controle absoluto e exclusivo sobre eles; mais ciosa do que em relação a qualquer interferência na sua própria liberdade de ação; pois a humanidade valoriza muito mais o poder do que a liberdade. Veja-se, por exemplo, o caso da educação. Não será um axioma quase evidente que o Estado exija e imponha a educação, até certo nível, de todos os seus cidadãos? [...] Se o governo decidisse exigir uma boa educação para todas as crianças, pouparia a si mesmo o trabalho de providenciá-la. Poderia deixar que os pais obtivessem a educação onde e como lhes aprouvesse e se limitar a ajudar a pagar as taxas escolares das crianças das classes mais pobres e a financiar todas as despesas escolares daqueles que não têm quem as pague. As objeções justas à educação estatal se aplicam não à imposição do ensino pelo Estado, mas ao fato de este dirigir a educação, o que é uma coisa totalmente diferente".

[2] Em termos históricos, as necessidades do serviço militar obrigatório foram muito mais decisivas para levar os governos a tornar obrigatório o ensino do que as necessidades do sufrágio universal.

[3] Wilhelm von Humboldt, *Ideen zu einem Versuch die Gränzen der Wirksamkeit des Staates zu bestimmen* (escrito em 1792, mas publicado pela primeira vez na íntegra em Breslau, 1851), cap. vi, resumo no início e no fim. Na tradução inglesa, *The Sphere and Duties of Government* (Londres, 1854), o resumo foi transferido para o Índice Geral.

[4] Cf. Ludwig von Mises, *Nation, Staat und Wirtschaft* (Viena, 1919).

[5] Milton Friedman, "The Role of Government in Education", *Economics and the Public Interest*, ed. R. A. Solo (New Brunswick, N. J.: Rutgers University Press, 1955).

# A CONSTITUIÇÃO DA LIBERDADE

[6] Cf. G. J. Stigler num artigo inédito, "The Economic Theory of Education".

[7] Ver as interessantes propostas sugeridas por M. Friedman no artigo citado na nota 5, que merecem uma análise cuidadosa, embora possamos duvidar da sua viabilidade.

[8] R. H. Tawney, *Equality* (Londres, 1931), p. 52.

[9] Um problema que ainda não foi resolvido nas condições atuais é o apresentado pelo jovem no qual o desejo apaixonado de conhecimento surge sem quaisquer talentos especiais e reconhecíveis em relação às matérias normais do ensino. Esse desejo deveria ser levado muito mais em conta, e a oportunidade de trabalhar ao mesmo tempo que estuda na universidade não resolve o seu problema no nível superior. Sempre me pareceu justificada a existência de instituições que cumpram as funções antigamente cumpridas pelos mosteiros, onde os indivíduos interessados podiam, a custo de renunciarem a muitos dos confortos e prazeres da vida, ter a oportunidade de dedicar todo o período formativo do seu desenvolvimento à busca do conhecimento.

[10] D. V. Glass, no volume por ele editado e intitulado *Social Mobility in Britain* (Londres, 1954), pp. 25-26; ver também a resenha desse livro por A. Curle, *New Statesman and Nation*, N. S., XLVIII (14 de agosto de 1954), 190, em que é sugerido que "o dilema educativo é que o desejo de produzir uma sociedade mais 'aberta' pode simplesmente dar oportunidade a uma sociedade, embora flexível no que diz respeito aos indivíduos, tão rigidamente estratificada com base no QI como era antes com base no nascimento". Cf. também Michael Young, *The Rise of the Meritocracy, 1870-2033* (Londres, 1958).

[11] Sir Charles P. Snow, citado na *Time*, 27 de maio de 1957, p. 106.

[12] D. Blank e G. J. Stigler, *The Demand and Supply of Scientific Personnel* (Nova York, 1957).

[13] É significativo que, na Inglaterra, onde as universidades eram corporações financiadas por instituições privadas, cada qual consistindo num grande número de organismos autônomos, a liberdade acadêmica nunca tenha sido um problema grave, como aconteceu onde as universidades eram instituições estatais.

[14] Cf. M. Polanyi, *The Logic of Liberty* (Londres, 1951), em especial p. 33: "A liberdade acadêmica consiste no direito de escolher os nossos próprios problemas de pesquisa, de estudar sem estar sujeito ao controle externo e de ensinar as nossas matérias à luz da nossa própria opinião".

[15] T. Jefferson para Joseph C. Cabell, 3 de fevereiro de 1825, em *The Writings of Thomas Jefferson*, ed. H. A. Washington, vol. VII (Nova York, 1855), p. 397. Devemos dizer que a oposição de Jefferson à liberdade acadêmica era bastante consistente com a sua posição geral em relação a essas questões, que, à maneira da maioria dos democratas doutrinários, o levava a se opor igualmente à independência dos juízes.

[16] Cf. J. R. Baker, *Science and the Planned State* (Londres e Nova York, 1945).

[17] Não é aqui o lugar para fazer uma análise do sistema educativo russo. No entanto, podemos dizer que as suas principais diferenças em relação ao sistema americano pouco têm a ver com a diferente ordem social e que, de fato, os russos seguem apenas uma tradição europeia. Nos aspectos fundamentais, os êxitos das escolas alemãs, francesas ou escandinavas valeriam tanto uma análise como os das escolas russas.

[18] Ver John Jewkes, D. Sawers e R. Stillerman, *The Sources of Invention* (Londres, 1958).

[19] Von Humboldt, *op. cit.*

# Posfácio

## Por que não sou conservador

A citação da epígrafe foi retirada de Acton, *History of Freedom*, p. 1.

[1] Isso acontece há mais de um século, e, em 1855, J. S. Mill já dizia (ver o meu *John Stuart Mill and Harriet Taylor* [Londres e Chicago, 1951], p. 216) que "quase todos os projetos dos atuais reformadores sociais são, na verdade, *liberticidas*".

[2] B. Crick, "The Strange Quest for an American Conservatism", *Review of Politics*, XVII (1955), 365, afirma, com justiça, que "o americano normal que se considera 'conservador' é, na verdade, um liberal". Parece que a relutância desses conservadores em se designarem pelo nome mais apropriado remonta ao abuso dado ao termo durante a época do New Deal.

[3] A expressão é de R. G. Collingwood, *The New Leviathan* (Oxford: Oxford University Press, 1942), p. 209.

[4] Cf. a escolha característica desse título para o livro programático do primeiro-ministro britânico Harold Macmillan, *The Middle Way* (Londres, 1938).

[5] Cf. Lord Hugh Cecil, *Conservatism* ("Home University Library". Londres, 1912), p. 9: "O conservadorismo natural [...] é uma disposição adversa à mudança; e parte da sua origem reside na desconfiança em relação ao desconhecido".

# NOTAS

[6] Cf. a descrição reveladora que um conservador faz de si mesmo em K. Feiling, *Sketches in Nineteenth Century Biography* (Londres, 1930), p. 174: "De modo geral, a direita tem horror às ideias, pois não é o homem prático, nas palavras de Disrael, 'aquele que pratica os erros dos seus antecessores'? Durante longos períodos da sua história, resistiram indiscriminadamente a todos os progressos e, exigindo respeito pelos seus antepassados, reduziam muitas vezes a opinião a velhos preconceitos individuais. A posição deles era mais segura, mas mais complexa, se acrescentarmos que essa direita domina incessantemente a esquerda; que vive da inoculação repetida de ideias liberais e, por isso, sofre de uma situação de compromisso nunca definido".

[7] Espero que me perdoem por repetir aqui as palavras com as quais, numa ocasião anterior, exprimi um ponto importante: "O principal mérito do individualismo que [Adam Smith] e os seus contemporâneos defendiam consiste em ser um sistema no qual os indivíduos maus podem causar menos dados. É um sistema social que, para o seu funcionamento, não depende da existência de bons indivíduos para o dirigirem, ou de todos os indivíduos se tornarem melhores do que são, mas que usa homens de toda a variedade e complexidade, por vezes bons, outras vezes maus, por vezes inteligentes e, muitas vezes, estúpidos" (*Individualim and Economic Order* [Londres e Chicago, 1948], p. 11).

[8] Cf. Lord Acton, em *Letters of Lord Acton to Mary Gladstone*, ed. H. Paul (Londres, 1913), p. 73: "O perigo não é que determinada classe não tenha capacidade de governar. Nenhuma classe tem capacidade de governar. A lei da liberdade tende a abolir o domínio de uma raça sobre outra, de uma fé sobre outra, de uma classe sobre outra".

[9] A esse respeito, J. R. Hicks falou justamente da semelhança entre as "caricaturas do jovem Disraeli, de Marx e de Goebbels" ("The Pursuit of Economic Freedom", *What We Defend*, ed. E. F. Jacob [Oxford: Oxford University Press, 1942], p. 96). Sobre o papel dos conservadores a esse respeito, ver também a minha Introdução a *Capitalism and the Historians* (Chicago: University of Chicago Press, 1954), pp. 19 ss.

[10] Cf. J. S. Mill, *On Liberty*, ed. R. B. McCallum (Oxford, 1946), p. 83. "Não penso que alguma comunidade tenha o direito de obrigar outra a ser civilizada".

[11] J. W. Burgess, *The Reconciliation of Government with Liberty* (Nova York, 1915), p. 380.

[12] Cf. Learned Hand, *The Spirit of Liberty*, ed. i. Dilliard (Nova York, 1952), p. 190: "O espírito da liberdade é aquele que não está certo acerca do que é correto". Ver também a declaração muito citada de Oliver Cromwell, na sua *Letter to the General Assembly of the Church of Scotland*, 3 de agosto de 1650: "Suplico-vos, pelas entranhas de Cristo, que pensais se não será possível que estejais errados". É significativo que essa citação seja provavelmente a mais conhecida do único "ditador" da história da Grã-Bretanha!

[13] H. Hallam, *Constitutional History* (1827) (ed. "Everyman"), iii, 90. Com frequência, sugere-se que o termo "liberal" deriva do partido espanhol dos *liberales* de inícios do século xix. Estou mais inclinado a acreditar que deriva do uso do termo por Adam Smith em passagens como em *W. o. N*, ii, 41: "o sistema liberal de livre exportação e de livre importação"; e p. 216: "que permite que cada homem persiga o seu próprio interesse à sua maneira, segundo o plano liberal da igualdade, liberdade e justiça".

[14] Lord Acton, em *Letters to Mary Gladstone*, p. 44. Cf. também a sua opinião sobre Tocqueville em *Lectures on the French Revolution* (Londres, 1910), p. 357: "Tocqueville era um liberal da mais pura linhagem — um liberal e nada mais, profundamente desconfiado da democracia e dos seus congêneres, a igualdade, a centralização e o utilitarismo". Ver também em *Nineteenth Century*, xxxiii (1893), 885. A declaração de H. Laski surge em "Alexis de Tocqueville and Democracy", *The Social and Political Ideas of Some Representative Thinkers of the Victorian Age*, ed. F. J. C. Hearnshaw (Londres, 1933), p. 100, em que diz que "se poderia entender o poder total, considerando que ele [Tocqueville] e Lord Acton eram os liberais essenciais do século xix".

[15] No início do século xviii, um observador inglês já dizia que "nunca vi um estrangeiro instalado na Inglaterra, fosse holandês, alemão, francês, italiano ou turco, que não se tornasse *whig* pouco tempo depois de passar a conviver conosco" (citado por G. H. Guttridge, *English Whiggism and the American Revolution*. Berkeley: University of California Press, 1942, p. 3).

[16] Nos Estados Unidos, no século xix, o uso do termo "*whig*" apagou infelizmente da memória o fato de, no século xviii, representar os princípios que orientaram a revolução, a independência e a elaboração da Constituição. Foi nas sociedades *whigs* que os jovens James Madison e John Adams desenvolveram seus ideais políticos (Cf. E. M. Burns, *James Madison*. New Brunswick, N. J.: Rutgers University Press, 1938, p. 4); foram os princípios *whigs* que, como nos diz Jefferson, guiaram todos os juristas que constituíam uma forte maioria entre os signatários da Declaração de Independência e entre os membros da Convenção Constitucional (ver

*Writings of Thomas Jefferson.* ed. "Memorial", Washington, 1905, xvi, 156). A defesa dos princípios *whigs* foi levada a tal ponto que até os soldados de Washington usavam as cores tradicionais "azul e couro" dos *whigs*, que partilhavam com os *foxites* do Parlamento britânico e que foram preservadas até os nossos dias nas capas da *Edinburgh Review.* Se uma geração socialista fez do *whiguismo* o seu alvo favorito, mais razões têm os opositores do socialismo para recuperarem o nome. Hoje em dia, é o único nome que descreve corretamente as crenças dos liberais *gladstonianos*, dos homens da geração de Maitland, Acton e Bryce, a última geração para a qual a liberdade, mais do que a igualdade ou a democracia, era o principal objetivo.

[17] Lord Acton, *Lectures on Modern History* (Londres, 1906), p. 218 (alterei ligeiramente as palavras de Acton para resumir o sentido da sua afirmação).

[18] Cf. S. K. Padover na sua Introdução a *The Complete Madison* (Nova York, 1953), p. 10: "Na terminologia moderna, Madison seria designado como um liberal centrista, e Jefferson, um radical". Isso é correto e importante, embora devamos lembrar que E. S. Corwin ("James Madison: Layman, Publicist, and Exegete", *New York University Law Review*, xxvii [1952], 285) fala da rendição final de Madison "à influência esmagadora de Jefferson".

[19] Cf. a profissão de fé política do Partido Conservador britânico, *The Right Road for Britain* (Londres, 1950), pp. 41-42, que afirma, com alguma justificativa, que "essa nova concepção [dos serviços sociais] foi desenvolvida pela Coligação Governamental com uma maioria de ministros conservadores e a aprovação total da maioria conservadora na Câmara dos Comuns. [...] Estabelecemos o princípio para os sistemas de pensões, subsídios de doença e de desemprego, acidentes de trabalho e um sistema nacional de saúde".

[20] A. Smith, *W. o. N.*, i, 432.

[21] *Ibid.*

# Índice onomástico

Este índice não inclui nomes de indivíduos históricos não autores.

Abel-Smith, 461
Achinger, H., 460, 462
Acton, H. B., 409
Acton, Lord, 143, 181, 189, 234, 379, 383, 389, 391, 402, 407, 418, 419, 423, 425, 431, 432, 435, 448, 470, 471, 472
Adams, Henry, 137
Adams, John, 391, 418, 427, 434, 471
Adams, Samuel, 181, 432
Adler, J. H., 464
Adler, Mortimer, 399
Alchian, A. A., 413
Alexéef, Paul, 439
Allen, C. K., 442, 445, 452, 431
Allen, Henry D., 460
Altmeyer, A. J., 458
Amonn, A., 467
Andrews, J. D., 436
Anschütz, G., 441
Antifonte, 407,
Aquino, Tomás de, 412, 423
Archipov, 449
Aristóteles, 123, 172, 407, 411, 412, 425, 426, 449
Arnold, Thurman, 451
Asanger, R., 440

Atkison, juiz, 451
Aubrey, 424, 429
Auden, W. H., 398
Austin, John, 421, 431
Babb, H. W., 450
Bacon, Francis, 424, 443
Bagehot, Walter, 46, 194, 396, 437, 444, 466
Bähr, O., 441
Bailey, S., 405
Baker, J. R., 470
Baldwin, A. M., 432
Bamberger, Ludwig, 455
Banfield, E., 395
Barker, Ernest, 399, 425, 431, 442
Barna, T., 463,
Barnard, C. I., 395, 417, 456
Barnett, H. G., 403
Battaglia, F., 443, 446
Bauer, P. T., 469
Bäumlin, R., 443
Bay, C., 398, 399, 409
Becker, C. L., 399
Bednarik, K., 453
Bellièvre, 404
Bellot, H. H. L., 442
Bentham, Jeremy, 75, 180, 399, 408, 409, 415, 431
Berg, G. H. von, 197, 438, 441

Bergbohm, K., 448
Bernatzik, E., 448
Berns, Walter F., 454, 420
Beudant, Charles, 420
Beveridge, W., 453, 457, 461
Bieri, E., 416
Black, John, 468
Blackstone, Sir William, 179, 431
Blank, D., 470
Blum, W. J., 463, 464, 465
Bodenheimer, E., 446
Bodin, Jean, 434
Böhm, Franz, 457
Bolingbroke, Henry Saint-John, 430
Bonald, L. G. A., 382
Book, W. H., 395
Boulding, K. E., 468, 469
Bracton, Henry, 142, 418, 424
Bradley, P. D., 456
Brandeis, L., 250, 453
Brandes, E., 440
Brochier, H., 464
Broglie, duque de, 439
Bronfenbrenner, M., 402
Brown, Arthur J., 457
Brunet, R., 445
Brunner, E., 422, 452
Buckland, W. W., 427

# A CONSTITUIÇÃO DA LIBERDADE

Burckhardt, Jakob, 143, 418, 419
Burgess, J. W., 471
Burke, Edmund, 70, 75, 79, 143,
179, 181, 345, 384, 389,
396, 398, 407, 408, 409,
410, 418, 424, 431, 432,
462, 468
Burnet, Gilbert, 428
Burns, Eveline M., 458, 459, 460,
461, 462, 471
Burns, Robert, 128, 416
Burtt, J. O., 426
Bury, J. B., 404
Busolt, G., 425, 426
Butler, Joseph, 505
Butterfield, H., 505, 533
Buttinger, J., 584
Cabell, Joseph C., 616
Camden, Lord, 213, 543
Campbell, C. A., 509, 543,
Cannan, Edwin, 394, 397, 467
Carr, C. T., 445
Carroll, J. J., 464
Carta Magna, 170, 174, 175, 181,
423, 424, 428, 431, 432
Carter, J. C., 420, 464
Cartter, A. M., 464
Carver, T. N., 411
Catão, Marco Prócio, 72
Cecil, Lord Hugh, 470
Chamberlain, Joseph, 414
Chamberlin, E. H., 455, 456
Christern, H., 440
Churchill, W. S., 451
Cícero, Marco Túlio, 72, 173, 407,
427
Clark, Colin, 461, 465, 466
Clark, J. M., 402, 447
Clark, John, 405
Clark, John M., 419
Clark, Sir George, 423
Clarke, Sir William, 428
Coke, Sir Edward, 174, 407, 424,
427, 428, 435
Cole, G. D. H., 453
Coleridge, S. T., 382, 398, 415
Collier, D. S., 406

Collingwood, R. G., 406, 413,
442, 470
Colm, G., 464
Commons, J. R., 401, 419, 447
Condillac, E. B. de, 406
Condorcet, A.-N. de, 70, 438
Constant, Benjamin, 70, 82, 406,
410, 425, 439, 441
Cooke, C. A., 408
Cooke, L. D., 464
Cooley, T. M., 437
Cooper, R. M., 446
Cormenin, L. M. de la Haye de,
439
Cortès, Donoso, 382
Corwin, E. S., 401, 424, 427, 433,
435, 436, 437, 472
Cranston, M., 399, 400, 427, 429
Crick, B., 470
Croce, B., 414
Cromwell, Oliver, 55, 404, 428,
471
Cropsey, J., 402
Crosland, C. A. R., 412, 413, 419,
453, 461, 464
Crosskey, W. W., 436
Crossman, R. H. S., 252, 450, 453
Culpepper, Sir John, 415
Dahlmann, F. C., 440
Darmstädter, F., 440, 449
Darwin, Charles, 74, 407, 409,
417
Davenport, John, 395, 456
De Lolme, J. S., 400, 430
Defoe, Daniel, 429, 430
Demóstenes, 419, 426
Denning, Sir Alfred, 430
Descartes, René, 72, 79, 407, 410,
448
Dewey, John, 33, 401
d'Holbach, P. H. T., Baron, 410
Dicey, A. V., 198, 207, 215, 240,
241, 242, 396, 404, 415,
416, 424, 431, 438, 442,
444, 445, 446, 450, 455
Dickinson, John, 434, 442, 451
Dickinson, Lowes, 404

Diehl, E., 425, 426
Dietze, G., 436, 452
Director, A., 395, 404, 455
Dodds, E., 462
Dostoiévski, F., 410
Drucker, P., 401
Duguit, Leon, 421, 439, 443, 444,
445
Dunbar, L. W., 436
Dunham, Allison, 468
Dunlop, J. T., 455, 456
Edgeworth, F. Y., 463
Eheberg, K. T. von, 462
Ehrenberg, V., 395, 425, 426
Einaudi, L., 427
Ellis, W., 426
Ellwein, Thomas, 440
Emge, C. A., 445
Enfield, Sir Ralph, 468
Engels, Friedrich, 301, 448, 463
Entrèves, A. P., 448
Esmein, A., 427, 443
Eucken, Walter, 394
Evans-Pritchard, E. E., 422
Fagan, E. D., 463
Faguet, E., 406
Falter, G., 440
Feiling, K., 471
Ferguson, Adam, 72, 402, 404,
406, 425
Fern, Lois, 395
Ferrera, Salvator V., 466
Ferrero, G., 418, 434
Feuerbach, P. J. A., 440
Fichte, J. G., 440, 469
Fickert, A., 441
Field, Mark G., 461
Figgis, J. N., 396, 423, 424, 429
Findlay Shirras, G., 464
Finer, H., 415, 450, 451
Fink, Z. S., 424
Fleiner, F., 414, 442, 443
Foot, P., 411
Forbes, D., 395, 404, 406
Forsthoff, E., 442, 468
Fosdick, D., 401
Fourastié, J., 468

## ÍNDICE ONOMÁSTICO

France, Anatole, 235, 448
Frane, L., 464
Frank, Jerome, 246, 442, 451
Frank, Tenney 427,
Frankfurter, Felix (juiz), 446, 450
Frazer, Sir John G., 407
Freeman, K., 412, 425
Freund, E., 437, 446, 447
Friedman, Milton, 395, 417, 456, 457, 467, 469, 470
Friedmann, W., 450
Frölich, W., 395
Fromm, E., 411
Fuchs, R. F., 446
Fung Yu-Lan, 423
Fustel de Coulanges, N. D., 425
Gabor, A., 401
Gabor, D., 401
Gaitskell, H. T. N., 453
Galiani, F., 404
Gallie, W. B., 412
Gardiner, S. R., 428
Geddes, Charles, 458
Geddes, Patrick, 468
Gellhorn, W., 447
Giacchi, O., 444
Giacometti, Z., 443
Gibbon, Edward, 417
Gierke, O., 423, 440
Gilboy, Elizabeth W., 467
Ginsberg, M., 395
Gladstone, William Ewart, 389, 409, 436, 471
Glaser, S., 430
Glass, D. V., 470
Godwin, William, 71
Goethe, J. W., 404
Gomperz, H., 411
Gooch, G. P., 428
Goodrich, Pierre F., 395, 403
Gordon, Scott, 469
Gough, J. W., 396, 424, 427, 428, 429
Gouldner, A. W., 457
Grabein, M., 463
Green, T. H., 396, 400, 402, 448
Grene, David, 39

Grene, M., 411
Groethuysen, B., 406
Grossmann, R. H., 443
Grote, George, 137
Gruchy, A. G., 401
Gsovski, V., 449
Guicciardini, F., 299, 462
Guillebaud, C. W., 395, 461
Guizot, F. P. G., 439, 441
Guttridge, G. H., 432, 471
Haar, C. M., 468
Haberler, G., 445, 456, 457
Haenel, A., 444
Haensel, W., 440
Hagenbuch, W., 458, 462
Haines, Charles G., 245, 451
Haldane, J. B. S., 412
Hale, R. L., 73, 419
Hale, Sir Matthew, 406, 429
Halévy, E., 406
Hall, Robert L., 420, 443
Hallam, H., 471
Haller, William, 413, 428
Hallowell, 442, 448
Hamilton, Alexander, 189, 391, 433, 435, 436
Hamilton, W. H., 447
Hamson, C. J., 439, 452
Hansen, A. H., 454, 465
Hansmeyer, K. H., 460
Hardin, C. M., 468
Hare, R. M., 411
Harper, F. A., 395
Harrington, J., 172, 173, 424, 427
Harris, A. L., 447
Harrod, R. F., 417, 467
Hashagen, J., 434
Haskell, H. J., 427
Hauriou, M., 446
Hayek, F. A., 9, 10, 11, 12, 13, 15, 16, 17, 18, 28
Hazard, J. N., 450
Hazlitt, H., 394, 395
Hegel, G. W. F., 402, 408
Heller, H., 442, 448
Heman, K. F., 411
Henne, R., 423

Henry, Patrick, 181, 430, 454, 460
Hermens, F. A., 414
Heródoto, 171, 418, 426
Hewart, Lord, 240, 450
Hicks, J. R., 456, 457, 461, 471
Hintze, O., 440
Hobart, R. E., 411
Hobbes, Thomas, 71, 73, 172, 401, 411, 421, 424, 425, 426, 428, 429
Hobhouse, L. T., 453, 465
Hoebel, E. A., 402, 414
Holbach, P. H. T., Baron, 410
Holcombe, A. N., 442
Holdsworth, W. S., 407, 429, 430, 431, 445, 452
Hollar, Wenceslas, 413
Holmes, Oliver Wendell, Jr, 98, 163, 421
Hönn, K., 425
Hooker, Richard, 141, 418, 423
Horkheimer, M., 451
Howell, T. B., 430, 442
Huizinga, J., 412, 425
Humboldt, Wilhelm von, 25, 182, 201, 364, 378, 408, 440, 441, 469, 470
Hume, David, 70, 72, 75, 77, 83, 114, 165, 178, 180, 396, 399, 404, 408, 409, 410, 411, 413, 420, 421, 422, 427, 430, 431, 433, 434
Humphreys, R. A., 432
Hutt, W. H., 455, 456
Hutton, D. G., 395, 464
Hutton, James, 407
Huxley, Aldous, 446
Hipérides, 426
Ihering, R. von, 402, 448, 449
Jack, D. T., 457
Jackson (juiz), 455
Jackson, R. H., 436, 437
Jahrreiss, H., 410, 422, 444
James, Henry, 398
James, William, 400
Jay, John, 434

## A CONSTITUIÇÃO DA LIBERDADE

Jefferson, Thomas, 71, 76, 245, 376, 391, 406, 409, 435, 451, 470, 471, 472
Jeffrey, Francis, 406
Jellinek, G., 425, 434, 443
Jenks, E., 424
Jennings, Sir W. Ivor, 240, 241, 450
Jewkes, John, 461, 470
Johnson, Samuel, 177, 430
Jones, A. H. M., 425, 426
Jones, Harry W., 402, 442
Jones, John Walter, 419, 421, 432, 433
Jones, Sir William, 407, 426
Jouvenel, Bertrand de, 394, 401, 413, 418, 453, 467
Jowett, B., 426
Judson, M. A., 428
Kallen, H. M., 412
Kalven, Harry, Jr, 463, 464, 465
Kant, Immanuel, 200, 418, 419, 440
Kaufmann, E., 445
Keith-Lucas, Allan, 446
Keller, R., 423
Kelsen, H., 238, 400, 406, 411, 414, 443, 448, 449, 450, 451
Kemp, A., 395
Kent, James, 192
Keynes, J. M. (Lord), 9, 275, 316, 415, 417, 458, 465, 466, 467
Klenner, F., 453
Kline, B. E., 403, 404
Knight, Frank H., 394, 395, 399, 400, 402, 412, 413, 418, 419, 454
Kolnai, A., 449
Koser, R., 440
Krutch, Joseph Wood, 462
Kuang Chung, 423
Laband, P., 444
· Laboulaye, Edouard, 440
Lafayette, A., 198
Lamennais, H. de, 439

Lange, R., 417
Langlois, C. V., 424
Langmuir, I., 405
Laroque, M. P., 458, 460
Larsen, J. A. O., 425
Lasker, E., 441
Laski, Harold J., 240, 389, 400, 412, 425, 450, 471
Laun, R. von, 425, 446
Lawson, G., 428
Lecky, W. E. H., 383, 464
Lee, Arthur, 432
Legaz y Lacambra, L., 443
Leibholz, G., 445, 449
Lenhoff, A., 457
Leoni, B., 395
Lerner, A. P., 403
Lerner, Max, 414, 438
Leroy, M., 442
Letwin, Shirley, 395
Letwin, William L., 427
Levi, E. H., 445
Lewis, G. C., 421
Lewis, W. A., 330, 403, 453, 465, 467
Lieber, Francis, 70, 406
Lilburne, John, 428, 433
Lincoln, Abraham, 28, 399
Lindblom, C. E., 455, 456
Lindsay, A. D., 440
Lippmann, Walter, 416, 442
Lipsius, J. H., 426
Lívio, Tito, 171, 172, 173, 424, 425, 427, 431
Lloyd, D., 446,
Lloyd George, David, 390, 453
Locke, John, 46, 75, 123, 169, 176, 177, 396, 411, 422, 427, 428, 429,
Lolme, J. S. de, 400, 430
Löning, E., 440
Lösch, August, 345, 468
Lovejoy, A. O., 407
Lowell, A. L., 414, 439, 442
Loyola, Inácio de, 400
Lubbock, John, 137
Lübtow, U. von, 137, 418, 427

Lurton, H. H., 442
Lutz, F. A., 467
Lutz, H. L., 463
Mabbott, J. D., 411, 422
McAdam, E. L., 430
Macaulay, T. B. (Lord), 180, 383, 389, 415, 429, 431
Macbeath, A., 407
McCallum, R. B., 404, 409, 412, 415, 419, 422, 446, 447, 454, 469, 471
McClellan, Edwin, 395
McCloskey, H. J., 422
McCulloch, J. R., 180, 301, 463, 465
MacDermott, Lord, 418, 455
MacDonald, W., 432
McGovern, W. M., 406
MacGregor, D. H., 408
Maquiavel, Nicolau, 408
Machlup, Fritz, 395, 454, 455, 456
MacKay, D. M., 411
Mackintosh, Sir James, 407
McLaughlin, A. C., 432
Maclean, A. H., 428
Macmillan, Harold, 470
McNair, A. D., 427
Madison, James, 25, 188, 222, 391, 409, 418, 434, 435, 436, 437, 471, 472
Maine, Sir Henry, 419, 421
Maistre, Joseph De, 382
Maitland, F. W., 175, 403, 406, 410, 414, 418, 423, 428, 472
Malinowski, B., 402, 407, 419
Malitzki, A. L., 449
Malthus, T. R., 407
Mandeville, B., 406
Mannheim, Karl, 451, 453
Marchet, G., 441
Marshall, Alfred, 416, 458
Marshall, John (juiz), 163, 191, 192, 421, 427, 436
Marshall, T. H., 454
Martin, L. W., 395

476

## ÍNDICE ONOMÁSTICO

Martin, N. H., 403, 404
Marx, Karl, 123, 137, 301, 448, 463, 471
Mason, George, 434, 436
Mathew, juiz, 429, 444
May, Sir Thomas E., 406
Mayer, T., 406, 466
Meade, J. E., 465
Medawar, P. B., 412
Meinecke, F., 422, 430
Menger, A., 448
Menger, Carl F., 396, 407, 414, 420, 440, 443,
Meriam, L., 458, 459
Messner, J., 453
Metzger, W., 440
Michelet, Jules, 198, 438
Miege, G., 423, 429
Mignet, F., 438
Mill, John Stuart, 25, 46, 105, 123, 154, 182, 222, 301, 362, 378, 397, 404, 405, 408, 409, 412, 415, 419, 420, 422, 440, 446, 447, 454, 463, 469, 470, 471
Mills, C. W., 416, 455
Milton, John, 46, 143, 411, 418, 424, 428
Mims, E., Jr, 400, 414, 432
Minnigerode, L., 441
Mirkin-Getzewitsch, B., 449
Mises, Ludwig von, 9, 394, 395, 400, 406, 415, 417, 419, 422, 446, 447, 454, 455, 459, 461, 463, 465, 466, 469
Mohl, Robert von, 441
Mommsen, T., 427
Montague, F. C., 398
Montesquieu, Charles de Secondat, 70, 197, 397, 399, 400, 406, 408, 418, 423, 427, 430, 445
Morin, A., 395
Morley, F., 395, 402, 417
Möser, Justus, 382
Mossner, E. C., 410, 430

Motley, John, 137
Mounier, Joseph, 438, 439
Müller-Armack, A., 458
Mullett, C. F., 432
Mumford, Lewis, 406, 468
Musgrave, R. A., 464
Nash, C. C., 460
Nawiasky, H., 445
Neckel, G., 400
Nef, J. U., 395
Nerácio, 407
Neumann, F. L., 399, 414, 421, 438, 442, 443, 445, 449, 451, 464
Nézard, H., 443
Nícias, 171
Niehaus, H., 468
Nowell-Smith, P. H., 411
Oakeshott, M., 401, 406, 424, 426, 434
Oertel, F., 427
Ofstad, H., 399
Ojala, E. M., 468
Ollier, F., 407
Olmsted, Frederick Law, 468
Ortega y Gasset, José, 156, 414, 420, 421
Orwell, George, 453
Osborn, H. F., 407, 421, 427
Osborn, Sir Frederick, 468
Otis, James, 181, 432
Padover, S. K., 418, 435, 436, 472
Paine, Thomas, 71
Paish, F. W., 467, 468, 469
Paley, William, 70, 179, 431
Paschukanis, E. B., 450
Pasteur, Louis, 403
Patterson, M. W., 439
Peacock, A. T., 460, 464
Pease, T. C., 428
Pechman, J. A., 466
Pekelis, A. H., 451
Pennock, R., 442
Péricles, 19, 171, 398, 425
Perry, R. B., 399, 401
Perticone, G., 449

Petro, Sylvester, 274, 455, 456, 457
Pfizer, P. A., 441
Philbrook, C., 416
Phillips, H. B., 27, 399
Picot, A., 442
Pigou, A. C., 416, 447, 453
Plamenatz, J. P., 412
Planitz, H., 423
Plant, Sir Arnold, 422, 468
Platão, 171, 172, 404, 407, 412, 426
Plucknett, T. F. T., 395, 424
Polak, C. H. F., 443
Polanyi, Michael, 167, 394, 402, 405, 418, 422, 470
Pollock, F., 423
Popper, Karl R., 394, 404, 405, 407, 410, 411, 415, 421, 448
Portalis, J., 439
Pound, Roscoe, 246, 434, 442, 445, 448, 450, 451, 452, 454, 455
Price, Richard, 71, 180, 408, 431, 465
Priebe, H., 468
Priestley, Joseph, 71
Pringsheim, F., 427
Radbruch, Gustav, 247, 414, 441, 452
Radcliffe, Lord, 418, 444, 446, 452
Ramsey, F. P., 403
Rapin-Thoyras, P. de, 423
Rashdall, H., 404
Rasmussen, S. E., 418
Rawls, John, 422
Ray, J., 438
Rees, Albert, 455
Rehberg, A. W., 440
Rehfeldt, B., 424
Reid, Margaret G., 395
Reilley, B. C., 456
Reiss, J. H., 395
Renan, Ernest, 408
Rheinstein, Max, 395, 421, 424, 445

## A CONSTITUIÇÃO DA LIBERDADE

Rhus Roberts, W., 426
Ricardo, D., 467
Ricca-Salerno, G., 463
Richberg, D. R., 456
Riesman, D., 412
Ripert, G., 247, 448, 452
Robbins, Lionel, 394, 408, 409, 421, 443, 447, 454, 465
Roberts, B. C., 426, 456
Roberts, Ffrangcon, 461
Robespierre, Maximilien, 72
Robson, W. A., 242, 450, 452
Roepke, W., 412, 460, 462, 467
Röpke, Wilhelm, 394
Roscher, W., 404
Rossiter, Clinton, 402, 432
Rostas, L., 464
Rostovtzeff, M., 427
Rothfels, H., 395
Rottier, G. 460
Roubier, P., 445, 452
Rousseau, Jean Jacques, 70, 72, 123, 197, 407, 427, 429, 438
Rowland, K. M., 434
Rüegg, W., 427
Ruggiero, G. de, 406, 439
Rümelin, M., 445
Russell, Bertrand, 401, 418, 419, 469
Rutherford, Samuel, 428
Ryle, G., 402
Sabine, G. H., 425, 427
Sadler, John, 428
Saint-Just, A. L. L., 72
Santillana, G. de, 403
Sapir, Edward,
Savigny, F. C. von,
Sayers, R. S., 466
Scheuner, U., 445
Schiller, Friedrich, 411, 440
Schlesinger, A. M., Jr, 450, 468
Schliemann, Heinrich, 137
Schlotterbeck, K., 458, 459
Schmitt, Carl, 414, 442, 444, 449
Schnabel, F., 414, 440
Schrader, O., 400

Schreiegg, J., 460
Schumpeter, J. A., 414, 417, 454, 455
Schwartz, B., 439, 452
Scott, Anthony, 469
Sears, P. B., 469
Selden, John, 208, 422
Seldon, A., 460
Seligman, E. R. A., 465
Seligmann, E., 444
Senior, N. W., 180, 447
Shaw, George Bernard, 410
Shehab, F., 463
Shils, Irene, 395
Sidgwick, Henry, 398, 454
Sidney, Algernon, 397, 424, 427, 428
Sieghart, M. A., 439, 442
Sieyès, Abbé, 72
Silone, Ignazio, 419
Simon, Y., 411
Simons, Henry C., 455, 456, 464, 467
Skinner, B. F., 410, 446
Slichter, Sumner, 456
Smiles, Samuel, 416
Smith, Adam, 16, 17, 57, 70, 71, 72, 75, 180, 182, 222, 225, 332, 397, 405, 406, 408, 430, 447, 467, 471, 472
Smith, D. T., 466
Smith, S. B., 421, 427
Snow, Sir Charles P., 470
Sobotka, S. P., 456,
Solomon, M., 412
Sombart, W., 401
Spencer, Herbert, 403, 447
Stahl, F. J., 441
Stamp, Sir Josiah, 463
Stebbing, L. S., 413
Stephen, J. F., 415
Stewart, Dugald, 408
Stigler, George J., 454, 467, 470
Stokes, Dillard, 459, 460, 462
Stoll, H., 443
Story, Joseph, 192, 436, 441
Stourzh, G., 395, 434

Stuchka, P. J., 449
Sumner, W. G., 412, 456
Tácito, 173, 222
Talmon, J. L., 71, 406, 407, 410
Tarasov, H., 464
Tarde, G., 405
Tawney, R. H., 369, 412, 470
Thiers, A., 301
Thiers, M. A., 463
Thoma, R., 448
Thompson, Dorothy, 437
Thompson, George, 436
Tucídides, 172, 398, 425, 426
Titmuss, R. M., 461
Tocqueville, Alexis de, 25, 69, 71, 119, 137, 199, 249, 383, 389, 397, 405, 406, 409, 410, 415, 437, 439, 452, 471
Todsen, H. H., 446
Toulmin, S. E., 422
Trevelyan, G. M., 429
Treves, G. E., 446
Triepel, H., 449
Trótski, Liev, 146, 418
Tucker, Josiah, 70, 408
Tucker, R. S., 467
Turgot, A. R. J., 180, 182, 301, 404, 406, 431, 463
Turvey, Ralph, 395, 467, 468
Vanderbilt, A. T., 442, 445, 446
Vaughan, C. E., 427, 429
Vecchio, G. del, 412
Veit, O., 411
Vico, G., 404
Viner, Jacob, 395, 455, 457
Vlastos, G., 425
Voegelin, E., 449
Von Berg, G. H., 197, 438, 441
von Eheberg, K. T., 462
von Humboldt, Wilhelm, 25, 182, 201, 364, 378, 408, 440, 441, 469, 470
von Ihering, R., 402, 448, 449
von Laun, R., 425, 446
von Lübtow, U., 418, 427

## ÍNDICE ONOMÁSTICO

von Mises, Ludwig, 9, 394, 395, 400, 406, 415, 417, 419, 422, 446, 447, 454, 455, 459, 461, 463, 465, 466, 469
von Mohl, Robert, 441
von Savigny, F. C., 420, 427
von Wiese, L., 414
Vossler, O., 406, 424, 432, 434
Waas, A., 400
Waddington, C. H., 411
Wade, H. W., 445
Wagner, D. O., 428
Waldo, Dwight, 451
Waline, M., 442
Walker, F. A., 465
Walker, Kenneth F., 457
Wallich, H. C., 405
Wang, C. Y., 395
Ware, R., 395
Warfield, E. D., 451
Watkins, Frederick, 398

Watson, A. D., 454, 459
Weber, Hilde, 468
Weber, Max, 402, 421, 422, 445
Webster, Daniel, 192, 437
Webster, W. C., 434, 444
Weiss, E., 426
Welcker, K. T., 440, 441
Weldon, T. D., 450
Westermann, W. L., 402, 425
Wheeler, J. A., 403
White (juiz), 464
White, Leslie A., 402
Whitehead, A. N., 39, 398, 402
Wiese, L. von, 414
Wieser, F., 418, 434, 463
Wiles, P., 454, 462
Willgerodt, H., 462
Wilhelm, Theodor, 441
Wilkes, John, 431
Willcox, B. F., 418
Williams, Gertrud, 457
Williams, Roger J., 412

Wilson, F. G., 442
Wilson, James, 192, 435, 436
Wilson, T., 453
Wilson, Woodrow, 401
Wirszubski, C., 427
Wolf, E., 425, 452
Wolfe, D. M., 428
Wolin, S. S., 410, 423
Wollheim, R., 421
Wolman, Leo, 455
Woodhouse, W. J., 428, 433
Wootton, Barbara, 401, 457, 461
Wordsworth, William, 399
Wormuth, F. D., 85, 410, 422, 428
Wright, David McCord, 453, 456, 463, 465
Young, Michael, 413, 453, 470
Zagorin, P., 428
Zehner, H., 441
Zenão, 425
Ziegler, H. O., 414
Zschimmer, E., 401

ASSINE NOSSA NEWSLETTER E RECEBA
INFORMAÇÕES DE TODOS OS LANÇAMENTOS

# www.faroeditorial.com.br

### CAMPANHA

Há um grande número de pessoas vivendo com HIV e hepatites virais que não se trata. Gratuito e sigiloso, fazer o teste de HIV e hepatite é mais rápido do que ler um livro.

FAÇA O TESTE. NÃO FIQUE NA DÚVIDA!

ESTA OBRA FOI IMPRESSA
EM JULHO DE 2022